Paolo Monti
Francesca Faenza

Iuris tantum
Fino a prova contraria

Seconda edizione

**Diritto civile e commerciale
per l'articolazione RIM**

PER IL COMPUTER E PER IL TABLET

L'eBook multimediale

① REGÌSTRATI
Vai su **my.zanichelli.it** e registrati come studente

② ATTIVA IL TUO LIBRO
Una volta entrato in **myZanichelli**,
inserisci la **chiave di attivazione**
che trovi sul bollino argentato
in questa pagina

③ CLICCA SULLA COPERTINA
Puoi:
- **scaricare l'eBook offline** sul tuo computer o sul tuo tablet
- **sfogliare un'anteprima** dell'eBook online

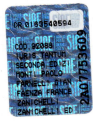

Copyright © 2017 Zanichelli editore S.p.A., Bologna [82094]
www.zanichelli.it

I diritti di elaborazione in qualsiasi forma o opera, di memorizzazione anche digitale su supporti di qualsiasi tipo (inclusi magnetici e ottici), di riproduzione e di adattamento totale o parziale con qualsiasi mezzo (compresi i microfilm e le copie fotostatiche), i diritti di noleggio, di prestito e di traduzione sono riservati per tutti i paesi. L'acquisto della presente copia dell'opera non implica il trasferimento dei suddetti diritti né li esaurisce.

Le fotocopie per uso personale (cioè privato e individuale, con esclusione quindi di strumenti di uso collettivo) possono essere effettuate, nei limiti del 15% di ciascun volume, dietro pagamento alla S.I.A.E. del compenso previsto dall'art. 68, commi 4 e 5, della legge 22 aprile 1941 n. 633. Tali fotocopie possono essere effettuate negli esercizi commerciali convenzionati S.I.A.E. o con altre modalità indicate da S.I.A.E.

Per le riproduzioni ad uso non personale (ad esempio: professionale, economico, commerciale, strumenti di studio collettivi, come dispense e simili) l'editore potrà concedere a pagamento l'autorizzazione a riprodurre un numero di pagine non superiore al 15% delle pagine del presente volume. Le richieste vanno inoltrate a

CLEAredi Centro Licenze e Autorizzazioni per le Riproduzioni Editoriali
Corso di Porta Romana, n. 108
20122 Milano
e-mail autorizzazioni@clearedi.org e sito web www.clearedi.org

L'editore, per quanto di propria spettanza, considera rare le opere fuori del proprio catalogo editoriale.
La loro fotocopia per i soli esemplari esistenti nelle biblioteche è consentita, oltre il limite del 15%, non essendo concorrenziale all'opera. Non possono considerarsi rare le opere di cui esiste, nel catalogo dell'editore, una successiva edizione, né le opere presenti in cataloghi di altri editori o le opere antologiche. Nei contratti di cessione è esclusa, per biblioteche, istituti di istruzione, musei e archivi, la facoltà di cui all'art. 71 - ter legge diritto d'autore.
Per permessi di riproduzione, anche digitali, diversi dalle fotocopie rivolgersi a ufficiocontratti@zanichelli.it

Realizzazione editoriale:
– Coordinamento redazionale: Antonella Avventuroso
– Segreteria di redazione: Deborah Lorenzini, Rossella Frezzato
– Progetto grafico: Segni d'immagine, Bologna
– Redazione e impaginazione: Edistudio, Milano

Contributi:
– Glossario italiano/inglese a cura di Francesca Buraschi

Copertina:
– Progetto grafico: Miguel Sal & C., Bologna
– Realizzazione: Roberto Marchetti e Francesca Ponti
– Immagine di copertina: Giulio Peranzoni

Prima edizione: 2015
Seconda edizione: marzo 2017

Ristampa:

5   4   3   2   2018   2019   2020   2021

Realizzazione delle risorse digitali
– Coordinamento redazionale:
  Antonella Avventuroso
– Redazione: Jacopo Bassi
– Esercizi interattivi ZTE:
  Simona Sgrizzi
– Progettazione esecutiva e sviluppo software: duDAT srl, Bologna
– Realizzazione *Tutor di diritto*:
  App&ars s.r.l., Bologna
– Sceneggiature *Tutor d diritto*:
  Flavia Sergi, Gianandrea Lanzara

 Zanichelli garantisce che le risorse digitali di questo volume sotto il suo controllo saranno accessibili, a partire dall'acquisto dell'esemplare nuovo, per tutta la durata della normale utilizzazione didattica dell'opera. Passato questo periodo, alcune o tutte le risorse potrebbero non essere più accessibili o disponibili: per maggiori informazioni, leggi my.zanichelli.it/fuoricatalogo

 File per sintesi vocale
L'editore mette a disposizione degli studenti non vedenti, ipovedenti, disabili motori o con disturbi specifici di apprendimento i file pdf in cui sono memorizzate le pagine di questo libro.
Il formato del file permette l'ingrandimento dei caratteri del testo e la lettura mediante software screen reader. Le informazioni su come ottenere i file sono sul sito
http://www.zanichelli.it/scuola/bisogni-educativi-speciali

Grazie a chi ci segnala gli errori
Segnalate gli errori e le proposte di correzione su www.zanichelli.it/correzioni.
Controlleremo e inseriremo le eventuali correzioni nelle ristampe del libro.
Nello stesso sito troverete anche l'errata corrige, con l'elenco degli errori e delle correzioni.

Zanichelli editore S.p.A. opera con sistema qualità
certificato CertiCarGraf n. 477
secondo la norma UNI EN ISO 9001:2015

 Questo libro è stampato su carta che rispetta le foreste.
www.zanichelli.it/chi-siamo/sostenibilita

Stampa: Grafica Ragno
Via Lombardia 25, 40064 Tolara di Sotto, Ozzano Emilia (Bologna)
per conto di Zanichelli editore S.p.A.
Via Irnerio 34, 40126 Bologna

Paolo Monti
Francesca Faenza

Iuris tantum
Fino a prova contraria

Seconda edizione

**Diritto civile e commerciale
per l'articolazione RIM**

INDICE

UN RIEPILOGO E QUALCHE APPROFONDIMENTO

■ Repetita iuvant
Quello che già dovresti sapere 2

Repetita 1 — Il diritto e la norma giuridica 2

1. Il diritto come insieme di norme giuridiche 2
    QUESTIONI Le norme dello Stato e degli altri enti pubblici 3
2. Come viene ripartito l'ordinamento giuridico 3
3. Quali sono i caratteri delle norme giuridiche 4
4. Come la sanzione rende obbligatoria la norma 4
5. Quando una norma può avere efficacia retroattiva 5
6. Quando entrano in vigore le norme giuridiche 5
7. Come si interpretano le norme giuridiche 6
8. Come si risolvono i contrasti tra norme 7
9. Come si eliminano le norme giuridiche 7
Verifica le tue conoscenze 8

Repetita 2 — Le fonti del diritto: la Costituzione 9

1. Quali sono le fonti del diritto 9
2. La gerarchia delle fonti 9
3. La Costituzione italiana 10
4. I principi fondamentali 11
5. I diritti e i doveri dei cittadini 13
6. Tanti diritti e pochi doveri 13
    ■ **Approfondimento** Storia della Costituzione repubblicana 14
Verifica le tue conoscenze 15

Repetita 3 — Le fonti del diritto: la legge ordinaria e le norme della Ue 16

1. Caratteri generali 16
2. Come nasce una legge 17

INDICE

▨ **Approfondimento** Il Parlamento italiano	18
▨ **QUESTIONI** Tra i soggetti abilitati a presentare progetti di legge, quali sono più autorevoli?	20
Qual è la differenza tra proposta di legge di iniziativa popolare e petizione popolare?	20
3. Il procedimento legislativo	20
4. La promulgazione della legge	22
▨ **QUESTIONI** Quali maggioranze sono previste per le deliberazioni?	23
▨ **Approfondimento** Il Presidente della Repubblica	24
5. Come si approvano le leggi costituzionali	26
▨ **Approfondimento** La Corte costituzionale	27
6. Come i cittadini possono abrogare una legge	28
7. Le norme dell'Unione europea	29
▨ **Approfondimento** Le istituzioni dell'Unione europea	31
▨ **Approfondimento** Entrare o uscire dalla Ue	32
▨ **Verifica le tue conoscenze**	33

Repetita 4 — Le fonti del diritto: i decreti legge, i decreti legislativi e i regolamenti — 34

1. Il potere normativo del Governo	34
2. Che cosa sono i decreti legge	34
▨ **Approfondimento** Il Governo	36
3. Che cosa sono i decreti legislativi	38
4. I regolamenti	39
5. I diversi tipi di regolamento statale	39
▨ **Verifica le tue conoscenze**	40

Repetita 5 — Le fonti del diritto: le leggi e i regolamenti regionali — 41

1. La funzione legislativa della Regione	41
2. Come si approva una legge regionale	41
3. Limiti costituzionali alla legge regionale	42
4. Le Regioni e le norme dell'Unione europea	42
5. I regolamenti regionali	43
6. I regolamenti degli altri enti territoriali	43
▨ **Approfondimento** La Regione	44
▨ **Approfondimento** Il Comune	45
▨ **Approfondimento** La Provincia e la Città metropolitana	46
▨ **Verifica le tue conoscenze**	47
ZTE • ▨ **Prove riepilogative di conoscenza**	48

INDICE

PERCORSO A — IL DIRITTO SOGGETTIVO E LA TUTELA GIURISDIZIONALE

Unità 1 — Il diritto soggettivo 50

1. Quando un rapporto diventa "giuridico" 50
   - **QUESTIONI** Parti e soggetti nel rapporto giuridico 51
2. Quando il diritto è soggettivo 51
3. Altre possibili situazioni soggettive 52
4. Come sono classificati i diritti soggettivi 52
5. Quando si prescrivono i diritti soggettivi 53
6. Quando un diritto decade 54
- Riguardando gli appunti 55
- Verifica le tue conoscenze 56

Unità 2 — La tutela giurisdizionale dei diritti 57

1. La funzione giurisdizionale 57
2. La Magistratura 57
3. E se il giudice sbagliasse? 58
4. La Corte di cassazione e la corretta interpretazione della legge 59
5. Quando si esercita la giurisdizione penale 60
   - **QUESTIONI** È indispensabile il difensore nel processo penale? 61
     Il ritiro della denuncia 61
6. Quando si esercita la giurisdizione civile 61
7. La negoziazione assistita e la mediazione civile 62
8. La competenza dei giudici nel processo civile 63
9. Le parti nel processo civile 64
10. Quali prove sono ammesse nel processo civile 64
11. Le presunzioni (o prove indirette) 66
12. Come si svolge il processo di cognizione 67
    - **QUESTIONI** La provvisoria esecutività 68
      Si può fare a meno dell'avvocato nel processo civile? 68
13. Quando la sentenza diventa definitiva 69
14. Come si svolge il processo di esecuzione 69
    - **QUESTIONI** Qual è la differenza tra dare un bene in pegno e pignorare un bene? 70
15. Che cos'è il procedimento per ingiunzione 71
16. Che cos'è l'arbitrato 71
- Riguardando gli appunti 72
- Verifica le tue conoscenze 73
- Valuta le tue competenze 74

VII

INDICE

PERCORSO B — I SOGGETTI DEL DIRITTO

Unità 1 — Il diritto civile e le persone — 76

1. Il Codice civile — 76
2. Che cos'è esattamente un codice — 77
3. Come è fatto il Codice civile italiano — 78
   - **QUESTIONI** Il nostro Codice civile è un buon codice? — 79
4. Le persone come destinatarie delle norme giuridiche — 79
5. Quando nasce (e quando si estingue) la persona fisica — 80
6. Quando si acquista la capacità giuridica — 80
   - **QUESTIONI** Il nascituro ha qualche diritto? — 81
   - Come è regolata la procreazione medicalmente assistita? — 81
   - È consentita in Italia l'eutanasia? — 81
   - Che cos'è il testamento biologico? — 81
7. Quando si acquista la capacità di agire — 82
   - **QUESTIONI** Quali documenti di identificazione personale sono previsti dalla legge? — 82
8. Quando viene modificata la capacità di agire — 82
   - **QUESTIONI** L'incapacità naturale — 83
9. Come si possono rintracciare le persone — 83
10. Che fare quando di una persona si perdono le tracce? — 84
11. Come sono tutelati i diritti alla vita e all'integrità fisica — 85
12. Come è tutelata la privacy delle persone — 86
13. Come il diritto comunitario e il diritto italiano tutelano i dati personali — 87
    - **QUESTIONI** L'Autorità garante per la protezione dei dati personali — 88
14. Come sono regolate le organizzazioni collettive — 88

- **Riguardando gli appunti** — 90
- **Verifica le tue conoscenze** — 91
- **Valuta le tue competenze** — 92

PERCORSO C — I DIRITTI REALI

Unità 1 — I diritti reali e i beni — 94

1. Caratteri generali dei diritti reali — 94
2. Le cose e i beni — 95
3. La classificazione dei beni — 96

VIII

■ **Riguardando gli appunti**	99
▨ **Verifica le tue conoscenze**	100

Unità 2 · La proprietà
101

1. Come definire la proprietà 101

  ▎ QUESTIONI I limiti al diritto di proprietà 102

2. Quali sono i limiti costituzionali al diritto di proprietà 102

3. Quali limiti sono posti alla edificabilità dei suoli 103

4. Quali limiti sono posti alle immissioni 103

5. Come opera la requisizione 105

6. Come è regolata l'espropriazione per pubblica utilità 105

7. Che cos'è la comunione 106

■ **Riguardando gli appunti** 108

▨ **Verifica le tue conoscenze** 109

Unità 3 · Il possesso
110

1. Proprietari, possessori 110

2. Che cos'è la detenzione 111

  ▨ QUESTIONI Il possesso indiretto e la prova del possesso 112

3. Quando il possesso è di buona o di mala fede 112

4. La restituzione dei frutti 113

■ **Riguardando gli appunti** 114

▨ **Verifica le tue conoscenze** 115

Unità 4 · I modi di acquisto della proprietà
116

1. Come si diventa proprietari di un bene 116

2. L'acquisto a titolo derivativo 117

  ▨ QUESTIONI Che cosa accade se uno stesso bene mobile
  è alienato a più soggetti? 118

3. Come acquistare (o perdere) la proprietà per usucapione 118

4. Come si interrompe l'usucapione 119

  ▨ QUESTIONI Quale relazione corre tra la prescrizione e l'usucapione? 120
  Come si dimostra il possesso continuato? 120
  Possiamo unire il nostro possesso
  a quello di chi ci ha preceduto? 120
  La semplice tolleranza può danneggiare il proprietario? 120
  Si può usucapire il bene comune? 120

5. Altri modi di acquisto della proprietà a titolo originario 121

■ **Riguardando gli appunti** 122

▨ **Verifica le tue conoscenze** 123

INDICE

Unità 5 — Azioni a tutela della proprietà e del possesso — 124

1. Come è tutelata la proprietà — 124
2. Come è tutelato il possesso — 126
- QUESTIONI Che fare se lo spoglio non è stato violento? — 127
- Che fare se scopriamo in ritardo lo spoglio? — 127
- Lo spoglio è occulto se vi hanno assistito altre persone? — 127
- Si può provare il possesso mostrando il titolo di acquisto del bene? — 127
- Quale azione conviene esercitare a chi sia al tempo stesso proprietario e possessore? — 127

3. Come tutelarsi da un pericolo imminente — 128
- Riguardando gli appunti — 130
- Verifica le tue conoscenze — 131

Unità 6 — I diritti reali di godimento su cosa altrui — 132

1. Caratteri generali — 132
2. L'usufrutto — 133
3. Le servitù prediali — 134
- QUESTIONI Le servitù si possono acquistare per usucapione? — 135
- Come si esercita una servitù coattiva? — 136

4. Come sono tutelate le servitù? — 136
5. La superficie — 136
- QUESTIONI L'origine del diritto di superficie — 137

6. Gli altri diritti reali minori — 137
- Riguardando gli appunti — 138
- Verifica le tue conoscenze — 139
- ZTE • Valuta le tue competenze — 140

PERCORSO D — OBBLIGAZIONI E CONTRATTI

TUTOR diritto

Unità 1 — Il contratto come fonte di obbligazione — 142

Avvertenza — 142
1. Che cos'è un'obbligazione — 142
2. Le parti e la prestazione — 143
3. Come nasce un rapporto obbligatorio — 144
4. Il contratto come fonte di obbligazione — 145
5. Quali sono gli effetti del contratto — 146
- QUESTIONI L'interpretazione del contratto — 147

X

INDICE

6. Che cos'è l'autonomia contrattuale 147

■ **Riguardando gli appunti** 149

▨ **Verifica le tue conoscenze** 150

Unità 2 I requisiti del contratto: l'accordo tra le parti   151

1. Quali sono i requisiti del contratto 151
2. Quando si raggiunge l'accordo 151
3. La presunzione di conoscenza 152
4. L'accordo espresso o tacito 153
5. La proposta irrevocabile e l'offerta al pubblico 154
6. Il patto di opzione e il diritto di prelazione 154
7. Che cos'è la responsabilità precontrattuale 155
8. La rappresentanza nel contratto 156

■ **Riguardando gli appunti** 158

▨ **Verifica le tue conoscenze** 159

Unità 3 Gli altri requisiti del contratto e gli elementi accidentali   160

1. Che cos'è la causa del contratto 160
2. Qual è la differenza tra causa e motivo 162
3. La causa atipica e la libertà contrattuale 162
4. L'oggetto del contratto 163
5. Quando la forma è requisito essenziale del contratto 165
6. A che cosa serve la trascrizione del contratto 166
7. Quali sono gli elementi accidentali del contratto 167

■ **Riguardando gli appunti** 169

▨ **Verifica le tue conoscenze** 170

Unità 4 La variazione dei soggetti nelle obbligazioni   171

1. Quando una parte succede a un'altra 171
2. La successione nella parte attiva 171
3. La successione nella parte passiva 173

■ **Riguardando gli appunti** 175

▨ **Verifica le tue conoscenze** 176

Unità 5 L'estinzione delle obbligazioni   177

1. Come si estingue un'obbligazione 177
2. Quale diligenza occorre perché l'adempimento sia esatto 177

   ▮ **QUESTIONI** La prestazione diversa 178
   La prestazione parziale 178

XI

INDICE

3. Chi deve eseguire la prestazione 178

4. A chi e dove deve essere offerta la prestazione 179

5. Quando deve essere eseguita la prestazione 179

6. Come si adempie alle obbligazioni parziarie e solidali 180

7. L'adempimento delle obbligazioni di risultato e di mezzi 181

  QUESTIONI La responsabilità del professionista negligente 182

8. L'adempimento delle obbligazioni pecuniarie e di valore 183

9. Gli interessi nelle obbligazioni pecuniarie 184

10. Le cause di estinzione diverse dall'adempimento 185

■ **Riguardando gli appunti** 188

■ **Verifica le tue conoscenze** 189

Unità 6 — L'inadempimento delle obbligazioni
190

1. L'inadempimento e il risarcimento del danno 190

2. Quando l'inadempimento non obbliga al risarcimento 191

3. Quando la prestazione diventa oggettivamente impossibile 191

  QUESTIONI L'impossibilità nelle obbligazioni pecuniarie 192

4. Quando ricorre la non imputabilità 192

  QUESTIONI Il confine della non imputabilità: la rapina 193

    Il furto 193

    Le cause ignote 193

    Lo sciopero 193

5. La responsabilità per il fatto degli ausiliari 194

6. La mora del debitore 194

7. La mora del creditore 195

8. La clausola penale 195

  QUESTIONI Una penale troppo alta o troppo bassa 196

9. La caparra 197

■ **Riguardando gli appunti** 198

■ **Verifica le tue conoscenze** 199

Unità 7 — Cause di invalidità e di risoluzione del contratto
200

1. Premessa 200

2. L'invalidità e l'inefficacia del contratto 200

3. Quando il contratto è nullo 201

  QUESTIONI Che cosa accade se si scopre che in un contratto
    vi è una clausola nulla? 202

4. Quando il contratto è annullabile 202

5. L'annullamento dovuto a incapacità 203

INDICE

■ **QUESTIONI** L'incapacità legale dolosamente occultata 204
La ripetizione contro il contraente incapace 204
L'incapacità naturale 204

6. L'annullamento dovuto a errore 204

■ **QUESTIONI** L'errore sulla qualità e sul valore 205

■ **QUESTIONI** L'errore ostativo (o sulla dichiarazione) 206

7. L'annullamento dovuto a dolo 206

8. La violenza morale 207

■ **QUESTIONI** La violenza fisica 208

9. La rescissione del contratto 208

10. Le cause di risoluzione del contratto 209

■ **QUESTIONI** Il termine essenziale 210

■ **Riguardando gli appunti** 212

■ **Verifica le tue conoscenze** 213

Unità 8 — Tipologie particolari di contratto
214

1. Il contratto preliminare 214

2. I contratti per adesione e la tutela del consumatore 215

■ **QUESTIONI** Le clausole aggiunte 216

3. I contratti conclusi a distanza o fuori dei locali commerciali 216

■ **QUESTIONI** La "class action" 217

4. I contratti aleatori 217

5. I contratti con effetti reali 217

6. I contratti reali 218

7. Il contratto per persona da nominare 219

8. Il contratto a favore del terzo 219

9. I contratti con obbligazione del solo proponente 220

10. Il contratto simulato 220

■ **Riguardando gli appunti** 221

■ **Verifica le tue conoscenze** 222

Unità 9 — I principali contratti tipici
223

1. Il contratto di vendita 223

2. Quali sono le obbligazioni del compratore 223

■ **QUESTIONI** Patti speciali tra venditore e compratore 224

3. Quali sono le obbligazioni del venditore 224

4. Come opera la garanzia per vizi occulti 225

■ **QUESTIONI** Esclusione della garanzia 226
La garanzia di buon funzionamento 226
Una cosa per l'altra (*aliud pro alio*) 226
Le clausole d'uso 226

5. Che cos'è la garanzia per evizione 227

XIII

INDICE

6. Quali sono le vendite con effetti differiti 227

7. Il contratto di permuta 228

8. Il contratto di donazione 229

9. La transazione 230

10. Il contratto di locazione 230

  QUESTIONI I miglioramenti 232
  Alienazione della cosa locata 232

11. Il contratto di affitto 232

12. Il comodato 233

13. Il mutuo 233

  QUESTIONI La promessa di mutuo 234

■ **Riguardando gli appunti** 235

■ **Verifica le tue conoscenze** 236

Unità 10 — Le altre fonti di obbligazione — 237

1. L'illecito civile 237

2. Come si valuta il danno 238

3. L'esatto adempimento nelle obbligazioni da fatto illecito 238

4. Gli altri atti e fatti produttivi di obbligazione 239

■ **Riguardando gli appunti** 242

■ **Verifica le tue conoscenze** 243

ZTE • ■ **Valuta le tue competenze** 244

PERCORSO E — LA TUTELA DEL CREDITO

TUTOR diritto

Unità 1 — Responsabilità del debitore e garanzie per il creditore — 246

1. Come risponde il debitore per le obbligazioni assunte 246

2. Chi sono i creditori chirografari e con diritto di prelazione 247

3. Una causa di prelazione: l'ipoteca 248

  QUESTIONI La cancellazione dell'ipoteca 250

4. Un'altra causa di prelazione: il pegno 250

5. I privilegi 251

6. Le garanzie personali: la fideiussione e l'avallo 251

7. Il sequestro conservativo 252

8. L'azione surrogatoria 253

■ **Riguardando gli appunti** 254

■ **Verifica le tue conoscenze** 255

ZTE • ■ **Valuta le tue competenze** 256

XIV

INDICE

EDUCAZIONE FINANZIARIA

La gestione dei risparmi

- **I STEP** Entriamo in banca 258
- **II STEP** Quali rapporti si possono avere con una banca 260
- **III STEP** Apriamo un conto corrente bancario 262
- **IV STEP** Un investimento a basso rischio: i titoli di Stato 264
- **V STEP** Aumentiamo il rischio: l'investimento in altri prodotti finanziari .. 266
- **VI STEP** I contratti sui mercati regolamentati 268
- **VII STEP** I reati societari 269

PERCORSO F — L'IMPRENDITORE E L'IMPRESA

Unità 1 — L'imprenditore 270

1. Dal mercante all'imprenditore 270
2. Chi è imprenditore oggi 271
3. Quali tipi di imprese operano sul mercato 272
   - **QUESTIONI** È indispensabile che un'impresa crei profitti? 273
     Se gli affari andassero male verrebbe meno il requisito dell'economicità? .. 273
     È imprenditore chi destina il profitto alla beneficenza? 273
     Chi non organizza tutti i fattori della produzione è imprenditore lo stesso? .. 273
     Le attività stagionali possono essere definite "professionali"? 273
     Qual è la differenza tra impresa, azienda e ditta? 273
4. Quando l'impresa è familiare 274
   - **QUESTIONI** La costituzione dell'impresa familiare 275
5. Chi sono i liberi professionisti 275
   - **QUESTIONI** Sono utili gli ordini professionali? 277
6. Chi è l'imprenditore commerciale 277
   - **QUESTIONI** Le incompatibilità all'esercizio dell'impresa commerciale .. 278
7. Chi deve iscriversi nel registro delle imprese 278
8. Quale funzione assolvono le scritture contabili 279
9. Che cosa sono le procedure concorsuali 280
10. La procedura fallimentare 281
11. Il concordato preventivo 283
12. Quali sono i rappresentanti dell'imprenditore commerciale 283
13. Come operano i consorzi tra imprenditori 284

XV

INDICE

14. Quando un imprenditore è definito "piccolo" 285

15. Chi è imprenditore agricolo 287

■ **QUESTIONI** L'agriturismo è attività connessa? 288
Qual è la differenza tra imprenditore agricolo
e coltivatore diretto? 288

■ **Riguardando gli appunti** 289

■ **Verifica le tue conoscenze** 290

Unità 2 — L'azienda, la sicurezza sul lavoro e il bilancio sociale   291

1. Che cos'è l'azienda 291

2. Come si trasferisce l'azienda 292

3. Quali sono i segni distintivi dell'azienda 294

■ **QUESTIONI** L'uso della ditta altrui 295

4. Come è tutelato il marchio 296

■ **QUESTIONI** La contraffazione grossolana 297
Un marchio simile per prodotti diversi 297

5. Come si pone l'azienda nel contesto sociale e ambientale in cui opera 298

6. Come è tutelato il lavoro in azienda 300

■ **QUESTIONI** Il lavoro nelle norme dell'Unione europea 301

7. Il Testo unico della sicurezza sul lavoro 301

■ **QUESTIONI** Il datore di lavoro e l'imprenditore 302

8. Il documento di valutazione dei rischi 302

9. Chi sono i soggetti responsabili 303

■ **QUESTIONI** Che cos'è lo stress da lavoro correlato? 303
Che cosa è il servizio di prevenzione e protezione? 303

■ **Riguardando gli appunti** 304

■ **Verifica le tue conoscenze** 305

Unità 3 — I diritti sulle opere dell'ingegno   306

1. Le opere dell'ingegno e le invenzioni industriali 306

2. Come è tutelato il diritto d'autore 306

■ **QUESTIONI** Diritto d'autore e pay TV 307
Diritto d'autore in internet 307
La questione delle fotocopie 307

3. Come è tutelato il diritto d'inventore 308

■ **QUESTIONI** È possibile brevettare un'invenzione
e scoprire che è già stata brevettata? 309
Chi si appropria delle invenzioni operate
dal lavoratore dipendente? 310

4. I diritti sull'*hardware* e sul *software* 310

XVI

INDICE

5. Il *know how* 311
■ **Riguardando gli appunti** 312
■ **Verifica le tue conoscenze** 313

Unità 4 — L'imprenditore e la concorrenza — 314

1. L'utilità della concorrenza tra imprenditori 314
2. Come si contrasta la concorrenza sleale 314
3. La pubblicità ingannevole 316
4. La pubblicità comparativa 317
5. La tutela contro la pubblicità illecita 318
6. La disciplina antimonopolistica 318
■ **Riguardando gli appunti** 320
■ **Verifica le tue conoscenze** 321
ZTE • ■ **Valuta le tue competenze** 322

PERCORSO G — LE SOCIETÀ DI PERSONE

TUTOR diritto

Unità 1 — Le società in generale — 324

1. Che cos'è l'impresa societaria 324
   QUESTIONI Qual è la differenza tra società e comunione? ... 325
2. La società nel Codice civile 325
   QUESTIONI Le società "pluripersonali" e "unipersonali" ... 326
3. Qual è la differenza tra capitale e patrimonio sociale ... 326
4. Che cos'è l'autonomia patrimoniale della società ... 328
5. Qual è la differenza tra le società di persone e le società di capitali ... 328
   QUESTIONI Che cosa sono le società di comodo? ... 329
6. La società unipersonale 330
7. Che cos'è l'associazione in partecipazione 331
■ **Riguardando gli appunti** 332
■ **Verifica le tue conoscenze** 333

Unità 2 — La società semplice — 334

1. La società semplice come prototipo delle società di persone ... 334
2. Quali sono i caratteri generali della S.s. 334
3. Che cosa si può conferire in società 335
4. Quale responsabilità assumono i soci 336
   QUESTIONI Il creditore particolare del socio 337

XVII

INDICE

5. Come si ripartiscono utili e perdite 337
6. Perché l'assemblea è opzionale nelle società di persone 337
7. Chi amministra e chi rappresenta la società 338

   ▪ **QUESTIONI** L'amministrazione può essere affidata a non soci? 339
   Quale responsabilità assumono gli amministratori? 339
   Come possono controllare i soci l'operato
   degli amministratori? 339

8. La cessione della quota, il recesso del socio, l'esclusione e la successione 339
9. Come si scioglie e si liquida la società 340

   ▪ **Riguardando gli appunti** 342
   ▪ **Verifica le tue conoscenze** 343

Unità 3 — La società in nome collettivo e in accomandita semplice 344

1. Il rinvio alle norme sulla società semplice 344
2. Caratteri generali della S.n.c. 344
3. Come si costituisce la S.n.c. 345
4. Perché nell'atto costitutivo vanno indicati i nomi dei soci,
   la ragione sociale, l'oggetto e la sede 346
5. Che cosa si può conferire in società 347
6. Come si tutela il capitale sociale 348
7. Come vanno distribuiti gli utili 349
8. Quale responsabilità patrimoniale assumono i soci nella S.n.c. 350

   ▪ **QUESTIONI** La responsabilità del nuovo socio 351
   Il creditore particolare del socio 351
   I creditori particolari del socio e la proroga della società 351

9. Perché l'assemblea è opzionale 351
10. Chi amministra la società 352

   ▪ **QUESTIONI** Si può revocare l'incarico all'amministratore? 352
   L'amministrazione può essere affidata a soggetti non soci? .. 352
   ▪ **QUESTIONI** Quale responsabilità assumono gli amministratori? 353
   Come si può controllare l'operato degli amministratori? 353

11. Come è regolata la rappresentanza 353
12. La cessione della quota, il recesso del socio, l'esclusione
   e la successione 354

   ▪ **QUESTIONI** La liquidazione della quota e la responsabilità
   del socio uscente 355

13. Come si scioglie e si liquida la società 355
14. La società irregolare 356
15. La società di fatto 356
16. Considerazioni finali 357

17. La società in accomandita semplice 358

18. Diritti e doveri degli accomandatari e degli accomandanti 358

■ **Riguardando gli appunti** 360

■ **Verifica le tue conoscenze** 361

■ **Valuta le tue competenze** 362

PERCORSO H — LE SOCIETÀ DI CAPITALI

TUTOR diritto

Unità 1 — La società a responsabilità limitata 364

1. Quali sono i caratteri generali della S.r.l. 364

2. Come si costituisce una S.r.l. 366

3. Che cosa scrivere nell'atto costitutivo 366

4. Quali conferimenti si possono operare 367

5. Il capitale sociale e la S.r.l. semplificata 369

6. Che cosa si intende per capitale versato e per capitale sottoscritto 369

7. L'aumento di capitale 370

8. La riduzione di capitale 371

9. Limiti alla distribuzione degli utili 372

10. Titoli di debito per finanziare la società 372

11. La cessione della quota, il recesso del socio, l'esclusione
e la successione 373

    ▮ **QUESTIONI** L'espropriazione della partecipazione 374

12. Chi assume le decisioni nella S.r.l. 374

    ▮ **QUESTIONI** Come si convoca l'assemblea? 375

    Come delibera l'assemblea? 375

    Il principio maggioritario 375

13. Chi amministra la società 375

14. Chi rappresenta la società 376

15. Come si esercita il controllo sull'attività sociale 376

16. Il bilancio, i libri sociali e l'estinzione della società 377

■ **Riguardando gli appunti** 378

■ **Verifica le tue conoscenze** 379

Unità 2 — Costituzione e caratteri generali della S.p.a. 380

1. Una società particolare 380

    ▮ **QUESTIONI** Quando e perché sono nate le società per azioni 381

2. Come si presenta la S.p.a. 382

3. Chi comanda nella S.p.a. 383

XIX

INDICE

■ **QUESTIONI** Il controllo della S.p.a.	383
4. Come operano i patti parasociali	383
5. Società quotate e società non quotate	384
■ **QUESTIONI** Le società con azioni diffuse in misura rilevante	386
6. Come si costituisce la S.p.a.	386
7. A che cosa serve lo statuto	387
■ **QUESTIONI** La modifica indiretta dell'oggetto sociale	388
8. Che cosa si può conferire nella S.p.a.	388
9. Che cosa sono gli apporti di opere o servizi	389
10. Come si costituisce il capitale sociale	389
11. Come può aumentare o diminuire il capitale sociale	390
12. Quali limiti sono posti alla distribuzione degli utili	391
13. Patrimoni per uno specifico affare	392
■ **Riguardando gli appunti**	394
■ **Verifica le tue conoscenze**	395

Unità 3 — Le azioni e le obbligazioni
396

1. Il valore delle azioni	396
2. Come si trasferiscono le azioni	397
3. La dematerializzazione dei titoli	398
4. Quali diritti attribuiscono le azioni ordinarie	399
5. Quali caratteri presentano le altre categorie di azioni	400
6. Quali limiti sono posti all'acquisto di azioni proprie	402
■ **QUESTIONI** La speculazione	403
7. Che cosa sono le obbligazioni	403
■ **Riguardando gli appunti**	406
■ **Verifica le tue conoscenze**	407

Unità 4 — Il governo della S.p.a.
408

1. I sistemi di governo della S.p.a.	408
2. L'assemblea dei soci nel sistema di governo tradizionale	408
3. Come si convoca l'assemblea	410
■ **QUESTIONI** La rappresentanza nelle assemblee	410
■ **QUESTIONI** La mancata convocazione di un socio	411
4. L'assemblea validamente costituita	411
■ **QUESTIONI** La delibera invalida	412
5. L'amministrazione della società nel sistema di governo tradizionale	413
6. La responsabilità degli amministratori	414
7. Il collegio sindacale	414

INDICE

8. La revisione legale dei conti 415
9. Gli altri sistemi di governo 416
10. Quali sono i caratteri del sistema dualistico 416
11. I caratteri del sistema monistico 419
■ **Riguardando gli appunti** 421
■ **Verifica le tue conoscenze** 422

Unità 5 · Società unipersonali, S.a.p.a., start-up, Società europea, G.e.i.e.
423

1. Le società unipersonali 423
　　QUESTIONI Come sottrarre i beni della società al pignoramento 424
2. La società in accomandita per azioni (S.a.p.a.) 425
　　QUESTIONI Accomandatari e accomandanti 426
　　　　　　Le azioni dell'accomandatario 426
3. Le start-up innovative 426
4. La Società europea (S.e.) 427
5. Il Gruppo europeo di interesse economico (G.e.i.e.) 428
■ **Riguardando gli appunti** 429
■ **Verifica le tue conoscenze** 430

Unità 6 · Bilancio, libri sociali, estinzione delle società di capitali
431

1. Quali criteri di bilancio si devono adottare per le società di capitali 431
2. Predisposizione, controllo e approvazione del bilancio 433
3. I libri sociali 435
4. Lo scioglimento e la liquidazione delle società di capitali 435
■ **Riguardando gli appunti** 437
■ **Verifica le tue conoscenze** 438

Unità 7 · I gruppi societari e l'investimento mobiliare
439

1. Come si forma un gruppo 439
2. Il "lato oscuro" dei gruppi societari 440
3. Come operano le imprese multinazionali 444
4. Le offerte pubbliche di acquisto (Opa) 445
　　QUESTIONI Le difese contro le scalate societarie 447
5. Le offerte pubbliche di vendita (Opv) 447
■ **Riguardando gli appunti** 448
■ **Verifica le tue conoscenze** 449

XXI

INDICE

Unità 8 — Trasformazione, fusione e scissione della società   450

1. Come si trasforma una società   450
2. Come trasformare la società di persone in società di capitali   450
3. Come trasformare la società di capitali in società di persone   451
4. La fusione tra più società   451
5. La scissione della società   452
- Riguardando gli appunti   454
- Verifica le tue conoscenze   455

Unità 9 — Le società mutualistiche   456

1. Come nascono le cooperative   456
   - QUESTIONI La nascita delle cooperative   457
   - L'evoluzione del sistema cooperativo   457
2. Soci e non soci   458
3. Quando la mutualità è prevalente   458
4. Quando la mutualità non è prevalente   459
   - QUESTIONI Si può trasformare una società mutualistica
   - in una società lucrativa?   459
5. Alcune regole sulle società cooperative   460
6. Come si costituisce una cooperativa   461
7. Quali sono gli organi della cooperativa   462
8. Come vengono impiegati gli utili   462
9. Che cosa sono i ristorni   463
10. Quali sono i caratteri delle mutue assicuratrici   463
- Riguardando gli appunti   464
- Verifica le tue conoscenze   465
- ZTE • Valuta le tue competenze   466

PERCORSO I — I CONTRATTI DELL'IMPRENDITORE

TUTOR diritto

Unità 1 — Il contratto di lavoro subordinato   470

1. Quando al lavoratore spettava il salario di sussistenza   470
2. Il rapporto di lavoro nella Costituzione   471
3. Il sindacato e il diritto di sciopero   472
4. Il contratto di lavoro subordinato   472
5. Qual è l'efficacia verso i terzi del contratto collettivo   474
6. Come cercare lavoro   475

XXII

INDICE

QUESTIONI Il lavoro femminile 476
Il lavoro minorile 476

7. Quali sono i diritti e gli obblighi del lavoratore dipendente 477
8. La nuova normativa sul lavoro denominata "jobs act" 478
9. Altri tipi di contratto di lavoro 481
10. Gli ammortizzatori sociali 483
11. Il contratto di lavoro autonomo 484
12. La legislazione sociale 485
■ **Riguardando gli appunti** 487
■ **Verifica le tue conoscenze** 488

Unità 2 — Altri contratti dell'imprenditore 489

1. Il contratto di somministrazione 489
QUESTIONI La sospensione della somministrazione 489
2. Il contratto estimatorio 490
3. La concessione di vendita e il *franchising* 490
4. I contratti per la promozione o la conclusione di affari 491
5. Il contratto di appalto 493
6. Il contratto di deposito 495
7. Il contratto di trasporto 496
8. Il contratto di spedizione 499
9. Il contratto di *leasing* 499
10. Il contratto di *factoring* 500
11. Il contratto di assicurazione 501
QUESTIONI Si può assicurare contro i danni un bene
di cui non si è proprietari? 502
Si può assicurare un bene per una somma
superiore al suo valore? 502
12. La responsabilità civile 502
QUESTIONI La decorrenza del contratto 504
Il dolo o la colpa grave 504
13. L'assicurazione sulla vita 504
QUESTIONI La misura del rischio 505
Se l'assicurato si toglie la vita 505

■ **Riguardando gli appunti** 506
■ **Verifica le tue conoscenze** 507
■ **Valuta le tue competenze** 508

■ **GLOSSARIO ITALIANO/INGLESE** 511

XXIII

UN RIEPILOGO E QUALCHE APPROFONDIMENTO

Repetita iuvant

Quello che già dovresti sapere

Nel primo biennio abbiamo iniziato lo studio del diritto analizzandone le linee fondamentali. Abbiamo così capito che cosa è una norma giuridica, quali sono i suoi caratteri, come viene suddiviso l'ordinamento giuridico. E abbiamo anche capito come è organizzato il nostro Stato e da quali fonti scaturisce il diritto. Prima di andare oltre e addentrarci, come ci compete, nei temi del diritto civile e del diritto commerciale, riteniamo utile offrire una sintesi di quanto lo studente attento già dovrebbe sapere.

Repetita 1

Il diritto e la norma giuridica

1. Il diritto come insieme di norme giuridiche

Chiunque, negli anni passati, si sia accostato allo studio delle discipline giuridiche, non può non essersi posto la più naturale delle domande: che cosa è il diritto?

==Il diritto è l'insieme delle regole di condotta poste (e imposte) dallo Stato per regolare la vita sociale all'interno dei propri confini.==

Tali regole vengono chiamate, con terminologia più specifica, *norme giuridiche*.

- **Norma** significa regola.
- **Giuridica** è un aggettivo che deriva dal latino *ius*, che in origine indicava il diritto.
- **Norma giuridica**, pertanto, vuol dire "regola di diritto".

 Non sarebbe più semplice definire il diritto come un insieme di leggi piuttosto che come un insieme di norme giuridiche?

Forse sarebbe più semplice, ma non sarebbe altrettanto corretto. All'interno dello Stato ci sono diversi organi abilitati a imporre regole di comportamento. E per distinguere le norme poste dagli uni o dagli altri, oppure delibera-

Per leggere il contenuto di una norma, fino a qualche anno fa occorreva conoscere gli estremi della Gazzetta Ufficiale (data e numero d'ordine) sulla quale era stata pubblicata.
Oggi è possibile conoscere il testo delle leggi collegandosi al sito internet del Parlamento italiano (**www.parlamento.it**) oppure consultando le banche dati sulla legislazione contenute nei DVD. Anche la Gazzetta Ufficiale è consultabile su internet, al sito **www.gazzettaufficiale.it**.

te con una procedura piuttosto che con un'altra, dobbiamo chiamarle con nomi diversi. Per esempio: chiamiamo *leggi* le regole approvate dal Parlamento; chiamiamo *leggi regionali* le regole approvate dai Consigli regionali; chiamiamo *decreti legge* e *decreti legislativi* le regole adottate dal Governo; chiamiamo *regolamenti* le norme adottate da organi della Pubblica amministrazione; e così via.

Tutti questi diversi tipi di norma (e dunque non solo le leggi) compongono il diritto.

Possiamo pertanto affermare che:

==tutte le leggi sono norme giuridiche, ma non tutte le norme giuridiche sono leggi.==

 Solo lo Stato può porre regole di comportamento?

In un Paese libero è consentito a tutti porre regole purché non prevedano comportamenti illeciti. Come è nella comune esperienza, pongono regole i club sportivi, le associazioni culturali, i comitati, le confessioni religiose, e così via.

Lo Stato però è l'unico soggetto che può imporre a tutti i cittadini il rispetto delle proprie regole, anche con l'uso della forza.

> **QUESTIONI**
>
> **Le norme dello Stato e degli altri enti pubblici**
>
> Abbiamo detto che lo Stato è l'unico soggetto che può emanare norme vincolanti per tutti i cittadini. In tale affermazione, però, è contenuta una semplificazione di cui sarà bene dare conto. Dobbiamo infatti precisare che nella nostra Repubblica norme giuridiche obbligatorie sono poste non solo da organi dello Stato centrale (Parlamento, Governo e ministri) ma anche dalle Regioni, dai Comuni, dalle Città metropolitane e da altri enti pubblici.

2. Come viene ripartito l'ordinamento giuridico

L'insieme delle norme giuridiche poste dallo Stato e dagli altri enti pubblici viene chiamato **ordinamento giuridico**, o anche **diritto oggettivo**.

Le norme che compongono il diritto oggettivo sono divise, per comodità di studio, in due grandi gruppi che prendono il nome di *diritto pubblico* e *diritto privato*.

▶ **Il diritto pubblico** comprende le norme che regolano:
- l'organizzazione dello Stato e degli altri enti pubblici (soprattutto Regioni, Comuni e Città metropolitane);

Le leggi della natura, come la legge di gravità o la legge di conservazione dell'energia, non hanno nulla a che fare con le norme poste dallo Stato o da altre organizzazioni. La distinzione sta in questo: le leggi della natura descrivono fenomeni fisici (l'acqua in pianura bolle a 100 °C); le leggi dello Stato non descrivono un fenomeno ma prescrivono i comportamenti da tenere o da evitare.

Ente è un termine a cui diamo il significato di *organizzazione di persone e di mezzi*.
Enti pubblici sono chiamate le organizzazioni a cui è affidato il compito di soddisfare taluni bisogni pubblici.
Le Regioni, i Comuni, le Province e le Città metropolitane sono chiamati **enti pubblici territoriali** perché i loro poteri si esercitano solo all'interno del territorio assegnato.

UN RIEPILOGO E QUALCHE APPROFONDIMENTO

- i rapporti nei quali lo Stato e gli altri enti pubblici possono esercitare un potere di comando nei confronti dei cittadini.

▶ **Il diritto privato** regola invece i rapporti tra soggetti che si trovano, tra loro, su un piano di parità giuridica. Regola, pertanto, i rapporti tra privati cittadini, o anche tra cittadini ed enti pubblici quando questi ultimi non esercitano il loro potere di comando. Ricorre questa ipotesi, per esempio, quando un ente pubblico acquista da imprese private i beni di cui ha bisogno.

Nell'ambito del diritto privato possiamo distinguere, per comodità di studio, due complessi di norme che formano rispettivamente il *diritto civile* e il *diritto commerciale*.

▶ **Il diritto civile** rappresenta la parte generale del diritto privato e regola i rapporti che si stabiliscono in materia di famiglia, di proprietà, di contratti, di successione per causa di morte.

▶ **Il diritto commerciale** regola invece prevalentemente rapporti in cui almeno una parte è un imprenditore. Si occupa, pertanto, di imprese, di società commerciali, di titoli di credito, di fallimento, e così via.

3. Quali sono i caratteri delle norme giuridiche

Le norme giuridiche, qualunque sia il loro contenuto, hanno almeno tre caratteri comuni:

- **sono generali**, perché si rivolgono alla generalità delle persone e non a singoli individui;
- **sono precettive**, perché contengono un precetto, un comando, e prevedono una **sanzione** per chi non lo rispetta;
- **sono astratte**, perché non disciplinano casi concreti ("se Tizio picchia Caio è punito...") ma prospettano comportamenti ipotetici ("se qualcuno procura lesioni ad altri è punito...").

==Fattispecie è chiamato il comportamento ipotetico descritto dalla norma.==

4. Come la sanzione rende obbligatoria la norma

Come abbiamo accennato sopra, chi trasgredisce il precetto contenuto nella norma giuridica può incorrere in una sanzione.

==Sanzione è chiamata la conseguenza prevista dall'ordinamento per chi non rispetta le norme.==

Naturalmente la sanzione non può essere uguale per ogni tipo di trasgressione. Anche intuitivamente riusciamo a capire che non si può punire allo stesso modo chi non paga un debito contratto con il salumiere e chi uccide una persona a scopo di rapina.

Precettivo è un termine che deriva da "precetto", che significa "prescrizione", "ordine", "comando".
Astratto proviene dal latino *abstrahere*, composto da *ab* "da" e *trahere* "trarre". Astratto è "ciò che è tratto fuori dal reale, dal concreto".
Fattispecie deriva dalla locuzione latina *factis species* che significa "apparenza del fatto", cioè come il fatto appare.

4

Correttamente, allora, la legge dispone un ventaglio di sanzioni che, per le loro specifiche caratteristiche, possiamo riunire in tre gruppi: sanzioni *penali*, *civili* e *amministrative*.

▶ **La sanzione penale** ha una funzione *prevalentemente punitiva* e accompagna le norme la cui violazione è ritenuta dal legislatore di particolare gravità. Può consistere nella restrizione della libertà personale per un periodo di tempo più o meno lungo, nel pagamento di una multa, o in entrambe le cose. Le norme cui è associato questo tipo di sanzione compongono il *diritto penale*.

▶ **La sanzione civile** accompagna le norme di diritto privato e consiste, generalmente, nella riparazione del danno causato. Così, per esempio, chi non paga un debito non potrà essere arrestato (l'arresto per debiti è scomparso dal nostro ordinamento dal 1877) ma, su richiesta del creditore, potrà essere obbligato dal giudice, anche mediante la vendita forzata dei suoi beni, a pagare il debito e a risarcire il danno causato.
Questo tipo di sanzione ha, chiaramente, una funzione *riparatoria*.

▶ **La sanzione amministrativa** è prevista soprattutto per la violazione di norme che regolano gli aspetti della vita sociale su cui si estende il controllo della Pubblica amministrazione. Può consistere nel pagamento di una somma di denaro oppure in altre e più gravi forme di punizione, come il licenziamento per il pubblico dipendente che abbia commesso gravi mancanze, oppure il ritiro della licenza commerciale per il ristoratore che non abbia rispettato le norme sull'igiene, e così via.

==Quando si violano contemporaneamente norme di diversa natura, le sanzioni possono cumularsi.==

5. Quando una norma può avere efficacia retroattiva

Come regola generale le norme giuridiche non hanno valore retroattivo. Tuttavia:

- **le norme di diritto penale** assumono efficacia retroattiva se contengono disposizioni più favorevoli a chi ha commesso un reato;
- **gli altri tipi di norme** possono assumere efficacia retroattiva quando il legislatore ritenga che ciò risponde a criteri di ragionevolezza e di equità.

6. Quando entrano in vigore le norme giuridiche

La norma giuridica, anche se regolarmente approvata dall'organo competente (Parlamento, Consiglio regionale o altro), non entra immediatamente in vigore.

Perché essa esplichi i propri effetti occorre che sia *pubblicata* su un organo ufficiale di stampa e che sia trascorso il prescritto periodo di *vacatio legis*. *Vacatio* in latino significa "esenzione", "esonero".

==**La vacatio legis**, pertanto, è il breve arco di tempo in cui si è *esonerati* dal rispettare le prescrizioni contenute nella norma.==

Sanzione proviene dal latino *sanctus*, che significa "inviolabile". Nel linguaggio giuridico questo termine ha assunto il significato di punizione idonea a rendere inviolabile la norma.
Pena proviene dal greco *poiné* e significa "pagare". La *poiné* era la somma con cui nella Grecia arcaica poteva essere compensata la vittima di un reato (o i suoi familiari).

La caratteristica più evidente della **sanzione amministrativa** è che essa può essere applicata direttamente dagli organi della Pubblica amministrazione. Per esempio, sappiamo tutti che se parcheggiamo la nostra auto in divieto di sosta, la sanzione prevista non ci verrà imposta da un magistrato con sentenza, ma da un vigile urbano, cioè da un organo della Pubblica amministrazione.

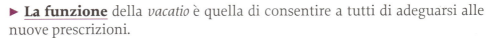

UN RIEPILOGO E QUALCHE APPROFONDIMENTO

Vengono pubblicate:
- sulla **Gazzetta Ufficiale della Repubblica** le leggi, i decreti legge, i decreti legislativi e i regolamenti governativi;
- sui **Bollettini Ufficiali delle Regioni** le leggi e i regolamenti regionali;
- sulla **Gazzetta Ufficiale dell'Unione europea** i regolamenti Ue.

▶ **La funzione** della *vacatio* è quella di consentire a tutti di adeguarsi alle nuove prescrizioni.

▶ **La durata** è generalmente di 15 giorni, ma se il legislatore lo ritiene opportuno (per esempio perché le nuove norme sono molto complesse) può fissare un termine maggiore. Oppure, se la loro entrata in vigore è ritenuta particolarmente urgente, può anche disporre che avvenga subito dopo la pubblicazione.

▶ **La pubblicazione** su organi ufficiali di stampa (il più noto dei quali è la *Gazzetta Ufficiale della Repubblica italiana*) consente a tutti i cittadini di prendere visione del contenuto della nuova disposizione e soprattutto consente allo Stato di *presumere* che tutti i cittadini ne abbiano preso visione. Da ciò consegue che dopo la pubblicazione della norma nessuno potrà più validamente sostenere di avere agito senza conoscere i divieti e gli obblighi in essa contenuti.

7. Come si interpretano le norme giuridiche

Quando un giudice, nel corso di un processo, si trova a giudicare un caso concreto, deve cercare di capire quale norma, tra le tante presenti nell'ordinamento, contenga una fattispecie che riproduca il caso in esame.

Molte volte il riscontro è semplice. Altre volte è più complesso. Per esempio, immaginiamo che un *taccheggiatore* prelevi dei beni dagli scaffali di un supermercato, li occulti in una borsa e venga fermato dalla vigilanza dopo aver superato senza pagare la linea delle casse. Un simile comportamento rientrerà nella fattispecie del furto (pena da sei mesi a tre anni) o del tentato furto (pena ridotta da un terzo a due terzi)?
In questo caso, e in tutti quelli che presentano elementi di ambiguità, il giudice deve operare una **interpretazione** delle norme.

Nel caso sopra esposto la Cassazione (sent. 52117 del 2014), dando una interpretazione *estensiva* all'art. 56 del Codice penale, ha deciso che il *taccheggio*, se scoperto, rientra nella fattispecie del **tentato furto** perché la refurtiva, anche se si sono superate le casse, non è ancora uscita dalla sfera di vigilanza del supermercato.

L'**interpretazione delle norme** è chiamata:
- **giurisprudenziale**, quando è operata dai giudici nel corso dei processi ed è vincolante per le parti in causa;
- **autentica**, quando è operata dal legislatore per chiarire il significato di una norma poco chiara ed è vincolante per tutti;
- **dottrinale**, quando è operata dagli studiosi del diritto ed è sicuramente autorevole ma non vincolante.

In generale il giudice nell'interpretare le norme deve seguire:

- **il criterio letterale**, che porta a capire il significato delle parole e del testo nel suo insieme,

- e **il criterio logico**, che porta a capire qual è la funzione di quella certa norma nell'ordinamento.

Il risultato dell'interpretazione potrà essere:

- **estensivo** se si dà alla norma un significato più ampio di quello che appare a una prima lettura,

- **restrittivo** nel caso contrario.

Nella motivazione che accompagna la sentenza il giudice dovrà anche spiegare le ragioni di fatto e di diritto che lo hanno indotto a interpretare la norma in un certo modo piuttosto che in un altro.

8. Come si risolvono i contrasti tra norme

È possibile che tra le migliaia di norme che compongono l'ordinamento ve ne siano alcune che contengono disposizioni tra loro contrastanti. In questi casi i criteri da seguire, per capire quale norma prevalga sull'altra, sono tre: il *criterio della competenza*, il *criterio gerarchico*, il *criterio cronologico*.

▶ **Il criterio della competenza** indica quale fonte (legge costituzionale, legge ordinaria, legge regionale, norma comunitaria) è competente a disciplinare quella certa materia. In particolare la Costituzione (soprattutto l'art. 117) ci dirà se la materia è di competenza statale o regionale. Il Trattato dell'Unione europea ci dirà invece se quella specifica materia rientra nella competenza della Ue.

▶ **Il criterio gerarchico** comporta che nel contrasto tra due norme ugualmente competenti prevalga sempre quella proveniente dalla fonte di grado più elevato.

▶ **Il criterio cronologico** prevede che tra due norme provenienti dal medesimo tipo di fonte (due leggi ordinarie, due leggi regionali, due regolamenti governativi, ecc.) prevalga quella più recente.

Competenza è un termine dai molti significati. Nel nostro caso significa avere l'autorità per disciplinare una certa questione.
Gerarchia è un termine che deriva dal greco *hierárkhes*, che indicava il capo delle funzioni sacre a cui tutti erano subordinati.
Cronologia deriva dal greco *kronos* ("tempo"). Il criterio cronologico, pertanto, considera la successione delle norme nel tempo.

9. Come si eliminano le norme giuridiche

Solitamente le norme non hanno scadenza e rimangono in vigore fin quando non vengono *abrogate*.

▶ **L'abrogazione** (o eliminazione) di una norma giuridica può avvenire in *modo tacito*, in *modo espresso* o *per effetto di referendum abrogativo*.

- **L'abrogazione tacita** si realizza quando una norma più recente disciplina in modo diverso una materia già disciplinata da un'altra norma.

- **L'abrogazione espressa** si ha quando una norma esplicitamente dichiara che deve considerarsi eliminata una norma precedente.

- **L'abrogazione per referendum** si ha quando i cittadini vengono chiamati a decidere se vogliono oppure no eliminare una certa legge o una parte di essa. Se prevalgono i "sì", la legge sarà abrogata. Se prevalgono i "no", seguiterà a rimanere in vigore.

La legge può anche essere annullata dalla Corte costituzionale quando questa scopre che le sue disposizioni sono in contrasto con la Costituzione.

Se una legge non viene più osservata da nessuno, può considerarsi eliminata?

La risposta è negativa. Gli unici modi per abrogare una norma scritta sono quelli che abbiamo visto sopra.

Verifica le tue conoscenze

Sai qual è la differenza tra...

a. Legge — *e* — Norma giuridica

b. Interpretazione estensiva — *e* — Interpretazione restrittiva

c. Generalità delle norme — *e* — Astrattezza delle norme

d. Interpretazione letterale — *e* — Interpretazione logica

e. Sanzione penale — *e* — Sanzione civile

f. Criterio gerarchico — *e* — Criterio cronologico

g. Diritto pubblico — *e* — Diritto privato

h. Diritto civile — *e* — Diritto commerciale

i. Abrogazione tacita — *e* — Abrogazione espressa

Test a risposta multipla

Indica con una crocetta l'affermazione esatta.

1. Il diritto oggettivo è costituito dall'insieme:
A. delle norme giuridiche poste dallo Stato
B. delle leggi poste dallo Stato
C. dei regolamenti
D. delle consuetudini

2. Le norme giuridiche sono astratte perché:
A. non prevedono casi concreti
B. hanno poca attinenza con la realtà
C. si rivolgono a tutti i cittadini
D. prevedono situazioni molto ampie

3. È più esatto dire che la norma giuridica è una legge o che la legge è una norma giuridica?
A. è corretta la prima ipotesi
B. è corretta la seconda ipotesi
C. sono corrette entrambe le ipotesi
D. non è corretta nessuna delle due ipotesi

4. Cronologia deriva dal greco *kronos* che significa:
A. tempo
B. luogo
C. spazio
D. ordine

5. La fattispecie è:
A. una specie particolare di norma giuridica
B. il comportamento ipotetico previsto dalla norma giuridica
C. il fatto specifico a cui si riferisce la norma giuridica
D. un fatto non contemplato in alcuna norma giuridica

6. Le norme di diritto penale possono avere efficacia retroattiva:
A. sempre
B. mai
C. solo se contengono sanzioni più severe
D. solo se contengono sanzioni meno severe

7. Per risolvere un contrasto tra norme provenienti da fonti diverse occorre applicare prima di ogni altro il criterio:
A. cronologico
B. gerarchico
C. scientifico
D. della competenza

8. La sanzione civile ha lo scopo prevalente di:
A. riparare il danno causato
B. educare il cittadino
C. punire il colpevole
D. elevare il livello di civiltà

Domande per ricordare

1. Che cosa significa "norma giuridica"?

2. Quali sono le più importanti ripartizioni dell'ordinamento giuridico?

3. Quali sono i caratteri comuni a tutte le norme giuridiche?

4. Quali sono i possibili tipi di sanzione?

5. Quando entrano in vigore le norme giuridiche?

6. Quali sono i criteri di interpretazione delle norme?

7. Come si risolvono i contrasti tra norme?

Repetita 2

Le fonti del diritto: la Costituzione

1. Quali sono le fonti del diritto

Sono fonti del diritto tutti gli atti o i fatti dai quali scaturiscono norme giuridiche.

Per esempio l'approvazione di una legge da parte del Parlamento è un atto da cui nascono regole di comportamento. Diciamo pertanto che la legge è una *fonte del diritto*.

Anche l'approvazione di un regolamento comunale è un atto da cui nascono regole di comportamento e quindi anche il regolamento è una fonte del diritto.

Tuttavia, se vi fosse un contrasto tra le disposizioni contenute in una legge e quelle contenute in un regolamento approvato da un Consiglio comunale, quale dovrebbe prevalere? Non v'è dubbio che dovrebbe prevalere la legge, perché deliberata da un organo sicuramente più rappresentativo della volontà popolare.

Diciamo allora che:

▶ **le fonti del diritto** sono ordinate secondo una **scala gerarchica** per effetto della quale la norma proveniente da una fonte di grado inferiore non può validamente porsi in contrasto con una norma proveniente da una fonte di grado superiore.

Il termine **fonte** solitamente indica una sorgente da cui sgorga acqua. Per similitudine indichiamo come **fonti del diritto** gli *atti* (approvazione delle leggi, emanazione di regolamenti, ecc.) e i *fatti* (il formarsi delle consuetudini) dai quali scaturiscono *norme giuridiche*.

2. La gerarchia delle fonti

▶ **Al primo posto**, nella gerarchia delle fonti, troviamo la **Costituzione** e le altre **leggi costituzionali**, cioè le leggi che integrano o modificano la Costituzione.
Trovandosi al primo posto, le norme costituzionali prevalgono, in caso di contrasto, su qualsiasi altro tipo di norma.

▶ **Al secondo posto** (a pari merito, direbbe un giudice sportivo) si trovano le leggi ordinarie, i decreti legge, i decreti legislativi, i regolamenti dell'Unione europea, le leggi regionali e le leggi emesse dalle Province autonome di Trento e Bolzano.

▶ **Al terzo posto** troviamo i regolamenti, che sono una fonte secondaria e pertanto non possono modificare o abrogare una norma proveniente da una fonte primaria. Possono essere adottati dal Governo, dai singoli mi-

UN RIEPILOGO E QUALCHE APPROFONDIMENTO

nistri, dalle Regioni, dai Comuni, dalle Città metropolitane e da altri enti pubblici.

▶ **Al quarto posto**, infine, troviamo le consuetudini o usi che perdono ogni validità se contrastano con una norma proveniente da una fonte scritta.

Come si individuano le norme giuridiche

Sto cercando la norma che consente agli studenti che hanno una buona media di sostenere con un anno di anticipo gli esami di maturità, ma non riesco a trovarla. Non dovrò mica sfogliare tutte le leggi del nostro ordinamento!

Al fine di consentire una più agile individuazione delle specifiche disposizioni, i testi normativi sono divisi in **articoli** numerati e gli articoli, a loro volta, sono suddivisi in **commi**.
Comma è un termine che deriva dal greco *kòmma*, che significa "frammento" e nel linguaggio giuridico è utilizzato per indicare la parte di norma compresa tra un capoverso e l'altro. Nei testi normativi emanati a partire dal 1985, anche i commi vengono numerati.

Per rintracciare una norma giuridica occorre innanzi tutto conoscere i suoi dati identificativi.

Sono dati identificativi:

- **la fonte** dalla quale la norma proviene;
- **la data** di emanazione;
- **il numero** d'ordine.

Senza queste indicazioni, qualsiasi ricerca avrebbe un esito altamente incerto. Solo per la data è possibile fare a meno dell'indicazione completa, essendo sufficiente la menzione dell'anno.
Nel caso specifico la norma che consente agli studenti meritevoli di sostenere con un anno di anticipo gli esami di maturità è contenuta nella legge (*fonte*) 10 dicembre 1997 (*data*) n. 425 (*numero d'ordine*).

Le abbreviazioni

Solitamente, nell'indicare le fonti ci si serve di **abbreviazioni**:

- **Cost.** per indicare la Costituzione;
- **l.** per la legge ordinaria;
- **d.l.** per i decreti legge;
- **d.lg.** (o anche d.lgs.) per i decreti legislativi.

3. La Costituzione italiana

La Costituzione è la legge fondamentale dello Stato, la legge, cioè, che contiene le norme poste a fondamento dell'intero ordinamento giuridico.

La nostra Costituzione è definita "**rigida**" perché può essere modificata o integrata solo seguendo la complessa procedura indicata dall'art. 138 Cost.

È composta da 139 articoli più alcune disposizioni transitorie.

Si apre con l'enunciazione di **11 principi fondamentali** al cui rispetto deve uniformarsi l'intero ordinamento giuridico. Ciò significa che tutte le norme approvate e da approvare nel nostro Paese non possono essere in contrasto con tali principi.

Prosegue con una prima parte rubricata **Diritti e doveri dei cittadini**.

Si chiude con una seconda parte rubricata **Ordinamento della Repubblica**, nella quale sono individuati e in parte regolati i principali organi tra i quali la Costituzione stessa ripartisce l'esercizio della sovranità.

4. I principi fondamentali

Per un'analisi puntuale dei "principi fondamentali" rinviamo a quanto studiato nel primo biennio.

Qui di seguito ci limitiamo a illustrare i primi tre articoli per la grande importanza che rivestono nella vita di tutti noi.

Art. 1:

"L'Italia è una Repubblica democratica, fondata sul lavoro.

La sovranità appartiene al popolo, che la esercita nelle forme e nei limiti della Costituzione."

Ricordiamo che cosa vuol dire tutto ciò.

- **Repubblica** è un termine che indica un tipo di organizzazione in cui il Capo dello Stato esercita i suoi poteri per delega del popolo e, soprattutto, per un tempo determinato.

- **Democratica** significa che tutto il popolo partecipa alle scelte politiche. Come vi partecipa? Lo fa eleggendo i propri rappresentanti, presentando al Parlamento leggi di iniziativa popolare, avanzando petizioni, promuovendo referendum, e così via.

- **Fondata sul lavoro** è una espressione su cui spesso si ironizza, ma a torto. Essa racchiude il cosiddetto *principio lavorista* con il quale la Repubblica ha compiuto un salto di qualità rispetto al vecchio Stato monarchico-liberale che poneva i titoli di sangue e la ricchezza a fondamento del sistema politico e sociale. L'introduzione del principio lavorista nella Carta costituzionale annuncia la nascita di un nuovo modello di Stato che avrà riguardo per la persona umana senza più distinzioni di nascita o di censo.

Art. 2:

"La Repubblica riconosce e garantisce i diritti inviolabili dell'uomo, sia come singolo sia nelle formazioni sociali ove si svolge la sua personalità [...]."

La Costituzione, come si evince dal testo, *non concede* (perché ciò che è concesso può anche essere tolto) *ma riconosce* come appartenenti a ogni essere umano alcuni diritti fondamentali che dichiara **inviolabili**.

Rientrano fra tali diritti il diritto alla vita, il diritto alla libertà personale, il

La Costituzione considera fondamentale, per il pieno sviluppo della persona umana, anche la libertà di riunirsi in formazioni sociali.

Formazioni sociali sono la famiglia, le associazioni, i comitati, i partiti politici, i sindacati, e così via.

UN RIEPILOGO E QUALCHE APPROFONDIMENTO

> Secondo una consolidata dottrina, le norme che tutelano i diritti inviolabili non possono essere modificate neppure con una legge costituzionale e l'aggettivo **inviolabile** deve essere inteso come **immodificabile**.

diritto di associazione, di religione, di manifestazione del pensiero, i diritti politici e altri importantissimi diritti contenuti in gran parte nella Costituzione stessa.

Art. 3:
"Tutti i cittadini hanno pari dignità sociale e sono eguali davanti alla legge, senza distinzione di sesso, di razza, di lingua, di religione, di opinioni politiche, di condizioni personali e sociali."

Si tratta del fondamentale riconoscimento del diritto di uguaglianza, in virtù del quale nessuna legge potrà operare discriminazioni tra i cittadini. Tuttavia, il fatto che *formalmente* la legge non possa operare discriminazioni non garantisce che *sostanzialmente* tali discriminazioni non vi siano.
Per esempio, formalmente tutti abbiamo diritto di frequentare l'università o di rivolgerci a un giudice con l'assistenza di un bravo avvocato. Ma se non abbiamo denaro sufficiente per pagare l'iscrizione all'università o la parcella dell'avvocato, questi diritti è come se non li avessimo.

Occorre allora operare una distinzione tra *uguaglianza formale* e *uguaglianza sostanziale*.

- **L'uguaglianza formale** si persegue ponendo norme rigidamente uguali per tutti, senza distinzione tra ricchi o poveri, giovani o anziani, forti o deboli. Si tratta, chiaramente, di una uguaglianza di facciata, poiché non c'è nulla di più ingiusto della previsione di un trattamento uguale per soggetti che si trovino in situazioni disuguali.

- **L'uguaglianza sostanziale**, invece, comporta la necessità di differenziare la disciplina da gruppo a gruppo, da categoria a categoria, da zona a zona, al fine di compensare e correggere squilibri e ingiustizie.

Il **secondo comma** dell'art. 3, affinché questo obiettivo venga raggiunto, dispone che:
"È compito della Repubblica rimuovere gli ostacoli di ordine economico e sociale che, limitando di fatto la libertà e l'uguaglianza dei cittadini, impediscono il pieno sviluppo della persona umana [...]."

Sono volte a questo fine, per esempio, le norme che:

- consentono agli studenti universitari le cui famiglie hanno un basso reddito di pagare minori tasse;
- consentono a chi non ha sufficienti mezzi economici di essere difeso in un processo a spese dello Stato;
- consentono a chi ha un basso reddito di pagare imposte minori rispetto a chi ha un alto reddito;
- dispongono, nelle assunzioni al lavoro, quote di riserva in favore delle persone diversamente abili;
- tutelano le lavoratrici madri.

> **Gli altri principi**
> **Art. 4** – La Repubblica riconosce a tutti i cittadini il diritto al lavoro [...].
> **Art. 5** – La Repubblica è una e indivisibile [...].
> **Art. 6** – La Repubblica tutela, con apposite norme, le minoranze linguistiche.
> **Art. 7** – Lo Stato e la Chiesa cattolica sono, ciascuno nel proprio ordine, indipendenti e sovrani. I loro rapporti sono regolati dai Patti Lateranensi [...].
> **Art. 8** – Tutte le confessioni religiose sono ugualmente libere davanti alla legge [...].
> **Art. 9** – La Repubblica promuove lo sviluppo della cultura e [...] tutela il paesaggio e il patrimonio storico e artistico della nazione.
> **Art. 10** – L'ordinamento giuridico italiano si conforma alle norme del diritto internazionale generalmente riconosciute [...].
> **Art. 11** – L'Italia ripudia la guerra come strumento di offesa [...].
> **Art. 12** – La bandiera della Repubblica è il tricolore [...].

5. I diritti e i doveri dei cittadini

La Carta costituzionale, dopo aver enunciato i principi fondamentali a cui dovrà ispirarsi la legislazione nazionale, prosegue con una prima parte intitolata **Diritti e doveri dei cittadini**.

Questa prima parte, a sua volta, è suddivisa in quattro *Titoli*:

- **il Titolo I**, rubricato *Rapporti civili*, contiene le norme poste dalla Costituzione a garanzia delle fondamentali libertà dei cittadini;
- **il Titolo II**, rubricato *Rapporti etico-sociali*, contiene norme poste a tutela della famiglia, della salute e della libertà nella ricerca scientifica, nell'arte e nell'insegnamento;
- **il Titolo III**, che è rubricato *Rapporti economici*, contiene norme che delineano il sistema economico che caratterizza il nostro Paese e pongono garanzie a tutela del lavoro;
- **il Titolo IV**, rubricato *Rapporti politici*, contiene norme poste a garanzia della partecipazione di tutti i cittadini alla vita politica del Paese.

6. Tanti diritti e pochi doveri

Leggendo la parte prima della Costituzione ho notato una cosa strana: dei 42 articoli che la compongono, ben 39 attribuiscono diritti e solo 3 impongono doveri. Qual è mai la ragione di un tale squilibrio?

La ragione è nella considerazione che lo *Stato apparato* (il cui principale attributo, lo ricordiamo, è la sovranità) può imporre doveri attraverso l'emanazione di leggi e regolamenti senza bisogno di specifiche autorizzazioni da parte della Costituzione.

Il problema che in generale si pongono le costituzioni democratiche, pertanto, non è individuare nuovi doveri, quanto piuttosto garantire una sfera di libertà all'interno della quale lo Stato non possa entrare se non con grandi cautele.

I pochi ma importanti doveri che il legislatore ha ritenuto di dover porre nella Carta costituzionale riguardano:

- **la difesa della patria**, ritenuta dall'art. 52 un dovere sacro del cittadino. È utile precisare, a tale proposito, che dopo la sostituzione dell'esercito di leva con un esercito volontario l'obbligo di indossare la divisa può tornare solo:
  - se il numero dei volontari fosse insufficiente a coprire l'organico;
  - se una crisi internazionale richiedesse un incremento delle nostre forze armate;
  - se l'Italia si trovasse coinvolta in una guerra;
- **il dovere di concorrere al finanziamento della spesa pubblica** mediante il pagamento dei tributi secondo un criterio di progressività. Questo criterio, adottato in tutti i Paesi democratici, prevede che il prelievo fiscale si effettui applicando aliquote via via minori al diminuire del red-

---

Le libertà fondamentali nel Titolo I
Art. 13 – La libertà personale è inviolabile [...].
Art. 14 – Il domicilio è inviolabile [...].
Art. 15 – La libertà e la segretezza della corrispondenza [...] sono inviolabili.
Art. 16 – Ogni cittadino può circolare e soggiornare liberamente in qualsiasi parte del territorio nazionale [...].
Art. 17 – I cittadini hanno diritto di riunirsi pacificamente e senza armi [...].
Art. 18 – I cittadini hanno diritto di associarsi liberamente [...].
Art. 19 – Tutti hanno diritto di professare liberamente la propria fede religiosa [...].
Art. 21 – Tutti hanno diritto di manifestare liberamente il proprio pensiero [...].
Art. 22 – Nessuno può essere privato, per motivi politici, della capacità giuridica, della cittadinanza e del nome.
Art. 23 – Nessuna prestazione personale o patrimoniale può essere imposta se non in base alla legge.
Gli artt. 24-28, infine, contengono alcune fondamentali garanzie a tutela dei cittadini in merito all'esercizio della giurisdizione civile e penale.

dito imponibile delle persone. Con questa disposizione si concorre a dare attuazione al principio di uguaglianza sostanziale sancito nell'articolo 3;

- **il dovere di essere fedeli alla Repubblica**, sancito dall'art. 54 Cost., chiude la breve rassegna dei doveri costituzionali.

APPROFONDIMENTO — Storia della Costituzione repubblicana

La storia costituzionale italiana inizia nel 1848 quando, sotto la pressione dei moti popolari, il re di Piemonte, Carlo Alberto di Savoia, concesse ai suoi sudditi lo **Statuto**, cioè una costituzione liberale che trasformava finalmente la monarchia sabauda da *assoluta* in *costituzionale*.

Dopo la proclamazione del Regno d'Italia, nel 1861, lo Statuto venne esteso a tutto il Paese e divenne la prima Costituzione italiana.

Nello Statuto:

- il **potere legislativo** spettava congiuntamente al Parlamento (composto da una Camera dei deputati elettiva e da un Senato di nomina regia) e al re, il cui consenso, detto *sanzione*, era indispensabile perché le leggi entrassero in vigore. Tuttavia il re, salvo casi eccezionali, non si mise mai in contrasto con il Parlamento, il quale finì per gestire in modo esclusivo il potere legislativo;
- il **potere esecutivo** era esercitato da un Governo nominato dal re, ma ben presto prevalse la prassi per la quale il Governo non poteva governare senza un voto di fiducia del Parlamento;
- la **funzione giudiziaria** era affidata a giudici che giudicavano in nome del re, ma di fatto dipendevano dal ministro Guardasigilli (oggi ministro della Giustizia).

A ben guardare, sebbene il re partecipasse alle tre fondamentali funzioni dello Stato (legiferare, governare, giudicare) il vero potere era in mano al Parlamento. Ma dire Parlamento significa, di fatto, dire Camera dei deputati, perché il Senato era formato per lo più da esponenti dell'antica nobiltà, alto clero, grandi ufficiali in pensione, persone di grande prestigio ma di poco potere reale. E poiché la legge elettorale prevedeva che potessero votare ed essere eletti alla Camera dei deputati soltanto i cittadini possessori di un elevato reddito, cioè i grandi borghesi, di fatto il Parlamento divenne il custode degli interessi della grande borghesia agraria e industriale.

Pur con i suoi gravi limiti, lo Statuto era pur sempre una costituzione liberale, moderatamente democratica. Ma l'avvento del fascismo ne stravolse i contenuti e lo Stato italiano venne trasformato in una dittatura.

Dittatura significa concentrazione dei massimi poteri in un solo organo. E questo organo, nella dittatura fascista, era il Capo del Governo.

Una tale trasformazione, sul piano giuridico, fu agevolata dal fatto che lo Statuto era una *costituzione flessibile*. **Flessibile** significa che poteva essere modificata con una semplice legge approvata dal Parlamento. E poiché nelle elezioni del 1923 il partito fascista aveva conquistato la maggioranza dei seggi alla Camera, poté agevolmente approvare norme con le quali si ponevano fuori legge i partiti politici di opposizione e i sindacati, si sopprimeva la Camera dei deputati e si eliminavano del tutto le poche garanzie democratiche esistenti.

Caduto il fascismo e terminata la Seconda guerra mondiale, un Governo provvisorio formato dai più alti esponenti dei **Comitati Nazionali di Liberazione** chiamò il popolo italiano a decidere, attraverso un **referendum**, al quale per la prima volta parteciparono anche le donne, se l'Italia dovesse rimanere ancora una monarchia o dovesse trasformarsi in repubblica. Il referendum si tenne il 2 giugno 1946 e vinse, come sappiamo, l'**opzione repubblicana**. Subito dopo una **Assemblea costituente** pose mano alla compilazione di una nuova Costituzione che fosse democratica ma anche *rigida*. **Rigida** significa che può essere modificata soltanto attraverso la complessa procedura prevista dall'art. 138. Tale procedura prevede che leggi di modifica o di integrazione alla Costituzione debbano essere approvate due volte dal Parlamento con uno spazio temporale non minore di tre mesi tra una delibera e l'altra e che prima della promulgazione da parte del Capo dello Stato possano essere sottoposte a referendum confermativo.

La Costituzione repubblicana entrò in vigore il **1° gennaio del 1948**.

Verifica le tue conoscenze

REPETITA **2**

Sai qual è la differenza tra...

a. Atti giuridici **e** Fatti giuridici

b. Statuto albertino **e** Costituzione repubblicana

c. Costituzione rigida **e** Costituzione flessibile

d. Potere legislativo **e** Potere esecutivo

e. Dittatura **e** Democrazia

f. Riconoscere un diritto **e** Attribuire un diritto

g. Uguaglianza formale **e** Uguaglianza sostanziale

Test a risposta multipla

Indica con una crocetta l'affermazione esatta.

1. **L'art. 1 Cost. stabilisce che la sovranità, esercitata nelle forme e con i limiti posti dalla Costituzione, appartiene:**
   A. al Parlamento
   B. al Governo
   C. al Presidente della Repubblica
   D. al popolo

2. **L'art. 2 Cost.:**
   A. introduce il principio della democrazia rappresentativa
   B. garantisce la tutela dei diritti inviolabili dell'uomo
   C. introduce il principio di uguaglianza
   D. contiene regole sulla cittadinanza

3. **Sarebbe possibile sopprimere con legge di revisione costituzionale i diritti che la Costituzione riconosce come inviolabili?**
   A. sì, perché la Costituzione non è immodificabile
   B. sì, purché la legge di revisione costituzionale sia approvata dai due terzi del Parlamento
   C. no, perché la Costituzione italiana è immodificabile
   D. no, perché, secondo la dottrina prevalente, l'aggettivo "inviolabile" deve essere inteso come "immodificabile"

4. **L'art. 3 Cost. introduce nell'ordinamento un principio di uguaglianza:**
   A. formale   B. imperfetta
   C. sostanziale   D. relativa

5. **"Costituzione flessibile" significa che le sue norme:**
   A. possono essere aumentate liberamente
   B. possono essere diminuite liberamente
   C. sono molto elastiche
   D. possono essere modificate con legge ordinaria

6. **L'attuale Costituzione italiana è entrata in vigore:**
   A. il 25 luglio 1943
   B. il 2 giugno 1946
   C. il 1° gennaio 1948
   D. il 22 dicembre 1949

7. **Nella gerarchia delle fonti i regolamenti dell'Unione europea occupano:**
   A. il primo posto   B. il terzo posto
   C. il secondo posto   D. il quarto posto

Domande per ricordare

1. **Che cosa si intende per "fonti del diritto"?**

2. **Quali effetti comporta il fatto che le fonti del diritto siano gerarchicamente ordinate?**

3. **Quali sono i dati identificativi della norma giuridica?**

4. **Che cosa vuol dire "Repubblica democratica"?**

5. **Qual è la differenza tra eguaglianza formale e sostanziale?**

6. **Quale norma della Costituzione riconosce e garantisce i diritti inviolabili dell'uomo?**

7. **Quali sono i più significativi "diritti inviolabili"?**

15

Repetita 3

Le fonti del diritto: la legge ordinaria e le norme della Ue

1. Caratteri generali

▶ **Le leggi** (dette anche *leggi ordinarie* per distinguerle dalle leggi costituzionali e dalle leggi regionali) sono solo gli atti normativi approvati dal Parlamento con la procedura che tra breve illustreremo.
Gli atti normativi provenienti da altri organi o da altri enti assumono infatti nomi diversi.

Si chiamano:

- **leggi regionali** le leggi deliberate dai Consigli regionali;
- **decreti legge** e **decreti legislativi** taluni atti normativi adottati dal Governo;
- **regolamenti** gli atti normativi emanati dal Governo, dai ministri o da altri enti o organi della Pubblica amministrazione.

Il Parlamento può regolare con legge qualsiasi materia?

Prima che nel 2001 venisse modificato il **Titolo V** della Costituzione, il Parlamento aveva una competenza legislativa *generale*. Ciò significa che (nel rispetto della Costituzione, nonché dei vincoli derivanti dall'ordinamento comunitario e dagli obblighi internazionali) poteva legiferare su qualsiasi tema, con la sola esclusione delle materie riservate alla competenza della legge regionale. Successivamente, per effetto della modifica apportata alla Costituzione con la legge n. 3 del 2001, questo rapporto si presenta rovesciato.

▶ **La competenza della Regione è generale**. Ciò significa che questa può legiferare su ogni materia che non sia espressamente riservata allo Stato (ovviamente con efficacia limitata al territorio regionale).

▶ **La competenza dello Stato è numerata**. Ciò vuol dire che è limitata alle specifiche materie indicate dalla Costituzione e per lo più elencate nell'art. 117 Cost.

La maggiore competenza legislativa assegnata alle Regioni è nata dalla considerazione che queste, essendo enti più vicini al cittadino, possono meglio individuarne i bisogni.

L'art. 117 Cost. specifica che su alcune materie le Regioni e lo Stato hanno una competenza concorrente.
Competenza concorrente significa che spetta allo Stato dettare i principi generali mentre alle Regioni spetta elaborare una normativa più dettagliata. Sono materie a competenza concorrente per esempio, la tutela della salute, la protezione civile, il governo del territorio e altre materie indicate dalla norma costituzionale.

2. Come nasce una legge

Perché si possa giungere ad approvare una legge occorre, come presupposto logico, che qualcuno la proponga.
La legge si propone presentando alla presidenza della Camera o del Senato un progetto strutturato per articoli. Il progetto verrà stampato e distribuito ai parlamentari affinché ne prendano visione. Poi sarà inviato per l'esame preventivo alla **Commissione competente per materia** (> par. 3). Per esempio, se il progetto riguardasse la scuola, verrebbe inviato alla Commissione istruzione, se riguardasse il sistema sanitario verrebbe inviato alla Commissione sanità, e così via.

Chi può presentare un progetto di legge?

▶ **L'iniziativa legislativa può essere assunta (art. 71 Cost.)**:

- dal Governo;
- da ciascun parlamentare;
- da 50 mila elettori;
- da ciascun Consiglio regionale (art. 121 Cost.);
- dal Cnel (Consiglio Nazionale dell'Economia e del Lavoro).

Qual è la differenza tra disegno, proposta e progetto di legge?

Le diverse espressioni servono solo a indicare i diversi soggetti da cui è stata assunta l'iniziativa legislativa.

In particolare parliamo di:

- **disegno di legge** se l'iniziativa è stata assunta dal Governo o da membri del Senato;
- **proposta di legge** se l'iniziativa è stata assunta dagli altri soggetti abilitati, e cioè dai deputati, da 50 mila elettori o dai Consigli regionali;
- **progetto di legge** se non intendiamo specificare da quale, tra i soggetti sopra indicati, è stata assunta l'iniziativa.

La paternità dei disegni di legge di iniziativa governativa non è mai di un singolo ministro ma del Consiglio dei ministri, che opera come organo collegiale.

APPROFONDIMENTO Il Parlamento italiano

In ogni Paese democratico il Parlamento è l'organo che rappresenta al massimo grado la sovranità popolare. **Nel nostro Paese** questo organo è composto:

- dalla Camera dei deputati;
- dal Senato della Repubblica.

Poiché entrambe le Camere svolgono funzioni perfettamente identiche, il nostro sistema è detto **bicamerale perfetto**.
Le poche diversità tra Camera e Senato riguardano soprattutto:

- l'età minima degli elettori: 18 anni per la Camera dei deputati e 25 per il Senato;
- l'età minima dei candidati: 25 anni per la Camera e 40 per il Senato;
- il numero dei componenti: 630 per la Camera e 315 per il Senato ai quali vanno però aggiunti gli ex Presidenti della Repubblica (che diventano senatori a vita alla scadenza del mandato presidenziale) e altri cinque senatori a vita che possono essere nominati dal Presidente della Repubblica tra i cittadini che hanno illustrato la Patria per altissimi meriti.

Il sistema bicamerale è stato introdotto in Italia con lo Statuto albertino. A quei tempi rispondeva all'esigenza di affiancare alla Camera dei deputati, eletta dal popolo, un Senato composto da persone scelte dal re e, pertanto, a lui particolarmente fedeli.
Superato l'ordinamento monarchico, la scelta di mantenere il bicameralismo nell'Italia repubblicana è stata motivata con la considerazione che un doppio esame delle leggi avrebbe garantito una maggiore ponderatezza nelle scelte, potendo una Camera correggere gli eventuali errori o sviste commesse dall'altra.
In realtà è apparso presto evidente a molti che la duplicazione degli organi e delle funzioni non procurava alcun apprezzabile vantaggio alla qualità delle leggi e si è iniziato a parlare della necessità di assegnare al Senato un ruolo diverso rispetto a quello della Camera dei deputati. Tra le forze politiche, però, non vi è mai stato accordo su quali diverse funzioni si dovessero assegnare ai senatori.
Una soluzione sembrò essere a portata di mano nel **2016** quando il Parlamento approvò un disegno di legge nel quale si prevedeva una riduzione del numero dei senatori e si limitava fortemente la loro partecipazione alla funzione legislativa e di controllo sull'operato del Governo.
Le leggi costituzionali, però, prima della promulgazione possono essere sottoposte a referendum popolare. E al quesito referendario la maggior parte degli elettori, accogliendo le critiche sostenute dalle opposizioni, ha votato contro. La riforma, pertanto, non ha più avuto attuazione e l'Italia è rimasto l'unico Paese al mondo a adottare il sistema bicamerale perfetto (o paritario).

LE FUNZIONI DEL PARLAMENTO

Le funzioni attribuite al Parlamento dalla Costituzione sono piuttosto numerose e complesse.
Le più importanti sono sicuramente:

- **la funzione legislativa**, che consiste nel proporre, discutere e deliberare le leggi che avranno efficacia su tutto il territorio nazionale;
- **la funzione di controllo politico**, che consiste nell'indirizzare e controllare l'opera del Governo;
- **l'elezione del Presidente della Repubblica**.

Inoltre rientra tra i numerosi compiti del Parlamento:

- eleggere 5 giudici della Corte costituzionale e un terzo dei membri del Consiglio superiore della Magistratura;
- porre sotto accusa il Presidente della Repubblica per i reati di alto tradimento e di attentato alla Costituzione;
- deliberare lo stato di guerra;
- concedere l'amnistia e l'indulto (il primo provvedimento estingue il reato nel senso che non si considera più tale il fatto delittuoso commesso prima della presentazione della legge di amnistia alle Camere; il secondo comporta una riduzione totale o parziale della pena).

LA LEGISLATURA

Legislatura è chiamato il tempo in cui rimangono in carica le Camere e la sua durata è di cinque anni. Tuttavia il Presidente della Repubblica può decretarne la fina anticipata se, per impossibilità di costituire una maggioranza (perché si fronteggiano in Parlamento formazioni politiche di pari forza) o per dissidi interni alla maggioranza stessa, le Camere non appaiono in grado di funzionare regolarmente.

I GRUPPI PARLAMENTARI

I gruppi sono raggruppamenti di parlamentari eletti nelle liste del medesimo partito. La loro istituzione risponde a un'esigenza di semplificazione. Se ciascun parlamentare agisse, parlasse e votasse in piena indipendenza, sarebbe piuttosto difficile armonizzare le diverse posizioni e indirizzarle verso una concreta soluzione dei problemi. Il gruppo, invece, esprime in modo unitario la propria volontà.

Il Parlamento italiano

I dissenzienti, che ripetutamente sono in disaccordo con le decisioni assunte dal proprio gruppo, possono confluire in un altro gruppo (in pratica cambiare partito) o trasferirsi nel gruppo misto, dove si riuniscono i parlamentari che hanno lasciato il proprio e non hanno ancora deciso in quale altro andare.

LE COMMISSIONI PERMANENTI

Le Commissioni permanenti hanno la funzione di velocizzare i lavori del Parlamento dividendosi i compiti. Ciascuna Commissione (nella Camera dei deputati ce ne sono 14 e al Senato 14) si occupa esclusivamente delle questioni riguardanti una determinata materia (istruzione, difesa, cultura, e così via). In questo modo l'attività parlamentare risulta notevolmente accelerata.
Le Commissioni sono composte, stabilisce l'art. 72 Cost., da un numero di deputati o di senatori che rispecchi la proporzione dei diversi gruppi parlamentari presenti in aula.

IL MANDATO PARLAMENTARE

La Costituzione (art. 67) stabilisce che i membri del Parlamento (quindi sia senatori che deputati) esercitano la loro funzione **senza vincolo di mandato**.
Ciò significa che il parlamentare, nello svolgere la sua funzione, non è vincolato a ciò che ha promesso agli elettori soprattutto se, per il modificarsi di alcune condizioni, la promessa fatta risultasse contraria all'interesse nazionale.
Il parlamentare può anche lasciare il partito nelle cui liste è stato eletto se ritiene che questo abbia assunto una linea politica che egli giudica non più utile al Paese.

COME DELIBERANO LE CAMERE

In generale, perché un provvedimento sia approvato è sufficiente che voti a favore la **maggioranza semplice** (la metà più uno dei presenti in aula), ma per talune questioni di particolare importanza la Costituzione richiede la **maggioranza assoluta** (la metà più uno degli aventi diritto al voto) o la **maggioranza qualificata** (due terzi degli aventi diritto al voto).
In ogni caso, perché la deliberazione sia valida, deve essere presente in aula il numero legale, cioè richiesto

Il Parlamento in seduta comune per il giuramento del presidente Sergio Mattarella (3 febbraio 2015).

dalla legge, che in è pari alla metà più uno dei componenti in ciascuna Camera.

LE IMMUNITÀ PARLAMENTARI

Ai parlamentari la Costituzione (art. 68) riconosce una speciale protezione consistente nella immunità per le opinioni espresse e nella immunità procedurale.

- **L'immunità per le opinioni espresse** prevede che i membri del Parlamento non possano essere perseguiti per le opinioni espresse e per i voti dati nell'esercizio delle loro funzioni.

- **L'immunità procedurale** prevede che, senza un'apposita autorizzazione concessa dalla Camera di appartenenza, il giudice che indaghi su un parlamentare non possa sottoporlo a perquisizione personale e domiciliare, né intercettare le conversazioni o sottoporlo ad arresto preventivo. Può però proseguire le indagini con altri mezzi e, se raccoglie prove sufficienti, può chiamare il parlamentare in giudizio proprio come farebbe con qualsiasi altro cittadino.

QUESTIONI

Tra i soggetti abilitati a presentare progetti di legge, quali sono più autorevoli?

Il Governo si colloca sicuramente al primo posto in questa graduatoria. Come vedremo meglio più avanti, per governare il Paese il Governo ha bisogno di specifiche leggi che gli consentano di compiere gli atti necessari a realizzare il programma che si è proposto e per il quale ha avuto la fiducia (cioè l'assenso) della maggioranza di ciascuna Camera.

Molto rilevanti sono anche le proposte presentate da **uno o da più parlamentari** riuniti. La Costituzione consente a ogni membro del Parlamento di proporre soluzioni legislative per questioni non attinenti necessariamente all'attività di governo. Pensiamo alla legge che ha introdotto in Italia il divorzio o a quella che ha depenalizzato l'interruzione volontaria di gravidanza, entrambe di iniziativa parlamentare e non governativa.

Importanza di sicuro più contenuta assumono, generalmente, le **proposte di legge di iniziativa popolare**.

Qual è la differenza tra proposta di legge di iniziativa popolare e petizione popolare?

La proposta di legge di iniziativa popolare è un atto formale che obbliga il Presidente dell'Assemblea a cui è indirizzata a inserirla nel calendario dei lavori parlamentari.

La petizione, invece, è una semplice richiesta, rivolta alle Camere, di risolvere un determinato problema di natura generale. Ricevuta dal Presidente dell'Assemblea a cui è presentata, è poi inviata alla Commissione competente per materia la quale valuterà se, e in che misura, se ne dovrà tenere conto. La raccolta di firme, sia in calce a una proposta di legge che a una petizione, ha, più che altro, la funzione di mostrare al destinatario da quante persone è auspicata la soluzione del problema che viene in esse esposto.

3. Il procedimento legislativo

▶ **L'art. 72 Cost.** nel primo comma dispone:
"Ogni disegno di legge, presentato ad una Camera è, secondo le norme del suo regolamento, esaminato da una commissione e poi dalla Camera stessa, che l'approva articolo per articolo e poi con votazione finale."

È questo il **procedimento ordinario** che, come si desume dalla norma, si articola in due fasi.

▶ **La prima fase** prevede che il progetto venga affidato alla Commissione competente per materia. Funzione della Commissione è di esaminare il progetto in un ambiente più ristretto rispetto all'aula parlamentare e vedere se ha concrete possibilità di essere approvato.

In questa fase i rappresentanti dei vari gruppi confrontano le loro posizioni, presentano i propri **emendamenti** (cioè proposte di cambiamento) e può anche accadere che il testo originario subisca modifiche considerevoli. Quando la Commissione svolge questo lavoro preparatorio, si dice che è riunita in **sede referente**, nel senso che i risultati a cui è pervenuta dovranno essere poi riferiti all'Assemblea.

▶ **La seconda fase** si svolge in aula, dove il testo esaminato in Commissione viene nuovamente discusso (con possibilità di introdurre ulteriori modifiche) e votato, prima articolo per articolo e poi nel suo complesso.
Se il voto dà esito negativo il progetto è respinto.

Perché la legge, dopo essere stata approvata articolo per articolo, deve essere nuovamente votata nella sua interezza?

Può accadere che un parlamentare esprima voto favorevole, per esempio, sul primo articolo della legge in discussione, e voto negativo per tutti gli altri. Se non ci fosse l'ulteriore votazione finale su tutto il testo, si produrrebbe l'assurdo che quel parlamentare ha contribuito ad approvare una legge della quale condivide un solo articolo.

Il palleggiamento o navetta

Poiché, come stabilisce l'art. 70 Cost. la legge deve essere approvata da entrambe le Camere nell'identico testo, il progetto deliberato da una Camera deve essere poi trasmesso all'altra perché lo ridiscuta e lo voti.

▶ **La seconda Camera può**:
- approvare il testo così come le è stato inviato, e in tal caso il progetto diventa legge;
- respingerlo, e in tal caso il procedimento si esaurisce;
- introdurre uno o più emendamenti.

In quest'ultima ipotesi il testo ritorna alla prima Camera, la quale potrà limitare il riesame ai soli emendamenti effettuati. Essa potrà:
- approvare la nuova formulazione, e in tal caso il progetto diventa legge;
- non approvarla, e in tal caso il procedimento si esaurisce;
- introdurre ulteriori emendamenti.

In quest'ultimo caso il progetto deve tornare alla Camera precedente e il palleggiamento, detto anche "navetta", si ripete finché il testo non venga approvato da entrambe le Camere nell'identica formulazione oppure incappi in una bocciatura definitiva.

Il procedimento decentrato

La discussione in aula e la successiva votazione del progetto di legge richiedono tempi piuttosto lunghi anche se il testo è già stato elaborato e approvato in commissione.
Per abbreviare i tempi, il terzo comma dell'art. 72 Cost. contempla la possibilità che sia la stessa Commissione a procedere sia all'esame che alla

UN RIEPILOGO E QUALCHE APPROFONDIMENTO

> **Deliberare** significa, in via generale, decidere dopo una opportuna discussione. Nel nostro Parlamento le Camere, dopo opportuna discussione, deliberano, cioè decidono, votando. La votazione può avvenire *a scrutinio palese* o *a scrutinio segreto*.
> - **Il voto palese** è la regola generalmente adottata.
> - **Il voto segreto** costituisce ormai un'eccezione ed è ammesso solo nei casi indicati dai regolamenti delle Camere, primo tra tutti il caso in cui si debba esprimere un voto sulle persone.

votazione del progetto. In questo caso si dice che essa opera in **sede deliberante**.

Non può adottarsi questo procedimento, precisa però il quarto e ultimo comma dell'art. 72 Cost., per approvare leggi particolarmente importanti come le leggi costituzionali, elettorali, di bilancio, di autorizzazione alla ratifica dei trattati internazionali.

L'ostruzionismo

Può accadere che, per ostacolare l'approvazione di un progetto di legge a cui sono particolarmente ostili, le opposizioni presentino in aula centinaia di emendamenti. E poiché questi devono essere illustrati, discussi e votati, si finisce, in pratica, per paralizzare l'attività delle Camere. Questo espediente si chiama **ostruzionismo**, ma gli inglesi lo chiamano più propriamente *filibustering*, cioè "comportamento da filibustieri, da pirati". Tuttavia, se non viene impiegato in modo troppo scorretto l'ostruzionismo ha una sua utilità. Esso consente anche alle frange più piccole dell'opposizione parlamentare di non essere schiacciate dalla maggioranza e di far sentire la propria voce.

4. La promulgazione della legge

La legge, una volta approvata dal Parlamento, per entrare in vigore deve essere *promulgata* e *resa pubblica*.

▶ **La promulgazione** è l'atto con cui il **Presidente della Repubblica**:
- dichiara che la legge è stata regolarmente approvata;
- ordina a chiunque spetti di rispettarla e di farla rispettare;
- dispone l'inserimento del testo originale nella *Raccolta ufficiale degli atti normativi della Repubblica italiana*.

Prima di promulgare la legge, il Presidente della Repubblica può, con messaggio motivato alle Camere, chiedere una nuova deliberazione. Tuttavia se le Camere l'approvano nuovamente, questa deve essere promulgata.

In pratica il rinvio non serve a nulla?

> **Promulgare** è un termine di etimologia incerta. Una ipotesi è che possa derivare da *pro* "avanti" e *vulgare* inteso come "divulgare". Promulgando una legge, il Presidente autorizza a *divulgarla* come legge approvata regolarmente.

Il fatto che il Presidente sia obbligato a promulgare la legge approvata per la seconda volta dalle Camere può lasciar credere che il potere di rinvio sia di scarso rilievo. In realtà non è così. Certamente il Capo dello Stato non ha, come avevano un tempo i sovrani, il potere definitivo di *veto*, il potere cioè di vietare l'emanazione di una legge. Egli, tuttavia, se lo ritiene necessario, può, da solo, contrastare una decisione assunta dalla maggioranza dei rappresentanti del popolo italiano costringendoli a ripetere tutto l'*iter* legislativo se vogliono veramente che quel testo diventi legge. E questo non è certo un potere di poco conto. È da aggiungere che, per il rispetto che si deve alla figura del Presidente

22

della Repubblica, le Camere non hanno mai riapprovato nel medesimo testo la legge non promulgata. Talvolta esse hanno accolto i suggerimenti contenuti nel messaggio di rinvio, altre volte li hanno accolti parzialmente, altre volte ancora hanno rinunciato del tutto ad approvare la legge.

 In quali casi il Presidente può rinviare la legge alle Camere?

La Costituzione non fornisce alcuna indicazione a questo riguardo. Tuttavia si ritiene che il Presidente, come supremo garante della legalità costituzionale, possa rinviare la legge alle Camere se in essa ravvisa:

- un palese contrasto con le norme della Costituzione;
- una chiara idoneità a turbare il corretto funzionamento degli organi costituzionali.

La pubblicazione

Dopo la promulgazione una copia della legge viene inviata alla redazione della **Gazzetta Ufficiale della Repubblica** affinché sia pubblicata.
Con la pubblicazione, la legge viene resa ufficialmente nota a tutti ed entra in vigore (cioè diventa obbligatorio osservarla) dopo un **termine**, detto *vacatio legis*, che solitamente è di 15 giorni. La legge stessa, tuttavia, può prevedere un termine più breve o più lungo.
Sarà **più breve** se il Parlamento ritiene urgente l'entrata in vigore della legge. Sarà **più lungo** se l'osservanza della legge comporta, da parte di chi dovrà rispettarla, adeguamenti che richiedono più tempo per essere predisposti.
Trascorsa la *vacatio legis*, nessuno può più validamente sostenere di non essere stato in grado di conoscere l'esistenza di una determinata norma.

 Vacatio in latino significa "esenzione", "esonero". La *vacatio legis*, pertanto, è il breve arco di tempo in cui si è esonerati dal rispettare le prescrizioni contenute nella norma.

QUESTIONI

Quali maggioranze sono previste per le deliberazioni?

In funzione della gravità delle scelte da compiere la Costituzione impone maggioranze diverse.
La maggioranza semplice è quella *normale*, che si applica in tutti i casi salvo diversa previsione, e si raggiunge se votano a favore del provvedimento in esame la **metà più uno dei presenti in aula**. Ciò comporta, per esempio, che se alla Camera sono presenti 316 membri (*numero legale*) il provvedimento è approvato se votano a favore 159 deputati.
La maggioranza assoluta si raggiunge se vota a favore del provvedimento non la metà più uno dei presenti in aula **ma la metà più uno dei componenti l'assemblea**. Nella Camera dei deputati una tale maggioranza si può raggiungere con un minimo di 316 consensi.
Le maggioranze qualificate sono quelle che prevedono un numero ancora maggiore di voti favorevoli. Per esempio l'art. 83 della Costituzione dispone che per eleggere il Presidente della Repubblica nei primi tre scrutini occorre il voto favorevole dei *due terzi* del Parlamento riunito in seduta comune.

APPROFONDIMENTO — Il Presidente della Repubblica

Il Presidente della Repubblica, stabilisce la Costituzione (art. 87), è il Capo dello Stato e rappresenta l'unità della Nazione. Egli, collocandosi al di sopra delle parti politiche, deve controllare che i massimi organi dello Stato operino nel rispetto della Costituzione.

È eletto, stabilisce l'art. 83 Cost., dal Parlamento riunito in seduta comune e alla elezione partecipano anche tre delegati per ciascuna Regione e uno per la Valle d'Aosta.

Le votazioni avvengono a scrutinio segreto e poiché è auspicabile che il Presidente sia eletto con il più ampio accordo possibile, per la sua elezione occorre la maggioranza dei due terzi dell'Assemblea. Tuttavia, se dopo il terzo scrutinio questa ampia maggioranza non si raggiunge, diventa sufficiente quella assoluta (cinquanta per cento più uno degli aventi diritto al voto).

Può essere eletto Presidente della Repubblica ogni cittadino, sia esso uomo o donna, purché goda dei diritti civili e politici e abbia compiuto 50 anni di età. Non è necessario che sia membro del Parlamento.

L'ufficio di Presidente della Repubblica è incompatibile con qualsiasi altra carica: una volta eletto, pertanto, il Presidente decade da qualsiasi altro incarico, compreso, eventualmente, quello di parlamentare.

La Costituzione stabilisce che il Presidente è eletto per **sette anni**. E poiché non aggiunge nulla a proposito di una sua eventuale rielezione, se ne deve dedurre che questa è ammissibile. Alla fine del settennato, se il Presidente non viene rieletto, diventa di diritto **senatore a vita**.

In caso di temporaneo impedimento dovuto, per esempio, a malattia o a un viaggio all'estero, le funzioni di Capo dello Stato sono assunte dal Presidente del **Senato**.

LE PRINCIPALI ATTRIBUZIONI DEL PRESIDENTE

Le funzioni che la Costituzione assegna al Presidente della Repubblica vengono generalmente divise dalla dottrina in tre categorie.

Sostanzialmente presidenziali sono chiamati gli atti nei quali il Presidente, pur nei limiti posti dalla Costituzione, esercita un potere decisionale. Come si desume dal complesso delle norme costituzionali, egli, con un proprio atto di volontà può:

- sciogliere anticipatamente una o entrambe le Camere (art. 88 Cost.);
- rinviare le leggi alle Camere affinché le ridiscutano (art. 74 Cost.);
- inviare messaggi con i quali richiama l'attenzione del Parlamento su problemi di particolare rilievo (art. 87, c. 2, Cost.);

- scegliere la persona alla quale conferire l'incarico di formare un nuovo Governo (art. 92 Cost.);
- nominare 5 senatori a vita (art. 59 Cost.);
- nominare 5 giudici della Corte costituzionale (art. 135 Cost.);
- concedere la grazia o commutare la pena a un condannato (art. 87, c. 11 Cost.). Si tratta di un provvedimento di clemenza con il quale si cancella o si modifica la pena a cui una persona è stata condannata.

Rientrano, inoltre, nel suo potere decisionale i pareri espressi come Presidente del Consiglio superiore della magistratura e del Consiglio supremo di difesa.

Formalmente presidenziali sono chiamati gli atti che nella sostanza vengono disposti dal altri organi (Governo o Parlamento) ma formalmente vengono emanati dal Presidente. Vi rientrano:

- l'autorizzazione data al Governo a presentare disegni di legge al Parlamento (art. 87 c. 4, Cost.);
- l'emanazione dei decreti legge, dei decreti legislativi e dei regolamenti governativi (art. 87 c. 5, Cost.);
- la nomina dei ministri;
- lo scioglimento dei Consigli regionali nei casi previsti dalla Costituzione;
- la ratifica dei trattati internazionali.

Rientrano tra gli atti solo formalmente presidenziali anche:

- la promulgazione delle leggi, quando il Presidente non esercita il potere sostanziale di rinvio (art. 87, c. 5, Cost.);
- la dichiarazione dello stato di guerra deliberato dalle Camere.

Il fatto che taluni atti siano indicati come solo formalmente presidenziali non deve indurci a sottovalutare l'importanza che nel loro perfezionamento assume il Presidente. Egli, infatti, è chiamato a esercitare una essenziale funzione di controllo costituzionale e, qualora ravvisi una palese incostituzionalità è in suo potere sospendere l'emanazione degli atti governativi o sospendere la promulgazione delle leggi e rinviarle a alle Camere.

Atti dovuti sono quelli nei quali non v'è alcun potere decisionale. Tuttavia, poiché si tratta di atti di grande importanza, la Costituzione ne affida la cura al Presidente della Repubblica in quanto supremo garante del rispetto delle disposizioni costituzionali. Il Presidente compie un atto dovuto quando:

Il Presidente della Repubblica

- alla fine di ogni legislatura indice l'elezione di nuove Camere e fissa la data della loro prima riunione (art. 87, comma 3, Cost.);
- indice i referendum giudicati ammissibili dalla Corte costituzionale (art. 87 c.6 Cost.)

IL PRESIDENTE COME CAPO DELLO STATO

La Costituzione (art. 87) definisce il Presidente della Repubblica "Capo dello Stato". Ma si tratta di un vero "capo"?
La questione è complessa e possiamo bene interpretarla solo riflettendo con attenzione sui poteri che la Costituzione gli assegna. Ci sarà facile capire, allora, che, fino a quando nel Paese la vita politica si svolge nel rispetto delle regole democratiche, la funzione del Presidente è prevalentemente di tipo notarile: egli si limiterà a emanare gli atti del Governo e a promulgare le leggi.
Ma se vi è turbolenza nelle istituzioni i suoi poteri si attivano.
Vediamo come:

- se il Governo pretende di adottare decreti palesemente contrari al dettato o allo spirito della Costituzione, egli può rifiutare di emanarli;
- se il Parlamento approva una legge in conflitto con il dettato e lo spirito della Costituzione, egli può sospenderne la promulgazione;
- se le Camere si mostrano disattente verso qualche grave problema del Paese, egli può richiamarle al loro dovere con un messaggio motivato;
- se vi è crisi di Governo, egli deve operare per una rapida soluzione individuando, nel più breve tempo possibile, la persona a cui possa essere affidato con successo il compito di formare un nuovo Governo;
- se le Camere non sono in grado di funzionare correttamente spetta a lui decidere di scioglierle e indire nuove elezioni politiche.

In tutti questi casi è compito del Presidente prendere in mano la barra del timone e assumere quelle iniziative, indicate dalla Costituzione, che servono a riportare in rotta la vita politica del Paese.

Possiamo ora rispondere alla domanda che ci siamo posti: il Presidente è Capo dello Stato?
La risposta è negativa se per capo intendiamo un organo gerarchicamente sopra ordinato che ordina e comanda. La risposta è affermativa se per capo intendiamo il massimo garante, sul piano costituzionale, della stabilità dello Stato.

LA CONTROFIRMA MINISTERIALE

Immaginiamo che il Presidente della Repubblica decida di sciogliere anticipatamente la Camera dei deputati. Come è ragionevole, un simile provvedimento può essere condiviso da alcune forze politiche e criticato da altre. Più in generale ogni atto del Presidente può sollevare consensi e dissensi, plauso e critiche.
Al fine di preservare la più alta carica dello Stato da attacchi di natura politica, la Costituzione prevede che ogni atto compiuto dal Presidente della Repubblica nell'esercizio delle sue funzioni (scioglimento delle Camere, invio di messaggi al Parlamento, e così via) debba essere **controfirmato** da un ministro che ne assume la responsabilità. In questo modo l'immagine del Presidente rimane (o dovrebbe rimanere) al di sopra di ogni critica.
Il Capo dello Stato, però, è personalmente responsabile per i reati di alto tradimento o di attentato alla Costituzione.
Alto tradimento è il comportamento posto in essere con il preciso scopo di pregiudicare gli interessi nazionali.
Attentato alla Costituzione è il comportamento diretto a mutare la Costituzione dello Stato o la forma di governo con mezzi non consentiti dall'ordinamento.
Per questi due reati è previsto che il Presidente venga posto in stato d'accusa dal Parlamento riunito in seduta comune e successivamente sia giudicato dalla *Corte costituzionale*.

Il Palazzo del Quirinale sorge sull'omonimo colle al centro di Roma. La costruzione venne iniziata nel 1583. Per l'aria buona che vi si respirava divenne la residenza estiva dei papi. Nel 1870, quando Roma si congiunse al Regno d'Italia, il Palazzo del Quirinale venne scelto come residenza ufficiale del re.
Dopo il referendum istituzionale del 2 giugno 1946, è diventato la sede della Presidenza della Repubblica.

5. Come si approvano le leggi costituzionali

Le leggi di revisione costituzionale (cioè quelle che modificano la Costituzione) e le nuove leggi costituzionali (cioè quelle che la integrano) possono essere approvate dal Parlamento solo con il complesso procedimento previsto dall'art. 138 della Costituzione.

Tale procedimento (che, come sappiamo, rende **rigida** la Costituzione italiana) prevede i seguenti passaggi:

- la legge costituzionale deve essere **approvata due volte** da ciascuna Camera con intervallo di tempo non inferiore a tre mesi tra la prima e la seconda deliberazione;
- se la seconda approvazione avviene con la maggioranza dei **due terzi** dei componenti di ciascuna Camera, la legge può essere immediatamente promulgata e pubblicata;
- se, invece, l'approvazione avviene con la sola **maggioranza assoluta**, cioè la metà più uno dei componenti di ciascuna Camera (e non dei soli presenti in aula), la legge può essere sottoposta a **referendum** popolare prima che venga promulgata;
- possono chiedere il referendum 500 mila elettori, il 20% dei componenti di ciascuna Camera o cinque Consigli regionali;
- la consultazione è valida qualunque sia il numero degli elettori che si reca a votare;
- se entro tre mesi dalla pubblicazione non viene avanzata alcuna richiesta di referendum, la legge, anche se approvata con la sola maggioranza assoluta, viene promulgata dal Capo dello Stato.

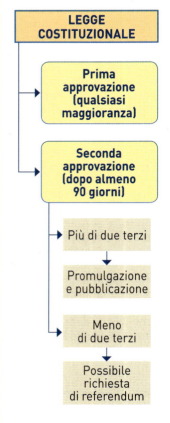

Utilizzando la procedura stabilita dall'art. 138 Cost., si potrebbe cambiare tutta la Costituzione?

Secondo la dottrina prevalente, le leggi che integrano o modificano la Costituzione si pongono in una posizione subordinata rispetto alle norme originarie e ciò comporta che esse non possano superare i limiti, *espliciti* e *impliciti*, contenuti nella Costituzione stessa.

- **Limite esplicito** è sicuramente quello posto dall'art. 139 Cost., il quale stabilisce che la forma repubblicana non può essere oggetto di revisione costituzionale.
- **Limiti impliciti** sono ravvisabili nella necessità di rispettare i principi fondamentali a cui lo Stato deve ispirare la propria azione, i diritti inviolabili del cittadino e in generale le regole del sistema democratico.

Se una nuova legge costituzionale, non rispettando tali limiti, pretendesse, per esempio, di eliminare la pluralità dei partiti, di abolire il diritto di sciopero, di svuotare di contenuto le libertà personali, o di creare ostacoli alla libertà religiosa, non modificherebbe solo alcune norme della Costituzione, ma farebbe crollare tutto il nostro sistema giuridico e ci proietterebbe di colpo in una sorta di Medioevo. Per tale ragione fondatamente si ritiene che il superamento dei limiti espliciti e impliciti debba essere inibito dall'intervento del Capo dello Stato e assolutamente censurato dalla Corte costituzionale.

APPROFONDIMENTO — La Corte costituzionale

La Corte costituzionale, stabilisce il primo comma dell'art. 134 Cost., giudica sulle controversie relative alla legittimità costituzionale delle leggi dello Stato, delle Regioni e degli atti aventi forza di legge (*decreti legge* e *decreti legislativi*).

Il procedimento davanti alla Corte può essere attivato da un giudice, dal Governo o da una Regione. È bene chiarire che la Corte *non procede a una verifica preventiva*, cioè prima che la legge entri in vigore, ma solo successiva, su richiesta di un giudice, del Governo o di una Regione.

COME SI RICORRE ALLA CORTE

Il giudizio della Corte costituzionale può essere richiesto con procedimento *diretto* o *indiretto*.

Direttamente possono rivolgersi alla Corte il Governo e le Regioni per conflitti di competenza. Per esempio, se il Governo ritiene che una legge regionale invada la competenza assegnata dalla Costituzione allo Stato può rivolgersi direttamente alla Corte e chiedere che la legge venga annullata. La stessa cosa può fare una Regione che ritenga la propria competenza invasa da una legge nazionale.

Indirettamente, o con *procedimento incidentale*, possono rivolgersi alla Corte i giudici che, nel corso di un processo, abbiano il fondato sospetto che una delle norme che stanno applicando sia incostituzionale.

La Corte discute la questione in udienza pubblica e al termine può emettere una *sentenza di rigetto* o *di accoglimento*:

- la sentenza di rigetto conferma la costituzionalità della norma che seguiterà, pertanto, a essere pienamente efficace;
- la sentenza di accoglimento fa perdere efficacia alla norma dal giorno successivo alla pubblicazione della decisione sulla Gazzetta Ufficiale.

Anche le leggi costituzionali (che modificano o integrano la Costituzione) possono essere sottoposte al giudizio della Corte. Compito dei giudici, in questo caso, è verificare che la nuova legge non stravolga lo spirito della Costituzione.

Le sentenze della Corte non sono immutabili. Può infatti accadere che, giudicando successivamente sulla medesima questione, la Corte muti giudizio sulla base di nuove considerazioni.

LE ALTRE FUNZIONI DELLA CORTE

Oltre a giudicare sulla costituzionalità delle leggi e degli atti aventi forza di legge, alla Corte è affidato il compito di pronunciarsi sui conflitti di attribuzione tra organi costituzionali (per esempio tra ministri), sulle accuse promosse dal Parlamento contro il Presidente della Repubblica, sull'ammissibilità dei referendum.

Il conflitto di attribuzione si verifica quando un organo, con i suoi atti, invade o minaccia di invadere le competenze attribuite dalla Costituzione a un altro organo.

Il giudizio sulle accuse al Presidente della Repubblica per alto tradimento o per attentato alla Costituzione viene esercitato dalla Corte su richiesta del Parlamento.

Il giudizio sull'ammissibilità del referendum è imposto dal fatto che ci sono materie che la Costituzione sottrae al voto referendario. La Corte pertanto ha il compito di verificare che il quesito sottoposto agli elettori non riguardi una delle materie escluse.

LA COMPOSIZIONE DELLA CORTE

La Corte ha sede a Roma nel Palazzo della Consulta ed è composta di 15 membri; per la delicatezza delle funzioni che debbono assolvere, la Costituzione (art. 135) dispone che siano nominati:

- 5 dal Presidente della Repubblica;
- 5 dal Parlamento riunito in seduta comune;
- 5 dalle Supreme Magistrature dello Stato.

Il mandato di Giudice costituzionale ha una durata (nove anni) superiore a quella di ogni altro mandato elettivo previsto dalla Costituzione (cinque anni per la Camera, una legislatura per il Governo, sette anni per il Presidente della Repubblica).

In tal modo si è inteso assicurare l'indipendenza dei giudici anche dagli organi politici che li hanno designati.

UN RIEPILOGO E QUALCHE APPROFONDIMENTO

6. Come i cittadini possono abrogare una legge

Se i cittadini non condividono, in tutto o in parte, il contenuto di una *legge* o di un altro *atto avente forza di legge*, possono cercare di provocarne l'abrogazione mediante *referendum*.

Questo è un istituto di *democrazia diretta* attraverso il quale il popolo ha la possibilità di pronunciarsi direttamente in merito a una determinata questione.

Perché la norma sia abrogata, stabilisce l'art. 75 Cost., occorre che si verifichino due condizioni:

- deve recarsi a votare più della metà degli elettori (questa condizione non è richiesta per i referendum costituzionali);
- la maggioranza dei votanti deve pronunciarsi a favore dell'abrogazione.

Se vincono i "sì", il Presidente della Repubblica, con proprio decreto, dichiara abrogata la legge.

Se vincono i "no", la proposta referendaria viene respinta e il medesimo quesito non può essere riproposto prima che siano trascorsi cinque anni.

Se, invece, la consultazione viene annullata perché non vi ha partecipato il numero necessario di elettori, il quesito, secondo quanto ha affermato la Corte di cassazione, può essere riproposto senza limiti di tempo.

Viviamo in un Paese gravato da una considerevole pressione tributaria. Mi domando perché nessuno abbia mai proposto un referendum per abrogare le leggi che impongono tasse a cittadini e imprese.

È facile immaginare che un referendum per l'abolizione delle imposte avrebbe un successo strepitoso.

Ma la Costituzione opportunamente precisa che non è ammesso referendum per le leggi tributarie e di bilancio, di amnistia e indulto e, infine, di ratifica (cioè di approvazione) dei trattati internazionali.

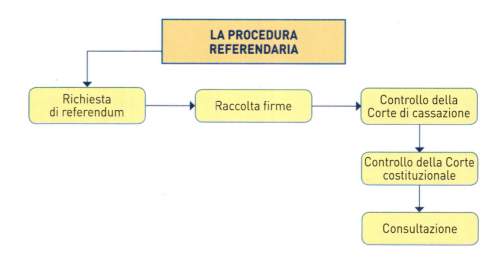

Gli altri tipi di referendum

Il referendum abrogativo previsto dall'art. 75 Cost. non è l'unico tipo di referendum previsto dalla Costituzione.

L'art. 138 Cost. consente di sottoporre a referendum anche le leggi costituzionali non ancora promulgate, se nella seconda votazione hanno ottenuto solo la maggioranza assoluta dei consensi.

L'art. 123 Cost. consente di indire referendum per abrogare leggi regionali e ne rimanda la regolamentazione agli Statuti delle singole Regioni.

L'art. 132 Cost. prevede che debba essere avallata con referendum, dalle popolazioni interessate, la richiesta di una legge costituzionale che disponga la fusione di Regioni esistenti o la creazione di nuove Regioni.

L'art. 133 Cost. dispone che la Regione può, con il consenso delle popolazioni interessate (accertato mediante referendum), istituire nel proprio territorio nuovi Comuni, cambiare la denominazione a quelli esistenti e modificare le circoscrizioni.

7. Le norme dell'Unione europea

In base a quanto stabilito nel trattato istitutivo, l'Unione europea può emanare norme efficaci su tutto il territorio degli Stati membri. Le fonti normative di maggiore rilievo sono:

- i *regolamenti dell'Unione*;
- le *direttive*.

I regolamenti dell'Unione contengono regole alle quali debbono uniformarsi i cittadini degli Stati membri come se fossero leggi emanate dai rispettivi Parlamenti.

Se una stessa materia fosse regolata in modi diversi da un regolamento dell'Unione europea e da una legge nazionale, quale norma dovrebbe rispettare il cittadino?

La Corte di giustizia europea ha affermato il principio che il diritto dell'Unione (limitatamente alle materie a essa riservate) prevale sul diritto interno dei singoli Paesi membri. Ciò vuol dire che in caso di contrasto occorrerà rispettare il regolamento comunitario e non la legge nazionale.

Le direttive europee sono atti normativi che non entrano a far parte dell'ordinamento giuridico degli Stati membri, ma obbligano i Paesi dell'Unione a raggiungere un determinato risultato.

In pratica la direttiva indirizza le legislazioni nazionali sulle linee da essa tracciate, in modo che su determinate materie vi sia una disciplina uniforme in tutti i Paesi dell'Unione, ma lascia agli organi nazionali la libertà di decidere quali strumenti impiegare.

Oggetto delle direttive possono essere gli standard di sicurezza nella fabbri-

cazione dei prodotti industriali, gli standard di genuinità nella produzione di alimenti, gli standard sulla qualità dei servizi, e così via.
Il Parlamento italiano approva ogni anno una legge con la quale vengono date le necessarie disposizioni per l'adeguamento dell'ordinamento interno alle disposizioni delle direttive europee.

Regolamenti e direttive sono:

- proposti dalla Commissione (> Approfondimento a pagina successiva);
- deliberati, con una procedura detta "di codecisione" dal Parlamento dell'Unione e dal Consiglio dei ministri.

Se non c'è accordo tra queste due istituzioni, l'atto non è approvato.

 In quali casi l'Ue emana regolamenti e in quali casi, invece, emana direttive?

Una regola non esiste. Ma in via generale possiamo dire che ai regolamenti si fa ricorso quando la materia può essere disciplinata in modo compiuto in un unico atto normativo. Alle direttive, invece, si fa ricorso quando si vuole che gli Stati adeguino un complesso ampio di norme alle indicazioni comunitarie.
Se tale adeguamento non viene effettuato nei tempi previsti, la Commissione può investire del caso la Corte di Giustizia.

Oltre ai regolamenti e alle direttive, l'Unione europea può emanare **atti non legislativi**. Sono così chiamati quegli atti che, pur ponendo norme, non richiedono per la loro approvazione la complessa procedura prevista per i regolamenti e le direttive.

Sono atti non legislativi le *decisioni*, le *raccomandazioni* e i *pareri*:

- **le decisioni** hanno per lo più uno specifico destinatario e sono vincolanti solo per quello;
- **le raccomandazioni** e i **pareri** sono indicazioni autorevoli ma prive di effetto vincolante.

APPROFONDIMENTO — Le istituzioni dell'Unione europea

Le principali istituzioni della Ue sono il Consiglio europeo, il Consiglio dell'Unione europea, la Commissione, il Parlamento, la Corte di giustizia, la Banca centrale europea.

Il Consiglio europeo è un organo ad altissimo livello composto dai Capi di Stato o di Governo dei Paesi membri, dal suo Presidente e dal Presidente della Commissione europea. Con metafora marinara potremmo dire che esso individua e suggerisce agli altri organi la *rotta* da seguire.
Le sue più importanti funzioni sono:

- trovare un'intesa sulle questioni particolarmente complesse o particolarmente controverse per le quali occorre una assunzione di responsabilità ad alto livello;
- definire gli orientamenti e le priorità politiche generali dell'Unione.

Il Presidente del Consiglio europeo viene eletto dal Consiglio stesso, ne presiede i lavori e opera per la ricerca di un accordo tra i suoi membri. Il suo mandato dura due anni e mezzo ed è rinnovabile una sola volta.

Il Consiglio dell'Unione europea è indicato anche come *Consiglio dei ministri* o semplicemente *Consiglio*.
Esercita la funzione legislativa insieme al Parlamento. La principale caratteristica del Consiglio è di non essere composto da membri permanenti, e ciò comporta che non esistono persone che rivestono stabilmente la carica di *ministro europeo*. Alle sedute del Consiglio partecipano, di volta in volta, i *ministri competenti* che i Governi degli Stati membri designano in funzione dei temi da trattare.
La presidenza del Consiglio viene assunta a turno dai diversi Stati membri secondo un sistema a rotazione e per un periodo di sei mesi che va da gennaio a giugno e da luglio a dicembre.

La Commissione, a differenza del Consiglio dei ministri, è un *organo permanente* e ciò significa che i suoi membri rimangono in carica fino alla naturale scadenza del loro mandato. Essi inoltre, nell'esercizio della loro funzione, non rappresentano gli interessi del Paese di provenienza, ma collegialmente curano gli interessi dell'Unione. Alla Commissione sono affidate le funzioni di *iniziativa*, di *vigilanza* ed *esecutiva*.

Il Parlamento europeo dal 1979 viene eletto ogni cinque anni a suffragio universale dai cittadini dell'Unione. I parlamentari europei sono 751. Ciascun Paese membro ha diritto di eleggere un numero di parlamentari proporzionale alla popolazione in esso residente.

Le funzioni svolte dal Parlamento sono piuttosto numerose, ma le più importanti sono sicuramente:

- **la collaborazione alla funzione legislativa**: il Parlamento europeo non ha ancora una piena funzione legislativa ma la divide con il Consiglio dei ministri;
- **la funzione di impulso politico**, che consente al Parlamento di assumere tutte le iniziative necessarie per avviare a soluzione le più importanti questioni di ordine sociale, economico e culturale riguardanti l'intera Unione;
- **la funzione di controllo politico**, che sostanzialmente consiste nel controllare tutti gli atti compiuti dalla Commissione e nella possibilità di proporre una mozione di censura che, se approvata dalla maggioranza parlamentare, costringerebbe la Commissione stessa a rassegnare le dimissioni.

La Corte di giustizia è uno speciale tribunale che ha il potere esclusivo di interpretare i trattati Ue e di sanzionare i comportamenti illegittimi dei Paesi membri. Nell'ordinamento europeo si configura come una sorta di Corte costituzionale. Ha sede a Lussemburgo ed è composta da un giudice per ciascuno Stato membro.

La Banca centrale europea (Bce) ha la piena responsabilità della politica monetaria nell'area dell'euro. Obiettivi principali di tale politica sono l'armonico sviluppo dei Paesi aderenti e la lotta all'inflazione e alla recessione.

Il Parlamento europeo a Bruxelles.

UN RIEPILOGO E QUALCHE APPROFONDIMENTO

APPROFONDIMENTO   Entrare o uscire dalla Ue

COME SI ENTRA

Perché un Paese possa essere accolto nella Ue occorre, innanzi tutto, che sia un Paese europeo e che abbia istituzioni stabili che garantiscano la democrazia, il rispetto delle minoranze e la tutela dei diritti umani.
Le trattative sono avviate con la Commissione europea ma la decisione finale sull'adesione deve trovare concordi tutti i Paesi membri.

L'USCITA DEL REGNO UNITO

Per diversi decenni entrare a far parte dell'Unione europea è stata l'aspirazione di molti Stati. Lo testimonia il numero sempre crescente di Paesi che si sono aggiunti alla famiglia Ue, che dai sei Stati fondatori del 1950 è cresciuta fino a raggiungere quota ventotto membri.
A lungo, quindi, l'immagine della Ue è stata quella di una meta verso cui tendere. Recentemente, però, la capacità attrattiva dell'Unione europea ha subito un duro colpo.
Nel giugno del 2016, per la prima volta dalla nascita della Ue, uno dei Paesi membri ha deciso di percorrere la strada nel senso inverso: il Regno Unito ha clamorosamente deciso, con referendum popolare, di abbandonare l'Unione in cui era entrata nel 1973. Vediamo più da vicino che cosa è accaduto.

IL REFERENDUM SULLA "BREXIT"

Il 23 giugno 2016 nel Regno Unito si è svolto il referendum popolare sulla "Brexit", espressione nata dalla fusione fra *British* ed *exit* (uscita). L'uscita o meno del Regno Unito dall'Ue era appunto l'oggetto della consultazione. Due le alternative sottoposte al voto dei cittadini: restare nell'Ue (*remain*) oppure andarsene (*leave*).
Sostenitori del *leave* erano il partito nazionalista dell'Ukip e i movimenti anti-europeisti.
Sostenitori del *remain* erano le forze di sinistra ma anche una parte dei conservatori, tra cui lo stesso premier Cameron. Ribaltando le previsioni della vigilia, sono stati i *leave* a prevalere con il 52% dei voti.

IL VALORE DEL REFERENDUM

La vittoria del *leave* ha costretto il premier alle dimissioni e ha sollevato un acceso dibattito sul futuro dell'Europa.
È importante specificare però che il referendum, pur avendo un valore politico molto forte, non decreta di

per sé l'uscita del Regno Unito dalla Ue: l'uscita di uno Stato membro si compie solo al termine della procedura di *recesso unilaterale* appositamente prevista dal Trattato Ue.

IL RECESSO UNILATERALE

Il Trattato di Lisbona del 2009 ha introdotto espressamente la possibilità per gli Stati di uscire dalla Ue. Il fatto che prima del 2009 i trattati non prevedessero questa facoltà dimostra quanta fiducia vi fosse in un'integrazione europea sempre più stretta e irreversibile. Nessuno immaginava che uno Stato potesse desiderare di andarsene.
Oggi questa possibilità è prevista all'*art. 50 del Trattato Ue*, secondo cui ogni Paese membro può decidere di recedere unilateralmente dall'Unione europea, in conformità con le proprie norme costituzionali. La procedura di recesso è così articolata:

- lo Stato deve notificare la sua intenzione di recedere al Consiglio europeo;
- il Consiglio europeo presenta le sue osservazioni allo scopo di pervenire con lo Stato a un *accordo* con cui regolare le modalità del recesso e le future relazioni dello Stato recedente con l'Unione europea;
- l'accordo deve essere approvato dal Parlamento europeo. Una volta approvato, il Consiglio europeo delibera a maggioranza qualificata il recesso dello Stato;
- i Trattati comunitari cessano di essere applicabili al Paese recedente nel momento in cui *entra in vigore* l'accordo di recesso. Se non si riesce a raggiungere un accordo, i Trattati cessano di essere applicabili allo Stato due anni dopo la notifica della decisione di recedere.

IL RIPENSAMENTO

Lo Stato recedente può chiedere di aderire nuovamente all'Unione europea attivando una nuova procedura di adesione.

L'ESPULSIONE DALLA UE

Al momento non è prevista alcuna procedura che consenta di espellere uno Stato membro. L'art. 7 del Trattato Ue prevede solo la possibilità di sospendere l'esercizio di alcuni diritti allo Stato che compia gravi violazioni dei Trattati.

Verifica le tue conoscenze

REPETITA 3

Sai qual è la differenza tra...

a. Potestà legislativa generale *e* Potestà numerata

b. Incompatibilità *e* Incandidabilità

c. Promulgazione della legge *e* Pubblicazione

d. Commissione deliberante *e* Commissione referente

e. Regolamento della Ue *e* Direttiva

f. Legge ordinaria *e* Legge costituzionale

Test a risposta multipla

Indica con una crocetta l'affermazione esatta.

1. **Al Parlamento spetta in via principale:**
   A. la funzione esecutiva
   B. la funzione legislativa
   C. la funzione giudiziaria
   D. la funzione direzionale

2. **Se il Parlamento non viene sciolta anticipatamente i parlamentari rimangono in carica:**
   A. tre anni
   B. cinque anni
   C. sette anni
   D. fin quando non cade il Governo

3. **Con il termine "legislatura" si intende:**
   A. il periodo di tempo che intercorre tra un'elezione e l'altra delle Camere
   B. il periodo di tempo in cui il Governo rimane in carica
   C. il periodo di tempo in cu rimane in carica il Presidente della Repubblica
   D. l'attività di formazione delle leggi

4. **Le commissioni parlamentari permanenti hanno la funzione di:**
   A. indagare sui reati commessi in Parlamento
   B. esaminare la competenza dei parlamentari appena eletti
   C. valutare le leggi approvate
   D. accelerare i lavori del Parlamento

5. **I regolamenti Ue prevalgono sulla legge nazionale dei Paesi membri:**
   A. sempre
   B. mai
   C. solo se i Paesi membri lo consentono
   D. solo nelle materie di competenza Ue

6. **I regolamenti dell'Unione sono deliberati:**
   A. dalla Commissione
   B. dal Parlamento
   C. dal Parlamento unitamente al Consiglio
   D. dal Parlamento unitamente alla Commissione

7. **Nelle votazioni parlamentari la maggioranza assoluta si raggiunge se vota a favore del provvedimento:**
   A. tutta l'assemblea
   B. la maggioranza dei presenti in aula
   C. la maggioranza degli aventi diritto al voto
   D. più dei due terzi degli aventi diritto al voto

8. **Il Presidente della Repubblica può presentare alle Camere un disegno di legge?**
   A. sì
   B. no
   C. solo se si tratta di una legge costituzionale
   D. solo se il disegno di legge è controfirmato dal ministro competente

Domande per ricordare

1. **Come si forma una legge?**

2. **Come è composto il Parlamento?**

3. **Quali sono le principali funzioni del Parlamento?**

4. **Quanto dura una legislatura?**

5. **Qual è il procedimento ordinario di formazione delle leggi?**

6. **Che cosa significa bicameralismo perfetto?**

7. **Come si approvano le leggi costituzionali?**

8. **Quali sono le principali attribuzioni del Presidente della Repubblica?**

UN RIEPILOGO E QUALCHE APPROFONDIMENTO

Repetita 4

Le fonti del diritto: i decreti legge, i decreti legislativi e i regolamenti

1. Il potere normativo del Governo

Sebbene il *potere legislativo* spetti al Parlamento (e alle Regioni per le questioni che sono di loro competenza), anche al Governo è attribuita, nei limiti tassativi stabiliti dalla Costituzione, la facoltà di produrre norme giuridiche.
Si tratta del potere di adottare:

- decreti legge;
- decreti legislativi;
- regolamenti.

Tutti questi atti normativi verranno poi emanati dal Presidente della Repubblica.

 Su quali materie può estendersi il potere normativo del Governo?

Come conseguenza di quanto disposto nella legge di revisione costituzionale n. 3/2001, il Governo, in quanto organo dello Stato, può adottare atti normativi solo nelle materie che la Costituzione (e in particolare l'art. 117) assegna alla competenza statale.

2. Che cosa sono i decreti legge

Può accadere, nella vita di un Paese, che ci sia urgente necessità di regolare una specifica questione e che non sia possibile attendere i tempi lunghi del Parlamento.
In questi casi l'**art. 77 Cost.** consente al Governo di predisporre speciali norme chiamate *decreti legge*.

I decreti legge sono provvedimenti provvisori, aventi forza di legge, che il Governo può adottare solo in casi straordinari di necessità e di urgenza.

- **Sono deliberati** dal Consiglio dei ministri.
- **Vengono emanati** nella forma di decreto del Presidente della Repubblica (d.p.r.).
- **Entrano in vigore** subito dopo la loro pubblicazione sulla Gazzetta Ufficiale, senza alcuna *vacatio legis*.

34

Perché si dice che sono provvedimenti "provvisori"?

La provvisorietà di questi atti normativi consiste nel fatto che hanno una durata massima di 60 giorni. Se entro questo termine il Parlamento non li converte in legge, decadono.

La conversione viene operata dalle Camere approvando un disegno di legge presentato dal Governo che solitamente contiene un solo articolo con il quale si dichiara il decreto convertito in legge. Tuttavia può anche accadere che i deputati o i senatori colgano l'occasione per inserire nella legge di conversione uno o più articoli che modificano parte del decreto.

- **La forza di legge** attribuita a questi decreti consiste nel fatto che essi hanno lo stesso grado delle leggi ordinarie e quindi possono anche modificarne il contenuto o abrogarle.
- **La situazione di necessità e di urgenza** è la condizione posta dalla Costituzione per la legittimità dell'emanazione dei decreti legge.
- **Non possono essere adottati** per conferire deleghe legislative, per regolare materie di natura costituzionale, elettorale e di bilancio, né per autorizzare la ratifica di trattati internazionali (legge n. 400 del 1988, art. 15).
- **Se un decreto legge decade** perché non è stato convertito in legge entro 60 giorni, il Parlamento può sanare, con apposita legge, gli effetti che si sono prodotti nel frattempo.

Chi decide se una situazione è grave e il decreto è urgente?

- **Lo decide**, innanzitutto, il Consiglio dei ministri che dovrà adottare il decreto.
- **Lo verifica** il Capo dello Stato, che dovrà emanarlo.
- **Lo verifica** ancora il Parlamento quando si appresta a esaminarlo per approvarne la conversione in legge.

Anche la Corte costituzionale, con la sentenza n. 29 del 1995, si è dichiarata competente a giudicare sulla sussistenza dei requisiti di necessità e urgenza. Nonostante la presenza di tutti questi filtri vi è stata (e in gran parte vi è ancora) la tendenza da parte dei Governi ad abusare della possibilità di impiegare decreti legge.

Il Governo può riproporre i decreti non convertiti in legge?

Il Governo non può reiterare (cioè riproporre) i decreti che non sono stati convertiti in legge.

IL GOVERNO PUÒ ADOTTARE UN DECRETO LEGGE IN CASI STRAORDINARI DI NECESSITÀ E DI URGENZA

↓

Il Presidente della Repubblica, verificata l'esistenza di necessità e urgenza, emana il decreto

↓

Pubblicato sulla Gazzetta Ufficiale, il decreto entra immediatamente in vigore

↓

Le Camere valutano se convertirlo in legge

↓

Se è convertito entro 60 giorni il decreto diventa legge

↓

Se non è convertito entro 60 giorni il decreto decade

APPROFONDIMENTO Il Governo

È composto dal *Consiglio dei ministri*, dal *Presidente del Consiglio dei ministri* e dai *ministri*. Questi ultimi, a capo dei rispettivi Ministeri, amministrano i settori di loro competenza (scuola, difesa, sanità, ecc.).

È nominato dal Presidente della Repubblica, ma per esercitare il suo mandato deve avere la **fiducia** (cioè il consenso) della maggioranza di ciascuna Camera. Se tale fiducia non viene concessa o successivamente viene ritirata, il Governo deve dimettersi.

È titolare del potere esecutivo, del potere cioè di *dare esecuzione* alle scelte operate dal Parlamento. Non può, tuttavia, essere considerato un semplice esecutore di decisioni altrui, perché le sue funzioni sono ben più ampie. È compito del Governo, infatti:

- individuare gli interventi che è più urgente realizzare nell'interesse del Paese;
- proporre al Parlamento i disegni di legge necessari per realizzare tali interventi;
- dare attuazione concreta alla legge quando sarà stata approvata dal Parlamento (ed è questa la vera *funzione esecutiva*).

Inoltre il Governo si trova gerarchicamente a capo del poderoso apparato della Pubblica amministrazione, ha il comando della polizia e dell'esercito, amministra le finanze dello Stato, nomina i più alti funzionari pubblici e, infine, ha il controllo dei servizi segreti.

Non può emanare leggi perché questo potere è riservato esclusivamente al Parlamento. Può adottare però, come abbiamo visto, altri tipi di norme, che prendono il nome di *decreti legge*, *decreti legislativi* e *regolamenti*.

IL PRINCIPIO DI LEGALITÀ

Sebbene il Governo sia dotato degli ampi poteri a cui abbiamo accennato e sebbene nel loro esercizio esso goda di un'ampia autonomia, non dobbiamo dimenticare che in uno Stato di diritto tutti gli enti e tutti gli organi pubblici sono soggetti alla legge.

Anche il Governo, pertanto, è **soggetto al principio di legalità**. Ne consegue che potrà operare soltanto se, e soltanto nel modo in cui, le leggi approvate dal Parlamento gli consentono di operare.

GLI ORGANI DI GOVERNO

Il Consiglio dei ministri (che è composto da tutti i ministri ed è presieduto dal Presidente del Consiglio) determina la politica generale del Governo. Inoltre sono assegnate a questo organo alcune importanti competenze. In particolare:

- i disegni di legge, predisposti da uno o più ministri, devono essere deliberati dal Consiglio prima di essere presentati al Parlamento;

- ugualmente deve essere deliberata dal Consiglio l'adozione dei decreti legge, dei decreti legislativi e dei regolamenti governativi;
- spetta ancora al Consiglio approvare le più importanti scelte riguardanti la politica estera e la politica comunitaria;
- compete al Consiglio, infine, deliberare sulle nomine ai più alti gradi della gerarchia amministrativa o ai vertici degli enti pubblici economici.

Il Presidente del Consiglio dei ministri è la vera guida della compagine governativa. Secondo quanto dispone l'art. 95 Cost., egli dirige la politica generale del Governo e ne assume la responsabilità, mantiene l'unità di indirizzo politico e amministrativo e promuove e coordina l'attività dei ministri. Spetta inoltre a lui decidere se e quando convocare il Consiglio dei ministri, quali questioni porre all'ordine del giorno e quali conclusioni trarre dalla discussione.

Nonostante venga talvolta chiamato **Capo del Governo**, il Presidente del Consiglio non è posto, dalla nostra Costituzione, in una posizione di superiorità gerarchica nei confronti dei suoi ministri. Formalmente egli è solo un *primus inter pares*, cioè il primo, il più autorevole, in un gruppo di suoi pari. Sostanzialmente, però, è molto di più. Il Presidente, infatti:

- riceve dal Capo dello Stato l'incarico di formare il Governo e sceglie i ministri che ne faranno parte;
- è il responsabile della politica del Governo davanti alle Camere;
- è lui, infine, che presentando al Capo dello Stato le proprie dimissioni, provoca la caduta dell'intero Governo.

I ministri svolgono una duplice funzione:

- *politica* perché, come membri del Consiglio dei ministri, partecipano alle scelte globali del Governo;
- *amministrativa*, in quanto ciascuno è posto a capo di un particolare settore della Pubblica amministrazione.

Il numero dei ministri e dei Ministeri non è stabilito dalla Costituzione. Ciò comporta che con legge ordinaria si possa cambiare, creando nuovi Ministeri o abolendone altri.

GLI ORGANI SECONDARI DEL GOVERNO

La legge n. 400 del 1988 ha istituzionalizzato alcuni organi del Governo che chiamiamo *secondari* per distinguerli da quelli *necessari* previsti dall'art. 92 Cost. Vediamo i più importanti.

- **Il Vicepresidente del Consiglio** svolge le funzioni che di volta in volta gli delega il Presidente e lo sostituisce in caso di assenza o di impedimento.

Il Governo

- **Il Consiglio di gabinetto** è un organo formato da alcuni ministri scelti dal Presidente del Consiglio per esaminare insieme gli aspetti più rilevanti della politica governativa prima di sottoporli all'esame del Consiglio dei ministri.
- **I sottosegretari di Stato** coadiuvano i ministri ed esercitano i compiti a essi delegati.
- **I viceministri** dirigono, con una certa autonomia, vaste aree della struttura ministeriale, lasciando al ministro un ruolo soprattutto di coordinamento e di indirizzo politico.
- **I comitati interministeriali** sono organi collegiali formati da più ministri e funzionari con specifica competenza in determinati settori amministrativi. La loro costituzione risponde all'esigenza di coordinare l'attività di più Ministeri.

LA CRISI DI GOVERNO

Di regola il Governo dovrebbe rimanere in carica fino allo scioglimento (naturale o anticipato) delle Camere. Può accadere tuttavia che la maggioranza parlamentare ritiri la fiducia alla compagine governativa, costringendola alle dimissioni prima del tempo. L'art. 94 Cost. stabilisce che le Camere possono revocare la fiducia mediante una *mozione motivata e votata per appello nominale*, detta comunemente **mozione di sfiducia**. Se la mozione verrà approvata, il Governo sarà obbligato a dimettersi; se verrà respinta potrà seguitare a governare.

LA QUESTIONE DI FIDUCIA

Del tutto diversa dalla mozione di sfiducia è la *questione di fiducia*. Può accadere che un disegno di legge presentato dal Governo rischi di non essere approvato perché incontra la ferma contrarietà non solo dei partiti di opposizione, ma anche di esponenti della stessa maggioranza parlamentare. In questi casi il Governo può porre la **questione di fiducia**. Questa consiste nel dichiarare che la mancata approvazione del disegno di legge, *così come è stato presentato*, verrà interpretata dal Presidente del Consiglio come se fosse un voto di sfiducia nei suoi confronti e, di conseguenza, egli si dimetterà. Questa drastica alternativa (approvare la legge senza emendamenti o far cadere il Governo) induce spesso i parlamentari a esprimere un voto favorevole.

IL CONTROLLO SULL'OPERATO DEL GOVERNO

La Costituzione prevede un sistema di controlli reciproci tra i massimi organi dello Stato, talché ciascuno, oltre a svolgere le funzioni che gli sono proprie, ha il compito di verificare che gli altri agiscano nel rispetto della legalità. In particolare l'attività del Governo è sottoposta al controllo del Presidente della Repubblica e del Parlamento.

Il Presidente della Repubblica è il supremo custode delle garanzie costituzionali. Spetta a lui controllare che l'azione dei massimi organi dello Stato rispetti lo spirito della Costituzione e si mantenga nei limiti che questa pone. Per tale ragione i più importanti atti del Governo devono essere firmati dal Presidente della Repubblica, il quale, in questo modo, ne prende conoscenza prima che siano emanati e può, se necessario, esprimere il proprio parere o addirittura, in casi estremi, rifiutarsi di emanarli.

Il Parlamento controlla il Governo concedendogli o revocandogli la *fiducia*, approvando o respingendo i suoi disegni di legge, incalzandolo con *interrogazioni*, *interpellanze* e *mozioni*.

- **L'interrogazione** è una domanda rivolta per iscritto da un parlamentare a un ministro o all'intero Governo, con la quale si chiede loro se siano a conoscenza di determinate notizie, se ritengano tali notizie fondate o infondate e che misure intendano adottare in proposito.
- **L'interpellanza** è una richiesta di chiarimenti sul comportamento che il Governo o un singolo ministro ha tenuto o intende tenere in relazione a un determinato fatto. A differenza della interrogazione, l'interpellanza comporta l'apertura di una discussione in aula alla quale possono intervenire tutti i parlamentari.
- **La mozione** è la richiesta, rivolta alle Camere, di discutere e votare su una determinata questione. La più grave, per le conseguenze che ne possono scaturire, è sicuramente la *mozione di sfiducia* che, se viene approvata, costringe il Governo a dimettersi.

Palazzo Chigi, sede del Governo italiano.

UN RIEPILOGO E QUALCHE APPROFONDIMENTO

3. Che cosa sono i decreti legislativi

I decreti legislativi sono atti normativi aventi forza di legge, che vengono emanati dal Governo sulla base di una delega ricevuta dal Parlamento. Per tale ragione vengono **detti anche decreti delegati**.

La delega (vedi art. 76 Cost.) deve contenere precise indicazioni circa:

- l'oggetto del decreto (che deve comunque rientrare nelle materie per le quali sussiste la competenza legislativa dello Stato);
- i principi e i criteri ai quali il Governo dovrà attenersi nel predisporlo;
- il tempo entro il quale dovrà essere emanato.

Non capisco perché il Parlamento, che è titolare della funzione legislativa, debba delegare al Governo la predisposizione di un atto avente forza di legge.

IL PARLAMENTO APPROVA UNA LEGGE DI DELEGA CON LA QUALE DELEGA IL GOVERNO A PREDISPORRE UN DECRETO CHE REGOLI UNA CERTA MATERIA

↓

Il Governo predispone il decreto detto legislativo o delegato

↓

Il Presidente della Repubblica lo emana

↓

Il decreto viene pubblicato sulla Gazzetta Ufficiale ed entra in vigore dopo la prevista *vacatio legis*

In genere si ricorre alla delega quando la legge da approvare contiene disposizioni sia tecniche sia politiche, come la riforma del mercato del lavoro, la riforma del diritto di famiglia, e così via. In questi casi si ritiene molto più utile che il testo venga predisposto dagli staff di esperti di cui può giovarsi il Governo.
La delega, però, non può mai essere generica. L'art. 76 Cost. stabilisce infatti che il Parlamento, nella legge di delega, debba indicare le linee fondamentali a cui il Governo dovrà attenersi e il tempo entro il quale il decreto dovrà essere emesso.

Il decreto legislativo predisposto dal Governo deve essere approvato dal Parlamento?

La risposta è negativa. La conversione in legge è richiesta per i *decreti legge* perché questi sono emanati su iniziativa del Governo, ma non è richiesta per i *decreti legislativi* poiché per essi il Governo ha già ricevuto via libera dal Parlamento con una legge ordinaria.
Solo se l'esercizio della delega eccede i due anni, il Governo è tenuto a richiedere il parere delle Camere sullo schema di decreto legislativo da esso predisposto (legge n. 400/1988, art. 14).

I decreti legislativi:

- vengono adottati dal Consiglio dei ministri;
- vengono emanati nella forma di decreto del Presidente della Repubblica (d.p.r.);
- entrano in vigore dopo la normale *vacatio legis*, salvo che non prevedano un tempo maggiore.

Se il decreto legislativo non rispetta i limiti posti dalla legge di delega deve ritenersi incostituzionale, in quanto viola il disposto dell'art. 76 Cost., e spetta pertanto alla Corte costituzionale annullarlo.

4. I regolamenti

==I regolamenti== sono una fonte secondaria del diritto e sono adottati esclusivamente dall'autorità amministrativa (mai dal Parlamento).

Essendo atti normativi (seppure di secondo livello) sono caratterizzati da generalità, astrattezza, e imperatività, cioè da tutti gli attributi propri delle fonti del diritto. Possono adottare regolamenti:

- il Governo (regolamenti governativi);
- i singoli ministri (regolamenti ministeriali);
- gli enti pubblici territoriali (Regioni, Province, Comuni, Città metropolitane (> Unità 5);
- gli altri enti pubblici.

Da qualsiasi autorità siano emanati i regolamenti:

- non possono porsi in contrasto con leggi, con atti aventi forza di legge e con le norme dell'Unione europea;
- non possono regolare materie su cui esiste riserva assoluta di legge;
- non possono contenere sanzioni penali;
- non possono mai essere in contrasto con i regolamenti emanati da un'autorità superiore. Un regolamento ministeriale, per esempio, non potrebbe mai validamente porsi in contrasto con un regolamento governativo.

5. I diversi tipi di regolamento statale

Oggetto dei regolamenti sia governativi che ministeriali, stabilisce l'art. 117 Cost., possono essere *solo* le materie sulle quali vi è la potestà legislativa esclusiva dello Stato, come la politica estera, l'immigrazione, la difesa, ecc.
Non possono invece regolare materie sulle quali si estende la competenza legislativa regionale.
Secondo quanto dispone la legge n. 400 del 1988, i regolamenti possono essere *esecutivi*, *di attuazione*, *di organizzazione* e *delegati*.
I regolamenti esecutivi accompagnano una specifica legge (o atto avente forza di legge) e contengono norme dettagliate che sono necessarie per darvi pratica esecuzione.
I regolamenti di attuazione vengono impiegati quando la legge (o un atto avente forza di legge) si limita a porre norme di principio lasciando al successivo regolamento statale il compito di completare la normativa e di renderla operativa.
I regolamenti di organizzazione sono previsti per organizzare il funzionamento della Pubblica amministrazione nel rispetto delle leggi già esistenti in materia.
I regolamenti delegati, infine, costituiscono una rilevante singolarità introdotta dalla legge n. 400/1988 (art. 17, comma 2). Essi, su talune materie, possono sostituirsi alla legge.

Verifica le tue conoscenze

Sai qual è la differenza tra...

a. Atti aventi forza di legge *e* Regolamenti

b. Decreti legge *e* Decreti legislativi

c. Questione di fiducia *e* Mozione di sfiducia

Test a risposta multipla

Indica con una crocetta l'affermazione esatta.

1. Compongono il Governo:
A. il Presidente del Consiglio e i ministri
B. il Presidente del Consiglio, i ministri e il Consiglio dei ministri
C. il Presidente della Repubblica e i ministri
D. tutti i partiti della maggioranza

2. Per poter governare il Governo deve avere la fiducia:
A. del Parlamento
B. del Presidente del Consiglio
C. del Presidente della Repubblica
D. della Corte costituzionale

3. Il Governo viene nominato:
A. dal Parlamento
B. dal Presidente della Repubblica
C. dal Presidente del Consiglio
D. dai Presidenti delle Camere

4. Se non vi sono dimissioni anticipate, il Governo rimane in carica:
A. per tutta la durata della legislatura
B. sette anni
C. quattro anni
D. per quattro legislature

5. I decreti legge sono:
A. norme provvisorie aventi forza di legge che il Governo può emanare in casi straordinari di necessità e di urgenza
B. atti normativi aventi valore di legge emanati dal Governo su delega del Parlamento
C. regolamenti governativi emanati dal Capo dello Stato, nella forma di d.p.r.
D. leggi approvate dalle Camere la cui efficacia non eccede i 60 giorni

6. I decreti legge se non vengono convertiti in legge dal Parlamento hanno una durata di:
A. 30 giorni
B. 60 giorni
C. 90 giorni
D. 120 giorni

7. I decreti legislativi sono adottati dal Governo su delega:
A. del Presidente della Repubblica
B. del Parlamento
C. del Presidente del Consiglio
D. della Corte costituzionale

Domande per ricordare

1. Come è composto il Governo?

2. Chi nomina il Governo?

3. Chi accorda la fiducia al Governo?

4. Di quale potere è titolare il Governo?

5. Che cosa è il principio di legalità?

6. Qual è la funzione del Consiglio dei ministri?

7. Qual è la funzione dei sottosegretari?

8. Qual è la differenza tra mozione di sfiducia e questione di fiducia?

9. Quali organi costituzionali controllano l'operato del Governo?

Repetita 5

Le fonti del diritto: le leggi e i regolamenti regionali

1. La funzione legislativa della Regione

La competenza legislativa delle Regioni ha seguito nel tempo un percorso piuttosto complesso. In origine era riconosciuto alle Regioni il potere di emanare leggi regionali solo in alcune specifiche materie e nel rispetto dei principi fondamentali stabiliti dalle leggi dello Stato. Si diceva, a questo proposito, che la Regione aveva una competenza legislativa *concorrente*, nel senso che poteva solo concorrere, insieme allo Stato, a regolare determinati aspetti della vita sociale. Solo le Regioni a Statuto speciale avevano, su alcune materie, una potestà legislativa esclusiva.

Nel 2001, in seguito alla riforma del Titolo V della Costituzione, il rapporto tra legge statale e regionale è stato rovesciato (art. 117 Cost.) e alla Regione è stata riconosciuta una competenza legislativa generale, salvo che per le specifiche materie riservate alla competenza dello Stato.

Ci sono poi alcuni temi che riguardano, per esempio, il commercio estero, la sicurezza nel lavoro, l'istruzione, la ricerca scientifica, ecc., per le quali l'art. 117 Cost. riconosce allo Stato una competenza concorrente con la Regione. Ciò significa che su tali materie spetta alla legge dello Stato porre i principi fondamentali, mentre alla Regione spetta emanare la normativa più specifica.

> **COMPETENZA LEGISLATIVA**
>
> → **Regioni:** competenza generale
>
> → **Stato** competenza su specifiche materie
>
> → **Stato e Regioni:** competenza concorrente su alcune materie

2. Come si approva una legge regionale

Il procedimento di approvazione di una legge regionale è, nei suoi tratti essenziali, piuttosto simile a quello della legge ordinaria.

L'iniziativa di presentare un progetto di legge può essere assunta:

- dalla Giunta (cioè dal governo regionale)
- o da ciascun consigliere regionale.

Il progetto viene presentato al Presidente del Consiglio regionale (simile per ruolo ai Presidenti delle Camere) che lo invierà, per un primo esame, alla **Commissione consiliare** competente per materia. Questa opera **in sede referente**. Ciò significa che è suo compito cercare un accordo sul testo di legge tra le forze politiche presenti in seno alla Commissione stessa e riferire al Consiglio.

Al Consiglio regionale spetta poi discutere e votare la legge. Questa viene votata prima articolo per articolo e poi nuovamente nel suo complesso. Se verrà approvata, sarà promulgata dal **Presidente della Giunta regionale** (detto più semplicemente Presidente della Regione).

> Affinché possa realizzarsi un miglior coordinamento tra le politiche amministrative dei diversi enti territoriali presenti in una stessa Regione, l'art. 123 Cost. istituisce un organo di consultazione denominato **Consiglio delle autonomie locali** la cui composizione e la cui attività sono regolate dagli Statuti regionali.

3. Limiti costituzionali alla legge regionale

Oltre al rispetto della *competenza statale*, le leggi regionali sono subordinate:

- ai rispettivi Statuti, cosicché la violazione di questi può portare alla pronuncia di incostituzionalità della legge;
- all'ordinamento comunitario;
- al rispetto degli obblighi internazionali assunti dall'Italia;
- alla Costituzione, come qualsiasi altra fonte normativa;
- all'art. 120 Cost. in particolare, nel quale si dispone che la Regione non può istituire dazi di importazione o esportazione o transito con le altre Regioni, né adottare provvedimenti che ostacolino in qualsiasi modo la libera circolazione delle persone e delle cose, né limitare l'esercizio del diritto al lavoro in tutto il territorio nazionale.

LE LEGGI REGIONALI DEBBONO RISPETTARE
- la Costituzione
- lo Statuto regionale
- le norme comunitarie
- gli obblighi internazionali

E se una Regione non si attiene a queste disposizioni?

Il Governo, stabilisce il secondo comma dell'art. 120 Cost. può sostituirsi a organi delle Regioni, delle Province, delle Città metropolitane e dei Comuni nel caso di mancato rispetto di norme e trattati internazionali o della normativa comunitaria, oppure di pericolo grave per l'incolumità e la sicurezza pubblica, ovvero quando lo richiedono la tutela dell'unità giuridica o dell'unità economica e in particolare la tutela dei livelli essenziali delle prestazioni concernenti i diritti civili e sociali, prescindendo dai confini territoriali dei governi locali.

4. Le Regioni e le norme dell'Unione europea

I regolamenti e le direttive adottati dall'Unione europea possono avere a oggetto materie riservate alla competenza legislativa dello Stato e materie riservate alla competenza legislativa delle Regioni. Ma nel Consiglio della Ue che dovrà deliberare i provvedimenti normativi siede un ministro, cioè un organo dello Stato centrale, e non i rappresentanti delle Regioni destinatarie finali del provvedimento.

È stato, pertanto, ritenuto opportuno stabilire un raccordo preventivo tra governi regionali e Governo nazionale, affinché la posizione che il ministro competente assumerà a Bruxelles non sia in contrasto con le aspettative delle Regioni a cui quel provvedimento è destinato.

A tale fine deve riunirsi, almeno ogni quattro mesi, una sessione speciale della **Conferenza permanente per i rapporti tra lo Stato e le Regioni** (e le Province autonome di Trento e Bolzano) per concordare la linea da tenere nella discussione e deliberazione di norme della Ue che avranno influenza sugli interessi regionali.

La Conferenza Stato-Regioni è un organo ausiliario del Governo, composto dal Presidente del Consiglio (che lo presiede) e dai Presidenti delle Regioni. Esso svolge compiti di informazione, raccordo e consultazione sulle linee generali dell'attività governativa che interessano le Regioni.

42

Il procedimento di delegificazione

Poiché il regolamento è una fonte secondaria del diritto, come può sostituirsi a una legge? Il procedimento di sostituzione prevede che periodicamente le Camere approvino una legge, detta **di delegificazione**, che abroga le leggi da sostituire e contemporaneamente autorizza il Governo ad adottare regolamenti che disciplinino la stessa materia. In questo modo la gerarchia delle fonti è rispettata e il regolamento si trova solo a occupare lo spazio lasciato vuoto dalla legge abrogata.

La ragione di questo procedimento è rendere più semplice il rinnovamento all'interno della Pubblica amministrazione. Non v'è dubbio, infatti, che in caso di necessità sia molto più semplice approvare o modificare un regolamento piuttosto che una legge.

Ciò non di meno, questa innovazione non manca di sollevare qualche perplessità, perché sottrae al Parlamento il pieno controllo su importanti materie.

La violazione dei regolamenti può essere sanzionata solo con sanzioni amministrative. Non è consentito al regolamento prevedere sanzioni penali poiché queste possono essere disposte solo con legge dello Stato (art.25 Cost.)

5. I regolamenti regionali

Il sesto comma dell'art. 117 Cost. stabilisce che:

- allo Stato spetta la potestà regolamentare solo nelle materie in cui ha la legislazione esclusiva;
- alle Regioni spetta la potestà regolamentare in ogni altra materia.

È previsto anche che lo Stato, se lo ritiene opportuno, possa delegare alle Regioni una parte della sua potestà regolamentare.

 A quale organo è attribuita, in ambito regionale, la potestà regolamentare?

La Costituzione non esige più, come in passato, che i regolamenti siano deliberati dal Consiglio regionale. Di conseguenza ora ogni Regione, con il proprio *Statuto*, stabilisce quale organo è competente a deliberare i regolamenti e con quale procedura. In concreto quasi tutti gli Statuti regionali hanno attribuito questa funzione alla Giunta regionale.

6. I regolamenti degli altri enti territoriali

Oltre che alle Regioni, la potestà regolamentare è attribuita anche agli altri enti pubblici territoriali.

Dispone in proposito l'art. 117 della Costituzione che i **Comuni**, le **Province** e le **Città metropolitane hanno potestà regolamentare** in ordine alla disciplina, alla organizzazione e allo svolgimento delle funzioni loro attribuite.

L'art. 7 del Testo Unico sugli enti locali aggiunge che tali regolamenti devono essere adottati nel rispetto delle leggi e degli Statuti.

UN RIEPILOGO E QUALCHE APPROFONDIMENTO

APPROFONDIMENTO — La Regione

La Regione è un *ente territoriale* a cui lo Stato attribuisce un ampio potere legislativo e amministrativo.
Ente territoriale significa che la sua competenza è limitata al territorio regionale.
Ciascuna Regione dispone di un proprio *Statuto*.
Lo Statuto è un insieme di norme che regolano l'organizzazione della Regione e pongono le linee fondamentali alle quali gli organi regionali dovranno attenersi nello svolgere la loro attività.
Statuti speciali sono accordati dalla Costituzione (art. 116) a cinque Regioni:

- Sicilia
- Sardegna
- Trentino-Alto Adige
- Valle d'Aosta
- Friuli-Venezia Giulia

La *specialità* di questi Statuti consiste soprattutto nel fatto che attribuiscono agli organi di Governo regionale una maggiore autonomia dall'apparato statale.
Sono organi della Regione il *Consiglio regionale*, il *Presidente della Regione* e la sua *Giunta*.
Il Consiglio regionale costituisce il Parlamento della Regione. Esso:

- discute e approva le leggi regionali;
- può anche avanzare proposte di legge al Parlamento nazionale.

I consiglieri vengono eletti ogni cinque anni con il sistema elettorale che ogni Regione ha stabilito con propria legge.
La Giunta è un organo composto da un numero variabile di assessori, ciascuno dei quali (come i ministri nel Governo) si occupa di un ramo particolare dell'amministrazione avvalendosi di una struttura detta Assessorato (Assessorato ai lavori pubblici, alla sanità, all'agricoltura, ecc.). Gli assessori sono nominati dal Presidente della Regione e da questo possono essere revocati in qualsiasi momento, salvo che lo Statuto disponga diversamente.
Il Presidente viene talvolta chiamato anche *governatore*, perché è l'organo più importante del Governo regionale. Egli:

- rappresenta la Regione;
- promulga le leggi ed emana i regolamenti regionali;
- soprattutto dirige la politica della Giunta e ne è responsabile.

Come è disposto dalla Costituzione, il Presidente di Regione:

- è eletto ogni cinque anni a suffragio universale diretto, a meno che lo Statuto disponga in modo diverso;
- può essere rimosso dal suo incarico con decreto del Presidente della Repubblica qualora compia degli atti che siano contrari alla Costituzione oppure gravi violazioni di legge, o per ragioni di sicurezza nazionale;
- è costretto a dimettersi qualora si dimetta la maggioranza del Consiglio regionale;
- può essere costretto alle dimissioni anche con una mozione di sfiducia approvata dal Consiglio a maggioranza assoluta. Tuttavia l'art. 126, comma 3 della Costituzione stabilisce che l'approvazione della **mozione di sfiducia** nei confronti del Presidente della Giunta eletto a suffragio universale e diretto comporta anche lo scioglimento del Consiglio. Ciò significa, in pratica, che se i partiti che compongono il Consiglio regionale intendono sfiduciare il Presidente devono anche essere pronti a lasciare i propri seggi e a sottoporsi nuovamente al giudizio degli elettori. La ragione della norma è evitare che si verifichino crisi scarsamente motivate nel Governo della Regione.

L'AUTONOMIA REGIONALE

Gli enti pubblici territoriali sono detti anche **enti autonomi** perché nelle materie riservate loro dalla legge hanno un'ampia autonomia decisionale.
In particolare:

- **l'autonomia politica** consente loro di predisporre programmi politici propri. I principali organi degli enti territoriali (Presidenti di Regione, consiglieri regionali e comunali, Sindaci) sono *elettivi* e ciò consente, a chi vince le elezioni, di attuare il programma per il quale ha avuto la fiducia degli elettori;
- **l'autonomia normativa** consiste nel potere di emanare, entro i limiti posti dall'ordinamento, norme generali e astratte;
- **l'autonomia amministrativa** consiste nel potere di dare concreta attuazione ai programmi di Governo locale;
- **l'autonomia finanziaria** consiste nel potere di applicare ai cittadini tributi propri nei limiti consentiti dalla legge dello Stato.

Palazzo Lombardia, sede della Regione omonima, a Milano.

Shutterstock, miqu77

44

APPROFONDIMENTO — Il Comune

Il Comune è l'ente locale a cui è affidato il compito di curare gli interessi e promuovere lo sviluppo della propria comunità. Può dotarsi di uno **Statuto** che, nel rispetto della legge, ne determina l'organizzazione interna.
Essendo l'ente pubblico più vicino alla cittadinanza, ha assunto una **competenza amministrativa generale**. I principali settori verso i quali si indirizza l'attività comunale sono: la cura dei servizi sociali, l'assetto e l'utilizzazione del territorio, lo sviluppo economico.
Organi necessari del Comune (necessari significa che non possono mancare) sono:

- **il Sindaco**, che è la figura centrale, in quanto ha la piena responsabilità dell'amministrazione comunale. Eletto direttamente dai cittadini residenti nel Comune, resta in carica per cinque anni. Può essere rieletto al termine del suo mandato. In tema di ordine pubblico la legge attribuisce notevoli poteri ai Sindaci. Essi possono emanare provvedimenti, detti **ordinanze**, utili per contrastare sul loro territorio fenomeni come la prostituzione, lo spaccio di sostanze stupefacenti, l'abusivismo, l'accattonaggio, il degrado urbano. In quest'ultima voce, è bene ricordare, rientra anche la lotta ai *writers* e a coloro che consentono ai propri animali di sporcare la strada;
- **la Giunta**, che è l'organo esecutivo ed è composta dal Sindaco (che la presiede) e dall'insieme degli assessori, ciascuno dei quali, per mezzo di una struttura chiamata Assessorato, provvede ad amministrare un determinato settore della vita pubblica: urbanistica, viabilità, assistenza scolastica, e così via. Gli assessori sono collaboratori del Sindaco e come tali vengono da lui nominati e possono essere revocati in qualsiasi momento;
- **il Consiglio comunale**, che è eletto ogni cinque anni dai cittadini residenti nel Comune e svolge soprattutto una funzione di indirizzo e di controllo sulle attività comunali. La maggioranza consiliare, se ritiene che il Sindaco e la Giunta non operino nel modo migliore, può costringerli alle dimissioni con una **mozione di sfiducia**. Tuttavia, per evitare che tale potere venga impiegato senza ben valutarne le conseguenze, la legge stabilisce che il voto di sfiducia comporti anche le dimissioni dell'intero Consiglio e l'indizione di nuove elezioni amministrative.

I settori di intervento verso i quali tradizionalmente si è orientata l'attività comunale sono principalmente:

- **la cura dei servizi sociali**, nei quali rientra la gestione di asili nido, scuole materne, impianti sportivi, teatri e iniziative culturali, ma anche l'assistenza sanitaria (operata attraverso le Asl), l'assistenza agli anziani, ai poveri, agli emarginati, e così via;
- **l'assetto** e **l'utilizzo del territorio**, attività che comprendono l'elaborazione di piani regolatori, il rilascio di autorizzazioni e concessioni edilizie, la costruzione e manutenzione di strade, di parchi e giardini, della rete fognaria, nonché la gestione del trasporto urbano, della distribuzione dell'acqua potabile, dell'energia elettrica e del gas;
- **lo sviluppo economico**, in cui sono comprese la costruzione di aree attrezzate per industrie, fiere, mercati, imprese artigiane nonché il rilascio delle licenze per il commercio, la determinazione dell'orario di apertura dei negozi, e così via.

I palazzi comunali di Venezia e di Siena.

APPROFONDIMENTO — La Provincia e la Città metropolitana

LA PROVINCIA

Nel nostro ordinamento, prima dell'entrata in vigore della Costituzione repubblicana, la Provincia rivestiva grande importanza perché era un ente secondo solo allo Stato sul piano amministrativo.
Successivamente, dopo l'entrata in vigore della Costituzione e con l'istituzione delle Regioni, l'importanza di questo ente è andata progressivamente diminuendo, tanto che ormai da lungo tempo si parla di una sua possibile soppressione. Si tratta, però, di una operazione complessa perché la soppressione comporterebbe una modifica dell'art. 114 della Costituzione che ne prevede l'esistenza.
In attesa che la modifica venga adottata, la legge n. 56 del 2014, che definisce la Provincia **ente territoriale di vasta area**, ha di fatto trasferito quasi tutte le sue funzioni alle Regioni e ai Comuni e ha posto una nuova disciplina per la designazione degli organi provinciali destinati a svolgere le poche residue funzioni

In particolare

- Il Presidente non è più eletto dai cittadini come in passato, ma dai consiglieri e dai sindaci dei Comuni compresi nell'area provinciale; rappresenta l'ente, svolge le funzioni assegnategli dallo statuto e rimane in carica 4 anni.
- Anche il Consiglio provinciale è eletto dai sindaci e dai consiglieri dei Comuni compresi nella Provincia. Esso approva regolamenti, piani e programmi e rimane in carica due anni.
- L'assemblea dei sindaci non è eletta ma è composta da tutti i sindaci dei comuni appartenenti alla Provincia; ha poteri propositivi, consultivi e di controllo

LA CITTÀ METROPOLITANA

Ci sono, in Italia, almeno dieci grandi città nelle quali il fenomeno dell'urbanizzazione ha provocato la congiunzione con i Comuni vicini e ha determinato il formarsi di un'unica grande **area metropolitana**.
In tali situazioni non appare più ragionevole che alcune funzioni, come il trasporto urbano, lo smaltimento dei rifiuti, la predisposizione di piani regolatori, vengano gestite separatamente. Nello stesso tempo non è pensabile una fusione, poiché produrrebbe dei mega Comuni non più gestibili con il tradizionale tipo di organizzazione. Pertanto è stata disposta la creazione di un nuovo ente, detto **Città metropolitana**, il cui compito è di gestire quei servizi che si estendono su un'area metropolitana che comprenda il Comune centrale e quelli dell'intera Provincia. Questi ultimi, pur seguitando a esistere, perdono parte delle loro funzioni a vantaggio del nuovo ente che nell'area metropolitana assorbe anche le funzioni che erano della Provincia.

Organi della città metropolitana sono:

- **il Sindaco metropolitano** che, secondo quanto dispone la legge 56/2014, è di diritto il Sindaco della città capoluogo (pertanto non sono previste specifiche elezioni per questo organo). Egli rappresenta la Città metropolitana, convoca e presiede sia il Consiglio che la Conferenza. Sovrintende al funzionamento dei servizi e degli uffici, all'esecuzione degli atti ed esercita le altre funzioni che gli sono attribuite dallo Statuto;
- **il Consiglio metropolitano**, che è un organo di indirizzo e di controllo, approva i regolamenti e adotta ogni altro atto a esso sottoposto dal Sindaco metropolitano. Inoltre esercita ogni altra funzione che gli venga attribuita dallo Statuto. È presieduto dal Sindaco metropolitano ed è composto da un numero variabile di consiglieri (da un massimo di 24 a un minimo di 14) scelti tra i Sindaci e i consiglieri dei Comuni che rientrano nell'area metropolitana, eletti dai loro stessi colleghi. Il Consiglio rimane in carica per cinque anni;
- **la Conferenza metropolitana**, che è presieduta dal Sindaco metropolitano ed è composta dai Sindaci dei Comuni appartenenti alla Città metropolitana. La Conferenza ha essenzialmente poteri propositivi e consultivi.

Palazzo Isimbardi, sede della Città metropolitana di Milano.

Verifica le tue conoscenze

REPETITA **5**

Sai qual è la differenza tra...

a. Consiglio regionale   *e*   Giunta regionale

b. Regolamenti esecutivi   *e*   Regolamenti delegati

c. Comune   *e*   Città metropolitana

d. Autonomia   *e*   Autonomia
politica   amministrativa

e. Regolamenti   *e*   Regolamenti
di attuazione   di organizzazione

Test a risposta multipla

Indica con una crocetta l'affermazione esatta.

1. Le leggi regionali sono deliberate:
- A. dal Consiglio regionale
- B. dalla Giunta regionale
- C. dal Presidente della Regione
- D. dal Presidente e dalla Giunta congiuntamente

2. Lo Statuto regionale è:
- A. l'insieme di norme fondamentali che regolano l'organizzazione della Regione
- B. la parte dello Statuto albertino che riguarda le Regioni
- C. l'insieme di norme fondamentali che regolano i rapporti tra Stato e Regioni
- D. l'insieme di norme fondamentali che regolano i rapporti tra le diverse Regioni

3. I componenti della Giunta regionale sono nominati:
- A. dal Consiglio regionale
- B. dal Presidente della Regione
- C. dai cittadini residenti nella Regione
- D. dal Prefetto

4. Il Consiglio regionale può, con mozione di sfiducia, costringere alle dimissioni il Presidente?
- A. no, perché il Presidente è eletto direttamente dal popolo
- B. no, se il Presidente è stato eletto a larga maggioranza
- C. sì, ma solo per fondate ragioni
- D. sì, ma in tal caso anche il Consiglio è costretto a dimettersi

5. La Città metropolitana è:
- A. una città molto grande
- B. un capoluogo di Regione
- C. una città servita da una rete di trasporti sotterranea
- D. un ente che gestisce i servizi di un grande Comune e dei Comuni limitrofi

6. Le materie di competenza legislativa statale, regionale e concorrente sono stabilite:
- A. dalla legge regionale
- B. dalla legge statale
- C. dalla Costituzione
- D. dal codice amministrativo

Domande per ricordare

1. Come viene definita la competenza legislativa delle Regioni?

2. A chi spetta l'iniziativa legislativa regionale?

3. Chi approva le leggi regionali?

4. Quali limiti pone la Costituzione alla legislazione regionale?

5. Qual è la funzione dello Statuto regionale?

6. Quali sono le funzioni del Consiglio regionale?

7. Quale rapporto lega il Presidente della Regione e la Giunta?

8. Che cosa accade se viene approvata una mozione di sfiducia nei confronti del Presidente della Regione?

9. Quale rapporto lega il Sindaco e la Giunta comunale?

10. Che cosa sono le Città metropolitane?

47

Prove riepilogative di conoscenza

ONLINE
Mettiti alla prova con gli esercizi interattivi

Indica con una crocetta l'affermazione esatta.

1. **Con l'interpretazione logica si cerca di capire:**
   A. da quale fonte proviene la norma
   B. qual è il significato letterale della norma
   C. qual è la funzione della norma nell'ordinamento
   D. qual è la sanzione da applicare

2. **È più esatto dire che la norma giuridica è una legge o che la legge è una norma giuridica?**
   A. è corretta la prima ipotesi
   B. è corretta la seconda ipotesi
   C. sono corrette entrambe le ipotesi
   D. nessuna delle due ipotesi è corretta

3. **Chi non paga un debito è soggetto a una sanzione:**
   A. penale
   B. civile
   C. amministrativa
   D. facoltativa

4. **Se il Parlamento non viene sciolto anticipatamente i parlamentari rimangono in carica:**
   A. tre anni
   B. cinque anni
   C. sette anni
   D. fin quando non cade il Governo

5. **Costituzione rigida significa che le sue norme:**
   A. sono immodificabili
   B. sono molto rigorose
   C. non lasciano spazio a equivoci
   D. sono modificabili solo con una procedura molto complessa

6. **Dopo la sua definitiva approvazione la legge viene promulgata:**
   A. dal Presidente della Camera dei deputati
   B. dal Presidente del Senato
   C. dal Presidente del Consiglio
   D. dal Presidente della Repubblica

7. **I regolamenti della Ue sono:**
   A. norme direttamente applicabili negli Stati membri
   B. norme che vengono emanate dai massimi dirigenti dell'Unione
   C. disposizioni che obbligano gli Stati membri a emanare una normativa con essi compatibile
   D. norme secondarie con cui si disciplinano aspetti particolari di una determinata materia

8. **Le direttive della Ue sono:**
   A. atti normativi che entrano direttamente a far parte dell'ordinamento giuridico dei Paesi membri
   B. disposizioni che obbligano gli Stati membri a emanare una normativa con essi compatibile
   C. norme secondarie con cui si disciplinano aspetti particolari di una determinata materia
   D. norme poste in esecuzione di leggi

9. **Il Consiglio europeo è composto:**
   A. dai Capi di Stato o di Governo dell'Unione
   B. dai ministri competenti per materia
   C. dai consiglieri dei diversi Capi di Stato
   D. dai membri del Consiglio di amministrazione dell'Unione

10. **I membri del Parlamento europeo esprimono in sede comunitaria gli interessi:**
    A. del proprio Paese
    B. dell'Unione
    C. del partito politico che li ha candidati
    D. degli elettori che li hanno votati

11. **I decreti legge sono:**
    A. norme provvisorie aventi forza di legge che il Governo può emanare in casi straordinari di necessità e di urgenza
    B. atti normativi aventi valore di legge emanati dal Governo su delega del Parlamento
    C. regolamenti governativi emanati dal Capo dello Stato nella forma di d.p.r.
    D. leggi approvate dalla Camera la cui efficacia non supera i 60 giorni

12. **Il Governo è composto:**
    A. dal Consiglio dei ministri
    B. dal Consiglio dei ministri e dai singoli ministri
    C. dal Presidente della Repubblica e dal Consiglio dei ministri

Prove riepilogative di conoscenza

REPETITA IUVANT

D. dal Consiglio dei ministri, dal Presidente del Consiglio e dai ministri

13. Il Presidente della Repubblica viene eletto:
A. dal popolo a suffragio universale
B. dal Parlamento riunito in seduta comune
C. dalle Camere con voto separato
D. dai Presidenti delle Camere

14. La questione di fiducia è:
A. la dichiarazione del Presidente del Consiglio che attribuirà alla mancata approvazione di una legge il valore di un voto di sfiducia
B. la richiesta rivolta alle Camere da almeno un decimo dei componenti della Camera o del Senato di togliere la fiducia al Governo
C. la conferma che si può avere fiducia nelle capacità e nell'onestà dei membri del Governo
D. una questione molto delicata per la sopravvivenza del Governo in carica

15. Può essere eletto Presidente della Repubblica:
A. solo un membro del Parlamento
B. solo un membro del Senato
C. solo chi è stato almeno una volta membro del Governo
D. qualsiasi cittadino che goda dei diritti politici e civili e abbia compiuto 50 anni di età

16. Lo scioglimento anticipato delle Camere è un atto:
A. formalmente presidenziale
B. sostanzialmente presidenziale
C. dovuto
D. prescritto

17. Il Presidente della Repubblica rimane in carica:
A. cinque anni
B. sette anni e non può essere rieletto
C. sette anni e può essere rieletto
D. fin quando non riceva una mozione di sfiducia da parte del Parlamento

18. I gruppi parlamentari sono raggruppamenti di deputati o di senatori:

A. che appartengono al medesimo partito
B. che appartengono a più partiti
C. che sono eletti nel medesimo collegio
D. che sono eletti nella medesima Regione

19. Le materie di competenza legislativa statale e regionale sono stabilite:
A. dalla legge regionale
B. dalla legge statale
C. dalla Costituzione
D. dal codice amministrativo

20. La Corte costituzionale giudica sulle controversie relative alla legittimità costituzionale:
A. delle leggi dello Stato
B. delle leggi e degli atti aventi forza di legge dello Stato
C. delle leggi e degli atti aventi forza di legge dello Stato e delle Regioni
D. delle leggi, degli atti aventi forza di legge e dei regolamenti dello Stato e delle Regioni

21. Il controllo di costituzionalità delle leggi viene operato dalla Corte:
A. prima che la legge venga approvata
B. prima che la legge venga promulgata
C. prima che la legge venga pubblicata
D. successivamente per effetto di un ricorso diretto o incidentale

22. Il ricorso incidentale può essere promosso:
A. da un giudice nel corso di un processo
B. dal Presidente della Repubblica
C. dal Parlamento
D. dal Governo

23. Lo Statuto regionale è:
A. l'insieme delle norme fondamentali che regolano l'organizzazione della Regione
B. la parte dello Statuto albertino che riguarda le Regioni
C. l'insieme di norme fondamentali che regolano i rapporti tra Stato e Regioni
D. l'insieme di norme fondamentali che regolano i rapporti tra le diverse Regioni

PERCORSO A

IL DIRITTO SOGGETTIVO E LA TUTELA GIURISDIZIONALE

COMPETENZE DI PERCORSO

COMPETENZE DI ASSE
- Riconoscere le caratteristiche e i valori fondamentali del nostro sistema giuridico, allo scopo di orientare i propri comportamenti alle scelte di fondo espresse dall'ordinamento
- Comprendere l'importanza di un sistema sociale basato sulle regole quali pilastri di un'ordinata e pacifica convivenza

CONOSCENZE
- Il concetto di diritto soggettivo e le altre situazioni giuridiche attive e passive
- Il ruolo della Magistratura quale organo garante del rispetto dei diritti violati
- Le finalità della giurisdizione civile e la competenza dei giudici che la esercitano
- Le modalità di svolgimento delle diverse forme del processo civile
- I nuovi strumenti di risoluzione delle controversie alternativi al processo ordinario

ABILITÀ
- Saper riconoscere gli aspetti problematici di una situazione data, individuando il tipo di processo al quale ricorrere
- Saper scegliere e applicare gli strumenti processuali idonei a risolvere una controversia tra privati

UNITÀ 1

Il diritto soggettivo

1. Quando un rapporto diventa "giuridico"

RAPPORTO GIURIDICO

→ **Parte attiva**

→ **Parte passiva**

Nella vita quotidiana entriamo spesso in rapporto con altre persone: pensiamo ai rapporti di vicinato, di amicizia, di lavoro. In linea di massima lo stabilirsi di queste relazioni è un fatto positivo, ma i rapporti, anche quelli sorti sotto i migliori auspici, nel tempo possono entrare in crisi per l'emergere, tra le parti, di esigenze o di interessi contrastanti.

Pensiamo a quanto appare soddisfatto e disponibile il lavoratore quando inizia un rapporto di lavoro, e quanto si inquieta quando viene licenziato. Oppure pensiamo a quanto appaiono soddisfatte e reciprocamente disponibili le coppie quando iniziano un rapporto matrimoniale e quanto sono inquiete quando si separano.

Per evitare che tali inquietudini possano indurre le parti ad assumere atteggiamenti prevaricatori o addirittura violenti, i rapporti socialmente ed economicamente più importanti vengono regolati dal diritto con specifiche norme e prendono il nome di rapporti giuridici.

Il rapporto giuridico è una relazione tra due o più parti regolata dall'ordinamento giuridico.

▶ **Parte attiva** del rapporto è quella che può *pretendere* qualcosa.

▶ **Parte passiva** è quella che è tenuta a soddisfare la pretesa.

QUESTIONI

Parti e soggetti nel rapporto giuridico

Perché viene detto che nel rapporto giuridico compaiono due o più "parti" e non due o più "soggetti"?
Per capirlo, immaginiamo che due amici abbiano ottenuto un mutuo bancario per aprire un pub. Nel rapporto giuridico che si stabilisce tra loro e la banca compaiono complessivamente tre soggetti:
- due (gli amici) si trovano dalla medesima parte, accomunati dall'obbligo di restituire il denaro avuto in prestito,
- e uno solo (la banca) si trova nella parte attiva.

Parte è un termine che indica i centri di interesse presenti nel rapporto giuridico. Ciascuna parte (o centro di interesse) può essere composta da uno o più soggetti.

Terzi sono chiamati tutti coloro che rimangono estranei al rapporto.

2. Quando il diritto è soggettivo

Nel regolare un rapporto giuridico (rapporto matrimoniale, di lavoro, ecc.) l'ordinamento stabilisce anticipatamente quale interesse è giusto che prevalga sull'altro nel caso in cui si generi un conflitto.

Per esempio in un rapporto di lavoro subordinato il contrasto di interessi potrebbe sorgere in merito alla retribuzione da corrispondere, ai riposi settimanali, alle ferie annuali, al licenziamento, e così via. Per evitare che il contrasto generi un conflitto, l'ordinamento stabilisce anticipatamente quale interesse è giusto che prevalga sull'altro.

- Al titolare dell'interesse ritenuto prevalente l'ordinamento attribuisce generalmente un **diritto** (per esempio, nel rapporto di lavoro, attribuisce il diritto al riposo settimanale, alle ferie retribuite, e così via).

- Al titolare dell'interesse soccombente impone generalmente un **obbligo** (nel nostro caso l'obbligo di consentire il riposo settimanale).

E se l'obbligo non venisse rispettato?

==L'attribuzione del diritto soggettivo consente al soggetto che ne è titolare di ricorrere a un giudice per vedere riconosciuto, nei confronti di altri, un proprio interesse ritenuto dall'ordinamento meritevole di tutela.==

La relazione tra diritto oggettivo e diritto soggettivo

▶ **Il diritto oggettivo** (o anche ordinamento giuridico) è l'insieme delle norme giuridiche poste dallo Stato.

▶ **Il diritto soggettivo**, come abbiamo appena detto, consiste invece nel potere, attribuito a un soggetto, di far valere davanti al giudice un pro-

Sono diritti soggettivi, per esempio: il diritto di essere pagati per il lavoro svolto, il diritto di essere risarciti per un danno ingiusto subito, il diritto di non essere molestati nel godimento delle cose proprie, il diritto di manifestare il proprio pensiero, il diritto di votare per eleggere i propri rappresentanti politici, e così via.

prio interesse riconosciuto prevalente da una norma presente nell'ordinamento.

▶ **Condizione perché esista un diritto soggettivo** è che sia presente nel diritto oggettivo una norma che riconosca come meritevole di tutela un certo tipo di interesse (al riposo settimanale, alla vita, alla proprietà, e così via).

3. Altre possibili situazioni soggettive

Generalmente nel regolare un rapporto giuridico l'ordinamento attribuisce, come abbiamo appena visto, diritti soggettivi e obblighi, ma può anche attribuire *doveri, oneri, potestà, soggezioni* o *interessi legittimi*. Vediamo di che cosa si tratta.

▶ **L'obbligo** indica la necessità di soddisfare, con il comportamento imposto, l'interesse specifico di uno o più soggetti (è un obbligo pagare il creditore, risarcire il danneggiato, e così via).

▶ **Il dovere** comporta invece la necessità di soddisfare, con il comportamento imposto, un interesse generale (è un dovere, nell'interesse di tutti, pagare le imposte).

▶ **L'onere** è un comportamento che, pur non essendo obbligatorio, è indispensabile tenere se si vuole conseguire un determinato risultato (è un onere pagare le tasse scolastiche se si vuole sostenere l'esame di maturità).

▶ **La potestà** (molto frequente nel diritto pubblico) è un complesso di poteri e di doveri accordati a un soggetto per la tutela non di un interesse proprio ma di un interesse altrui. Per esempio, quando un agente di polizia ferma un malvivente ha il potere e il dovere di farlo non tanto nel proprio interesse quanto nell'interesse della collettività.

▶ **La soggezione** è la situazione in cui viene a trovarsi chi è soggetto alla potestà di altri.

▶ **Interesse legittimo** è chiamato l'interesse che tutti noi abbiamo a che gli organi della Pubblica amministrazione agiscano nel rispetto della legge. Per esempio, chi partecipa a un concorso pubblico non può dire di avere diritto a vincerlo, ma sicuramente ha il legittimo interesse che la commissione operi nel rispetto della legge. Se una persona ritiene che sia stato violato un proprio interesse legittimo potrà ricorrere al giudice amministrativo: Tar in primo grado e Consiglio di Stato in secondo grado.

Potestà viene dal latino *potis*, con il significato di "potere".
La potestà dei genitori nei confronti dei figli minori oggi viene chiamata **responsabilità genitoriale** per sottolineare la prevalenza degli obblighi dei genitori sui poteri (d.lgs. 154/2013).

4. Come sono classificati i diritti soggettivi

Sappiamo, per lunga esperienza, quanto le classificazioni siano poco amate dagli studenti. Tuttavia, poiché abbiamo necessità di presentare le diverse denominazioni che assumono i diritti soggettivi in funzione delle loro diverse caratteristiche, non possiamo evitare questo passaggio.

▶ **Pubblici** sono chiamati quei diritti soggettivi che tutelano gli interessi del singolo nei confronti dello Stato e di altri enti pubblici. Rientrano in questa categoria i diritti di libertà personale, i diritti politici, i diritti di riunione, di associazione e di manifestazione del pensiero.

▶ **Privati** sono chiamati i diritti soggettivi che tutelano gli interessi del singolo nei confronti di altri soggetti privati o anche nei confronti degli enti pubblici quando questi agiscono come privati. Vi rientrano il diritto di proprietà, i diritti di credito, i diritti di famiglia e di successione ereditaria.

▶ **Patrimoniali** sono detti i diritti che hanno per oggetto interessi di natura economica, come il diritto di proprietà che attribuisce un potere sulle cose e i diritti di credito che attribuiscono il diritto di esigere dal debitore una certa prestazione di natura economica, come pagare un debito, eseguire un lavoro, e così via.

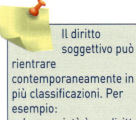

Il diritto soggettivo può rientrare contemporaneamente in più classificazioni. Per esempio:
• la proprietà è un diritto patrimoniale, assoluto, disponibile;
• il credito è un diritto patrimoniale, relativo, disponibile.

▶ **Non patrimoniali** sono i diritti che non hanno per oggetto interessi di natura economica, come i diritti di famiglia o il diritto alla privacy.

▶ **Assoluti** sono i diritti che attribuiscono al titolare una protezione nei confronti di ogni soggetto. Per esempio, il diritto alla vita è assoluto, in quanto tutti debbono astenersi dall'attentare alla vita della persone; il diritto di proprietà è ugualmente assoluto, perché tutti debbono astenersi dal turbare il godimento di questo diritto.

▶ **Relativi** sono i diritti che possono essere fatti valere solo nei confronti di (o relativamente a) alcuni soggetti determinati. Per esempio, se il nostro debitore ci deve del denaro, possiamo far valere il nostro diritto solo nei suoi confronti; se il nostro coniuge non contribuisce ai bisogni della famiglia (come prevede l'art. 143 c.c.) possiamo far valere il nostro diritto solo nei suoi confronti.

▶ **Disponibili** sono i diritti che possono essere trasferiti ad altri, gratuitamente o dietro compenso.

▶ **Indisponibili** sono i diritti che non possono essere trasferiti ad altri né gratuitamente né dietro compenso, perché tutelano alcuni fondamentali valori umani e sociali. Vi rientrano i diritti politici (non può essere ceduto il diritto al voto), il diritto al nome, alla vita, all'integrità fisica, e così via.

5. Quando si prescrivono i diritti soggettivi

I diritti soggettivi non hanno una durata illimitata nel tempo.
Molti diritti, soprattutto quelli di natura patrimoniale, se non vengono esercitati per lungo periodo perdono ogni protezione o, come meglio si dice, *cadono in prescrizione*.

==La prescrizione==, prevista dall'art. 2934 c.c., è l'estinzione del diritto che si verifica quando il titolare omette di esercitarlo per tutto il tempo previsto dalla legge.

PERCORSO A — IL DIRITTO SOGGETTIVO E LA TUTELA GIURISDIZIONALE

L'obbligo di pagare si prescrive:
- in dieci anni per il servizio di nettezza urbana;
- in cinque anni per dichiarazioni dei redditi, pagamenti di contravvenzioni, acqua, energia elettrica, gas, telefono;
- in tre anni per bollo auto.

Quando un diritto è prescritto il titolare non può più avanzare alcuna pretesa e il debitore non è obbligato a pagare.

▶ **La ragione** di questo istituto è da ricercare in una esigenza di certezza nei rapporti giuridici. L'ordinamento vuole evitare che il mancato esercizio del diritto (per dimenticanza, pigrizia o altro impedimento) possa generare equivoci nei terzi e contrasti tra le parti.

▶ **Non sono soggetti a prescrizione** i *diritti indisponibili* e gli altri diritti indicati dalla legge. **Indisponibili** sono i diritti che, come abbiamo già anticipato nel paragrafo precedente, non possono essere trasferiti ad altri né gratuitamente, né dietro compenso.

▶ **La prescrizione inizia a decorrere**, stabilisce l'art. 2935 c.c., dal giorno in cui il diritto può essere fatto valere. Per esempio, se fin da oggi abbiamo diritto di riscuotere un nostro credito, cominceranno oggi stesso a decorrere i dieci anni previsti per la prescrizione ordinaria.

La decorrenza della prescrizione può essere interrotta dando inizio a un'azione giudiziaria volta a far valere il proprio diritto oppure ordinando per iscritto al debitore di adempiere al suo obbligo.

E se una persona volesse pagare un debito ormai prescritto?

Non si può rinunciare preventivamente alla prescrizione, ma è sicuramente possibile non giovarsene adempiendo la prestazione anche se il creditore non ha più diritto di pretenderla.

Se mi accorgessi, solo dopo avere adempiuto, che il mio debito era scaduto, potrei pretendere di riavere indietro quanto ho pagato?

La risposta è negativa, perché il pagamento è considerato una forma di rinuncia tacita ad avvalersi della prescrizione. L'art. 2940 c.c. dispone in proposito che *non è ammessa la ripetizione [cioè la restituzione] di ciò che è stato spontaneamente pagato in adempimento di un debito prescritto*.

6. Quando un diritto decade

La decadenza è l'estinzione del diritto soggettivo causato dalla mancata osservanza di un termine perentorio entro il quale può essere esercitato.

Per esempio, il diritto di partecipare a un concorso decade se la domanda non viene presentata nei termini stabiliti; il diritto di protestare una cambiale decade dopo due giorni feriali dal mancato pagamento; il diritto di impugnare le deliberazioni condominiali decade entro 30 giorni dalla deliberazione, e così via.

▶ **Funzione della decadenza** è contenere, entro un tempo brevissimo (giorni o mesi), lo stato di incertezza relativo a una certa situazione giuridica. Per tale ragione l'art. 2964 c.c. stabilisce che **la decadenza non è soggetta a interruzione né, di regola, a sospensione**.

Riguardando gli appunti

1. In quali casi un rapporto tra due o più soggetti può definirsi giuridico?

- Un rapporto si dice giuridico quando è regolato dal diritto.
- Nel regolare il rapporto, la norma giuridica stabilisce a quale parte spetta il diritto soggettivo, la potestà o l'interesse legittimo, e a quale parte spetta l'obbligo, il dovere o la soggezione.
- *Parte* è un termine che indica la posizione attiva o passiva che si assume nel rapporto giuridico. Ciascuna parte può essere composta da uno o più soggetti.

2. Che cosa sono e come vengono classificati i diritti soggettivi?

- Il diritto soggettivo è il potere di far valere un proprio interesse riconosciuto meritevole di tutela da una norma presente nel diritto oggettivo.
- I diritti soggettivi pubblici tutelano gli interessi del singolo nei confronti dello Stato e di altri enti pubblici.
- I diritti soggettivi privati tutelano gli interessi del singolo nei confronti di altri soggetti privati e nei confronti degli enti pubblici quando questi agiscono come privati.
- I diritti patrimoniali hanno per oggetto interessi di natura economica.
- I diritti non patrimoniali (come i diritti della personalità e di famiglia) hanno per oggetto interessi di natura prevalentemente non economica.
- I diritti assoluti attribuiscono al titolare protezione nei confronti di ogni soggetto.
- I diritti relativi possono essere fatti valere solo nei confronti di alcuni soggetti determinati.
- I diritti disponibili possono anche essere trasferiti ad altri.
- I diritti indisponibili (come i diritti politici) non possono essere trasferiti.

3. Che cosa sono la potestà e l'interesse legittimo?

- La potestà è un complesso di poteri e di doveri accordati a un soggetto per la tutela di un interesse altrui.
- L'interesse legittimo è l'interesse del soggetto a che gli organi della Pubblica amministrazione svolgano la loro funzione ed esercitino il loro potere nel rispetto delle norme giuridiche poste per disciplinare la loro attività.

4. Qual è la differenza tra dovere e obbligo, soggezione e onere?

- *Dovere* indica la necessità di soddisfare, con il comportamento imposto dalla norma, un interesse generale.
- *Obbligo* indica la necessità di soddisfare l'interesse particolare di uno o più soggetti.
- *Soggezione* è la situazione nella quale viene a trovarsi chi è sottoposto all'altrui potestà.
- *Onere* è un comportamento che, pur non essendo obbligatorio, è indispensabile tenere se si vuole conseguire un determinato risultato.

5. Che cos'è la prescrizione?

- La prescrizione è l'estinzione del diritto che si verifica quando il titolare omette di esercitarlo per tutto il tempo previsto dalla legge.
- Si estinguono per prescrizione tutti i diritti a eccezione di quelli indisponibili e di altri indicati dalla legge.
- Il termine normale di prescrizione è di dieci anni, ma sono previsti anche termini diversi.
- La prescrizione inizia a decorrere dal giorno in cui il diritto può essere fatto valere.
- La decorrenza della prescrizione può essere interrotta dando inizio a un'azione giudiziaria volta a far valere il proprio diritto oppure ordinando per iscritto al debitore di adempiere al suo obbligo.

6. Che cos'è la decadenza?

- La decadenza è l'estinzione del diritto soggettivo causata dalla mancata osservanza di un termine perentorio entro il quale il diritto può essere esercitato. Essa non è soggetta a interruzione né, di regola, a sospensione.
- Funzione della decadenza è contenere entro un tempo brevissimo (giorni, mesi) lo stato di incertezza relativo a una certa situazione giuridica.

Verifica le tue conoscenze

Completamento

Quali situazioni soggettive sorgono in capo alle parti di un rapporto giuridico? Completa la mappa utilizzando le seguenti parole: *soggezione*; *dovere*; *potestà*; *attiva*; *soggettivo*; *obbligo*; *legittimo*; *onere*.

Test a risposta multipla

Indica con una crocetta l'affermazione esatta.

1. Il rapporto giuridico è:
   A. una relazione tra due o più parti regolata da norme giuridiche
   B. il rapporto che lega l'attore e il convenuto nel processo civile
   C. il rapporto che intercorre tra due persone giuridiche
   D. una relazione regolata dal diritto pubblico

2. L'interesse legittimo è:
   A. l'interesse del soggetto riconosciuto meritevole di tutela da una norma di diritto oggettivo
   B. l'interesse a che gli organi della Pubblica amministrazione svolgano le loro funzioni nel rispetto della legge
   C. l'interesse delle parti a un'equa amministrazione della giustizia
   D. un diritto al quale la legge attribuisce grande interesse

3. Come sono denominati quei diritti che possono essere trasferiti ad altri soggetti?
   A. relativi   B. privati
   C. disponibili   D. patrimoniali

4. Quando si parla di onere si fa riferimento:
   A. alla necessità di soddisfare, con il comportamento imposto, l'interesse specifico di uno o più soggetti
   B. alla situazione nella quale viene a trovarsi chi è sottoposto all'altrui potestà
   C. a un comportamento che, pur non essendo obbligatorio, è indispensabile tenere se si vuole conseguire un certo risultato
   D. alla necessità di soddisfare, con il comportamento imposto, un interesse generale

5. La prescrizione inizia a decorrere:
   A. dal giorno in cui il debitore rifiuta formalmente la prestazione
   B. dopo la costituzione in mora del debitore
   C. dopo la sentenza che condanna il debitore a eseguire la prestazione
   D. dal giorno in cui il diritto può essere fatto valere

Ma davvero?

Il diritto si affaccia nei discorsi di ogni giorno. A volte, però, a sproposito. Leggi e rifletti.

Dopo un periodo di difficoltà economica, Luca è riuscito a pagare tutti i debiti che aveva contratto. Gli amici si congratulano con lui e lo invitano a festeggiare. «Ho solo fatto il mio dovere!», si schermisce Luca.
Luca sembra sicuro di ciò che dice. Ma davvero... ha fatto il suo «dovere»?

IL DIRITTO SOGGETTIVO E LA TUTELA GIURISDIZIONALE

PERCORSO A — UNITÀ 2

La tutela giurisdizionale dei diritti

1. La funzione giurisdizionale

Ragazzi, sono in un mare di guai. Un compagno con cui ho litigato ha graffiato per ritorsione il mio motorino e io l'ho preso a pugni. Ora i suoi genitori mi hanno denunciato per lesioni. Che cosa mi potrà accadere?

La risposta è: nulla di buono. Prendere a pugni (o comunque usare violenza) su una persona che ci provoca, ci offende o ci causa un danno ci fa passare immediatamente dalla ragione al torto, perché:

- l'ordinamento non consente a nessuno di farsi giustizia da sé.

Nel caso sopra esposto il giovane che ha reagito con violenza potrebbe essere imputato di percosse o lesioni personali e in quest'ultimo caso rischierebbe, come dispone l'art. 582 c.p., una condanna da tre mesi a tre anni di reclusione.

- In generale, quando subiamo un torto la cosa corretta da fare è rivolgersi alla *Magistratura*.

2. La Magistratura

==La Magistratura è costituita dall'insieme dei giudici (o magistrati) ai quali è demandata la *funzione giurisdizionale*.==

==La funzione giurisdizionale consiste nel giudicare le violazioni della legge e applicare ai casi concreti le sanzioni previste.==

All'interno del grande corpo della Magistratura vi è una divisione di compiti tra magistrati che esercitano la *giurisdizione penale* e magistrati che esercitano la *giurisdizione civile*.

▶ **La giurisdizione penale** è diretta ad accertare se siano stati commessi reati (rapina, furto, lesioni personali, ...) e a perseguire i colpevoli.

▶ **La giurisdizione civile**, che qui più ci interessa, ha per oggetto la risoluzione delle controversie che sorgono in materia di diritto privato. **Il processo** è il momento in cui le parti espongono al giudice le proprie ragioni e presentano le prove a sostegno di quanto affermano. Quando il giudice si sarà formato un sicuro convincimento su torti e ragioni, emetterà la sentenza.

Giurisdizione viene dal latino *jurisdictionem*, composto da *jus* ("diritto") e *dictionem* ("dire"). Pertanto il magistrato che esercita la giurisdizione dice ciò che stabilisce il diritto in merito a un determinato fatto.

PERCORSO A — IL DIRITTO SOGGETTIVO E LA TUTELA GIURISDIZIONALE

3. E se il giudice sbagliasse?

Sono stata condannata a risarcire un danno che in realtà non ho causato e anche il mio avvocato sostiene che il giudice ha commesso un errore. Che cosa si può fare in questi casi?

Per limitare gli effetti di errori giudiziari (sempre possibili) l'ordinamento mette a disposizione delle parti **tre gradi di giudizio**.
Chi sia stato condannato in primo grado e non ritenga corretta la sentenza può ricorrere a un giudice di secondo grado o di appello. E se ritiene che anche nel processo di secondo grado vi siano state delle irregolarità, può ricorrere, in terzo grado, al giudizio della Corte di cassazione.

Il Giudice di pace è competente a giudicare anche i ricorsi contro le sanzioni per infrazione al Codice della strada, qualunque sia il valore della sanzione.

▶ **Sono giudici di primo grado**:

- **il Giudice di pace**, che è competente a giudicare le controversie di modico valore e i reati di minore gravità come le lesioni personali, l'ingiuria, la diffamazione;
- **il Tribunale**, che è competente a giudicare le questioni che non sono attribuite alla competenza del *Giudice di pace* o della *Corte d'assise*;
- **la Corte d'assise**, che ha competenza *solo in materia penale* e si occupa dei delitti più gravi per i quali è prevista una pena detentiva superiore a 24 anni di reclusione. È composta da due magistrati e da sei giudici popolari (*giurati*).

La parte che non si ritenga pienamente soddisfatta dalla sentenza emessa dal giudice di primo grado, come abbiamo detto, può ricorrere a un giudice di secondo grado o di *appello*, perché riesamini i fatti.

▶ **Sono giudici di secondo grado (o di appello)**:

- **il Tribunale**, per le sentenze emesse dal Giudice di pace;
- **la Corte d'appello**, per le sentenze emesse dal Tribunale;
- **la Corte d'assise d'appello**, per le sentenze emesse dalla Corte d'assise.

Questi giudici esaminano nuovamente la controversia nel *merito*; tornano cioè ad accertare i fatti al fine di emettere una nuova sentenza.
Questa potrà **confermare** quella emessa dal giudice di primo grado o potrà **riformarla** in tutto o in parte.

▶ **È giudice di terzo grado**:

Merito significa "sostanza", "contenuto". Il giudizio di merito, espresso da giudici di primo e di secondo grado, è un giudizio che si fonda sull'analisi dei fatti.
Legittimità significa "conformità a quanto dispone la legge".

- **la Corte di cassazione**, detta anche *Suprema corte*. Questa non riesamina i fatti della causa, ma controlla soltanto che la legge sia stata correttamente applicata e interpretata. Per tale ragione si dice che essa esprime un giudizio di *legittimità* e non di *merito*.

Se la Corte non riscontra alcuna irregolarità, conferma la sentenza.
In caso contrario la "cassa", cioè la cancella, e il processo deve ricominciare davanti a un giudice di grado pari a quello che ha pronunciato la sentenza cassata.
Come vedremo meglio nel paragrafo 13, **la sentenza diventa definitiva** o,

come anche si dice, *passa in giudicato* quando sono scaduti i termini per ricorrere al grado di giudizio superiore oppure quando è stata confermata dalla Corte di cassazione.

I GRADI DI GIUDIZIO			
1° grado	**Giudice di pace**	**Tribunale**	**Corte d'assise** (solo per i delitti più gravi)
2° grado	Contro le sentenze del Giudice di pace è ammesso ricorso in Tribunale	Contro le sentenze del Tribunale è ammesso ricorso in **Corte d'appello**	Contro le sentenze della Corte d'assise è ammesso ricorso in **Corte d'assise d'appello**
3° grado	**Corte di cassazione** (il ricorso è ammesso solo per questioni di corretta applicazione o interpretazione delle leggi)		

4. La Corte di cassazione e la corretta interpretazione della legge

Il giudice di merito (Giudice di pace, Tribunale o Corte d'appello), dopo aver accertato i fatti e valutato le prove, deve emettere la sentenza. Per far questo egli deve necessariamente *interpretare* le norme per capire se il caso che sta esaminando rientri più in una certa fattispecie o in un'altra, e quale sanzione, per conseguenza, deve essere applicata alla parte soccombente. Nel condurre questa operazione il giudice gode di un'ampia libertà ed è possibile che "in scienza e coscienza" interpreti una certa norma in modo dissimile da altri giudici, arrivando ad assolvere un comportamento che altri hanno censurato o viceversa.

La libertà del giudice, tuttavia, incontra due importanti limiti.

▶ **Il primo limite** è costituito dal fatto che ogni sentenza deve contenere, oltre alla *decisione*, anche la *motivazione*, cioè la spiegazione delle ragioni di fatto e di diritto che hanno indotto il giudice a prendere quella decisione. Ne consegue che se questi vorrà distaccarsi dall'interpretazione corrente data a una certa norma dovrà essere in grado di esporre, nella motivazione della sentenza, il ragionamento logico-giuridico che lo ha condotto alla diversa conclusione.

▶ **Il secondo limite** è costituito dal giudizio della Corte di cassazione. Se questa ritiene che la sentenza contro cui si è presentato ricorso sia frutto di un'interpretazione errata data dal giudice di merito, la "cassa", cioè l'annulla, e suggerisce la corretta interpretazione.

Ciò comporta, sul piano pratico, che se un giudice di merito non vuole vedere sistematicamente cassate le proprie sentenze deve cercare di uniformarsi alle interpretazioni fornite dalla Cassazione. A meno che (e il caso non è raro) egli non ritenga la propria tesi così fondata da indurre la Suprema corte a mutare il proprio orientamento. Dalle più significative sentenze della Cassazione vengono ricavate delle *massime* che, raccolte in un *massimario*, costituiscono un importante riferimento per ogni interprete del diritto.

Un filtro è stato posto ai ricorsi per evitare che le parti si rivolgano alla Cassazione al solo fine di ritardare la conclusione del giudizio. La legge n. 69/2009 ha stabilito che **il ricorso è inammissibile** quando il giudice di merito ha deciso la questione in modo conforme alla giurisprudenza della Corte e l'esame dei motivi non offre elementi per confermare o mutare l'orientamento della stessa.

PERCORSO A

IL DIRITTO SOGGETTIVO E LA TUTELA GIURISDIZIONALE

Illecito significa "non permesso", "non consentito".
Fatto illecito, pertanto, è ogni comportamento non consentito dalla legge.
Illecito civile è il fatto commesso in violazione di una norma di diritto civile.
Illecito penale (o anche *reato*) viene chiamato un fatto commesso in violazione di una norma di diritto penale.
Delitti sono chiamati i reati più gravi (come l'omicidio, la rapina, il sequestro di persona) e sono puniti con pena detentiva.
Contravvenzioni sono chiamati i reati meno gravi e sono puniti solitamente con la sola pena pecuniaria.

5. Quando si esercita la giurisdizione penale

La giurisdizione penale è diretta ad accertare se siano stati commessi reati e a perseguire i colpevoli.

Se pensiamo di essere rimasti vittima di un reato, possiamo denunciare il fatto alla **polizia giudiziaria**. Questa informerà della denuncia il **magistrato competente** sotto la cui direzione avvierà le indagini dirette ad accertare:

- se il reato è stato veramente commesso;
- chi lo ha commesso.

Se le indagini della polizia giudiziaria accerteranno che è stato effettivamente commesso il reato denunciato e se si riuscirà a individuare un presunto colpevole, avrà inizio il processo.

Nel processo penale il magistrato che ha guidato le indagini assumerà il ruolo di "**pubblico ministero**" e sosterrà l'accusa.

Il presunto colpevole assumerà il ruolo di "**imputato**" e sarà affiancato da un **avvocato difensore**.
Accusa e difesa si confronteranno davanti a un giudice diverso da quello che ha condotto le indagini. Questi, da una posizione di imparzialità, ascolterà entrambe le parti, valuterà le prove presentate e, quando si sarà creato un sicuro convincimento, emetterà la sentenza di assoluzione o di condanna.

Nel mio quartiere ci sono due bulletti che mi infastidiscono. Qualcuno mi dice che devo presentare una denuncia, altri una querela o un esposto. Vorrei sapere che devo fare.

▶ **L'esposto** è l'esposizione, fatta all'autorità di Pubblica sicurezza, di fatti che non costituiscono ancora un reato ma che sono al limite del lecito, oppure di fatti che potrebbero essere oggetto di querela. L'ufficiale di Pubblica sicurezza a cui l'esposto viene presentato convoca le parti e cerca di giungere a una composizione pacifica della controversia prospettando all'autore del fatto i rischi che corre se persisterà nel suo atteggiamento.

Querela significa letteralmente "lamentela", "doglianza". Chi querela una persona si lamenta di avere ricevuto un'offesa e chiede che l'autore sia punito.

▶ **La querela** è un atto con il quale una persona dichiara di aver subito uno di quei reati minori che l'ordinamento persegue solo se la parte offesa ne fa esplicita richiesta. Si tratta di reati come la diffamazione o le percosse senza lesioni che, pur costituendo fatti deprecabili, non rappresentano un serio pericolo per la pace sociale.

▶ **La denuncia** è l'atto con il quale un cittadino comunica al giudice o ad agenti della polizia giudiziaria di essere rimasto vittima di un grave reato oppure di essere a conoscenza di un fatto che potrebbe costituire un grave reato.

I fatti denunciati o oggetto di querela devono sempre essere veritieri. Dispone a questo proposito l'art. 368 del Codice penale che chiunque, con denunzia, querela, richiesta o istanza, anche se anonima, incolpa di un reato taluno che egli sa innocente, è punito con la reclusione da due a sei anni.

La tutela giurisdizionale dei diritti   UNITÀ 2

Quando la pena viene disapplicata

L'art. 131 *bis* del Codice penale consente di non applicare la pena alla persona che è stata condannata per reati sanzionati con la sola pena pecuniaria o con pene detentive non superiori a cinque anni. Ciò però è possibile solo se, per le modalità della condotta e per l'esiguità del danno o del pericolo, l'offesa appare di particolare tenuità e il comportamento risulta non abituale.

È bene precisare che la condanna (anche se la pena viene disapplicata) consentirà alla vittima di domandare, in sede civile, il risarcimento del danno. Così per esempio un pugno dato a un compagno con frattura del setto nasale potrebbe non essere sanzionato penalmente ma potrebbe comportare un gravoso risarcimento.

> **QUESTIONI**
>
> **È indispensabile il difensore nel processo penale?**
> Nel processo penale l'imputato ha l'obbligo (oltre che il diritto) di farsi assistere da un difensore.
> Se egli non vi provvede verrà assistito da un **avvocato d'ufficio** nominato dal giudice ma con onorario a carico dell'imputato. Solo se l'imputato ha un reddito particolarmente basso, avrà diritto al **patrocinio** (cioè alla difesa) **a spese dello Stato** (d.p.r. n. 15/2002).
>
> **Il ritiro della denuncia**
> Se volessimo ritirare la denuncia fatta, magari perché temiamo ritorsioni, potremmo farlo?
> Potremmo farlo solo se si trattasse di reati minori, come l'ingiuria o la diffamazione, che sono puniti soltanto a querela (cioè a richiesta) della parte offesa. In tutti gli altri casi non solo non è possibile ritirare la denuncia, ma è obbligatorio offrire piena e completa testimonianza all'autorità giudiziaria. Perché? Perché le norme penali sono poste a salvaguardia della pace sociale e la loro violazione non è un fatto individuale che riguarda solo la persona offesa, ma un fatto che va represso nell'interesse della collettività.

6. Quando si esercita la giurisdizione civile

L'estate scorsa ho lavorato come animatore in un villaggio-vacanze e ancora non sono stato pagato. Mi sono rivolto ai carabinieri, ma questi mi hanno risposto che la faccenda non è di loro competenza. Ma allora a chi mi devo rivolgere?

Le forze dell'ordine si limitano a collaborare con il magistrato penale. Pertanto, a queste dovrà rivolgersi solo chi è rimasto vittima di un reato.
Chi ha subito le conseguenze della violazione di una norma di *diritto civile* (il debitore non lo ha pagato; un automobilista distratto ha urtato la sua auto, e così via) dovrà invece rivolgersi, con l'ausilio di un avvocato, alla **Magistratura civile** e chiedere al giudice che il debitore sia condannato a pagare il debito, che il datore di lavoro sia condannato a riassumerlo, e così via.

7. La negoziazione assistita e la mediazione civile

Nel tentativo di alleggerire il carico degli uffici giudiziari sono stati introdotti nell'ordinamento due nuovi istituti: la **negoziazione assistita** e la **mediazione civile**. Vediamo di che cosa si tratta.

▶ **La negoziazione assistita** (d.l. 132/2014).
Negoziare significa, in generale, trattare, cercare un accordo. E la *negoziazione assistita* è l'istituto con il quale le parti in lite, assistite dai rispettivi avvocati, cercano di trovare un accordo evitando di intraprendere una lunga e costosa vertenza giudiziaria.
Se l'accordo verrà raggiunto, sarà redatto un documento, sottoscritto dalle parti, che avrà un valore simile a quello di una sentenza giudiziale.
Se non verrà raggiunto, si potrà procedere per normale via giudiziaria.

▶ **La negoziazione è obbligatoria**, stabilisce la legge, quando la lite ha per oggetto:

- il pagamento di somme non eccedenti 50 mila euro;

- la richiesta di risarcimento per danni derivanti da circolazione di veicoli o natanti, oppure (legge di stabilità 2015) questioni relative alla esecuzione di un contratto di trasporto.

▶ **La negoziazione è volontaria** quando le parti vi ricorrono senza alcun obbligo di legge.
Per favorire il ricorso alla negoziazione il legislatore ha posto, come dovere deontologico degli avvocati, l'obbligo di informare i loro clienti sulla possibilità di ricorrere a questa modalità di risoluzione delle controversie.

▶ **La mediazione civile** (d.lgs. n. 28/2010).
La mediazione è un istituto attraverso il quale le parti in lite, con l'assistenza dei propri difensori, possono rivolgersi a una terza persona qualificata e imparziale (il mediatore) che le assiste nella ricerca di un accordo amichevole. Anche in questo caso se l'accordo non si raggiunge, le parti possono rivolgersi al giudice.

▶ **Secondo gli auspici del legislatore** le parti dovrebbero innanzi tutto avvalersi dello strumento della **negoziazione assistita**. Se questo non produce il risultato sperato potranno chiedere l'aiuto di un **mediatore**, e solo nel caso in cui anche questo tentativo di conciliazione fallisse dovrebbero rivolgersi al giudice.

La negoziazione per separazioni e divorzi (d.l. 132/2014)

Se i coniugi hanno già concordato tra loro le condizioni per la separazione o per il divorzio, e non hanno figli minori di età o maggiorenni incapaci o portatori di handicap gravi, possono comparire direttamente davanti all'ufficiale dello stato civile che registrerà la loro volontà di separarsi o di divorziare.

Se i coniugi sono in disaccordo sui termini della separazione o del divorzio possono ricorrere all'istituto della *negoziazione assistita* evitando la lunga

---

La negoziazione assistita e la mediazione rientrano nei cosiddetti metodi ADR (*Alternative Dispute Resolution*).

Non è consentita la negoziazione assistita per risolvere controversie riguardanti i diritti indisponibili delle persone, o per cause di lavoro.

Il divorzio breve
La legge n. 898 del 1970 disponeva che la procedura per ottenere il divorzio non potesse essere avviata prima che fossero trascorsi tre anni dall'atto di separazione personale.
La legge n. 55 del 2015 ha portato questo termine da tre anni a soli sei mesi se la separazione è stata consensuale e a dodici mesi se è stata giudiziale, indipendentemente dalla presenza o meno di figli.

e costosa procedura giudiziale. In questo caso la procedura (come regolata dalla legge di conversione n.162/2014) è duplice:

- **se la coppia ha figli** minori di età o figli maggiorenni incapaci o portatori di handicap gravi, il testo dell'accordo negoziato con l'assistenza degli avvocati deve essere comunicato al procuratore della Repubblica presso il Tribunale competente, il quale concederà il nulla osta solo se l'accordo rispetta i diritti dei figli;
- **se la coppia è priva di figli** il procuratore della Repubblica si limiterà a controllare la regolarità dell'accordo.

Il testo dell'accordo, munito di nulla osta del procuratore, dovrà poi essere trasmesso all'ufficiale dello stato civile per la registrazione.

8. La competenza dei giudici nel processo civile

In Italia ci sono moltissime sedi giudiziarie e diversi tipi di giudici. Se mi accadesse di dover chiamare in causa qualcuno, a quale giudice e a quale sede dovrei rivolgermi?

Come è ovvio, il processo inizia con un giudice di *primo grado*. E in materia civile, come già sappiamo, sono giudici di primo grado il Giudice di pace e il Tribunale.

Al Giudice di pace, secondo quanto dispone l'art. 7 del c.p.c., ci si deve rivolgere per le cause relative a:

- beni mobili, purché il loro valore non superi i 5 mila euro;
- risarcimento di danni provocati dalla circolazione di veicoli e di natanti, purché il valore della controversia non superi i 20 mila euro;
- misura e uso dei servizi condominiali.

Al Tribunale ci si deve rivolgere per tutte le controversie che non rientrano nella competenza del Giudice di pace.

La competenza territoriale

Una volta individuato, in base al valore e all'oggetto della controversia, qual è il giudice competente a risolvere la nostra questione, bisogna capire a quale *foro*, cioè a quale sede giudiziaria ci si deve rivolgere.

L'indicazione ci viene dagli artt. 18-30 del c.p.c. che disciplinano la competenza territoriale nelle sue molteplici ipotesi. Sintetizzando possiamo dire che:

- **in linea generale** ci si deve rivolgere al giudice del luogo in cui risiede la persona citata in giudizio (vedremo fra breve che questa persona è chiamata *convenuto*);
- **tuttavia**, se l'oggetto della controversia è un bene immobile (terreni e fabbricati), è competente il giudice del luogo in cui l'immobile si trova. Per

---

Rientrano nella competenza del **Giudice di pace** anche le controversie relative:
- all'apposizione di segni di confine e all'osservanza delle distanze di alberi e siepi dal confine;
- alle immissioni nelle abitazioni di fumo, calore, esalazioni, rumori, scuotimenti e simili propagazioni che superino la normale tollerabilità.

Il problema della competenza territoriale non è di poco rilievo. Un conto è seguire un processo che si celebra nella propria città; altro è seguire un processo che si celebra a qualche centinaio di chilometri di distanza. In quest'ultimo caso, infatti, bisognerà disporsi a sostenere costi notevoli (spese di viaggio, di albergo) nonché una perdita di tempo altrettanto considerevole.

PERCORSO A — IL DIRITTO SOGGETTIVO E LA TUTELA GIURISDIZIONALE

esempio, se si disputasse sulla proprietà di una casa che si trova a Palermo, sarà proprio in quella città il foro competente;

- **se invece** oggetto della controversia è un credito, la legge o le parti stesse quando concludono un contratto possono stabilire se è competente il giudice del luogo dove risiede il convenuto, il giudice del luogo in cui il credito è sorto o il giudice del luogo dove il credito deve essere pagato.

9. Le parti nel processo civile

Il foro, nell'antica Roma, era la piazza, il centro dove si svolgeva gran parte della vita sociale e dove, tra l'altro, alla presenza del popolo si celebravano i processi.
Istanza viene dal latino *in-stare*, che significa letteralmente "stare sopra", ma che con il tempo ha assunto il significato di "domandare con insistenza".

Il processo civile si apre soltanto quando chi ritiene che sia stato leso un proprio diritto soggettivo avvia l'azione. Salvo poche eccezioni, infatti, lo Stato non si occupa per propria iniziativa di controversie tra privati, ma offre soltanto un servizio (la giurisdizione civile) al quale i privati possono accedere se lo ritengono opportuno.

Nel processo che si apre davanti al giudice sono parti l'*attore* e il *convenuto*.

==**Attore** è colui che *agisce* presentando al giudice l'*istanza*, cioè la richiesta diretta a far valere il proprio diritto soggettivo.==

Egli, dispone l'art. 2697 c.c., ha l'onere di provare i fatti su cui si fonda la propria richiesta.
Infatti, il giudice non può prestare fede a chiunque pretenda di avere diritti nei confronti di altre persone. È ragionevole che egli richieda delle prove che mostrino la fondatezza della pretesa.

==**Convenuto** è colui contro il quale l'azione è proposta.== Questi può:

- opporre **eccezioni**, cioè contestare la pretesa dell'attore,
- e può anche contrattaccare presentando una **domanda riconvenzionale**.

Immaginiamo di essere proprietari di un pub e supponiamo che il nostro fornitore di birre promuova un'azione contro di noi per il mancato pagamento di una ventina di casse.
Nel processo che si aprirà costui sarà *attore* e, come tale, dovrà provare al giudice il fondamento della propria pretesa.
Noi, come *convenuti*, potremo sollevare *eccezioni* provando, per esempio, che il pagamento non è dovuto perché le casse di birra non sono mai state consegnate dalla controparte. Potremmo, però, anche contrattaccare dimostrando che, essendo rimasti privi di quella bevanda, abbiamo subito un danno economico. Chiederemo pertanto al giudice, con *domanda riconvenzionale*, che l'attore sia condannato al risarcimento del danno.

Controparte è il termine con il quale, nel linguaggio giuridico, si indica la parte avversa, senza specificare se si tratta dell'attore o del convenuto.

10. Quali prove sono ammesse nel processo civile

Come abbiamo detto, chiunque intenda sostenere le proprie ragioni davanti a un magistrato, sia per chiedere la riparazione di un diritto leso, sia per difendersi da una pretesa altrui, deve fornire le prove di ciò che afferma.

Nell'ambito dei mezzi di prova si distingue tra prove non documentali e prove documentali.

Le prove non documentali

Rientrano in questa categoria la **confessione**, il **giuramento** e la **testimonianza**.

▶ **Chi giura il falso**, avverte l'art. 371 c.p., commette un reato punibile con la reclusione da sei mesi a tre anni.

▶ **Chi testimonia il falso**, aggiunge l'art. 372 c.p., è punibile con la reclusione da due a sei anni.

Poiché il ricorso a testimoni compiacenti non è raro, la legge rimette al prudente apprezzamento del giudice il valore da attribuire alla testimonianza.

Le prove documentali

Rientrano in questa categoria il *documento informatico*, la *scrittura privata*, la *scrittura privata autenticata*, l'*atto pubblico*.

▶ **Il documento informatico**, che oggi va assumendo una importanza sempre crescente, è la rappresentazione digitale di atti, fatti o dati giuridicamente rilevanti. Il *Codice dell'amministrazione digitale* (contenuto nel d.lgs. n. 82 del 2005) stabilisce che:

- se il documento contiene una **firma digitale** assume lo stesso valore probatorio della scrittura privata;
- se il documento contiene una semplice **firma elettronica** (*user name* o *password*) ha rilevanza giuridica ma la sua efficacia è rimessa al prudente apprezzamento del giudice;
- se è privo anche di firma elettronica, costituisce prova solo se colui contro il quale è prodotto non ne disconosce la conformità ai fatti o alle cose rappresentate.

▶ **La scrittura privata** è un atto redatto o soltanto sottoscritto da una o più persone. È tale, per esempio, un contratto scritto, oppure una quietanza che attesti un avvenuto pagamento.

Qual è il suo valore probatorio? Che cosa accade se colui al quale la scrittura è attribuita disconosce la propria firma?

Come si ricava dall'art. 2702 c.c. e dagli artt. 214-216 c.p.c., se la persona a cui la scrittura è attribuita disconosce in giudizio la propria firma spetterà a chi ha esibito il documento provare che la firma è autentica e potrà farlo ricorrendo ai mezzi di prova che ritiene più idonei, compresa la comparazione con altre scritture.

Maggiori certezze offrono invece la scrittura privata autenticata e l'atto pubblico.

Art. 257 *bis* c.p.c.
Testimonianza scritta

L'articolo prevede che il testimone possa rilasciare testimonianza scritta, *senza doversi recare personalmente al processo, se le parti sono d'accordo e il giudice lo consente, tenuto conto della natura della causa.*

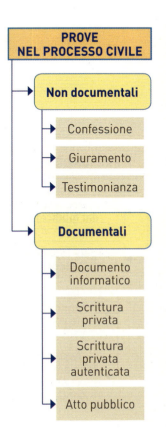

▶ **La scrittura privata autenticata** (art. 2703 c.c.) è un documento nel quale un notaio o un altro pubblico ufficiale a ciò autorizzato attesta che la sottoscrizione è stata operata in sua presenza da persona della quale ha accertato l'identità.

▶ **L'atto pubblico** è il documento redatto da un notaio o altro pubblico ufficiale a ciò autorizzato il quale attesta, nelle forme previste dalla legge, che le dichiarazioni riportate nell'atto sono state fatte davanti a lui, in quella data, da persone di cui ha accertato l'identità.

> **Nel redigere l'atto pubblico** il notaio non garantisce la veridicità delle dichiarazioni a lui rese. Egli può garantire solo ciò di cui ha certezza, e cioè che la persona ha dichiarato davanti a lui le cose riportate nell'atto. La stessa considerazione vale per la scrittura privata autenticata. Il pubblico ufficiale garantisce soltanto l'autenticità della firma e non la veridicità di quanto viene sottoscritto.

11. Le presunzioni (o prove indirette)

Quando di un fatto non si possono avere prove certe, l'ordinamento consente di ricorrere alle *presunzioni*.

Le **presunzioni**, recita l'art. 2727 c.c., sono le conseguenze (o conclusioni) che la **legge** o il **giudice** trae da un *fatto noto* e accertato per risalire a un *fatto ignorato*.

==**Presunzione semplice** è chiamata quella che il giudice, nel corso di un processo, può operare sulla base di *indizi precisi e concordanti*.==

Per esempio, giudicando su un fatto illecito prodotto da un incidente stradale il giudice può *presumere*, dalla lunghezza delle tracce di frenata lasciate sull'asfalto (*fatto noto*) a quale velocità andasse (*fatto ignoto*) l'auto che ha causato l'incidente.

Presunzioni legali sono quelle operate non dal giudice ma dalla legge e possono essere:

- *relative* (dette anche *iuris tantum*)
- o *assolute* (dette anche *iuris et de iure*).

==**La presunzione iuris tantum** è caratterizzata dal fatto che ciò che si presume è ritenuto certo *fino a prova contraria*.==

Così, per esempio, rimanendo in campo automobilistico, la legge *presume* che sia proprietario di un certo veicolo chi ne risulti intestatario nel pubblico registro. Ma il legislatore è anche consapevole che nelle trascrizioni si possono verificare errori o ritardi. Consente pertanto, a chi ne sia interessato, di *provare il contrario* (per esempio che il veicolo non gli appartiene più).

==**Presunzione iuris et de iure** (o assoluta) è chiamata quella per la quale la legge *non ammette la prova contraria*.==

Per esempio, l'art. 889 c.c. dispone che chi vuole aprire pozzi, cisterne, fosse di concimi e simili, deve osservare la distanza di almeno due metri dal confine. Questa norma si fonda su una *presunzione assoluta* di dannosità delle infiltrazioni che non può essere vinta con la prova contraria.

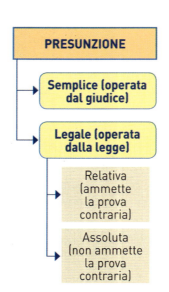

La tutela giurisdizionale dei diritti UNITÀ 2

12. Come si svolge il processo di cognizione

Il processo di cognizione è volto, come dice la parola stessa, a *conoscere*, cioè ad accertare, in base ai fatti e alle norme giuridiche, quali istanze delle parti in causa possono essere accolte o respinte e in che misura. Nel procedimento sono ravvisabili tre momenti essenziali: l'*introduzione*, l'*istruzione*, la *decisione*.

L'introduzione della causa

Condizione per l'avvio della causa è la *notificazione* al convenuto dell'atto di citazione.

L'atto di citazione è un documento con il quale l'attore invita il convenuto a presentarsi in giudizio per difendersi davanti al giudice (art. 163 c.p.c.).

La notificazione è il modo con cui si rende ufficialmente noto al convenuto che è stato citato in giudizio.

La notificazione dell'atto di citazione è una condizione indispensabile, ma non ancora sufficiente, per iniziare il processo. Affinché le parti possano comparire davanti al giudice, infatti, è necessario che *si costituiscano* in giudizio.

La costituzione in giudizio si effettua consegnando in cancelleria un *fascicolo* nel quale l'attore inserirà tutti gli elementi sui quali si fonda la pretesa e il convenuto tutti gli elementi sui quali si fonda la difesa.

Se nessuna delle parti si costituisce, per esempio perché si sono incontrate e hanno raggiunto un accordo, il processo si estingue. Se si costituisce una sola parte, l'altra verrà dichiarata *contumace* e il processo potrà proseguire in sua assenza.

 La parte contumace perderà la causa?

Non necessariamente. Il giudice emetterà una sentenza favorevole alla parte presente in giudizio solo se questa presenterà prove sufficienti per dimostrare la fondatezza delle proprie pretese.

L'istruzione

Istruire, nel linguaggio giuridico, significa raccogliere, predisporre, analizzare gli elementi necessari a definire una specifica questione. L'istruzione rappresenta il secondo importante momento nello svolgimento del processo.

Il giudice a cui la causa è affidata prende visione delle domande (o istanze) delle parti e, nel corso delle udienze, procede all'esame degli elementi di prova sui quali dovrà fondare il proprio giudizio. Solo le prove addotte dalle parti possono essere poste a fondamento della decisione del giudice. Poiché

 Contumace, nell'accezione latina, significa "arrogante", "disobbediente". È contumace chi rifiuta di partecipare a un processo di cui è parte.

67

egli deve rimanere imparziale non può, di propria iniziativa, ricercare prove a favore o a sfavore di una parte o dell'altra (art. 115 c.p.c.).

È consentito però al giudice disporre **consulenze tecniche** (o perizie) quando la decisione della controversia implica conoscenze (per esempio sulle ragioni per cui una costruzione è poco stabile o un aereo è caduto) che egli non possiede né è tenuto a possedere.

La decisione

Completata l'acquisizione delle prove, valutati i fatti e interpretata la legge, il giudice emette la sentenza. **La sentenza** (sia nel processo civile sia in quello penale) deve contenere:

- **il riassunto** della causa;
- **il dispositivo**, ovvero ciò che il giudice dispone e che può consistere nel rigetto o nell'accoglimento totale o parziale delle istanze, cioè delle richieste, avanzate dalle parti;
- **la motivazione**, cioè l'esposizione delle ragioni di diritto e di fatto che hanno giustificato il dispositivo.

La motivazione è una parte importantissima della sentenza perché, obbligando il giudice a esporre il ragionamento seguito, si evita che questi prenda decisioni arbitrarie e si consente a tutti di controllarne la correttezza.

Sentenza è un sostantivo che deriva dal verbo *sentire* ("percepire", "ritenere"). La sentenza è ciò che il giudice ritiene giusto in base alla corretta valutazione dei fatti e alle disposizioni della legge.

SENTENZA
- Riassunto della causa
- Dispositivo
- Motivazione

QUESTIONI

La provvisoria esecutività

Chi risulti vincitore in un giudizio di primo grado dovrà aspettare che siano esauriti tutti i gradi di giudizio prima che sia data esecuzione alla sentenza? L'art. 282 c.p.c. stabilisce che la sentenza di primo grado è *provvisoriamente* esecutiva. Ciò vuol dire che, salve le eccezioni consentite dall'art. 283 c.p.c., la parte soccombente può essere costretta a eseguire subito quanto è stato disposto dal giudice.

Essa avrebbe però diritto alla ripetizione, cioè alla restituzione di quanto pagato, se il giudizio di secondo grado ribaltasse l'esito della sentenza.

Si può fare a meno dell'avvocato nel processo civile?

Non si può farne a meno perché l'assistenza legale, nel processo civile, risponde soprattutto a un'esigenza di praticità.

Normalmente le persone non hanno una conoscenza del diritto sufficiente a far valere in un processo le proprie ragioni e se il giudice, come un buon padre di famiglia, dovesse pazientemente spiegare a ciascuno che cosa deve fare, perché deve farlo, dove ha torto e dove ha ragione, si rischierebbe la paralisi dei processi.

Avvocato e giudice, invece, parlano la stessa lingua e ciò consente un più rapido svolgimento delle udienze.

Le parti possono stare in giudizio senza l'assistenza di un difensore solo nei processi che si celebrano davanti al Giudice di pace se il valore della causa non supera i 1.500 euro (d.l. 212/2012).

La tutela giurisdizionale dei diritti   UNITÀ 2

13. Quando la sentenza diventa definitiva

Come abbiamo già detto, contro la sentenza del giudice di primo grado è possibile ricorrere a un giudice di grado superiore.

Nel processo civile la facoltà di appellarsi è consentita sia alla parte soccombente nel giudizio, sia alla parte vincitrice che non si ritenga del tutto soddisfatta (per esempio perché le è stato riconosciuto il diritto a un risarcimento danni di importo inferiore a quello richiesto).

- **La sentenza diventa definitiva** quando *passa in giudicato*. Questa espressione significa che la questione è stata ormai giudicata e non può più essere modificata se non in casi del tutto eccezionali previsti dalla legge.
- **La sentenza si considera passata in giudicato**:
  - quando le parti hanno lasciato decadere i termini previsti per ricorrere al grado di giudizio superiore,
  - oppure quando è stata confermata dalla Cassazione.

14. Come si svolge il processo di esecuzione

Il mio debitore è stato condannato dal giudice al pagamento di 100 mila euro, ma quello si ostina a non pagare. Che cosa posso fare?

Se la parte soccombente in un processo di cognizione non si attiene a quanto disposto nella sentenza, la parte vincitrice può avviare nei suoi confronti un procedimento di *esecuzione forzata*.

Come si avvia un procedimento di esecuzione forzata?

Per avviare il procedimento occorre notificare (cioè rendere ufficialmente nota) al debitore, anche mediante il ricorso alla posta elettronica certificata, una copia della sentenza unitamente all'**atto di precetto**.

▶ **L'atto di precetto** è un documento con il quale si intima alla controparte di eseguire (entro un tempo non inferiore a 10 giorni) il comando contenuto nella sentenza con l'avvertenza che, se esso non verrà eseguito, si procederà a *esecuzione forzata* nei suoi confronti (art. 480 c.p.c.).

▶ **L'esecuzione forzata** è il procedimento con cui, *forzatamente*, la parte soccombente viene obbligata a dare esecuzione a quanto è disposto nella sentenza.

L'esecuzione forzata può assumere la duplice veste di:

- *esecuzione forzata in forma specifica*;
- *espropriazione forzata*.

▶ **L'esecuzione forzata in forma specifica** (artt. 2930-2933 c.c.) tende a far ottenere al creditore lo specifico risultato a cui ha diritto.

Precetto è un termine che viene dal latino *praecipere*, nel significato di "prescrivere", "ordinare". E l'*atto di precetto* contiene l'ordine di dare esecuzione a quanto stabilito nella sentenza.

69

PERCORSO A

IL DIRITTO SOGGETTIVO E LA TUTELA GIURISDIZIONALE

ESECUZIONE FORZATA
- Esecuzione forzata in forma specifica
- Espropriazione forzata
  - Pignoramento
  - Vendita forzata

A essa si può ricorrere quando la parte soccombente sia stata condannata a:

- rilasciare un certo bene alla parte vincitrice;
- fare una certa cosa (per esempio consolidare una costruzione pericolante);
- non fare una certa cosa (per esempio non elevare una costruzione sulla linea di confine).

▶ **L'espropriazione forzata** (artt. 2910-2929 c.c.) è diretta a far conseguire al creditore la somma di denaro a cui ha diritto vendendo forzatamente alcuni beni del debitore.

 Come si procede a espropriazione forzata?

Occorre, innanzi tutto, chiedere all'ufficiale giudiziario di procedere al *pignoramento* di alcuni beni del debitore.

==Il pignoramento== (come si ricava dall'art. 492 c.p.c.) è un atto con il quale l'ufficiale giudiziario, su richiesta del creditore, intima al debitore di non disfarsi dei beni che nell'atto sono stati elencati, con l'avvertenza che, se il debito non verrà pagato, si procederà alla vendita forzata o all'assegnazione dei beni pignorati al creditore.

Scaduto il termine indicato dall'atto di pignoramento, il creditore dovrà rivolgersi al giudice competente, il quale darà incarico all'ufficiale giudiziario di procedere alla **vendita forzata** dei beni del debitore. Con il ricavato verrà pagato il creditore che ha presentato l'istanza di pignoramento, unitamente ad altri creditori che successivamente si fossero inseriti nella procedura. L'eventuale somma residua verrà restituita al debitore.

 E se il debitore non avesse alcun bene da sottoporre a espropriazione forzata?

Nella Roma repubblicana il debitore inadempiente avrebbe potuto essere portato oltre il Tevere e venduto come schiavo. Nei moderni ordinamenti questa ipotesi è esclusa. Ed è esclusa anche l'applicazione di qualsiasi sanzione penale. Quindi, se il debitore non dispone di alcun bene da sottoporre a espropriazione forzata, il creditore rimarrà insoddisfatto.

> ## QUESTIONI
>
> **Qual è la differenza tra dare un bene in pegno e pignorare un bene?**
> In entrambi i casi un bene viene destinato a garanzia di un credito. Se il credito non viene soddisfatto, il bene verrà venduto e sul ricavato potrà rivalersi il creditore. Tuttavia: *il bene dato in pegno* viene sottratto alla disponibilità del debitore e assegnato in custodia al creditore o a un terzo; *il bene pignorato*, invece, rimane nella disponibilità del debitore che potrà seguitare a utilizzarlo ma non potrà alienarlo.

La tutela giurisdizionale dei diritti UNITÀ 2

15. Che cos'è il procedimento per ingiunzione

Ho ricevuto dal Tribunale un'ingiunzione di pagamento che non ritengo affatto giusta. Che devo fare? Devo pagare per forza?

Il procedimento per ingiunzione (regolato dagli artt. 633 ss. c.p.c.) è un *procedimento speciale* che trova notevole applicazione nella pratica giudiziaria, perché consente di abbreviare i tempi lunghi della procedura ordinaria.

L'attore può chiederlo solo se:

- è creditore di una somma liquida di denaro o di una determinata quantità di cose fungibili o ha diritto alla consegna di una cosa mobile determinata
- e dispone di una prova scritta.

Se sussistono entrambe le condizioni sopra indicate il giudice, valutata l'attendibilità della prova, può *ingiungere* (cioè ordinare) al debitore di adempiere la propria obbligazione entro 40 giorni, con l'avvertenza che se entro il suddetto termine non provvederà al pagamento, né presenterà opposizione, si procederà a esecuzione forzata nei suoi confronti (art. 641 c.p.c.).
Se il debitore sa di essere in torto, farà bene a pagare evitando sia l'esecuzione forzata sia le spese processuali. Ma se riterrà di essere nel giusto potrà *opporsi*, notificando all'attore un atto di citazione con il quale darà inizio a un vero e proprio processo di cognizione volto ad accertare i fatti.

16. Che cos'è l'arbitrato

Talvolta le parti, anziché ricorrere al giudice ordinario, affidano la soluzione della loro controversia a un soggetto privato, detto arbitro. La scelta dell'arbitrato risponde all'esigenza di definire rapidamente la questione, senza attendere i tempi lunghi e le incertezze di un regolare processo. Di solito vi ricorrono grandi imprenditori che preferiscono liquidare le loro questioni in modo discreto, piuttosto che sciorinare pubblicamente, davanti a un magistrato, libri contabili o altri documenti riservati.

Che cosa accade se la parte perdente non si attiene alla decisione dell'arbitro?

Su richiesta della parte vincitrice la sentenza arbitrale, chiamata **lodo**, può essere dichiarata *esecutiva* dal giudice ordinario. Così essa diventa come una sentenza giudiziale e consente al creditore di procedere all'esecuzione forzata nei riguardi della parte inadempiente.

Lodo è un termine che risale al latino medievale *laudum* e che indicava l'approvazione del signore feudale.

71

UNITÀ 2 — Riguardando gli appunti

1. Che cosa è la Magistratura?

- La Magistratura è costituita dall'insieme dei giudici (o magistrati) a cui è demandata la funzione giurisdizionale.
- La funzione giurisdizionale consiste nel giudicare le violazioni della legge e applicare ai casi concreti le sanzioni previste.
- La giurisdizione penale è diretta ad accertare se siano stati commessi reati e a perseguire i colpevoli.
- La giurisdizione civile ha per oggetto la risoluzione di controversie che sorgono in materie regolate dal diritto privato.

2. Quanti sono i gradi di giudizio?

- Nel nostro ordinamento sono previsti tre gradi di giudizio.
- Sono giudici di primo grado il Giudice di pace, il Tribunale e la Corte d'assise (che ha competenza solo per i delitti più gravi).
- Contro la sentenza del giudice di primo grado si può ricorrere a un giudice di secondo grado o di appello.
- Contro la sentenza del giudice di appello si può ricorrere in Cassazione, ma solo per questioni di legittimità e non di merito.

3. Quali sono le parti nel processo civile?

- Nel processo sono parti l'attore e il convenuto.
- Attore è colui che agisce presentando al giudice l'istanza, cioè la richiesta diretta a far valere il proprio diritto soggettivo.
- Convenuto è colui contro il quale l'azione è proposta.
- Sia l'attore che il convenuto debbono fornire la prova a sostegno rispettivamente della propria pretesa e della propria difesa.

4. Quali prove si possono esibire nel processo civile?

- Le prove possono essere documentali e non documentali.
- Sono prove non documentali la confessione, il giuramento e la testimonianza.
- Sono prove documentali il documento informatico, la scrittura privata, la scrittura privata autenticata, l'atto pubblico.

5. Che cosa sono le presunzioni?

- Le presunzioni sono le conseguenze (o conclusioni) che la legge o il giudice trae da un fatto noto e accertato per risalire a un fatto ignorato.
- La presunzione semplice è operata dal giudice nel corso di un giudizio.
- La presunzione legale è operata direttamente dalla legge e può essere relativa o assoluta.
- La presunzione assoluta, detta anche *iuris et de iure*, non consente la prova contraria.
- La presunzione relativa, detta anche *iuris tantum*, ammette, invece, la prova contraria.

6. Come si svolge il processo?

- Prima condizione per l'avvio del processo è la notificazione al convenuto dell'atto di citazione e la costituzione delle parti o almeno di una di esse. Se si costituisce una sola parte, l'altra verrà dichiarata contumace e il processo potrà proseguire in sua assenza.
- Il giudice a cui la causa è affidata esamina gli elementi di prova forniti dalle parti e al termine emette la sentenza.
- La sentenza si considera passata in giudicato (cioè definitiva) quando le parti hanno lasciato decadere i termini previsti per ricorrere al grado di giudizio superiore oppure quando è stata confermata dalla Cassazione.

7. Che cosa è l'esecuzione forzata?

- L'esecuzione forzata è il procedimento con cui, forzatamente, la parte soccombente in un giudizio viene obbligata a dare esecuzione a quanto è disposto nella sentenza. Può assumere la forma di esecuzione forzata in forma specifica o di espropriazione forzata.

8. Che cosa è il procedimento ingiuntivo?

- È un procedimento speciale mediante il quale, nei casi previsti dalla legge, il giudice, esaminate le prove scritte fornite dall'attore, ingiunge al debitore di pagare entro 40 giorni. Questi, tuttavia, può presentare opposizione e dare inizio a un vero e proprio processo di cognizione volto ad accertare i fatti.

9. Qual è il valore del lodo arbitrale?

- Il lodo, se dichiarato esecutivo dal giudice ordinario, assume lo stesso valore di una sentenza giudiziale.

Verifica le tue conoscenze

UNITÀ 2

Completamento

Completa lo schema utilizzando le seguenti parole: *domanda riconvenzionale*; *attore*; *eccezioni*; *prove*; *convenuto*; *diritto soggettivo*.

Test a risposta multipla

Indica con una crocetta l'affermazione esatta.

1. Sono giudici di primo grado nel processo civile:
   A. il Giudice di pace e la Corte d'appello
   B. il Giudice di pace e il Tribunale
   C. il Tribunale e la Corte di cassazione
   D. la Suprema corte

2. Quando è che una sentenza passa in giudicato?
   A. quando è stata confermata dalla Corte costituzionale
   B. quando viene appellata, ma il giudice di grado superiore la conferma
   C. quando il caso è stato giudicato dal giudice competente
   D. quando sono scaduti i termini per il ricorso o è stata confermata dalla Corte di cassazione

3. L'art. 2054 c.c. presume che il conducente di un veicolo sia responsabile per i danni causati se non prova di aver fatto il possibile per evitare il danno. La norma contiene una presunzione:
   A. legale assoluta   B. semplice
   C. legale *iuris tantum* D. complessa

4. Come si chiama il procedimento volto ad accertare, in base ai fatti e alle norme giuridiche, quale delle parti in giudizio abbia ragione e in che misura?
   A. processo di esecuzione
   B. procedimento ingiuntivo
   C. processo di cognizione
   D. esecuzione forzata

5. Nel procedimento per ingiunzione:
   A. chi riceve l'ingiunzione deve obbligatoriamente adempiere entro 40 giorni all'ordine in essa contenuto
   B. l'attore può ottenere che il giudice emetta un decreto ingiuntivo presentando idonee prove documentali o testimoniali
   C. l'attore può chiedere il decreto ingiuntivo per ottenere il sollecito di pagamento di qualsiasi tipo di credito
   D. chi riceve l'ingiunzione ha 40 giorni di tempo per pagare o per fare opposizione

Ma davvero?

Il diritto si affaccia nei discorsi di ogni giorno. A volte, però, a sproposito. Leggi e rifletti.

Tuo zio è in causa da anni con un suo vicino di casa. Purtroppo (per tuo zio) il giudice di secondo grado ha dato ragione al vicino. «Ma io non mi arrendo!» esclama lo zio «Farò ricorso in Cassazione, così i giudici dovranno riesaminare tutti i fatti della causa!»

Lo zio sembra sicuro di ciò che dice. Ma davvero... la Cassazione farà ciò che lui si aspetta?

73

PERCORSO A — Valuta le tue competenze

SÌ/NO... Perché?

Indica con una crocetta l'affermazione esatta e motiva la tua scelta.

1. Tutti i diritti soggettivi sono soggetti a prescrizione? SÌ NO Perché ...
2. Si può pretendere la restituzione di quanto pagato per un debito prescritto? SÌ NO Perché ...
3. Si può interrompere la decadenza? SÌ NO Perché ...
4. Il creditore di una somma di denaro è titolare di un diritto assoluto? SÌ NO Perché ...
5. Se un debitore non paga il proprio debito può essere denunciato alla polizia giudiziaria? SÌ NO Perché ...
6. I giudici incontrano limiti nell'interpretazione delle norme? SÌ NO Perché ...
7. Un processo civile si può interrompere in qualsiasi stato e grado? SÌ NO Perché ...
8. La parte che non si costituisce in giudizio perderà sicuramente la causa? SÌ NO Perché ...
9. Se due coniugi intendono divorziare, devono necessariamente andare davanti a un giudice? SÌ NO Perché ...

Sai qual è la differenza tra...

a. Rapporti giuridici   e   Rapporti non giuridici
b. Soggetti   e   Parti
c. Diritti disponibili   e   Diritti indisponibili
d. Diritti pubblici   e   Diritti privati
e. Dovere   e   Obbligo
f. Onere   e   Soggezione
g. Diritti assoluti   e   Diritti relativi
h. Parte attiva   e   Parte passiva
i. Diritto soggettivo   e   Diritto oggettivo
j. Querela   e   Denuncia
k. Negoziazione assistita   e   Mediazione civile
l. Scrittura privata   e   Scrittura privata autenticata
m. Presunzione semplice   e   Presunzione legale
n. Dispositivo   e   Motivazione
o. Esecuzione forzata in forma specifica   e   Espropriazione forzata

Domande per riflettere

1. Pensi di chiamare in giudizio una persona per un danno che valuti intorno ai 5.500 euro, ma qualcuno ti suggerisce che sarebbe più conveniente per te chiedere solo 5 mila euro. Perché mai?

Valuta le tue competenze

PERCORSO A

2. Vorresti chiamare in causa una persona per una questione piuttosto complicata sulla quale non sei certissimo di avere ragione e non sai come si comporterà il giudice. Qualcuno ti suggerisce di esaminare le sentenze della Cassazione in materia. Perché mai?

_____

_____

Se fossi il giudice

Hai appena vinto il concorso in Magistratura e ne sei giustamente orgoglioso. Ma ti rendi anche conto che le difficoltà cominciano ora. Dovrai dare risposte certe alle persone che hanno fiducia in te e non potrai sbagliare neppure una volta. In bocca al lupo!

1. Oggi prendi possesso del tuo nuovo ufficio nel Tribunale civile di Milano e sulla scrivania trovi il primo fascicolo. Si è costituito in giudizio un signore residente in città, che rivendica la proprietà di una casa che si trova a Palermo. Senza pensarci troppo richiudi il fascicolo e ti domandi chi avrà mai consigliato a costui di rivolgersi al Tribunale di Milano.

   Per quale ragione? _____

   _____

2. Ti trovi alle prese con una nuova causa nella quale l'attore lamenta di aver pagato per errore un vecchio debito quando era già prescritto. Egli allega le prove dell'avvenuto pagamento e domanda che il convenuto sia condannato a restituire quanto ha indebitamente percepito. In mancanza di altri elementi emetti la tua sentenza.

   Dispositivo: l'istanza ☐ è accolta ☐ non è accolta

   Motivazione: _____

   _____

3. Giunto di buon mattino in Tribunale, stai esaminando il fascicolo di un automobilista che reclama un risarcimento di 10 mila euro da una compagnia di assicurazione. Senza andare oltre chiudi il fascicolo e pensi che quell'automobilista ha scelto di farsi difendere da un avvocato assolutamente incompetente.

   Perché? _____

   _____

4. Ancora una volta stai percorrendo il corridoio del tribunale quando involontariamente ascolti le parole di un avvocato che sta spiegando al suo cliente quanto segue: «Stia tranquillo. Anche se non abbiamo prove sufficienti, il giudice non può che darci ragione perché il convenuto non si è costituito». Ti fermi un attimo e hai una gran voglia di dire a quel cliente che il suo avvocato o è un incompetente o lo sta prendendo in giro.

   Perché? _____

   _____

PERCORSO B — I SOGGETTI DEL DIRITTO

COMPETENZE DI PERCORSO

COMPETENZE DI ASSE
- Riconoscere le caratteristiche e i valori fondamentali del nostro sistema giuridico, allo scopo di orientare i propri comportamenti alle scelte di fondo espresse dall'ordinamento
- Comprendere l'importanza di un sistema sociale basato sulle regole quali pilastri di un'ordinata e pacifica convivenza

CONOSCENZE
- I contenuti del diritto privato e la partizione tra diritto civile e diritto commerciale
- La struttura del Codice civile italiano
- I soggetti del diritto: la persona fisica e le organizzazioni collettive
- La capacità giuridica e la capacità d'agire
- La disciplina della privacy e il trattamento dei dati personali

ABILITÀ
- Reperire le norme all'interno dei codici
- Individuare i casi di incapacità di agire
- Riconoscere il ruolo delle organizzazioni collettive nella società
- Riconoscere le modalità con cui vengono trattati i dati personali

UNITÀ 1 — Il diritto civile e le persone

1. Il Codice civile

Dopo esserci occupati dei diritti soggettivi e della loro tutela giurisdizionale, cominciamo a entrare nel campo specifico del diritto privato.

▶ **Il diritto privato**, lo ricordiamo, comprende le norme che regolano i rapporti tra privati cittadini e tra i cittadini e gli enti pubblici quando questi ultimi non esercitano il loro potere di comando.

▶ **Nell'ambito del diritto privato** vengono operate, per comodità di studio e di ricerca, molteplici distinzioni, tra le quali particolarmente rilevante è quella tra *diritto civile* e *diritto commerciale*.

- **Il diritto civile** rappresenta la parte generale del diritto privato e regola i rapporti che si stabiliscono in materia di famiglia, di proprietà, di contratti, di successione per causa di morte.
- **Il diritto commerciale** regola, invece, prevalentemente rapporti in cui almeno una parte è un imprenditore. Si occupa, pertanto, di imprese, di società commerciali, di titoli di credito, di fallimento, e così via.

Rammentata l'area di competenza del *diritto privato*, poniamoci una domanda.

Dove sono rintracciabili le norme che lo compongono?

> **Altre ripartizioni** vengono operate all'interno del diritto privato riunendo le norme per argomenti più specifici. Potremo così sentir parlare di *diritto del lavoro*, di *diritto agrario*, di *diritto bancario*, di *diritto industriale*, e così via.

Il diritto civile e le persone

UNITÀ 1

Se entriamo in una libreria specializzata e spieghiamo al commesso che vogliamo conoscere il diritto privato, presumibilmente ci consiglierà di acquistare un **Codice civile**, spiegandoci che in esso sono contenute sia le norme di *diritto civile* che quelle di *diritto commerciale*.

Se è una persona competente ci spiegherà anche che il **Codice civile** costituisce l'asse portante del diritto privato, ma non contiene tutto il diritto privato. Il Parlamento approva in continuazione norme di diritto privato che non vengono (né potrebbero) essere inserite nel Codice. Pensiamo alla complessa legislazione sul lavoro, sul fallimento, e così via. Alcune leggi vengono allegate al Codice e prendono il nome di **leggi complementari**.

Se contiene entrambi i tipi di norme, perché non si chiama "Codice di diritto privato"?

Nella prima codificazione italiana il *Codice civile* era distinto dal *Codice di commercio*. Poi nel 1942, nel quadro di una generale riorganizzazione, la materia contenuta nel *Codice di commercio* è stata riunita a quella contenuta nel *Codice civile*, che ha conservato la sua originaria denominazione.

2. Che cos'è esattamente un codice

I codici sono leggi molto ampie, formate da centinaia e a volte migliaia di articoli, che disciplinano un'intera materia o un intero ramo del diritto.

- Sono predisposti dal Governo con decreto legislativo. Pertanto, nella gerarchia delle fonti, si trovano su un piano di parità con tutte le altre *fonti primarie*. Ciò comporta che i loro articoli possono essere agevolmente eliminati, integrati o modificati con una legge ordinaria oppure con un decreto legge o legislativo.

I codici storici, che costituiscono i tradizionali pilastri del nostro ordinamento, sono cinque:

- **il Codice civile** (abbreviato **c.c.**) pone le norme che devono regolare, in via prevalente, i rapporti tra privati cittadini;
- **il Codice di procedura civile** (**c.p.c.**) contiene le norme che regolano il processo civile;
- **il Codice penale** (**c.p.**) definisce i reati e stabilisce le pene da comminare a chi li commette;
- **il Codice di procedura penale** (**c.p.p.**) contiene le norme che regolano il processo penale;
- **il Codice della navigazione** (**c.nav.**) pone regole per la navigazione aerea e marittima.

L'orientamento più recente del nostro legislatore è di riunire in *tanti codici minori* la disciplina di materie complesse.

Codice è un termine che proviene dal latino *codex*, espressione con cui venivano indicati i testi scritti su fogli di pergamena o di papiro rilegati sul dorso come i nostri libri (mentre quelli scritti su fogli arrotolati venivano chiamati *volumen*).
A partire dall'Alto Medioevo il termine *codex* andò assumendo un significato sempre più ristretto, fino a indicare esclusivamente libri contenenti materiali giuridici.

77

Così hanno fatto pian piano la loro comparsa il *Codice delle costruzioni*, il *Codice della proprietà industriale*, il *Codice del consumo*, il *Codice delle assicurazioni*, e così via.

I testi unici

I testi unici (abbreviati T.U.) sono raccolte di norme riguardanti una medesima materia.

- La differenza più evidente con i codici si può cogliere nel fatto che in questi ultimi è prevalente l'elemento innovativo. Quando il legislatore predispone un nuovo Codice ridisegna per intero la materia da regolare abrogando automaticamente la disciplina preesistente.

Quando compila un testo unico non ha, invece, l'obiettivo prevalente di *rinnovare*, ma semplicemente quello di *riunire* in un unico testo norme già esistenti, coordinandole opportunamente.

Il primo codice moderno è stato il *Codice civile francese* (detto "Napoleonico"), del 1804. A esso si è ispirata la successiva codificazione in molti Paesi europei. In Italia, i primi codici sono stati emanati, sul modello francese, tra il 1865 e il 1889, poi sostituiti, tra il 1930 e il 1942, da quelli attualmente in vigore.

3. Come è fatto il Codice civile italiano

Il nostro Codice civile si apre con una parte chiamata **Disposizioni sulla legge in generale** o anche *preleggi*, a cui seguono sei **libri** come illustrato nello schema in basso.

Ciascun libro è composto da un numero diverso di **articoli** ed è suddiviso in **titoli**; ciascun titolo può contenere più **capi** e ciascun capo più **sezioni**.

Gli articoli sono numerati progressivamente; hanno un titolo, detto **rubrica**, e possono essere suddivisi in più **commi**.

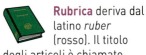

Rubrica deriva dal latino *ruber* (rosso). Il titolo degli articoli è chiamato rubrica perché anticamente veniva scritto in rosso.

IL CODICE CIVILE ITALIANO	
Disposizioni sulla legge in generale	questa parte contiene norme riguardanti le *fonti del diritto* e l'*applicazione della legge in generale*
Libro I	Delle persone e della famiglia artt. 1-455	regola la condizione giuridica della persona e i rapporti familiari
Libro II	Delle successioni artt. 456-809	disciplina le successioni per causa di morte e le donazioni
Libro III	Della proprietà artt. 810-1172	contiene le norme che regolano la proprietà, il possesso e i diritti reali minori
Libro IV	Delle obbligazioni artt. 1173-2059	tratta dei rapporti giuridici che si stabiliscono tra soggetti soprattutto per effetto di contratti e di fatti illeciti
Libro V	Del lavoro artt. 2060-2642	si occupa soprattutto dei temi che compongono il diritto commerciale, come l'impresa, l'azienda, le società, il rapporto di lavoro e così via
Libro VI	Della tutela dei diritti artt. 2643-2969	pone le linee fondamentali della tutela giurisdizionale dei diritti

Il diritto civile e le persone   UNITÀ 1

Come si cercano le norme sui codici

 In un albergo di montagna mi sono stati rubati gli sci che avevo lasciato in un apposito spogliatoio.
Per trovare la norma che stabilisce se ho diritto di essere risarcito dall'albergatore devo leggermi tutti gli articoli del Codice?

Leggere tutti gli articoli non è necessario. I curatori dei codici pongono sempre, nelle ultime pagine del volume, un **indice analitico** nel quale gli argomenti sono elencati per voci e sottovoci con a fianco il numero di uno o più articoli.
Nel caso sopra esposto basterà andare alla lettera "A" e cercare la voce "Albergo". Di seguito troveremo la sottovoce "deposito in albergo" e di fianco l'indicazione dell'articolo (in questo caso 1783 ss.) che stabilisce quale responsabilità assume l'albergatore per gli oggetti portati in albergo dai clienti.
Scopriremo così che l'albergatore è responsabile della sottrazione degli sci e dovrà risarcire il suo cliente.

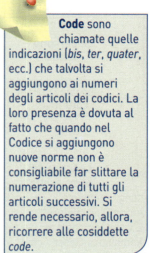
Code sono chiamate quelle indicazioni (*bis*, *ter*, *quater*, ecc.) che talvolta si aggiungono ai numeri degli articoli dei codici. La loro presenza è dovuta al fatto che quando nel Codice si aggiungono nuove norme non è consigliabile far slittare la numerazione di tutti gli articoli successivi. Si rende necessario, allora, ricorrere alle cosiddette *code*.

> **QUESTIONI**
>
> **Il nostro Codice civile è un buon codice?**
> Il Codice civile attualmente in vigore è stato emanato nel 1942 e il suo maggiore limite deriva dall'essere stato predisposto per regolare una società profondamente diversa da quella attuale. La società della prima metà del Novecento era diversa nella struttura produttiva, nei modelli di vita e, non ultimo, nella concezione dell'uguaglianza tra i cittadini. Tutto ciò ha reso necessario, nel corso degli anni, intervenire più volte sul testo originario modificando singoli articoli, aggiungendone o eliminandone altri, oppure integrando la disciplina generale di talune materie con l'introduzione di nuove leggi speciali. In questo modo il Codice ha finito per perdere coerenza ed è opinione ampiamente diffusa che sia tempo di porre mano a una riscrittura globale.

4. Le persone come destinatarie delle norme giuridiche

Sappiamo che il diritto oggettivo è costituito da un insieme di norme giuridiche e che le norme sono regole, precetti, comandi, emessi da organi dello Stato. Ora dobbiamo chiederci: chi sono i destinatari di questi comandi?
Posto che destinatari di comandi non possono essere animali o cose, non restano, per esclusione, che le *persone*.

▶ **Le persone** sono i soggetti a cui si rivolge l'ordinamento con le sue norme e sono loro i titolari dei diritti soggettivi e degli obblighi.

Parlando di persone pensiamo, naturalmente, agli esseri umani e certo non sbagliamo. Tuttavia gli uomini possono agire individualmente per conseguire i propri interessi oppure possono riunirsi in gruppi organizzati che chiamiamo *associazioni*, *società*, *comitati*, e così via.

 Persona è un termine che discende dall'etrusco *phersu* con il significato di "maschera" e successivamente di "individuo", "essere umano".

79

PERCORSO B — I SOGGETTI DEL DIRITTO

SONO SOGGETTI DI DIRITTO
- Le persone fisiche
- Le organizzazioni collettive

La scelta del nome spetta congiuntamente a entrambi i genitori. È vietato imporre al bambino lo stesso nome del padre, del fratello o della sorella viventi o nomi ridicoli.
Chi voglia cambiare nome oppure cambiare cognome perché ridicolo o vergognoso può farne domanda al prefetto, ma non può essere richiesta l'attribuzione di cognomi di importanza storica o comunque tali da indurre in errore circa l'appartenenza del richiedente a famiglie illustri.

▶ **Anche le organizzazioni collettive**, costituite nei modi previsti dalla legge, sono soggette a numerosi obblighi e, per contro, sono titolari di numerosi diritti.

Esse, quando ricorrono determinate circostanze, possono richiedere e ottenere uno specifico riconoscimento che le rende, sul piano giuridico, ancor più simili a delle persone fisiche e per tale ragione vengono anche chiamate persone giuridiche, cioè persone create dal diritto.

Possiamo allora correttamente dire che i soggetti titolari di diritti e di doveri (detti brevemente **soggetti di diritto**) sono:

- le persone fisiche;
- le organizzazioni collettive.

5. Quando nasce (e quando si estingue) la persona fisica

▶ **La persona nasce** quando inizia la respirazione polmonare. Da quell'istante essa incomincia a vivere autonomamente e, per l'ordinamento, diventa un *soggetto di diritto*.

La nascita deve essere dichiarata entro 10 giorni all'*ufficiale dello stato civile* il quale provvederà all'iscrizione del nuovo nato nell'*archivio informatico dello stato civile*.

Poiché le persone non sono eterne, c'è un altro imprescindibile evento che dobbiamo prendere in considerazione, ed è quello del decesso.

==La persona fisica si considera deceduta==, stabilisce l'art. 2 della legge n. 578 del 1993, ==quando la respirazione polmonare e la circolazione sanguigna sono cessate per un intervallo di tempo tale da comportare la perdita irreversibile di tutte le funzioni dell'encefalo.==

6. Quando si acquista la capacità giuridica

Ho letto che Marco Porcio Catone, politico e letterato del II secolo a.C., definiva gli schiavi «attrezzi di lavoro parlanti»!

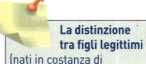

La distinzione tra figli legittimi (nati in costanza di matrimonio) e figli naturali (nati al di fuori del matrimonio) è stata soppressa dalla legge n. 219 del 2012 che ha affermato la unicità dello stato giuridico di figlio. Pertanto l'art. 315 c.c. ora recita: "Tutti i figli (quindi anche quelli nati da coppie non sposate) hanno lo stesso stato giuridico".

Con questa espressione, ruvida ma efficace, Catone sottolineava come gli schiavi non avessero diritti e quindi fossero, sul piano giuridico, simili alle cose o agli animali.
Volendo definire in termini giuridici questa infelice condizione dobbiamo dire che essi erano privi di *capacità giuridica*.

==La capacità giuridica è l'idoneità a essere titolare di diritti e di doveri.==

Oggi, in tutti i Paesi democratici, questa capacità (o idoneità) è riconosciuta senza limiti a qualunque essere umano.
Il Codice civile italiano, all'art. 1, stabilisce in proposito: "La capacità giuridica si acquista dal momento della nascita".

QUESTIONI

Il nascituro ha qualche diritto?

La risposta è affermativa. Anche il nascituro, ha sentenziato la Cassazione (sent. 10741/2009), è dotato di autonoma soggettività giuridica.

In particolare, dopo i primi 90 giorni di gestazione egli acquista il diritto di nascere. Ne consegue che la gravidanza non può più essere interrotta salvo che comporti un grave pericolo per la vita della donna (legge 194 del 1978).

Il nascituro ha anche diritto di nascere sano, ha affermato ancora la Cassazione. Pertanto, se subisse dei danni per responsabilità dei sanitari avrebbe diritto al risarcimento. Non è stato invece riconosciuto dalla Suprema corte il diritto a non nascere se non sani.

Sul piano del diritto civile, il nascituro ha la capacità di ereditare a condizione che nasca vivo. Per testamento può ereditare anche chi, al tempo del decesso del testatore, non era stato ancora concepito (art. 462 c.c.).

Come è regolata la procreazione medicalmente assistita?

La procreazione medicalmente assistita consente di favorire artificialmente l'unione dei gameti maschili e femminili al fine di consentire la procreazione anche a coppie che, per difficoltà di vario genere, non riescono ad avere figli in modo naturale. Le norme che regolano nel nostro Paese la procreazione medicalmente assistita (contenute nella legge n. 40 del 2014) erano in origine molto restrittive e, tra l'altro, consentivano la fecondazione artificiale solo se la coppia era accertatamente infertile e solo se il seme impiantato proveniva dal partner della donna. Con alcune importanti sentenze la Corte costituzionale ha fatto decadere molti limiti contenuti nella legge e in particolare:

– ha reso legittima la cosiddetta *fecondazione eterologa*, realizzata impiegando ovociti o spermatozoi donati da una terza persona estranea alla coppia e prelevati, con criteri di assoluta riservatezza, dalle cosiddette *banche del seme*;
– ha reso possibile procedere alla procreazione medicalmente assistita anche alle coppie che, pur essendo fertili, siano portatrici di malattie genetiche che, attraverso la procreazione naturale, potrebbero trasmettersi al feto.

È consentita in Italia l'eutanasia?

L'eutanasia, cioè la morte indolore concessa a chi sia affetto da gravi, dolorose e irreversibili malattie, non è ammessa nel nostro ordinamento. Essa viene considerata omicidio volontario se praticata senza il consenso del malato; è considerata omicidio del consenziente (art. 579 c.p.) se praticata in accordo con il malato. Anche il semplice aiuto è considerato reato, in quanto viene fatto rientrare nella fattispecie della istigazione o aiuto al suicidio (art. 580 c.p.).

Che cos'è il testamento biologico?

Il testamento biologico è un documento nel quale ogni persona può liberamente e coscientemente stabilire i limiti delle terapie mediche alle quali accetta di essere sottoposta nel caso in cui, per sopravvenuta incapacità, non fosse in grado di dichiarare la propria volontà. Questo è in perfetta sintonia con quanto disposto dall'art. 32 Cost.: "[...] Nessuno può essere obbligato a un determinato trattamento sanitario se non per disposizione di legge".

Al momento, sulla possibilità di introdurre nel nostro ordinamento un simile strumento giuridico si registrano posizioni contrastanti tra gli ambienti politici e culturali di ispirazione laica e quelli di ispirazione cattolica. Il tema di maggiore contrasto riguarda la possibilità di inserire nel testamento biologico disposizioni che limitino la possibilità di operare interventi di nutrizione e idratazione forzata.

PERCORSO B — I SOGGETTI DEL DIRITTO

7. Quando si acquista la capacità di agire

Ho ricevuto una discreta eredità ma mi dicono che non posso toccare un soldo fin quando non sarò maggiorenne. Vi sembra giusto?

L'ordinamento consente di esercitare autonomamente il contenuto dei propri diritti solo alle persone che hanno la *capacità* di farlo a proprio vantaggio e non a proprio danno.

Non potendo verificare caso per caso la sussistenza di tale capacità (chiamata *capacità di agire*) l'ordinamento traccia una linea di demarcazione presumendo che essa sia assente in chi non ha ancora compiuto il diciottesimo anno di età.

==La capacità di agire è la capacità di esercitare liberamente il contenuto dei propri diritti e di assumere obblighi e si acquista, dispone l'art. 2 c.c., al compimento del diciottesimo anno di età.==

> **QUESTIONI**
>
> **Quali documenti di identificazione personale sono previsti dalla legge?**
> Il documento fondamentale è la carta di identità personale.
> Tuttavia il d.p.r. n. 445 del 2000 (art. 35) precisa che sono equipollenti alla carta di identità il passaporto, la patente di guida, la patente nautica, il libretto di pensione, il patentino di abilitazione alla conduzione di impianti termici, il porto d'armi, le tessere di riconoscimento, purché munite di fotografia e di timbro o di altra segnatura equivalente, rilasciate da un'amministrazione dello Stato.
> Il passaporto, stabilisce l'art. 20 *ter* del d.lg. n. 135/2009, è individuale e spetta a ogni cittadino, compresi i minori d'età. I minori di anni 14, sebbene titolari di un passaporto individuale, possono farne uso solo a condizione che viaggino in compagnia di uno dei genitori o di chi ne fa le veci.

8. Quando viene modificata la capacità di agire

MODIFICANO LA CAPACITÀ DI AGIRE
- L'emancipazione
- L'interdizione
- L'inabilitazione
- L'amministrazione di sostegno
- L'incapacità naturale

Modifiche alla normale capacità di agire possono derivare da emancipazione, da interdizione, da inabilitazione, dall'assegnazione alla persona non pienamente capace di un amministratore di sostegno, o da incapacità naturale.

==L'emancipazione è l'istituto per effetto del quale un minore, autorizzato dal Tribunale a contrarre matrimonio, acquista la capacità di compiere atti di ordinaria amministrazione.==

Sebbene la legge non chiarisca quali atti siano di ordinaria o di straordinaria amministrazione, per concorde orientamento della giurisprudenza si considerano:

- **di ordinaria amministrazione** gli atti che non comportino una rilevante diminuzione del proprio patrimonio, come l'acquisto di libri, cibi, bevande, e così via;

- **di straordinaria amministrazione** quelli che incidono in modo rilevante sul patrimonio.

L'interdizione comporta la sospensione della capacità di agire. Può essere pronunciata con sentenza dal giudice nei confronti del maggiore di età o del minore emancipato che si trovino in una condizione di abituale infermità di mente che li rende incapaci di provvedere ai propri interessi.

Nella stessa sentenza con la quale pronuncia l'interdizione, il giudice nomina un **tutore** (spesso un familiare) che agirà per conto e nell'interesse dell'interdetto.

L'inabilitazione è l'istituto per cui una persona, affetta da infermità non così grave da dar luogo a interdizione, può essere dichiarata dal giudice parzialmente incapace di agire.

La persona inabilitata può compiere sul suo patrimonio solo atti di ordinaria amministrazione. Gli atti di straordinaria amministrazione potranno essere compiuti solo con l'assistenza di un curatore.

▶ **Il curatore**, a differenza del tutore, non sostituisce la propria volontà a quella dell'incapace, ma svolge soltanto una funzione di assistenza e di controllo.

L'amministrazione di sostegno è un istituto per effetto del quale viene assegnato, alla persona che presenti menomazioni psicofisiche non gravissime, un amministratore affinché la sostenga, cioè la assista, in alcuni atti aventi rilevanza giuridica.

Prima di compiere atti che possano compromettere il patrimonio dell'assistito, il **curatore** dovrà chiedere il permesso al Tribunale.

QUESTIONI

L'incapacità naturale

L'incapacità naturale è quella dovuta a cause, anche transitorie, che rendono un soggetto momentaneamente non in grado di intendere e di volere. L'art. 428 c.c. stabilisce in proposito che gli atti compiuti in stato di incapacità naturale (purché l'incapacità sia effettivamente accertata) possono essere annullati provando al giudice il grave pregiudizio che ne è derivato, o potrebbe derivarne, all'autore. Tuttavia, se si tratta di contratti, questi potranno essere annullati soltanto se, oltre al pregiudizio, l'incapace può dimostrare che l'altro contraente ha agito *in mala fede*, cioè che conosceva il suo stato di incapacità e deliberatamente ne ha approfittato per trarne vantaggio.

9. Come si possono rintracciare le persone

L'art. 16 Cost. stabilisce:
"Ogni cittadino può circolare e soggiornare liberamente in qualsiasi parte del territorio nazionale [...]".

A questo fondamentale principio di libertà si contrappone però l'esigenza di individuare, con una certa rapidità, il luogo in cui le persone decidono di stabilirsi.

Per esempio se una persona si sposta con frequenza, dove si può notificarle un verbale di contravvenzione al Codice della strada, oppure una cartella esattoriale? Dove si potrà notificargli un atto di citazione in giudizio?

Per rispondere all'esigenza di una pronta e rapida localizzazione delle persone, il Codice civile detta norme utili a individuarne la *residenza* e il *domicilio*.
La residenza, stabilisce l'art. 43 c.c., è nel luogo in cui la persona ha la dimora abituale. Chiunque intenda cambiare luogo di residenza deve darne comunicazione all'ufficio anagrafico del Comune nel quale va a stabilirsi.
Il domicilio, dispone il primo comma dell'art. 43 c.c., è il luogo in cui una persona ha stabilito la sede principale dei suoi affari e interessi. Può coincidere con la residenza o può essere fissato in altro luogo (ufficio, studio professionale, ecc.).
La dimora è semplicemente il luogo in cui una persona si trova in modo occasionale o transitorio, come un albergo o una casa per le vacanze.

10. Che fare quando di una persona si perdono le tracce?

Immaginiamo che una persona si allontani dalla propria abitazione senza dare più notizie di sé. Un simile evento interessa sicuramente la magistratura penale, che dovrà accertare che esso non sia conseguenza di attività criminose. Ma assume rilievo anche sotto il profilo civilistico. Per esempio, il coniuge della persona scomparsa deve considerarsi liberato dal vincolo matrimoniale oppure no? Come e da chi può essere amministrato il patrimonio dello scomparso? Chi può riscuotere i suoi crediti prima che cadano in prescrizione? Chi può pagare i suoi debiti?

Le norme che ci rispondono sono gli artt. 48-73 c.c., che distinguono tre diverse ipotesi: la *scomparsa*, l'*assenza* e la *morte presunta*.

▶ **La scomparsa** viene dichiarata dal Tribunale quando una persona non è più comparsa nel luogo del suo ultimo domicilio o dell'ultima residenza e non se ne hanno più notizie. Il Tribunale, su istanza di chiunque vi abbia interesse, nomina un *curatore* che dovrà curare gli affari dello scomparso fin quando questi non ricompaia.

▶ **L'assenza** viene dichiarata quando la scomparsa si prolunga per oltre due anni. Poiché in questi casi comincia a essere ragionevole il dubbio che la persona sia morta, il giudice consente agli eredi di prendere *solo temporaneamente* possesso dei beni dell'assente. Se questi dovesse tornare avrebbe diritto a riavere le proprie cose.

▶ **La morte presunta** viene dichiarata dopo dieci anni dal momento in cui non si sono più avute notizie dell'assente, ma in casi particolari (per esempio catastrofi naturali) può essere dichiarata anche prima. Per effetto di questa sentenza gli eredi, che erano stati immessi nel possesso temporaneo dei beni, ne acquistano la piena disponibilità, e il coniuge può contrarre un nuovo matrimonio.

 E se, come nel "Il fu Mattia Pascal", il presunto morto tornasse vivo e vegeto?

Se il morto non era morto, gli eredi non potevano ereditare. Pertanto dovranno restituire tutto ciò che non hanno nel frattempo consumato.

11. Come sono tutelati i diritti alla vita e all'integrità fisica

I diritti alla vita e all'integrità fisica sono ritenuti, a ragione, i diritti più importanti riconosciuti alla persona umana.

Nel nostro ordinamento essi sono protetti:

- da **norme civili**, che obbligano l'autore di eventuali fatti lesivi a risarcire il danno economico e morale causato con la propria azione;
- da **norme penali**, che prevedono una restrizione della libertà personale a carico di chi abbia causato la morte di una persona o le abbia procurato lesioni per *colpa*, con *dolo* o anche in modo *preterintenzionale*.

Precisiamo che:

▶ **la colpa** si ha quando l'evento lesivo non era voluto ma si è prodotto per *imprudenza*, *imperizia*, *negligenza* o per *disattenzione*. Si ha un evento colposo, per esempio, se un vaso di fiori negligentemente lasciato sul davanzale della finestra cade in testa a un passante; se un ciclomotore guidato imprudentemente investe un pedone, e così via;

▶ **il dolo** si ha quando l'evento lesivo è voluto dall'agente (è il caso del rapinatore o del *killer* che volontariamente uccidono);

▶ **preterintenzionale** (la parola significa *oltre l'intenzione*) è l'evento che, per cause non previste, ha prodotto effetti non voluti o più gravi di quelli previsti e voluti.

La qualificazione dell'azione come *dolosa*, *preterintenzionale* o *colposa* non è indifferente ai fini della sanzione. Per esempio, l'omicidio *doloso* comporta la pena dell'ergastolo, l'omicidio *preterintenzionale* la reclusione da dieci a diciotto anni, l'omicidio *colposo* la reclusione da sei mesi a cinque anni.

La donazione di organi

La donazione di organi prelevati da una persona vivente è consentita purché, stabilisce l'art. 5 c.c., non comporti una diminuzione *permanente* dell'integrità fisica della persona. È lecita, pertanto, la donazione del sangue previo

È stato condannato per omicidio preterintenzionale:
- uno studente per aver spintonato un compagno il quale, cadendo su una vetrata andata in frantumi, ha riportato ferite che ne hanno causato la morte;
- il dipendente di una discoteca che ha malamente buttato fuori dal locale un giovane il quale, cadendo in strada, ha riportato una frattura cranica che ne ha causato il decesso;
- un giovane violento che ha dato un calcio all'addome a un compagno causandogli un'emorragia interna.

accertamento, da parte del medico, che non ne possa derivare alcun danno al paziente (l. n. 592 del 14 luglio 1967).

Tuttavia, in deroga all'art. 5 c.c. alcune leggi speciali consentono la donazione anche quando questa comporti una diminuzione permanente dell'integrità fisica. Per esempio, la legge n. 458 del 1967 consente la donazione di un rene poiché è possibile vivere anche con un solo rene. È comunque richiesta l'autorizzazione preventiva del giudice che deve verificare la capacità di agire del donatore e la piena consapevolezza delle conseguenze a cui l'atto lo espone.

Non è mai consentita, invece, la vendita di organi. Sotto il profilo morale legittimare una simile vendita significherebbe favorire un commercio ignobile. Sotto il profilo giuridico l'ipotesi è ancora meno praticabile.
Nel contratto di vendita, infatti, se una parte si rende inadempiente l'altra può chiedere al giudice di obbligarla ad adempiere forzatamente la prestazione. Nel nostro caso ciò significherebbe che se una persona, dopo aver promesso di vendere un proprio organo e magari aver ricevuto il compenso concordato, si sottraesse all'impegno assunto, potrebbe essere trascinata con la forza in camera operatoria. Il che appare chiaramente impensabile in ogni società civile. La cessione di organi, pertanto, non può configurare una vendita, e anche la promessa di cederli gratuitamente può essere revocata in ogni momento.

12. Come è tutelata la privacy delle persone

Il diritto alla riservatezza, o *privacy*, può essere definito come il diritto della persona a non subire ingerenze non volute nella propria vita personale e familiare.

Da quale norma è tutelato questo diritto?

In realtà non esiste una norma che sia rubricata *diritto alla riservatezza* e nella quale possiamo leggere fattispecie e sanzione. Esistono invece più norme che tutelano aspetti particolari di questo ampio e multiforme diritto.

- **Il diritto alla riservatezza dell'immagine** è tutelato dall'art. 10 c.c. che dispone quanto segue:
  "Qualora l'immagine di una persona o dei genitori, del coniuge o dei figli sia stata esposta o pubblicata fuori dei casi in cui l'esposizione o la pubblicazione è consentita dalla legge [...], l'autorità giudiziaria, su richiesta dell'interessato, può disporre che cessi l'abuso, salvo il risarcimento dei danni."

- **Il diritto alla riservatezza** del domicilio è tutelato dall'art. 14 Cost.:
  "Il domicilio è inviolabile. Non vi si possono eseguire ispezioni o perquisizioni o sequestri, se non nei casi e modi stabiliti dalla legge [...]."

- **Il diritto alla riservatezza** della corrispondenza è tutelato dall'art. 15 Cost.:
  "La libertà e la segretezza della corrispondenza e di ogni altra forma di comunicazione sono inviolabili.
  La loro limitazione può avvenire soltanto per atto motivato dell'autorità giudiziaria con le garanzie stabilite dalla legge."
- **Il diritto alla riservatezza dei dati personali** è invece contemplato nel cosiddetto *Codice della privacy*.

13. Come il diritto comunitario e il diritto italiano tutelano i dati personali

La possibilità di riunire, manipolare e usare i dati di una persona a sua insaputa costituisce una minaccia alla *privacy* molto più insidiosa di quanto possa esserlo una fotografia pubblicata senza il consenso dell'interessato o una conversazione ascoltata senza permesso. Ciò che maggiormente preoccupa, in questo settore, è la possibilità che i dati raccolti per finalità del tutto lecite, per esempio da istituti bancari, da strutture sanitarie, e persino da supermercati e da aziende della grande distribuzione per scopi commerciali, possano invece essere prelevati per via telematica e aggregati in modo da consentire delle vere e proprie schedature dei cittadini.

Per limitare i rischi connessi a un uso scorretto dei dati personali, tutti gli ordinamenti più avanzati si sono arricchiti, negli ultimi decenni, di norme specifiche.

▶ **La Carta dei diritti fondamentali dell'Unione europea**, all'art. 8, stabilisce in proposito che:
"Ogni individuo ha diritto alla protezione dei dati di carattere personale che lo riguardano.
Tali dati devono essere trattati secondo il principio di lealtà, per finalità determinate e in base al consenso della persona interessata o a un altro fondamento legittimo previsto dalla legge. Ogni individuo ha il diritto di accedere ai dati raccolti che lo riguardano e di ottenerne la rettifica [...]."

In Italia la materia è oggi regolata soprattutto dal d.lgs. n. 196/2003, denominato **Codice in materia di protezione dei dati personali** (che viene spesso indicato semplicemente come *Codice della privacy*), in cui viene recepita integralmente la normativa europea.

Che cosa può fare la persona che abbia il sospetto che i propri dati siano stati registrati da un soggetto non autorizzato o che siano stati registrati in modo scorretto?

Troviamo la risposta nell'art. 7 del Codice della privacy, nel quale è sostanzialmente disposto che l'interessato ha diritto di:

- avere la conferma della esistenza o meno di dati che lo riguardano;

- sapere dove i suoi dati sono stati presi, per quale motivo sono stati presi, con quali modalità sono stati trattati e a chi possono essere comunicati;

- pretendere la rettificazione dei dati inesatti o incompleti oppure la loro cancellazione;

- opporsi, per motivi legittimi, al trattamento dei dati personali che lo riguardano anche se pertinenti allo scopo della raccolta.

QUESTIONI

L'Autorità garante per la protezione dei dati personali

L'Autorità garante per la protezione dei dati personali è un organo collegiale costituito da quattro componenti (compreso il Presidente) che vengono eletti dal Parlamento e che rimangono in carica per sette anni.

I compiti dell'Autorità garante sono descritti dall'art. 154 del Codice. Tra i tanti ricordiamo quelli di:

- controllare se i trattamenti sono effettuati nel rispetto della legge;
- esaminare i reclami e le segnalazioni e provvedere sui ricorsi presentati dagli interessati;
- prescrivere le misure per rendere il trattamento conforme alle disposizioni vigenti;
- vietare il trattamento illecito o non corretto dei dati o disporne il blocco;
- denunciare i fatti configurabili come reati.

14. Come sono regolate le organizzazioni collettive

Abbiamo detto, nel paragrafo 4, che *soggetti di diritto* possono essere sia le persone fisiche che le organizzazioni collettive.

Se le organizzazioni collettive chiedono e ottengono l'iscrizione in un apposito registro pubblico, possono acquistare diritti e assumere obblighi, quasi come fossero persone fisiche, e per tale ragione vengono chiamate **persone giuridiche**.

Alle persone giuridiche l'ordinamento attribuisce la personalità giuridica, la quale comporta l'assunzione della capacità giuridica, della capacità di agire e il riconoscimento della autonomia patrimoniale perfetta.

Per effetto dell'autonomia patrimoniale perfetta la persona giuridica (per esempio una società) risponde dei debiti contratti soltanto con il proprio patrimonio. Se questo si rivelasse insufficiente, i creditori dovrebbero rassegnarsi a rimanere insoddisfatti e non potrebbero in alcun modo pretendere di essere pagati dagli associati.

Una importante distinzione, nel campo delle persone giuridiche, va operata tra *associazioni*, *società* e *fondazioni*.

Le associazioni sono organizzazioni di persone costituite per il perseguimento di finalità non lucrative, vale a dire senza fine di guadagno.

Può trattarsi di finalità religiose, assistenziali, previdenziali, culturali, sportive, e così via.

Se, invece, la finalità è di natura lucrativa, prendono il nome di società.

Le società sono organizzazioni costituite per svolgere un'attività economica al fine di dividerne gli utili.

Le fondazioni sono organizzazioni di beni destinati a uno scopo di natura ideale.

Si può istituire una fondazione, per esempio, depositando una somma di denaro in banca e stabilendo, con atto notarile, che gli interessi pagati dalla banca siano destinati all'erogazione di borse di studio oppure al finanziamento di un centro di ricerca, e così via.

▶ **La persona giuridica si forma** soltanto se l'atto costitutivo viene registrato in un apposito registro pubblico.
In particolare:

- per le società di capitali e le cooperative l'atto costitutivo deve essere registrato nel *registro delle imprese*;
- per le associazioni e le fondazioni, dispone il d.p.r. n. 361/2000, l'atto costitutivo deve essere registrato nel *registro delle persone giuridiche* istituito presso ogni prefettura.

▶ **L'iscrizione ha effetto costitutivo.** Con essa si ottiene la *personalità giuridica* e non occorrono più, come in passato, altri atti formali.

Le associazioni non riconosciute

Le associazioni che non richiedono o che non ottengono la personalità giuridica sono indicate come *non riconosciute*.
La mancanza del riconoscimento, è bene precisarlo, non pone queste associazioni in una posizione di illegalità. In linea di massima, la maggior parte dei circoli, club e piccole associazioni non chiedono alcun riconoscimento. La differenza di maggior rilievo tra associazioni non riconosciute e persone giuridiche sta nell'attribuzione, a queste ultime, dell'autonomia patrimoniale perfetta. Se gli associati sono disposti a rinunciare a questo vantaggio possono benissimo operare senza alcun riconoscimento.

> I comitati sono organizzazioni che hanno generalmente una durata limitata e servono per raccogliere fondi da impiegare nella realizzazione di un evento (un festeggiamento, una manifestazione, e così via). Le norme che regolano l'attività dei comitati sono gli artt. 39-42 c.c.

> Per consuetudine non chiedono il riconoscimento, sebbene siano grandi associazioni, i partiti politici e i sindacati.

UNITÀ 1 — Riguardando gli appunti

1. Che cosa è un codice?

- I codici sono leggi molto ampie, formate da centinaia e a volte migliaia di articoli che disciplinano un'intera materia o un intero ramo del diritto.
- Il Codice civile contiene le linee fondamentali del diritto civile e del diritto commerciale.

2. Quali capacità attribuisce l'ordinamento ai soggetti di diritto?

- L'ordinamento riconosce a ogni persona la capacità giuridica e la capacità di agire.
- La capacità giuridica è l'idoneità a essere titolare di diritti e di doveri. Si acquista al momento della nascita e si perde con la morte.
- La capacità di agire è la capacità di acquistare diritti con il proprio volere, di esercitarne liberamente il contenuto e di assumere obblighi. Si acquista al compimento del diciottesimo anno di età.

3. Quali limitazioni della capacità di agire sono previste dal Codice?

- La persona maggiorenne può essere dichiarata interdetta, inabilitata, o può essere affidata a un amministratore di sostegno.
- L'interdizione comporta la totale incapacità di agire. All'interdetto è assegnato un tutore.
- L'inabilitazione comporta l'incapacità di compiere da soli gli atti di straordinaria amministrazione.
- L'amministratore di sostegno è assegnato alla persona le cui condizioni psicofisiche non siano così gravi da richiedere interdizione o inabilitazione.

4. Che cos'è l'incapacità naturale?

- L'incapacità naturale è una incapacità dovuta a cause, anche transitorie, che rendono un soggetto non in grado di intendere e di volere.

5. Che cosa si intende per residenza, domicilio e dimora?

- La residenza è il luogo in cui la persona ha la dimora abituale.
- Il domicilio è il luogo in cui una persona ha stabilito la sede principale dei propri affari e interessi.
- La dimora è il luogo in cui una persona si trova in modo occasionale.

6. Come sono regolate le ipotesi di scomparsa, assenza e morte presunta?

- Quando una persona non è più comparsa nel luogo del suo ultimo domicilio o dell'ultima residenza e non se ne hanno più notizie, il Tribunale, su istanza di chiunque vi abbia interesse, nomina un curatore quale rappresentante dello scomparso.
- Se la scomparsa si prolunga per oltre due anni viene dichiarato lo stato di assenza e gli eredi possono prendere temporaneamente possesso dei beni dell'assente.
- Trascorsi dieci anni dal momento in cui non si sono più avute notizie dell'assente, il Tribunale può dichiarare con sentenza la morte presunta della persona. Tempi più brevi sono previsti dalla legge per casi particolari, come alluvioni, terremoti o altri disastri.

7. Che cosa sono le persone giuridiche?

- Sono organizzazioni collettive a cui l'ordinamento riconosce la personalità giuridica. Possono essere società, associazioni o fondazioni.
- Le associazioni sono organizzazioni volte al raggiungimento di un fine non lucrativo.
- Le società sono organizzazioni costituite per svolgere un'attività economica e dividerne gli utili.
- Le fondazioni sono organizzazioni di beni destinati a uno scopo di natura ideale.

8. Come si forma la persona giuridica?

- La persona giuridica nasce per effetto dell'iscrizione in apposito registro pubblico e con questo atto acquista l'autonomia patrimoniale perfetta.
- Avere l'autonomia patrimoniale perfetta significa rispondere, per i debiti contratti, soltanto con il proprio patrimonio.

Verifica le tue conoscenze

UNITÀ 1

Completamento

Completa lo schema. Inserisci nella posizione corretta i seguenti elementi: *al compimento dei 18 anni; no; sì; idoneità a essere titolari di diritti e di doveri; art. 1 del Codice civile; al momento della nascita; capacità di esercitare diritti e assumere obblighi; art. 2 del Codice civile.*

	Che cos'è?	Dove è disciplinata?	Quando si acquisisce?	Si può perdere nel corso della vita?
CAPACITÀ GIURIDICA				
CAPACITÀ DI AGIRE				

Test a risposta multipla

Indica con una crocetta l'affermazione esatta.

1. **Sono soggetti di diritto:**
   A. le persone fisiche e le organizzazioni collettive
   B. le persone giuridiche e le persone fisiche purché maggiorenni
   C. soltanto i cittadini con diritto di voto
   D. soltanto le persone iscritte all'anagrafe

2. **Il curatore è la persona che:**
   A. amministra un'associazione o una fondazione
   B. agisce in nome e per conto di un soggetto interdetto
   C. cura gli interessi dei soggetti minorenni
   D. assiste e controlla l'operato di un soggetto inabilitato

3. **Il minore emancipato può compiere atti di straordinaria amministrazione?**
   A. sì
   B. solo se nel suo interesse
   C. no
   D. solo quelli indicati dal giudice al momento dell'emancipazione

4. **Il luogo dove una persona stabilisce la sede dei propri affari si chiama:**
   A. residenza
   B. dimora
   C. residenza di fatto
   D. domicilio

5. **Sono organizzazioni di persone costituite per finalità non lucrative:**
   A. le associazioni
   B. le cooperative
   C. le società
   D. le fondazioni

Ma davvero?

Il diritto si affaccia nei discorsi di ogni giorno. A volte, però, a sproposito. Leggi e rifletti.

La tua amica Sara è entusiasta. «Grandi notizie! Insieme al mio gruppo di recitazione fonderemo un'associazione per avvicinare i bambini al teatro. Non vediamo l'ora di iniziare! Prima però dobbiamo ottenere il riconoscimento dell'associazione: ci vorrà un po' di tempo, ma del resto è un passaggio necessario...».

Sara sembra sicura di ciò che dice. Ma davvero... il riconoscimento è necessario?

91

PERCORSO B — Valuta le tue competenze

Codice alla mano

L'avvocato presso cui svolgi il tuo praticantato ti ha chiesto oggi di appuntare su un foglio quali articoli del Codice civile rispondono ai quesiti sotto elencati.

	Art.
A. Quando si acquista la capacità giuridica?	
B. Quando si acquista la capacità di agire?	
C. Quando si può considerare un minore emancipato?	
D. Quali capacità conferisce l'emancipazione al minore?	
E. Quando viene assegnato alla persona un amministratore di sostegno?	
F. In quali casi la persona può essere interdetta?	

	Art.
G. In quali casi la persona può essere inabilitata?	
H. Come sono regolate le associazioni non riconosciute?	
I. Quali norme regolano il domicilio e la residenza della persona?	
J. Quando viene dichiarata la scomparsa di una persona?	
K. Quando viene dichiarata la morte presunta?	
L. Come si costituiscono le associazioni?	

Sai qual è la differenza tra…

- **a.** Diritto civile — e — Diritto commerciale
- **b.** Codice — e — Testo unico
- **c.** Interdizione — e — Inabilitazione
- **d.** Residenza — e — Domicilio
- **e.** Scomparsa — e — Assenza
- **f.** Tutore — e — Curatore
- **g.** Associazioni — e — Società

Domande per riflettere

1. Sai spiegare perché le norme del diritto commerciale sono inserite nel Codice civile?

2. Un tuo conoscente, tornando a casa piuttosto allegro da una degustazione di birre artigianali, ha venduto per un prezzo stracciato la sua moto nuova a un vicino di casa. Questi si era accorto della sua ubriachezza e ne ha approfittato. Il tuo conoscente, però, si dice abbastanza tranquillo. Ne ha motivo?

3. Sai spiegare perché la donazione di organi è ammessa, mentre non lo è la vendita?

4. Spesso i *clochard*, cioè le persone senzatetto che vivono in strada, vengono denominate "persone senza fissa dimora". Alla luce di quello che hai imparato, sai spiegare perché tale espressione fa riferimento proprio alla dimora?

Valuta le tue competenze

PERCORSO B

5. Quando una persona sparisce e non si hanno più sue notizie, si mettono in moto una serie di istituti e meccanismi previsti dalla legge. Ma lo scomparso non potrebbe semplicemente aver deciso di rifarsi una vita e tagliare col suo passato? Ti sembra corretto che la legge si intrometta?

6. Il diritto comunitario si preoccupa di fornire una tutela alla privacy e alla riservatezza delle persone. Ma per proteggere la nostra privacy non sarebbe sufficiente limitarsi a non rivelare a nessuno i fatti nostri?

Se fossi il giudice

Hai appena vinto il concorso in Magistratura e ne sei giustamente orgoglioso. Ma ti rendi anche conto che le difficoltà cominciano ora. Dovrai dare risposte certe alle persone che hanno fiducia in te e non potrai sbagliare neppure una volta. In bocca al lupo!

1. Sulla scrivania del tuo ufficio giunge una richiesta di dichiarazione di assenza. Ad avanzare la richiesta è il figlio della signora Spariti: spiega che la madre è scomparsa e che di lei non si hanno più notizie da un anno. Non hai bisogno di leggere oltre per sapere che risposta dare alla richiesta.

La richiesta deve essere: ☐ accolta ☐ respinta

Perché? _____

2. Agisce in giudizio una signora che ha scoperto, uscendo di casa una mattina, che la sua foto in costume da bagno è finita su un cartellone pubblicitario che reclamizza un programma dietetico. L'immagine è stata sottratta dal profilo social della signora e pubblicata sul cartellone pubblicitario senza il suo consenso. Emetti la tua sentenza.

Motivazione: _____

3. Conoscendo la tua competenza giuridica, un paio di amici ti invitano a cena per chiederti un consiglio legale. I tuoi due amici sono grandi conoscitori del cinema francese e vorrebbero condividere questa passione con altri amanti delle pellicole d'oltralpe: il tutto senza alcuno scopo di lucro, ma solo per passione! La loro idea – ti spiegano a tavola – è quindi quella di dar vita a una società culturale. Che cosa puoi rispondere loro dal punto di vista giuridico?

Argomenta brevemente: _____

PERCORSO C — I DIRITTI REALI

COMPETENZE DI ASSE
- Riconoscere le caratteristiche e i valori fondamentali del nostro sistema giuridico, allo scopo di orientare i propri comportamenti alle scelte di fondo espresse dall'ordinamento
- Comprendere l'importanza di un sistema sociale basato sulle regole quali pilastri di un'ordinata e pacifica convivenza

CONOSCENZE
- La funzione sociale ed economica del diritto di proprietà
- Il contenuto del diritto di proprietà e i suoi limiti
- L'espropriazione e la requisizione
- La comunione e il condominio
- Il possesso
- Le azioni a tutela della proprietà e del possesso
- I modi di acquisto della proprietà
- I diritti reali di godimento su cosa altrui

ABILITÀ
- Riconoscere la funzione sociale della proprietà privata
- Distinguere fra i diversi diritti reali e riconoscere le relative funzioni
- Riconoscere i modi di acquisto della proprietà
- Saper scegliere gli strumenti giudiziari adatti a risolvere contestazioni o violazioni dei diritti reali

UNITÀ 1 — I diritti reali e i beni

1. Caratteri generali dei diritti reali

Dopo esserci occupati, nel Percorso A, del diritto soggettivo in generale e della sua tutela giurisdizionale, dobbiamo ora soffermare la nostra attenzione su una particolare categoria di diritti soggettivi, i cosiddetti diritti reali.

==L'aggettivo "reale" deriva dal latino *res* che significa "cosa", "oggetto". **I diritti reali** sono, pertanto, i diritti sulle cose.==

▶ **Caratteri tipici** dei diritti reali sono la *patrimonialità*, la *tipicità* e l'*assolutezza*.

- **Patrimonialità** significa che il diritto reale ha per oggetto solo cose che hanno un valore economico (un terreno, una nave, una batteria di pentole, ecc.).

- **Tipicità** significa che i diritti reali costituiscono un numero chiuso. Sono tali, cioè, solo i *tipi* indicati dalla legge.

- **L'assolutezza** consente al titolare di pretendere che il suo diritto sia *assolutamente* rispettato da tutti.

Quali diritti sono reali?

DIRITTI REALI
- Proprietà
- Diritti reali minori
  - Usufrutto
  - Uso
  - Abitazione
  - Superficie
  - Servitù prediali
  - Enfiteusi

94

▶ **La proprietà** è sicuramente il più rilevante tra i diritti sulle cose, per la funzione economica che assolve e per gli ampi poteri che attribuisce al titolare.

▶ **Gli altri**, chiamati *diritti reali di godimento su cosa altrui* o anche *diritti reali minori*, sono l'usufrutto, l'uso, l'abitazione, la superficie, le servitù prediali, l'enfiteusi.

Diritti reali di garanzia sono chiamati il **pegno** e l'**ipoteca**.
Questi diritti sorgono quando un debitore offre al creditore una *res*, cioè una cosa, come garanzia di pagamento del proprio debito.
Se il debito non viene pagato, il creditore ha diritto di far vendere forzatamente quella cosa e di rivalersi sul ricavato.
Del pegno e dell'ipoteca ci occuperemo nel Percorso E.

 Perché alcuni diritti reali sono chiamati diritti di godimento su cosa altrui? E perché sono detti minori?

Immaginiamo di essere proprietari di un terreno e supponiamo che un nostro confinante abbia diritto, secondo quanto dispone la legge, di attraversarlo per raggiungere la strada più vicina.

Se riflettiamo su questa fattispecie possiamo notare che:

- il confinante ha *diritto di godere di una cosa altrui* (nel caso specifico ha diritto di godere del nostro fondo sul quale può transitare);
- il contenuto di questo suo diritto è certamente *minore* rispetto al contenuto del diritto di proprietà (perché consente solo di transitare sul fondo e non, per esempio, di coltivarlo o di venderlo).

Questo che abbiamo appena descritto è chiamato *diritto di servitù* perché consente al titolare di *servirsi* della cosa altrui. Si tratta, in particolare, di una *servitù di passaggio*.
Delle servitù e degli altri diritti reali di godimento su cosa altrui tratteremo nell'Unità 6.

2. Le cose e i beni

==Beni sono solo le cose che hanno un valore economico e sulle quali l'uomo ha interesse e concreta possibilità di esercitare un diritto.==

Il concetto di bene, pertanto, è più ristretto rispetto a quello di cosa.

▶ **Non sono beni**, per esempio, le cose disponibili in natura in quantità così rilevante da rendere priva di significato una loro appropriazione. Non avrebbe senso pretendere di appropriarsi di cose come l'energia solare o l'energia eolica che, pur rivestendo una grande utilità, sono talmente abbondanti che chiunque può utilizzarle senza necessità (né possibilità) di rivendicarne un uso esclusivo.

▶ **Sono beni**, invece, le cose:

- *utili*, anche in senso molto ampio come, per esempio, i gioielli;
- *accessibili*, cioè concretamente raggiungibili e utilizzabili;
- *oggetto di diritto*, cioè tali che sia possibile escludere altri dal godimento.

Per effetto del progresso scientifico e tecnologico, sono sempre di più le *cose* che entrano a far parte della categoria dei **beni**.
Pensiamo al petrolio, divenuto un bene soprattutto dopo l'invenzione del motore a scoppio, o all'uranio, divenuto un bene soprattutto dopo la scoperta dell'energia atomica. Il suolo lunare non è un bene perché nessuno sa come sfruttarlo, ma nulla esclude che possa diventarlo in futuro.

3. La classificazione dei beni

La diversa natura dei beni e la loro diversa rilevanza economica comportano la necessità di una diversa disciplina giuridica. Non sfugge a nessuno, per esempio, la necessità di regolare l'acquisto di un panino al prosciutto in modo diverso dall'acquisto di un'automobile o di un'azienda.

La presenza di una disciplina differenziata ci costringe a operare una classificazione dei beni che, per quanto ora appaia tediosa, ci tornerà particolarmente utile nel corso del nostro studio.

Beni pubblici e privati

▶ **Beni pubblici**, o del demanio pubblico, stabilisce il primo comma dell'**art. 822 c.c.**, sono: il lido del mare, la spiaggia, le rade e i porti; i fiumi, i torrenti, i laghi e le altre acque definite pubbliche dalle leggi in materia; le opere destinate alla difesa nazionale.

Questi beni sono assegnati in **proprietà esclusiva** allo Stato o agli altri enti pubblici perché in tal modo può esserne garantita una utilizzazione che sia di vantaggio per tutta la collettività.

Secondo quanto dispone l'**art. 823 c.c.** essi sono *inalienabili* e ciò vuol dire che non possono essere trasferiti in proprietà a soggetti privati. Possono però essere *affidati in concessione* a soggetti privati se ciò serve a migliorarne l'utilizzabilità.

▶ **Beni privati** sono quelli che possono essere acquistati e alienati secondo le norme del diritto privato e possono liberamente appartenere tanto ai privati cittadini quanto allo Stato e agli altri enti pubblici.

> **Alienare** significa rendere alieno, estraneo, e questo verbo viene usato, nel linguaggio giuridico, per indicare qualsiasi tipo di trasferimento della cosa ad altri senza specificare se sia dovuto a vendita, a permuta o a donazione.

Beni immobili, beni mobili e beni mobili registrati

▶ **Immobili** sono i beni destinati a non muoversi. Sono tali, per l'art. 812 c.c., il suolo, le sorgenti e i corsi d'acqua, gli alberi, gli edifici, le altre costruzioni e in genere tutto ciò che naturalmente o artificialmente è incorporato al suolo.

▶ **Mobili** sono, per esclusione, tutti gli altri beni, comprese, precisa l'art. 814 c.c., le energie naturali che hanno valore economico (pensiamo al valore commerciale delle frequenze elettromagnetiche).

La differenza tra beni mobili e immobili è giuridicamente rilevante soprattutto per quanto attiene alla loro alienazione, cioè il loro trasferimento ad altri.

I beni mobili si possono alienare senza alcuna formalità.

Per i beni immobili, invece, è richiesta la forma scritta a pena di nullità ed è previsto che l'atto di alienazione possa essere reso pubblico mediante trascrizione nei pubblici registri immobiliari.

Tante cautele traggono origine dal fatto che, in un passato non troppo lontano, i beni immobili costituivano la maggiore fonte di ricchezza e la legge si preoccupava di rendere quanto più sicuro possibile il diritto del proprietario.

> Sono reputati **immobili** anche gli edifici galleggianti quando sono saldamente assicurati alla riva e sono destinati a esserlo in modo permanente.

▶ **Mobili registrati** sono chiamati i beni individuabili attraverso numeri di targa o di matricola e iscritti in pubblici registri.
Sono tali gli autoveicoli, le navi, gli aerei, ma anche le macchine operatrici, come ruspe, bulldozer, escavatori.
In mancanza di disposizioni particolari, stabilisce l'**art. 815 c.c.**, si applicano a essi le disposizioni relative ai beni mobili.

Beni fungibili e infungibili

▶ **Fungibili** sono i beni *sostituibili* con altri dello stesso genere. Fungibile è sicuramente il denaro, poiché una banconota è perfettamente sostituibile con un'altra dello stesso valore. Ma lo sono anche i prodotti agricoli di una medesima qualità, i prodotti industriali fabbricati in serie, nonché le azioni e le obbligazioni emesse da una medesima società.

Il termine **fungibile** significa "sostituibile".

▶ **Infungibili** sono, invece, i beni che possiedono una loro *specificità* che li rende unici.
Sono infungibili, pertanto, i beni immobili, poiché un terreno non potrà mai essere perfettamente uguale a un altro terreno, né una costruzione a un'altra costruzione.
Sono infungibili anche le opere d'arte e i beni mobili registrati (ma solo dopo la loro registrazione: per esempio, un'automobile è fungibile fin quando è in fabbrica insieme a tante altre, ma diventa infungibile quando è stata immatricolata e ha acquistato una propria specificità).

Beni materiali e beni immateriali

▶ **Immateriali** sono chiamati i beni che non hanno una consistenza corporea ma che pure esistono, hanno un valore economico e sono oggetto di appropriazione. Sono tali, per esempio, i diritti sulle opere librarie, i brevetti industriali, i marchi di fabbrica.

▶ **Materiali** sono, per esclusione, tutti gli altri.

Le pertinenze

Sono **pertinenze**, stabilisce l'**art. 817, comma 1, c.c.**, "[...] le cose destinate in modo durevole a servizio o ad ornamento di un'altra cosa".
Per esempio la cantina è una pertinenza rispetto all'appartamento a cui si riferisce; l'autoradio lo è rispetto all'automobile su cui è montata, le tasche laterali lo sono rispetto alla moto, le scialuppe rispetto alla nave, e così via.

Perché ci interessa sapere che queste cose sono pertinenze?

Le **pertinenze** possono essere alienate anche senza la cosa principale. È possibile, dunque, vendere la cantina senza l'appartamento, l'autoradio senza l'automobile, la scialuppa senza la nave, e così via.

Perché gli atti e i rapporti giuridici che hanno per oggetto la cosa principale, stabilisce l'art. 818 c.c., comprendono anche le pertinenze, se non è diversamente disposto. Ciò vuol dire, per esempio, che se vendiamo il nostro scooter dovremo consegnare anche il parabrezza e il bauletto posteriore se erano presenti al momento della conclusione del contratto e se non abbiamo, in modo esplicito, concordato diversamente.

I frutti naturali e civili

Ci sono beni, come i terreni agricoli, gli alberi, gli animali, che per legge di natura sono in grado di produrre frutti, cioè altri beni che, una volta separati dalla cosa o dall'animale che li ha prodotti, assumono un proprio valore economico. Questi vengono indicati come **frutti naturali**.

Ci sono altri beni, come il denaro, le case, le aziende, che non germogliano né partoriscono e che, tuttavia, se concessi in godimento ad altri, producono un reddito. Tale reddito può essere considerato il frutto di questi beni ed è chiamato **frutto civile** per distinguerlo da quello naturale.

Il patrimonio

Quando parliamo del patrimonio di una persona, siamo naturalmente portati a pensare ai suoi beni, compreso il denaro. In realtà il concetto giuridico di patrimonio è molto più ampio.

▶ **Il patrimonio** è costituito dall'insieme dei diritti e degli obblighi che fanno capo a un soggetto.

Per capire il significato di questa definizione dobbiamo considerare che ciascuno di noi può essere contemporaneamente proprietario di beni, creditore nei confronti di alcune persone e debitore nei confronti di altre.

Il patrimonio comprende tutte queste diverse situazioni. Ne consegue che, se il valore dei beni e dei crediti di una persona è superiore al valore dei debiti, questa avrà un *patrimonio netto attivo*; se è inferiore avrà un *patrimonio netto passivo*.

Attenzione a ricevere in eredità un patrimonio. Prima di accettare è sempre bene controllare che si tratti di un **patrimonio attivo**!

Le universalità di beni mobili

▶ Sono chiamate **universalità di beni mobili** le biblioteche, le pinacoteche, le collezioni, le mandrie, le greggi, e così via.

Il primo comma dell'**art. 816 c.c.** stabilisce che è considerata universalità di mobili la pluralità di cose che appartengono alla stessa persona e hanno una destinazione unitaria.

La rilevanza giuridica dell'universalità sta nel fatto che può essere considerata un bene unico e quindi può essere alienata senza la specifica elencazione delle singole cose che la compongono. Ciò non di meno, se volessimo vendere un singolo animale della mandria o un singolo quadro della pinacoteca potremmo sicuramente farlo perché ogni bene conserva una propria individualità e può essere oggetto di alienazioni separate.

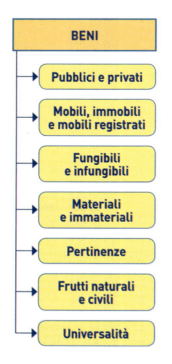

BENI
- Pubblici e privati
- Mobili, immobili e mobili registrati
- Fungibili e infungibili
- Materiali e immateriali
- Pertinenze
- Frutti naturali e civili
- Universalità

Riguardando gli appunti

UNITÀ 1

1. Che cosa sono i diritti reali?

- L'aggettivo "reale" deriva dal latino *res*, che significa "cosa", "oggetto". I diritti reali sono pertanto i diritti sulle cose.
- La proprietà è il diritto reale più rilevante. Gli altri diritti reali, chiamati diritti reali minori o di godimento su cosa altrui, sono: l'usufrutto, l'uso, l'abitazione, la superficie, le servitù prediali, l'enfiteusi.
- Caratteristiche comuni a tutti i diritti reali sono la patrimonialità, la tipicità e l'assolutezza.

2. Che cosa sono i beni?

- Per il diritto, i beni sono le cose che hanno un valore economico e sulle quali l'uomo ha interesse e concreta possibilità di esercitare un diritto.

3. Come possono essere classificati i beni?

- *Beni pubblici*, o del demanio pubblico, sono i beni assegnati in proprietà esclusiva allo Stato o agli altri enti pubblici. Sono inalienabili, ma possono essere dati in concessione ai privati. *Beni privati* sono i beni che possono essere acquistati e alienati secondo le norme del diritto privato; possono appartenere sia allo Stato e agli altri enti pubblici, sia a privati cittadini.
- *Beni immobili* sono i beni destinati a non muoversi, e dunque i beni che sono, naturalmente o artificialmente, ancorati al suolo. *Beni mobili* sono, per esclusione, tutti gli altri beni, comprese le energie naturali che hanno valore economico. *Beni mobili registrati* sono i beni individuabili attraverso numeri di targa o di matricola e iscritti in pubblici registri.

- *Beni fungibili* sono i beni sostituibili con altri dello stesso genere; *infungibili* sono i beni che possiedono una specificità tale da renderli unici.
- *Beni immateriali* sono i beni che non hanno una consistenza corporea; *beni materiali* sono, per esclusione, tutti gli altri.

4. Che cosa sono le pertinenze?

- Le pertinenze sono le cose destinate in modo durevole a servizio od ornamento di un'altra cosa.
- Se non è diversamente disposto, gli atti e i rapporti giuridici che hanno per oggetto la cosa principale comprendono anche le pertinenze.

5. Che cosa sono i frutti?

- Alcuni beni sono in grado, per loro natura, di generare altri beni: i frutti che essi producono sono chiamati *frutti naturali*.
- Altri beni sono in grado, se concessi in godimento, di produrre un reddito: quest'ultimo è denominato *frutto civile*.

6. Che cosa si intende per patrimonio?

- Il patrimonio è l'insieme dei diritti e degli obblighi che fanno capo a un soggetto.

7. Che cosa sono le universalità di beni mobili?

- Le universalità di beni mobili sono quelle pluralità di cose che appartengono alla stessa persona e hanno una destinazione unitaria.
- Giuridicamente vengono considerate come un bene unico e possono essere alienate senza l'elencazione delle singole cose che le compongono.

Verifica le tue conoscenze

Completamento

Completa lo schema utilizzando le seguenti parole: *utili; assoluti; patrimoniali; accessibili; tipici; oggetto di diritto*.

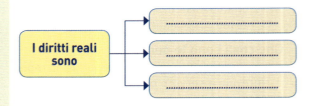

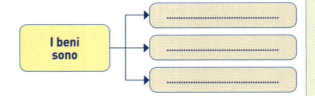

Test a risposta multipla

Indica con una crocetta l'affermazione esatta.

1. **Sono diritti reali:**
   A. tutti i diritti soggettivi
   B. i diritti di cui siamo realmente titolari
   C. i diritti che attribuiscono un potere su una cosa
   D. i diritti che si possono esercitare sulle persone

2. **Un fiume è un bene:**
   A. mobile
   B. immobile
   C. semimobile
   D. non è un bene

3. **L'aria che respiriamo:**
   A. è un bene
   B. non è un bene
   C. è un bene mobile
   D. è un bene pubblico

4. **Sono detti fungibili i beni:**
   A. sostituibili con altri dello stesso genere
   B. non sostituibili con altri dello stesso genere
   C. non alienabili
   D. non registrabili

5. **Il patrimonio è:**
   A. l'insieme dei beni che appartengono a una persona
   B. l'insieme dei diritti che fanno capo a una persona
   C. l'insieme dei diritti e degli obblighi che fanno capo a una persona
   D. il denaro che ciascuno possiede

Ma davvero?

Il diritto si affaccia nei discorsi di ogni giorno. A volte, però, a sproposito. Leggi e rifletti.

«Sono così orgoglioso dei miei alberi da frutta!», esclama il proprietario dell'agriturismo mentre mostra il frutteto agli ospiti. «E guardate che mele producono! Assaggiatele, sono squisite. Del resto, se la pianta è buona, lo sono anche le sue pertinenze!»

Il proprietario dell'agriturismo sembra sicura di ciò che dice. Ma davvero... le mele sono pertinenze dell'albero?

100

I DIRITTI REALI

La proprietà

PERCORSO C
UNITÀ 2

1. Come definire la proprietà

Elaborare una definizione del diritto di proprietà è un'operazione piuttosto complessa perché, come vedremo tra breve e come è nella comune esperienza, i poteri del proprietario non sono sempre gli stessi ma si ampliano o si restringono in funzione dei limiti e degli obblighi posti dal legislatore alla utilizzazione di questo o di quel tipo di bene.

Per antica tradizione, ci si accontenta allora della definizione piuttosto generica che si ricava dall'**art. 832 c.c.**:

==*"Il proprietario ha il diritto di godere e di disporre delle cose in modo pieno ed esclusivo entro i limiti e con l'osservanza degli obblighi stabiliti dall'ordinamento giuridico."*==

Dalla norma deduciamo quanto segue.

▶ **Oggetto** del diritto di proprietà sono le cose (intendendosi per tali i beni). Tutti i tipi di beni? Tutti tranne quelli espressamente esclusi dalla legge. Abbiamo già visto, per esempio, che i beni del demanio pubblico, come le spiagge, i fiumi, i laghi, non possono essere oggetto di appropriazione privata.

▶ **Contenuto** del diritto di proprietà è il potere di *godere* e di *disporre* delle cose:

- *godere* significa usare il bene e trarne ogni possibile utilità. Se la cosa è capace di generare frutti (naturali o civili) nel godimento rientra anche l'appropriazione di questi;

- *disporre* significa poter trasferire il proprio diritto ad altri (vendere, donare, lasciare in eredità) o anche solo limitarne il contenuto. Per esempio, concedendo ad altri un diritto reale minore su un nostro bene, limitiamo la nostra possibilità di goderne;

- *in modo pieno ed esclusivo* vuol dire poter utilizzare la cosa nel modo più ampio e poter escludere chiunque dal godimento della stessa. Ma, aggiunge subito la norma...

- *nei limiti previsti dall'ordinamento giuridico*. Ciò significa che tutte queste facoltà non sono così ampie come appaiono nella enunciazione perché l'ordinamento può porre (e concretamente pone) numerose e significative limitazioni.

PERCORSO C   I DIRITTI REALI

LA PROPRIETÀ È UN DIRITTO

↓

Reale
in quanto ha per oggetto cose (in latino *res*)

↓

Assoluto
perché il titolare può ricorrere al giudice contro chiunque ne contesti o ne turbi l'esercizio

↓

Disponibile
perché il proprietario è libero di cederlo (salvo divieti di legge)

La proprietà di animali è soggetta ad alcune importanti limitazioni. Gli artt. 544 *bis-sexies* c.p. stabiliscono tra l'altro che è punito:
- con la reclusione da 4 a 24 mesi chi provochi la morte di un animale per crudeltà o senza necessità;
- con l'arresto fino a un anno o un'ammenda da mille a 10 mila euro chiunque abbandoni animali domestici.

Inoltre è stato introdotto (legge 201/2010) il reato di traffico illecito di animali da compagnia (cani e gatti).

QUESTIONI

I limiti al diritto di proprietà

Come si possono conoscere tutti i limiti che la legge pone al diritto di proprietà?

Purtroppo non esiste un *testo unico* della proprietà, sfogliando il quale possiamo conoscere tutto ciò che ci interessa sapere. Limiti e obblighi si trovano in parte nella Costituzione, in parte nel Codice civile e in parte ancora maggiore in leggi e (per quanto concerne gli obblighi) anche in regolamenti, approvati e modificati nel corso degli anni.

Per trovare le risposte che occorrono non resta, pertanto, che iniziare una paziente ricerca tra le norme che compongono l'ordinamento.

---

2. Quali sono i limiti costituzionali al diritto di proprietà

Perché il nostro diritto di proprietà deve essere soggetto a tanti vincoli? Quale criterio guida il legislatore nel porre limiti e divieti?

La risposta la troviamo nell'art. 42, comma 2, della Costituzione:
"La proprietà privata è riconosciuta e garantita dalla legge, che ne determina i modi di acquisto, di godimento e i limiti allo scopo di assicurarne la funzione sociale [...]".

I limiti posti dal legislatore, dunque, debbono essere finalizzati ad assicurare la **funzione sociale** della proprietà.

Che cosa è la "funzione sociale"?

La norma non lo spiega e la questione è di grande complessità.
Tuttavia, semplificandone al massimo i termini, possiamo dire che "assicurare la funzione sociale" significa porre dei vincoli a quelle forme di utilizzazione e di disposizione dei beni che, pur recando vantaggio ai singoli proprietari, possono rivelarsi pregiudizievoli per gli interessi della collettività.

Per esempio, il potere di edificare sul proprio fondo, pur recando indubbio vantaggio ai proprietari fondiari, potrebbe rivelarsi di notevole pregiudizio alla collettività se non venisse limitato a certe aree ben definite.

In linea generale, secondo il dettato costituzionale, ogni volta che il Parlamento individua un conflitto tra interesse privato e interesse collettivo ha il dovere di emanare le norme più idonee a salvaguardare quest'ultimo.

Sono nate in tal modo, nel corso degli anni, le legislazioni sulla tutela dell'ambiente, sulla edificabilità dei suoli, sulla sicurezza del lavoro in fabbrica, sulla protezione dei beni culturali, e così via.

Tali norme, secondo una recente dottrina, più che porsi come limite al diritto di proprietà, disegnano tanti **tipi diversi di proprietà**, ciascuno con un proprio specifico contenuto.

3. Quali limiti sono posti alla edificabilità dei suoli

Ho ereditato un bel terreno in montagna vicino alle piste da sci e vorrei costruirvi una baita. Ma un geometra del luogo mi ha detto che se lo facessi rischierei l'abbattimento della costruzione e una multa stratosferica. Vorrei sapere perché!

Nel nostro ordinamento il potere di edificabilità è soggetto a notevoli limitazioni poste non per capriccio ma per contenere la devastazione delle bellezze naturali, la congestione delle città e, più in generale, per tutelare l'interesse collettivo a uno sviluppo razionale del territorio.

A questo scopo sono state emanate numerose leggi speciali, tra le quali segnaliamo, per importanza, il *Testo unico delle disposizioni in materia edilizia* (d.lgs. n. 378 del 2001).

Entrare nello specifico delle norme sulla edificabilità dei suoli sarebbe troppo complesso, ma in modo puramente indicativo possiamo vedere come dovremmo comportarci nel caso in cui volessimo edificare su un nostro terreno.

Dovremo, innanzi tutto, controllare il **piano regolatore comunale**, cioè quel regolamento con cui è stato progettato lo sviluppo della città. Se scopriamo che il nostro terreno è compreso nelle aree residenziali possiamo cominciare a esultare, ma con cautela, perché la ricerca è appena cominciata.

Subito dopo, infatti, occorrerà controllare il **piano particolareggiato** che accompagna il piano regolatore generale, per essere sicuri che il nostro lotto, benché compreso nell'area residenziale, non sia stato destinato a piazza, a parcheggio o ad altro servizio pubblico.

Quindi dovremo presentare al competente ufficio comunale (indicato come *sportello unico*) il progetto della costruzione che si vuole realizzare e la ulteriore documentazione richiesta, al fine di ottenere il **permesso di costruire** (in passato chiamato *concessione edilizia*).

Il rilascio di tale permesso è subordinato, tra l'altro, al pagamento degli **oneri di urbanizzazione**, cioè di un contributo con cui il richiedente partecipa alla spesa necessaria a realizzare, nella zona, le strade, la rete fognaria, l'allaccio alla rete idrica, ecc. Se queste opere sono già esistenti, il contributo servirà a rimborsare la Pubblica amministrazione per le spese già sostenute.

> È necessario il **permesso di costruire anche per prefabbricati in legno tipo case mobili e bungalow** se questi non sono destinati a un uso puramente temporaneo ma sono utilizzati come abitazioni stabili, per esempio con allaccio permanente alla rete elettrica, idrica e fognaria (Cass. n. 9268/2014).

4. Quali limiti sono posti alle immissioni

Aiuto! Non ne posso più! Accanto a me abita una cantante lirica che impartisce lezioni private e gorgheggia tutto il giorno. Mi rende isterica! Che cosa posso fare?

La questione rientra nel tema delle cosiddette *immissioni*.

==Le immissioni sono, nella terminologia del Codice, i rumori, i fumi, le esalazioni o le altre propagazioni che si immettono nei fondi vicini (terreni, abitazioni o altro) causando molestia ai proprietari di questi.==

Le immissioni acustiche, che statisticamente sono la maggior fonte di controversia, sono considerate intollerabili se superano di almeno tre decibel la rumorosità media del luogo.

Regola la questione l'articolo 844 c.c. che nel primo comma dispone quanto segue:
"Il proprietario di un fondo non può impedire le immissioni [...] derivanti dal fondo del vicino, se non superano la **normale tollerabilità**, avuto anche riguardo alla condizione dei luoghi".

Con tale disposizione il legislatore ci avverte, in sostanza, che non dobbiamo essere troppo esigenti e se le immissioni non superano la *tollerabilità dell'uomo medio* dobbiamo rassegnarci a sopportarle.

 E se le immissioni derivano da un'attività produttiva?

Quando la causa di disturbo sia un'attività produttiva, dispone il secondo comma dell'art. 844 c.c., bisognerà "contemperare le esigenze della produzione con le ragioni della proprietà".

Per esempio, se un grande stabilimento industriale con centinaia di occupati reca molestia a pochi vicini, il giudice dovrà sacrificare l'interesse di questi ultimi. Essi, ha sentenziato la Cassazione, avranno diritto solo a un indennizzo proporzionale al deprezzamento che i loro immobili subiscono per effetto dell'attività immissiva (Cass. 2000, n. 7545).

Se, invece, una piccola officina disturba un intero centro residenziale, è evidente che il giudice dovrà sacrificare l'interesse dell'artigiano e ordinare la cessazione della sua attività in quel luogo.

 Questo è vero anche se l'officina occupava quel posto prima che costruissero il centro residenziale?

L'art. 844 c.c. termina dicendo che "il giudice può tener conto della priorità di un determinato uso".
Ciò sembrerebbe avallare l'idea per cui *chi c'era prima ha ragione*, ma non è così.
La Cassazione ha più volte chiarito che il criterio del preuso può essere applicato solo quando gli interessi contrapposti sono equivalenti e non sia possibile trovare altra soluzione al conflitto (Cass. 2005, n. 9865).

 E se le immissioni fossero causa di un danno alla salute delle persone che le ricevono?

In questo caso la giurisprudenza concordemente ritiene debba aversi riguardo, più che all'art. 844 c.c., all'art. 32 della Costituzione, che tutela la salute come fondamentale diritto dell'individuo. In applicazione di tale principio si ritiene che il giudice, dopo aver eseguito gli accertamenti del caso, possa inibire la prosecuzione dell'attività dannosa e ordinare un risarcimento del danno causato.

La proprietà UNITÀ 2

impara da solo

Limiti al diritto di proprietà

1. Nel mio giardino sono emerse le radici di un albero collocato nel giardino adiacente. Posso tagliarle?
   Cerca la risposta nell'articolo 896 c.c.
2. Sono proprietario di un terreno agricolo sul quale scorre anche un torrente e nel quale entrano abitualmente cacciatori e pescatori. Posso oppormi?
   Cerca la risposta nell'art. 842 c.c.
3. Stanno scavando una galleria sotto a un mio terreno. Mi posso opporre?
   Cerca la risposta nell'art. 840, comma 2, c.c.
4. Vorrei piantare un filare di cipressi sul confine tra il mio fondo e quello del vicino, ma il proprietario si oppone. Lo può fare?
   Cerca la risposta nell'art. 892 c.c.

Distanza per l'apertura di vedute dirette

5. Vorrei aprire una finestra con affaccio su fondo del vicino. Lo posso fare?
   Cerca la risposta negli artt. 900 - 905 c.c.

5. Come opera la requisizione

La requisizione è un provvedimento d'urgenza con il quale l'autorità amministrativa, per fronteggiare pubbliche calamità, sottrae temporaneamente ai proprietari la disponibilità di determinati beni, sia mobili che immobili, come alloggi, roulotte, scavatrici, mezzi di trasporto, derrate alimentari, ecc.

L'urgenza è la condizione fondamentale per la legittimità della requisizione. Il provvedimento che non sia motivato da *urgenza* è illegittimo.
Il Consiglio di Stato (sentenza 318/1986) ha annullato il decreto che disponeva la requisizione di una palazzina per ospitare i tossicodipendenti della città perché l'iniziativa, per quanto apprezzabile, non mirava a fronteggiare una situazione di *urgenza* verificatasi d'improvviso, ma a risolvere una situazione presente da lungo tempo.
Durante il tempo della requisizione la Pubblica amministrazione assume, insieme alla disponibilità del bene, anche l'obbligo di custodirlo. Essa pertanto è responsabile per i danni da chiunque causati (Cass. 2003, n. 15218).

Art. 835 c.c.
Requisizioni

Quando ricorrono gravi e urgenti necessità pubbliche, militari o civili, può essere disposta la requisizione dei beni mobili o immobili. Al proprietario è dovuta una giusta indennità [...].

6. Come è regolata l'espropriazione per pubblica utilità

L'espropriazione per pubblica utilità è un provvedimento con il quale, per motivi di interesse generale, la Pubblica amministrazione priva un soggetto del diritto di proprietà su un determinato bene, corrispondendogli, in cambio, una indennità.

 Qual è la ragione di questa norma? Perché una persona deve essere obbligata a cedere le proprie cose?

PERCORSO C — I DIRITTI REALI

Nel Testo unico sulle espropriazioni per pubblica utilità, contenuto nel d.p.r. n. 327/2001, sono indicate tra l'altro:
- le condizioni che rendono legittima l'espropriazione;
- i soggetti che possono emanare il decreto di espropriazione;
- la procedura per la determinazione dell'indennità da corrispondere al proprietario espropriato.

Alla domanda si può rispondere con un'altra domanda: se si dovesse costruire una nuova autostrada, un nuovo tronco ferroviario o magari una installazione militare, e i proprietari delle aree interessate rifiutassero di cederle, come dovrebbe comportarsi la Pubblica amministrazione? Riusciamo a immaginare, per esempio, quanto tempo ci vorrebbe per andare in auto da Milano a Reggio Calabria se l'Autostrada del Sole dovesse girare intorno a tutti i poderi che gli agricoltori non avessero voluto cedere quando è stato deciso il tracciato?

Più in generale: tra l'interesse del singolo a conservare la proprietà di un bene e l'interesse collettivo alla realizzazione di un'opera pubblica, quale deve prevalere?

La risposta possiamo trovarla nella Costituzione. Stabilisce l'art. 42, comma 3, Cost.: "La proprietà privata può essere, nei casi previsti dalla legge, e salvo indennizzo, espropriata per motivi di interesse generale."

7. Che cos'è la comunione

==La comunione si verifica quando più soggetti sono titolari di un medesimo diritto reale sulla medesima cosa.==

La particolarità della comunione è che ciascun partecipante non è titolare del diritto su una porzione di bene fisicamente individuata ma su una quota ideale dell'intero bene. Per esempio, se due amici hanno in comunione uno scooter, non si potrà dire che uno è proprietario della ruota anteriore e l'altro della ruota posteriore, ma che entrambi hanno, sull'intera moto, un potere proporzionale alle rispettive quote di partecipazione.

Comunione forzosa è chiamata quella nella quale ci si trova *per forza di legge*.
Si distingue dalla **comunione volontaria**, decisa dalle parti (per esempio due amici comperano insieme una moto) e dalla **comunione incidentale**, nella quale ci si trova per ragioni involontarie (per esempio più persone ereditano uno stesso bene).

▶ **Le norme sulla comunione** sono contenute negli **artt. 1100-1139 c.c.** e, per espressa disposizione dell'art. 1100, sono tutte **derogabili**. Ciò vuol dire che sono vincolanti per le parti solo se queste non si accordano diversamente.

Le più rilevanti possono essere sintetizzate come segue.

- **Le quote dei partecipanti alla comunione si presumono uguali**, stabilisce l'art.1101 c.c. E questa è già una prima regola che potrebbe richiedere una deroga. Se, per esempio, avessimo contribuito con una somma maggiore all'acquisto del bene comune, sarebbe opportuno precisare nel titolo la diversità delle quote per non rischiare che, in caso di contestazione, il giudice *presuma* che siano tutte uguali.

- **Ciascun partecipante può servirsi della cosa comune**, aggiunge l'art. 1102 c.c., purché non ne alteri la destinazione e non impedisca agli altri partecipanti di usarla secondo il loro diritto.

- **Ciascuno può disporre del proprio diritto**, recita l'art. 1103 c.c., cedendo ad altri il godimento della cosa nei limiti della sua quota.

Io e mia sorella abbiamo ricevuto un appartamento in eredità da una nostra zia. Mia sorella vorrebbe venderlo, io non sono d'accordo. Vorrei sapere che cosa dispone la legge a proposito di situazioni come questa.

106

Lo scioglimento della comunione, stabilisce l'art. 1111 c.c., può essere chiesto da ogni partecipante e in qualsiasi momento, salvo che non sia stato in precedenza concordato un limite temporale. In ogni caso tale limite non può eccedere i dieci anni perché l'ordinamento non vede con favore eccessive restrizioni al libero uso della proprietà.

La multiproprietà

La multiproprietà è una forma particolare di *comunione volontaria*. Un edificio, per solito collocato in località turistica, viene diviso in appartamenti, ciascuno dei quali viene venduto a più persone che possono goderne solo per un periodo fisso dell'anno, partecipando alle spese per i servizi condominiali.

Il diritto acquistato può essere liberamente trasferito ad altri per contratto (vendita, permuta, donazione) o per successione a causa di morte.

Il condominio negli edifici

Il condominio negli edifici è un tipo di *comunione forzosa* che ha per oggetto le parti comuni di fabbricati divisi al loro interno in più unità immobiliari (abitazioni, locali commerciali, ecc.) appartenenti a proprietari diversi.

Le norme sul condominio sono contenute negli artt. 1117-1139 c.c. (come modificati dalla legge n. 220/2012). Poiché sono particolarmente minuziose, ne diamo solo una breve sintesi.

- Oggetto di comunione sono le parti di fabbricato e i manufatti indicati nell'art. 1117 c.c. Vi rientrano i tetti e i sottotetti, i lastrici solari, le scale, i cortili, gli stenditoi, gli ascensori, gli impianti per acqua, gas, elettricità e riscaldamento fino al punto di diramazione nei locali di proprietà esclusiva dei singoli condòmini, le antenne centralizzate per la ricezione televisiva e le aree destinate a parcheggio.

- Non è consentito rinunciare al diritto sulle parti comuni e sottrarsi, in tal modo, alle spese per la loro manutenzione.

- La quota di partecipazione alle spese viene calcolata in millesimi, e a ciascun condomino viene attribuita una quantità di millesimi proporzionale al valore dell'unità immobiliare che gli appartiene in via esclusiva.

- Le innovazioni voluttuarie, come per esempio la tinteggiatura degli androni, anche se approvate dalla maggioranza dell'assemblea, non sono vincolanti per i condòmini dissenzienti. Questi, però, non possono impedire che siano eseguite dagli altri condòmini a proprie spese.

> **Sia nella comunione sia nella società** vi sono dei beni di proprietà comune e tuttavia:
> - **nella comunione** i beni comuni sono destinati al semplice godimento;
> - **nella società** sono destinati allo svolgimento di un'attività produttiva.

UNITÀ 2 — Riguardando gli appunti

1. In che cosa consiste il diritto di proprietà?

- Il diritto di proprietà consiste nel godere e disporre delle cose in modo pieno ed esclusivo, entro i limiti e con l'osservanza degli obblighi stabiliti dall'ordinamento giuridico.

2. Quali sono i limiti posti alla proprietà?

- L'art. 42 della Costituzione prevede che la proprietà possa essere limitata allo scopo di assicurarne la funzione sociale, cioè in modo da preservare gli interessi della collettività.

3. Quali limiti sono posti all'edificabilità dei suoli?

- L'edificabilità dei suoli è soggetta ad alcuni limiti allo scopo di tutelare l'interesse collettivo a uno sviluppo razionale del territorio. Tale obiettivo è perseguito tramite il *piano regolatore comunale* e il *piano particolareggiato*.
- Chi intende costruire deve ottenere dagli uffici appositi il *permesso di costruire* e pagare gli *oneri di urbanizzazione*.

4. Che cosa sono le immissioni?

- Le immissioni sono i rumori, i fumi, le esalazioni o le altre propagazioni che si immettono nei fondi dei vicini (terreni, abitazioni o altro) causando molestia ai proprietari di questi.
- Il proprietario di un fondo non può impedire le immissioni se esse non superano i limiti della *normale tollerabilità*, avuto anche riguardo alla condizione dei luoghi.
- Se le immissioni derivano da un'attività produttiva, occorre contemperare le esigenze della produzione con le ragioni della proprietà. Il giudice può tener conto della priorità di un determinato uso.

5. Come opera la requisizione?

- La requisizione è un provvedimento d'urgenza con cui l'autorità amministrativa, per fronteggiare una calamità, sottrae temporaneamente ai proprietari la disponibilità di determinati beni, sia mobili che immobili, come alloggi, roulotte, derrate alimentari, ecc.
- Durante il tempo della requisizione la Pubblica amministrazione ha l'obbligo di custodire il bene.

6. Come opera l'espropriazione per pubblica utilità?

- L'espropriazione per pubblica utilità è un provvedimento con il quale la Pubblica amministrazione, per motivi di interesse generale, priva un soggetto del diritto di proprietà su un bene corrispondendogli in cambio un'indennità.

7. Che cos'è la comunione?

- La comunione si verifica quando più soggetti sono titolari di un medesimo diritto reale sulla medesima cosa.

8. Come è regolata la comunione?

- Ciascun partecipante non è titolare del diritto su una porzione del bene fisicamente individuata, ma su una quota ideale dell'intero bene.
- Le norme sulla comunione sono derogabili.
- Le quote dei partecipanti alla comunione si presumono uguali. Ciascun partecipante può servirsi della cosa comune, ma senza alterarne la destinazione o impedirne l'uso agli altri partecipanti. Ciascuno inoltre può disporre del proprio diritto cedendo ad altri la propria quota.
- La comunione può essere sciolta in ogni momento, su richiesta di ciascuno dei partecipanti. Se è previsto un limite di durata della comunione, questo non può eccedere i dieci anni.

9. Che cosa si intende per multiproprietà?

- La multiproprietà è una forma particolare di *comunione volontaria*. Quando un immobile è in multiproprietà significa che appartiene a più persone, ciascuna delle quali può goderne solo per un periodo fisso dell'anno e partecipando alle spese per i servizi condominiali.

10. Che cos'è il condominio negli edifici?

- Il condominio negli edifici è un tipo di *comunione forzosa* avente a oggetto le parti comuni di fabbricati divisi al loro interno in più unità immobiliari appartenenti a proprietari diversi.

Verifica le tue conoscenze

UNITÀ 2

Completamento

Completa lo schema utilizzando le seguenti parole: *godere*; *esclusivo*; *disporre*; *pieno*; *limiti*; *trasferirlo*; *utilizzarlo*.

Test a risposta multipla

Indica con una crocetta l'affermazione esatta.

1. Il fatto che il proprietario possa "disporre" delle proprie cose significa che egli:
   A. può alienarle se vuole
   B. può utilizzarle come vuole
   C. può goderne come vuole
   D. può disporle in casa nel modo che preferisce

2. Le immissioni di fumo o rumore in un fondo altrui sono consentite purché:
   A. non creino disturbo ad altri
   B. non superino la normale tollerabilità
   C. non siano continue
   D. provengano da un'attività produttiva

3. L'elemento qualificante della requisizione è:
   A. la necessità
   B. l'urgenza
   C. l'imperatività
   D. che il bene requisito sia un immobile o un mobile registrato

4. Se alcuni amici acquistano insieme una baita in montagna pongono in essere:
   A. un condominio
   B. una multiproprietà
   C. una comunione
   D. una società

5. Il condominio negli edifici costituisce una comunione:
   A. volontaria
   B. incidentale
   C. opzionale
   D. forzosa

Ma davvero?

Il diritto si affaccia nei discorsi di ogni giorno. A volte, però, a sproposito. Leggi e rifletti.

Stamattina al bar il signor Campagna era così preoccupato da non aver voglia del suo solito caffè. «Che ti succede?», gli ha chiesto l'amico barista. «Ho appena visto il tracciato della nuova linea ferroviaria» sospira il signor Campagna. «A quanto pare i binari passeranno proprio sul mio fondo. Ho paura che il mio terreno venga requisito!»

Il signor Campagna sembra sicuro di ciò che dice. Ma davvero... il suo terreno rischia la requisizione?

109

PERCORSO C — I DIRITTI REALI

UNITÀ 3 — Il possesso

1. Proprietari, possessori

Ho letto da qualche parte che la legge considera il ladro possessore dei beni che ha rubato. Ma dico: siamo matti?

L'informazione è corretta e il disappunto può nascere dal fatto che nel parlare corrente i termini proprietà e possesso (o proprietario e possessore) sono spesso usati come sinonimi.

Nel linguaggio giuridico essi indicano, invece, due realtà ben diverse:

- **proprietario** è il titolare del diritto di proprietà;
- **possessore** è colui che si comporta nei confronti di un bene *come se* ne fosse proprietario, mentre in realtà potrebbe esserlo o non esserlo.

Per esempio, se entriamo in casa di un amico e ci guardiamo intorno, ci viene spontaneo presumere che, salvo eccezioni, lui o i suoi genitori siano proprietari di tutto ciò che vi si trova.
Ma saremmo pronti a giurarlo davanti a un giudice? Li abbiamo veduti acquistare quei beni? Abbiamo verificato la validità degli acquisti?
Se non possiamo rispondere affermativamente a queste domande non possiamo neppure sostenere che il nostro amico o i suoi genitori siano i veri proprietari dei beni che hanno in casa.

Come qualificare, allora, chi appare proprietario di certi beni, ma potrebbe anche non esserlo?

Possesso è un termine che viene dal latino *potis sedeo*, cioè "siedo da signore", mi comporto come se fossi il signore, il padrone.

Per qualificare una tale situazione usiamo il termine **possesso**.
Senza timore di venire smentiti potremo allora affermare che il nostro amico o i suoi genitori sono *possessori* dei beni che hanno in casa perché, con tutta evidenza, si comportano *come se* ne fossero i proprietari. Il fatto che lo siano veramente è, invece, tutto da dimostrare.

La definizione di possesso è contenuta nell'**art. 1140 c.c.**:

"Il possesso è il potere sulla cosa che si manifesta in un'attività corrispondente all'esercizio della proprietà o di altro diritto reale. Si può possedere direttamente o per mezzo di altra persona, che ha la detenzione della cosa."

Il possesso UNITÀ 3

Possessore, come si ricava dal primo comma di questo articolo, può essere qualificato solo chi ha:

- **la materiale disponibilità** della cosa (*corpus*, nel diritto romano); è evidente, infatti, che nessuno potrebbe esercitare un *potere di fatto* su una cosa se non ne avesse la materiale disponibilità;
- **l'intenzione di possedere** (*animus possidendi*, nel diritto romano); questo è il cosiddetto elemento psicologico del possesso e deve essere chiaramente manifestato dal soggetto. Il possesso, infatti, recita la norma, "è il potere sulla cosa che si manifesta [...]".

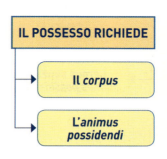

IL POSSESSO RICHIEDE

→ Il *corpus*

→ L'*animus possidendi*

È frequente che il proprietario e il possessore di un bene siano persone diverse?

Solitamente le figure del possessore e del proprietario coincidono. Se riflettiamo sulla nostra personale esperienza ci sarà facile notare come ciascuno di noi sia, in linea di massima, proprietario dei beni che possiede.
Tuttavia non mancano ipotesi diverse.
Il più evidente esempio di possesso disgiunto dalla proprietà ci viene offerto dalla figura del ladro o del ricettatore. Costoro non acquistano la proprietà dei beni rubati o ricettati, ma sicuramente ne acquistano il possesso, perché li utilizzano *come se* ne fossero i proprietari.

Anche i diritti reali minori possono essere oggetto di possesso. Per esempio, si impossessa di una servitù di passaggio chi traccia un sentiero su un fondo altrui e lo utilizza *come se* ne avesse diritto.

Esempi di possesso disgiunto dalla proprietà possiamo trovarli nel comportamento di chi:
- rinviene un oggetto di valore e, piuttosto che consegnarlo all'ufficio per gli oggetti smarriti, lo trattiene per sé;
- riceve in eredità beni che, in realtà, non appartenevano alla persona deceduta;
- mette abusivamente a coltura il campo del vicino approfittando della sua assenza.

2. Che cos'è la detenzione

Se ci guardiamo intorno, incontriamo spesso situazioni molto simili al possesso e tali da farci sorgere qualche dubbio sulla loro qualificazione. Per esempio: l'inquilino è possessore dell'appartamento che ha in locazione? L'imprenditore è possessore dei macchinari presi a *leasing*? Il turista è possessore del camper che prende a noleggio?

Per sciogliere l'interrogativo in questi e altri simili casi, dobbiamo soltanto domandarci se i soggetti in esame si comportano in tutto e per tutto **come se** fossero proprietari.
Scopriremo allora che l'inquilino e l'imprenditore non sono possessori perché, pagando rispettivamente il canone di locazione e la rata di *leasing*, riconoscono implicitamente ad altri il diritto di proprietà sul bene.

La stessa considerazione può farsi per il turista che al termine della vacanza riconsegna il camper. Tutti costoro, benché abbiano la materiale disponibilità della cosa, **non manifestano** alcuna intenzione di comportarsi da proprietari o da titolari di altro diritto reale. Manca, in loro, quell'elemento psicologico che abbiamo definito *intenzione di possedere* o *animus possidendi*.

111

PERCORSO C | I DIRITTI REALI

DETENZIONE

> *Corpus* senza
> *animus possidendi*

Altre ipotesi di possesso indiretto si realizzano quando vengono affidati beni a un vettore affinché le trasporti da un luogo all'altro o vengono lasciate merci o bagagli in un magazzino di deposito.

Giuridicamente, la loro posizione è qualificata *detenzione*.

Detentore è colui che dispone concretamente di un bene altrui, ma non manifesta l'intenzione di comportarsi da proprietario.

QUESTIONI

Il possesso indiretto e la prova del possesso

Il possesso indiretto

Si può possedere una cosa detenuta da altri? Per esempio, se prestiamo un nostro libro, o il nostro scooter a un amico, sicuramente ne perdiamo la *materiale disponibilità*. Ne perdiamo per questo anche il possesso?
Ci risponde l'art. 1140, comma 2, c.c.:
"Si può possedere direttamente oppure per mezzo di altra persona che ha la detenzione della cosa."
Ciò significa che non è indispensabile, ai fini del possesso, avere un rapporto fisico diretto e costante con la cosa. Anche cedendone l'uso ad altri il possesso è conservato purché il possessore abbia la concreta possibilità di ripristinare quando vuole, senza azioni violente o clandestine, il contatto materiale con il bene (Cass. 2006, n. 4404).

La prova del possesso

Immaginiamo di dover provare al giudice di essere possessori di una fotocopiatrice che abbiamo in ufficio. Ci sarà facile, magari ricorrendo a un paio di testimoni, dimostrare di averne la materiale disponibilità (il *corpus*). Ma come potremmo provare la sussistenza dell'*animus*, cioè dell'*intenzione* di possedere? Come si può provare un'intenzione?
Risolve la questione l'art. 1141, comma 1, c.c.:
"Si presume il possesso in colui che esercita il potere di fatto [...]."
Ciò vuol dire che ci basterà provare di esercitare il potere di fatto sulla fotocopiatrice perché il giudice *presuma* che abbiamo anche l'intenzione di possedere (cioè l'*animus possidendi*) e ci dichiari possessori.

---

3. Quando il possesso è di buona o di mala fede

La definizione di possesso di buona fede ci è data dal primo comma dell'art. 1147 c.c.:

"È possessore di buona fede chi possiede ignorando di ledere l'altrui diritto."

Siamo generalmente in buona fede, per esempio, quando entriamo nei negozi e comperiamo le cose che vi sono esposte senza sapere (e come potremmo?) se siano, o no, di provenienza illecita.

▶ **La buona fede non giova** (precisa il secondo comma dell'art. 1147 c.c.) se l'ignoranza dipende da colpa grave.

▶ **È in colpa grave**, ha chiarito la Cassazione, colui che non si è accorto della lesione dell'altrui diritto solo perché ha omesso di usare quel minimo di comune diligenza che è proprio di una persona avveduta. Così, per esempio, potremmo essere in colpa grave se acquistassimo a poco prezzo da un improvvisato venditore ambulante una cosa di valore che poi si riveli essere di provenienza furtiva.

Art. 712. c.p.

Acquisto di cose di sospetta provenienza

Chiunque, senza averne prima accertata la legittima provenienza, acquista o riceve a qualsiasi titolo cose, che, per la loro qualità o per la condizione di chi le offre o per l'entità del prezzo, si abbia motivo di sospettare che provengano da reato, è punito con l'arresto fino a sei mesi o con l'ammenda [...].

112

Ho comperato un computer in un negozio il cui proprietario è stato successivamente arrestato perché vendeva cose di provenienza furtiva. Ora che lo so non posso più sostenere di possederlo in buona fede. Dovrò restituirlo?

È ancora l'art. 1147 c.c. a risponderci. Dispone, infatti, il comma 3:

"La buona fede è presunta e basta che vi sia stata al momento dell'acquisto."

La conoscenza successiva della illecita provenienza della cosa (**malafede sopravvenuta**) non modifica, pertanto, la qualificazione originale del nostro possesso.

4. La restituzione dei frutti

Agendo in giudizio ho ottenuto la restituzione di un appartamento di cui si era impossessato un mio parente. Posso pretendere di avere indietro anche i frutti maturati fino ad oggi?

I frutti, come abbiamo spiegato nell'Unità 1, sono i beni prodotti da altri beni.

Può trattarsi:

- di *frutti naturali*, come i prodotti della terra o i parti degli animali;
- oppure di *frutti civili*, come i canoni di locazione, gli interessi, le rendite e così via.

Regolano i diritti e gli obblighi del possessore nella restituzione dei frutti, sia naturali che civili, gli artt. 1148-1152 c.c., che possiamo così sintetizzare:

- se il possessore era in buona fede (per esempio si era impossessato di un bene immobile che fondatamente riteneva gli fosse stato trasmesso per via ereditaria) dovrà restituire solo i frutti (per esempio i canoni di locazione) percepiti dal momento in cui è stata proposta domanda giudiziale di restituzione;
- se il possessore era in mala fede dovrà restituire non solo tutti i frutti che ha effettivamente percepito fin dall'inizio del possesso, ma anche quelli che avrebbe potuto percepire usando la normale diligenza.

impara da solo

Mi è stato restituito un frutteto da una persona che se ne era impossessata in mala fede. Ora costui pretende che io paghi le spese straordinarie che ha sostenuto. Devo farlo?
Cerca la risposta nell'art. 1150 c.c.

UNITÀ 3 — Riguardando gli appunti

1. Che cos'è il possesso?

- Il possesso è il potere sulla cosa che si manifesta in un'attività corrispondente all'esercizio della proprietà o di altro diritto reale.
- Per essere tale, il possessore deve quindi avere: 1) la materiale disponibilità della cosa (*corpus*), e 2) l'intenzione di possederla (*animus possidendi*).
- Il possesso può avere a oggetto anche i diritti reali minori.

2. Il possesso può essere disgiunto dalla proprietà?

- Sì: solitamente le figure del possessore e del proprietario coincidono, ma potrebbero anche non coincidere. Può accadere che il possessore non sia proprietario della cosa che possiede, e viceversa.

3. Qual è la differenza tra possesso e detenzione?

- Il detentore dispone concretamente del bene altrui, ma non manifesta l'intenzione di comportarsi da proprietario. Pertanto, in comune con il possessore ha la materiale disponibilità della cosa (*corpus*), ma a differenza di questi non ha l'intenzione di possederla (*animus possidendi*).
- All'origine della detenzione vi è solitamente un contratto. Può trattarsi di un contratto di lavoro, di locazione, di noleggio, di deposito e simili.

4. Che cos'è il possesso indiretto?

- Si ha possesso indiretto quando si mantiene l'*animus possidendi* ma la cosa è materialmente detenuta da altri.

5. Come si prova il possesso?

- L'art. 1141, comma 1, c.c. stabilisce che si presume sia possessore colui che esercita il potere di fatto sulla cosa.

6. Quando il possesso è di buona fede e quando di mala fede?

- Il possessore è in buona fede quando possiede ignorando di ledere l'altrui diritto.
- La buona fede non giova se l'ignoranza dipende da colpa grave. La Cassazione ha chiarito che è in colpa grave chi non si è accorto della lesione dell'altrui diritto solo perché ha omesso di usare quel minimo di comune diligenza che è proprio di ogni persona avveduta.
- La buona fede del possessore è presunta, e basta che vi sia stata al momento dell'acquisto. La mala fede sopravvenuta non modifica la qualificazione originale del possesso.

7. Come è disciplinata la restituzione dei frutti da parte del possessore?

- Se il possessore è di buona fede, deve restituire solo i frutti che ha percepito dal momento in cui è stata proposta domanda giudiziale di restituzione.
- Se il possessore è di mala fede, deve restituire non solo i frutti che ha percepito dall'inizio del possesso, ma anche quelli che avrebbe potuto percepire usando la normale diligenza.

Verifica le tue conoscenze

UNITÀ 3

Completamento

Completa lo schema utilizzando le seguenti espressioni: *buona fede*; *intenzione di possedere*; *diretto*; *materiale disponibilità*; *mala fede*; *indiretto*.

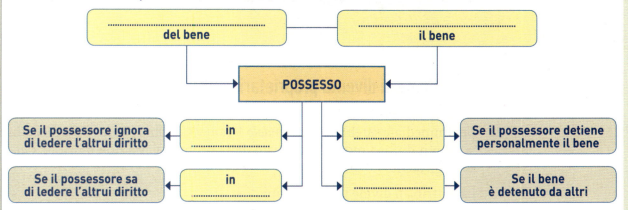

Test a risposta multipla

Indica con una crocetta l'affermazione esatta.

1. **Chi acquista un bene da un ricettatore ne acquista il possesso?**
   A. sì
   B. sì, ma solo se ignorava la provenienza illecita
   C. sì, ma solo se si tratta di un bene immobile
   D. no in ogni caso

2. **Che cos'ha il possessore in più del detentore?**
   A. l'intenzione di appropriarsi del bene
   B. la disponibilità materiale del bene
   C. la buona fede
   D. la fiducia del proprietario del bene

3. **Detentore di un bene è colui che:**
   A. ne ha appena acquistato la proprietà
   B. momentaneamente lo possiede
   C. ne ha la disponibilità ma non l'intenzione di possederlo
   D. ne ha appena perduto il possesso

4. **Il proprietario che affidi le chiavi di uno stabile a un amministratore perché lo gestisca:**
   A. ne perde il possesso
   B. ne conserva il possesso
   C. ne rimane solo detentore
   D. perde l'*animus possidendi*

5. **Un genitore dà in locazione un appartamento che il figlio, minorenne, ha ereditato e sul quale il genitore ha l'usufrutto legale. Chi sarà detentore dell'appartamento?**
   A. il genitore
   B. l'inquilino
   C. il figlio minore
   D. il genitore e l'inquilino

Ma davvero?

Il diritto si affaccia nei discorsi di ogni giorno. A volte, però, a sproposito. Leggi e rifletti.

Martina mostra alle amiche la sua nuova, costosissima borsa firmata. «Ieri mi ha avvicinato un ragazzo nel parcheggio del centro commerciale. Dentro un sacco aveva alcune borse firmate e le vendeva a prezzo stracciato. Non ho resistito!» Le amiche scuotono la testa: «Ma non hai sospettato che fossero rubate?». «Sinceramente no. Ero in buona fede!» sorride Martina.

Martina sembra sicura di ciò che dice. Ma davvero... può invocare la buona fede, date le circostanze?

115

UNITÀ C4 — I DIRITTI REALI

I modi di acquisto della proprietà

1. Come si diventa proprietari di un bene

Se qualcuno ci chiedesse come si acquista la proprietà di un bene, la risposta più immediata sarebbe *comperandolo*. E non v'è dubbio che la compravendita sia il più diffuso modo di acquisto della proprietà. Ma non è il solo. Quali sono gli altri?

La dottrina li divide in due gruppi:

- modi di acquisto *a titolo derivativo*;
- modi di acquisto *a titolo originario*.

▶ Costituiscono modi di acquisto **a titolo derivativo**:

- i contratti (di vendita, di permuta, di donazione);
- la successione per causa di morte.

Sono detti a titolo derivativo perché il diritto sulla cosa passa (*deriva*) da un soggetto a un altro: dal compratore al venditore, dal donante al donatario, dal defunto all'erede, e così via.

▶ Costituiscono modi di acquisto **a titolo originario** l'usucapione, l'occupazione, l'invenzione, la specificazione, l'unione o commistione, l'accessione.

Di questi "modi di acquisto" ci occuperemo nei paragrafi successivi.
Per ora ci limitiamo a chiarire che sono detti *a titolo originario* perché il titolare acquista un diritto nuovo, non derivato da altri, e per tale ragione si presume pieno e non gravato da diritti reali minori.

2. L'acquisto a titolo derivativo

Supponiamo che un ragazzo abbia acquistato da un gioielliere una collana di rubini da regalare alla fidanzata per testimoniarle quanto ritenga prezioso il suo amore. Se si scoprisse che quel gioielliere riciclava cose rubate, che cosa potrebbe accadere?

Per un principio generale, *nessuno può trasferire ad altri un diritto che non possiede*. Il gioielliere, pertanto, non avrebbe trasferito al ragazzo la proprietà della collana perché egli stesso non l'aveva e, per conseguenza, il ragazzo avrebbe pagato una grossa somma di denaro per non comperare nulla.

In realtà, se le cose andassero veramente così, gli scambi commerciali, soprattutto per cose di valore, sarebbero dominati dal sospetto, con grave nocumento per l'intero sistema economico.
Il legislatore, per scongiurare una tale eventualità, ha inserito nell'ordinamento una sorta di sanatoria per rendere veloci e sicuri gli scambi di *beni mobili*.

Tale sanatoria è riassunta nel principio **possesso vale titolo** ed è contenuta nell'art. 1153 c.c. che così dispone:
"Colui al quale sono alienati beni mobili da parte di chi non ne è proprietario ne acquista la proprietà mediante il possesso, purché sia in buona fede al momento della consegna e purché sussista un titolo idoneo al trasferimento della proprietà."

Pertanto:

- se acquistiamo una cosa in *buona fede* (ricordiamo che la buona fede non sussiste se l'ignoranza dipende da colpa grave),
- con un *titolo idoneo* (la compravendita o la permuta sono sicuramente titoli idonei a trasferire la proprietà),
- e ne assumiamo il possesso,
- ne diventiamo sicuramente e definitivamente proprietari.

Il principio "possesso vale titolo" si applica anche ai beni mobili ricevuti per successione.

Nel linguaggio giuridico viene chiamato:
- *dante causa* chi trasferisce il diritto;
- *avente causa* chi lo riceve.

La buona fede, precisa l'art. 1153 c.c., deve esservi stata al momento dell'acquisto.
Ne consegue che l'acquirente conserva il diritto sulla cosa acquistata anche se in un secondo momento venisse informato che il *dante causa* non ne era proprietario (vedi anche l'art. 1147 c.c.).

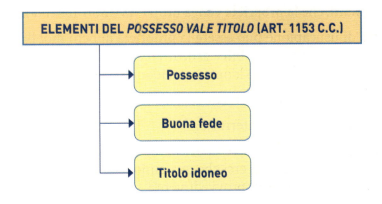

PERCORSO C — I DIRITTI REALI

> **QUESTIONI**
>
> **Che cosa accade se uno stesso bene mobile è alienato a più soggetti?**
>
> Immaginiamo che qualcuno ci venda un bene mobile e, prima che possiamo prenderlo in consegna, lo venda anche a un'altra persona che, in buona fede, lo prende e se lo porta via.
> Chi sarà proprietario del bene?
> L'art. 1155 c.c., in armonia con la regola *possesso vale titolo*, stabilisce: "Se taluno con successivi contratti aliena a più persone un bene mobile, quella tra esse che ne ha acquistato in buona fede il possesso è preferita alle altre, anche se il suo titolo è di data posteriore".
> Nel nostro esempio, pertanto, diverrà proprietario del bene il secondo acquirente. A noi resterà solo la facoltà di agire contro il *dante causa* per ottenere la restituzione del prezzo pagato e il risarcimento del danno.

3. Come acquistare (o perdere) la proprietà per usucapione

Ero in vacanza nel mio paese d'origine e ho sentito questa storia: un signore, emigrato in Australia, è tornato per vendere la casa dei suoi genitori e ha scoperto che non era più sua perché un'altra persona se ne era impossessata da più di venti anni e così facendo ne aveva acquistato la proprietà. Non trovate che sia assurdo?

La proprietà è un diritto imprescrittibile. Ciò significa che non perdiamo il nostro diritto sulle cose di cui siamo proprietari anche se non le usiamo o addirittura ci siamo dimenticati di averle.
A meno che qualcuno ne acquisti la proprietà per usucapione.

==**L'usucapione** è un istituto giuridico mediante il quale, in presenza di determinati requisiti, il possessore può **diventare proprietario** del bene a titolo originario anche se ha assunto il possesso in mala fede e senza alcun titolo.==

Ciò può apparire ingiusto, ma riflettendoci bene non lo è poi tanto. Se qualcuno riesce a possedere tranquillamente per molti anni un bene altrui, significa che il proprietario se ne è completamente disinteressato. E allora, tra un soggetto così scarsamente interessato alla cosa propria e un altro che invece ne trae utilità, l'ordinamento finisce per preferire quest'ultimo. È interesse generale, infatti, che la proprietà venga utilizzata e non abbandonata.

▶ **Oggetto** di usucapione può essere la proprietà di beni mobili, di universalità di mobili, di beni immobili e di diritti reali di godimento, acquistata in buona o mala fede, con titolo idoneo, non idoneo o addirittura senza titolo.

▶ **Il possesso deve essere**, per dare luogo a usucapione:

- **continuativo**, cioè non interrotto;

- **pubblico**, cioè deve essere esercitato in modo visibile, affinché il proprietario sia in grado di accorgersi che qualcuno gli sta usucapendo il bene e possa assumere i necessari provvedimenti;

Usucapione è un termine che deriva dall'espressione latina *usu capere* che significa "prendere con l'uso".

Le norme che regolano l'istituto dell'usucapione sono contenute negli **artt. 1158-1167 c.c.**

I modi di acquisto della proprietà UNITÀ 4

- **pacifico**, cioè non contrastato dal proprietario. Se vi fosse contrasto, non potrebbe dirsi che il proprietario non sta esercitando attivamente il proprio diritto e verrebbe meno uno dei presupposti dell'usucapione. Tuttavia, anche se il possesso fosse stato acquistato in modo violento (pensiamo all'occupazione di un fondo con abbattimento della recinzione) si considera divenuto pacifico dal momento in cui la violenza è cessata. Da quell'istante comincia a decorrere il tempo necessario per maturare l'usucapione;
- **prolungato** per il tempo indicato dalla legge.

Quanto tempo occorre perché maturi l'usucapione?

Il tempo necessario perché maturi l'usucapione è diverso in funzione del tipo di bene e delle circostanze che hanno dato inizio al possesso. L'ordinamento non ritiene di dover trattare allo stesso modo chi si sia impossessato in mala fede di una cosa altrui e chi se ne sia impossessato in buona fede credendo di averne acquistato la proprietà grazie a un titolo idoneo.

▶ Nel primo caso (**usucapione ordinaria**) il tempo per acquistare la proprietà è generalmente di venti anni.

▶ Nel secondo caso, invece, viene concesso al possessore uno sconto nella forma di **usucapione abbreviata**.

> **L'usucapione può essere utile** anche al proprietario del bene. Immaginiamo che qualcuno pretenda di vantare diritti su una nostra vecchia casa della quale ci è difficile rintracciare i titoli di proprietà. Provando di averla posseduta per il tempo necessario a usucapirla, possiamo respingere qualsiasi pretesa di terzi. In questi casi l'usucapione ha la funzione di semplificare la prova del diritto di proprietà.

TEMPI E REQUISITI NECESSARI PER USUCAPIRE UN BENE (ARTT. 1158-1162 C.C.)			
Per i beni immobili	**Per i beni mobili**	**Per i beni mobili registrati**	**Per le universalità di mobili**
- 20 anni (usucapione ordinaria); - 10 anni (usucapione abbreviata) se il possesso è stato acquistato in buona fede con titolo idoneo debitamente trascritto su pubblico registro.	- 20 anni (usucapione ordinaria); - 10 anni (usucapione abbreviata) se il possesso è stato acquistato in buona fede; - se, oltre alla buona fede, vi è stato anche un titolo idoneo, la proprietà si acquista immediatamente per effetto della regola *possesso vale titolo* (art. 1153 c.c.).	- 10 anni (usucapione ordinaria); - 3 anni (usucapione abbreviata) se il possesso è stato acquistato in buona fede con titolo idoneo debitamente trascritto su pubblico registro.	- 20 anni (usucapione ordinaria); - 10 anni (usucapione abbreviata) se il possesso è stato acquistato in buona fede e con titolo idoneo.

4. Come si interrompe l'usucapione

Aiuto! Mi stanno usucapendo una casa in campagna. Mancano pochi mesi al compimento dei venti anni. Che cosa posso fare?

▶ **L'usucapione si interrompe** (si ricava dal disposto degli artt. 1165 e 2943 c.c.) notificando al possessore un **atto di citazione in giudizio** volto a ottenere la restituzione del bene. La citazione costituisce una forma di esercizio del diritto che pone fine all'inerzia del proprietario e fa venire meno un elemento fondamentale dell'usucapione. Non sono invece idonei a interrompere l'usucapione, ha sostenuto più volte la Cassazione, semplici lettere di diffida, sollecitazioni, telefonate o turbative di fatto.

▶ **Effetto dell'interruzione** è l'azzeramento del tempo passato. Ciò significa che ci vorranno altri venti anni prima che la controparte possa usucapire il nostro bene.

QUESTIONI

Quale relazione corre tra la prescrizione e l'usucapione?

Il quesito si pone perché l'usucapione comporta l'estinzione del diritto esattamente come la prescrizione. La similitudine, tuttavia, è solo apparente. Perché si verifichi la prescrizione è sufficiente che il diritto non venga esercitato per il tempo previsto dalla legge. Perché maturi l'usucapione, invece, è necessario che al non uso del diritto si aggiunga, nei tempi e modi previsti dalla legge, il possesso continuato di altri.

Come si dimostra il possesso continuato?

Se dovessimo provare al giudice di aver usucapito la proprietà di un bene, come potremmo dimostrare di averlo posseduto continuativamente, cioè istante dopo istante, per dieci o venti anni?
L'art. 1142 c.c. agevola questa prova stabilendo che se un soggetto dimostra di aver posseduto in passato (per esempio dieci anni fa) una certa cosa e di possederla ancora oggi, il giudice dovrà presumere fino a prova contraria (presunzione *iuris tantum*) che egli abbia posseduto la cosa anche nel tempo intermedio.

Possiamo unire il nostro possesso a quello di chi ci ha preceduto?

Immaginiamo di dover provare il nostro diritto di proprietà su un immobile che possediamo da 19 anni. Dovremmo rinunciare, per pochi mesi, a eccepire l'avvenuta usucapione?
Dall'art. 1146 c.c. si deduce che è possibile sommare, alla durata del proprio possesso, quella dei precedenti *danti causa*. Nel nostro esempio basterà provare che colui che ha ceduto a noi l'immobile lo possedeva già da un anno, per raggiungere i venti anni necessari al compimento dell'usucapione.

La semplice tolleranza può danneggiare il proprietario?

Se per amicizia o per rapporto di parentela o per normale cortesia fra vicini, tolleriamo che altre persone usino la nostra cosa, rischiamo che possano usucapirla?
L'art. 1144 c.c. stabilisce che: "Gli atti compiuti con altrui tolleranza non possono servire di fondamento all'acquisto del possesso".
Secondo la Cassazione sono *atti di tolleranza* quelli che comportano un godimento della cosa di modesta portata e traggono la loro origine da rapporti di familiarità o di amicizia (Cass. 2007, n. 13443). La tolleranza deve esprimersi come *permesso*, e si ha permesso quando il proprietario mantiene la possibilità di *proibire*.

Si può usucapire il bene comune?

Per usucapire la cosa comune non basta essere i soli a utilizzarla. Occorre un comportamento che palesemente, inequivocabilmente e durevolmente estrometta tutti gli altri dal godimento della cosa.

5. Altri modi di acquisto della proprietà a titolo originario

L'art. 922 c.c. enuncia gli altri modi per acquistare la proprietà a titolo originario. Come si è già visto nel paragrafo 1, essi sono l'occupazione, l'invenzione, l'accessione, l'unione o commistione, la specificazione.

Esaminiamoli brevemente.

==L'occupazione== (art. 923 c.c.) è la presa di possesso, con l'intenzione di farle proprie, di *cose mobili* che non appartengono a nessuno.

Oggi i casi più rilevanti di appropriazione per occupazione sono limitati all'attività di pesca e all'appropriazione dei rifiuti solidi urbani destinati al riciclaggio.

La fauna selvatica (l. n. 157 del 1992) è considerata *patrimonio indisponibile dello Stato* e solo periodicamente e a certe condizioni ne è concessa l'appropriazione per occupazione ai cacciatori.

Non possono mai formare oggetto di occupazione invece i beni immobili (art. 827 c.c.) perché, se non sono di proprietà di alcuno (pensiamo alle montagne) rientrano nel patrimonio dello Stato.

==L'invenzione== (artt. 927-930 c.c.) è l'appropriazione di una *cosa smarrita*.

Dispone la legge che chi trova una cosa mobile deve restituirla al proprietario o consegnarla all'ufficio per gli oggetti smarriti; se chi ha smarrito la cosa non si presenta a ritirarla entro un anno, il ritrovatore diventerà proprietario a titolo originario.

==L'accessione== (art. 934 c.c.) è l'istituto per cui il proprietario della *cosa principale* diviene proprietario anche della cosa che vi sia stata *incorporata*.

Per esempio, se il proprietario di un terreno incarica un'impresa di costruirci sopra una casa, egli sarà considerato proprietario della casa per accessione.

==L'unione o commistione== (art. 939 c.c.) costituisce una forma di accessione tra due o più *beni mobili*.

Quando due o più beni sono uniti o mescolati in modo da formare una cosa unica (pensiamo a una fornitura industriale di vernice e alle automobili con essa verniciate) il proprietario della cosa di maggior valore diventa proprietario del tutto, salvo l'obbligo di pagare le cose che ha unito o mescolato alla sua.

==La specificazione== (art. 940 c.c.) è il modo di acquisto della proprietà di cose realizzate utilizzando dei materiali altrui.

Per effetto di questa norma, per esempio, possiamo sicuramente affermare che una scultura appartiene allo scultore e non a chi gli ha fornito il marmo, che il quadro appartiene al pittore e non a chi ha fornito la tela, e così via.

Invenzione è un termine che deriva dal verbo latino *invenire*, che significa "trovare".
Accessione è un termine che significa "accrescimento."
Specificazione significa, nel nostro caso, "creazione di una nuova specie".

Chi riconsegna al proprietario una cosa smarrita ha diritto a un premio pari a circa un ventesimo del prezzo della cosa. Se la cosa non ha valore commerciale il premio è fissato dal giudice (art. 930 c.c.).

impara da solo

Ho trovato un tesoro sepolto in un terreno di cui sono proprietario. Che cosa devo fare?
Cerca la risposta nell'art. 932 c.c.

UNITÀ 4 — Riguardando gli appunti

1. Quali sono i modi di acquisto della proprietà?

- La proprietà si acquista a titolo derivativo o a titolo originario.
- Sono modi di acquisto a titolo *derivativo* i contratti e la successione per causa di morte.
- Sono chiamati a titolo derivativo perché il diritto che si acquista passa da un precedente titolare, detto *dante causa*, a un nuovo titolare, detto *avente causa*.
- Sono modi di acquisto a titolo *originario* l'usucapione, l'occupazione, l'invenzione, la specificazione, l'unione o commistione, l'accessione.
- Sono chiamati a titolo originario perché chi acquista la proprietà in uno di questi modi viene considerato, dall'ordinamento, come se fosse il primo e originario proprietario del bene e il suo diritto si intende pieno e non gravato da diritti reali minori.

2. In che cosa consiste la regola "possesso vale titolo"?

- La regola "possesso vale titolo" è contenuta all'art. 1153 c.c. e prevede che colui al quale sono alienati beni mobili da parte di chi non ne è proprietario, ne acquista la proprietà mediante possesso, purché sia in buona fede al momento della consegna e sussista un titolo idoneo al trasferimento della proprietà.
- Se un soggetto, con successivi contratti, aliena a più di una persona uno stesso bene mobile, ne diventa proprietaria quella che ne ha acquistato in buona fede il possesso.

3. Che cos'è l'usucapione?

- L'usucapione è un istituto che consente l'acquisto della proprietà per effetto del possesso pacifico, pubblico, non interrotto e prolungato per il tempo previsto dalla legge.
- Attraverso l'usucapione, il possessore diventa proprietario del bene anche se ha assunto il possesso in mala fede e senza alcun titolo.
- Il tempo necessario perché maturi l'usucapione è diverso in funzione del tipo di bene e delle circostanze che hanno dato inizio al possesso.

- L'usucapione si interrompe con la notifica al possessore dell'atto di citazione volto a ottenere la restituzione del bene.
- Se un soggetto prova di aver posseduto in passato una certa cosa e di possederla ancora oggi, il giudice presume (fino a prova contraria) che egli abbia posseduto la cosa anche nel tempo intermedio.
- Dall'art. 1146 c.c. si deduce che è possibile sommare, alla durata del proprio possesso, quella dei precedenti *danti causa*.
- L'art. 1144 c.c. stabilisce che gli atti compiuti con altrui tolleranza non possono servire da fondamento all'acquisto del possesso.
- Il partecipante alla comunione può usucapire l'altrui quota solo se pone in essere un comportamento obiettivamente contrastante con il possesso altrui, che riveli in modo certo e inequivocabile l'intenzione di comportarsi come proprietario esclusivo.

4. Quali sono gli altri modi di acquisto della proprietà a titolo originario?

- L'*occupazione* è la presa di possesso, con l'intenzione di farle proprie, di cose mobili che non appartengono a nessuno.
- L'*invenzione* consiste nell'appropriazione di una cosa smarrita da altri.
- L'*accessione* è l'istituto in base al quale il proprietario della cosa principale diviene proprietario anche della cosa che vi sia stata incorporata.
- L'*unione* o *commistione* si verifica quando più cose mobili, appartenenti a soggetti diversi, sono unite o mescolate in modo da formare una cosa unica e non sono più separabili senza notevole deterioramento. Il proprietario della cosa di maggior valore diventa proprietario del tutto pagando il valore delle cose che ha unito o mescolato alle sue.
- La *specificazione* è il modo di acquisto della proprietà di cose realizzate utilizzando materiali altrui. Colui che crea una cosa nuova acquista la proprietà del tutto (pagando il prezzo dei materiali) perché l'ordinamento considera prevalente l'elemento lavoro.

Verifica le tue conoscenze

UNITÀ 4

Completamento

Completa lo schema utilizzando le seguenti parole: *prolungato*; *pacifico*; *continuativo*; *pubblico*; *possesso*.

Test a risposta multipla

Indica con una crocetta l'affermazione esatta.

1. **Sono modi di acquisto della proprietà a titolo derivativo:**
   A. l'usucapione e il possesso
   B. il contratto e la successione
   C. l'invenzione e l'accessione
   D. l'unione e la specificazione

2. **Il principio "possesso vale titolo" si applica:**
   A. solo ai beni mobili
   B. solo ai beni immobili
   C. sia ai beni mobili che immobili
   D. solo ai beni mobili registrati

3. **L'usucapione si può interrompere:**
   A. riprendendosi il bene anche con la forza
   B. invitando verbalmente il possessore a rilasciare il bene
   C. diffidando per iscritto il possessore a rilasciare il bene
   D. citando in giudizio il possessore

4. **L'occupazione è:**
   A. un modo di acquisto del possesso
   B. un modo di acquisto della proprietà a titolo originario
   C. un modo di acquisto della proprietà a titolo derivativo
   D. un illecito

5. **Il tempo necessario perché maturi l'usucapione:**
   A. è sempre pari a venti anni
   B. dipende esclusivamente dal tipo di bene
   C. dipende dal tipo di bene e dalla buona fede del possessore
   D. è stabilito dal giudice

Ma davvero?

Il diritto si affaccia nei discorsi di ogni giorno. A volte, però, a sproposito. Leggi questa scena e prova a riflettere.

La signora Villa è molto felice: ha finalmente recuperato il possesso della casa di campagna in cui aveva vissuto per 18 anni. «L'usucapione si era interrotta quando mi mancavano solo due anni per arrivare ai venti previsti dalla legge. Ero disperata! Ora però sono tornata in possesso della casa: salvo imprevisti, fra due anni sarà mia!»

La signora Villa sembra sicura di ciò che dice. Ma davvero... le bastano due anni per usucapire la casa in cui vive?

C5 I DIRITTI REALI

Azioni a tutela della proprietà e del possesso

1. Come è tutelata la proprietà

Immaginiamo che qualcuno si sia impossessato di un bene di cui siamo proprietari. Come dobbiamo comportarci?

Come ogni diritto soggettivo anche il diritto di proprietà è accompagnato dal potere di azione, cioè dal potere di agire in giudizio per chiedere tutela contro eventuali violazioni.

Le specifiche azioni poste dall'ordinamento a tutela della proprietà sono dette **petitorie** (dal latino *petere*, che significa "chiedere"). Esse sono: l'*azione di rivendicazione*, l'*azione negatoria* e le *azioni di regolamento confini* e di *apposizione di termini*. Per esempio:

- se qualcuno si fosse impossessato o detenesse un nostro bene, potremmo *rivendicarne* la proprietà esercitando un'azione detta di **rivendicazione**;
- se qualcuno pretendesse di avere diritti reali minori su un nostro bene potremmo chiedere al giudice di *negare* l'esistenza di tali diritti esercitando un'azione detta **negatoria**;
- se, infine, fossero incerti i confini tra un nostro fondo e quello adiacente, potremmo esercitare le azioni di **regolamento di confine** e di **apposizione di termini**.

Esaminiamo brevemente queste tre diverse azioni.

L'azione di rivendicazione

==L'azione di rivendicazione, contemplata dall'art. 948 c.c., è l'azione con la quale il proprietario di un bene, che sia posseduto o detenuto da altri, chiede al giudice il *riconoscimento* del proprio diritto e la *restituzione* del bene.==

L'art. 948 c.c. dispone che:
"Il proprietario può rivendicare la cosa da chiunque la possiede o la detiene [...]".

Dal fatto che il proprietario possa agire contro *chiunque* possiede o detiene la sua cosa, deriva **il carattere assoluto del diritto di proprietà**.

Come si prova il diritto di proprietà ai fini dell'azione di rivendicazione?

AZIONI A TUTELA DELLA PROPRIETÀ
- Azione di rivendicazione
- Azione negatoria
- Apposizione di termini e regolamento dei confini

Immaginiamo che oggetto del contendere sia una bicicletta. Il modo più semplice per dimostrare di esserne proprietari è provare di averne acquistato il possesso in buona fede e con titolo idoneo (art. 1153 c.c.). Ma come offrire una tale prova?

Se abbiamo acquistato la bici in un negozio potremmo esibire, come titolo idoneo all'acquisto, lo scontrino fiscale ma, a ben guardare, quanti di noi conservano gli scontrini dei beni acquistati? Potremmo anche chiamare a testimoniare il venditore, ma siamo sicuri che si ricorderà di noi?

E se avessimo acquistato la bicicletta da una persona che aveva posto un annuncio sul giornale, riusciremmo a rintracciarla?

Come si può capire, fornire una prova convincente del diritto di proprietà non sempre è agevole, e da ciò consegue che, nei fatti, la tutela offerta al proprietario dall'art. 948 c.c. è molto meno efficace di quanto la sua enunciazione lasci credere.

Nel paragrafo 2 vedremo invece quanto sia di gran lunga più semplice recuperare il possesso di un bene.

> **L'azione di rivendicazione è imprescrittibile**, e ciò significa che il proprietario può iniziarla quando vuole, anche molto tempo dopo la perdita del possesso. Di fatto, però, sarà inutile proporla se nel frattempo l'attuale possessore fosse divenuto proprietario del bene per usucapione.

L'azione negatoria

Abito al pian terreno di una palazzina condominiale e il mio vicino di casa, tutte le volte che deve entrare e uscire, piuttosto che passare per l'ingresso principale attraversa il mio giardinetto sostenendo di avere un diritto di passaggio. Che cosa posso fare per mettere fine a questo fastidioso comportamento?

Se qualcuno pretende di avere diritti su un nostro bene possiamo intraprendere l'**azione negatoria** con la quale chiediamo al giudice di *negare* l'esistenza di tali diritti.

La particolarità di questa azione è che l'attore deve provare al giudice solo di essere proprietario del bene. In base a questa unica prova il giudice dovrà *presumere* che non esistano diritti di altri. Perché? Perché la proprietà, se non è provato il contrario, si presume piena.

Ricordiamo che a norma dell'art. 832 c.c.:
"Il proprietario ha diritto di godere e disporre delle cose **in modo pieno** [...]".

Il regolamento dei confini e l'apposizione di termini

L'art. 950 c.c., rubricato *Azione di regolamento dei confini*, dispone che, quando il confine tra due fondi è incerto, ciascuno dei proprietari può chiedere che sia accertato giudizialmente.
In mancanza di specifici elementi di prova, il giudice si atterrà a quanto indicato nelle mappe catastali.
L'art. 951 c.c., rubricato *Azione di apposizione di termini*, dispone che, se i termini tra fondi contigui mancano o sono diventati irriconoscibili, ciascuno dei proprietari ha diritto di chiedere che essi siano apposti o ristabiliti a spese comuni.

125

PERCORSO C — I DIRITTI REALI

2. Come è tutelato il possesso

Le azioni possessorie sono azioni predisposte dall'ordinamento per la tutela del possesso.

AZIONI A TUTELA DEL POSSESSO
- Reintegrazione
- Manutenzione

Perché mai il possesso, che è uno stato di fatto e non un diritto, deve avere una protezione processuale?

Cerchiamo di capirlo con un esempio. Immaginiamo di essere su una spiaggia e di vedere un giovane che sta scivolando sull'onda di risacca con una tavola da surf. D'improvviso arriva un altro ragazzo che, sostenendo di essere proprietario della tavola, cerca di strapparla con violenza al primo. In che modo potremmo intervenire per bloccare la lite che sta nascendo? A chi daremo ragione?

È facile immaginare che, in virtù della nostra autorità di adulti, ordineremo di restituire la tavola al primo ragazzo (proteggendo con ciò il suo possesso) e chiederemo al secondo di dimostrarci il fondamento della sua pretesa.

L'ordinamento fa esattamente la stessa cosa. Al fine di tutelare la pace sociale, protegge il possessore contro chiunque tenti di privarlo con la forza della cosa posseduta o tenti di molestarlo.

Chi ritiene di avere ragioni da far valere potrà rivolgersi all'autorità giudiziaria e provare il fondamento della propria pretesa.

Le principali azioni predisposte a tutela del possesso (e per questo dette azioni possessorie) sono:

- l'*azione di reintegrazione*, detta anche *di spoglio*;
- l'*azione di manutenzione*.

L'azione di reintegrazione

Con l'azione di reintegrazione, o *di spoglio*, il possessore che ritenga di essere stato spogliato violentemente od occultamente di un bene chiede al giudice di essere *reintegrato* nel possesso del bene stesso.

La particolarità di questa azione è nel fatto che l'attore deve soltanto dimostrare (anche con semplici prove testimoniali) di essere stato *spogliato*, violentemente od occultamente, di un bene che possedeva.

Il giudice non vorrà neppure sapere se il suo possesso era di buona o di mala fede ma, secondo quanto dispone l'art. 1168 c.c., ordinerà senza indugio allo *spogliante* di restituire il bene.

Se costui, una volta restituita la cosa, insisterà nel voler far valere le proprie ragioni, dovrà iniziare una nuova azione giudiziaria, detta *di rivendicazione*, con la quale fornirà al giudice le prove del diritto di proprietà che *rivendica*.

Art. 1168 c.c.
Azione di reintegrazione
Chi è stato violentemente od occultamente spogliato del possesso può, entro l'anno dal sofferto spoglio, chiedere contro l'autore di esso la reintegrazione del possesso medesimo. [...] La reintegrazione deve ordinarsi dal giudice sulla semplice notorietà del fatto, senza dilazione.

Reintegrazione viene dal verbo *reintegrare*, che significa "far ritornare qualcosa nello stato in cui era prima".

126

QUESTIONI

Che fare se lo spoglio non è stato violento?

Immaginiamo che qualcuno tenti di prendere la cosa che possediamo. Dovremmo opporci fisicamente (con tutti i rischi che ciò può comportare sul piano dell'integrità fisica) in modo che lo spoglio risulti *violento* e noi possiamo poi agire con l'azione di reintegrazione?
Certamente no. Il requisito della violenza non deve essere preso alla lettera. È sufficiente, come ha chiarito la Cassazione, che lo spoglio sia stato effettuato contro la volontà, espressa o anche solo presunta, del possessore (Cass. 1999, n. 1204).

Che fare se scopriamo in ritardo lo spoglio?

Immaginiamo di possedere un terreno fuori città in una zona dove andiamo raramente e supponiamo di scoprire, dopo più di un anno, che i paletti di recinzione sono stati rimossi e il terreno è stato utilizzato da una grande impresa per depositarvi materiali propri.
Potremo ancora esercitare l'azione di reintegrazione?
L'art. 1168, comma 3, c.c. risponde che: se lo spoglio è clandestino, il termine per chiedere la reintegrazione decorre dal giorno della scoperta dello spoglio.

Lo spoglio è occulto se vi hanno assistito altre persone?

È da considerare occulto lo spoglio avvenuto quando il possessore o il detentore erano nella impossibilità di scoprirlo. È irrilevante che altre persone fossero presenti al fatto.

Si può provare il possesso mostrando il titolo di acquisto del bene?

La risposta è negativa. Il titolo di acquisto (contratto o altro) potrebbe servire, ammesso che sia sufficiente, per provare la proprietà del bene, ma non il possesso.
Ricordiamo che il possesso è uno stato di fatto. Ciò comporta che per esercitare questa azione dovremo provare, magari con il ricorso a testimoni, che "di fatto" avevamo la materiale disponibilità della cosa e che ci comportavamo da proprietari. Il titolo di acquisto può servirci solo a provare il tipo di diritto (proprietà, comproprietà, usufrutto o altro) al cui esercizio corrispondeva il nostro possesso.

Quale azione conviene esercitare a chi sia al tempo stesso proprietario e possessore?

Il proprietario-possessore è libero di scegliere l'azione che preferisce. Tuttavia, qualsiasi consulente legale consiglierebbe di intraprendere l'azione di reintegrazione perché con questa si ottiene la immediata restituzione della cosa e si lascia alla parte avversa l'onere di iniziare un processo provando il fondamento delle proprie ragioni.

LA REINTEGRAZIONE SI PUÒ CHIEDERE

↓

entro un anno

↓

se lo spoglio è stato violento o clandestino

La reintegrazione nella detenzione

Il proprietario dell'appartamento che ho in locazione ha deciso di sfrattarmi e, approfittando della mia assenza, è entrato in casa, l'ha liberata dalle mie cose e ha cambiato la serratura della porta d'ingresso. Aveva diritto di farlo?

La risposta è negativa. L'ordinamento (art. 1168 c.c.) accorda anche al detentore che sia stato nascostamente o violentemente spogliato del bene detenuto la possibilità di esercitare l'azione di reintegrazione o di spoglio.

L'azione di manutenzione

Con l'azione di manutenzione il possessore, molestato nel godimento dei suoi beni, chiede al giudice di *far cessare* la molestia.

Mentre dunque la reintegrazione serve a recuperare il possesso, la manutenzione serve a proteggerlo.

La casistica giudiziaria presenta **varie ipotesi di molestia**. Sono tali, per esempio, la violazione delle distanze legali, le immissioni intollerabili, le turbative al diritto di servitù, le turbative alle trasmissioni radio e televisive.

L'art. 1170 c.c., regolando l'azione di manutenzione, dispone che:
- l'azione si può esercitare entro un anno dall'inizio della turbativa;
- legittimato a proporla è il possessore (ma la giurisprudenza tende a ricomprendervi anche il detentore);
- il possesso tutelabile è quello che ha per **oggetto beni immobili** e **universalità di mobili**, ma la giurisprudenza tende a ricomprendervi anche il possesso di beni mobili (come le onde elettromagnetiche utilizzate per le trasmissioni radio e televisive);
- l'azione è proponibile se il possesso dura **continuativamente** e **senza interruzioni da almeno un anno** e non è stato acquistato **violentemente** o **clandestinamente**; oppure, se vi è stata violenza o clandestinità, questa è cessata da almeno un anno.

3. Come tutelarsi da un pericolo imminente

Chi ritenga che dall'attività altrui possa derivare danno alle cose di cui è proprietario o possessore o sulle quali vanta un diritto reale minore può esercitare le **azioni di nunciazione**. Con tali azioni si *annuncia* al giudice l'esistenza di un pericolo.

▶ Sono **azioni di nunciazione**:
- la denuncia di *nuova opera*, regolata dall'art. 1171 c.c.;
- la denuncia di *danno temuto*, regolata dall'art. 1172 c.c.

Legittimati all'esercizio di queste azioni sono il proprietario, il possessore e il titolare di un diritto reale minore.

La denuncia di nuova opera

Le perforazioni per la costruzione di un nuovo tronco di metropolitana producono vibrazioni che fanno tremare i palazzi sovrastanti. Alcuni proprietari hanno il timore che gli edifici possano subire dei danni. Che cosa possono fare?

L'**art. 1171 c.c.** consente, a chi tema che da una *nuova opera* intrapresa da altri possa derivare un danno alla cosa di cui è proprietario o possessore, o sulla quale vanta un diritto reale di godimento, di denunciare l'imminente pericolo all'autorità giudiziaria.

Il giudice, presa sommaria cognizione del fatto (in attesa di acquisire ulteriori elementi di giudizio), può ordinare l'immediata **sospensione dell'opera** e al tempo stesso imporre all'attore di versare una **cauzione** per l'eventuale risarcimento dei danni da corrispondere al denunciato nel caso in cui il pericolo si rivelasse infondato.

Oppure può subordinare la prosecuzione dei lavori all'adozione di particolari cautele che escludano la possibilità di danno e imporre al denunciato di versare una cauzione per l'eventualità che l'opera risulti, a un più approfondito esame, effettivamente pericolosa e sia da rimuovere.

L'azione non può essere proposta se l'opera è ormai terminata o è trascorso più di un anno dal suo inizio.

La denuncia di danno temuto

L'**art. 1172 c.c.**, che contempla quest'azione, dispone:
"Il proprietario, il titolare di altro diritto reale di godimento o il possessore, il quale ha ragione di temere che da qualsiasi edificio, albero o altra cosa sovrasti pericolo di un danno grave e prossimo alla cosa che forma oggetto del suo diritto o del suo possesso, può denunziare il fatto all'autorità giudiziaria e ottenere, secondo le circostanze, che si provveda per ovviare il pericolo".

L'autorità giudiziaria, prosegue la norma, qualora ne ravvisi l'opportunità, dispone che al titolare del bene minacciato sia offerta una idonea garanzia per i danni che potrebbe subire.

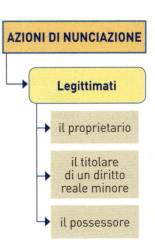

Qual è la differenza tra le due azioni di nunciazione?

Con la prima azione si denuncia che qualcuno **sta facendo qualcosa di pericoloso**.
Con la seconda si denuncia che qualcuno **non fa nulla per sanare** una situazione pericolosa.

UNITÀ 5 — Riguardando gli appunti

1. Quali azioni sono previste a tutela della proprietà?

- Le azioni poste a tutela della proprietà prendono il nome di azioni *petitorie*, e sono: l'azione di rivendicazione, l'azione negatoria e le azioni di regolamento dei confini e apposizione di termini.
- L'*azione di rivendicazione* è un'azione imprescrittibile con la quale il proprietario di un bene, posseduto o detenuto da altri, si rivolge al giudice per ottenere il riconoscimento del proprio diritto e la restituzione del bene stesso.
- L'*azione negatoria* è l'azione con cui il proprietario chiede al giudice di dichiarare l'inesistenza di diritti reali minori affermati da altri sulla cosa e di imporre la cessazione di eventuali molestie.
- L'azione di *regolamento dei confini* serve a ottenere la definizione giudiziale dei confini tra due fondi quando questi risultano incerti.
- L'azione di *apposizione di termini* serve a ottenere l'apposizione di segni visibili al confine tra due fondi contigui, a spese comuni dei confinanti.

2. Quali azioni sono previste a tutela del possesso?

- Le azioni a tutela del possesso, dette *possessorie*, sono: l'azione di reintegrazione o spoglio e l'azione di manutenzione.
- Con l'*azione di reintegrazione*, detta anche *di spoglio*, il possessore che ritenga di essere stato spogliato in modo violento o occulto del bene chiede al giudice di essere reintegrato nel possesso del bene stesso.
- L'azione di reintegrazione spetta anche al detentore.
- Con l'*azione di manutenzione* il possessore, molestato nel godimento dei suoi beni, chiede al giudice di far cessare la molestia.
- L'azione di manutenzione può essere avanzata se il possesso dura continuativamente da almeno un anno e non è stato acquisito violentemente o clandestinamente (o se la violenza e la clandestinità sono cessate da almeno un anno). Il possesso tutelato è quello avente a oggetto beni immobili e universalità di mobili, ma la giurisprudenza tende a ricomprendere anche i beni mobili.

3. Quali sono le azioni di nunciazione?

- Le azioni di nunciazione servono a denunciare l'esistenza di un pericolo, e sono: la *denuncia di nuova opera* e la *denuncia di danno temuto*.
- Il loro esercizio spetta al proprietario, al possessore e al titolare di un diritto reale minore sulla cosa.
- L'azione di *denuncia di nuova opera* è promossa da chi teme che da una nuova opera intrapresa da altri possa derivare un danno alla cosa che forma oggetto del suo diritto o del suo possesso.
- L'azione di *denuncia di danno temuto* è promossa da chi teme che da un edificio, un albero o altra cosa che sovrasti possa derivare un pericolo per il bene che forma oggetto del suo diritto o del suo possesso.

Verifica le tue conoscenze

UNITÀ 5

Completamento

Completa lo schema utilizzando le seguenti parole: *regolamento dei confini*; *rivendicazione*; *apposizione di termini*; *negatoria*; *petitorie*.

Test a risposta multipla

Indica con una crocetta l'affermazione esatta.

1. Se il proprietario di un piccolo gommone è stato occultamente spogliato del bene, e dopo alcuni mesi lo ritrova presso un rivenditore della sua città:
   A. può riprendersi il gommone anche usando la forza
   B. deve utilizzare l'azione di rivendicazione contro l'attuale possessore o detentore
   C. deve utilizzare l'azione di reintegrazione
   D. ha convenienza a esercitare l'azione di reintegrazione, ma può esperire anche quella di rivendicazione

2. Il detentore di un bene può agire con azione di reintegrazione contro chi lo ha spogliato di un bene?
   A. sì
   B. no
   C. sì, se era detentore di buona fede
   D. no, se lo spogliante era il proprietario del bene

3. Quale azione può esercitare il possessore per far cessare le molestie nel godimento dei suoi beni?
   A. l'azione negatoria
   B. l'azione di manutenzione
   C. la denuncia di danno temuto
   D. l'azione di reintegrazione

4. Sono azioni di nunciazione:
   A. la denuncia di nuova opera e di danno temuto
   B. la denuncia di nuova opera e l'azione negatoria
   C. la denuncia di danno temuto e l'azione di manutenzione
   D. l'azione di regolamento di confini e di apposizione di termini

Ma davvero?

Il diritto si affaccia nei discorsi di ogni giorno. A volte, però, a sproposito. Leggi questa scena e prova a riflettere.

«Il giudice si è proprio sbagliato!» protesta il signor Portavia con il suo legale. «Secondo lui, avrei spogliato occultamente mio zio del suo prezioso vaso antico mentre era all'estero. Il vaso l'ho preso, ma non occultamente: c'erano almeno tre persone quando me lo sono portato via!»

Il signor Portavia sembra sicuro di ciò che dice. Ma davvero... lo spoglio che ha realizzato non può dirsi occulto?

131

UNITÀ PERCORSO C 6

I DIRITTI REALI

I diritti reali di godimento su cosa altrui

1. Caratteri generali

Come ormai sappiamo, il diritto di proprietà attribuisce al proprietario il potere di disporre e di godere dei suoi beni in modo pieno ed esclusivo. Tale pienezza però può essere limitata, oltre che dalla legge (> Unità 2) anche dall'esistenza, sulla stessa cosa, di un diritto reale di cui sia titolare un'altra persona.

I diritti reali su cosa altrui (detti anche *diritti reali minori*) sono:

- l'**usufrutto**;
- le **servitù** prediali;
- l'**uso**;
- l'**abitazione**;
- la **superficie**;
- l'**enfiteusi**.

Questi diritti:

- **costituiscono un numero chiuso**, in quanto l'ordinamento non consente alle parti di porre alla proprietà limiti maggiori di quelli che esso stesso pone;
- **sono diritti assoluti** (come del resto tutti i diritti reali) e ciò significa che il titolare può difenderli in giudizio contro chiunque ne turbi o ne contesti l'esercizio;
- **quando si estinguono** (per prescrizione o per le altre ragioni che vedremo) il proprietario riacquista la pienezza dei suoi poteri.

 Si può vendere o donare un bene gravato da un diritto reale minore?

La risposta è affermativa. Per l'esercizio di tali diritti, infatti, non è necessaria la collaborazione attiva del proprietario. Questi, pertanto, può mutare senza che il titolare del diritto minore ne risenta in alcun modo. Per esempio, il diritto di attraversare il fondo altrui per raggiungere la pubblica via permane invariato anche se il fondo viene venduto ad altri.

I diritti reali di godimento su cosa altrui   UNITÀ 6

Si dice, a questo proposito, che il diritto reale minore segue la cosa. Tale particolarità viene indicata con l'espressione **diritto di seguito** o **di sequela**.

Chi acquista un bene come può essere certo che non sia gravato da un diritto reale minore?

L'atto costitutivo di un diritto reale minore deve essere reso pubblico mediante iscrizione nel **pubblico registro**. Ciò consente al potenziale acquirente di avere conoscenza dell'esistenza di un gravame sulla cosa che sta per acquistare e di regolarsi di conseguenza.

Chi deve provvedere concretamente all'iscrizione?

È opportuno che vi provveda il titolare del diritto reale minore. Se il suo diritto non è stato registrato non può essere opposto a chi, in buona fede, acquisti il bene ritenendolo libero da ogni peso.

2. L'usufrutto

Un anziano signore mi ha proposto di comperare la "nuda proprietà" del suo appartamento, riservandosi "l'usufrutto" per tutto il tempo in cui vivrà. Poiché il prezzo è piuttosto basso, temo qualche imbroglio. Vorrei sapere che cosa è l'usufrutto e cosa è la nuda proprietà.

==L'usufrutto è un diritto che consente di godere temporaneamente, o al massimo per tutta la propria vita, di un bene altrui, con l'obbligo di rispettarne la destinazione economica. Al proprietario del bene rimane la nuda proprietà, che tornerà piena quando il diritto di usufrutto si sarà estinto.==

Nel caso sopra esposto l'anziano signore diverrebbe *usufruttuario* dell'appartamento mentre l'acquirente ne acquisterebbe (per poco prezzo) solo la *nuda proprietà* che tornerà piena quando l'usufrutto si sarà estinto.

▶ **Le norme** che regolano questo istituto sono contenute negli **artt. 978-1020 c.c.** e possono essere così riassunte:

- **la costituzione di usufrutto**, dispone l'art. 978 c.c., può avvenire per *contratto*, per *testamento* (si lascia a una persona la proprietà di un bene e a un'altra il godimento) e anche per *usucapione*;

- **la durata dell'usufrutto**, stabilisce l'art. 979 c.c., può essere concordata tra le parti, ma non può comunque eccedere la vita dell'usufruttuario. Ne consegue, per esempio, che se le parti concordano un usufrutto ventennale ma dopo pochi giorni l'usufruttuario passa a miglior vita, l'usufrutto si estingue e il nudo proprietario riacquista subito la pienezza del suo diritto. Se usufruttuario è una persona giuridica (non soggetta quindi a morte naturale), la durata massima dell'usufrutto è fissata in trenta anni;

Godere, come abbiamo già detto, significa usare il bene e trarne ogni possibile utilità. Se la cosa è capace di generare frutti (naturali o civili) nel godimento rientra anche l'appropriazione di questi.

Usufrutto è un termine composto che indica i poteri dell'usufruttuario. Questi infatti può *usare* direttamente un bene oppure godere dei suoi *frutti*. Per esempio chi ha l'usufrutto su una casa può usarla come abitazione, o può cederla in locazione appropriandosi del frutto, cioè del canone di locazione.

L'usufrutto legale è attualmente previsto nell'unica ipotesi contenuta nell'art. 324 c.c. che attribuisce ai genitori il diritto di usufrutto sui beni dei figli minori. Quando questi avranno raggiunto la maggiore età, l'usufrutto si estinguerà automaticamente.

L'usufrutto è comparso nel diritto romano per consentire al testatore di lasciare ai figli la proprietà dei beni e alla moglie il godimento temporaneo.

- **l'usufrutto è trasferibile**: l'usufruttuario può cedere il suo diritto, stabilisce l'art. 980 c.c., per un certo tempo o al massimo per tutta la sua durata se ciò non è vietato dal titolo;
- **anche la nuda proprietà può essere alienata**, ma chi l'acquista potrà godere del bene solo dopo che si è estinto l'usufrutto;
- **l'usufruttuario non può mutare la destinazione economica** del bene: ciò vuol dire che, come usufruttuari, non potremmo trasformare un alloggio in ufficio, né un podere agricolo in campo di rottamazione o un negozio in magazzino di deposito. Perché? Perché alla scadenza dell'usufrutto, dispone l'art. 1001 c.c., si deve restituire il bene al nudo proprietario e questi ha diritto di riavere la stessa cosa che ha dato in usufrutto e non una cosa resa diversa. Inoltre, nel godimento del bene l'usufruttuario deve osservare la diligenza del buon padre di famiglia;
- **le imposte** sul reddito prodotto dal bene, per l'art. 1008 c.c., debbono essere imputate all'usufruttuario;
- **la prescrizione dell'usufrutto** si verifica, avverte l'art. 1014 c.c., se non viene esercitato per più di venti anni.

Quasi usufrutto è chiamato l'usufrutto di **beni consumabili**. Si tratta di una fattispecie contemplata nell'art. 995 c.c. nel quale si dispone che l'usufruttuario non dovrà restituire alla scadenza le stesse cose avute in usufrutto ma dovrà pagarne il valore secondo la stima convenuta.

3. Le servitù prediali

Mi hanno proposto di comperare un bel terreno in montagna dove potrei installare una baita. Ma questo terreno è circondato da altri terreni privati e non ha accesso alla strada. Come faccio per arrivarci? Volo?

L'operazione da fare, in questo e altri simili casi, è concordare con i vicini una *servitù di passaggio* oppure rivolgersi al giudice per vedersela attribuire.
In generale essere titolare di una servitù comporta il diritto di servirsi di un fondo altrui per meglio utilizzare il proprio.
Nel rapporto che si stabilisce con gli altri fondi, quello che acquista il diritto di servitù è chiamato *dominante* e gli altri sono chiamati *serventi*.

Il termine **prediale** deriva dal latino *praedium* che significava "fondo", "terreno". Le servitù prediali, pertanto, sono così chiamate perché si costituiscono su fondi (case, terreni o altro).

▶ **La definizione di servitù** è contenuta nell'**art. 1027 c.c.**:

==*"La servitù prediale consiste nel peso imposto sopra un fondo per l'utilità di un altro fondo appartenente a diverso proprietario."*==

E l'art. 1031 c.c. aggiunge che le servitù prediali possono essere costituite coattivamente, volontariamente, per usucapione, per destinazione del padre di famiglia.

Vediamo le diverse ipotesi.

I diritti reali di godimento su cosa altrui — UNITÀ 6

Le servitù coattive

▶ **Sono coattive**, cioè obbligatorie, le servitù che il proprietario del fondo servente non può evitare di costituire qualora lo richieda il proprietario del fondo dominante.

Le più note sono le seguenti:

- **la servitù di passaggio**, disposta dall'art. 1051 c.c. in favore del proprietario il cui fondo è circondato da fondi altrui talché egli non ha uscita sulla via pubblica, né può procurarsela senza eccessivo dispendio o disagio. Costui, secondo la norma, ha diritto di transitare sui fondi vicini. **Sono esenti** da questa servitù le case, i cortili e i giardini;
- **la servitù di acquedotto**, prevista dagli artt. 1033-1046 c.c., assicura il diritto di portare acqua al proprio fondo (sia per necessità abitative, sia industriali o di irrigazione) facendo passare le condutture attraverso i fondi altrui.

> **La servitù coattiva non è gratuita.** Come dispone l'art. 1032 c.c., il proprietario del fondo servente ha diritto a una indennità che può essere concordata fra le parti o stabilita dal giudice.

Le servitù volontarie

▶ **Sono servitù volontarie** (art. 1058 c.c.) quelle costituite per contratto o per testamento, e possono avere il contenuto più vario.

▶ **La loro costituzione deve essere resa pubblica** mediante trascrizione nei registri immobiliari affinché chiunque voglia acquistare il fondo servente possa essere informato della loro esistenza. La servitù non trascritta non è opponibile ai terzi (art. 2643 c.c.).

Le servitù sorte per destinazione del padre di famiglia

▶ **Destinazione del padre di famiglia** è un'espressione arcaica che indica la situazione in cui il proprietario di due fondi crea, tra gli stessi, un rapporto di servizio.

Può accadere, per esempio, che il proprietario tracci una strada che, attraversando un fondo, costituisca scorciatoia per l'altro verso la pubblica via. Se i due fondi venissero alienati a due soggetti diversi, il rapporto di servizio rimarrebbe come servitù.

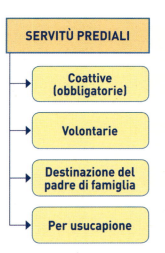

SERVITÙ PREDIALI
- Coattive (obbligatorie)
- Volontarie
- Destinazione del padre di famiglia
- Per usucapione

> **QUESTIONI**
>
> **Le servitù si possono acquistare per usucapione?**
>
> Si possono acquistare per *usucapione*, si desume dall'art. 1061 c.c., solo le *servitù apparenti*.
> Sono apparenti, precisa la norma, le servitù che si esercitano attraverso opere visibili e permanenti.
> La visibilità dell'opera serve a rendere palese al proprietario che qualcuno sta appropriandosi di un diritto di servitù sul suo fondo.

QUESTIONI

Come si esercita una servitù coattiva?

Se, come proprietari di un fondo, la legge ci attribuisse il diritto a una servitù coattiva (di passaggio, di acquedotto, di elettrodotto, ecc.) potremmo esercitarla direttamente, per esempio, attraversando il fondo altrui dove e quando ci fa più comodo?
La risposta è negativa e se lo facessimo saremmo tenuti a risarcire i danni causati.
L'art. 1032 c.c. dispone che la servitù si costituisce stipulando, con il proprietario del fondo servente, un contratto nel quale vengono fissate le condizioni e le modalità di esercizio.
Se l'accordo non viene raggiunto ci si deve rivolgere al giudice, e soltanto quando questi avrà riconosciuto il diritto di servitù e stabilito le modalità di esercizio, sarà possibile incominciare ad avvalersene.

4. Come sono tutelate le servitù?

Sono titolare di una servitù di passaggio ma il proprietario del fondo servente ha chiuso con una sbarra la via che conduce alla mia proprietà. Che cosa posso fare?

Chi lamenta impedimenti all'esercizio del diritto di una servitù di cui è titolare può domandare al giudice, con l'**azione confessoria** (art. 1079 c.c.), che ordini la cessazione della turbativa.
Se, viceversa, è il proprietario del fondo servente a contestare il diritto di servitù vantato da altri, può avvalersi dell'**azione negatoria**, posta a tutela del diritto di proprietà.

5. La superficie

==La *superficie* è il diritto di fare e mantenere una costruzione sopra (o anche sotto) il suolo altrui, acquistando la proprietà della costruzione ma non del suolo.==

Questo istituto torna particolarmente utile quando il suolo non è alienabile. A esso si ricorre, generalmente, per consentire la costruzione sul suolo pubblico di stazioni per il rifornimento di carburante, di chioschi, di edicole di giornali, di stabilimenti balneari, di abitazioni popolari, ecc.
Naturalmente nulla vieta che si costituisca un diritto di superficie anche su terreni privati. In questi casi l'interesse del proprietario del suolo può essere soddisfatto dalla pattuizione di un canone periodico in suo favore e dal fatto che, alla scadenza del diritto di superficie, egli diverrà automaticamente proprietario anche della costruzione.

Gli artt. 952-956 c.c., che regolano l'istituto, dispongono sostanzialmente che:

- si può costituire diritto di superficie per contratto, per testamento o per usucapione;

- si può alienare la proprietà della costruzione separatamente da quella del suolo e viceversa. Essendo la superficie un diritto reale, chi acquista il suolo lo acquista gravato da tale diritto;
- la durata può essere perpetua o temporanea. In quest'ultimo caso, quando scade il diritto di superficie finisce anche la deroga al principio dell'accessione e il proprietario del suolo diventa proprietario anche della costruzione;
- il diritto di superficie si prescrive se la costruzione non viene eseguita entro venti anni.

QUESTIONI

L'origine del diritto di superficie

I casi in cui trova impiego il diritto di superficie (installazione di distributori di carburante, di chioschi bar, ecc.) può lasciar credere che si tratti di una recente creazione del diritto. In realtà questo istituto ha fatto la sua comparsa nel diritto romano già in epoca repubblicana quando, in cambio di un corrispettivo, veniva concesso ai cambiavalute di installare casupole nel foro con l'intesa che il suolo restava pubblico mentre la costruzione era di proprietà del concessionario.

6. Gli altri diritti reali minori

Altri diritti reali minori, contemplati nel nostro ordinamento, sono l'*uso*, l'*abitazione* e l'*enfiteusi*.

Il termine **enfiteusi** è di origine greca e significa "piantagione".

▶ **L'uso**, per quanto dispone l'art. 1021 c.c., è il diritto di servirsi di una cosa e, se è fruttifera, di raccogliere i frutti nella quantità occorrente ai bisogni propri e della propria famiglia.
Il diritto di uso, come precisa l'art. 1024 c.c., non è cedibile ad altri. La differenza con l'usufrutto è notevole. Nel diritto di uso, infatti, il titolare può utilizzare il bene, ma non può alienare il suo diritto e può appropriarsi dei frutti solo in quantità limitata.

▶ **L'abitazione**, per quando dispone l'art. 1022 c.c., è il diritto di abitare una casa limitatamente ai bisogni propri e della propria famiglia.
Si tratta, come appare evidente, di un diritto ancora più limitato rispetto all'uso.

▶ **L'enfiteusi**, regolata dagli artt. 957-977 c.c., si costituisce per contratto e attribuisce all'enfiteuta il diritto di godere di un fondo con l'obbligo di migliorarlo e di pagare un canone periodico al concedente.
L'istituto era piuttosto diffuso nel Medioevo, allorché i signori concedevano in enfiteusi ai contadini le terre più impervie e quando queste erano diventate produttive, se ne riappropriavano per lo scadere dell'enfiteusi. Oggi è scarsamente utilizzato benché si sia tentato più volte di rivitalizzarlo.

UNITÀ 6 — Riguardando gli appunti

1. Quali sono i diritti reali di godimento su cosa altrui?

- I diritti reali di godimento su cosa altrui, detti anche diritti reali *minori*, sono: l'usufrutto, l'uso, l'abitazione, l'enfiteusi, la superficie, le servitù prediali.

2. Quali sono i caratteri generali dei diritti reali di godimento su cosa altrui?

- I diritti reali di godimento su cosa altrui sono un *numero chiuso*, perché l'ordinamento non consente alle parti di porre alla proprietà limiti maggiori di quelli che esso stesso prevede.
- Come tutti i diritti reali sono diritti assoluti e sono legati inscindibilmente al bene, chiunque ne diventi proprietario. Ciò viene sintetizzato dicendo che attribuiscono al titolare un *diritto di seguito* o *di sequela*.
- Quando si estinguono, il proprietario riacquista la pienezza dei suoi poteri.

3. In che cosa consiste il diritto di usufrutto?

- L'usufrutto è il diritto di godere temporaneamente, e al massimo per tutta la propria vita, di un bene altrui con l'obbligo di rispettarne la destinazione economica.
- Al proprietario del bene rimane la *nuda proprietà*, che tornerà piena quando l'usufrutto si estinguerà.
- La nuda proprietà può essere alienata, ma chi l'acquista potrà godere del bene solo dopo che l'usufrutto si sarà estinto.
- Anche l'usufrutto può essere trasferito, sempre che ciò non sia vietato dal titolo.

4. Come si costituisce e come si estingue l'usufrutto?

- L'usufrutto può costituirsi per disposizione di legge (usufrutto *legale*), per contratto o per testamento (usufrutto *volontario*) e per usucapione.
- L'usufrutto si estingue, oltre che per il raggiungimento della durata pattuita, anche per prescrizione se non viene esercitato per più di venti anni.

5. Che cosa si intende per "quasi usufrutto"?

- Il quasi usufrutto è l'usufrutto di beni consumabili. In questo caso, l'usufruttuario non dovrà restituire alla scadenza le stesse cose avute in usufrutto, ma dovrà pagarne il valore secondo la stima convenuta.

6. Che cosa sono le servitù prediali?

- Le servitù prediali consistono in un peso imposto sopra un fondo per l'utilità di un altro fondo appartenente a un diverso proprietario.
- Le servitù possono essere costituite coattivamente, volontariamente, per usucapione, per destinazione del padre di famiglia.
- Sono *coattive* le servitù previste come tali dalla legge; le più note sono le servitù di passaggio e le servitù di acquedotto.
- Sono *volontarie* le servitù costituite per contratto o per testamento. Devono essere trascritte nei registri immobiliari per essere opponibili a terzi.
- Le servitù possono essere create per *destinazione del padre di famiglia*, cioè per decisione del proprietario di due fondi che stabilisce che uno dei due sia in rapporto di servizio rispetto all'altro.
- Le servitù si possono anche acquistare per *usucapione*, ma solo se apparenti.

7. Come sono tutelate le servitù?

- Il titolare di un diritto di servitù che subisca molestie può esercitare l'azione *confessoria* e ottenere la cessazione delle turbative.

8. Che cos'è il diritto di superficie?

- Il diritto di superficie consiste nel fare e mantenere una costruzione sopra o sotto il suolo altrui, acquistando la proprietà della costruzione ma non del suolo.

9. Che cos'è il diritto di uso?

- L'uso è il diritto di servirsi di una cosa e, se fruttifera, di raccogliere i frutti nella quantità occorrente ai bisogni propri e della propria famiglia.

10. Che cos'è il diritto di abitazione?

- L'abitazione è il diritto di abitare una casa limitatamente ai bisogni propri e della propria famiglia.

11. Che cos'è l'enfiteusi?

- L'enfiteusi consiste nel diritto di godere di un fondo con l'obbligo di migliorarlo e di pagare un canone periodico al concedente.

Verifica le tue conoscenze

UNITÀ 6

Completamento

Completa lo schema utilizzando le seguenti parole: *contratto*; *parti*; *venti anni*; *trenta anni*; *testamento*; *usucapione*; *quasi*; *vita*.

Test a risposta multipla

Indica con una crocetta l'affermazione esatta.

1. **Il titolare di una servitù prediale conserva il suo diritto se il fondo viene alienato?**
   A. no
   B. sì, se ha usucapito il diritto
   C. sì, in base al diritto di seguito o di sequela
   D. sì, se il nuovo proprietario acconsente

2. **L'usufrutto non iscritto nel pubblico registro:**
   A. è inesistente
   B. è inefficace
   C. non può essere opposto al nudo proprietario
   D. non può essere opposto ai terzi in buona fede

3. **Il titolare di una servitù che subisca impedimenti nell'esercizio del suo diritto può:**
   A. esercitare l'azione confessoria
   B. esercitare l'azione negatoria
   C. esercitare l'azione di apposizione di termini
   D. esercitare l'azione di servitù

4. **In base al diritto di superficie, chi costruisce un edificio sul suolo altrui:**
   A. acquista la proprietà dell'edificio e del suolo
   B. acquista la proprietà dell'edificio ma non del suolo
   C. acquista solo la proprietà del suolo su cui sorge l'edificio
   D. acquista il diritto di godere del suolo con l'obbligo di migliorarlo e pagare un canone

Ma davvero?

Il diritto si affaccia nei discorsi di ogni giorno. A volte, però, a sproposito. Leggi questa scena e prova a riflettere.

«Hai presente il terreno incolto accanto al mio?» chiede il nonno al suo vecchio amico Luigi, che annuisce. «Bene», continua il nonno, «è stato appena acquistato da una coppia che intende costruire una villetta. Mi hanno già annunciato che le tubature dell'acqua dovranno passare attraverso il mio terreno». Luigi scuote la testa: «Figuriamoci! Senza il tuo consenso non possono fare un bel niente».

Luigi sembra sicuro di ciò che dice. Ma davvero... serve il consenso del nonno per il passaggio delle tubature?

Valuta le tue competenze

Codice alla mano

L'avvocato presso cui svolgi il tuo praticantato ti ha chiesto oggi di appuntare su un foglio quali articoli del Codice civile rispondono ai quesiti sotto elencati.

	Art.
A. Qual è la nozione di bene?	
B. Quali beni fanno parte del demanio pubblico?	
C. Quali sono i frutti naturali e i frutti civili?	
D. Quali sono i principali poteri del proprietario?	
E. Come è regolata l'espropriazione per pubblica utilità?	
F. Quali norme regolano la comunione?	
G. Come è definito il possesso?	
H. Come è regolato il mutamento della detenzione in possesso?	
I. In quali casi il possesso è qualificabile come di "buona fede"?	
J. Come si prova la buona fede?	
K. Il possessore attuale che ha posseduto in tempo più remoto si presume che abbia posseduto anche nel tempo intermedio?	

	Art.
L. In quali casi l'usucapione è decennale?	
M. Che cosa accade se una cosa è alienata a più soggetti?	
N. Com'è regolata l'accessione?	
O. Contro chi può essere esercitata l'azione di rivendicazione?	
P. Che cosa può fare il proprietario per difendersi dalle molestie?	
Q. Chi può esercitare l'azione di spoglio?	
R. Qual è il contenuto del diritto di usufrutto?	
S. Chi paga le imposte sul bene oggetto di usufrutto?	
T. Come è regolata la restituzione del bene al nudo proprietario?	
U. Come si costituisce una servitù volontaria?	
V. Che cos'è una servitù prediale?	

Sai qual è la differenza tra...

- **a.** Cose *e* Beni
- **b.** Una somma di denaro *e* Un patrimonio
- **c.** Godere *e* Disporre
- **d.** Requisizione *e* Espropriazione
- **e.** Comunione *e* Condominio
- **f.** Piano regolatore *e* Piano particolareggiato
- **g.** Proprietà *e* Possesso
- **h.** Mala fede iniziale *e* Mala fede sopravvenuta

- **j.** *Corpus* *e* *Animus possidendi*
- **k.** Possesso pieno *e* Possesso indiretto
- **l.** Usucapione *e* Possesso
- **m.** Occupazione *e* Invenzione
- **n.** Azione negatoria *e* Azione di manutenzione
- **o.** Spoglio violento *e* Spoglio clandestino
- **p.** Azioni petitorie *e* Azioni di danno temuto
- **q.** Usufrutto *e* Nuda proprietà
- **r.** Servitù coattive *e* Servitù volontarie
- **s.** Enfiteusi *e* Diritto di superficie

140

PERCORSO C

Valuta le tue competenze

Domande per riflettere

1. Le immissioni acustiche sono giudicate intollerabili se superano di tre decibel la rumorosità media del luogo. Spiega perché nel tempo questa norma favorisce l'inquinamento acustico piuttosto che limitarlo.

2. In tema di immissioni, la priorità di un determinato uso (art. 844 c.c.) non ha gran valore. A prima vista ciò sembrerebbe illogico, ma a ben guardare...

3. Il principio "possesso vale titolo" garantisce l'acquirente ma sacrifica, all'esigenza di certezza negli scambi, il buon diritto di un altro soggetto. Sai dire quale?

4. Perché si dice che la proprietà è un diritto imprescrittibile se poi chi non usa il bene può perderlo per usucapione?

5. Ti è stato sottratto un bene del quale puoi agevolmente provare al giudice sia la proprietà che il possesso. Quale delle due azioni pensi che ti convenga esperire?

6. Le persone che escono dai negozi spesso non sanno nulla dell'art. 1153 c.c. Se spiegassi loro a che cosa serve e poi dicessi che è stato abrogato, come pensi che reagirebbero?

Se fossi il giudice

Hai appena vinto il concorso in Magistratura e ne sei giustamente orgoglioso. Ma ti rendi anche conto che le difficoltà cominciano ora. Dovrai dare risposte certe alle persone che hanno fiducia in te e non potrai sbagliare neppure una volta. In bocca al lupo!

1. I condòmini di un grande stabile convengono in giudizio il proprietario di una piccola friggitoria lamentando che l'intollerabile immissione olfattiva nei loro alloggi è causa di disturbo e di diminuzione del valore commerciale degli alloggi stessi. Resiste il convenuto sostenendo che tra gli interessi in conflitto la legge ritiene prevalente quello di chi esercita un'attività produttiva. Verificato che le immissioni superano realmente la normale tollerabilità emetti la tua sentenza.

Dispositivo: l'istanza ☐ è accolta ☐ non è accolta

Motivazione: _____

2. Agisce con azione di rivendicazione un commerciante che fornisce prove certe di essere proprietario di una telecamera professionale sottratta furtivamente dal suo negozio. Resiste una ragazza che sostiene di aver acquistato la telecamera da un tizio che vendeva cose all'ingresso di un'autostrada e di esserne diventata proprietaria per effetto del principio "possesso vale titolo". In mancanza di altri elementi emetti la tua sentenza.

Dispositivo: l'istanza ☐ è accolta ☐ non è accolta

Motivazione: _____

3. Agisce in giudizio con azione negatoria l'acquirente di un terreno che ha scoperto, solo dopo l'acquisto, che il terreno in oggetto è gravato da una servitù volontaria costituitasi per effetto di un contratto concluso tra il vecchio proprietario e il proprietario di un fondo confinante e non trascritto nel registro immobiliare. Egli domanda che sia negato il diritto di servitù. In mancanza di altri elementi emetti la tua sentenza.

Dispositivo: l'istanza ☐ è accolta ☐ non è accolta

Motivazione: _____

PERCORSO D — OBBLIGAZIONI E CONTRATTI

COMPETENZE DI ASSE
- Riconoscere le caratteristiche e i valori fondamentali del nostro sistema giuridico, allo scopo di orientare i propri comportamenti alle scelte di fondo espresse dall'ordinamento
- Comprendere l'importanza di un sistema sociale basato sulle regole quali pilastri di un'ordinata e pacifica convivenza

CONOSCENZE
- Il contratto come fonte di obbligazione
- Il rapporto obbligatorio
- I requisiti e gli elementi del contratto e gli effetti che esso produce
- Le cause di invalidità e di risoluzione
- I principali contratti tipici
- Le fonti e l'estinzione delle obbligazioni
- L'inadempimento delle obbligazioni

ABILITÀ
- Riconoscere la funzione sociale ed economica del contratto
- Individuare i requisiti del contratto e i suoi elementi essenziali
- Saper scegliere i tipi contrattuali adeguati al caso concreto
- Individuare gli aspetti problematici legati al rapporto contrattuale e all'inadempimento

UNITÀ 1 — Il contratto come fonte di obbligazione

Avvertenza

Il Libro IV del Codice civile riunisce nel Titolo I la disciplina generale delle **obbligazioni** e pone, nei successivi Titoli, la disciplina specifica per le diverse *fonti di obbligazione*.

Questa separazione tra disciplina generale e istituti particolari risponde sicuramente a un apprezzabile criterio sistematico, ma non è infondato il sospetto che talvolta essa crei negli studenti, anche universitari, qualche difficoltà di collegamento.

Abbiamo allora pensato di distaccarci dalla linea espositiva tradizionale e riunire in una unica Unità i temi generali delle obbligazioni e quelli specifici del contratto.

Quando nell'Unità 10 tratteremo del *fatto illecito* e delle *altre fonti di obbligazione* avremo cura di riportare, sinteticamente, le norme generali.

1. Che cos'è un'obbligazione

Nel Percorso precedente ci siamo occupati di quella particolare categoria di diritti soggettivi patrimoniali chiamati *diritti reali*, cioè diritti sulle cose.

Se riflettiamo sulla nostra esperienza quotidiana possiamo però notare che l'ordinamento ci accorda diritti di natura *patrimoniale* anche nei confronti delle persone.

142

Il contratto come fonte di obbligazione — UNITÀ 1

Tutti sappiamo, per esempio, che se siamo creditori di una somma di denaro abbiamo *diritto* di essere pagati dalla *persona* debitrice; se abbiamo eseguito un lavoro abbiamo *diritto* di essere remunerati dalla *persona* che ce lo ha commissionato; se abbiamo locato un immobile abbiamo *diritto* di ricevere il canone dalla *persona* del conduttore e così via.

Lo schema che ricorre in tutti questi esempi è sempre il medesimo:

Possiamo, allora, dire che:

l'obbligazione è un rapporto giuridico nel quale una parte, detta debitore, è obbligata a eseguire una prestazione di contenuto patrimoniale in favore di un'altra, detta creditore.

▶ **Il diritto** riconosciuto al creditore (chiamato *diritto di obbligazione* o *di credito*) è un diritto:

- **personale**, poiché ha per oggetto una pretesa nei confronti della persona debitrice;
- **relativo**, poiché il creditore può far valere le proprie pretese solo nei confronti della (o *relativamente alla*) persona del debitore;
- **patrimoniale**, perché l'oggetto della prestazione deve essere valutabile in denaro. È tale, per esempio, la prestazione consistente nell'esecuzione di un certo lavoro oppure nella consegna di un certo bene o nel pagamento di una somma di denaro.

Se la prestazione non è di natura patrimoniale non siamo in presenza di una *obbligazione* ma di un altro tipo di rapporto giuridico, regolato con norme diverse da quelle che in questo Percorso andremo a conoscere.

2. Le parti e la prestazione

▶ **Elementi** di ogni rapporto obbligatorio sono le *parti* e la *prestazione* da eseguire.

▶ **Parti** sono il *debitore* e il *creditore*:

- il debitore è detto anche *parte passiva* perché deve adempiere la prestazione;
- il creditore è detto *parte attiva* perché ha diritto di ricevere la prestazione.

La differenza tra obbligo e obbligazione può essere così sintetizzata:
- obbligo è un termine ampio che indica una vasta gamma di rapporti nei quali la parte passiva deve fare o non fare certe cose in favore della parte attiva. Obblighi sono quelli dei genitori verso i figli e dei coniugi tra di loro;
- obbligazione è un termine più specifico che indica solo i rapporti nei quali la prestazione ha natura patrimoniale.

Ricordiamo che in un rapporto giuridico ciascuna **parte** può comprendere uno o più soggetti. Per esempio, se due sorelle comperano insieme una casa che è stata ereditata da cinque fratelli, avremo un rapporto giuridico in cui due soggetti (le sorelle) sono riuniti, per identità di interessi, nella *parte* acquirente, mentre i cinque fratelli sono riuniti nella *parte* venditrice.

143

PERCORSO D — OBBLIGAZIONI E CONTRATTI

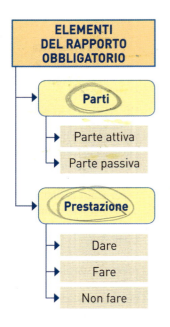

ELEMENTI DEL RAPPORTO OBBLIGATORIO
- Parti
  - Parte attiva
  - Parte passiva
- Prestazione
  - Dare
  - Fare
  - Non fare

▶ **La prestazione** è il *comportamento* che il debitore deve tenere (per esempio consegnare una certa cosa) oppure il *risultato* che è obbligato a conseguire (per esempio, realizzare una certa opera).

Secondo una classificazione tradizionale la prestazione può consistere in un:

- **dare** (consegnare una cosa, pagare una somma di denaro);
- **fare** (eseguire un'opera, prestare un servizio);
- **non fare** (non fare concorrenza, non soprelevare un muro, ecc.).

Stabilisce inoltre l'**art. 1174 c.c.** che essa:

- deve essere *suscettibile di valutazione economica*;
- e deve *corrispondere a un interesse, anche non patrimoniale,* del creditore.

 Che cosa vuol dire "interesse anche non patrimoniale"?

Immaginiamo di pagare un maestro di tennis perché ci dia lezioni. Anche se tali lezioni soddisfano un nostro interesse *non patrimoniale* ma puramente ludico, la prestazione del maestro è valutabile economicamente e dunque il nostro rapporto sarà regolato dalle norme sulle obbligazioni.
La stessa cosa accade quando si acquista un biglietto d'ingresso per un concerto o per un teatro. L'acquirente diventa creditore di una prestazione che soddisfa un suo interesse non economico, ma culturale o di svago.

Le obbligazioni naturali e civili

▶ **Obbligazioni naturali** sono chiamati quegli obblighi (come il pagamento di un debito prescritto o di un debito di gioco) che vanno adempiuti per un dovere di correttezza, ma non per imposizione di legge.
In questi casi al creditore non è consentito agire in giudizio contro il debitore ma, stabilisce l'**art. 2034 c.c.**, se costui spontaneamente adempie, non può poi ripensarci e chiedere la *ripetizione* (cioè la restituzione) di quanto ha pagato.

▶ **Obbligazioni civili** sono, per esclusione, tutte le altre. Esse consentono al creditore di agire in giudizio per far valere il proprio diritto sul debitore inadempiente.

3. Come nasce un rapporto obbligatorio

Dovendo occuparci dei rapporti obbligatori, una delle prime cose da chiarire è da quali *fonti*, cioè da quali atti o fatti scaturiscono le obbligazioni.

▶ **Le obbligazioni derivano**, stabilisce l'**art. 1173 c.c.**, da contratto, da fatto illecito o da ogni altro atto o fatto idoneo a produrle in conformità dell'ordinamento giuridico.

Il credito nascente da gioco o scommessa non consente al vincitore di agire in giudizio anche se si tratta di gioco o scommessa non proibiti (art. 1933 c.c.).
Il vincitore può invece agire in giudizio per il pagamento di somme derivanti da lotterie legalmente autorizzate (art. 1935 c.c.).

Obbligazioni naturali sono quelle regolate dagli artt. 590; 627, comma 2; 799; 1933, comma 2; 2126; 2940 del Codice civile.

▶ **I contratti** costituiscono sicuramente la fonte più frequente di obbligazione. Da ogni contratto di vendita, per esempio, nasce un rapporto giuridico che ha come parti il venditore (che *si obbliga* a consegnare la merce) e il compratore che *si obbliga* a pagarne il prezzo.

Da ogni contratto di lavoro nasce un rapporto giuridico che ha come parti il lavoratore, che *si obbliga* a eseguire un certo lavoro e l'imprenditore che *si obbliga* a remunerarlo; da ogni contratto di trasporto nasce un rapporto giuridico che ha come parti il vettore, che *si obbliga* a trasportare la merce, e il committente che *si obbliga* a pagare un prezzo e così via.

▶ **I fatti illeciti** sono quei comportamenti che cagionano ad altri un danno ingiusto e fanno sorgere nell'autore l'obbligo di risarcire il danno e nel danneggiato il diritto di essere risarcito.

Immaginiamo che un automobilista, contravvenendo alle norme sulla circolazione stradale, urti la nostra auto procurandoci un danno. Per effetto di tale *fatto illecito* nasce un rapporto giuridico nel quale noi siamo creditori e l'automobilista imprudente assume il ruolo di debitore obbligato a risarcire il danno causato.

▶ **Gli altri atti o fatti** costituiscono una categoria residuale che comprende gli atti unilaterali, il pagamento dell'indebito, la gestione di affari altrui, l'arricchimento senza causa. Di queste fonti ci occuperemo nell'Unità 10.

4. Il contratto come fonte di obbligazione

Definisce il contratto l'**art. 1321 c.c.**:

"Il contratto è l'accordo di due o più parti per costituire, regolare o estinguere tra loro un rapporto giuridico patrimoniale."

Analizziamo il contenuto della norma.

Il contratto è un accordo, ci viene subito chiarito dal legislatore. È un accordo, come ciascuno sa, è un incontro tra più volontà. Se le volontà non si incontrano, il contratto non si forma e non sorge alcun vincolo giuridico.

Successivamente la norma offre una sintesi dei possibili **contenuti** del contratto chiarendo che con esso si può:

- **costituire** un rapporto giuridico (pensiamo ai contratti di locazione, di assicurazione, di mutuo che costituiscono, cioè creano, rapporti che prima non esistevano);
- **regolare** un rapporto giuridico (pensiamo agli statuti delle società o ai regolamenti di condominio che regolano, cioè disciplinano, i rapporti societari o condominiali);
- **estinguere** un rapporto giuridico (pensiamo all'accordo con cui le parti decidono di porre fine a un rapporto preesistente).

Infine la norma pone un limite di grande rilevanza: il contratto costituisce, regola o estingue rapporti giuridici **di natura patrimoniale**.

Contratto è un termine che deriva da *contrarre*, che significa "stringere".
E il contratto si presenta, infatti, come un accordo che stringe insieme, vincola, due o più persone.

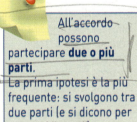

All'accordo possono partecipare **due o più parti**. La prima ipotesi è la più frequente: si svolgono tra due parti (e si dicono per questo *bilaterali*) i contratti più comuni come la vendita, la locazione, l'appalto, il mutuo, il trasporto. Possono essere *plurilaterali*, invece, i contratti costitutivi di società, di associazioni, di consorzi.

PERCORSO D — OBBLIGAZIONI E CONTRATTI

Art. 1324 c.c.
Norme applicabili agli atti unilaterali

Salvo diverse disposizioni di legge, le norme che regolano i contratti si osservano, in quanto compatibili, per gli atti unilaterali tra vivi aventi contenuto patrimoniale.

Ciò vuol dire che un accordo tra due o più parti può definirsi contratto *solo* se ha per oggetto rapporti valutabili economicamente.

È importante capire se un accordo è un contratto oppure no?

È molto importante, perché le norme che studieremo si applicano solo ai contratti e, stabilisce l'art. 1324 c.c., agli *atti unilaterali* tra vivi aventi contenuto patrimoniale. Non ad altri tipi di rapporto.

▶ **Gli atti unilaterali** sono dichiarazioni di volontà provenienti da un solo soggetto e dirette a produrre effetti giuridici.
Sono atti unilaterali, per esempio, la lettera di dimissioni, l'emissione di un assegno, il riconoscimento di un debito, e così via.

5. Quali sono gli effetti del contratto

Ho contrattato con un'impresa edile la ristrutturazione della casa in cui abito, ma poi sono stata chiamata per un lavoro a New York. Posso "disdire" il contratto?

In linea generale un contratto si può disdire solo se l'altra parte lo consente.

▶ **L'art. 1372 c.c.**, che regola la questione, stabilisce che:

- **il contratto ha forza di legge** tra le parti. Ciò significa che, una volta raggiunto l'accordo, le parti sono obbligate a rispettarne il contenuto come se fosse il contenuto di una legge;

- **può essere sciolto solo per mutuo consenso**, cioè con il consenso di tutte le parti che lo hanno stipulato. In mancanza di questo accordo, la parte che si rendesse inadempiente sarebbe tenuta a risarcire i danni causati;

- **può essere sciolto unilateralmente** solo nei pochi casi previsti dalla legge. Si parla, in questi casi, di *recesso legale*.

Il recesso legale è solitamente consentito nei *contratti di durata*.
Sono *di durata* quei contratti la cui esecuzione si protrae nel tempo, come il contratto di affitto, di locazione, di somministrazione, di lavoro e così via.
Le condizioni per il recesso, tuttavia, possono essere diverse in funzione della parte che recede e del tipo di contratto.

Per esempio, se vogliamo recedere da un contratto di fornitura di gasolio da riscaldamento, possiamo farlo semplicemente comunicando, con il prescritto anticipo, questa nostra intenzione al fornitore. Ma se volessimo recedere unilateralmente da un contratto di lavoro concluso con un nostro dipendente (in pratica se volessimo licenziarlo) potremmo farlo solo se ricorrono le complesse condizioni disposte dalla legge per i licenziamenti.

▶ **Il contratto può sciogliersi** anche per rescissione o per risoluzione. Ma di questi istituti ci occuperemo nell'Unità 7.

Le norme sui contratti contenute nel Codice civile si trovano nei Titoli II e III del Libro IV, dedicato alle obbligazioni.
In particolare:
- **il Titolo II**, rubricato *Dei contratti in generale* (artt. 1321-1469 *bis*) contiene le regole applicabili a qualsiasi tipo di contratto;
- **il Titolo III**, invece, rubricato *Dei singoli contratti* (artt. 1470-1986), contiene le norme particolari che regolano i più noti tra i contratti tipici.

Quali sono gli effetti del contratto nei confronti dei terzi

Ho (o forse sarebbe meglio dire "avevo") una baita in montagna acquistata in comunione con un'amica. Ora ho saputo che lei, senza neanche avvertirmi, l'ha venduta. Che cosa devo fare? Sono obbligato a cedere la mia parte all'acquirente?

In linea generale chi non partecipa alla conclusione del contratto non assume alcun obbligo.

▶ **Il contratto non produce effetti nei confronti dei terzi**, stabilisce il secondo comma dell'**art. 1372 c.c.**, salvo i casi previsti dalla legge.
Una eccezione alla regola generale è costituita dai **contratti a favore del terzo** dei quali ci occuperemo nell'Unità 8. Vi rientra, per esempio, il contratto di assicurazione sulla vita che viene stipulato tra assicuratore e assicurato a favore di persone estranee all'accordo, come il coniuge o i figli dell'assicurato.

> Nel concludere il contratto, le parti possono concordare preventivamente la possibilità, per una o per entrambe, di *recedere unilateralmente*. Si parla, in questo caso, di **recesso convenzionale**. Quando il recesso è *convenzionalmente concordato* le parti hanno generalmente cura di stabilire anche una penale (chiamata "caparra penitenziale") con la quale la parte che dovesse avvalersi della facoltà di sciogliersi dal contratto compensa l'altra per i disagi conseguenti al proprio ritiro.

QUESTIONI

L'interpretazione del contratto

Che cosa accade se nel contratto, per fretta o per inesperienza, i contraenti inseriscono espressioni poco chiare?
Se la mancanza di chiarezza induce le parti ad affrontare un giudizio, spetterà al giudice interpretare correttamente il contratto, tenendo conto non solo di quanto è stato detto o scritto, ma anche di quanto si voleva dire o scrivere.
Egli dovrà trovare la corretta interpretazione:
– sia attraverso un'analisi letterale del testo,
– sia attraverso una ricostruzione del comportamento dei contraenti volta a capire quale fosse, in origine, la loro comune intenzione.

6. Che cos'è l'autonomia contrattuale

Nel nostro ordinamento è operante il **principio dell'autonomia** (o *libertà contrattuale*).
Tale libertà consente a ciascuno di concludere o non concludere contratti; di determinarne l'oggetto, i tempi, i modi di esecuzione e le altre condizioni.

Ho assunto un operaio e abbiamo concordato che avrà un giorno di riposo ogni tre settimane e cinque giorni di ferie l'anno. Ora costui viene a dirmi che quell'accordo è illegittimo e che per legge gli spettano più giorni di riposo e di ferie. Ma io mi domando: se non posso più concordare ciò che voglio, dove è finita la mia libertà contrattuale!?

La libertà contrattuale, sebbene sia molto ampia, trova limite e indirizzo nelle norme che in via generale regolano i contratti. Tali norme possono avere un carattere *imperativo* o essere semplicemente *dispositive*. Vediamo la differenza.

Art. 1374 c.c.
Integrazione del contratto

Il contratto obbliga le parti non solo a quanto è nel medesimo espresso, ma anche a tutte le conseguenze che ne derivano secondo la legge [...].

PERCORSO D — OBBLIGAZIONI E CONTRATTI

Norme imperative

Norme imperative (dette anche inderogabili) sono quelle le cui disposizioni debbono essere assolutamente rispettate dai contraenti.

Si riconoscono dalla perentorietà dell'espressione usata, che non ammette deroghe: *le parti devono...*, *le parti non possono...*, *ogni clausola contraria è nulla...* Esse si inseriscono d'autorità nel contratto, integrandolo o addirittura sostituendo eventuali clausole difformi apposte dalle parti.
Per esempio, è del tutto irrilevante che in un contratto di lavoro non siano state menzionate ferie e riposi settimanali perché qualsiasi contratto di lavoro viene automaticamente integrato da una *norma imperativa* (l'art. 2109 c.c.) la quale dispone che il dipendente ha diritto a un giorno di riposo per ogni settimana di lavoro e a un periodo di ferie retribuito ogni anno.
Qualsiasi clausola contraria a questa disposizione sarebbe nulla.

Norme dispositive

Ho litigato con un amico a cui ho venduto il mio motorino. Lui ritiene che fosse compreso nel prezzo anche il parabrezza e io dico che non era compreso. Chi ha ragione?

Accade spesso che le parti, nel concludere un contratto, concordino solo gli elementi principali, dimenticando quelli accessori. E ciò può essere fonte di spiacevoli contrasti. Per prevenire liti e incomprensioni l'ordinamento ha predisposto una serie di norme, dette dispositive o derogabili, che vanno automaticamente a colmare queste lacune.

▶ **Norme dispositive**, o *derogabili*, sono quelle alle cui disposizioni le parti possono derogare. Ma se espressamente non vi derogano, rimangono vincolate a quanto la norma dispone. La soluzione al caso sopra esposto la troviamo nell'art. 818 c.c. (norma derogabile) il quale stabilisce che gli atti giuridici aventi per oggetto la cosa principale (nel nostro caso il motorino) comprendono anche le pertinenze (nel nostro caso il parabrezza) se non è diversamente concordato dalle parti. Come è facile comprendere, al legislatore non importa nulla delle vicende di un parabrezza, ma per evitare liti e incomprensioni stabilisce che, *se non è stato disposto diversamente*, questo deve intendersi compreso nel prezzo.

Le norme dispositive, pertanto, hanno una duplice funzione:

- per un verso ci lasciano liberi di regolare autonomamente i nostri interessi (parabrezza sì/parabrezza no);
- per l'altro ci consentono di concludere velocemente i nostri contratti, concordando solo i punti essenziali, nella consapevolezza che ogni altra questione è comunque da esse regolata.

Rientra nel principio di autonomia contrattuale anche la possibilità di concludere **contratti atipici**, cioè contratti non rientranti nei *tipi* specificatamente disciplinati dalla legge. Ne faremo ampia menzione nell'Unità 3.

In mancanza di ogni limite alla libertà contrattuale, le imprese che offrono servizi essenziali, come l'erogazione di energia elettrica, acqua e gas, potrebbero imporre agli utenti condizioni contrattuali particolarmente sfavorevoli, gli imprenditori potrebbero imporre ai dipendenti orari di lavoro eccessivamente gravosi, le banche potrebbero imporre ai clienti meno importanti condizioni di prestito particolarmente onerose, e così via. Naturalmente non è detto che tutto ciò effettivamente accada, ma proprio per evitare che possa accadere si ritiene opportuno ricercare un giusto equilibrio tra la libertà individuale e la tutela degli interessi generali.

Derogabile viene da *derogare*, che significa "non osservare quanto stabilito dalla legge".
Pertinenze (art. 817 c.c.) sono le cose destinate in modo durevole a servizio o a ornamento di un'altra cosa (parabrezza e moto, autoradio e automobile, finestre e abitazione, ecc.).

148

Riguardando gli appunti

1. UNITÀ

1. Che cos'è un'obbligazione?

- L'obbligazione è un rapporto giuridico nel quale una parte, detta debitore, è obbligata a eseguire una prestazione suscettibile di valutazione economica in favore di un'altra, detta creditore.
- Il diritto riconosciuto al creditore è chiamato diritto di obbligazione o di credito. È un diritto personale, relativo e patrimoniale perché l'oggetto della prestazione deve poter essere valutabile in denaro.

2. Che cos'è la prestazione?

- La prestazione è il comportamento che il debitore deve tenere o il risultato che deve raggiungere. Può consistere in un dare, in un fare o in un non fare.
- La prestazione deve essere suscettibile di valutazione economica e corrispondere a un interesse, anche non patrimoniale, del creditore (art. 1174 c.c.).

3. Che cosa sono le obbligazioni naturali?

- Nelle obbligazioni naturali il debitore esegue la sua prestazione non perché obbligato dalla legge, ma per obbedire a un dovere morale o per senso di correttezza.
- Nelle obbligazioni naturali il debitore non è obbligato alla prestazione, ma se adempie spontaneamente non potrà più ripetere (cioè chiedere indietro) quanto prestato.
- Le obbligazioni diverse da quelle naturali sono dette obbligazioni civili.

4. Quali sono le fonti delle obbligazioni?

- In base all'art. 1173 c.c. le obbligazioni possono derivare da contratto, da fatto illecito o da altri atti o fatti idonei a produrle in conformità dell'ordinamento giuridico.

5. Come è definito il contratto?

- L'art. 1321 c.c. definisce il contratto come l'accordo tra due o più parti per costituire, regolare o estinguere tra loro un rapporto giuridico di natura patrimoniale.
- Il contratto costituisce il più diffuso modo di acquisto dei diritti reali e la più frequente fonte di obbligazioni.

6. Come si scioglie il contratto?

- Il contratto può essere sciolto per mutuo consenso, cioè con l'accordo di tutte le parti.
- Lo scioglimento unilaterale è ammesso solo nei casi previsti dalla legge (recesso legale).
- Il contratto può sciogliersi anche per rescissione o risoluzione.

7. Quali effetti produce il contratto tra le parti e nei confronti dei terzi?

- In base all'art. 1372 c.c., il contratto ha forza di legge tra le parti.
- Il contratto non produce effetti nei confronti dei terzi, salvo i casi previsti dalla legge (come il *contratto a favore del terzo*).

8. Che cosa si intende per autonomia contrattuale?

- L'autonomia contrattuale è il principio per cui ciascuno è libero di concludere o non concludere contratti, determinarne l'oggetto, i tempi, i modi di esecuzione, e così via.
- L'autonomia contrattuale incontra il limite delle norme imperative.

9. Che cosa sono le norme imperative?

- Le norme imperative sono norme inderogabili, cioè norme che devono essere necessariamente rispettate dai contraenti. Qualsiasi clausola contraria è nulla.

10. Che cosa sono le norme dispositive?

- Le norme dispositive sono dette anche derogabili, perché le parti possono decidere di discostarsi da quanto esse prevedono. Se però le parti non lo fanno, allora rimangono vincolate a quanto tali norme prevedono.

11. Quali contratti sono atipici?

- Atipici sono chiamati i contratti che non rientrano nelle tipologie regolate dalla legge. La possibilità di stipulare contratti atipici è conseguenza del generale principio di autonomia contrattuale.

Verifica le tue conoscenze

Completamento

Completa lo schema utilizzando le seguenti parole: *fatti illeciti*; *costituire*; *ordinamento giuridico*; *patrimoniale*; *atti*; *accordo*; *fatti*; *parti*; *danno ingiusto*; *regolare*; *contratti*.

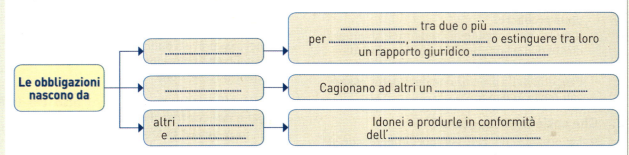

Test a risposta multipla

Indica con una crocetta l'affermazione esatta.

1. **In un rapporto obbligatorio, il diritto attribuito al creditore è:**
   A. reale, relativo e patrimoniale
   B. personale, assoluto e patrimoniale
   C. personale, relativo e non patrimoniale
   D. personale, relativo e patrimoniale

2. **In generale, il contratto può essere sciolto:**
   A. dal giudice
   B. unilateralmente
   C. da un terzo
   D. solo per mutuo consenso

3. **Una clausola contrattuale contraria a una norma imperativa:**
   A. è comunque valida perché voluta dalle parti
   B. è valida solo se nessuna delle parti la impugna
   C. è nulla
   D. non è opponibile a terzi

4. **Le norme dispositive sono:**
   A. norme derogabili dalle parti
   B. norme non derogabili dalle parti
   C. norme previste dalle disposizioni di legge
   D. norme rivolte alla parte passiva del rapporto

5. **Se il debitore di un'obbligazione naturale adempie spontaneamente:**
   A. ha solamente obbedito a un obbligo giuridico
   B. può chiedere la ripetizione di quanto ha pagato
   C. non può chiedere la ripetizione di quanto ha pagato
   D. può invocare la mala fede del creditore

Ma davvero?

Il diritto si affaccia nei discorsi di ogni giorno. A volte, però, a sproposito. Leggi e rifletti.

«Non credo che da grande mi sposerò!» dice la tua amica Jenny. La sua affermazione ti sorprende: «Ma come, se ti commuovi sempre con i film d'amore... Sei una ragazza così romantica!» le dici. «Proprio per questo non voglio sposarmi!» ribatte lei. «Ciò che conta sono i sentimenti fra due persone e non il matrimonio, che di per sé è solo un contratto!».

Jenny sembra sicura di ciò che dice. Ma davvero... il matrimonio è un contratto?

OBBLIGAZIONI E CONTRATTI

PERCORSO **D**
UNITÀ **2**

I requisiti del contratto: l'accordo tra le parti

1. Quali sono i requisiti del contratto

Conversando con un imprenditore immobiliare gli ho manifestato la generica intenzione di vendere una mia casa e lui si è subito detto disposto ad acquistarla. Ora mi ha telefonato dicendo che devo rispettare l'accordo preso e consegnargli la casa. Secondo me è fuori di testa!

Certamente sì. **I requisiti del contratto** (detti anche *elementi essenziali*) necessari perché sorga un vincolo, sono, come stabilisce l'art. 1325 c.c.:

- l'accordo delle parti;
- la causa;
- l'oggetto;
- la forma, quando è prescritta dalla legge, sotto pena di nullità.

Se manca uno di questi requisiti (o elementi essenziali) non c'è contratto. Nel caso sopra esposto è incompleto l'oggetto (non è stato concordato il prezzo) e soprattutto manca la forma scritta necessaria per i contratti aventi a oggetto beni immobili.

ELEMENTI ESSENZIALI DEL CONTRATTO
- Accordo
- Causa
- Oggetto
- Forma

2. Quando si raggiunge l'accordo

Un accordo è, in via generale, un'intesa in merito a un determinato oggetto. Come insegna la normale esperienza, affinché si raggiunga un'intesa occorre che qualcuno faccia una proposta («voglio vendere questo computer per 700 euro») e che qualcun altro l'accetti («va bene, lo compero per 700 euro»). *La proposta* e *l'accettazione* sono due momenti fondamentali nel raggiungimento dell'accordo e nella conclusione del contratto. Sia l'una che l'altra, però, per essere vincolanti devono possedere alcuni requisiti.

▶ **La proposta** deve contenere tutti gli estremi essenziali del contratto da concludere. Se ne manca anche uno solo non è una proposta.

▶ **L'accettazione** deve essere conforme alla proposta.

Per esempio, se proponiamo a un nostro cliente l'acquisto di una partita di merce a 1000 euro e questi ci risponde che accetta per 800 euro, non ha accettato la nostra proposta ma ne ha fatta una nuova che noi siamo liberi di accettare o di rifiutare.

Art. 1326, comma 5, c.c.
Conclusione del contratto
Un'accettazione non conforme alla proposta equivale a nuova proposta.

151

> **Inviti a proporre**
> sono le inserzioni pubblicitarie o i cartelli con scritto "vendesi" o altre simili comunicazioni che non contengano tutti gli elementi essenziali del contratto e pertanto non possono essere considerati proposte vincolanti in caso di accettazione. Esse costituiscono un invito a iniziare una trattativa.

Il contratto è concluso, stabilisce l'art. 1326, comma 1, c.c., nel momento in cui chi ha fatto la proposta ha conoscenza dell'accettazione dell'altra parte.

Individuare questo momento è di grande importanza perché solo da quell'istante i contraenti sono giuridicamente vincolati.

Possono verificarsi, a tale proposito, due ipotesi.

- **I contraenti sono presenti**, oppure comunicano per telefono (e sono, dunque, virtualmente presenti).
  In questo caso l'accettazione è immediatamente conosciuta dal proponente e il contratto si conclude all'istante.

- **I contraenti sono distanti** e comunicano tra loro per lettera, e-mail, fax o altro mezzo. In questo caso, come prevede l'art. 1326 c.c., il contratto si perfeziona solo quando il proponente riceve la comunicazione dell'avvenuta accettazione.

▶ **L'accettazione deve giungere al proponente**, precisa l'art. 1326 c.c., nel termine da lui stabilito o in quello ordinariamente necessario secondo la natura dell'affare o secondo gli usi.

▶ **L'accettazione tardiva** libera il proponente dal suo impegno.

E se nel frattempo una delle parti ci avesse ripensato e non volesse più concludere il contratto?

▶ **La proposta può essere revocata**, stabilisce l'art. 1328 c.c., finché il contratto non è concluso.

▶ **L'accettazione può essere revocata**, aggiunge la medesima norma, solo se la revoca giunge a conoscenza del proponente prima della lettera di accettazione.

3. La presunzione di conoscenza

Ho inviato per posta a un mio cliente una proposta di vendita e ho appena ricevuto la sua accettazione. Nel frattempo però mi è capitata l'occasione di vendere la stessa merce a un'altra persona e a miglior prezzo. Posso sostenere con il mio cliente di non aver potuto prendere conoscenza della sua accettazione perché ero in viaggio?

L'art. 1335 c.c. rende inutile il ricorso a questo tipo di espedienti. Stabilisce infatti la norma che:

"La proposta, l'accettazione, la loro revoca e ogni altra dichiarazione diretta a una determinata persona si reputano conosciute nel momento in cui *giungono all'indirizzo del destinatario* se questi non prova di essere stato, *senza sua colpa*, nell'impossibilità di averne notizia."

E la giurisprudenza ritiene che sia *senza colpa* solo chi non abbia potuto avere notizia della proposta o dell'accettazione a causa di un evento eccezionale ed estraneo alla sua volontà.

L'art. 1335 c.c. stabilisce che si reputano conosciute, quando giungono all'indirizzo del destinatario, non solo le proposte o revoche di contratto, ma **qualsiasi dichiarazione diretta a persona determinata**.

Ciò vuol dire, per esempio, che l'avviso di convocazione di un'assemblea o la comunicazione di assunzione o di licenziamento, o la lettera di incarico per una supplenza annuale, si danno per conosciuti dal destinatario nel momento in cui giungono al suo indirizzo.

Per *indirizzo* si deve intendere, secondo la Cassazione, qualsiasi luogo (residenza, dimora, domicilio, luogo di lavoro) che risulti in concreto nella sfera di dominio e controllo del destinatario.

4. L'accordo espresso o tacito

▶ **Il contratto può essere concluso**:

- **in modo espresso**, cioè con parole, scritti, gesti;
- **in modo tacito**, con comportamenti dai quali si desume, senza possibilità di equivoco, la concorde volontà delle parti.

Per esempio è abbastanza frequente che i grossisti, ricevendo proposte di acquisto da parte di clienti abituali, inviino loro direttamente la merce, senza comunicare una preventiva accettazione. Con l'*esecuzione diretta* della prestazione si manifesta in modo tacito ma non equivocabile l'intenzione di accettare la proposta di acquisto.

Il valore del silenzio

Ho ricevuto la proposta di acquisto di una enciclopedia con la clausola che se non rifiuto entro un certo termine o non restituisco i volumi campione, il mio silenzio verrà inteso come accettazione tacita. Sono veramente obbligato a rispondere o a comperare?

No, perché un dovere di parlare o di fare (come rispondere o rispedire i volumi) non può essere imposto dal proponente al destinatario della proposta.

▶ **Il detto "chi tace acconsente"** non trova applicazione generale nel nostro ordinamento.

▶ **Il silenzio può assumere valore di accettazione**:

- solo se le parti, precedentemente e di comune accordo, gli hanno attribuito questo significato (può accadere tra imprenditori);
- oppure nei casi espressamente indicati dalla legge. Per esempio, se la società telefonica di cui siamo clienti ci comunica una variazione delle condizioni contrattuali e noi seguitiamo a servircene, il nostro silenzio assume valore di accettazione tacita delle nuove condizioni.

153

PERCORSO D — OBBLIGAZIONI E CONTRATTI

5. La proposta irrevocabile e l'offerta al pubblico

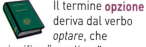

Nella proposta irrevocabile e nell'offerta al pubblico è fondamentale che venga stabilito un **termine** perché l'ordinamento non favorisce vincoli perpetui. In mancanza del termine, la proposta deve comunque considerarsi revocabile, a prescindere dalla qualificazione che le è stata data.

Supponiamo di rivolgerci al titolare di un autosalone per chiedergli di vendere la nostra vecchia auto. Questi potrà essere disposto a impegnarsi per trovarci un compratore ma, ragionevolmente, vorrà essere garantito sulla serietà delle nostre intenzioni. Se dopo qualche giorno avessimo un ripensamento, infatti, egli avrebbe lavorato inutilmente.

È possibile allora che ci inviti a sottoscrivere una *proposta irrevocabile di vendita*.

==La proposta irrevocabile==, regolata dall'art. 1329 c.c., è una proposta di contratto che il proponente si impegna a non revocare prima del termine stabilito.

==L'offerta al pubblico== è invece una *proposta* non rivolta a una persona determinata ma a una generalità di persone, cosicché chiunque possa esprimere la propria accettazione.

Sono esempi di **offerta al pubblico** (vincolante in caso di accettazione) la vendita con il metodo *self service* o per mezzo di distributori automatici, l'offerta mediante catalogo di opere librarie, l'offerta del servizio di parcheggio a pagamento, l'offerta di servizio taxi.

▶ **L'offerta al pubblico:**

- è **vincolante per il proponente**, dispone l'art. 1336, comma 1, c.c., soltanto se contiene gli estremi essenziali del contratto che si propone;
- **può essere revocata**, stabilisce ancora l'art. 1336, comma 2, c.c., nella stessa forma in cui è stata fatta.

6. Il patto di opzione e il diritto di prelazione

Nella mia città è in vendita una libreria. La mia famiglia sarebbe disposta ad acquistarla, ma ci serve un po' di tempo per rifletterci e per controllare che si verifichino talune condizioni. Come possiamo garantirci che nel frattempo non venga venduta ad altri?

Il termine **opzione** deriva dal verbo *optare*, che significa "scegliere".

In questi casi si può cercare di concludere, con il venditore, un *patto di opzione*.

==L'opzione== è un accordo (un vero e proprio contratto) previsto dall'art. 1331 c.c., con il quale una delle parti si obbliga a mantenere ferma la sua proposta e l'altra si riserva il diritto di accettarla o di rifiutarla entro il termine stabilito.

Nella pratica commerciale, chi vuole riservarsi l'**opzione** generalmente deve pagare un prezzo proporzionale all'entità dell'affare che vuole concludere e al tempo entro cui si riserva di concluderlo.

Diversa dall'opzione è la "prelazione":

==il diritto di prelazione== (*prelazione* significa "preferenza") è il diritto di essere preferiti ad altri, a parità di condizioni, nella eventuale conclusione di un futuro contratto.

==Tale diritto può derivare da un accordo tra le parti, e allora si tratta di una **prelazione volontaria**, oppure per effetto della legge, e allora si tratta di **prelazione legale**.==

154

I requisiti del contratto: l'accordo tra le parti   UNITÀ 2

Alcune **ipotesi di prelazione** legale sono previste, per esempio:

- dalla legge n. 817/1971, per la quale chi vuole vendere un terreno agricolo deve prima offrirlo, a parità di condizioni, ai coltivatori diretti proprietari di fondi confinanti;
- dall'art. 732 c.c., per il quale il coerede che intenda alienare la propria quota di eredità deve prima offrirla, a parità di condizioni, agli altri coeredi.

La prelazione legale consente di ottenere la restituzione della cosa anche dal terzo che l'abbia acquistata in violazione del diritto di prelazione (art. 732 c.c.).

▶ **La differenza tra prelazione e opzione** può essere così schematizzata:

- chi è titolare di un diritto di opzione si trova nella posizione di poter decidere se concludere oppure no il contratto di cui sono stati già fissati gli estremi;
- chi è titolare di un diritto di prelazione può solo pretendere di essere preferito a terzi se e quando l'altra parte deciderà di contrattare.

7. Che cos'è la responsabilità precontrattuale

Stavo per costruire cento pedalò per conto di un imprenditore turistico e a questo scopo avevo potenziato la mia struttura produttiva. Ma all'ultimo momento costui ha interrotto le trattative e alle mie rimostranze ha risposto che, non essendo ancora stato concluso il contratto, non aveva alcun obbligo nei miei confronti. È vero?

Il caso sopra esposto sembra configurare una chiara ipotesi di *responsabilità precontrattuale*.

==**La responsabilità precontrattuale**, stabilisce l'art. 1337 c.c., è la responsabilità nella quale incorre chi non si comporti secondo buona fede nella fase delle trattative, cioè *prima* che il contratto sia concluso.==

La **responsabilità precontrattuale** è anche chiamata, con espressione latina, *culpa in contrahendo*.

▶ **Sono comportamenti contrari alla buona fede**, secondo il prevalente orientamento della giurisprudenza:

- il recesso senza giusta causa dalle trattative quando queste sono giunte a uno stadio così avanzato da indurre l'altra parte a fare affidamento sulla conclusione del contratto;
- la mancata comunicazione all'altra parte di circostanze e fatti che questa non avrebbe potuto conoscere e che, se conosciuti, sarebbero stati *determinanti* (quindi non di poco rilievo) per la formazione o meno dell'accordo. Rientra in questa ipotesi il caso dell'impresa immobiliare che comperi a poco prezzo un terreno agricolo non edificabile, senza comunicare al venditore che una variante al piano regolatore sta per renderlo edificabile.

Il giudice, chiamato a decidere sulla mancanza di buona fede nelle trattative precontrattuali, valuterà la condotta delle parti confrontandola con quella che normalmente si tiene, per quel tipo di affare, nell'ambiente in cui esse operano.

Art. 1337 c.c.
Trattative e responsabilità precontrattuale
 Le parti, nello svolgimento delle trattative e nella formazione del contratto, devono comportarsi secondo buona fede.

PERCORSO D

OBBLIGAZIONI E CONTRATTI

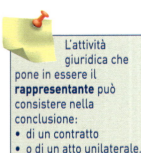

L'attività giuridica che pone in essere il **rappresentante** può consistere nella conclusione:
- di un contratto
- o di un atto unilaterale.

Il rappresentante che sottoscriva **contratti in nome altrui** di solito utilizza espressioni come: *Tizio rappresentante di Caio, Tizio per Caio* o simili.

Si ha **rappresentanza legale** quando il ricorso al rappresentante non è una scelta volontaria ma è un obbligo imposto dalla legge. È il caso del minore o dell'interdetto che, per legge, debbono essere rappresentati dai genitori o dal tutore assegnato loro dal giudice.

8. La rappresentanza nel contratto

Generalmente ciascuno di noi conclude personalmente i contratti a cui è interessato.

Tuttavia talvolta è utile, e in taluni casi addirittura indispensabile, che siano altri a farlo per nostro conto. Per esempio:

- è utile per un imprenditore avere dei collaboratori che lo rappresentino in alcuni atti relativi alla propria attività imprenditoriale;
- è indispensabile per un *incapace di agire* avere chi lo rappresenti nei negozi giuridici che egli non può validamente compiere.

==La rappresentanza== è l'istituto per cui un soggetto (detto rappresentante), investito dell'apposito potere, si sostituisce a un altro (detto rappresentato) nel compimento di un'attività giuridica.

Chi assume l'obbligazione

Sono un produttore di cereali e ho venduto una partita di grano a una grande impresa alimentare che l'ha acquistata attraverso un suo rappresentante. Poiché non sono stato pagato, vorrei sapere se devo chiamare in giudizio il rappresentante, che materialmente ha sottoscritto il contratto, o l'imprenditore.

La questione non è di poco conto. Sappiamo che in caso di inadempimento il creditore potrà rivalersi sul patrimonio del debitore ed è ragionevole credere che il patrimonio dell'imprenditore offra una garanzia più solida di quello del suo rappresentante.

In termini generali allora dobbiamo chiederci: chi risponde per gli obblighi assunti dal rappresentante?

Troviamo risposta al quesito nell'art. 1388 c.c.:
"Il contratto concluso dal rappresentante in nome e nell'interesse del rappresentato [...] produce direttamente effetto nei confronti del rappresentato."

Solo se il rappresentante non dichiara di agire per conto altrui, il contratto produce effetti direttamente nei suoi confronti e a lui, nel caso sopra esposto, dovrebbe rivolgersi il produttore di cereali per il pagamento della somma dovuta.

Qual è la funzione della procura

Una persona si è presentata nel mio ufficio qualificandosi come rappresentante di un imprenditore, incaricato di trattare la vendita di una certa partita di merce. Io sarei interessato all'acquisto ma ho un dubbio: chi mi garantisce che costui rappresenti realmente la persona che sostiene di rappresentare e che possieda realmente i poteri che afferma di possedere?

I requisiti del contratto: l'accordo tra le parti   UNITÀ **2**

In casi come questo possiamo fugare i nostri sospetti chiedendo al preteso rappresentante di mostrarci la sua *procura*.

==La procura== è un atto unilaterale con il quale un soggetto conferisce a un altro il potere di rappresentarlo in uno o più negozi giuridici.

▶ **La procura può essere** speciale o generale:

- **la procura speciale** autorizza a trattare un singolo determinato affare;

- **la procura generale** autorizza a trattare tutti gli affari del rappresentato o tutti gli affari di un certo tipo, come, per esempio, quelli inerenti alla gestione di un ramo dell'impresa.

La revoca o **la modifica della procura**, stabilisce l'art. 1396 c.c., devono essere portate a conoscenza dei terzi con mezzi idonei, altrimenti non sono a questi opponibili.

Che cos'è il mandato

Come abbiamo visto, il rappresentante è un soggetto che agisce nell'interesse di un altro soggetto il quale gli rilascia una *procura* che lo legittima ad agire in suo nome di fronte a terzi.
Per quale ragione, tuttavia, il rappresentante assume tale compito?

Generalmente il rappresentante è legato al rappresentato da un contratto. Può trattarsi:

- di un contratto di lavoro (un dirigente tratta affari in nome e per conto dell'impresa; un commesso vende in nome e per conto del titolare del negozio e così via);

- di un contratto di agenzia;

- di un contratto di *mandato*.

==Il mandato== è il contratto con il quale una parte (detta *mandatario*), generalmente dietro compenso, si obbliga a compiere uno o più atti giuridici per conto dell'altra parte (detta *mandante*).

▶ **Il mandato può essere** concordato con o senza rappresentanza.

- **Se il mandato è con rappresentanza** (art. 1704 c.c.), il mandatario esibirà la procura e dichiarerà di agire in nome e per conto del mandante. In questo caso il mandante assumerà direttamente i diritti e gli obblighi derivanti dagli atti compiuti in suo nome.

- **Se il mandato è senza rappresentanza** (art. 1705 c.c.), il mandatario spenderà il suo nome e gli effetti dei suoi atti ricadranno nella sua sfera giuridica. Successivamente, con un atto separato, provvederà a trasferire al mandante i diritti acquisiti.

UNITÀ 2 — Riguardando gli appunti

1. Quali sono i requisiti del contratto?

- Sono requisiti (o elementi essenziali) del contratto: l'accordo delle parti; la causa; l'oggetto; la forma, quando prescritta dalla legge a pena di nullità.

2. Quali caratteri devono possedere la proposta e l'accettazione?

- La proposta deve contenere gli estremi essenziali del contratto che si vuole concludere.
- L'accettazione deve essere conforme alla proposta. In caso contrario vale come nuova proposta.

3. Quando si considera perfezionato il contratto?

- L'accordo si considera raggiunto e il contratto perfezionato quando chi ha fatto la proposta prende conoscenza dell'accettazione dell'altra parte.
- Se i contraenti sono distanti, la proposta, l'accettazione e la loro revoca si reputano conosciute nel momento in cui giungono all'indirizzo del destinatario.

4. Come opera la presunzione di conoscenza?

- In base all'art. 1335 c.c. la proposta e la revoca di contratto, così come qualsiasi dichiarazione diretta a persona determinata, si presumono conosciute nel momento in cui giungono all'indirizzo del destinatario a meno che questi non provi di essere stato, senza sua colpa, nell'impossibilità di averne notizia.

5. Come può essere manifestato l'accordo?

- Il contratto può essere concluso in modo espresso (cioè con parole, scritti, gesti) oppure tacito (cioè con comportamenti dai quali si desume in modo inequivoco la concorde volontà delle parti).
- Il silenzio può assumere valore di accettazione solo se le parti, precedentemente e di comune accordo, vi abbiano attribuito tale significato; oppure nei casi espressamente indicati dalla legge.

6. Che cosa sono la proposta irrevocabile e l'offerta al pubblico?

- La proposta irrevocabile è una proposta di contratto che il proponente si impegna a non revocare prima del termine stabilito (art. 1329 c.c.).
- L'offerta al pubblico è una proposta rivolta a una generalità di persone perché chiunque possa esprimere la propria accettazione. Il proponente è vincolato alla proposta solo se essa contiene gli estremi essenziali del contratto che si propone; può essere revocata nella stessa forma in cui è stata fatta (art. 1336 c.c.).

7. Che cosa sono il patto di opzione e il diritto di prelazione?

- L'opzione è un patto, generalmente a titolo oneroso, con cui una parte si obbliga a mantenere ferma la sua proposta e l'altra parte si riserva di comunicare, entro un certo tempo, se l'accetta o meno.
- La prelazione è il diritto attribuito a una parte, per legge o per accordo, di essere preferita ai terzi, a parità di condizioni, nella conclusione futura ed eventuale di un contratto.

8. Quando si incorre nella responsabilità precontrattuale?

- Stabilisce l'art. 1337 c.c. che nelle trattative che precedono la conclusione del contratto, ciascuna parte deve comportarsi secondo buona fede. In caso contrario può essere condannata al risarcimento dei danni causati.

9. Che cos'è la rappresentanza?

- La rappresentanza è l'istituto per cui un soggetto (detto rappresentante), investito dell'apposito potere, si sostituisce a un altro (detto rappresentato) nel compimento di una attività giuridica.

10. Che cosa sono la procura e il mandato?

- La procura è l'atto unilaterale con cui un soggetto conferisce a un altro il potere di rappresentarlo in uno o più negozi giuridici. Può essere speciale (se relativa a un determinato affare) o generale (se riguarda tutti gli affari del rappresentato o tutti gli affari di un certo tipo).
- Il mandato è il contratto con il quale una parte (mandatario) si obbliga a compiere uno o più atti giuridici per conto dell'altra (mandante).

Verifica le tue conoscenze

UNITÀ 2

Completamento

Completa lo schema utilizzando le seguenti parole: *estremi essenziali*; *accettazione*; *parti*; *presunzione*; *requisiti*; *conforme*; *nuova proposta*; *tacito*.

Test a risposta multipla

Indica con una crocetta l'affermazione esatta.

1. **Sono requisiti del contratto:**
   A. la proposta, l'accettazione conforme alla proposta, l'accordo delle parti
   B. l'accordo delle parti, la causa, l'oggetto, la forma se richiesta dalla legge
   C. la firma delle parti, la causa, l'oggetto
   D. la causa, il termine, la forma scritta

2. **L'accordo è raggiunto e il contratto si considera, di regola, perfezionato quando:**
   A. l'accettazione giunge a conoscenza del proponente
   B. l'altro contraente accetta la proposta
   C. l'accettante lascia scadere il termine per rifiutare la proposta
   D. il proponente dà inizio all'esecuzione del contratto

3. **Si ha una proposta irrevocabile di contratto quando:**
   A. la proposta contiene tutti gli elementi essenziali del contratto da concludere
   B. la revoca è esclusa per legge
   C. il proponente si impegna a non revocare la proposta prima del termine stabilito
   D. la possibilità di revoca non è esplicitamente contemplata nella proposta

4. **Se un soggetto, investito dell'apposito potere, si sostituisce a un altro nel compimento di un'attività giuridica:**
   A. siamo in presenza del contratto di mandato
   B. siamo in presenza di una surrogazione
   C. siamo in presenza di una sostituzione
   D. siamo in presenza dell'istituto della rappresentanza

5. **Che cos'è il diritto di prelazione?**
   A. è il diritto di decidere se concludere o no il contratto di cui sono stati già fissati gli estremi
   B. è il diritto di essere preferiti ad altri nella conclusione di un futuro contratto
   C. è il diritto di ricevere una proposta irrevocabile di contratto
   D. è il diritto a che l'altra parte si comporti lealmente in fase precontrattuale

Ma davvero?

Il diritto si affaccia nei discorsi di ogni giorno. A volte, però, a sproposito. Leggi e rifletti.

Sei a pranzo dalle tue zie, che ti raccontano una spiacevole vicenda. «Tempo fa un antiquario ci ha proposto di acquistare la nostra collezione di stampe antiche. Noi ci abbiamo pensato su un bel po', ma alla fine ci siamo decise a comunicare che accettavamo l'offerta. Lui ha risposto che ormai era troppo tardi e la sua offerta non più valida. Ci ha preso in giro!»

Le zie sembrano sicure di ciò che dicono. Ma davvero... l'antiquario si è preso gioco di loro respingendone l'accettazione?

159

UNITÀ D3

OBBLIGAZIONI E CONTRATTI

Gli altri requisiti del contratto e gli elementi accidentali

Elementi essenziali del contratto, lo ricordiamo, sono:
- l'accordo tra le parti;
- la causa;
- l'oggetto;
- la forma, quando è prescritta dalla legge.

Due esempi piuttosto singolari di mancanza di causa ci giungono dalla casistica giurisprudenziale:
- il contratto con il quale il marito cede alla propria moglie un bene immobile in cambio della promessa di avere da lei cure, assistenza e ospitalità è nullo per mancanza di causa in quanto il coniuge è già tenuto a tali prestazioni per previsione di legge, trattandosi di obblighi nascenti dal matrimonio;
- il contratto concluso da un soggetto con una chiromante per ottenere la protezione astrale è nullo per mancanza di causa.

1. Che cos'è la causa del contratto

Nel linguaggio corrente il termine *causa* indica un evento che ne produce un altro: la pioggia può essere causa di frane, il rumore può essere causa di sordità e così via.

In tema di contratti assume, invece, il significato tecnico di *funzione*.

La causa è la funzione che, in via generale, ogni tipo di contratto assolve sul piano economico e sociale.

Per esempio:
- la causa (o funzione) del contratto di compravendita è lo scambio di cosa contro denaro;
- la causa (o funzione) del contratto di locazione è il godimento di un bene in cambio di un canone periodico;
- la causa (o funzione) del contratto di lavoro è l'offerta di energie lavorative in cambio di una retribuzione periodica.

La causa del contratto non varia al variare dell'oggetto. Per esempio, la causa del contratto di vendita è sempre lo scambio di cosa contro denaro, sia che la vendita abbia per oggetto un ciclomotore o una nave da crociera. Similmente, la causa del contratto di locazione è sempre la medesima, sia che abbia a oggetto un piccolo appartamento o un intero palazzo.

 Perché dedichiamo tanta attenzione alla causa del contratto? È importante sapere quale funzione assolve un certo tipo di accordo?

È molto importante, perché per l'ordinamento **il contratto è nullo**:
- se manca la causa;
- o se la causa è illecita.

Consideriamo singolarmente queste due ipotesi.

L'assenza di causa

L'ordinamento ritiene che la causa manchi negli accordi la cui funzione non è rilevante sul piano economico e sociale.

160

Per esempio è meritevole di tutela (e quindi è un contratto) l'accordo stipulato con un'agenzia di viaggi. Non lo è l'accordo concluso con alcuni amici per fare un viaggio insieme.

Nel primo caso l'accordo ha una causa (o funzione) che l'ordinamento ritiene meritevole di tutela. Ciò comporta che in caso di inadempimento ciascuna parte può rivolgersi al giudice e chiedere il risarcimento del danno.

Nel secondo caso *manca la causa* e ciò non consente a nessuno di chiedere il risarcimento del danno se il viaggio va a monte.

La causa illecita

Se il portiere di una squadra di calcio si accorda con uno scommettitore per far perdere la propria squadra, ma viene scoperto e la partita viene annullata, potrà ugualmente pretendere di avere la somma concordata con lo scommettitore?

La risposta è negativa perché:

==la causa illecita rende il contratto nullo==, e l'accordo non vincola le parti agli impegni assunti.

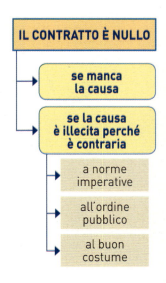

▶ **La causa è illecita**, dispone l'art. 1343 c.c., quando è contraria:

- a norme imperative;
- all'ordine pubblico;
- al buon costume.

▶ **Norme imperative**, lo sappiamo, sono quelle le cui disposizioni non si possono disattendere.
Ha causa (o funzione) contraria a norme imperative, per esempio, il contratto di acquisto di animali da macello malati (di cui la legge vieta la vendita) o di macchinari industriali privi di sistemi antinfortunio (di cui la legge vieta l'utilizzazione) e così via.

▶ **L'ordine pubblico** è il complesso di regole, anche non scritte, che si desumono dai principi fondamentali dell'ordinamento giuridico. Esse si ricavano implicitamente dalla Costituzione, dai codici e dalle altre leggi ordinarie. Per esempio, un contratto assicurativo che garantisse gli evasori fiscali dal rischio di essere scoperti dagli ispettori dall'amministrazione finanziaria, pur non violando alcuna specifica norma di legge sarebbe ugualmente nullo perché contrario all'ordine pubblico. Non c'è dubbio, infatti, che un simile accordo costituirebbe un incentivo a non rispettare la normativa fiscale e si porrebbe, pertanto, in aperto contrasto con il principio (fondamentale in ogni ordinamento) che impone il rispetto di tutte le norme giuridiche.

Se la causa è illecita per violazione di norme imperative o dell'ordine pubblico, il contratto è nullo e ciascuno può pretendere la ripetizione (cioè la restituzione) di ciò che ha pagato.
Se la causa è illecita per contrarietà al buon costume, il contratto è ugualmente nullo ma, per quanto dispone l'art. 2035 c.c., le prestazioni già eseguite non si possono ripetere.

▶ **Il buon costume**, invece, è l'insieme dei principi di moralità e onestà a cui si ispira l'ordinamento nel suo complesso.

2. Qual è la differenza tra causa e motivo

Il motivo è la ragione personale che determina un soggetto a concludere uno specifico contratto.

Esso è, dunque, cosa diversa dalla causa, la quale costituisce, come abbiamo già detto, la funzione economico-sociale del contratto.

Per esempio, se acquistiamo un terreno:

- la *causa* del contratto è lo scambio di cosa (il terreno) contro denaro (il prezzo d'acquisto);
- il *motivo* che ci induce all'acquisto, invece, può essere il desiderio di coltivarlo, di costruirci un'abitazione, di compiere una speculazione immobiliare e così via.

È importante la distinzione tra causa e motivo?

È molto importante perché, mentre l'illiceità della causa produce la nullità del contratto, l'illiceità del motivo è generalmente irrilevante sul piano giuridico. Per esempio, se qualcuno acquista una nostra officina meccanica con il segreto intento di utilizzarla per modificare auto rubate, il motivo che determina il compratore all'acquisto è illecito, ma la causa del contratto (vendita di azienda) è lecita e dunque il contratto è perfettamente valido.

▶ **Il motivo illecito** rende illecito il contratto solo nell'ipotesi prevista dall'art. 1345 c.c.:
"Il contratto è illecito quando le parti si sono determinate a concluderlo esclusivamente per un motivo illecito comune a entrambe."

Per esempio, sarebbe nullo per illiceità del motivo il contratto di locazione di un appartamento da destinare a bisca clandestina se, proprio in vista di tale illecita utilizzazione, il proprietario chiedesse, e il conduttore accettasse, un canone particolarmente elevato.

3. La causa atipica e la libertà contrattuale

Quando ci siamo occupati dell'autonomia o libertà contrattuale, nell'Unità 1, abbiamo accennato al fatto che tale libertà comprende anche la facoltà, per le parti, di utilizzare contratti disciplinati dalla legge (detti per questo contratti *tipici*) oppure di dare vita a forme contrattuali nuove la cui funzione (o *causa*) non è prevista dall'ordinamento.

Contratti tipici (o con causa tipica) sono quelli che rientrano nei *tipi* previsti e disciplinati dalla legge.

Sono **contratti tipici** la vendita, la locazione, l'appalto, il trasporto, il deposito, il mutuo e altri di cui ci occuperemo più avanti.

Contratti atipici (o con causa atipica) sono quelli che non rientrano nei *tipi* previsti e disciplinati dalla legge.

Sono **contratti atipici**, per esempio, il contratto di sponsorizzazione, i nuovi contratti bancari e anche i più recenti contratti di Borsa.
Non è raro che contratti nati atipici siano successivamente disciplinati dalla legge diventando, in tal modo, tipici.
Così è avvenuto, per esempio, per il contratto di *factoring*, trasformato in contratto tipico dalla legge n. 52 del 1991; per il contratto di multiproprietà, divenuto tipico per effetto del d.lgs. n. 427 del 1998; per il contratto di *franchising*, divenuto tipico per effetto della legge n. 129 del 2004; e così via.

▶ **I contratti atipici** sono consentiti dall'art. 1322, comma 2, c.c. nel quale è disposto che:

- le parti possono anche concludere contratti che non appartengono ai tipi aventi una disciplina particolare,
- purché siano diretti a realizzare interessi meritevoli di tutela secondo l'ordinamento giuridico (in pratica: purché abbiano una causa lecita).

 I contratti atipici sono privi di ogni regolamentazione?

I contratti atipici, stabilisce l'art. 1323 c.c., pur se privi di una specifica regolamentazione sono comunque soggetti alle norme generali sui contratti.

4. L'oggetto del contratto

L'oggetto del contratto è la *prestazione* che una parte si obbliga a eseguire in favore dell'altra oppure il *bene* o il *diritto* (reale o di credito) che viene trasferito da una parte all'altra.

IL CONTRATTO È NULLO SE L'OGGETTO È
- impossibile
- illecito
- indeterminato
- indeterminabile

Per esempio nel contratto di trasporto l'oggetto è costituito dall'esecuzione di una *prestazione*, consistente nel trasportare persone o cose da un luogo all'altro.

▶ **L'oggetto del contratto**, secondo quanto stabilisce l'art. 1346 c.c., deve essere:
- possibile;
- lecito;
- determinato o almeno determinabile.

▶ **È nullo**, si evince dall'art. 1418, comma 2, c.c., il contratto il cui oggetto sia:
- impossibile;
- illecito;
- indeterminato o indeterminabile.

L'oggetto possibile

▶ **Oggetto possibile** significa che l'esecuzione della prestazione o il trasferimento del diritto debbono essere *giuridicamente* e *materialmente* possibili.

- *Impossibile giuridicamente* è, per esempio, la vendita di beni del demanio pubblico (reperti contenuti nei musei, spiagge, porti, fiumi, ecc.) perché, come precisa l'art. 823 c.c., questi beni sono inalienabili.
- *Impossibile materialmente* è, per esempio, il trasferimento del diritto di proprietà su una cosa che non è mai esistita o non esiste più. Per esempio, se un armatore comperasse una nave in navigazione nel Mar Rosso e poi scoprisse che la nave era naufragata prima dell'acquisto, potrebbe invocare la nullità del contratto per *impossibilità dell'oggetto*.

L'oggetto lecito

▶ **Oggetto lecito** significa che l'esecuzione di una data prestazione o il trasferimento del diritto su una certa cosa non devono essere vietati da norme imperative, né devono essere contrari ai principi dell'ordine pubblico e del buon costume.

L'oggetto determinato o determinabile

▶ **Oggetto determinato** significa che la cosa o la prestazione debbono essere chiaramente definite in modo da non generare equivoci o incertezze.

▶ **Oggetto determinabile** significa che la cosa o la prestazione, pur non essendo esattamente individuate al momento della conclusione del contratto, potranno esserlo in futuro, in base a riferimenti certi inseriti nel contratto stesso.

Un esempio di oggetto determinabile può esserci offerto dal contratto di mutuo a tasso variabile, nel quale la somma totale da restituire (l'oggetto del contratto) non viene determinata al momento della conclusione, ma sarà determinabile in base a parametri prefissati.

Le cose future

Ho contrattato l'acquisto di una casa ancora da costruire e ho versato un considerevole anticipo. Non corro il rischio di sentirmi dire che il contratto è nullo perché l'oggetto ancora non esiste?

Il dubbio è comprensibile e potrebbe assalirci anche se, per esempio, avessimo acquistato dei prodotti industriali ancora da fabbricare o una quantità di prodotti agricoli ancora da raccogliere o una partita di minerali ancora da estrarre.

Ci rassicura l'**art. 1348 c.c.**, nel quale leggiamo che:
"La prestazione di cose future può essere dedotta in contratto, salvo i particolari divieti di legge."

Ciò significa che anche una cosa attualmente inesistente può formare oggetto di contratto se è suscettibile, in futuro, di venire a esistenza.
Potremo dunque validamente acquistare case ancora da costruire, automobili ancora da fabbricare, vini ancora da produrre e così via.

Gli altri requisiti del contratto e gli elementi accidentali — UNITÀ 3

- L'acquisto della proprietà, si evince dallo stesso articolo, si verifica solo se e quando la cosa *viene a esistenza*.
- Se la cosa non viene a esistenza, stabilisce l'art. 1472 c.c., la vendita è nulla, tranne che le parti non abbiano voluto concludere un contratto *aleatorio*, cioè rimesso all'alea, alla sorte (vedi, per questo, l'Unità 8).

5. Quando la forma è requisito essenziale del contratto

La forma è il modo in cui si manifesta la volontà dei contraenti.

Come regola generale la forma è libera e le parti possono manifestare la propria volontà contrattuale come preferiscono.
Possono farlo con parole, con gesti, o anche per iscritto, se vogliono precostituirsi un mezzo di prova da utilizzare nell'eventualità che sorga una controversia. Oppure possono farlo in modo tacito, attraverso i cosiddetti comportamenti concludenti.
Tanta libertà lasciata alle parti risponde all'esigenza pratica di facilitare al massimo la circolazione della ricchezza e di non porre inutili complicazioni alla conclusione dei contratti.

Tuttavia l'ordinamento, in deroga a questo principio generale, dispone che taluni tipi di contratto, ritenuti di particolare importanza e gravità, siano fatti *in forma scritta*.

▶ **La forma scritta può consistere**:

- in una scrittura privata;
- in un atto pubblico;
- in un documento informatico che il *Codice dell'amministrazione digitale* equipara alla forma scritta.

▶ **È nullo**, stabilisce l'art. 1418 c.c., il contratto che non rispetti la forma imposta dalla legge come requisito essenziale.

Quali contratti sono così importanti da richiedere l'atto scritto?

Dalla lettura dell'**art. 1350 c.c.** apprendiamo che debbono essere redatti in forma scritta:

- innanzitutto i contratti immobiliari, cioè quelli che trasferiscono la proprietà di beni immobili oppure costituiscono, modificano o trasferiscono altri diritti reali su beni immobili, o hanno per oggetto la locazione di beni immobili;
- alcuni atti indicati dalla legge, per esempio i contratti costitutivi di società di capitali o di consorzi (artt. 2328, 2475, 2603 c.c.), il contratto di assunzione in prova (art. 2096 c.c.), la donazione (art. 782 c.c.) e pochi altri.

Nella vendita *su carta* di immobili ancora da costruire (stabilisce il d.lgs. n. 122 del 2005) deve essere consegnata all'acquirente una fideiussione bancaria o assicurativa, a garanzia delle somme riscosse. In questo modo se il costruttore incappasse in una crisi finanziaria prima che l'immobile sia terminato l'acquirente potrà riavere tutte le somme versate da chi ha rilasciato la fideiussione.

L'atto pubblico è un atto compilato da un notaio e sottoscritto dalle parti secondo le forme previste dalla normativa notarile.

LA FORMA SCRITTA DEL CONTRATTO PUÒ ESSERE RICHIESTA
- per la validità
- come prova

La forma come prova

Ci sono alcuni tipi di contratto per la cui validità la legge non richiede la forma scritta ma che, in caso di contrasti tra le parti, possono essere provati in giudizio solo esibendo un documento scritto.

Rientrano in questa categoria, per esempio, il **contratto di assicurazione** (art. 1888 c.c.), il **contratto di transazione**, cioè l'accordo con cui le parti pongono fine a una lite o prevengono una possibile lite (art. 1967 c.c.), i **contratti che hanno per oggetto il trasferimento di un'azienda** (art. 2256 c.c.).

6. A che cosa serve la trascrizione del contratto

Sappiamo tutti, per diffusa esperienza, che quando acquistiamo un immobile il notaio provvede alla *trascrizione* del contratto di acquisto nei registri immobiliari.

==La trascrizione== (talvolta detta *registrazione*) ==è il modo previsto dall'ordinamento per dare pubblicità ad alcuni atti e fatti giuridici.==

Tra i contratti soggetti a trascrizione, secondo quanto dispongono gli artt. 2643, 2645, 2645 *bis* e 2683 c.c., segnaliamo:

- i contratti che trasferiscono la proprietà di beni immobili e di beni mobili registrati;
- i contratti che costituiscono, trasferiscono, modificano altri diritti reali su beni immobili o beni mobili registrati.

▶ **La trascrizione serve** a garantire certezza negli scambi. Un esempio ci aiuterà a comprendere.

Immaginiamo di voler acquistare un appartamento. È ragionevole che, prima di pagare la somma concordata, vogliamo essere certi che il venditore sia proprietario dell'immobile e che questo non sia gravato da diritti reali minori o da ipoteche. Come accertare tutto ciò risparmiando tempo e denaro? L'ordinamento, per velocizzare gli scambi, ha predisposto appositi registri nei quali le persone possono annotare le vicende relative ai loro beni immobili e mobili registrati (passaggi di proprietà, costituzione di diritti reali minori, di ipoteche, di comunioni, ecc.). Consultando tali registri chiunque potrà trovarvi le informazioni a cui è interessato.

Chi ci assicura che le persone trascrivano sempre ciò che va trascritto?

Ce lo assicura il fatto che trascrivere gli atti è conveniente per tutti e sarebbe privo di logica non provvedervi.

L'ordinamento, infatti, opera una **presunzione di conoscenza**: ciò che è stato trascritto si presume conosciuto da tutti, mentre ciò che non è stato trascritto si presume ignorato e non è opponibile ai terzi.

> **Per ottenere la trascrizione** nel pubblico registro, dispone l'art. 2657 c.c., occorre che il contratto abbia la forma dell'atto pubblico o della scrittura privata con sottoscrizione autenticata.

Cerchiamo di cogliere con un esempio il significato di questa presunzione. Immaginiamo di essere proprietari di un albergo in montagna e di aver acquistato una servitù di veduta sul terreno antistante, senza però aver trascritto l'atto di acquisto del nostro diritto. Se qualcuno compera quel terreno per costruirci un grosso stabile, potremo opporgli la nostra servitù?

La risposta è negativa perché **ciò che non è trascritto** si presume ignorato dai terzi e non è a essi opponibile.

Per tale ragione si dice che:

- **la trascrizione è un onere**, cioè un compito che conviene assolvere,
- **ma non è un obbligo**, perché il contratto non trascritto è ugualmente valido tra le parti; solo, non è opponibile ai terzi.

> **Il contratto non trascritto** non è efficace nei confronti dei terzi, ma è pienamente efficace tra le parti. I contraenti, infatti, non hanno bisogno di controllare il pubblico registro per sapere ciò che essi stessi hanno concordato.

7. Quali sono gli elementi accidentali del contratto

Rientra nella libertà delle parti la possibilità di apporre al contratto condizioni o termini.
La condizione e il termine costituiscono i cosiddetti *elementi accidentali*. *Accidentali* significa che possono esserci o non esserci, ma se *per accidente* ci sono, si considerano parte integrante del contratto.

Il termine

==Il termine è il tempo a partire dal quale o allo scadere del quale il contratto inizia a produrre o cessa di produrre i suoi effetti.==

▶ **Si ha termine iniziale** quando gli effetti del contratto iniziano a decorrere da una certa data: per esempio un contratto di lavoro con decorrenza iniziale dal prossimo mese.

▶ **Si ha termine finale** quando gli effetti del contratto cessano alla scadenza del termine stabilito: per esempio i contratti di lavoro a tempo determinato.

Quando il termine è "essenziale"

Dispone l'art. 1457 c.c. che il contratto è *risolto*, cioè *sciolto di diritto*, se per la prestazione di una delle parti era stato fissato un termine da ritenersi *essenziale e tale termine non è stato rispettato*.

▶ **Il termine può ritenersi essenziale**, secondo la giurisprudenza, solo se dal contratto emerge chiaramente la volontà delle parti di ritenere inutile l'esecuzione della prestazione oltre la scadenza concordata (per esempio sarebbe ormai inutile la consegna di uno *stand fieristico quando la fiera è terminata*).

Non è sufficiente, invece, a consentire la risoluzione del contratto la violazione delle cosiddette **clausole di stile** *(entro e non oltre il termine di...). Da tale violazione, secondo l'orientamento della giurisprudenza, potrebbe scaturire al massimo il diritto a un risarcimento del danno.*

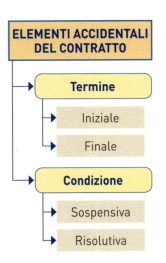

ELEMENTI ACCIDENTALI DEL CONTRATTO
- Termine
  - Iniziale
  - Finale
- Condizione
  - Sospensiva
  - Risolutiva

La condizione

Immaginiamo di concludere un contratto di acquisto di un immobile condizionato all'ottenimento di un mutuo bancario. Il contratto è perfezionato e valido dal momento della sua conclusione ma i suoi effetti rimarranno sospesi fino a quando non si verificherà quell'evento *futuro* (la concessione del mutuo) e *incerto* (non sappiamo se la banca ce lo concederà) che è stato posto come condizione.

In questo caso siamo in presenza di una condizione *sospensiva.*

Se, invece, affittiamo un fondo a un agricoltore con la condizione che l'affitto terminerà quando quel terreno diverrà edificabile, avremo una situazione completamente diversa: il contratto, validamente formato, produce subito i suoi effetti (l'agricoltore avrà il terreno e noi i soldi dell'affitto) ma verrà risolto (cioè sciolto) non appena si verificherà la condizione posta.

In questo caso siamo in presenza di una condizione *risolutiva.* Possiamo pertanto dire che:

==**la condizione**, contemplata dall'art. 1353 c.c., è un avvenimento futuro e incerto al verificarsi del quale le parti subordinano l'efficacia del contratto.==

▶ **È sospensiva** quando gli effetti del contratto non si producono prima del suo verificarsi.

▶ **È risolutiva** quando gli effetti del contratto cessano al suo verificarsi.

▶ **Se la condizione è illecita** perché contraria a norme imperative, all'ordine pubblico o al buon costume, il contratto a cui è apposta è nullo.

Riguardando gli appunti

3 UNITÀ

1. **Che cosa si intende per causa del contratto?**
   - La causa è la funzione che, in via generale, ogni tipo di contratto assolve sul piano economico e sociale.
   - Il contratto è nullo se manca la causa, o se la causa è illecita.

2. **In quali casi la causa è illecita?**
   - A norma dell'art. 1343 c.c. la causa è illecita quando è contraria a norme imperative, all'ordine pubblico e al buon costume.
   - Le norme imperative sono quelle le cui disposizioni non possono essere derogate dalle parti.
   - L'ordine pubblico è il complesso di regole, scritte e non, che si desumono dai principi fondamentali dell'ordinamento.
   - Il buon costume è l'insieme dei principi di moralità e onestà ai quali si ispira l'ordinamento nel suo complesso.

3. **Qual è la differenza tra causa e motivo?**
   - Il motivo è la ragione personale che determina un soggetto a concludere un certo contratto. La causa invece è la funzione economico-sociale del contratto
   - L'illiceità del motivo è di norma irrilevante, salvo l'ipotesi prevista dall'art. 1345 c.c.: se le parti hanno concluso il contratto per un motivo illecito comune a entrambe, il contratto è illecito.

4. **Che cosa sono i contratti tipici e i contratti atipici?**
   - I contratti tipici sono quelli che rientrano nei tipi previsti dalla legge. I contratti atipici non rientrano nei tipi previsti dalla legge, e sono ammessi purché diretti a realizzare interessi meritevoli di tutela (art. 1322 c.c.). I contratti atipici seguono le norme generali sui contratti (art. 1323 c.c.).

5. **Che cosa si intende per oggetto del contratto?**
   - L'oggetto indica la prestazione che una parte si obbliga a eseguire in favore dell'altra, oppure il bene o il diritto (reale o di credito) che viene trasferito da una parte all'altra.
   - L'oggetto del contratto deve essere, stabilisce l'art. 1346 c.c., possibile, lecito, determinato o almeno determinabile.

   - È nullo il contratto il cui oggetto sia impossibile, illecito, indeterminato o indeterminabile (1418 c.c.).

6. **Che cosa si intende per forma del contratto?**
   - La forma è il modo in cui si manifesta la volontà dei contraenti. In generale, la forma è libera.
   - Per alcuni contratti particolarmente importanti, l'ordinamento prescrive però la forma scritta. Può consistere in una scrittura privata, in un atto pubblico, in un documento informatico.
   - In base all'art. 1418 c.c., è nullo il contratto che non rispetti la forma imposta dalla legge come requisito essenziale.

7. **A che cosa serve la trascrizione del contratto?**
   - La trascrizione (o registrazione) del contratto serve per dare pubblicità ad alcuni atti e fatti giuridici e garantire certezza negli scambi: ciò che è stato trascritto si presume conosciuto da tutti ed è opponibile a terzi.
   - La trascrizione è un onere ma non un obbligo: il contratto non trascritto è valido tra le parti, ma non opponibile a terzi.

8. **Quali sono gli elementi accidentali del contratto?**
   - Gli elementi accidentali, cioè rimessi alla discrezionalità delle parti, sono la condizione e il termine. Se previsti dalle parti, tali elementi diventano parte integrante del contratto.

9. **Che cosa si intende per termine e condizione?**
   - Il termine è il tempo a partire dal quale il contratto comincia a produrre effetti (termine iniziale), o allo scadere del quale cessa di produrli (termine finale).
   - La condizione è un avvenimento futuro e incerto al verificarsi del quale le parti subordinano l'efficacia del contratto. Se illecita, rende nullo il contratto.
   - La condizione è detta *sospensiva* quando gli effetti del contratto non si producono prima del suo verificarsi; *risolutiva* quando gli effetti del contratto cessano al suo verificarsi.

Verifica le tue conoscenze

Completamento

Completa lo schema utilizzando le seguenti parole: *essenziali*; *termine*; *condizione*; *iniziale*; *forma*; *accordo*; *risolutiva*; *finale*; *sospensiva*; *accidentali*; *causa*; *oggetto*.

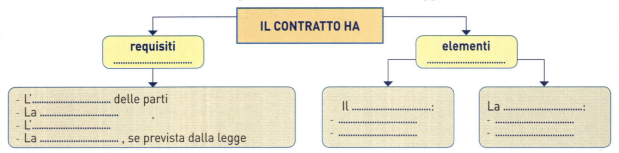

Test a risposta multipla

Indica con una crocetta l'affermazione esatta.

1. **Se la causa del contratto è contraria all'ordine pubblico:**
   A. il contratto è annullabile
   B. il contratto è nullo
   C. le parti non possono ripetere le prestazioni già eseguite
   D. è irrilevante, purché il motivo del contratto sia lecito

2. **L'illiceità del motivo:**
   A. ha le medesime conseguenze dell'illiceità della causa
   B. è sempre irrilevante sul piano giuridico
   C. è irrilevante, a meno che il motivo illecito sia stato determinante per il proponente
   D. è irrilevante, a meno che le parti abbiano concluso il contratto esclusivamente per un motivo illecito comune a entrambe

3. **Per il contratto di assicurazione la forma scritta:**
   A. è prevista come requisito essenziale
   B. non è un requisito essenziale ma serve a fini di prova
   C. è necessaria perché il contratto va trascritto
   D. deve essere redatta da un notaio

4. **Se le parti stabiliscono che gli effetti del contratto cesseranno al verificarsi di un certo evento siamo in presenza di:**
   A. un termine finale
   B. una condizione sospensiva
   C. una condizione risolutiva
   D. una clausola di stile

5. **La trascrizione del contratto:**
   A. è obbligatoria nei contratti che trasferiscono la proprietà di immobili e mobili registrati
   B. se non viene effettuata, il contratto non è valido tra le parti
   C. non è obbligatoria, e perciò rappresenta un elemento accidentale del contratto
   D. non è obbligatoria, ma in sua assenza il contratto non è opponibile a terzi

Ma davvero?

Il diritto si affaccia nei discorsi di ogni giorno. A volte, però, a sproposito. Leggi e rifletti.

Il signor Incerti ha in mente di concludere un certo affare e sta sfogliando il Codice civile in cerca di ispirazione. Ma le ricerche non sembrano soddisfarlo. «Insomma! Ormai mi sono letto tutto il Codice civile senza trovare il tipo di contratto che faccia al caso mio. E ora come faccio? Non posso mica inventarmi un contratto non previsto dal Codice!»

Il signor Incerti sembra sicuro di ciò che dice. Ma davvero... è vincolato ai soli tipi di contratto disciplinati dal Codice?

OBBLIGAZIONI E CONTRATTI

La variazione dei soggetti nelle obbligazioni

PERCORSO D — UNITÀ 4

1. Quando una parte succede a un'altra

Prima che un'obbligazione (derivata da contratto o da altra fonte) giunga a scadenza, può accadere che mutino i soggetti che si trovano nella parte attiva o nella parte passiva del rapporto. Si dice, in questi casi, che si è verificata una *successione*.

==La successione è il subentrare nell'obbligazione di un soggetto al posto di un altro.==

Può avvenire:

- **nella parte attiva**, mediante *cessione del credito* o *surrogazione*;
- **nella parte passiva**, mediante *delegazione*, *accollo* ed *espromissione*.

2. La successione nella parte attiva

La cessione del credito (artt. 1260-1267 c.c.)

Mio padre è un piccolo imprenditore ed è nei guai. Nei contratti che ha concluso con i suoi clienti ha concesso loro dilazioni di pagamento eccessive e ora non ha denaro per pagare i suoi debiti. Che cosa può fare?

La soluzione più ragionevole, in questo e altri casi simili, è cercare di cedere a qualcuno i propri crediti.

==Con la cessione del credito un soggetto trasferisce a un terzo il credito che vanta nei confronti del debitore.==

Il debitore ceduto deve essere d'accordo?

Non è necessario che il debitore acconsenta alla cessione. Questi deve comunque eseguire la prestazione e per lui è irrilevante dover pagare un soggetto oppure un altro.
Tuttavia, come prevede l'art. 1264 c.c., è opportuno comunicare al debitore l'avvenuta cessione per non correre il rischio che costui si liberi pagando in buona fede al vecchio creditore.

A chi si può cedere un credito?

Si può cedere a chiunque, ma i soggetti più adatti a questo tipo di operazioni sono le banche o le imprese di *factoring*.
Ci occuperemo del contratto di *factoring* nella parte dedicata al diritto commerciale, ma intanto possiamo anticipare che operano sul mercato imprese che rilevano da altre imprese i crediti non ancora scaduti pagandoli subito, al netto di una percentuale che trattengono a titolo di commissione.
Anche la girata delle cambiali costituisce un caso, per altro molto comune, di cessione del credito. La cambiale, la lettera di vettura, la fede di deposito sono documenti nati proprio per rendere tale cessione rapida e sicura.

E se il debitore "ceduto" non pagasse?

Come si evince dall'art. 1267 c.c., il cedente è tenuto a garantire solo l'esistenza del credito e non è responsabile per il comportamento del debitore. Ciò vuol dire che se questi non paga dovremo sobbarcarci l'onere di chiamarlo in giudizio.

Tuttavia, nella pratica commerciale, chi rileva un credito solitamente pretende che il creditore cedente garantisca il pagamento. Ciò viene fatto inserendo nell'accordo di cessione clausole del tipo **salvo buon fine** o **pro solvendo** o altre simili.
In tal modo, se il debitore non paga, il cedente dovrà restituire al cessionario quanto ha da lui ricevuto, più gli interessi, le spese e il risarcimento del danno.

La surrogazione (artt. 1201-1205 c.c.)

Il termine *surrogazione* significa "sostituzione".
Un'ipotesi abbastanza frequente di surrogazione si verifica nelle obbligazioni derivanti da *fatto illecito*, quando l'automobilista che ha subito un sinistro viene risarcito dalla propria compagnia di assicurazione e questa si sostituisce (o *si surroga*) a lui nel chiedere il risarcimento al responsabile del danno (o alla sua compagnia di assicurazione).

==Si ha surrogazione quando un soggetto, adempiendo un debito altrui, assume i diritti che il creditore aveva verso il debitore.==

3. La successione nella parte passiva

La delegazione (artt. 1268-1271 c.c.)

==La delegazione== si verifica quando un soggetto *delega* un terzo a pagare un suo debito.

Un caso frequente di delegazione si verifica con il pagamento di un debito mediante assegno bancario.
Emettendo un assegno non facciamo altro che *delegare* la banca a pagare il nostro debito. Il nostro creditore, accettando l'assegno, accetta che la banca si sostituisca a noi nel pagamento. Da parte sua, la banca esegue la delega perché, con un precedente contratto di conto corrente, le abbiamo affidato i nostri risparmi e quindi essa è nostra debitrice per la somma depositata. Se così non fosse non eseguirebbe certo il nostro ordine.

Presupposto della delegazione, pertanto, è l'esistenza di due diversi rapporti obbligatori che hanno un soggetto in comune che chiamiamo *delegante*.

Il delegante si trova a essere contemporaneamente creditore verso chi viene *delegato* a pagare e debitore verso un altro soggetto detto *delegatario*.

Il bisticcio di termini può essere meglio chiarito con uno schema che illustri questa triangolazione. Se riprendiamo l'esempio dell'assegno bancario avremo:

▶ **Rapporto di provvista** viene chiamata l'obbligazione fra delegante e delegato.

▶ **Rapporto di valuta** è l'obbligazione tra delegante e delegatario.

 Se il debitore delegato non pagasse?

La risposta è nell'art. 1268 c.c.:
"[...] il debitore originario non è liberato dalla sua obbligazione, salvo che il creditore dichiari espressamente di liberarlo [...]".

 Delegazione è un termine che viene dal verbo *delegare* che significa "incaricare", "affidare ad altri" un certo compito.

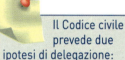 Il Codice civile prevede due ipotesi di delegazione:
- **la delegazione di pagamento**, con la quale il debitore delegato si impegna a pagare *subito* il debito del delegante. Ne sono applicazioni pratiche l'*assegno bancario*, la *cambiale tratta* e il *mandato di pagamento*;
- **la delegazione di debito**, con la quale il debitore delegato assume l'obbligazione del delegante e l'adempirà quando questa verrà a scadenza.

L'accollo (art. 1273 c.c.)

Il termine *accollo* proviene dal verbo *accollare* che significa, in linea generale, "assumersi un impegno".

Immaginiamo di leggere un annuncio commerciale su cui è scritto: «Vendesi immobile per 80 mila euro più 20 mila euro di mutuo residuo».

Che cosa vuol dire? Vuol dire che il venditore ci propone di acquistare un immobile del valore di 100 mila euro pagandone solo 80 mila e *accollandoci* (cioè assumendoci l'impegno di pagare) il debito di 20 mila euro che egli ha verso la banca.

Più in generale possiamo dire che:

L'accollo è il contratto con il quale una parte assume il debito che l'altra ha verso un terzo.

Il debitore originario è liberato solo se il creditore aderisce all'accordo ed espressamente dichiara di volerlo liberare.

L'espromissione (art. 1272 c.c.)

Il termine *espromissione* è di origine tardo-latina e significa "promessa".

L'espromissione è l'istituto per cui un terzo, *senza alcuna delegazione* da parte del debitore, spontaneamente ne assume il debito verso il creditore.

L'espromittente, che con tale atto si obbliga nei confronti del creditore, può concludere con questi un *accordo di surrogazione* per effetto del quale, quando avrà pagato, assumerà nei confronti del debitore gli stessi diritti che aveva il creditore originario.

Espromittente si chiama chi assume il debito.
Espromesso il debitore.
Espromissario il creditore.

Riguardando gli appunti

4 UNITÀ

1. Che cos'è la successione dei soggetti nelle obbligazioni?

- La successione è il subentrare di un soggetto al posto di un altro all'interno di un rapporto obbligatorio.
- La successione può riguardare la parte attiva, mediante cessione del credito o surrogazione, e la parte passiva, mediante delegazione, accollo o espromissione.

2. Che cosa si intende per cessione del credito?

- Con la cessione del credito un soggetto trasferisce a un terzo il credito che vanta nei confronti del debitore.
- Non è necessario che il debitore ceduto acconsenta alla cessione ma è opportuno informarlo per evitare che questi si liberi pagando in buona fede al vecchio creditore.
- Il cedente è tenuto a garantire solo l'esistenza del credito e non è responsabile se il debitore non paga, a meno che non sia prevista la clausola *salvo buon fine*, o *pro solvendo*.

3. Che cosa si intende per surrogazione?

- Si ha surrogazione quando un soggetto, adempiendo un debito altrui, assume i diritti che il creditore aveva verso il debitore.
- Un caso tipico di surrogazione si verifica nelle obbligazioni derivanti da fatto illecito, quando la compagnia di assicurazione che ha risarcito l'automobilista danneggiato si sostituisce (si surroga) a lui nel chiedere il risarcimento al danneggiante (o alla sua compagnia di assicurazione).

4. Che cos'è la delegazione?

- La delegazione si verifica quando un soggetto delega un terzo a pagare un suo debito. Un caso frequente è il pagamento di un debito mediante assegno bancario.
- Presupposto della delegazione è l'esistenza di due diversi rapporti obbligatori che hanno in comune un soggetto, chiamato *delegante*, il quale si trova a essere creditore verso chi viene *delegato* a pagare, e debitore verso un altro soggetto detto *delegatario*.

5. Che cosa si intende per rapporto di provvista e rapporto di valuta?

- Il rapporto di provvista è l'obbligazione che esiste tra delegante e delegato.
- Il rapporto di valuta è l'obbligazione che esiste tra delegante e delegatario.

6. Che cos'è l'accollo?

- L'accollo è il contratto con il quale una parte assume il debito che l'altra ha verso un terzo.
- Il debitore originario si libera solo se il creditore aderisce all'accordo ed espressamente dichiara di volerlo liberare.

7. Che cos'è l'espromissione?

- L'espromissione è l'istituto per cui un terzo, senza alcuna delegazione da parte del debitore, spontaneamente ne assume il debito verso il creditore.
- L'espromittente può concludere un accordo di surrogazione col creditore per effetto del quale, quando avrà pagato, assumerà nei confronti del debitore gli stessi diritti che aveva il creditore originario.

Verifica le tue conoscenze

Completamento

Completa la mappa utilizzando le seguenti parole: *delegazione*; *passivo*; *accollo*; *successione*; *cessione*; *espromissione*; *credito*; *surrogazione*.

Test a risposta multipla

Indica con una crocetta l'affermazione esatta.

1. **Nella cessione di un credito, il cedente:**
   A. è tenuto a garantire al cessionario che il debitore ceduto eseguirà la prestazione
   B. non è responsabile dell'inadempimento del debitore ceduto
   C. può obbligare il debitore ceduto a eseguire la prestazione se nella cessione è prevista la clausola "salvo buon fine"
   D. è tenuto a risarcire il cessionario del danno derivante dall'inadempimento del debitore se è prevista la clausola "salvo buon fine"

2. **Quando un soggetto, adempiendo un debito altrui, assume i diritti che il creditore aveva verso il debitore:**
   A. si ha una surrogazione
   B. si ha un accollo
   C. si ha un'espromissione
   D. si ha una delegazione

3. **Il rapporto di provvista indica:**
   A. nell'ambito dell'espromissione, l'obbligazione fra espromittente ed espromissario
   B. nell'ambito della cessione del credito, l'obbligazione fra cedente e cessionario
   C. nell'ambito di una delegazione, l'obbligazione fra delegante e delegato
   D. nell'ambito di una delegazione, l'obbligazione fra delegante e delegatario

4. **Nell'espromissione, il soggetto espromittente:**
   A. assume il debito su delega dello stesso debitore espromesso
   B. assume con il creditore un'obbligazione denominata rapporto di valuta
   C. stipula un contratto con il debitore per accollarsi il suo debito verso un terzo creditore
   D. può concludere col creditore un accordo di surrogazione per assumere i diritti che questi aveva verso il debitore

Ma davvero?

Il diritto si affaccia nei discorsi di ogni giorno. A volte, però, a sproposito. Leggi questa scena e prova a riflettere.

«Non capisco!» sbotta il vicino di casa parlando con tuo padre. «Dovevo pagare una somma di denaro al mio amico Giovanni. Ero pronto per consegnargliela, quando lui mi dice che non devo più pagarla a lui, ma a un altro suo conoscente che gli aveva prestato del denaro. Ma io i soldi li voglio restituire al mio amico Giovanni! Mi rifiuto di darli a un tizio che non conosco!».

Il vicino di casa sembra sicuro di ciò che dice. Ma davvero... può pretendere di pagare nelle mani del suo amico Giovanni?

OBBLIGAZIONI E CONTRATTI

PERCORSO D
UNITÀ 5

L'estinzione delle obbligazioni

1. Come si estingue un'obbligazione

Le obbligazioni, sia che nascano da un **contratto** o da un **fatto illecito** o dagli **altri atti o fatti** indicati dall'ordinamento, comportano sempre l'obbligo, per la parte passiva, di eseguire una *prestazione* in favore della parte attiva.

▶ **L'obbligazione si estingue** (e il debitore è liberato) quando la prestazione è stata eseguita.

Tuttavia eseguire non basta. Dispone infatti l'**art. 1218 c.c.** che:
"Il debitore che non esegue *esattamente* la prestazione dovuta è tenuto al risarcimento del danno [...]".

Che cosa vuol dire "esattamente"?

==**Esattamente** vuol dire che la prestazione deve essere eseguita con la giusta diligenza, dalla persona giusta, alla persona giusta, nel luogo e nel momento stabiliti dalla legge o dalle parti.==

Di tutti gli aspetti legati alla esecuzione della prestazione e delle liti che possono conseguirne ci occuperemo nei prossimi paragrafi.
Prima di iniziare, tuttavia, è importante sottolineare che, sebbene la nostra trattazione avrà come riferimento soprattutto le **obbligazioni contrattuali**, le regole che andremo a esporre si applicano, per quanto compatibili, a tutte le obbligazioni, e quindi anche:

- alle obbligazioni che nascono da un **fatto illecito**
- alle obbligazioni che nascono dagli altri atti e fatti indicati dall'ordinamento.

PER CAPIRE QUANDO L'ADEMPIMENTO È ESATTO OCCORRE DOMANDARSI

→ *quale diligenza* occorre impiegare

→ *chi* deve eseguire la prestazione

→ *a chi* va offerta la prestazione

→ *dove* va eseguita

→ *quando* va eseguita

2. Quale diligenza occorre perché l'adempimento sia esatto

Ho fatto dipingere le pareti della mia stanza. Ma guardandole con luce radente ho scoperto la presenza di qualche lieve ondulazione nell'intonaco. Poiché questo significa che non è stato ben rasato, posso sostenere che il pittore non ha lavorato con la dovuta diligenza?

La risposta ci viene dell'**art. 1176 c.c.**

▶ **Il primo comma** della norma dispone che:
"Nell'adempiere l'obbligazione il debitore deve usare la diligenza del buon padre di famiglia."

Con questa espressione, decisamente arcaica, il legislatore ha voluto indicare una **diligenza media**, risultante dal grado di attenzione e di impegno che una persona normale impiega.

Sul piano pratico, il limite della *diligenza media* comporta che il debitore non dovrà offrire una prestazione sciatta, ma anche che il creditore non potrà pretendere un impegno eccezionale.

Nel caso sopra esposto, pertanto, la lieve ondulazione fa sicuramente rientrare la prestazione del pittore edile nella *normale diligenza*.

▶ **Il secondo comma** dell'articolo in esame aggiunge che:
"Nell'adempimento delle obbligazioni inerenti all'esercizio di una attività professionale, la diligenza deve valutarsi con riguardo alla natura dell'attività esercitata."

Ciò vuol dire che il professionista (medico, avvocato, architetto), ma anche l'artigiano specializzato o l'imprenditore, dovranno impiegare, *oltre alla normale diligenza*, anche la speciale perizia e lo scrupoloso rispetto delle regole che attengono all'esercizio della loro professione.

> **In applicazione del secondo comma dell'art. 1176 c.c.**, la Corte di cassazione ha riconosciuto:
> - la responsabilità dell'avvocato che, violando il principio di diligenza, non aveva prospettato al cliente i rischi rilevanti della causa che si apprestava ad avviare (Cass., sez. II, n. 1459/30-07-2004);
> - la responsabilità del costruttore che si è obbligato a vendere e consegnare entro un certo termine un immobile per il quale aveva richiesto il permesso di costruzione senza controllare la presenza di fattori ostativi (Cass. n. 15712/2002);
> - la responsabilità del meccanico per il furto dell'auto lasciata in riparazione (Cass. n. 10116/1995).

QUESTIONI

La prestazione diversa

Se siamo creditori di una somma di denaro e il debitore, mancando di denaro liquido, pretende di darci in cambio la sua auto o un qualsiasi altro bene, siamo obbligati ad accettare?

L'art. 1197, comma 1, c.c. ci offre una sicura risposta:
"Il debitore non può liberarsi eseguendo una prestazione diversa da quella dovuta, anche se di valore uguale o maggiore, salvo che il creditore consenta [...]".

Ciò vuol dire che siamo liberi di rifiutare lo scambio anche se è maggiore il valore dei beni offerti in sostituzione della prestazione dovuta.

La prestazione parziale

Se il debitore ci offre solo una parte della prestazione dovuta, dobbiamo accettarla?

L'art. 1181 c.c. ci risponde che il creditore può rifiutare un adempimento parziale salvo che la legge o gli usi dispongano diversamente.

3. Chi deve eseguire la prestazione

Ho scritturato una cantante per una serata nel mio locale, ma questa mi ha mandato una sua corista dicendo che è ugualmente brava. Sono obbligata ad accettare la sostituzione?

Mi sono rivolto a un vettore per trasportare alcune casse di merce, ma alla consegna delle casse ho scoperto che il trasporto era stato eseguito da un altro vettore che io non ho mai conosciuto. Posso rifiutarmi di pagarlo?

▶ **Come regola generale** il creditore può pretendere che la prestazione sia eseguita personalmente dal debitore.

Tuttavia, come i casi sopra prospettati illustrano, è possibile che un terzo esegua (o si offra di eseguire) la prestazione al posto del debitore.
Che accade in questi casi?

▶ **L'adempimento del terzo** è regolato dall'art. 1180 c.c., che dispone quanto segue:
"L'obbligazione può essere adempiuta da un terzo, anche contro la volontà del creditore, se questi non ha interesse a che il debitore esegua personalmente la prestazione [...]".

Pertanto:

- **si può rifiutare** una prestazione fornita da persona diversa da quella che aveva assunto l'impegno tutte le volte in cui le qualità personali del debitore assumono obbiettiva rilevanza (pensiamo alla prestazione di un artista, di un cardiochirurgo, di un avvocato, di un decoratore e così via);
- **non si può rifiutare** una prestazione nella quale sia irrilevante l'identità di chi la esegue (come nel caso di un vettore diverso da quello che si era contrattualmente impegnato a eseguire il trasporto) perché ciò sarebbe senza ragione.

4. A chi e dove deve essere offerta la prestazione

▶ **Come regola generale**, stabilisce l'art. 1188 c.c., il pagamento deve essere fatto al creditore o al suo rappresentante.

Per quanto attiene al **luogo** in cui deve essere eseguita la prestazione, dall'art. 1182 c.c. si evince quanto segue:

- **le parti sono libere** di concordare il luogo dell'adempimento;
- **se le parti non concordano nulla** e l'indicazione non emerge dagli usi, dalla natura della prestazione o da qualche circostanza particolare (per esempio chi viene assunto in un'impresa dovrà, ovviamente, lavorare nel luogo in cui l'impresa ha sede) si applicano le altre disposizioni contenute nella norma.

5. Quando deve essere eseguita la prestazione

▶ **Le norme** che dispongono quando l'esecuzione deve avvenire sono contenute negli **artt. 1183-1187 c.c.** e, per gli aspetti essenziali, possono essere così sintetizzate:

- **le parti sono libere** di concordare il termine entro cui deve essere eseguita la prestazione;

Art. 1182 c.c.
Luogo dell'adempimento

L'obbligazione di consegnare una cosa certa e determinata deve essere adempiuta nel luogo in cui si trovava la cosa quando l'obbligazione è sorta. L'obbligazione avente per oggetto una somma di denaro deve essere adempiuta al domicilio che il creditore ha al tempo della scadenza. [...] Negli altri casi l'obbligazione deve essere adempiuta al domicilio che il debitore ha al tempo della scadenza.

- **se non concordano** alcun termine, il creditore può esigere subito la prestazione, tenuto conto, ovviamente, della natura di questa. Se, per esempio, ci siamo obbligati oggi a costruire una palazzina, il creditore non potrà certo pretendere che la consegniamo domani;
- **se concordano** un termine, questo si presume *a favore del debitore*. Ciò significa che il creditore non potrà esigere la prestazione prima della scadenza.

Tuttavia, il termine può anche essere posto:

- a favore del creditore (chi per esempio riceve merci in deposito nei propri magazzini non può liberarsi dall'obbligo di restituirle al creditore-depositante prima del termine convenuto);
- a favore di entrambe le parti, che rimangono vincolate a non pretendere né eseguire la prestazione prima del termine fissato.

6. Come si adempie alle obbligazioni parziarie e solidali

L'esperienza dimostra che quando in un rapporto obbligatorio una parte, sia essa creditrice o debitrice, è composta da più soggetti, l'adempimento può sollevare qualche problema.
Vediamo allora quali situazioni possono concretamente verificarsi.

L'obbligazione con più debitori

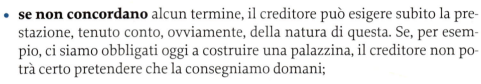

Un mio collega e io abbiamo commissionato a un architetto la ristrutturazione dello studio che condividiamo. Ma prima che il lavoro fosse terminato il mio collega si è trasferito. Vorrei sapere se dovrò pagare tutto o solo la mia parte.

La risposta dipende dal tipo di obbligazione che è stata contratta. Questa potrebbe essere *solidale* o *parziaria*.
Se le parti non si sono accordate diversamente, stabilisce l'**art. 1294 c.c.**, l'obbligazione con più debitori deve intendersi **solidale**.

▶ **La solidarietà nel lato passivo** consente al creditore di pretendere l'intera prestazione anche da uno solo dei condebitori. Quello che avrà pagato per tutti, chiarisce l'art. 1299 c.c., potrà poi rivalersi sugli altri.
Ma l'art. 1294 c.c. è una norma *dispositiva* o *derogabile* e ciò significa che il creditore, se lo trova utile o conveniente, può anche agevolare i suoi debitori concordando con loro un rapporto di parziarietà.

▶ **La parziarietà nel lato passivo** costringe il creditore a chiedere a ciascun debitore solo una parte della *prestazione*.
Nel caso sopra esposto dovrebbe essere ormai chiaro che l'architetto potrà pretendere il pagamento dell'intera somma anche da una sola persona, a meno che non abbia concordato con i suoi committenti un rapporto di parziarietà.

L'estinzione delle obbligazioni   UNITÀ 5

L'obbligazione con più creditori

Sto acquistando uno scooter di cui sono comproprietari due ragazzi. Uno dei due, consegnandomi la moto, pretende l'intero pagamento del prezzo concordato. Posso accontentarlo o non mi devo fidare?

Il problema, in termini generali, è il seguente: se in un'obbligazione vi sono più creditori può, uno di questi, esigere l'intera prestazione?
Anche l'obbligazione con più creditori può essere *parziaria* o *solidale* (in tal caso si parla di *parziarietà* o di *solidarietà attiva*).

In particolare:

- **se l'obbligazione è parziaria**, ciascuno dei creditori può esigere solo la parte di prestazione che gli compete;
- **se l'obbligazione è solidale**, anche uno solo dei creditori può pretendere l'intera prestazione.

Per regola generale l'obbligazione con più creditori deve intendersi **parziaria**. Diventa solidale solo nei casi previsti dalla legge oppure quando le parti lo hanno concordato.

Nel caso esposto, se non era diversamente concordato, l'acquirente dovrà pagare a ciascuno dei comproprietari dello scooter solo la parte di sua spettanza.

Due casi di solidarietà attiva sono ravvisabili negli artt. 1840 e 1854 c.c.

In particolare:

- l'art. 1840 c.c. stabilisce che, se una cassetta di sicurezza è intestata a più persone, la banca si libera dall'obbligo di custodia consentendo l'apertura della cassetta (e quindi il prelievo dell'intero contenuto) anche a uno solo dei cointestatari, salvo che non sia diversamente concordato;
- l'art. 1854 c.c. stabilisce che, nel caso in cui un conto corrente bancario sia intestato a più persone con facoltà di compiere operazioni anche separatamente, gli intestatari sono considerati creditori in solido. Ciò vuol dire che la banca sarà liberata anche pagando l'intera somma depositata a uno solo dei correntisti.

7. L'adempimento delle obbligazioni di risultato e di mezzi

Il medico che mi sta curando da più di due mesi non riesce a guarirmi. Devo ugualmente pagargli la parcella?

Ho affidato la mia auto a un elettrauto che non è riuscito ad aggiustarla. Tuttavia, poiché sostiene di averci lavorato una mattinata intera, pretende ugualmente di essere pagato. Che devo fare?

Le obbligazioni nelle quali la prestazione consiste in un *fare* possono presentarsi sotto il duplice aspetto di *obbligazioni di risultato* o *di mezzi*.

PERCORSO D — OBBLIGAZIONI E CONTRATTI

Obbligazioni di risultato sono quelle nelle quali il debitore si obbliga a raggiungere l'obiettivo concordato e si considerano adempiute solo *se l'obiettivo è stato raggiunto.*

Rientrano in questa vastissima categoria le obbligazioni assunte dai prestatori d'opera (meccanico, idraulico, elettrauto, ecc.), dalle imprese di costruzione, di manutenzione, di trasporto e così via.

Obbligazioni di mezzi sono quelle nelle quali il debitore si obbliga solo a porre a disposizione del creditore la propria opera senza garantire il risultato finale. Si considerano adempiute se la prestazione è stata *eseguita con la diligenza richiesta* dall'art. 1176 c.c.

Rientrano in questa categoria le obbligazioni assunte dai lavoratori subordinati e quelle generalmente assunte dai professionisti (medici, avvocati, consulenti, ecc.).

La risposta ai due quesiti iniziali dovrebbe ora essere chiara:

- si dovrà pagare la parcella al medico perché la sua obbligazione è *di mezzi* e consiste solo nel mettere a nostra disposizione la propria esperienza professionale. Egli non può garantirci una guarigione che potrebbe non verificarsi per cause a lui non imputabili;

- non si dovrà pagare il meccanico perché la sua obbligazione è *di risultato* e consiste nel conseguire lo specifico risultato (non raggiunto) di rendere funzionante l'auto che sta riparando.

QUESTIONI

La responsabilità del professionista negligente

Poiché, come abbiamo detto sopra, il professionista assume un'obbligazione di mezzi, non possiamo imputare a lui il mancato successo della prestazione, né chiedere il risarcimento del danno.

Possiamo però farlo se riteniamo che questi abbia operato con superficialità non rispettando la speciale diligenza che l'art. 1176 c.c. impone nell'esercizio di attività professionali.

Per esempio, in tema di danni da attività medico-chirurgica, la Suprema corte ha affermato che al paziente danneggiato è sufficiente provare l'aggravamento della situazione patologica, mentre resta a carico del sanitario o della struttura ospedaliera provare che la prestazione è stata eseguita in modo diligente e che gli esiti peggiorativi sono stati determinati da un evento imprevedibile (Cass. n. 577/2008).

La condotta del medico sportivo (nella specie, medico di una società calcistica a livello professionistico) deve essere valutata con maggiore rigore rispetto a quella del medico generico: in particolare, il suddetto medico ha l'obbligo di valutare le condizioni di salute del giocatore con continuità, anche in sede di allenamenti o di ritiro precampionato. Deve inoltre considerare criticamente le informazioni fornite dagli stessi atleti o dai loro allenatori, al fine di poter individuare pure l'eventuale dissimulazione da parte dell'atleta dell'esistenza di condizioni di rischio per la propria salute (Cass. n. 85/2003).

L'estinzione delle obbligazioni UNITÀ 5

8. L'adempimento delle obbligazioni pecuniarie e di valore

Pecuniarie sono dette le obbligazioni che hanno per oggetto la consegna di una somma di denaro.

Poiché il denaro viene anche chiamato *valuta*, tali obbligazioni sono spesso indicate come *debiti di valuta*.

Le obbligazioni pecuniarie costituiscono sicuramente il tipo più ricorrente di obbligazione. Ogni volta che mettiamo mano al portafogli per pagare qualcuno (il fornaio, il giornalaio, il libraio) stiamo adempiendo a un'obbligazione pecuniaria.

Il problema più serio posto da questo tipo di obbligazione riguarda l'eventualità che il pagamento sia stato dilazionato nel tempo.
Immaginiamo di aver prestato a un amico 5 mila euro. Se si sviluppasse un'ondata inflativa, questi potrebbe liberarsi rendendoci la stessa somma svalutata?

Ci risponde il primo comma dell'**art. 1277 c.c.**, che contiene il cosiddetto **principio nominalistico**:
"**I debiti pecuniari** si estinguono con moneta avente corso legale [...] e per il suo valore nominale."

Che cosa vuol dire? Vuol dire che, secondo la legge, il debitore potrà liberarsi pagando la somma pattuita anche se, nel frattempo, questa avesse perso di valore.
Tuttavia non esiste creditore tanto sprovveduto da correre un simile rischio. Se il prestito è a lungo termine è normale che vengano fissati tassi di interesse o clausole di salvaguardia idonei a coprire una prevedibile svalutazione.

 Pecuniaria deriva da *pecunia* ("denaro") che a sua volta discende dal latino *pecus* che significava "pecora", perché nella società più antica la pecora era un abituale mezzo di scambio.

 L'inflazione è l'aumento generale dei prezzi a cui corrisponde, come rovescio di una stessa medaglia, la diminuzione del valore della moneta.

Le obbligazioni di valore

Le obbligazioni di valore hanno per oggetto il pagamento del valore di un bene o il risarcimento di un danno.

Per esempio, se qualcuno danneggia la nostra auto sarà obbligato a pagarci il *valore* del danno causato.
L'adempimento delle obbligazioni di valore richiede un'operazione preliminare chiamata *liquidazione*.

▶ **La liquidazione** consiste nel calcolare in denaro liquido il valore del bene o del danno da risarcire. Non a caso, per esempio, chiamiamo *liquidatore* il consulente dell'assicurazione che valuta i danni riportati dai veicoli negli incidenti stradali.

 **Le obbligazioni di valore** sono spesso conseguenza di un **fatto illecito** (Unità 10).

 La mia auto è stata danneggiata tre anni fa e solo oggi la parte avversa è stata condannata a pagare il danno. Questo dovrà essere liquidato tenendo conto della somma che il carrozziere mi chiede oggi o di quanto mi avrebbe chiesto tre anni fa?

183

La liquidazione, ha chiarito la Cassazione, deve essere operata tenendo conto del valore attuale del bene.

Al danneggiato, pertanto, deve essere corrisposta una somma che gli consenta, ai costi odierni, di affrontare le necessarie riparazioni o di acquistare un bene equivalente.

9. Gli interessi nelle obbligazioni pecuniarie

Gli interessi costituiscono un'obbligazione pecuniaria accessoria che si aggiunge all'obbligazione principale.

Stabilisce l'art. 1282, comma 1, c.c. che i crediti **liquidi** ed **esigibili** di somme di danaro producono interessi di pieno diritto, salvo che la legge o il titolo stabiliscano diversamente.

Gli interessi a cui fa riferimento l'articolo in esame vengono detti **interessi corrispettivi** perché costituiscono il *corrispettivo*, cioè il compenso, per l'uso che il debitore fa del denaro del creditore.

Come si evince dalla norma gli interessi corrispettivi sono sempre dovuti, salvo che non siano stati esplicitamente esclusi.

Se le parti non si sono accordate in modo diverso, gli interessi corrispettivi si calcolano applicando il tasso legale, cioè il tasso previsto dalla legge.

Gli interessi moratori

Dagli interessi corrispettivi si distinguono gli **interessi moratori**. Questi ultimi sono dovuti dal debitore a titolo di risarcimento per il ritardo (*mora* significa "ritardo") nell'adempimento dell'obbligazione pecuniaria (art. 1224 c.c.).

L'ordinamento, infatti, presume che il ritardo abbia sicuramente procurato un disagio al creditore e lo esime dall'onere di fornirne la prova.

Gli interessi moratori possono anche essere stabiliti dalle parti in misura superiore al tasso legale purché non si tratti di un tasso usurario.

▶ **Usura** è un termine che indica l'interesse eccessivo chiesto su un prestito o su un mutuo.

L'usura rappresenta un grave problema non solo per chi ne è direttamente vittima, ma per la società nel suo complesso.

Spesso il giro d'affari dell'usura è nelle mani della criminalità organizzata e alimenta il riciclaggio di denaro sporco.

L'**art. 1815, comma 2, c.c.** dispone, nel quadro di una politica volta a contrastare l'usura, che la clausola con la quale si convengono interessi usurari deve intendersi nulla e che al creditore non sono dovuti interessi.

Chi pratica tassi usurari, aggiunge l'art. 644 c.p., è punito con la reclusione da due a dieci anni e con la multa da 5 mila a 30 mila euro.

Sono liquidi i crediti esattamente determinati nel loro ammontare.
Sono esigibili i crediti il cui adempimento può essere chiesto in qualsiasi momento.

Il tasso legale viene aggiornato ogni anno dal Ministero dell'Economia che dà notizia del provvedimento mediante la pubblicazione sulla Gazzetta Ufficiale.

Anatocismo è un termine con il quale si indica l'*interesse composto*, cioè l'interesse calcolato sugli interessi già maturati e non ancora pagati. Nel nostro ordinamento l'anatocismo è vietato, e ciò vale anche per banche che fino a poco tempo fa erano solite praticarlo (l. n. 147/2013).

10. Le cause di estinzione diverse dall'adempimento

Qualsiasi tipo di obbligazione si estingue, come abbiamo visto nei paragrafi precedenti, quando la prestazione è stata esattamente eseguita.

Ci sono, però, anche altre cause che possono portare all'estinzione dell'obbligazione e assumono il nome di **novazione**, **compensazione**, **remissione**, **confusione** e **prescrizione**.

La novazione (artt. 1230-1275 c.c.)

 Sono un imprenditore e, come talvolta capita agli imprenditori, ho maturato un grosso debito con una banca. Ora mi è stato chiesto di saldare quel debito, ma io non ho denaro a sufficienza. Allora il direttore si è detto disposto a concedermi a mutuo una somma con cui avrei potuto pagare il mio debito. A me, però, questa operazione non è chiara.

L'operazione proposta si chiama *novazione*, termine che nel nostro caso significa "sostituzione".

==La novazione è un accordo con il quale le parti sostituiscono un'obbligazione nuova a quella originaria che così si estingue.==

Perché si fa questa operazione? Che cosa cambia? Per capirlo torniamo al caso sopra esposto nel quale *novando* il vecchio debito con un mutuo:

- l'imprenditore sostituisce un debito che non può pagare tutto e subito con un mutuo, garantito da ipoteca, suddiviso in rate dilazionate nel tempo;
- la banca sostituisce un credito che rischia di non riscuotere con un mutuo che le garantisce di potersi rivalere immediatamente sull'immobile ipotecato nel caso in cui le rate non venissero pagate.

▶ **La nuova obbligazione** può essere diversa dalla vecchia:
- per l'oggetto (le parti concordano, per esempio, che il debitore, invece di pagare una somma che non ha, si impegna a cedere un suo bene o un suo credito);

Nella prossima Unità vedremo che **l'obbligazione si estingue** anche quando è ormai divenuto impossibile eseguirla per causa non imputabile al debitore.

- per il titolo (si cambia, per esempio, un contratto di affitto di macchinari in contratto di vendita, mantenendo il canone come pagamento rateale);
- per il soggetto obbligato (un nuovo debitore viene sostituito a quello originario).

Il mutare di uno dei soggetti dell'obbligazione (**novazione soggettiva**) dà luogo alle tre figure, chiamate **delegazione**, **espromissione** e **accollo** di cui ci siamo occupati in precedenza, quando abbiamo trattato della successione nel lato passivo delle obbligazioni.

La compensazione (artt. 1241-1252 c.c.)

==La compensazione è l'istituto per cui, quando due soggetti si trovano a essere contemporaneamente creditori e debitori l'uno dell'altro, le reciproche obbligazioni si compensano, cioè si estinguono, per le quantità corrispondenti.==

Così, per esempio, se un nostro fornitore ci deve 2 mila euro mentre noi ne dobbiamo 3 mila a lui, potremo liberarci pagandogli solo i mille euro di differenza.

Attenzione però, perché non sempre questa operazione è possibile. Se, per esempio, i 3 mila euro dobbiamo pagarli oggi e i 2 mila euro dobbiamo averli tra sei mesi, non possiamo pretendere la compensazione.

Allo stesso modo non possiamo pretendere la compensazione automatica tra un debito consistente nel dare una certa quantità di merce e un credito consistente nel fare un certo lavoro.

Perché? Perché prima bisognerà vedere quanto vale la merce e quanto vale il lavoro. Dovremo, pertanto, procedere a una preventiva *liquidazione* (traduzione in denaro liquido) delle rispettive prestazioni.

L'ordinamento prevede tre tipi di compensazione: *legale*, *giudiziale* e *volontaria*.

▶ **La compensazione legale** opera automaticamente per effetto della legge quando i debiti sono:

- *omogenei*, cioè entrambi costituiti da somme di denaro o da quantità di cose fungibili dello stesso genere;
- *liquidi*, ossia certi nel loro ammontare;
- *esigibili*, cioè immediatamente riscuotibili.

▶ **La compensazione giudiziale** è operata dal giudice su istanza delle parti. È possibile presentare tale istanza quando i due debiti (*omogenei* ed *esigibili*) non sono liquidi ma di pronta e facile liquidazione. Per esempio, se dobbiamo risarcire un danno a una persona che ci deve dei soldi, sarà facile per il giudice valutare il danno e operare la compensazione.

▶ **La compensazione volontaria** è attuata dalle parti che liberamente trovano un accordo sulla estinzione delle reciproche obbligazioni, anche se queste non sono omogenee, liquide ed esigibili.

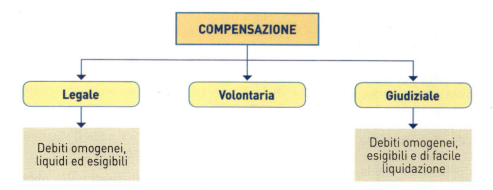

La remissione (artt. 1236-1240 c.c.)

Il termine *remissione* è qui usato nel significato di condono (pensiamo all'invocazione religiosa: *rimetti a noi i nostri debiti...*).

==La remissione== è la rinuncia volontaria del creditore alla prestazione e ha come effetto l'estinzione dell'obbligazione.

La confusione (artt. 1253-1255 c.c.)

==La confusione== è la situazione che si verifica quando le qualità di debitore e creditore vengono a confondersi (cioè a riunirsi) in una stessa persona.

Si ha confusione, per esempio, nel caso dell'erede che vantava crediti o debiti nei confronti del defunto da cui riceve l'eredità.

La prescrizione

Se il creditore non fa valere il proprio diritto verso il debitore nei tempi fissati dalla legge, il suo diritto si estingue per prescrizione.
Di questo istituto ci siamo occupati nel Percorso A e a quello rinviamo. Ricordiamo soltanto che l'obbligazione prescritta diventa un'*obbligazione naturale*. Ciò vuol dire che il creditore non può più pretenderne l'adempimento e può solo sperare che il debitore, per correttezza (o per errore) adempia spontaneamente.

UNITÀ 5 — Riguardando gli appunti

1. Come deve essere eseguita la prestazione?

- La prestazione va eseguita *esattamente*, e cioè: con la giusta diligenza, dalla persona giusta, alla persona giusta, nel luogo e nel momento stabiliti dalla legge o dalle parti.
- La prestazione deve essere eseguita con la diligenza del buon padre di famiglia, cioè con un medio grado di attenzione e di impegno.
- Nell'esercizio di attività professionali, artigiane e imprenditoriali, oltre alla normale diligenza occorre anche osservare la perizia richiesta per lo specifico tipo di attività (art. 1176 c.c., comma 2).
- Il creditore non può pretendere che la prestazione sia eseguita personalmente dal debitore, a meno che le qualità personali del debitore non siano rilevanti.
- La prestazione deve essere offerta al creditore o a un suo rappresentante.
- Il luogo dell'adempimento può essere liberamente concordato dalle parti. Se queste non concordano nulla, si applicano le disposizioni dell'art. 1182 c.c.
- L'adempimento deve avvenire entro il termine pattuito dalle parti, che si presume a favore del debitore. Se non è stato stabilito un termine, il creditore può esigere subito la prestazione.

2. In quali casi l'obbligazione deve intendersi parziaria e in quali casi solidale?

- Se nella parte passiva vi è una pluralità di soggetti, l'obbligazione deve intendersi solidale, a meno che non sia stato stabilito diversamente dalla legge o dal titolo.
- Se la pluralità di soggetti è nella parte attiva, l'obbligazione deve intendersi parziaria, a meno che non sia stabilito diversamente dalla legge o dal titolo.

3. Che cosa sono le obbligazioni di risultato e le obbligazioni di mezzi?

- Le obbligazioni *di risultato* sono obbligazioni di fare in cui il debitore si obbliga a raggiungere l'obiettivo concordato. Si considerano adempiute solo se tale obiettivo è stato raggiunto.
- Le obbligazioni *di mezzi* sono obbligazioni di fare in cui il debitore si obbliga a prestare la propria opera senza garantire il risultato finale. Si considerano adempiute se la prestazione è stata eseguita con la diligenza richiesta dall'art. 1176 c.c.

4. Che cosa sono le obbligazioni pecuniarie e come vengono adempiute?

- Le obbligazioni pecuniarie hanno per oggetto la consegna di una somma di denaro. Salvo diverso accordo, esse vanno adempiute secondo il principio nominalistico (art. 1277 c.c.).

5. Che cosa sono le obbligazioni di valore?

- Le obbligazioni di valore hanno per oggetto il pagamento del valore di un bene o il risarcimento di un danno. La liquidazione consiste nel calcolare in denaro liquido il valore del bene o del danno da risarcire.

6. Che ruolo hanno gli interessi nelle obbligazioni pecuniarie?

- Gli interessi costituiscono un'obbligazione pecuniaria accessoria che si aggiunge all'obbligazione principale.
- I crediti liquidi ed esigibili di somme di denaro producono interessi di pieno diritto, salvo che la legge o il titolo dispongano diversamente. Tali interessi sono detti *corrispettivi*.
- Gli interessi *moratori*, invece, sono dovuti dal debitore come risarcimento per il ritardo nell'adempimento.
- Le parti possono concordare interessi superiori al tasso legale, purché non si tratti di tasso usurario.

7. Oltre all'adempimento, in quale altro modo può estinguersi l'obbligazione?

- L'obbligazione può estinguersi per novazione, compensazione, remissione, confusione e prescrizione.
- La novazione è un accordo con cui le parti sostituiscono all'obbligazione originaria un'obbligazione nuova, diversa dall'altra per oggetto, titolo o soggetto passivo.
- La compensazione è l'istituto per cui, quando due soggetti sono contemporaneamente creditore e debitore l'uno dell'altro, le reciproche obbligazioni si compensano (cioè si estinguono) per le quantità corrispondenti.
- La remissione è la rinuncia volontaria del creditore alla prestazione da parte del debitore.
- La confusione si verifica quando le qualità di creditore e debitore vengono a riunirsi in una stessa persona.
- La prescrizione si ha quando il creditore non fa valere il proprio diritto nei confronti del debitore entro i tempi fissati dalla legge.

Verifica le tue conoscenze

UNITÀ 5

Completamento

Completa lo schema utilizzando le seguenti parole: *attività professionale*; *debitore*; *diligenza*; *buon padre di famiglia*; *attività esercitata*; *risarcimento del danno*; *esattamente*.

Test a risposta multipla

Indica con una crocetta l'affermazione esatta.

1. L'adempimento dell'obbligazione da parte di una persona diversa dal debitore:
   A. non libera il debitore
   B. non può essere rifiutato dal creditore
   C. può essere rifiutato dal creditore solo se ha interesse che il debitore la esegua personalmente
   D. è causa di inadempimento dell'obbligazione

2. Se nella parte passiva di un'obbligazione ci sono più soggetti:
   A. il termine è a favore dei debitori, perché essendo numerosi hanno bisogno di coordinarsi
   B. la solidarietà è la regola, la parziarietà l'eccezione
   C. la solidarietà è imposta dalla legge, a garanzia del creditore
   D. la parziarietà è la regola, la solidarietà l'eccezione

3. L'obbligazione che ha a oggetto il risarcimento di un danno è un'obbligazione:
   A. pecuniaria   B. di valuta
   C. di mezzi   D. di valore

4. Gli interessi corrispettivi:
   A. sono dovuti dal debitore nel caso di mora nell'adempimento dell'obbligazione pecuniaria
   B. sono il compenso per l'uso che il debitore fa del denaro del creditore
   C. sono un sotterfugio usato per praticare l'usura
   D. non sono mai dovuti, a meno che le parti non l'abbiano espressamente concordato

5. Se il debitore si accorda con il creditore di consegnargli venti barili di carburante in luogo della somma di denaro che gli doveva, si ha un caso di:
   A. novazione   B. confusione
   C. compensazione   D. remissione

Ma davvero?

Il diritto si affaccia nei discorsi di ogni giorno. A volte, però, a sproposito. Leggi questa scena e prova a riflettere.

La mamma rientra a casa con il fiatone: l'ascensore è di nuovo bloccato (e voi abitate all'ultimo piano). «Ora telefono al manutentore: stavolta mi sente!» sbotta la mamma. Poco dopo ricompare scoraggiata. «Mi ha detto di aver eseguito la riparazione a regola d'arte, e che il suo lavoro lo ha fatto al meglio. Altro non può fare. Se è così, dobbiamo rassegnarci!»

La mamma sembra sicura di ciò che dice. Ma davvero... il manutentore può discolparsi affermando di aver svolto il suo lavoro a regola d'arte?

189

PERCORSO D
OBBLIGAZIONI E CONTRATTI

UNITÀ 6
L'inadempimento delle obbligazioni

1. L'inadempimento e il risarcimento del danno

Il debitore che non esegue esattamente la prestazione, dispone l'art. 1218 c.c., è tenuto a risarcire il danno causato al creditore.

Sono titolare di un negozio di articoli da montagna e quest'anno non ho ricevuto l'abituale fornitura di scarponi da neve perché il fabbricante, per sue difficoltà, non è riuscito ad accontentare tutti i clienti. Come risarcimento posso chiedere solo la restituzione dell'anticipo versato o anche la somma che avrei guadagnato rivendendo gli scarponi?

Il danno di cui il creditore può chiedere il risarcimento, stabilisce l'art. 1223 c.c., può comprendere:

- tanto la *perdita diretta* subita dal creditore, detta **danno emergente**,
- quanto il *mancato guadagno*, detto **lucro cessante**,
- purché questi siano **conseguenza diretta** dell'inadempimento.

IL RISARCIMENTO DEL DANNO COMPRENDE
→ il danno emergente
→ il lucro cessante

Nesso di causalità è chiamato il legame che deve unire il mancato adempimento al danno perché quest'ultimo sia considerato conseguenza immediata e diretta del primo.

Per capire l'importanza del **nesso di causalità** tra il fatto e il danno, torniamo al caso sopra esposto e chiediamoci se sarebbe logico per il commerciante di articoli sportivi pretendere, oltre alla restituzione dell'anticipo versato (*danno emergente*) e alla somma corrispondente al mancato guadagno (*lucro cessante*), anche il risarcimento per l'ulteriore guadagno che egli avrebbe realizzato investendo proficuamente quel denaro. Come è facile intuire, la risposta non può che essere negativa, perché procedendo in questa direzione il debitore finirebbe per dover pagare anche il profitto che i pronipoti del creditore avrebbero potuto conseguire investendo i suoi risparmi. Ragionevolmente, dunque, l'ordinamento pone un limite alle pretese del creditore: questi potrà ottenere solo il risarcimento di quei danni che siano *conseguenza immediata e diretta* dell'inadempimento.

La prova del danno

Ma che cosa accade se il creditore non è in grado di provare la misura del danno? Per esempio, come potrebbe provare un dettagliante che avrebbe venduto tutto ciò che il grossista colpevolmente non gli ha inviato?

190

L'art. 1226 c.c. disciplina tale ipotesi stabilendo che, se il danno non può essere provato nel suo preciso ammontare, verrà liquidato dal giudice con valutazione equitativa (cioè sulla base di un'equa considerazione delle circostanze).

Il creditore-attore che agisca in giudizio ha l'onere di provare l'esistenza del credito e l'entità del danno subito.

Il debitore-convenuto che intenda resistere ha l'onere di fornire al giudice la prova del proprio adempimento.

Quando si può chiedere l'"esecuzione in forma specifica"?

Il problema è il seguente: se l'obbligazione non viene adempiuta, il creditore può rifiutare il risarcimento in denaro o in altra forma equivalente e pretendere che il debitore sia condannato a *eseguire forzatamente* la **specifica prestazione** a cui è obbligato?

Le norme che regolano la questione sono contenute negli **artt. 2930-2933 c.c.** e possono essere così riassunte:

- se l'obbligazione consiste nel *dare* una cosa determinata, il creditore può pretenderne il rilascio forzato;
- se consiste in un *fare* o in un *non fare*, il creditore potrà ottenere che la cosa sia fatta o disfatta a spese del debitore.

2. Quando l'inadempimento non obbliga al risarcimento

Come abbiamo visto sopra, l'art. 1218 c.c. stabilisce che il debitore che non esegue esattamente la prestazione è tenuto al risarcimento del danno.

Tuttavia, aggiunge la norma nella seconda parte, il debitore non è tenuto al risarcimento se prova che l'inadempimento o il ritardo sono stati determinati:

- da oggettiva impossibilità della prestazione,
- derivata da una causa a lui non imputabile.

Nei prossimi paragrafi analizzeremo queste due ipotesi.

3. Quando la prestazione diventa oggettivamente impossibile

Ho una piccola fabbrica di costumi da bagno e poiché ho accettato troppe commissioni vorrei sapere se posso giustificare la mia inadempienza verso alcuni dettaglianti sostenendo che mi è divenuto impossibile inviare le forniture nei tempi concordati.

La risposta è negativa. In questo caso, infatti, l'inadempimento non dipenderebbe da un'*oggettiva impossibilità* della prestazione ma solo da una *soggettiva difficoltà* che non esime dal risarcire i danni.

La oggettiva impossibilità ricorre, secondo la giurisprudenza prevalente, solo quando sopraggiunge un evento per cui, ragionevolmente, nessuno sarebbe più in grado di eseguire quella specifica prestazione.

Per tale ragione:

- **non possono** divenire oggettivamente impossibili le obbligazioni di dare *cose generiche* perché il genere non si esaurisce e, salvo casi specialissimi, sono sempre reperibili sui mercati cose dello stesso genere (per esempio, se marcisse nei nostri magazzini il carico di frutta con cui avremmo dovuto rifornire alcuni dettaglianti, non potremmo sostenere la sopravvenuta impossibilità della prestazione se è possibile reperire altra frutta presso i mercati generali ed eseguire regolarmente le consegne);

- **possono** diventare oggettivamente impossibili le obbligazioni di *dare cose specifiche* e le *obbligazioni di fare* (per esempio, se ci viene rubata la *specifica* auto che avevamo noleggiato siamo nella oggettiva impossibilità di restituirla; se ci infortuniamo, siamo nella oggettiva impossibilità di eseguire il lavoro a cui ci eravamo obbligati, e così via).

Cose generiche sono quelle indicate solo nel genere merceologico e nella quantità: dieci casse di birra marca Z, cento paia di jeans marca X, cinquanta paia di sandali da mare marca Y.
Cose specifiche sono quelle che non possono essere confuse con altre dello stesso genere: quello specifico appartamento (e non quello vicino), quella specifica moto (e non un'altra), quello specifico casco, e così via.

Le obbligazioni di non fare possono diventare oggettivamente impossibili?

> **QUESTIONI**
>
> **L'impossibilità nelle obbligazioni pecuniarie**
>
> Se il nostro debitore, per un improvviso rovescio finanziario, non ha più denaro per saldare il suo debito, potrà sostenere in giudizio che la prestazione gli è divenuta impossibile?
> La risposta è negativa. L'obbligazione pecuniaria è un'obbligazione di genere e come tale non diventa mai impossibile. Il nostro debitore si troverà sicuramente in una situazione di *soggettiva difficoltà*, per la quale possiamo avere la massima comprensione, ma non certo di oggettiva impossibilità.

4. Quando ricorre la non imputabilità

Se siamo debitori inadempienti e abbiamo raccolto gli elementi per dimostrare in giudizio che la prestazione è divenuta *oggettivamente impossibile*, siamo solo a metà dell'opera.
Dovremo ancora dimostrare che l'evento che l'ha resa impossibile *non è a noi imputabile*. Il che è tutt'altro che semplice.

In genere vengono considerati non imputabili al debitore solo gli eventi che si producono per *caso fortuito* o per *forza maggiore*.

- **Il caso fortuito** è un fatto incontrollabile (per esempio un incidente stradale causato da terzi che impedisca la consegna della merce nei tempi concordati).

- **La forza maggiore** è una forza, naturale o umana, alla quale non si può resistere (per esempio un'improvvisa ondata di maltempo che impedisca all'aereo carico di merci di decollare o di atterrare nello scalo prestabilito).

QUESTIONI

Il confine della non imputabilità: la rapina

Immaginiamo che il Tir che trasportava materiale da consegnare a un'impresa sia stato rapinato.

L'imprenditore che aspettava la merce potrà sostenere in giudizio che la mancata consegna è imputabile al vettore in quanto la rapina ai Tir è un fatto frequente e, perciò, prevedibile ed evitabile?

Il problema, in termini più generali è: fino a che punto deve essere esteso l'impegno del debitore nel prevedere e prevenire tutti i possibili eventi?

La risposta è che l'impegno deve essere proporzionato al tipo di obbligazione assunta.

Nel caso specifico, anche se la rapina è un fatto prevedibile, non si può richiedere al vettore di viaggiare con una scorta armata.

E se si fosse trattato di una rapina a un portavalori?

In tal caso vi sarebbe stato inadempimento perché il tipo di obbligazione assunta consiste esattamente nel difendere la merce dalle rapine.

Il furto

Se invece che essere rapinato, l'autista del Tir fosse stato derubato del carico mentre era al bar di una stazione di servizio, vi sarebbe obbligo di risarcimento?

La risposta è affermativa: anche se il camion fosse stato ben chiuso, l'assenza momentanea del conducente ha sicuramente favorito l'evento dannoso.

In questo caso, chi dovrebbe risarcire il danno? L'autista o il titolare dell'impresa di trasporto?

Anche se il titolare dell'impresa avesse vietato ai propri autisti di fermarsi, sarebbe sempre lui a dover pagare poiché chi si avvale dell'opera di collaboratori risponde del loro comportamento.

Le cause ignote

Immaginiamo che si sprigioni un incendio all'interno di un nostro magazzino nel quale alcuni grossisti avevano lasciato merci in deposito. Se la successiva perizia non riesce a individuare la causa dell'incendio, saremo tenuti a risarcire i depositanti per i danni subìti?

La risposta è affermativa. Essendo ignota la causa dell'incendio non potremo provare che il fatto non è a noi imputabile e, per conseguenza, non potendo adempiere all'obbligo di restituire le merci, saremo tenuti a risarcire i danni.

Più in generale possiamo dire che: il debitore non è liberato se rimane ignota la causa che ha reso impossibile la prestazione.

Lo sciopero

Se lo sciopero intrapreso dai nostri dipendenti non ci permette di eseguire regolarmente le obbligazioni assunte con i clienti, saremo considerati responsabili per l'inadempimento?

In linea di massima lo *sciopero aziendale* (cioè limitato alla propria impresa) non libera l'imprenditore, soprattutto se la controparte dimostra che la sospensione del lavoro poteva essere evitata con un'accorta mediazione. Lo libera invece lo *sciopero nazionale* sul quale egli non ha praticamente alcuna influenza.

Si considera forza maggiore anche il cosiddetto **fatto del principe**. È questa un'espressione arcaica con cui si indica semplicemente un ordine della pubblica autorità che impedisca o limiti quel tipo di prestazione.

Per esempio, se venisse improvvisamente emessa dal Sindaco un'ordinanza che vieta senza eccezioni la circolazione delle auto nel centro cittadino, non sarebbe imputabile al vettore la sopravvenuta impossibilità di consegnare le merci ai negozianti.

5. La responsabilità per il fatto degli ausiliari

La banca di cui mi servo per pagare i bollettini emessi dalla società dei telefoni ha omesso un pagamento. Vorrei sapere se la mora per il ritardo dovrò pagarla io oppure la banca.

La risposta viene dall'**art. 1228 c.c.**:
"[...] il debitore che nell'adempimento delle obbligazioni si vale dell'opera di terzi, risponde anche dei fatti dolosi o colposi di costoro."

In generale, dunque, chiunque si serva di collaboratori risponde per i danni da questi causati anche se personalmente non ne ha alcuna colpa.

Naturalmente il committente potrà rivalersi sul collaboratore se il fatto doloso o colposo di questi configura un inadempimento nei suoi confronti. Nel caso sopra esposto il cliente potrà rivalersi sulla banca (salvo che questa provi che l'inadempimento è stato causato da impossibilità sopravvenuta).

6. La mora del debitore

L'imprenditore a cui avevo affidato la costruzione di una villetta me l'ha consegnata con otto mesi di ritardo rispetto all'impegno assunto e in questi mesi ho abitato in un appartamento pagando un salato canone di locazione. Posso pretendere dall'imprenditore il rimborso di tutti i canoni pagati a causa della sua inadempienza?

In linea teorica il debitore che esegue in ritardo la prestazione dovrebbe risarcire al creditore tutti i danni che questi dimostra di aver subìto dal momento in cui l'obbligazione è divenuta esigibile. In realtà, secondo quanto si desume dall'art. 1219 c.c., il debitore assume questo obbligo solo dopo che il creditore gli ha intimato in **forma scritta** di adempiere.

Ciò perché, in mancanza di tale intimazione, detta *costituzione in mora*, l'ordinamento presume che il creditore sia disposto a tollerare il ritardo (ricordiamo che "mora" significa "ritardo").

==La costituzione in mora== è un atto scritto con cui il creditore intima al debitore di adempiere la prestazione dovuta. Il medesimo risultato si può ottenere notificando al debitore un atto di citazione in giudizio.

Non è necessaria la costituzione in mora in alcuni casi previsti dall'art. 1219 c.c., e precisamente:
- se il debito deriva da fatto illecito, perché in tale ipotesi non sembra probabile che nel creditore vi sia spirito di tolleranza;
- se il debitore ha dichiarato per iscritto di non voler eseguire l'obbligazione, perché in questo caso l'intimazione del creditore non avrebbe alcuna utilità;
- se è scaduto il termine concordato e la prestazione deve essere eseguita al domicilio del creditore, perché in quest'ultima ipotesi il debitore è in mora per il solo fatto di non essersi presentato ad adempiere.

L'inadempimento delle obbligazioni   UNITÀ 6

Solo dopo l'avvenuta costituzione in mora, il protrarsi dell'inadempimento non ha più giustificazioni e il debitore diventa responsabile per le conseguenze dannose che, *da quel momento*, possono essere provocate da un suo ulteriore ritardo.

Nel caso sopra esposto il committente potrà pretendere soltanto il rimborso dei canoni pagati dopo aver costituito in mora il debitore.

7. La mora del creditore

La mora del creditore si verifica quando questi, senza motivo legittimo, tarda ad accettare la prestazione che il debitore formalmente gli offre.

L'ipotesi non è infrequente: pensiamo a un imprenditore che, avendo i magazzini pieni, non può ricevere la nuova merce in arrivo oppure non ha predisposto una squadra di operai per scaricare i camion.

Che cosa accade in questi casi se il carico (per esempio frutta fresca) si deteriora? Chi paga al vettore il danno che gli deriva dal tenere inattivo il suo mezzo di trasporto in attesa che il creditore si decida a prendere in consegna la merce?

▶ **Le norme** che regolano tali conflitti sono contenute negli **artt. 1206-1217 c.c.** e possono essere riassunte come segue.

- Il debitore ha l'onere di costituire in mora il creditore: deve cioè intimargli, tramite ufficiale giudiziario o notaio, oppure nei modi previsti dagli usi, di ricevere la prestazione.

- Se il creditore tarda ancora a ricevere la prestazione dovrà rimborsare al debitore i danni subiti e le spese sopportate dal momento della costituzione in mora.

- Se la prestazione diventa impossibile durante la mora del creditore (per esempio la merce si deteriora) sarà il creditore stesso a sopportarne il danno.

8. La clausola penale

Abbiamo visto che l'inadempimento o il ritardo nell'esecuzione della prestazione consentono al creditore di chiedere il risarcimento dei danni. Tuttavia chiedere e ottenere non sono la stessa cosa.

Pensiamo, per esempio, alla difficoltà che può incontrare una grande impresa con molti stabilimenti nel dover provare al giudice il danno causato alla sua produzione globale dall'inadempienza di uno dei tanti piccoli fornitori.

E se anche potesse provarlo, quanto tempo durerebbe il processo?

Per superare questo tipo di difficoltà, l'ordinamento consente alle parti di stabilire preventivamente il valore del danno da risarcire in caso di inadempimento o di ritardo di una di esse, concordando una *clausola penale*.

PERCORSO D — OBBLIGAZIONI E CONTRATTI

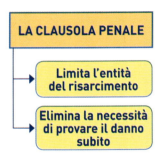

LA CLAUSOLA PENALE
- Limita l'entità del risarcimento
- Elimina la necessità di provare il danno subito

Con la clausola penale si concorda preventivamente l'entità del risarcimento che dovrà pagare la parte che si renda inadempiente o adempia in ritardo.

In uno stesso contratto è possibile stabilire una penale per il ritardo e una diversa penale per l'inadempimento.

 E se l'inadempimento o il ritardo causassero un danno maggiore rispetto a quanto previsto nella clausola penale?

Precisa l'art. 1382 c.c. che, *se non è stato concordato diversamente*, la clausola ha l'effetto di limitare il risarcimento alla somma indicata.

 E se l'inadempimento o il ritardo non avessero causato alcun danno?

Si ha ugualmente diritto al pagamento concordato. Prevede, infatti, l'art. 1382, comma 2, c.c. che la penale è dovuta anche se non viene provato il danno.

 E se alla parte adempiente non interessasse riscuotere la penale, ma preferisse l'esecuzione della prestazione?

L'art. 1383 c.c. consente al creditore di chiedere il pagamento della penale o, se preferisce, l'esecuzione della prestazione. L'unica cosa che non è consentita è di pretendere entrambe.

QUESTIONI

Una penale troppo alta o troppo bassa

Immaginiamo di essere piccoli imprenditori che si riforniscono di materia prima presso una grande impresa multinazionale la quale, giovandosi della propria forza contrattuale, induce i clienti a concordare clausole penali di importo molto basso. In tal modo, se la multinazionale tardasse a inviare le forniture richieste, dovrebbe pagare somme irrisorie.
Cambiamo leggermente la fattispecie e immaginiamo che la grande impresa acquisti da noi parti meccaniche da assemblare. Per evitare ritardi nella consegna essa pretende di inserire nei contratti clausole penali altissime talché se ritardassimo la prestazione saremmo economicamente rovinati. Sarebbe corretto tutto ciò? La risposta è negativa.
Nel primo caso la clausola penale irrisoria equivarrebbe a un patto di limitazione della responsabilità e l'**art. 1229**, come abbiamo visto in precedenza, stabilisce in proposito: "È nullo qualsiasi patto che esclude o limita preventivamente la responsabilità del debitore per dolo o per colpa grave [...]."
Il secondo caso ricade nel disposto dell'**art. 1384**:
"La penale può essere diminuita equamente dal giudice [...] se l'ammontare è manifestamente eccessivo [...]".

9. La caparra

Del tutto diversa dalla clausola penale è la caparra. Mentre la prima è solo una clausola, cioè poche righe inserite in un contratto, la caparra è costituita da una somma di denaro o da altra cosa fungibile che materialmente viene consegnata da una parte all'altra.

Il Codice civile prevede due tipi di caparra che soddisfano esigenze diverse e che prendono il nome di *caparra confirmatoria* e di *caparra penitenziale*. Esaminiamole entrambe.

==La caparra confirmatoria== consiste in una somma di denaro o in un insieme di altre cose fungibili che una parte consegna all'altra come garanzia per l'adempimento dell'obbligazione assunta.

È regolata dall'art. 1385 c.c. che così dispone:

- **in caso di adempimento** la caparra dovrà essere restituita a chi l'ha versata oppure andrà a diminuire la prestazione dovuta;
- **in caso di inadempimento**:
  - ci si può accontentare della caparra come risarcimento forfettario (tratterrà la somma chi l'ha ricevuta o, nel caso in cui fosse proprio questa la parte inadempiente, l'altra potrà pretendere di avere indietro il doppio della caparra),
  - oppure ci si può rivolgere al giudice e domandare l'*esecuzione forzata* del contratto o la liquidazione giudiziale del danno.

==La caparra penitenziale== ha la funzione di corrispettivo per il diritto di recesso che nel contratto viene accordato a una o a entrambe le parti.

L'art. 1386 c.c. dispone, in proposito, che:

- se recede dal contratto chi ha versato la caparra, l'altra parte tratterrà la somma;
- se recede chi ha ricevuto la caparra, questi dovrà versare all'altra parte il doppio della somma ricevuta.

Se nel contratto non è espressamente prevista la facoltà di recesso, la caparra si intende *confirmatoria*.

UNITÀ 6 — Riguardando gli appunti

1. A quali conseguenze va incontro il debitore che non esegue esattamente la prestazione?

- Il debitore che non esegue esattamente la prestazione è tenuto al risarcimento del danno, a meno che non provi che l'inadempimento o il ritardo sia stato determinato da impossibilità di eseguire la prestazione per una causa a lui non imputabile (art. 1218 c.c.).

2. Che cosa comprende il risarcimento del danno?

- In base all'art. 1223 c.c., il risarcimento del danno per l'inadempimento o per il ritardo comprende sia la perdita subita dal creditore (*danno emergente*), sia il mancato guadagno (*lucro cessante*), purché siano conseguenza immediata e diretta dell'inadempimento o del ritardo.

3. Quando si può chiedere l'esecuzione in forma specifica?

- Quando l'obbligazione consiste nel dare una cosa determinata (il creditore può pretenderne il rilascio forzato), e quando consiste in un fare o non fare (il creditore può ottenere che la cosa sia fatta o disfatta a spese del debitore).

4. In quali ipotesi l'inadempimento non obbliga al risarcimento?

- Il debitore non è tenuto al risarcimento se prova che l'inadempimento o il ritardo sono stati determinati da oggettiva impossibilità della prestazione derivata da causa a lui non imputabile.
- L'*oggettiva impossibilità* ricorre quando sopraggiunge un evento tale che nessuno sarebbe più in grado di eseguire quella specifica prestazione. Possono diventare oggettivamente impossibili le prestazioni di *dare cose specifiche* e di *fare*, non quelle di *dare cose generiche*.
- Il fatto *non è imputabile* al debitore nelle ipotesi di *caso fortuito* (cioè un fatto incontrollabile, come un incidente) e di *forza maggiore* (cioè una forza naturale o umana alla quale non si può resistere).

5. Chi risponde dei danni causati dai collaboratori?

- Di regola, il debitore che nell'adempimento dell'opera si avvale dell'opera di terzi risponde anche dei fatti dolosi o colposi di costoro (art. 1228 c.c.).

6. In che cosa consiste la costituzione in mora del debitore?

- La costituzione in mora è un atto scritto con cui il creditore intima al debitore di adempiere la prestazione dovuta. Il medesimo risultato si può ottenere notificando al debitore un atto di citazione in giudizio.
- Solo dopo la costituzione in mora il debitore diventa responsabile per le conseguenze dannose del suo inadempimento o ritardo, salvo che siano dovuti a causa a lui non imputabile.

7. In che cosa consiste la mora del creditore?

- La mora del creditore si verifica quando questi, senza motivo legittimo, tarda ad accettare la prestazione che il debitore formalmente gli offre. Il debitore ha l'onere di costituire in mora il creditore, che risponderà dei danni causati a partire dalla costituzione in mora.

8. Qual è la funzione della clausola penale?

- Con la clausola penale si concorda in anticipo l'entità del risarcimento che dovrà pagare la parte che si renda inadempiente o adempia in ritardo.
- Se non diversamente pattuito, la clausola penale limita l'entità del risarcimento alla somma stabilita. Inoltre elimina la necessità di provare il danno subìto.

9. Come operano la caparra confirmatoria e la caparra penitenziale?

- La caparra *confirmatoria* consiste in una somma di denaro, o un insieme di altre cose fungibili, che una parte consegna all'altra come garanzia per l'adempimento dell'obbligazione assunta. Se l'obbligazione verrà adempiuta la caparra verrà restituita o scalata dalla prestazione dovuta.
- La caparra *penitenziale* ha la funzione di corrispettivo per il diritto di recesso che nel contratto viene accordato a una o a entrambe le parti.

Verifica le tue conoscenze

UNITÀ 6

Completamento

Completa lo schema utilizzando le seguenti parole: *lucro cessante*; *prestazione*; *denaro*; *immediata*; *inadempimento*; *danno emergente*; *forma specifica*; *diretta*.

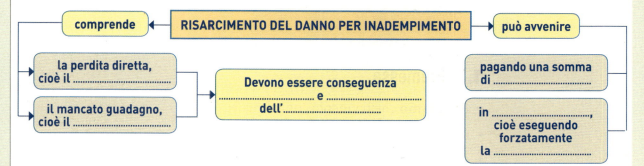

Test a risposta multipla

Indica con una crocetta l'affermazione esatta.

1. **L'inadempimento obbliga sempre al risarcimento del danno?**
   A. sì, sempre
   B. no, se la prestazione è diventata oggettivamente impossibile a causa del creditore
   C. no, se la prestazione è diventata oggettivamente impossibile per causa non imputabile al debitore
   D. no, se la parte inadempiente dimostra la propria buona fede

2. **Se la prestazione dovuta consiste nella consegna di 100 quintali di grano:**
   A. non può diventare oggettivamente impossibile
   B. può diventare oggettivamente impossibile
   C. può essere considerata come un'obbligazione di dare cose specifiche
   D. il risarcimento non è quantificabile, essendo un'obbligazione di dare cose generiche

3. **La costituzione in mora:**
   A. può essere fatta solo se il debitore ha dichiarato per iscritto di non voler adempiere
   B. è un atto, scritto o orale, con cui il creditore intima al debitore di adempiere
   C. può essere fatta sia dal creditore nei confronti del debitore, sia dal debitore nei confronti del creditore
   D. è un atto scritto che solleva il creditore dalla necessità di provare il danno poiché rende il debitore automaticamente inadempiente

4. **La caparra penitenziale è:**
   A. la somma che il giudice impone di pagare come penitenza per l'inadempimento
   B. il corrispettivo per il diritto di recesso accordato a una o entrambe le parti
   C. una somma di denaro o altre cose fungibili che una parte consegna all'altra come garanzia per l'adempimento
   D. una clausola con cui si concorda in anticipo l'entità del risarcimento nel caso in cui una parte non adempia

Ma davvero?

Il diritto si affaccia nei discorsi di ogni giorno. A volte, però, a sproposito. Leggi e rifletti.

«Ho portato la mia bici dal meccanico» racconta la tua amica Eva. «In quel momento lui non c'era, per cui l'ho affidata al suo assistente. Il giorno dopo vado per ritirarla e scopro che non me l'ha riparata! E così non son potuta partire per la mia vacanza su due ruote...». «Bel meccanico ti ritrovi!» dici tu. «Ma no, lui che c'entra? La responsabilità è solo del suo assistente!»

Eva sembra sicura di ciò che dice. Ma davvero... il meccanico è sollevato da ogni responsabilità in questa faccenda?

PERCORSO **D** OBBLIGAZIONI E CONTRATTI

UNITÀ **7**

Cause di invalidità e di risoluzione del contratto

1. Premessa

▶ **Sappiamo** che il vincolo contrattuale:

- sorge quando le parti raggiungono l'accordo

- e si scioglie quando la parte debitrice ha eseguito esattamente la prestazione.

▶ **Tuttavia** il vincolo può sciogliersi anche perché il contratto:

- **risulta invalido**, a causa di un *vizio* presente al momento della sua formazione,

- oppure è valido ma una delle parti ne chiede la **risoluzione** (cioè lo scioglimento) a causa di un evento negativo sopraggiunto.

In questa Unità ci occuperemo di tali vicende, iniziando dalle cause di *invalidità*.

2. L'invalidità e l'inefficacia del contratto

Le situazioni che possono rendere *invalido* il contratto sono piuttosto numerose e, in funzione della loro natura e gravità, comportano conseguenze diverse.

In particolare il contratto può risultare:

- nullo;

- annullabile;

- rescindibile.

CAUSE DI INVALIDITÀ DEL CONTRATTO

→ **Nullità**

→ **Annullabilità**

→ **Rescindibilità**

L'inefficacia

Prima di occuparci, nei paragrafi che seguono, di queste forme di invalidità, dobbiamo aprire una breve parentesi per chiarire la differenza tra l'**invalidità** e l'**inefficacia** del contratto.

Le due espressioni, infatti, nel parlare corrente tendono a confondersi, mentre nel linguaggio giuridico indicano situazioni non sempre coincidenti.

Non è infrequente, infatti, che un contratto sia pienamente valido ma non possa esplicare i suoi effetti perché vi è stata apposta una *condizione sospensiva* o un *termine*.

200

Per esempio se concludiamo un contratto di lavoro con inizio dal mese prossimo (termine iniziale) oppure condizionato alla partecipazione a un master negli USA (condizione sospensiva) il contratto è valido fin dal momento della sua conclusione, ma produrrà i suoi effetti (inizieremo a lavorare e percepiremo lo stipendio) solo a partire dal mese prossimo o quando avremo frequentato il master.

==L'inefficacia consiste nell'incapacità del contratto (sebbene sia valido) di produrre i suoi effetti.==

Il contratto può essere valido tra le parti ma inefficace nei confronti dei terzi o, come anche si dice, **inopponibile ai terzi**. Per esempio il contratto di acquisto di un bene immobile, in mancanza di registrazione sarebbe valido tra le parti ma inopponibile a un terzo al quale il nostro *dante causa* avesse fraudolentemente rivenduto l'immobile.

3. Quando il contratto è nullo

La nullità è una forma di invalidità talmente grave da non consentire al contratto di produrre alcun effetto.

▶ **Il contratto**, come si evince dall'**art. 1418 c.c.**, **è nullo**:
- se è contrario a norme imperative;
- se manca uno dei suoi requisiti essenziali (accordo, causa, oggetto, forma quando è richiesta dalla legge);
- se è illecita la causa;
- se l'oggetto è illecito, impossibile, indeterminato o indeterminabile;
- negli altri casi stabiliti dalla legge.

▶ **Il contratto nullo non vincola le parti** al rispetto dell'impegno assunto, qualunque sia la ragione della nullità. Pertanto:
- se non abbiamo ancora eseguito la prestazione, non siamo più obbligati a eseguirla;
- se abbiamo già eseguito la prestazione, possiamo agire in giudizio per far dichiarare la nullità del contratto e chiedere, contestualmente, che la controparte sia condannata a restituire quanto le è stato pagato indebitamente (*indebito* significa "non dovuto").

Alcuni altri casi previsti dalla legge che rendono il contratto nullo a norma del terzo comma dell'art. 1418 c.c. si trovano nei seguenti articoli del Codice civile, dei quali si consiglia la lettura: 160, 162, 166 *bis*, 458, 778, 779, 1471, 1472 comma 2, 1876, 1895, 1904, 1972, 2103 comma 2, 2115 comma 3, 2122 comma 4, 2265, 2332, 2379, 2744.

Entro quale termine si può eccepire la nullità?

▶ **Non è soggetta a prescrizione**, dispone l'art. 1422 c.c., l'azione per far dichiarare la nullità del contratto, *salvi gli effetti dell'usucapione e della prescrizione delle azioni di ripetizione*.

Ciò vuol dire che l'azione può essere esercitata in qualsiasi momento ma, come suggerisce la norma, è inutile proporla:
- se il bene che si vuole avere indietro è passato ormai in proprietà dell'altro contraente per effetto dell'usucapione;
- se sono trascorsi più di dieci anni dalla conclusione del contratto, perché

Anche il motivo illecito rende nullo il contratto, ma solo se è stato la ragione comune che ha indotto le parti a concludere quello specifico accordo.

in tal caso, come prevede l'art. 2946 c.c., si è prescritto il diritto di esercitare contestualmente l'azione di *ripetizione dell'indebito*.

▶ **La nullità è insanabile** perché, come dispone l'art. 1423 c.c., il contratto nullo non può essere convalidato.

▶ **È assoluta** perché, come dispone l'art. 1421 c.c., può essere fatta valere da chiunque vi abbia interesse e può essere rilevata d'ufficio dal giudice.

QUESTIONI

Che cosa accade se si scopre che in un contratto vi è una clausola nulla?

Poiché il contratto è uno strumento essenziale per la circolazione della ricchezza, l'ordinamento tende, fino a quando è possibile, a favorirne la conservazione.
Per tale ragione l'art. 1419 c.c. stabilisce che la **nullità parziale** di un contratto o la **nullità di singole clausole** non comporta la nullità dell'intero contratto a meno che risulti che i contraenti non lo avrebbero concluso senza quella parte del suo contenuto che è colpita da nullità.
Il contratto rimane in vita, stabilisce il secondo comma dell'art. 1419 c.c., anche nei casi in cui è previsto dalla legge che le clausole nulle siano sostituite di diritto da norme imperative.
Per esempio, la clausola del contratto di mutuo che preveda interessi usurari non rende nullo l'intero accordo delle parti, ma è automaticamente sostituita dalla disposizione contenuta nell'art. 1815 c.c. che consente al debitore di non pagare alcun interesse.

4. Quando il contratto è annullabile

L'annullabilità si configura, rispetto alla nullità, come una forma meno grave di invalidità.

==Il contratto annullabile produce regolarmente i propri effetti, che cessano solo se la parte che ne ha diritto chiede e ottiene una sentenza di annullamento.==

▶ **Il contratto è annullabile**, secondo quanto stabiliscono gli **artt. 1425 e 1427 c.c.**:

- **per l'incapacità di agire** di una delle parti;
- **per vizio del consenso**, dato per *errore*, estorto con *violenza*, o carpito con *dolo*, cioè con un raggiro.

▶ **Può chiedere l'annullamento**, si evince dall'art. 1441 c.c., solo la parte che ha concluso il contratto in stato di incapacità oppure è stata vittima di errore, di dolo o di violenza. Non può chiederlo, invece, l'altro contraente.
La ragione, anche sul piano del puro buon senso, è immediatamente intuibile: non si può ammettere, per esempio, che una persona ci raggiri e poi, resasi conto di essere andata contro i propri interessi, pretenda di annullare il contratto *perché ci ha raggirato*!

La differenza più evidente tra la nullità e l'annullabilità sta nel fatto che:
- il contratto **annullabile** perde efficacia solo se la parte che ne ha diritto chiede e ottiene l'annullamento;
- il contratto **nullo**, invece, è privo di efficacia fin dall'origine e la pronuncia di nullità da parte del giudice ha solo valore dichiarativo, cioè di riconoscimento di un dato di fatto.

Il **contratto concluso dal minore emancipato** è annullabile solo se, per il suo contenuto, eccede l'ordinaria amministrazione.
Il **contratto concluso da una persona interdetta**, **inabilitata o affidata a un amministratore di sostegno** è annullabile solo se, per il suo contenuto, esorbita i limiti imposti dal giudice nella sentenza limitatrice della capacità di agire (vedi art. 427 c.c.).

▶ **La sentenza ha effetto retroattivo tra le parti.** Ciò significa che il contratto annullato perde i propri effetti fin dall'origine.
Pertanto, se colui che ha promosso l'azione di annullamento ha già eseguito la sua prestazione, può chiedere la **ripetizione** (cioè la restituzione) dell'indebito.

▶ **L'azione di annullamento si prescrive entro cinque anni**, stabilisce l'art. 1442 c.c. Questo termine:

- generalmente comincia a decorrere dal momento in cui il contratto è stato concluso;
- se però l'invalidità deriva da incapacità di agire di uno dei contraenti, decorre dal momento in cui questi acquista la capacità di agire;
- se l'invalidità deriva, invece, da errore, dolo o violenza, comincia a decorrere dal momento in cui l'errore o il dolo sono stati scoperti o la violenza è cessata.

▶ **Può essere convalidato** il contratto annullabile dal contraente al quale spetterebbe l'azione di annullamento.
La convalida, dispone l'art. 1444 c.c., consiste in un atto che contenga la menzione del contratto, il motivo dell'annullabilità e la dichiarazione che s'intende convalidarlo.

CAUSE DI ANNULLABILITÀ
- Incapacità
- Errore
- Violenza
- Dolo

impara da solo

Agisce in giudizio una persona che, per effetto di un raggiro, ha venduto un motorino a un giovane che a sua volta lo ha venduto a un compagno di scuola. Poiché, insieme alla richiesta di annullamento, è stata avanzata anche la domanda di *ripetizione dell'indebito*, l'ultimo acquirente dovrà restituire il motorino al primo proprietario?
Cerca la risposta nell'art. 1445 c.c.

5. L'annullamento dovuto a incapacità

Sentite questa: un giovane acquista un biglietto della lotteria e vince un milione di euro. Ma poiché era minorenne il contratto di acquisto del biglietto è invalido!

L'**art. 1425 c.c.** dispone che:
"Il contratto è annullabile, se una delle parti era legalmente incapace di contrattare [...]".

▶ **Possono chiedere l'annullamento del contratto** (si evince dagli artt. 322, 377, 396, 427 c.c.):

- i genitori, il tutore, il curatore o l'amministratore di sostegno del soggetto incapace;
- l'incapace stesso, una volta acquistata la capacità di agire;
- gli eredi o aventi causa.

PERCORSO D — OBBLIGAZIONI E CONTRATTI

Naturalmente possiamo immaginare che nel caso sopra prospettato nessuno di questi soggetti penserà mai di chiedere l'annullamento del contratto e dunque l'acquisto del biglietto esplicherà regolarmente i propri effetti.

Come valuti la disposizione dell'art. 1443? Se fosse in tuo potere vorresti che fosse mantenuta, modificata o abrogata?

QUESTIONI

L'incapacità legale dolosamente occultata

Se, per concludere un contratto, un minore ha alterato i dati anagrafici contenuti nei suoi documenti di riconoscimento, potrà successivamente chiedere l'annullamento del medesimo contratto?
Troviamo la risposta nell'art. 1426 c.c. nel quale si dispone che il contratto:
- non è annullabile se il minore ha con raggiri occultato la sua minore età;
- è annullabile se il minore si è limitato a dichiarare di essere maggiorenne.

La ripetizione contro il contraente incapace

Immaginiamo che un giovane maggiorenne venda la sua bici elettrica a un minorenne che per incapacità di guida la distrugge. Se i genitori del minorenne chiedessero l'annullamento del contratto potrebbero avere indietro l'intera somma pagata dal figlio restituendo al venditore solo la bici sinistrata?
La risposta è affermativa ed è ricavabile dall'**art. 1443 c.c.**

L'incapacità naturale

Supponiamo che, sopraffatti da un intenso dolore o colti da un impeto d'ira, ci licenziamo dal lavoro, oppure rilasciamo una procura a persona poco affidabile, o svendiamo una parte considerevole del nostro patrimonio. Che cosa possiamo fare quando, superato lo stato di incapacità naturale nel quale eravamo caduti, ci rendiamo conto della gravità dell'atto compiuto?
Anche l'incapacità naturale può essere causa di annullamento, dispone il secondo comma dell'**art. 1425 c.c.**, precisando che:
- se si chiede l'annullamento di un *atto unilaterale* (come il licenziamento o il rilascio di una procura) occorre provare al giudice solo che dall'atto deriva un grave pregiudizio all'autore;
- se si chiede l'annullamento di un *contratto*, si deve provare, oltre al pregiudizio, anche che l'altro contraente conoscesse lo stato di incapacità naturale e che in mala fede ne ha approfittato.

6. L'annullamento dovuto a errore

L'ERRORE DEVE ESSERE
→ riconoscibile
→ essenziale

Mio nonno ha venduto un fondo agricolo al prezzo di 100 euro al metro quadro. Dopo la conclusione del contratto abbiamo scoperto che il terreno era appena stato inserito nelle aree edificabili del piano regolatore comunale e che il suo valore effettivo era almeno dieci volte superiore al prezzo di vendita. Possiamo chiedere l'annullamento del contratto?

L'errore è causa di annullamento, dispone l'**art. 1428 c.c.**, quando è *essenziale* ed è *riconoscibile* dall'altro contraente.

204

▶ **L'errore è riconoscibile**, secondo l'art. 1431 c.c., quando una persona avrebbe potuto rilevarlo impiegando la *normale diligenza*.

Ciò vuol dire che non è necessario provare che la controparte era effettivamente a conoscenza del nostro errore (prova oltremodo difficile). È sufficiente provare che, per la professione che svolge, per il prezzo concordato o per altre circostanze, avrebbe potuto rilevarlo utilizzando la normale diligenza. Nel caso sopra prospettato, se il terreno fosse stato acquistato da un agricoltore intenzionato a coltivarlo, difficilmente il venditore potrebbe invocare la *riconoscibilità*, mentre potrebbe sicuramente invocarla se fosse stato acquistato da una impresa locale di costruzioni.

▶ **L'errore è essenziale** quando la parte, se non vi fosse incorsa, non avrebbe concluso il contratto. In particolare, secondo l'art. 1429 c.c., l'errore è essenziale quando cade:

- **su una qualità dell'oggetto**, purché questa sia stata determinante ai fini del consenso (rientra in tale ipotesi, per esempio, il caso di chi scambia un terreno agricolo per terreno edificabile; una copia moderna per un reperto archeologico e così via);
- **sulle qualità personali** dell'altro contraente (incorre in tale errore, per esempio, chi conclude un contratto di società con un operatore economico credendolo persona irreprensibile mentre in realtà è imputato del reato di bancarotta);
- **sulla normativa vigente**, quando l'errata o mancata conoscenza della legge ha costituito la ragione unica o principale del contratto (per esempio, costituisce *errore di diritto* l'acquisto di una fornitura di pannelli di amianto da usare nell'edilizia, effettuato senza sapere che l'impiego di tale materiale è stato vietato dalla legge n. 257 del 1992).

> La **riconoscibilità** salvaguarda il contraente che, in buona fede, ha fatto affidamento sulla validità del contratto.
> L'**essenzialità** impedisce che il più piccolo equivoco possa essere assunto a pretesto per annullare il contratto.

L'ERRORE È ESSENZIALE QUANDO CADE
- sulle qualità della persona
- su una qualità dell'oggetto
- sulla normativa

QUESTIONI

L'errore sulla qualità e sul valore

Supponiamo di acquistare un bene ritenendolo di buon valore e di scoprire, in seguito, che vale molto meno del prezzo che abbiamo pagato. Possiamo chiedere al giudice l'annullamento del contratto per errore sulla qualità dell'oggetto? La risposta impone una distinzione:
- se, per esempio, abbiamo acquistato un mobile ritenendolo antico e invece è moderno; se abbiamo acquistato un terreno ritenendolo edificabile e invece è agricolo; se abbiamo acquistato un computer ritenendolo nuovo e invece è usato, il nostro errore è caduto sulla qualità dell'oggetto ed è un errore tale da consentirci di chiedere al giudice l'annullamento del contratto;
- se, invece, abbiamo acquistato un mobile sapendo che era moderno, un terreno sapendo che era agricolo e un computer sapendo che era usato, e poi scopriamo di aver pagato per l'acquisto un prezzo superiore a quello di mercato, non possiamo agire per l'annullamento perché l'errore sulla convenienza economica del contratto è irrilevante.

Ostativo viene dal verbo *ostare* che indica la presenza di ostacoli, impedimenti. **L'errore ostativo** ostacola la corretta formazione del contratto.

Art. 640 c.p.
Truffa
Chiunque con artifizi o raggiri, inducendo taluno in errore, procura a sé o ad altri un ingiusto profitto con altrui danno, è punito con la reclusione da sei mesi a tre anni e con la multa da euro 51 a euro 1.032.

QUESTIONI

L'errore ostativo (o sulla dichiarazione)

Immaginiamo che, nell'inviare una proposta di vendita di una partita di televisori, la nostra segretaria scriva, per errore, la somma di 50 euro l'uno invece che 500. Se il cliente ci trasmette la sua tempestiva accettazione, siamo obbligati a dare esecuzione al contratto o abbiamo la possibilità di riparare all'errore? L'errore in cui è incorsa la nostra segretaria è chiamato errore ostativo. Ostativo è l'errore che cade sulla dichiarazione o sulla trasmissione della dichiarazione da parte della persona o dell'ufficio che ne era incaricato. Anche tale errore è causa di annullabilità del contratto, stabilisce l'art. 1433 c.c., se è essenziale e riconoscibile dall'altro contraente.
Nel nostro caso, poiché nessuno può ragionevolmente ritenere che un televisore costi 50 euro, l'errore è riconoscibile e il contratto è annullabile.

7. L'annullamento dovuto a dolo

Il termine *dolo* ha un duplice significato:

- generalmente indica un comportamento intenzionale diretto a realizzare un fatto non consentito;
- in tema di annullabilità del contratto assume, invece, il significato di *inganno*, di *raggiro* volto a viziare la volontà dell'altro contraente. Si tratta di un comportamento prossimo alla truffa.

Stabilisce il primo comma dell'art. 1439 c.c.:
"**Il dolo è causa di annullamento** del contratto quando i raggiri usati da uno dei contraenti sono stati tali che, senza di essi, l'altra parte non avrebbe contrattato."

Ciò significa che il raggiro, per giustificare la richiesta di annullamento, deve essere stato **determinante** per la conclusione del contratto.
Per esempio, se acquistiamo un computer credendo che sia di una nota marca e poi scopriamo che è soltanto un compatibile a cui è stata cambiata l'etichetta, possiamo sicuramente ottenere l'annullamento del contratto.

▶ **Il dolo può essere *commissivo* e *omissivo*:**

- **il dolo commissivo** consiste nel *commettere*, cioè nel realizzare il raggiro predisponendo, per esempio, documenti falsi, oppure facendo giungere alla controparte false informazioni;
- **il dolo omissivo** consiste nell'*omettere* di comunicare, o nel nascondere, o nel tacere all'altra parte, informazioni determinanti per la conclusione del contratto. Per esempio, quando siamo sull'orlo del fallimento ma evitiamo di darne informazione a chi ci sta prestando del denaro; oppure quando è in corso la procedura di esproprio del nostro terreno, ma evitiamo di informarne la persona che vuole acquistarlo e così via.

▶ **Dolus bonus** è chiamata la palese esagerazione sulla qualità dei prodotti o dei servizi di cui si serve spesso la pubblicità. Questa forma di dolo non è considerata un vero raggiro idoneo a determinare l'annullamento del contratto.

Non costituisce *dolus bonus* ma integra invece gli estremi della truffa il comportamento del mediatore immobiliare che falsamente prospetta al venditore di avere già pronto un compratore (Cass. n. 4441/2001).

8. La violenza morale

La violenza morale è la minaccia di un male ingiusto, di natura tale da fare impressione su di una persona sensata e indurla a concludere un contratto che altrimenti non avrebbe concluso.

Dalla cronaca possiamo trarre molti esempi di violenza morale: «se non ti servirai della nostra impresa, bruceremo la tua casa», «se non assumerai questi nostri amici daremo pubblicità a certi fatti spiacevoli che ti riguardano», «se non ci venderai la tua fabbrica rapiremo tuo figlio» e così via.

▶ **Sul piano penale** questi comportamenti configurano il reato di estorsione, punibile, come prevede l'art. 629 c.p., con la reclusione da cinque a dieci anni.

▶ **Sul piano civile** gli stessi comportamenti configurano una *violenza morale* che consente l'annullamento del contratto.

Sono una persona anziana e un tipaccio, che voleva comperare la mia casa, mi ha spaventata al punto tale che gliel'ho venduta. Ora però sono pentita. Posso chiedere l'annullamento per violenza morale?

Come si desume dall'art. 1435 c.c., non può essere assunta come violenza qualsiasi minacciosa pressione. L'articolo, infatti, dispone che:
"La violenza deve essere di tale natura da fare impressione sopra una persona sensata e da farle temere di esporre sé o i suoi beni a un male ingiusto e notevole. Si ha riguardo, in questa materia, all'età, al sesso e alla condizione delle persone."

Sostanzialmente, per giustificare l'azione di annullamento, il male minacciato deve essere stato contrario al diritto (cioè *ingiusto*) e superiore al danno derivante dalla conclusione del contratto (*notevole* è sinonimo di *grave*).
Inoltre, nel valutare l'effetto della minaccia il giudice deve tenere conto, come dispone la norma, anche della impressionabilità della persona dovuta all'età, alla condizione personale e al sesso (sebbene sia tutto da dimostrare che quest'ultima condizione abbia riflessi sulla impressionabilità della persona).

La violenza è causa di annullamento del contratto, stabilisce l'art. 1436 c.c., anche quando il male minacciato riguarda la persona o i beni del coniuge del contraente, oppure un suo discendente (figlio, nipote) o un suo ascendente (genitore, nonno).
Se il male minacciato riguarda altre persone, la possibilità di annullare il contratto è rimessa al prudente apprezzamento del giudice.

▶ **Il timore reverenziale**, stabilisce l'art. 1437 c.c., non è causa di annullamento del contratto. Per timore reverenziale si intende, per esempio, quello che può incutere una persona particolarmente autorevole alla quale è difficile trovare il coraggio di opporsi.

PERCORSO D — OBBLIGAZIONI E CONTRATTI

> **QUESTIONI**
>
> **La violenza fisica**
>
> Se, con la costrizione fisica, veniamo indotti a sottoscrivere un contratto (qualcuno ci afferra la mano e la forza a tracciare la nostra firma) che cosa possiamo fare?
> L'ipotesi non è molto probabile. Comunque in casi come questi, mancando del tutto l'accordo delle parti, che è elemento essenziale del contratto, questo è nullo fin dall'origine.

9. La rescissione del contratto

Il termine *rescissione* significa *scioglimento*.

 Un mio amico ha avuto un incidente con la moto e l'autista di un'autoambulanza privata che passava di lì gli ha chiesto una cifra esorbitante per portarlo in ospedale. Voi credete che il mio amico debba veramente versare la cifra enorme che si è impegnato a pagare?

Ragioniamo sul caso sopra esposto.
Innanzitutto possiamo escludere che il contratto sia nullo, perché non c'è stata violazione di norme imperative, né di regole di ordine pubblico o di buon costume.
Tanto meno possiamo pensare che sia annullabile se i contraenti erano capaci e non vi è stato errore, violenza o dolo.
Al tempo stesso non si può ammettere che abbiano valore vincolante accordi contrattuali palesemente iniqui. E allora?
Per questi casi il legislatore ha predisposto un rimedio, chiamato *rescissione*.

==La rescissione consente di sciogliersi dal contratto concluso a condizioni inique, cioè *non eque*.==

▶ **La rescissione si può chiedere**, stabilisce l'art. 1447 c.c., quando le condizioni inique siano state accettate per la necessità, nota alla controparte, di salvare sé o altri dal **pericolo attuale di un danno grave** alla persona.
È questa la soluzione offerta dall'ordinamento per casi (in verità piuttosto improbabili) come quello sopra esposto.

Il giudice, aggiunge la norma, nel pronunciare la sentenza di scioglimento può assegnare un equo compenso all'altra parte (nel nostro caso all'autista dell'autoambulanza) per l'opera che questi comunque ha prestato.

 Mi occorreva con urgenza una grossa somma di denaro per evitare il fallimento della mia impresa e, pur di averla, ho accettato di vendere la mia casa al mio commercialista per un terzo del suo valore effettivo. È stato un contratto iniquo ma non avevo scelta. Ora che ho rimesso a posto i conti posso restituirgli la somma e tenermi la casa?

▶ **La rescissione si può anche chiedere**, stabilisce l'art. 1448 c.c., quando le condizioni inique siano state accettate da una parte perché spinta da uno **stato di bisogno** del quale l'altra ha approfittato per trarne vantaggio (in questo secondo caso si parla di *rescissione per lesione*). Tuttavia, non ogni disparità tra le prestazioni consente di ottenere la rescissione del contratto. L'azione è ammissibile solo quando il valore di una prestazione superi di **oltre la metà** il valore dell'altra.

▶ **L'azione di rescissione si prescrive**, dispone l'art. 1449 c.c., entro un anno dalla conclusione del contratto.

▶ **Si può evitare la rescissione**, aggiunge l'art. 1450 c.c., offrendo al contraente penalizzato che ha intrapreso l'azione, una modificazione del contratto sufficiente per ricondurlo a equità.

10. Le cause di risoluzione del contratto

Anche il termine *risoluzione* significa *scioglimento*.

==La risoluzione== consente di sciogliersi dal contratto che, sebbene **validamente concluso**, non può avere corretta esecuzione per il sopraggiungere di talune anomalie.

Qual è la differenza tra rescissione e risoluzione?

La differenza consiste nel fatto che:

- il contratto *rescindibile* nasce invalido;
- il contratto *risolubile*, come vedremo meglio più avanti, nasce in modo assolutamente regolare e quindi è pienamente valido, ma un *accidente successivo* ne impedisce la piena realizzazione.

Gli accidenti (o più propriamente **le cause**) che consentono a una delle parti di chiedere la risoluzione del contratto sono:

- l'*inadempimento* di uno dei contraenti;
- l'*impossibilità sopravvenuta* di eseguire la prestazione;
- l'*eccessiva onerosità sopravvenuta* della prestazione.

Esaminiamoli singolarmente.

La risoluzione per inadempimento

Il primo comma dell'**art. 1453 c.c.** stabilisce che se uno dei contraenti non esegue regolarmente la propria prestazione l'altro può:

- chiedere al giudice che condanni l'inadempiente a dare esecuzione al contratto;

PERCORSO D · OBBLIGAZIONI E CONTRATTI

> L'inadempimento di non scarsa importanza rileva anche nel **danno da vacanza rovinata** (Codice del turismo, art. 47). Se acquistiamo un pacchetto turistico e l'operatore si rivela inadempiente (per esempio la sistemazione alberghiera è inferiore a quella promessa), possiamo chiedere il risarcimento del danno da vacanza rovinata, a patto che l'inadempimento sia di **non scarsa importanza**.

- oppure può cercare di ottenere la risoluzione, cioè lo scioglimento del contratto con restituzione di quanto eventualmente egli abbia già pagato, per esempio a titolo di anticipo.

Non si potrà ottenere la risoluzione, precisa l'art. 1455 c.c., se l'inadempimento di una delle parti ha **scarsa importanza**, avuto riguardo all'interesse dell'altra**.**
Sarà il giudice a valutare, caso per caso, se l'inadempimento è o non è di *scarsa importanza*.

▶ **Chi voglia ottenere la risoluzione** del contratto per inadempimento della controparte può percorrere tre vie.

- **La via giudiziale** è la più lunga ma anche la più sicura. Consiste nel domandare al giudice la sentenza di risoluzione, provando che vi è stato un inadempimento della controparte *non di scarsa importanza* (art. 1453 c.c.).

- **La diffida ad adempiere**, prevista dall'art. 1454 c.c., consiste nell'intimazione scritta, rivolta alla parte inadempiente, di eseguire la prestazione entro un congruo termine (generalmente non inferiore a 15 giorni) con l'avviso che, decorso inutilmente tale termine, il contratto si intenderà risolto.
  Questo è un modo di procedere molto rapido ma non è esente da rischi. Se, per esempio, dopo aver notificato la diffida, sospendiamo l'esecuzione della nostra prestazione, potremmo anche essere chiamati in giudizio dalla controparte la quale potrebbe provare che la sua inadempienza era di scarsa importanza e pretendere il risarcimento del danno subìto per l'interruzione della nostra prestazione.

- **La clausola risolutiva espressa**, prevista dall'art. 1456 c.c., può essere inserita nel contratto dalle parti. Con essa i contraenti possono concordare che, se una delle obbligazioni non viene adempiuta nel modo stabilito, la parte adempiente possa sciogliersi dal contratto dichiarando semplicemente che intende valersi della clausola risolutiva.
  È questa la via più rapida per risolvere il contratto e non richiede alcun accertamento sulla gravità dell'inadempimento poiché tale valutazione è stata anticipatamente compiuta e accettata dalle parti.

QUESTIONI

Il termine essenziale

Dispone l'art. 1457 c.c. che il contratto è risolto di diritto se per la prestazione di una delle parti era stato fissato, nell'interesse dell'altra, un termine da ritenersi essenziale e tale termine non è stato rispettato.
Il termine può ritenersi essenziale, ha chiarito la Cassazione, solo se dal contratto emerge chiaramente la volontà delle parti di ritenere inutile l'esecuzione della prestazione oltre la scadenza concordata.

La risoluzione per impossibilità sopravvenuta

Nei contratti con prestazioni corrispettive, se una delle prestazioni diventa impossibile per causa non imputabile alla parte che vi è tenuta, il contratto si risolve di diritto e la parte che abbia già iniziato a eseguire la prestazione ha diritto di chiedere all'altra la ripetizione dell'indebito.

In quali casi il contratto è "a prestazioni corrispettive"?

Prestazioni corrispettive significa che ciascuna parte è obbligata a eseguire una prestazione. Per esempio, nella compravendita la prestazione del venditore consiste nel consegnare la cosa al compratore e la prestazione di quest'ultimo consiste nel pagare il prezzo.

Quasi tutti i contratti sono a prestazione corrispettive. Fanno eccezione pochissimi, come, per esempio, il contratto di donazione.

La risoluzione per eccessiva onerosità sopravvenuta

Sto per concludere con un ristorante un contratto per la fornitura periodica di carne argentina a un prezzo stabilito. Ora però mi domando: se un improvviso aumento dell'inflazione innalzasse in modo sproporzionato i costi che abitualmente sostengo, sarei ugualmente obbligata a mantenere l'impegno assunto con il ristorante?

Troviamo la soluzione al quesito nel primo comma dell'art. 1467 c.c., che così dispone:

"Nei contratti a esecuzione continuata o periodica, ovvero a esecuzione differita, se la prestazione di una delle parti è divenuta *eccessivamente* onerosa per il verificarsi di avvenimenti straordinari e imprevedibili, la parte che deve tale prestazione può domandare la risoluzione del contratto [...]".

Ciò significa che si può ottenere la risoluzione del contratto solo se si è determinato uno squilibrio *eccessivo* tra le prestazioni, tale da rendere non più equo il rapporto.

Una contenuta oscillazione dei prezzi, invece, rientra nei normali rischi imprenditoriali e non giustifica la domanda di risoluzione del contratto.

> **La parte contro la quale è domandata la risoluzione** può evitarla offrendo di modificare equamente le condizioni del contratto (art. 1467 c.c.).

UNITÀ 7 — Riguardando gli appunti

1. Che differenza c'è tra invalidità e inefficacia del contratto?

- Le cause di *invalidità* del contratto sono diverse e, a seconda della loro natura e gravità, producono conseguenze diverse. Tali conseguenze sono: la *nullità*, la *annullabilità* e la *rescissione*.
- Diversa dall'invalidità è l'*inefficacia*. Un contratto è inefficace se, per quanto valido, non è capace di produrre i suoi effetti.

2. Che cosa rende il contratto nullo?

- In base all'art. 1418 c.c. il contratto è nullo: se è contrario a norme imperative; se manca uno dei suoi requisiti essenziali; se la causa è illecita o è illecito il motivo che ha indotto entrambe le parti a concludere il contratto; se l'oggetto è illecito, impossibile, indeterminato o indeterminabile; negli altri casi stabiliti dalla legge.

3. Quali caratteri presenta la nullità?

- La nullità è assoluta, in quanto può essere fatta valere da chiunque vi abbia interesse e può essere rilevata d'ufficio dal giudice; inoltre, è imprescrittibile (salvi gli effetti dell'usucapione e della prescrizione delle azioni di ripetizione) e insanabile.
- Il contratto nullo non vincola le parti, per cui chi non ha ancora eseguito la prestazione non è tenuto a eseguirla, e chi l'ha già eseguita può chiedere la ripetizione dell'indebito.

4. Quando un contratto è annullabile?

- L'annullabilità è, rispetto alla nullità, una forma meno grave d'invalidità.
- Il contratto annullabile produce regolarmente i propri effetti, che cessano solo se la parte che ne ha diritto chiede e ottiene una sentenza di annullamento.
- Sono cause di annullamento: l'incapacità di uno dei contraenti; l'errore, essenziale (cioè sulle qualità della persona o dell'oggetto o sulla normativa vigente) e riconoscibile all'altro contraente, in cui una parte è incorsa; il dolo se è stato determinante ai fini della decisione della controparte di concludere il contratto; la violenza morale se il male ingiusto che viene minacciato è tale da indurre una persona sensata a concludere un contratto che altrimenti non avrebbe concluso.
- La violenza fisica rende nullo il contratto per mancanza assoluta della volontà del contraente.
- L'azione di annullamento si prescrive entro cinque anni. La sentenza di annullamento ha effetto retroattivo tra le parti, per cui la parte che avesse già adempiuto può chiedere la ripetizione.
- Il contratto annullabile può essere convalidato dal contraente cui spetterebbe l'azione di annullamento.

5. In che cosa consiste la rescissione del contratto?

- La rescissione è lo scioglimento del contratto concluso a condizioni inique perché la parte vi è stata indotta per fronteggiare una situazione di pericolo, oppure perché spinta da uno stato di bisogno del quale l'altra ha approfittato per trarne vantaggio.
- La rescissione può essere evitata se la controparte offre una modificazione del contratto che ristabilisca l'equità.
- L'azione di rescissione si prescrive entro un anno.

6. Quando si può risolvere un contratto?

- La risoluzione è lo scioglimento del contratto giustificato da anomalie sopraggiunte dopo la sua conclusione e tali da pregiudicarne il corretto svolgimento.
- Il contratto si può risolvere per: inadempimento di uno dei contraenti; sopravvenuta impossibilità di eseguire la prestazione; eccessiva onerosità sopravvenuta della prestazione.
- L'inadempimento della controparte può dar luogo a risoluzione solo se è di *non scarsa importanza*.
- Chi voglia ottenere la risoluzione del contratto per inadempimento della controparte può scegliere fra tre strumenti: la via giudiziale; la diffida ad adempiere; la clausola risolutiva espressa.

Verifica le tue conoscenze

Completamento

Completa lo schema utilizzando le seguenti parole: *vizio del consenso*; *chiunque*; *giudice*; *prescrive*; *convalida*; *assoluta*; *parte*; *imprescrittibile*; *d'ufficio*; *insanabile*; *incapacità*.

Test a risposta multipla

Indica con una crocetta l'affermazione esatta.

1. È causa di nullità del contratto:
   A. l'illiceità dell'oggetto
   B. l'errore su una qualità del bene
   C. il dolo della controparte, se è stato determinante per la conclusione del contratto
   D. l'incapacità di una delle parti

2. La nullità di una clausola di un contratto:
   A. rende nullo l'intero contratto
   B. non si estende mai all'intero contratto
   C. rende nullo il contratto solo se la clausola viola una norma imperativa
   D. rende nullo il contratto solo se i contraenti non lo avrebbero concluso senza quella clausola

3. L'errore è causa di:
   A. annullabilità del contratto, se essenziale e riconoscibile dalla controparte
   B. nullità del contratto, se dovuto al dolo della controparte
   C. nullità del contratto, se l'errore rende la prestazione eccessivamente onerosa
   D. risoluzione del contratto

4. La rescissione del contratto:
   A. riguarda i casi in cui il contratto nasce valido, ma un evento successivo ne impedisce la piena realizzazione
   B. può essere evitata modificando il contratto in modo da ricondurlo a equità
   C. può essere richiesta in caso di eccessiva onerosità sopravvenuta
   D. non è soggetta a prescrizione

5. In caso di annullamento dovuto a incapacità, l'annullamento:
   A. può essere chiesto solo in caso di incapacità naturale
   B. può essere chiesto anche dall'altro contraente
   C. non può mai essere chiesto dall'incapace stesso, ma solo dal suo tutore o dagli eredi
   D. può essere chiesto anche dall'incapace, una volta acquistata la capacità d'agire

Ma davvero?

Il diritto si affaccia nei discorsi di ogni giorno. A volte, però, a sproposito. Leggi e rifletti.

Tuo fratello, dichiarandosi maggiorenne, ha venduto un quadro che tenevate in salotto per pagarsi le vacanze. Lui dimostra più dei suoi 17 anni, e l'acquirente gli ha creduto senza difficoltà. «Purtroppo il quadro è perduto, il contratto non si può annullare» ti dicono afflitti i tuoi genitori. «Tuo fratello dimostra più dei suoi anni, l'acquirente non ha colpa se gli ha creduto.»

I tuoi genitori sembrano sicuri di ciò che dicono. Ma davvero... non c'è modo di riottenere il quadro?

213

UNITÀ PERCORSO D 8

OBBLIGAZIONI E CONTRATTI

Tipologie particolari di contratto

1. Il contratto preliminare

Nel mio quartiere è in vendita un locale che vorrei acquistare per impiantarci uno studio informatico. Prima di concludere il contratto, però, ho bisogno di un po' di tempo. Innanzi tutto perché devo accertare chi realmente è il proprietario del locale e poi perché devo chiedere un mutuo. Come posso fare per evitare che nel frattempo venga venduto a un'altra persona?

In questo e in altri casi simili, è possibile stipulare con il venditore un *contratto preliminare*.

==Il contratto preliminare è un contratto che ha per oggetto la stipulazione di un futuro contratto (detto *definitivo*) di cui si predetermina il contenuto essenziale.==

▶ **La funzione** di questo contratto è vincolare subito le parti all'impegno assunto rinviando la stipulazione del contratto definitivo al momento in cui si saranno verificate certe condizioni o si saranno compiuti alcuni accertamenti o si sarà raggiunto l'accordo su clausole accessorie.

▶ **La forma** del contratto preliminare, come stabilisce l'art. 1351 c.c., deve essere, a pena di nullità, la stessa del contratto definitivo.
Nel caso sopra esposto il preliminare dovrà essere concluso per iscritto perché questa è la forma richiesta dalla legge per i contratti che trasferiscono la proprietà di beni immobili. In mancanza di forma scritta il nostro preliminare sarebbe nullo.

La trascrizione del preliminare

Che cosa accadrebbe se un contraente (per esempio il venditore), dopo aver sottoscritto il preliminare ci ripensasse e non volesse più vendere?
Come consente l'**art. 2932 c.c.** è possibile rivolgersi al giudice e ottenere una sentenza che produca gli stessi effetti (per esempio la vendita) del contratto non concluso.

E se invece il venditore, dopo aver stipulato il preliminare (e presumibilmente incassato un anticipo sul prezzo) vendesse il bene immobile a una terza persona che immediatamente provvede alla registrazione?

214

Per regola generale diventa proprietario del bene immobile chi lo ha registrato per primo e al contraente gabbato non resta che chiamare in giudizio il venditore truffaldino e chiedere il risarcimento del danno (che forse non riuscirà mai concretamente a ottenere).

Per prevenire simili spiacevoli inconvenienti, il legislatore ha introdotto nel codice l'art. 2645 *bis*, nel quale si dispone che **il preliminare può essere trascritto** nei registri immobiliari rendendo così impossibili altre successive trascrizioni.

2. I contratti per adesione e la tutela del consumatore

Se qualcuno ha avuto modo di sottoscrivere un contratto per l'acquisto di una moto nuova, o un contratto di assicurazione, o di somministrazione di energia elettrica, avrà certamente notato che in tali situazioni c'è in realtà ben poco da contrattare.
Il funzionario addetto alle vendite o l'assicuratore o il dipendente che si occupa delle nuove utenze presenta un modulo prestampato contenente le clausole dell'accordo e il cliente può solo aderire o rinunciare al contratto.

==**Contratti per adesione** (detti anche *in serie*) sono quelli che si concludono mediante la sottoscrizione di moduli o di formulari già predisposti.==

Non è improbabile che nei *contratti per adesione* il proponente provi a inserire clausole particolarmente vantaggiose per sé e particolarmente svantaggiose per il cliente.

▶ **Clausole vessatorie** sono dette quelle che provocano un significativo squilibrio delle prestazioni a vantaggio del *professionista* che le ha predisposte e in danno del *consumatore*.

- **Consumatore**, chiarisce il d.lgs. n. 206/2005 denominato **Codice del consumo**, è qualsiasi persona fisica che non agisca in qualità di imprenditore (si ritiene, infatti, che l'imprenditore abbia una esperienza e una forza contrattuale sufficiente a tutelare il proprio interesse).
- **Professionista** è chiamato l'imprenditore che ha predisposto il contratto.

Se sono state inserite clausole vessatorie nel contratto, questo rimane valido ma le clausole sono nulle.

L'elenco delle clausole vessatorie (piuttosto lungo) è contenuto nell'art. 33 del Codice del consumo. Tra le tante segnaliamo le clausole che hanno per oggetto o per effetto di limitare i diritti o le azioni del consumatore in caso di inadempimento da parte di chi ha predisposto il contratto; di imporre al consumatore, in caso di suo inadempimento o ritardo, il pagamento di un risarcimento manifestamente eccessivo; di stabilire, per il consumatore, un termine eccessivamente anticipato, rispetto alla scadenza del contratto, per comunicare la disdetta.

Vessatorio deriva dal verbo *vessare* che significa "commettere abuso".

Se le parti sono costituite da *due professionisti* o da *due non professionisti* (quindi da persone che si presume siano sullo stesso piano per esperienza e forza contrattuale) non si applicano le norme del Codice del consumo, ma il secondo comma dell'**art. 1341 c.c.**, dal quale si desume che eventuali clausole vessatorie contenute nel contratto sono valide ed efficaci se approvate specificatamente per iscritto.

> **QUESTIONI**
>
> **Le clausole aggiunte**
>
> Può accadere che, prima di sottoscrivere un contratto il cui testo è predisposto in *moduli* o *formulari*, il consumatore riesca a fare aggiungere manualmente alcune clausole. L'art. 1342 c.c. dispone che qualora vi fosse incompatibilità tra quelle prestampate e quelle aggiunte, prevalgano queste ultime.

3. I contratti conclusi a distanza o fuori dei locali commerciali

I contratti conclusi utilizzando le tecniche di comunicazione a distanza sono ormai una realtà molto diffusa. Ma che cosa accade, per esempio, se dopo aver fatto un acquisto on line scopriamo che la cosa acquistata non ha le caratteristiche promesse o fatte intuire?

Il Codice del consumo (d.lgs. n. 206/2005) regola la possibilità di recedere dai contratti tra professionisti e consumatori:

- negoziati *esclusivamente con tecniche di comunicazione a distanza (art. 50)*;
- e negoziati *fuori dei locali commerciali (art. 45)*.

▶ **Contratti a distanza** sono quelli conclusi soprattutto per telefono o per posta elettronica.

▶ **Contratti fuori dei locali commerciali** sono quelli conclusi durante la visita del professionista al domicilio del consumatore, o in strada o durante un'escursione organizzata dal professionista.

Per entrambi il Codice del consumo (art. 48) pone a carico del professionista una serie di obblighi tra i quali quello di indicare chiaramente la propria identità e indirizzo, le caratteristiche del bene o del servizio offerto, il prezzo da corrispondere e soprattutto le norme sul diritto di recesso.

Il consumatore può recedere dal contratto, stabilisce l'art. 52, dandone comunicazione al professionista entro 14 giorni mediante l'invio di una lettera raccomandata con ricevuta di ritorno senza dover pagare alcuna penalità né dover specificare i motivi del recesso.

Il termine dei 14 giorni comincia a decorrere:

- dalla data di sottoscrizione della nota d'ordine se il contratto è concluso fuori dei locali commerciali (salvo altre ipotesi previste dall'art. 64);
- dal ricevimento del bene, se il contratto è concluso a distanza (salvo altre ipotesi previste dall'art. 52).

I contratti conclusi per telefono

Quando il consumatore viene contattato telefonicamente e sollecitato a concludere un contratto mediante la registrazione della telefonata, ha diritto a

Modifiche sostanziali al Codice del consumo sono state introdotte dal d.lgs. n. 21/2014 per aumentare le garanzie a tutela dei consumatori. Tra l'altro è stato esteso da 10 a 14 giorni il tempo accordato al consumatore per recedere dal contratto concluso a distanza o fuori dei locali commerciali.

tutte le tutele offerte dalla legge per i contratti a distanza. Inoltre l'art. 51 del Codice del consumo (modificato dal d.lgs. 21/2014) impone al professionista di inviare copia del contratto al consumatore il quale rimarrà vincolato solo dopo aver **sottoscritto** l'offerta.

QUESTIONI

La "class action"

La *class action*, regolata dall'art. 140 *bis* del Codice del consumo, è l'azione con la quale un gruppo di consumatori o utenti danneggiati dal medesimo comportamento realizzato da un'impresa (e pertanto individuati come appartenenti a una medesima *classe*) può attivare un unico processo per accertare le responsabilità e ottenere il risarcimento del danno.

Ciascun componente della classe può agire anche mediante associazioni a cui dà mandato o comitati a cui partecipa.

Se le istanze degli attori sono accolte, il Tribunale liquida il danno o stabilisce il criterio di calcolo per la liquidazione.

---

4. I contratti aleatori

Il termine *aleatorio* deriva dal latino *alea* che indicava il gioco dei dadi, quindi l'*azzardo*, il *rischio*.

Contratti aleatori sono quelli in cui una delle prestazioni è rimessa all'*alea*, cioè alla sorte.

Sono aleatori, per esempio:

- i contratti di assicurazione, in cui la prestazione dell'assicuratore dipende da ciò che capiterà all'assicurato;

- i contratti di mutuo a interesse indicizzato, in cui la quantità di denaro che bisogna restituire dipende dall'andamento dei tassi di interesse.

Ai contratti aleatori, proprio perché fondati sull'*alea*, non si applicano le norme sulla risoluzione per eccessiva onerosità sopravvenuta della prestazione (art. 1469 c.c.) né quelle sulla rescissione per lesione (art. 1448, comma 4, c.c.).

5. I contratti con effetti reali

Contratti con effetti reali sono chiamati quei contratti che hanno per effetto il trasferimento della proprietà (o altro diritto) su una **cosa determinata**.

Una cosa è *determinata* (o anche *specificata*) quando non può essere confusa con altre dello stesso genere.

Per esempio è *cosa determinata* (o *specificata*) uno scooter con uno *specifico* numero di telaio o di targa (e non un altro), oppure una *determinata* casa (e non un'altra), o una *specifica* barca e così via.

Ora domandiamoci: se acquistiamo una barca a vela attraccata a un molo turistico e prima che possiamo ritirarla una tempesta di eccezionale intensità ne abbatte l'albero, chi sopporterà i danni? Noi o il venditore?

▶ **Nei contratti con effetti reali**, ci risponde l'art. 1376 c.c., il diritto sulla cosa *determinata* (e il rischio per il perimento della stessa) si trasferisce nel momento in cui l'accordo viene raggiunto.

Nel nostro esempio, pertanto, il danno subito dalla barca, per una causa sicuramente non imputabile al venditore, è a nostro carico.

Il trasferimento di cose generiche

Ho acquistato un motore fuoribordo, ma prima che mi venisse consegnato con il relativo numero di matricola, è crollata (per causa non imputabile al venditore) una parte del deposito nel quale erano custoditi i motori marini e alcuni hanno avuto dei danni. Poiché il venditore sostiene che tra questi c'era anche quello che aveva pensato di assegnarmi, pretende di consegnarmi un rottame. Può farlo?

▶ **La norma da applicare**, in questo e in altri simili casi, è l'art. 1378 c.c. che regola il trasferimento di cose *determinate solo nel genere*.

La norma dispone che quando oggetto del trasferimento è una cosa indicata solo nel genere merceologico e nella quantità (un motore marino da 40 CV, cento quintali di grano duro, mille barili di petrolio) la proprietà si acquista solo dopo che è stata *individuata* o *specificata*.

Si desume dalla medesima norma che l'individuazione può avvenire:

- mediante consegna della cosa all'acquirente;
- mediante consegna della cosa al vettore che dovrà trasportarla nel luogo stabilito;
- in qualsiasi altro modo purché sia stato preventivamente concordato tra le parti.

Nel caso sopra esposto, pertanto, se il motore marino non era stato in qualche modo *individuato*, la responsabilità per il perimento sarà a carico del venditore.

Le cose generiche diventano determinate quando sono state individuate e separate da altre dello stesso genere.

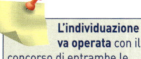

L'individuazione va operata con il concorso di entrambe le parti.
Non ha effetto una individuazione operata unilateralmente dal venditore senza che il compratore abbia espresso in modo inequivocabile la volontà di accettare il criterio adottato (Cass. n. 8861/1996).

6. I contratti reali

Come regola generale i contratti si perfezionano non appena le parti hanno espresso il loro *consenso* e per questo sono detti **consensuali**.

In via eccezionale l'ordinamento prevede che per il perfezionamento di alcuni tipi di contratto non sia sufficiente il solo *consenso* delle parti, ma occorra **anche** la materiale consegna della cosa.

Questi sono chiamati *contratti reali*.

==**Contratti reali** sono quelli che si perfezionano solo se al consenso si aggiunge la materiale consegna della *res*, cioè della cosa che ne forma oggetto.==

Sono contratti reali:

- il deposito, che si perfeziona nel momento in cui la cosa da custodire viene consegnata al depositario (solo da quell'istante nasce per il depositario l'obbligo di custodire la cosa e di restituirla nei tempi e modi concordati);

- il mutuo, che si perfeziona nel momento in cui la somma viene erogata (solo da quell'istante nasce per il mutuatario l'obbligo di restituire il denaro nei tempi e modi concordati);

- il comodato e il contratto costitutivo di pegno, di cui parleremo in seguito.

> **La differenza tra contratti con effetti reali e contratti reali** può essere così sintetizzata:
> - **i contratti con effetti reali** hanno per oggetto il trasferimento della proprietà o di un altro diritto reale e si perfezionano, come tutti gli altri contratti, nel momento in cui viene raggiunto l'accordo tra le parti;
> - **i contratti reali** invece si perfezionano solo quando la res, cioè la cosa oggetto del contratto, viene materialmente consegnata alla parte che deve riceverla.

7. Il contratto per persona da nominare

Sono un operatore commerciale che acquista e vende merci sui mercati internazionali. Di volta in volta, individuata la partita di merce che mi interessa, devo concludere un contratto di acquisto e successivamente, trovato un acquirente, devo concludere un nuovo contratto di vendita. Ma ciò comporta una continua duplicazione di spese, soprattutto di ordine fiscale. Come posso evitare questo inconveniente?

La soluzione a questo tipo di problemi è nell'adozione di un tipo di contratto chiamato **contratto per persona da nominare**.

Lo disciplina l'**art. 1401 c.c.** che così dispone:
"Nel momento della conclusione del contratto una parte può riservarsi la facoltà di nominare successivamente la persona che deve acquistare i diritti e assumere gli obblighi nascenti dal contratto stesso."

Il *contratto per persona da nominare* lascia all'operatore il tempo per cercare un nuovo acquirente per la sua merce. Quando lo avrà trovato e avrà comunicato il suo nome alla controparte, costui assumerà tutti gli obblighi e acquisterà tutti i diritti derivanti dal contratto.

Se non trova in tempo utile la persona da nominare o se questa non accetta, l'operatore rimarrà obbligato personalmente nei confronti dell'altro contraente, così come dispone l'art. 1405 c.c.

8. Il contratto a favore del terzo

Consideriamo, a titolo di esempio, il contratto di assicurazione sulla vita nel quale normalmente si concorda che, in caso di morte dell'assicurato, l'assicuratore pagherà una somma a favore di una terza persona (coniuge, figli, ecc.). Come si concilia questo tipo di accordo con la regola che il contratto non produce effetti nei confronti dei terzi?

I *contratti a favore del terzo* (artt. 1411-1413 c.c.) costituiscono un'eccezione alla regola generale, giustificata dal fatto che non vengono posti obblighi a carico del terzo, ma gli vengono attribuiti soltanto diritti che egli, peraltro, è libero di rifiutare.

> **Casi di contratto a favore del terzo** sono piuttosto frequenti:
> - se un fornitore ci spedisce, a proprie spese, la merce che abbiamo acquistato, egli conclude, con il vettore, un contratto di trasporto rispetto al quale noi siamo terzi beneficiari;
> - se vendiamo un bene stabilendo, nel contratto, che l'acquirente versi la somma corrispondente al prezzo a un nostro creditore, quest'ultimo sarà terzo beneficiario e così via.

PERCORSO D — OBBLIGAZIONI E CONTRATTI

> Il vincolo di reciprocità tra le prestazioni si chiama (con parola di origine greca) *sinallagma* e per tale ragione i contratti a prestazioni corrispettive vengono anche detti **sinallagmatici**.

9. I contratti con obbligazione del solo proponente

Generalmente i contratti prevedono prestazioni corrispettive poiché i contraenti si obbligano l'uno verso l'altro a eseguire una determinata prestazione, cosicché ciascuno di essi è, al tempo stesso, creditore e debitore dell'altro. Ciò avviene, per esempio, nella compravendita, nel mutuo, nel contratto di lavoro, nel contratto di appalto, e così via.

Nel nostro ordinamento, tuttavia, sono presenti anche contratti in cui una sola parte assume l'obbligo a eseguire una determinata prestazione.

▶ **Sono contratti con obbligazione per il solo proponente**:

- i contratti a titolo gratuito come la donazione o il comodato;
- alcune altre fattispecie come la fideiussione e l'espromissione.

Le caratteristiche del *contratto con obbligazioni del solo proponente*, previsto dall'art. 1333 c.c., sono le seguenti:

- la proposta diventa irrevocabile non appena giunge a conoscenza del destinatario;
- il silenzio del destinatario va inteso come accettazione. È questo uno dei pochi casi in cui l'ordinamento richiede, a chi non vuole aderire a un contratto, di esprimere il proprio dissenso. L'eccezione si giustifica perché il destinatario della proposta acquista solo vantaggi e non assume alcun obbligo.

Sono contratti a titolo gratuito, come si è detto, la *donazione* (artt. 769-809 c.c.) e il *comodato* (artt. 1803-1812 c.c.).
Possono essere a titolo gratuito il *trasporto* (art. 1681 c.c.), il *mutuo* (art. 1815 c.c.), il *mandato* (art. 1709 c.c.), il *deposito* (art. 1767 c.c.).

10. Il contratto simulato

Simulare, nel linguaggio corrente, significa "fingere".
Immaginiamo di voler affidare a un'impresa la realizzazione di una opera e supponiamo che per pagare meno IVA concordiamo con l'imprenditore di stipulare un contratto simulato (cioè finto) nel quale compare un prezzo più basso del reale. Ma per rassicurarlo sul fatto che comunque lui sarà pagato per intero, stipuliamo un altro contratto (questa volta con la cifra vera) destinato a rimanere segreto.

▶ **Il contratto simulato** è un contratto solo apparente che serve a celare la reale volontà delle parti. Questa verrà espressa in un altro contratto, detto **dissimulato** (o in una contro dichiarazione), che esse riservatamente si scambiano. Se successivamente sorgesse una **contestazione**, il giudice dovrebbe prendere in considerazione solo il contratto dissimulato in quanto riproduce la reale volontà delle parti. Nei confronti dei terzi in buona fede, invece, avrebbe valore solo il contratto simulato.

Riguardando gli appunti

8 UNITÀ

1. Che cos'è il contratto preliminare?
- Il contratto preliminare è un contratto che ha per oggetto la stipulazione di un futuro contratto (detto "definitivo") di cui si predetermina il contenuto essenziale.
- La forma del contratto preliminare deve essere, a pena di nullità, la stessa del contratto definitivo.
- Se una delle parti del contratto preliminare non intende più procedere al contratto definitivo, l'altra parte può ottenere dal giudice una sentenza che produce gli stessi effetti del contratto non concluso (art. 2932 c.c.).
- Il contratto preliminare può essere trascritto nei registri immobiliari rendendo così impossibili altre successive trascrizioni (art. 2645 *bis* c.c.).

2. Come sono regolati i contratti per adesione?
- I contratti per adesione (detti anche contratti *in serie*) si concludono mediante la sottoscrizione di moduli o formulari già predisposti.
- Il Codice del consumo prevede, per i contratti in serie conclusi tra professionista e consumatore, alcune speciali garanzie per il consumatore (cioè la persona fisica che non agisce in qualità d'imprenditore). Per esempio, sono nulle le eventuali *clausole vessatorie*, cioè che producono un significativo squilibrio delle prestazioni a vantaggio del professionista.

3. Come sono regolati i contratti conclusi a distanza o fuori dei locali commerciali?
- Il Codice del consumo prevede, per entrambe queste tipologie di contratto, che il consumatore possa recedere entro 14 giorni dandone comunicazione al professionista senza pagamento di penali e senza dover motivare il recesso.

4. Quali contratti sono definiti aleatori?
- Sono aleatori i contratti nei quali una delle prestazioni è rimessa all'alea, cioè alla sorte. Sono tali, per esempio, il contratto di assicurazione e il contratto di mutuo a interesse indicizzato.

5. Che cosa si intende per contratti con effetti reali?
- Sono contratti con effetti reali quelli che hanno per effetto il trasferimento della proprietà (o altro diritto) su una cosa determinata.
- In base all'art. 1376 c.c. il diritto sulla cosa determinata si trasferisce nel momento in cui le parti raggiungono l'accordo.

6. Che cosa si intende per contratti reali?
- I contratti reali sono quelli che si perfezionano solo se al consenso delle parti si aggiunge la materiale consegna della cosa. Sono contratti reali il deposito, il mutuo, il comodato, il pegno.

7. Che cos'è il contratto per persona da nominare?
- È il contratto in cui una parte, al momento della conclusione del contratto, si riserva la facoltà di nominare successivamente la persona che acquisterà i diritti e assumerà gli obblighi nascenti dal contratto stesso (art. 1401 c.c.).
- Se la persona da nominare non viene trovata o non accetta, il primo stipulante rimane obbligato personalmente.

8. Che cos'è il contratto a favore del terzo?
- È un contratto che, in deroga al principio generale per il cui il contratto ha effetto tra le parti, produce effetti nei confronti di un terzo. Il terzo non assume obblighi ma soltanto diritti che, peraltro, può rifiutare.

9. Che cosa sono i contratti con obbligazione del solo proponente?
- Sono contratti in cui una sola delle parti assume l'obbligo a eseguire una determinata prestazione. La proposta diventa irrevocabile appena giunge a conoscenza del destinatario, il cui silenzio vale come accettazione.

10. Che cos'è un contratto simulato?
- Il contratto simulato è un contratto solo apparente che serve a celare la reale volontà delle parti. Questa viene espressa in un altro contratto, detto *dissimulato*, che viene tenuto nascosto.

UNITÀ 8

Verifica le tue conoscenze

Collegamento

Unisci i concetti della colonna di sinistra con la relativa definizione nella colonna di destra.

Contratto aleatorio	Contratto in cui una parte si riserva di nominare successivamente la persona che acquisterà i diritti e gli obblighi nascenti dal contratto
Contratto per persona da nominare	Contratto in cui vengono attribuiti dei diritti in capo a un terzo, che è peraltro libero di rifiutare
Contratto preliminare	Contratto che si perfeziona al momento della consegna della cosa
Contratto reale	Contratto in cui una delle prestazioni è rimessa alla sorte
Contratto a favore del terzo	Contratto che ha per oggetto la stipulazione di un futuro contratto, detto definitivo
Contratto per adesione	Contratto che si conclude mediante la sottoscrizione di moduli o formulari

Test a risposta multipla

Indica con una crocetta l'affermazione esatta.

1. Le clausole vessatorie:
- A. sono nulle se il contratto è concluso tra professionista e consumatore
- B. sono nulle se il contratto è concluso tra due professionisti
- C. sono valide se il consumatore le ha approvate specificamente e in presenza del professionista
- D. sono valide se aggiunte manualmente sul modulo del contratto e firmate

2. In caso di contratto simulato, se tra le parti nasce una controversia:
- A. il giudice deve tenere conto del contratto simulato
- B. il giudice deve tenere conto del contratto dissimulato
- C. il giudice deve cercare di bilanciare il contenuto del contratto simulato con quello del contratto dissimulato

- D. il giudice non deve considerare né il contratto simulato, né il contratto dissimulato

3. In un contratto preliminare, se una delle parti non adempie:
- A. deve comunicare per iscritto alla controparte che non intende stipulare il contratto definitivo
- B. la controparte può ottenere dal giudice una sentenza che produce gli effetti del contratto non concluso
- C. la controparte può ottenere solo l'annullamento del contratto
- D. la controparte ha diritto al risarcimento solo se il preliminare è stato trascritto

4. I contratti che trasferiscono la proprietà o altro diritto su una cosa determinata:
- A. sono detti contratti reali
- B. sono detti contratti con effetti obbligatori
- C. sono detti contratti con effetti reali
- D. sono detti contratti consensuali

Ma davvero?

Il diritto si affaccia nei discorsi di ogni giorno. A volte, però, a sproposito. Leggi e rifletti.

Un'amica di tua madre, grande amante del mare, è felice. «Desideravo tanto un appartamentino vista mare» racconta. «E finalmente ho trovato quello dei miei sogni! I proprietari sono stati gentilissimi, abbiamo già stipulato oralmente un contratto preliminare di vendita. Ormai è fatta, quel delizioso appartamento sarà mio!».

L'amica della mamma sembra sicura di ciò che dice. Ma davvero... può dormire sonni tranquilli?

222

OBBLIGAZIONI E CONTRATTI

PERCORSO **D**

UNITÀ **9**

I principali contratti tipici

1. Il contratto di vendita

La vendita rappresenta, senza ombra di dubbio, il contratto più praticato in ogni società economicamente avanzata. In genere viene utilizzata per trasferire il diritto di proprietà sui beni (dal tubetto di dentifricio al complesso alberghiero) ma può essere impiegata anche per trasferire altri *diritti reali minori*, come l'usufrutto e la superficie, oppure *diritti di credito*. Definisce questo contratto l'art. 1470 c.c.

La **vendita** è il contratto che ha per oggetto il trasferimento della proprietà di una cosa o il trasferimento di un altro diritto verso il corrispettivo di un prezzo.

▶ **L'oggetto della vendita**, dunque, è duplice, in quanto comprende:

- sia il *diritto* che viene trasferito (la proprietà, l'usufrutto, ecc.) e il *bene* a cui il diritto si riferisce (un orologio, un'automobile);

- sia il *prezzo* che dovrà essere pagato.

▶ **La causa della vendita** è *lo scambio di un diritto contro una somma di denaro*.

▶ **La forma del contratto** è generalmente libera. Solo se l'oggetto è costituito da beni immobili (case, terreni, stabilimenti industriali) è richiesta la forma scritta sotto pena di nullità.
Se l'oggetto è costituito da **beni mobili registrati** (auto, moto, navi e aerei) il contratto è valido anche se è stato concluso verbalmente, ma la forma scritta (atto pubblico o scrittura privata autenticata) è poi indispensabile, dispone l'art. 2657 c.c., per la successiva trascrizione dell'atto nel registro automobilistico, navale o aeronautico.

> Lo scambio di un diritto contro un altro diritto (per esempio la proprietà di un computer contro la proprietà di un iPhone) configura una **permuta**, regolata dall'art. 1552 c.c. La cessione di un diritto senza alcun corrispettivo configura una **donazione**, regolata dagli artt. 769 ss.

> L'art. 1475 c.c. dispone che **le spese relative al contratto** (spese per l'atto notarile, per la trascrizione, per l'imposta di registro) e **le spese accessorie** (per esempio il trasporto della cosa) sono a carico del compratore se non è stato pattuito diversamente.

2. Quali sono le obbligazioni del compratore

Pagare il prezzo è l'obbligo principale del compratore.

▶ **Le parti sono libere** di fissare nel contratto il luogo e il tempo del pagamento.

▶ **Se non concordano nulla** (per dimenticanza o per altra ragione) si applicano i commi 2 e 3 dell'art. 1498 c.c. ("norme dispositive") che così stabiliscono:

- in mancanza di specifica pattuizione e salvo usi diversi il pagamento deve avvenire al momento e nel luogo della consegna;

223

- se il pagamento è dilazionato rispetto alla consegna, va eseguito al domicilio del venditore.

> **QUESTIONI**
>
> **Patti speciali tra venditore e compratore**
>
> Patti speciali sono abbastanza frequenti nella pratica commerciale. Tra i più noti ricordiamo:
> – **la vendita CIF**: questa sigla sta per *cost insurance freight* e significa che il prezzo concordato (*cost*) è comprensivo di assicurazione (*insurance*) e trasporto (*freight*);
> – **la vendita FOB**: questa sigla sta per *free on board*, e significa "franco a bordo". Ciò vuol dire che le spese per condurre la merce fino al mezzo di trasporto e imbarcarla sono a carico del venditore mentre le altre spese (viaggio e assicurazione) sono a carico del compratore.

3. Quali sono le obbligazioni del venditore

▶ **Il venditore**, dispone l'**art 1476 c.c.**, deve:

- consegnare la cosa al compratore;
- fargli acquistare la proprietà della cosa o il diritto, se l'acquisto non è effetto immediato del contratto;
- garantire il compratore dall'*evizione* e dai vizi della cosa.

Analizziamo la norma secondo l'ordine seguito dal legislatore.

Consegnare la cosa al compratore

Questa è l'obbligazione principale del venditore. Benché sia prevista nell'art. 1476 c.c., essa è regolata dal successivo art. 1477 c.c. che così dispone:

- *La cosa deve essere consegnata nello stato in cui si trovava al momento della vendita.*

  Ciò significa che non potrà esserci consegnata danneggiata. La giurisprudenza ha più volte chiarito che, quando il compratore non può ritirare subito la merce acquistata, il venditore assume automaticamente l'obbligo di custodirla. Pertanto, se questa nel frattempo si deteriora, egli è responsabile per inadempimento dell'obbligo di custodia ed è tenuto al risarcimento del danno.

- *Salvo diversa volontà delle parti deve essere consegnata insieme con gli accessori, le pertinenze e i frutti dal giorno della vendita.*

  Per esempio, se acquistiamo una moto usata su cui sono montati un bauletto porta oggetti e un parabrezza, questi, in quanto *accessori*, dovranno ritenersi compresi nella vendita *se ciò non è stato esplicitamente escluso*.

- *Il venditore deve pure consegnare i titoli e i documenti relativi alla proprietà e all'uso della cosa venduta.*

> 📌 **Se il venditore non consegna i documenti** relativi alla proprietà e all'uso della cosa venduta (per esempio il libretto di circolazione di una moto) l'acquirente può chiedere la risoluzione del contratto (Cass. n. 9207/2004).

I principali contratti tipici   UNITÀ 9

Pertanto, se per ipotesi avessimo acquistato una moto usata, sarebbe obbligo del venditore fornirci i documenti necessari alla circolazione e se fossero andati distrutti o smarriti dovrebbe procurarci un duplicato a proprie spese.

Fare acquistare al compratore la proprietà della cosa (o un altro diritto)

È questa la seconda fondamentale obbligazione del venditore. Non sempre, infatti, la proprietà del bene si acquista al momento della conclusione del contratto. Per esempio, se acquistiamo da un imprenditore edile un appartamento in un complesso residenziale ancora da costruire, l'effetto reale, cioè il trasferimento del diritto di proprietà, si verificherà quando il complesso residenziale sarà stato completato. Completarlo per *farci acquistare la proprietà* dell'appartamento è esattamente l'obbligo che la norma impone al venditore.

Garantire il compratore da vizi occulti e da evizione

È questo un ulteriore obbligo del venditore. Trattandosi di una questione piuttosto complessa, vi dedicheremo i prossimi due paragrafi.

4. Come opera la garanzia per vizi occulti

▶ **Vizi**, nella terminologia del Codice, sono i difetti che rendono la cosa *non idonea* all'uso a cui è destinata o ne diminuiscono in modo apprezzabile il valore (art. 1490 c.c.).

- **Vizi palesi** sono quelli che il compratore conosceva al momento dell'acquisto o che avrebbe potuto facilmente conoscere impiegando la normale diligenza. Per questi, ci avverte l'art. 1491 c.c., non è dovuta dal venditore alcuna garanzia.

- **Vizi occulti** sono quelli che derivano, in generale, dal processo di produzione, confezionamento o conservazione della cosa e di cui il compratore non può facilmente rendersi conto al momento dell'acquisto.

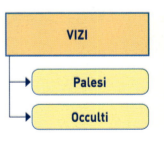

 Ho comperato in un negozio una sacca di cuoio che ho pagato la metà del suo valore. Poiché presenta alcune vistose rigature, posso tornare dal venditore e chiedere una ulteriore riduzione del prezzo?

 Ho acquistato un appartamento in uno stabile appena costruito, ma dopo pochi giorni ho dovuto lasciarlo perché la costruzione risulta pericolante. Che cosa posso fare?

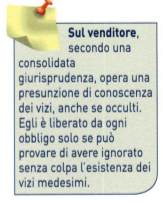

Sul venditore, secondo una consolidata giurisprudenza, opera una presunzione di conoscenza dei vizi, anche se occulti. Egli è liberato da ogni obbligo solo se può provare di avere ignorato senza colpa l'esistenza dei vizi medesimi.

Nel primo caso siamo sicuramente in presenza di un *vizio palese* per il quale non è dovuta alcuna garanzia. La ragione di tale esclusione è comprensibile: se il compratore accetta la merce palesemente viziata (probabilmente perché la paga meno) non può poi lamentarsene.

PERCORSO D   OBBLIGAZIONI E CONTRATTI

Nel secondo caso, invece, siamo in presenza di un *vizio occulto* e il compratore (art. 1492 c.c.) può domandare al giudice a sua scelta:

- la riduzione del prezzo pagato (in modo da riportare a equità le prestazioni)
- oppure la risoluzione del contratto.

La domanda di risoluzione, però, verrà accolta dal giudice solo se il vizio è considerevole. Non possiamo, per esempio, dopo aver comperato una villa, domandare la risoluzione perché il caminetto non ha un buon tiraggio. La risoluzione giudiziale per inadempimento può essere accordata solo quando l'inadempimento è rilevante.

> **Il compratore decade dal diritto alla garanzia** se non denunzia i vizi al venditore entro otto giorni dalla scoperta, salvo diverso termine stabilito dalle parti o dalla legge. Effettuata la denuncia, egli ha un anno di tempo per agire in giudizio (art. 1495 c.c.).

QUESTIONI

Esclusione della garanzia

Immaginiamo di aver acquistato uno scooter usato e di aver concordato l'esclusione di ogni garanzia da parte del venditore. Se scopriamo, successivamente, che lo scooter ha subìto un grave sinistro, che cosa possiamo fare?
L'art. 1490, comma 2, c.c. ci risponde che:
"Il patto con cui si esclude o si limita la garanzia non ha effetto, se il venditore ha in mala fede taciuto al compratore i vizi della cosa."

La garanzia di buon funzionamento

Quando acquistiamo un apparecchio (un televisore, un computer, uno stereo) è ormai consuetudine che il venditore offra una garanzia di buon funzionamento per un tempo determinato. A che cosa serve questa garanzia se il venditore, in virtù dell'art. 1490 c.c., è già tenuto a garantire che la cosa sia immune da vizi? Si tratta di una garanzia aggiuntiva, utilissima per l'acquirente. Essa, infatti, gli consente di pretendere dal venditore la riparazione o la sostituzione dell'apparecchio provando semplicemente il difetto di funzionamento (Cass. n. 23060/2009).

Una cosa per l'altra (*aliud pro alio*)

Immaginiamo di acquistare un oggetto di antiquariato e di scoprire, successivamente, che è di fattura moderna. Oppure supponiamo di acquistare una mansarda venduta come abitabile e di scoprire, successivamente, che è priva della licenza di abitabilità. Oppure ancora immaginiamo di comperare una automobile e di scoprire, successivamente, che il numero del telaio o del motore sono stati contraffatti. Che cosa possiamo fare?
Quando la mancanza di qualità è veramente grande, come nei casi sopra considerati, si producono gli stessi effetti che si produrrebbero se venisse consegnata una cosa al posto di un'altra (*aliud pro alio* si diceva in latino).
Il Codice non detta, in proposito, una disciplina particolare, ma la giurisprudenza ritiene concordemente che, in simili casi, il compratore possa chiedere la risoluzione del contratto.

Le clausole d'uso

Clausole del tipo "merce provata e accettata", oppure "visto e accettato" e simili escludono la garanzia?
Queste clausole vengono normalmente intese come clausole d'uso e non hanno il potere di escludere la garanzia per vizi occulti ma solo quella per i vizi derivanti dall'usura conseguente a una normale utilizzazione della cosa.

5. Che cos'è la garanzia per evizione

Il termine *evizione* è di provenienza tardo-latina e significa "vittoria".
In libera traduzione possiamo dire che *garantire contro l'evizione* significa garantire che non vincerà la causa un terzo che pretendesse di accampare sulla cosa venduta diritti preesistenti alla vendita. Per esempio, se comperiamo un terreno, il venditore dovrà garantirci che nessuno, dopo l'acquisto, potrà far valere su quel fondo diritti della cui esistenza non siamo stati avvertiti.

E se invece accadesse proprio questo?

Immaginiamo che il terreno fosse stato inserito in un piano di espropriazioni per pubblica utilità e che il venditore non ce ne abbia dato notizia. Che fare quando si presenterà un ufficiale giudiziario comunicandoci che sul nostro fondo dovrà sorgere, per esempio, una scuola?

Per simili casi il Codice offre due soluzioni:

- se, per effetto di evizione, il bene venduto sarà totalmente sottratto al compratore (**evizione totale**: art. 1483 c.c.), questi potrà ottenere il risarcimento integrale del danno;
- se il bene venduto verrà solo parzialmente sottratto alla piena disponibilità del compratore (**evizione parziale**: art. 1484 c.c.), il compratore potrà ottenere la riduzione del prezzo pagato oppure, nei casi più gravi, la risoluzione del contratto.

6. Quali sono le vendite con effetti differiti

In molti casi il trasferimento del diritto di proprietà (o di altro diritto reale) dal venditore all'acquirente avviene con un certo ritardo rispetto al momento in cui le parti hanno concluso l'accordo.
Ciò avviene, per esempio, nella vendita rateale con riserva di proprietà o nella vendita di cosa futura. Vediamo brevemente queste ipotesi.

La vendita rateale con riserva di proprietà

Ho comperato con pagamento rateale un gommone e il venditore mi ha avvertito che, per legge, ne diventerò proprietaria solo dopo aver pagato l'ultima rata. Poiché nel frattempo il gommone mi è stato rubato, io mi domando: se proprietario è ancora il venditore, la perdita non dovrebbe essere a suo carico?

Nella vendita a rate con riserva di proprietà, dispone l'**art. 1523 c.c.**:

- il compratore acquista la proprietà della cosa solo col pagamento dell'ultima rata di prezzo;
- ma assume i rischi per il perimento della cosa dal momento della consegna.

E se, per sopravvenute difficoltà, dopo aver comperato una cosa e aver pagato alcune rate non riuscissimo a pagare le altre?

In questo caso il venditore può chiedere la risoluzione del contratto. Se la otterrà noi dovremo restituire il bene e lui dovrà restituirci le somme pagate. Su quest'ultimo punto tuttavia non c'è da essere troppo ottimisti perché, come dispone l'art. 1526 c.c., il venditore potrà trattenere, dalla somma che deve restituirci, un equo compenso per l'uso che noi abbiamo fatto della cosa, oltre al risarcimento del danno.

La risoluzione del contratto può essere chiesta solo se l'inadempimento è *rilevante*.
Coerentemente con questo principio l'art. 1525 c.c. stabilisce che non si può chiedere la risoluzione per il mancato pagamento di una sola rata che non superi l'ottava parte del prezzo.

La vendita di cosa futura

Questo tipo di contratto ricorre, per esempio, quando si acquista una casa ancora da costruire, oppure quando si acquistano macchinari o altri beni da fabbricare, oppure ancora quando si acquista la produzione di un'impresa agricola prima che venga il tempo del raccolto.

In tutti questi casi (e in altri simili che si possono facilmente immaginare) l'oggetto del contratto ancora non c'è, ma ci sarà in un prossimo *futuro*.

L'art. 1472 c.c. stabilisce in proposito che, nella vendita che ha per oggetto una cosa futura, l'acquisto della proprietà si verifica non appena la cosa viene a esistenza.

Se la cosa non viene a esistenza (per esempio perché la grandine ha distrutto i frutti che sono stati acquistati quando erano ancora sugli alberi) la vendita è *nulla*, salvo che le parti non abbiano voluto concludere un contratto *aleatorio*.

7. Il contratto di permuta

 Sono proprietario di un terreno edificabile e un imprenditore edile mi ha proposto un contratto con il quale io gli cedo il terreno e lui mi darà uno degli appartamenti che realizzerà su quel terreno. È possibile un simile contratto?

La risposta è affermativa. Si tratta infatti di una semplice *permuta* e, più esattamente, di una *permuta di cosa futura* perché l'appartamento ancora non è stato costruito.

==La permuta==, chiarisce l'art. 1552 c.c., ==è il contratto che ha per oggetto il reciproco trasferimento della proprietà di cose, o di altri diritti, da un contraente all'altro.==

A questo contratto si applicano, per quanto compatibili, le norme sulla vendita.

8. Il contratto di donazione

La donazione, stabilisce l'art. 769 c.c., è il contratto col quale, per spirito di liberalità, una parte arricchisce l'altra, disponendo a favore di questa di un suo diritto o assumendo verso la stessa un'obbligazione.

E se il dono non fosse gradito?

Come in qualsiasi contratto, anche nella donazione deve esservi un accordo. Se il donatario non accetta, non si forma l'accordo e la donazione è nulla.

▶ **Oggetto** della donazione possono essere diritti reali o di credito. Si può donare il diritto di proprietà su un bene, la costituzione di un diritto reale minore, la rinuncia a un credito, l'assunzione di una obbligazione (per esempio versare periodicamente una somma di denaro) e così via.

▶ **Causa** di questo contratto è lo *spirito di liberalità*, cioè la generosità che anima il donante.

▶ **La forma** richiesta a pena di nullità è l'atto pubblico. Tanta cautela è motivata dalla considerazione che lo spirito di liberalità è un fatto piuttosto insolito, cosicché l'ordinamento vuole che il donante abbia piena coscienza di ciò che sta facendo.

▶ **Per le donazioni di modico valore** (dette anche *donazioni manuali*) non è invece richiesta alcuna forma.

Come si stabilisce quando una donazione è di modico valore?

L'**art. 783 c.c.** risponde che:
"La modicità deve essere valutata anche in rapporto alle condizioni economiche del donante".
Così, per esempio, ciò che è modico per un grande industriale potrebbe non esserlo per un pensionato.

▶ **Non costituiscono donazione** le mance date al cameriere, né i regali che usualmente ci si scambia in determinate circostanze poiché in questi casi non c'è spirito di liberalità ma solo conformità al costume o alle tradizioni.

Qual è la differenza tra vendita, permuta e donazione?

La differenza tra vendita, permuta e donazione può essere così riassunta:
- nella vendita vi è lo scambio di un bene contro denaro;
- nella permuta vi è uno scambio senza denaro;
- nella donazione è assente lo scambio.

9. La transazione

Transazione, nel linguaggio corrente, significa mediazione, accordo.

La transazione, stabilisce l'art. 1965 c.c., è il contratto con il quale due parti, facendosi reciproche concessioni, pongono fine a una lite già incominciata o prevengono una lite che può sorgere tra di loro.

In buona sostanza è il modo più intelligente per chiudere o prevenire una lite senza dover affrontare i costi, i tempi e le incertezze di un processo civile. Per la validità della transazione non è richiesta alcuna specifica forma, ma in caso di successiva contestazione, chiarisce l'art. 1967 c.c., deve essere provata per iscritto.

10. Il contratto di locazione

Se comunichiamo a qualcuno di aver *locato* un nostro immobile, è possibile che stenti ad afferrare il senso di ciò che stiamo dicendo.
Ma se gli comunichiamo che lo abbiamo *affittato* capirà benissimo. Nel linguaggio corrente, infatti, la parola *affitto* ha assunto ormai un significato onnicomprensivo. Nel linguaggio giuridico, invece, *locazione* e *affitto* conservano la loro diversità:

La locazione è, per l'art. 1571 c.c., il contratto con il quale una parte (detta *locatore*) si obbliga a far godere all'altra (detta *conduttore*) una cosa mobile o immobile per un dato tempo verso un determinato corrispettivo (detto *canone*).

L'affitto è, per l'art. 1615 c.c., la locazione di una cosa produttiva (par. 11).

> Il *leasing* è un contratto atipico molto simile alla locazione del quale ci occuperemo nel Percorso I.
> Anticipiamo intanto che al *leasing* ricorrono in genere imprenditori che, non potendo o non trovando conveniente acquistare costosi macchinari per la loro azienda, preferiscono prenderli in locazione da apposite imprese dette, appunto, di *leasing*.

Gli obblighi del locatore

Nell'appartamento che ho in locazione le finestre non si chiudono più bene e dai rubinetti gocciola acqua. Chi deve pagare queste riparazioni?

L'art. 1575 c.c. stabilisce che il locatore deve mantenere la cosa locata "in istato da servire all'uso convenuto".
Ciò significa, in buona sostanza, che se vi sono riparazioni da fare il locatore è obbligato a eseguirle.

Tutte? Tutte, precisa l'art. 1576 c.c., tranne quelle di piccola manutenzione, che sono a carico del conduttore.
Nel caso sopra esposto, pertanto, sarà a carico del conduttore la riparazione delle guarnizioni dei rubinetti mentre sarà a carico del locatore la riparazione delle finestre.

Inoltre, aggiunge il secondo comma dell'art. 1577 c.c., se il locatore non esegue le riparazioni urgenti a cui è obbligato, il conduttore può provvedervi lui stesso e poi chiedere il rimborso delle spese sostenute.

Gli obblighi del conduttore

Ho dato in locazione un mio appartamento e alla scadenza del contratto il conduttore me lo ha riconsegnato praticamente devastato. Che cosa posso fare?

Troviamo la risposta nell'art. 1590 c.c. che così dispone:
"il conduttore deve restituire la cosa al locatore nello stato medesimo in cui l'ha ricevuta [...]".

Potremo dunque pretendere un ragionevole risarcimento dei danni.

Tuttavia, aggiunge il terzo comma del medesimo articolo:
"[...] il conduttore non risponde del perimento o del deterioramento dovuto a vetustà."

Ciò significa che non potremo pretendere alcun risarcimento se, per esempio, il parquet si è opacizzato, le pareti sono ingiallite, le imposte scricchiolano e così via.

La locazione di immobili urbani a uso abitativo

Questo tipo di contratto è attualmente regolato dalla legge n. 431/1998 nella quale, tra l'altro, si dispone che:

- i contratti di locazione non possono avere durata inferiore a 4 anni, trascorsi i quali il contratto è prorogato per altri 4. Il locatore può rifiutare la proroga solo se si trova in una delle speciali condizioni previste dall'art. 3 (per esempio nel caso intenda destinare l'immobile a uso proprio, del coniuge o di parenti entro il secondo grado);

- in alternativa, l'art. 2, commi 3 e 5, dispone che le parti possono stipulare contratti di locazione nel rispetto di quanto stabilito in sede locale fra le organizzazioni della proprietà edilizia e le organizzazioni dei conduttori. Per il locatore che scelga questa formula l'art. 8 prevede alcune non trascurabili agevolazioni fiscali;

- è nullo qualsiasi accordo volto a determinare un canone di locazione superiore a quello risultante dal contratto scritto e registrato (art. 13). Il conduttore che sia stato indotto a versare un canone superiore potrà chiedere giudizialmente, al termine della locazione, la restituzione delle somme indebitamente versate;

- i contratti di locazione a uso abitativo devono avere, a pena di nullità, la forma scritta (art. 1, comma 4) e devono essere registrati.

La locazione di immobili urbani per uso non abitativo

Immobili urbani adibiti a uso non abitativo sono quelli destinati allo svolgimento di attività commerciali, industriali, artigianali e professionali.

L'abitazione soddisfa un bisogno primario dell'uomo e tutti, indipendentemente dalle condizioni economiche, hanno diritto a una abitazione pagando una somma ragionevole.
In molti Paesi europei il problema è stato risolto dando grande impulso all'edilizia abitativa pubblica che consente di applicare canoni non speculativi.
In Italia l'edilizia pubblica ha svolto un ruolo piuttosto marginale e al frequente acuirsi di tensioni innescate dalla mancanza di abitazioni lo Stato ha risposto, per molti anni, con provvedimenti non risolutivi.

PERCORSO D — OBBLIGAZIONI E CONTRATTI

Per tali immobili:

- la determinazione del canone è libera;
- la durata minima del contratto è di 6 anni (9 per le attività alberghiere);
- se il contratto viene risolto o non rinnovato alla prima scadenza per causa non dipendente dal conduttore, questi ha diritto a una indennità pari a 18 volte il canone mensile (21 per le attività alberghiere);
- in caso di vendita dell'immobile il conduttore ha diritto di prelazione.

QUESTIONI

I miglioramenti

Immaginiamo che il conduttore di un nostro appartamento vi apporti, senza il nostro consenso, alcuni miglioramenti (rinnova i bagni, cambia i pavimenti, ecc.). Potrà pretendere, al termine della locazione, il rimborso di quanto ha speso?
L'art. 1592 c.c. ci risponde che:
"Salvo disposizioni particolari della legge o degli usi, il conduttore non ha diritto a indennità per i miglioramenti apportati alla cosa locata [...]".
Il conduttore ha diritto a una indennità, prosegue la norma, solo se vi è stato il consenso del locatore.
Tale consenso, precisa la Cassazione, non può desumersi da atti di tolleranza, ma deve risultare da una manifestazione esplicita e inequivocabile di volontà (Cass. n. 2494/2009).
Tuttavia, anche nel caso in cui il conduttore non abbia diritto all'indennità, il valore dei miglioramenti può compensare i deterioramenti che si sono verificati senza colpa grave del conduttore.

Alienazione della cosa locata

Supponiamo che il proprietario di un appartamento, dopo averlo dato in locazione, lo venda a un terzo. L'acquirente potrà pretendere la risoluzione del contratto prima della scadenza?
La risposta è negativa. L'art. 1599 c.c. dispone che, se il contratto di locazione è anteriore alla vendita della cosa, può essere fatto valere anche nei confronti del terzo acquirente.
Nel nostro esempio il conduttore dell'appartamento avrà diritto di abitarlo fino alla scadenza del suo contratto di locazione.

11. Il contratto di affitto

Abbiamo anticipato, nel paragrafo 10, che il termine *affitto* indica la locazione di una *cosa* produttiva, come un'azienda industriale, artigiana o agricola.

Rispetto alla locazione, l'affitto è regolato da norme diverse, perché diverse sono le esigenze dei contraenti.

Per esempio, se diamo in locazione un appartamento e il conduttore, per sue ragioni, non lo abita, non possiamo che esserne lieti. Il mancato uso risparmia al nostro immobile l'inevitabile usura.

Ma se abbiamo affittato un negozio di generi alimentari bene avviato e l'affittuario, distratto da altri e più lucrativi affari, lo trascura perdendo clienti, la situazione è completamente diversa.

In questo caso avremo ben poco da rallegrarci perché alla scadenza del contratto rischiamo di vederci restituire un'azienda che ha perso, insieme all'avviamento, gran parte del suo valore.

Si comprende, allora, come l'affitto necessiti di norme specifiche e tra queste, sinteticamente ricordiamo:

- l'art. 1615 c.c., che fa obbligo all'affittuario di curare la gestione della cosa;

- l'art. 1618 c.c., che consente al locatore di chiedere la risoluzione del contratto se l'affittuario non destina, al servizio della cosa, i mezzi necessari per una buona gestione;

- l'art. 1619 c.c., che accorda al locatore un potere di ispezione sulla cosa locata.

> Oggetto di affitto sono solo le cose produttive. È tale un negozio, un laboratorio artigiano, un'azienda industriale. Ma il **locale** destinato a ospitare il negozio, il laboratorio o la struttura industriale è semplicemente un locale e come tale rientra tra gli immobili che vengono locati per uso non abitativo.

12. Il comodato

Il termine **comodato**, decisamente estraneo al linguaggio corrente, significa semplicemente *prestito*.

Ogni volta che prestiamo una cosa a qualcuno concludiamo, anche senza saperlo, un contratto di comodato.

È comodato, per esempio, l'accordo con cui prestiamo un libro a un amico; l'accordo con cui prestiamo una sala per una mostra o per una riunione e così via.

La norme che regolano il comodato sono contenute negli artt. 1803-1812 c.c. e da esse si desume che:

- non richiede alcuna forma (ed è proprio la mancanza di forma a far sì che la gente concluda contratti di comodato senza rendersene conto);

- **è gratuito** (se non fosse gratuito non sarebbe un prestito ma una locazione);

- **la causa** del contratto è lo spirito di liberalità (se prestiamo una cosa lo facciamo, di regola, per generosità);

- il comodante può in qualsiasi momento chiedere la restituzione della cosa. Solo se fosse stato fissato un termine dovrebbe dimostrare di averne urgente bisogno.

13. Il mutuo

La definizione di mutuo è contenuta nell'art. 1813 c.c.:
"Il mutuo è il contratto col quale una parte consegna all'altra una determinata quantità di danaro o di altre cose fungibili, e l'altra si obbliga a restituire altrettante cose della stessa specie e qualità."

▶ **Oggetto** di mutuo può essere qualsiasi *cosa fungibile* come grano, carburante o altro, ma non c'è dubbio che nelle moderne economie questo contratto venga prevalentemente impiegato per il prestito di denaro.

▶ **Le norme** che regolano il mutuo possono essere così riassunte:

- per l'art. 1814 c.c., le cose date a mutuo passano in proprietà del mutuatario;

- per l'art. 1815 c.c., salvo diversa volontà delle parti, il mutuatario deve corrispondere gli interessi al mutuante. Ricordiamo a tale proposito che per l'art. 1284 c.c. gli interessi superiori al tasso legale debbono essere determinati in forma scritta. Se sono convenuti interessi usurari la clausola è nulla e gli interessi non sono dovuti (art. 1815, comma 2, c.c.);

- per l'art. 1819 c.c., se è stata convenuta la restituzione rateale e il mutuatario non paga anche una sola rata, il mutuante può chiedere l'immediata restituzione dell'intero prestito.

QUESTIONI

La promessa di mutuo

Immaginiamo di aver sottoscritto una promessa di mutuo con una banca. Quando già crediamo di poter disporre della somma concordata, la banca ci fa sapere che non intende più concederci il prestito. Alle nostre proteste ci viene risposto che il mutuo è un contratto reale e come tale si perfeziona solo con la consegna della cosa. Poiché il denaro non ci è stato ancora consegnato, il contratto non è concluso e per la banca non sussistono obblighi. È così?

Troviamo la risposta nell'art. 1822 c.c.:

"Chi ha promesso di dare a mutuo può rifiutare l'adempimento della sua obbligazione, se le condizioni patrimoniali dell'altro contraente sono divenute tali da rendere notevolmente difficile la restituzione, e non gli sono offerte idonee garanzie."

Ciò significa che il giudice accoglierà le ragioni della banca se le nostre condizioni patrimoniali sono effettivamente mutate. Ma se non sono mutate potrà condannare l'istituto di credito al risarcimento dei danni per inadempimento.

La Cassazione ha più volte chiarito che il contratto preliminare di mutuo, anche se non dà titolo a un'esecuzione specifica (cioè non si può costringere la banca a erogare il prestito), è pur sempre produttivo di un rapporto giuridico generatore di diritti e di obblighi tra le parti.

Riguardando gli appunti

9 UNITÀ

1. Quali sono i caratteri generali della vendita?

- La vendita è il contratto con cui si trasferisce la proprietà di una cosa (o di altro diritto reale o di credito) contro il corrispettivo di un prezzo (art. 1470 c.c.).
- La forma è generalmente libera, ma è richiesta la forma scritta a pena di nullità per i contratti che trasferiscono la proprietà di beni immobili.
- Il compratore assume l'obbligo di pagare il prezzo, mentre il venditore assume l'obbligo di: consegnare la cosa al compratore; fargli acquistare la proprietà della cosa; garantire il compratore da vizi occulti e da evizione.

2. Come operano la garanzia per vizi occulti e per evizione?

- Sono *vizi occulti* quelli di cui il compratore non può facilmente accorgersi al momento dell'acquisto. Il compratore può chiedere al giudice la riduzione del prezzo pagato (in modo da riportare a equità le prestazioni) oppure, se il vizio è considerevole, la risoluzione del contratto.
- In caso di *evizione totale*, il compratore può ottenere il risarcimento integrale del danno. In caso di *evizione parziale*, il compratore può ottenere la riduzione del prezzo pagato o, nei casi più gravi, la risoluzione del contratto.

3. Quali sono le vendite con effetti differiti?

- Sono vendite in cui il trasferimento del diritto all'acquirente avviene con un certo ritardo rispetto alla conclusione dell'accordo. Per esempio, nella *vendita a rate* con riserva di proprietà il compratore acquista la proprietà della cosa solo al pagamento dell'ultima rata. Nella *vendita di cosa futura* l'acquisto di proprietà si verifica non appena la cosa viene a esistenza.

4. Che cos'è la permuta?

- La permuta è il contratto che ha per oggetto il reciproco trasferimento della proprietà di cose o di altri diritti da un contraente all'altro (art. 1552 c.c.). A esso si applicano, per quanto compatibili, le norme sulla vendita.

5. Com'è regolata la donazione?

- La donazione è il contratto con il quale una parte, senza alcun corrispettivo, trasferisce a un'altra un proprio diritto o assume verso la stessa un'obbligazione (art. 769 c.c.). La causa del contratto è lo spirito di liberalità, cioè la generosità del donante.
- La forma richiesta a pena di nullità è l'atto pubblico, ma per le donazioni di modico valore non è richiesta alcuna forma.

6. Che cos'è la transazione?

- La transazione è il contratto con cui le parti, facendosi reciproche concessioni, pongono fine a una lite già iniziata o prevengono una lite che può sorgere tra loro (art. 1965 c.c.).

7. Qual è la differenza tra locazione e affitto?

- La locazione è il contratto con il quale una parte, detta locatore, si obbliga a far godere all'altra, detta locatario o conduttore, una cosa mobile o immobile per un dato tempo verso un corrispettivo detto canone (art. 1571 c.c.).
- L'affitto è la locazione di beni produttivi e presenta una disciplina in parte diversa dalla locazione (art. 1615 c.c.).

8. Come si definisce il comodato?

- Il comodato è il contratto, a titolo gratuito, con il quale una parte consegna all'altra una cosa mobile o immobile affinché se ne serva per un tempo e per un uso determinato, con l'obbligo di restituire la stessa cosa ricevuta.
- Il comodante può, in qualsiasi momento, esigere la restituzione del bene.

9. Com'è regolato il mutuo?

- Il mutuo è il contratto col quale una parte consegna all'altra una determinata quantità di denaro o di altre cose fungibili, e l'altra si obbliga a restituire altrettante cose della stessa specie e qualità (art. 1813 c.c.).
- Le cose date in mutuo passano in proprietà del mutuatario, che deve corrispondere gli interessi al mutuante. Se sono convenuti interessi usurari la clausola è nulla.

Verifica le tue conoscenze

Completamento

Completa lo schema utilizzando le seguenti parole: *pagare il prezzo*; *scambio*; *libera*; *somma di denaro*; *acquistare il diritto*; *immobili*; *pena di nullità*; *consegnare la cosa*; *bene*; *garantire da vizi occulti*; *diritto*; *prezzo*; *evizione*.

Test a risposta multipla

Indica con una crocetta l'affermazione esatta.

1. **In caso di vizi occulti, il compratore:**
   A. può restituire l'oggetto acquistato e scambiarlo con uno di pari valore
   B. può chiedere la riduzione del prezzo pagato o la risoluzione del contratto
   C. può chiedere la risoluzione del contratto anche se il vizio è di lieve entità
   D. non ha diritto a nulla se aveva firmato clausole del tipo "visto e accettato"

2. **L'evizione è la garanzia da parte del venditore che:**
   A. non ci sono soggetti terzi in grado di accampare sulla cosa diritti preesistenti la vendita
   B. farà acquistare al compratore la proprietà della cosa
   C. il bene venduto non presenta vizi occulti
   D. consegnerà il bene nello stato in cui si trovava al momento della vendita

3. **La donazione:**
   A. è un atto unilaterale
   B. richiede la forma dell'atto pubblico a pena di nullità
   C. non richiede l'accettazione del donatario
   D. può avere a oggetto solo somme di modico valore

4. **Il contratto di affitto ha a oggetto:**
   A. immobili a uso abitativo
   B. una cosa produttiva
   C. un bene immobile o mobile registrato
   D. gli stessi tipi di beni che possono essere dati in locazione

5. **Se in un contratto di mutuo è stata stabilita la restituzione rateale della somma:**
   A. il mutuatario non deve corrispondere gli interessi, se non è stato stabilito per iscritto
   B. il mutuante rimane proprietario della somma data a mutuo
   C. il mutuante può chiedere la restituzione immediata dell'intera somma se il mutuatario non paga anche una sola rata
   D. il mutuatario deve accantonare un importo corrispondente alle prime tre rate

Ma davvero?

Il diritto si affaccia nei discorsi di ogni giorno. A volte, però, a sproposito. Leggi e rifletti.

I tuoi nuovi vicini di casa ti confidano che, pur di trasferirsi nel nuovo appartamento, hanno accettato di pagare un canone di locazione superiore a quello risultante dal contratto scritto e registrato. «Il proprietario ha detto che è una prassi comune. Sarà certamente come dice!»

I tuoi vicini sembrano sicuri di ciò che dicono. Ma davvero... l'accordo col proprietario li vincola a pagare un canone più alto?

OBBLIGAZIONI E CONTRATTI

Le altre fonti di obbligazione

PERCORSO D
UNITÀ 10

1. L'illecito civile

Fatto illecito è considerato, dal Codice civile (**art. 2043 c.c.**), qualsiasi fatto **colposo** o **doloso** che cagiona ad altri un *danno ingiusto*. L'autore del fatto, prosegue la norma, è tenuto a risarcire il danno causato.

- **Colposo**, lo ricordiamo, è il fatto causato da imprudenza, imperizia, negligenza.
- **Doloso** è il fatto voluto e diretto a causare l'evento dannoso.

Se non c'è colpa o dolo non sorge alcun obbligo di risarcimento.

Un'ondata di maltempo ha fatto cadere un albero da un giardino privato sulla mia auto parcheggiata lungo il marciapiedi, ma il proprietario del giardino dice che lui non ha colpa. Allora a me il danno chi lo ripaga?

Per capire se c'è diritto al risarcimento occorre capire se nel fatto c'è stata colpa oppure no.

Nel caso specifico possiamo escludere ogni responsabilità se l'albero era solido ed è caduto unicamente per effetto del maltempo.

Ci sarà colpa, invece, se era secco e malfermo e *colpevolmente* non è stato tagliato dal proprietario.

Illecito penale è considerato il fatto commesso in violazione di una norma di diritto penale. La sanzione prevista può essere una pena detentiva e/o pecuniaria.
Se il fatto commesso in violazione di norme penali causa anche danni a persone o alle loro cose, queste andranno risarcite secondo le norme del diritto civile.

Il nesso di causalità

Per essere risarcibile, il danno deve essere **conseguenza immediata e diretta** del fatto.

Riprendiamo l'esempio precedente.

Se l'albero caduto sull'auto parcheggiata fosse stato malfermo, sicuramente avremmo dovuto risarcire il danno prodotto. Ma non avremo dovuto risarcire anche il mancato affare che il proprietario dell'auto avrebbe potuto concludere se quella mattina avesse potuto prendere la sua vettura e recarsi in città.

Perché? Perché mancherebbe, in questo caso, un *nesso diretto di causalità* tra la caduta dell'albero e l'ulteriore affare.

2. Come si valuta il danno

Chi ha subito un fatto illecito ha diritto al risarcimento sia del *danno emergente* che del *lucro cessante*.

▶ **Il danno emergente**, come abbiamo visto, è la spesa materialmente sostenuta dal danneggiato come conseguenza diretta del fatto illecito. Per esempio, se una persona riporta delle lesioni, il giudice dovrà considerare danno emergente tutte le spese sanitarie, comprese quelle che potrebbero essere necessarie in futuro.

▶ **Il lucro cessante**, invece, è la somma che il danneggiato avrebbe potuto lucrare (cioè guadagnare) con la sua normale attività se non ne fosse stata impedita dal fatto illecito altrui.

Il risarcimento per equivalente o per reintegrazione

▶ **Il risarcimento per equivalente** consiste nel pagamento al danneggiato di una somma di denaro *equivalente* al disagio da questi subito.

▶ **La reintegrazione in forma specifica** consiste invece nel ripristino delle cose come erano prima che avvenisse il fatto illecito. Per esempio, se l'illecito è consistito nella elevazione di una costruzione abusiva che danneggia l'attore, questi può domandare che la costruzione sia demolita e che le cose siano rimesse *come stavano prima*.

Reintegrare significa, in tema di riparazione per il danno arrecato, rimettere le cose *come stavano prima*.

3. L'esatto adempimento nelle obbligazioni da fatto illecito

Le obbligazioni derivanti da un fatto illecito devono essere adempiute **esattamente**, come ogni altro tipo di obbligazione.

Dell'esatto adempimento ci siamo occupati nell'Unità 5 trattando dei contratti e ciò che abbiamo chiarito in tale occasione vale anche ora. Rammentiamolo brevemente.

▶ **Chi deve eseguire la prestazione** (Unità 5, par. 3).
Come è ragionevole spetta a chi è responsabile del fatto illecito provvedere al risarcimento del danno. Tuttavia, come si evince dall'**art. 1180 c.c.**:

- se il risarcimento avviene *per equivalente*, il creditore non può rifiutare la prestazione offerta da un terzo (per esempio da una compagnia di assicurazione per conto dell'assicurato);
- se il risarcimento deve avvenire per *reintegrazione in forma specifica*, il creditore potrebbe rifiutare l'adempimento del terzo se avesse un obiettivo interesse a che la prestazione sia eseguita personalmente dal debitore.

▶ **Dove va eseguita la prestazione e a chi** (Unità 5, par. 4).
L'obbligazione di consegnare una somma di denaro (è questa l'ipotesi più frequente nel caso di risarcimento) deve essere adempiuta al domicilio del

Art. 1180 c.c.
Adempimento del terzo
L'obbligazione può essere adempiuta da un terzo anche contro la volontà del creditore se questi non ha interesse a che il debitore esegua personalmente la prestazione [...].

creditore (art. 1182 c.c.). Il pagamento, stabilisce l'art. 1188, deve essere fatto al creditore o al suo rappresentante.

▶ **Chi paga se autori del danno sono più persone** (Unità 5, par. 6).
Se responsabili del fatto illecito sono più persone, queste saranno obbligate *in solido* (solidarietà passiva) verso il creditore. Ciò comporta che costui potrà pretendere anche l'intero pagamento da uno solo dei condebitori se ciò gli risulta più comodo.
Chi avrà pagato per tutti, stabilisce l'**art. 1299 c.c.**, avrà diritto di pretendere, da ciascuno dei suoi condebitori, il pagamento della propria parte.

4. Gli altri atti e fatti produttivi di obbligazione

L'art. 1173 c.c., come ormai ben sappiamo, stabilisce che le obbligazioni derivano:

- da contratto;
- da fatto illecito;
- da ogni altro **atto** o **fatto** idoneo a produrle in conformità dell'ordinamento giuridico.

Vediamo brevemente quali sono questi *atti* o *fatti*.

Atti produttivi di obbligazioni

Sono atti produttivi di obbligazioni:

- la promessa di pagamento e la ricognizione di debito;
- la promessa al pubblico.

▶ **La promessa di pagamento e la ricognizione di debito** (art. 1988 c.c.)

Il termine *ricognizione* significa semplicemente "riconoscimento".
Nel mondo degli affari è frequente che, senza specificarne le ragioni, una parte rilasci all'altra un documento nel quale:

- **unilateralmente promette** di eseguire una certa prestazione,
- oppure **unilateralmente riconosce** un proprio debito.

Perché qualcuno dovrebbe unilateralmente promettere un pagamento o riconoscere un debito?

Le ragioni possono essere molte. A titolo di esempio immaginiamo che un nostro fornitore ci invii più volte la merce a credito. A un certo punto, quando il nostro debito comincia a diventare consistente, può ben chiederci di riassumere tutto in un atto scritto nel quale ci *riconosciamo* debitori di una certa somma (ricognizione di debito) oppure *promettiamo* di pagare una certa somma (promessa di pagamento).

Ricettizi sono chiamati gli atti unilaterali che producono effetti solo quando sono ricevuti dal soggetto a cui sono destinati (per esempio una lettera di dimissioni).
Non ricettizi sono gli atti unilaterali che producono effetti anche se non vengono ricevuti dal destinatario (per esempio un testamento).

Si tratta in entrambi i casi di **atti unilaterali** aventi contenuto patrimoniale ai quali, come conferma l'**art. 1324 c.c.**, si applicano, in quanto compatibili, le stesse norme che regolano i contratti.

▶ La promessa al pubblico

Con questa espressione si intende l'impegno a eseguire una determinata prestazione in favore di chiunque compia una certa azione o venga a trovarsi in una certa situazione. Ne sono esempi la promessa di un premio per chi risolverà un quiz, per chi raccoglierà un sufficiente numero di bollini posti sulla confezione di un certo prodotto, per chi riporterà un animale smarrito, e così via.

La normativa, contenuta negli **artt. 1989-1991 c.c.**, può essere così riassunta:

- il promittente rimane vincolato non appena la promessa è resa pubblica;
- se alla promessa non è stato apposto un termine e questo non risulta dalla natura o dallo scopo della medesima, il vincolo dura un anno;
- la promessa è revocabile prima della scadenza solo per una *giusta causa* resa pubblica nella stessa forma data alla promessa e a patto che nel frattempo non si sia verificata la situazione prevista (per esempio è stata già inviata la soluzione di un quiz).

Gli altri fatti produttivi di obbligazioni

Mentre gli *atti* che abbiamo sopra considerato sono *dichiarazioni di volontà*, i *fatti* a cui si riferisce l'art. 1173 c.c. sono *circostanze*, *accadimenti*, dai quali la legge fa discendere effetti giuridici.

Tra questi, sono maggiormente rilevanti:

- la gestione di affari altrui;
- il pagamento dell'indebito;
- l'arricchimento senza causa.

▶ La gestione di affari altrui (artt. 2028-2032 c.c.)

Sulla facciata di una casa vicina alla mia vi è un'imposta che oscilla pericolosamente nel vuoto. Poiché il proprietario della casa è in viaggio, posso chiamare un operaio per rimuovere l'imposta pericolante?

Questo tipo di intervento si chiama gestione di affari altrui.
La gestione di affari si ha quando una persona (detta gestore), di sua iniziativa e senza aver ricevuto alcun incarico, compie uno o più atti giuridici nell'interesse di un'altra persona.
Se la gestione è stata utilmente iniziata ed è stata condotta con normale diligenza, l'interessato deve adempiere l'obbligazione che il gestore ha assunto. Nel nostro caso il proprietario dell'immobile sarà obbligato a pagare gli operai o a rimborsare le spese a chi ha gestito l'affare.

▶ **Il pagamento dell'indebito** (artt. 2033-2040 c.c.)

- Il termine indebito significa *non dovuto*. Dunque **si ha pagamento di indebito** quando una persona esegue un pagamento non dovuto.

Le norme sul pagamento dell'indebito possono essere così riassunte:

- chi ha eseguito un pagamento non dovuto ha diritto alla *ripetizione* (cioè alla restituzione) di quanto ha pagato, con in più l'aggiunta degli interessi;
- non è ammessa però la ripetizione della prestazione spontaneamente eseguita in ottemperanza a un'*obbligazione naturale* come un debito di gioco, una scommessa, un debito prescritto, oppure di *prestazioni contrarie al buon costume*.

▶ **L'arricchimento senza causa** (artt. 2041-2042 c.c.)

Ricorre l'arricchimento senza causa quando una persona, senza ragione, vede aumentare il proprio patrimonio in danno di un'altra.

Gli **artt. 2041-2042 c.c.** stabiliscono, sostanzialmente, che l'*arricchito* è tenuto a indennizzare l'altra parte della correlativa diminuzione patrimoniale. Per esempio, immaginiamo di essere proprietari di un bene che abbiamo recuperato in seguito a un'azione di rivendicazione. Se il bene è aumentato di valore per effetto di miglioramenti apportati da chi lo ha posseduto, noi ci troveremo *arricchiti senza causa*, cioè senza una ragione giuridicamente valida. L'ordinamento ci impone, pertanto, di indennizzare chi ha operato le migliorie se questi ne fa richiesta.

> **L'azione di arricchimento** si prescrive nel termine di *dieci anni* e può esercitarsi solo quando il danneggiato non dispone di altre e più specifiche azioni per ottenere l'indennizzo a cui ha diritto.

UNITÀ 10 — Riguardando gli appunti

1. Che cos'è l'illecito civile?

- L'art. 2043 c.c. considera come fatto illecito qualsiasi fatto *colposo* o *doloso* che cagiona ad altri un *danno ingiusto*.
- L'autore del fatto è tenuto a risarcire il danno.
- È colposo il fatto causato da imprudenza, imperizia, negligenza. È doloso il fatto voluto dal soggetto e diretto a causare l'evento dannoso.
- Per essere risarcibile, il danno deve essere conseguenza *immediata e diretta* del fatto.

2. Come si valuta il danno?

- Nella valutazione del danno si deve tenere conto sia del *danno emergente* (cioè le spese sostenute dal danneggiato) quanto del *lucro cessante* (cioè il mancato guadagno).
- Il risarcimento può avvenire *per equivalente*, cioè pagando al danneggiato una somma equivalente al disagio sopportato, o in *forma specifica*, cioè ripristinando le cose come erano prima del fatto.

3. Oltre al contratto e al fatto illecito, quali sono gli altri atti e fatti produttivi di obbligazioni?

- Sono *atti* produttivi di obbligazioni: la promessa di pagamento, la ricognizione di debito, la promessa al pubblico.
- Sono *fatti* produttivi di obbligazioni: la gestione di affari altrui, il pagamento dell'indebito, l'arricchimento senza causa.

4. In cosa consistono la promessa di pagamento, la ricognizione di debito e la promessa al pubblico?

- La *promessa di pagamento* e la *ricognizione* (cioè il riconoscimento) *di debito* sono dichiarazioni unilaterali con le quali una persona promette a un'altra di eseguire una prestazione in suo favore, oppure riconosce di essere sua debitrice. A esse si applicano, in quanto compatibili, le norme sui contratti.
- La *promessa al pubblico* è l'impegno che una parte assume di eseguire una determinata prestazione in favore di chi compia una certa azione o venga a trovarsi in una certa situazione. Il promittente rimane vincolato non appena la promessa è resa pubblica.

5. In cosa consistono la gestione di affari altrui, il pagamento dell'indebito e l'arricchimento senza causa?

- La *gestione di affari altrui* ricorre quando una persona (detta gestore), di sua iniziativa e senza aver ricevuto alcun incarico, compie uno o più atti giuridici nell'interesse di un'altra persona. Se la gestione è stata utilmente iniziata e condotta con normale diligenza, l'interessato deve adempiere l'obbligazione che il gestore ha assunto.
- Le norme sul *pagamento dell'indebito* dispongono che se una persona ha eseguito un pagamento non dovuto può ottenerne la ripetizione, cioè la restituzione, con l'aggiunta degli interessi.
- L'*arricchimento senza causa* ricorre quando una persona, senza ragione, vede aumentare il proprio patrimonio in danno di un'altra. In questi casi l'arricchito può essere chiamato a indennizzare l'altra parte.

Verifica le tue conoscenze

UNITÀ 10

Completamento

Completa lo schema utilizzando le seguenti parole: *promessa di pagamento; contratto; ricognizione di debito; pagamento dell'indebito; illecito; gestione di affari altrui; ordinamento giuridico; atto; arricchimento senza causa; promessa al pubblico; fatto.*

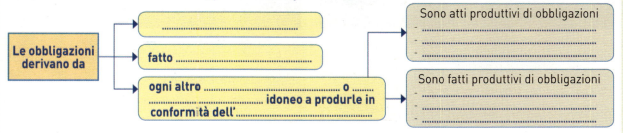

Test a risposta multipla

Indica con una crocetta l'affermazione esatta.

1. **L'art. 2043 c.c. prevede che il danno è risarcibile se:**
   A. colpisce la sfera patrimoniale del danneggiato
   B. il danneggiante non riesce a dimostrare l'imprevedibilità del fatto
   C. è stato cagionato con dolo, cioè con il preciso intento di nuocere
   D. è ingiusto, cagionato con dolo o colpa, ed è conseguenza immediata e diretta del fatto

2. **Se il danno viene risarcito mediante il pagamento di una somma di denaro:**
   A. si parla di risarcimento in forma specifica
   B. si parla di risarcimento per equivalente
   C. si parla di risarcimento in forma economica
   D. si parla di risarcimento per danno emergente

3. **La promessa di pagamento:**
   A. non impegna il promittente essendo solo una dichiarazione d'intenti
   B. è un contratto
   C. è un atto unilaterale produttivo di obbligazioni
   D. diventa vincolante per il promittente non appena diventa pubblica

4. **Se un soggetto esegue un pagamento non dovuto:**
   A. realizza una gestione di affari altrui
   B. ha diritto alla ripetizione di quanto indebitamente pagato
   C. non può chiedere indietro quanto ha indebitamente pagato
   D. può ripetere quanto pagato solo se ha adempiuto a un'obbligazione naturale

5. **Una signora pubblica un annuncio in cui garantisce una lauta ricompensa a chi ritroverà il suo gatto. Si tratta di:**
   A. una promessa al pubblico
   B. una promessa di pagamento
   C. una promessa unilaterale
   D. un arricchimento senza causa

Ma davvero?

Il diritto si affaccia nei discorsi di ogni giorno. A volte, però, a sproposito. Leggi e rifletti.

Il tuo bar preferito ha finalmente riaperto dopo un mese di chiusura. Il barista ti racconta cosa gli è capitato. «Ero in montagna e uno sciatore mi ha travolto, rompendomi una gamba. Sono rimasto fermo per un mese e ho avuto anche parecchie spese mediche. Quelle conto di recuperarle. Ma tutti gli affari che ho perso in questo mese, purtroppo non li recupero più» sospira.

Il tuo amico barista sembra sicuro di ciò che dice. Ma davvero... può aspirare solo al rimborso delle spese mediche?

243

Valuta le tue competenze

Codice alla mano

L'avvocato presso cui svolgi il tuo praticantato ti ha chiesto oggi di appuntare su un foglio quali articoli del Codice civile rispondono ai quesiti sotto elencati.

	Art.
A. Quali atti o fatti sono fonte di obbligazione?	
B. Come si definisce un contratto?	
C. Quali effetti ha il contratto verso i terzi?	
D. Quali sono i requisiti del contratto?	
E. Che cos'è il mandato?	
F. In quali casi la causa è illecita?	
G. Quali conseguenze porta la mancanza della forma imposta dalla legge?	
H. Il debitore può liberarsi eseguendo una prestazione diversa?	
I. Come viene liquidato il danno che non è possibile quantificare esattamente?	

	Art.
L. Come viene liquidato il danno che non è possibile quantificare esattamente?	
M. Come avviene la costituzione in mora?	
N. Come opera la caparra confirmatoria?	
O. Quali sono gli effetti della clausola penale?	
P. Quali cause rendono nullo il contratto?	
Q. Come opera la risoluzione per inadempimento?	
R. Quando l'errore è causa di annullamento?	
S. Quale forma ha il contratto preliminare?	
T. Quali sono le obbligazioni del venditore?	
U. Quali sono gli obblighi dell'affittuario?	

Sai qual è la differenza tra...

a. Norme imperative e Norme dispositive
b. Obbligo e Obbligazione
c. Procura e Mandato
d. Causa e Motivo
e. Rapporto di provvista e Rapporto di valuta
f. Obbligazioni parziarie e Obbligazioni solidali
g. Obbligazioni di risultato e Obbligazioni di mezzi
j. Danno emergente e Lucro cessante
k. Mora del debitore e Mora del creditore
l. Contratto definitivo e Contratto preliminare
m. Contratti reali e Contratti con effetti reali
n. Pagamento dell'indebito e Arricchimento senza causa

Conoscenza del lessico giuridico

Scrivi la definizione, in al massimo tre righe, dei termini seguenti:

Causa: ___
Condizione: ___
Contratto: ___
Contratto preliminare: ___
Contratto tipico: ___
Diritto di prelazione: ___
Locazione: ___
Mandato: ___
Mora

Obbligazioni di mezzi: ___
Obbligazioni di risultato: ___
Obbligazioni pecuniarie: ___
Procura: ___
Rappresentanza: ___
Rescissione: ___
Responsabilità precontrattuale: ___
Risoluzione: ___
Termine: ___

Valuta le tue competenze

PERCORSO **D**

Se fossi il giudice

Hai appena vinto il concorso in Magistratura e ne sei giustamente orgoglioso. Ma ti rendi anche conto che le difficoltà cominciano ora. Dovrai dare risposte certe alle persone che hanno fiducia in te e non potrai sbagliare neppure una volta. In bocca al lupo!

1. Agisce in giudizio il comproprietario di una casa per le vacanze lamentando che la casa è stata venduta ma lui non ha avuto dall'acquirente la somma corrispondente alla sua quota. L'acquirebte ribatte di aver pagato l'intera somma all'altro comproprietario. In mancanza di altri elementi emetti la tua sentenza.

   Dispositivo: l'istanza ☐ è accolta ☐ non è accolta

   Motivazione: _____

2. Agiscono in giudizio gli insegnanti di una scuola privata lamentando di non percepire gli stipendi da diversi mesi. Eccepisce il gestore della scuola che l'inadempimento è dovuto a impossibilità sopravvenuta della prestazione, essendo sprovvisto di denaro a causa del mancato pagamento delle rette da parte delle famiglie degli studenti. In mancanza di altri elementi emetti la tua sentenza.

   Dispositivo: l'istanza ☐ è accolta ☐ non è accolta

   Motivazione: _____

3. Agisce in giudizio una signora che ha acquistato un anello in una televendita. Ricevuto l'anello si è resa conto che era molto più modesto di come appariva in tv. Quando un'amica, tre settimane dopo, l'ha informata delle disposizioni contenute nel Codice del consumo, ha deciso di esercitare il suo diritto di recesso, chiedendo che le venga restituito il prezzo pagato. Resiste il venditore affermano che il recesso è stato esercitato più di 14 giorni dopo la vendita. In mancanza di altri elementi emetti la tua sentenza.

   Dispositivo: l'istanza ☐ è accolta ☐ non è accolta

   Motivazione: _____

4. Agisce in giudizio un giovane che ha acquistato alcuni libri scolastici senza essere stato avvertito dal libraio che si trattava di edizioni molto vecchie. Il libraio eccepisce che era compito del giovane controllare la data di pubblicazione. In mancanza di altri elementi emetti la tua sentenza.

   Dispositivo: l'istanza ☐ è accolta ☐ non è accolta

   Motivazione: _____

5. Agisce in giudizio il conduttore di un immobile urbano il quale lamenta di aver dovuto cambiare tutte le guarnizioni ai radiatori per il riscaldamento che perdevano acqua. L'attore chiede che il locatore gli rimborsi la somma sostenuta, essendo suo obbligo mantenere la cosa in modo da servire all'uso cui è destinata. In mancanza di altri elementi emetti la tua sentenza.

   Dispositivo: l'istanza ☐ è accolta ☐ non è accolta

   Motivazione: _____

245

PERCORSO E

LA TUTELA DEL CREDITO

COMPETENZE DI PERCORSO

COMPETENZE DI ASSE

- Riconoscere le caratteristiche e i valori fondamentali del nostro sistema giuridico, allo scopo di orientare i propri comportamenti alle scelte di fondo espresse dall'ordinamento
- Comprendere l'importanza di un sistema sociale basato sulle regole quali pilastri di un'ordinata e pacifica convivenza

CONOSCENZE

- La tutela del credito
- Le categorie di creditori e le relative prerogative
- Le cause di prelazione
- I contenuti e la disciplina dei diritti reali di garanzia
- I contenuti e la disciplina delle garanzie personali
- Le azioni a tutela della garanzia patrimoniale del creditore

ABILITÀ

- Motivare l'importanza della tutela giuridica del credito
- Riconoscere gli aspetti problematici causati dall'inadempimento del debitore
- Distinguere fra le diverse forme di garanzia di un credito
- Scegliere lo strumento più adatto per recuperare un credito

UNITÀ

1 Responsabilità del debitore e garanzie per il creditore

1. Come risponde il debitore per le obbligazioni assunte

Sappiamo, per essercene occupati nel Percorso precedente, che per quanto dispone l'art. 1218 c.c. il debitore che non esegue esattamente la prestazione dovuta è tenuto al risarcimento del danno.

Questa norma dovrebbe essere fonte di tranquillità per ogni creditore. Ma siamo certi che essa sia sufficiente a garantire l'adempimento della prestazione?

Immaginiamo che un nostro debitore non ci corrisponda, alla scadenza stabilita, la somma cui è obbligato. Come possiamo pensare che in un momento successivo costui sia disposto a pagare, oltre alla somma dovuta, anche il risarcimento del danno?

▶ **La norma** da cui possiamo trarre conforto è il primo comma dell'art. 2740 c.c.:

"Il debitore risponde dell'adempimento delle obbligazioni con tutti i suoi beni presenti e futuri."

Ciò vuol dire che se il debitore non esegue spontaneamente la prestazione dovuta, il creditore può intraprendere un'azione di *esecuzione forzata* sui suoi beni. Può chiedere, cioè, che questi siano sottoposti a vendita per rivalersi sul ricavato.

246

Responsabilità del debitore e garanzie per il creditore   UNITÀ 1

Che cosa occorre fare per sottoporre i beni del debitore a esecuzione forzata?

Se il creditore dispone di una **cambiale** o di un **assegno**, essendo questi titoli esecutivi, può rivolgersi all'ufficiale giudiziario e dare immediatamente inizio al procedimento di esecuzione forzata sui beni del debitore.

Se il debito **risulta da documento scritto** (per esempio un contratto o una fattura) e se consiste nel pagamento di una somma liquida di denaro o nella consegna di una determinata quantità di cose fungibili o di una cosa mobile determinata, il creditore può chiedere al giudice di emettere un decreto ingiuntivo (Percorso A) contenente l'avvertenza che, se il debitore non provvederà ad adempiere l'obbligazione né presenterà opposizione, si procederà a esecuzione forzata nei suoi confronti.

Se il debito **non risulta da un documento scritto**, il creditore dovrà avviare un processo di cognizione nel corso del quale il giudice, dopo aver accertato la reale esistenza del credito, dopo aver verificato che vi sia stato effettivo inadempimento e aver ascoltato le ragioni del debitore, emetterà la sentenza. Se questa sarà favorevole al creditore, costui potrà, finalmente, dare inizio a un procedimento di esecuzione.

E se scoprissimo che il nostro debitore non ha alcun patrimonio da sottoporre a esecuzione forzata, che cosa potremmo fare?

Per la verità poco o nulla. Poiché nessuno può essere arrestato per debiti, non ci resterà che rammaricarci con noi stessi per aver concesso un credito a chi non offriva sufficienti garanzie.

Non sono soggetti a esecuzione forzata i beni indicati dall'art. 514 del Codice di procedura civile, tra i quali ricordiamo l'anello nuziale, i vestiti, la biancheria, i letti, i tavoli per la consumazione dei pasti con le relative sedie, gli armadi guardaroba, i cassettoni, il frigorifero, le stufe e i fornelli di cucina anche se a gas o elettrici, la lavatrice, gli utensili di casa e di cucina unitamente a un mobile idoneo a contenerli, in quanto indispensabili al debitore e alle persone della sua famiglia con lui conviventi; sono tuttavia esclusi i mobili, meno i letti, di rilevante valore economico, anche per accertato pregio artistico o di antiquariato.

2. Chi sono i creditori chirografari e con diritto di prelazione

Sono creditore di un imprenditore e ho scoperto che costui ha debiti per un ammontare molto superiore al suo patrimonio. Che cosa potrebbe accadere se decidesse di non pagare più nessuno? Chi avrebbe diritto di soddisfarsi per primo? Chi rischierebbe di rimanere insoddisfatto?

L'ordinamento opera una distinzione tra: creditori assistiti da *causa di prelazione* e creditori *chirografari*.

▶ **Creditori assistiti da causa di prelazione** (detti anche *privilegiati*) sono quelli che hanno diritto di essere soddisfatti per primi e integralmente su alcuni o su tutti i beni del debitore. Attribuiscono diritto di prelazione (*prelazione* significa "preferenza") l'ipoteca, il pegno e il privilegio.

▶ **Creditori chirografari** sono chiamati coloro il cui credito risulta da un contratto, da una fattura, da una ricevuta o da altro documento, e potranno rivalersi solo su ciò che residua del patrimonio del debitore.

Chirografo è un termine che deriva dal greco *kheirògraphon* che significa letteralmente "scritto a mano".

247

3. Una causa di prelazione: l'ipoteca

L'ipoteca è un diritto reale di garanzia per effetto del quale un dato bene viene vincolato a garanzia di un determinato credito.

▶ **Se il credito non viene pagato**, il creditore può ottenere dal giudice che l'oggetto dell'ipoteca sia venduto forzatamente.
Se dalla vendita si ricavasse una somma superiore al debito, ciò che residua dovrà essere restituito al debitore o messo a disposizione di eventuali altri creditori.

▶ **Oggetto di ipoteca** possono essere i beni iscritti in pubblici registri, come i beni immobili e i mobili registrati.
Inoltre possono essere ipotecati, secondo quanto dispone l'art. 2810 c.c., anche il diritto di usufrutto, di superficie, di enfiteusi e le rendite dello Stato.

Il divieto di patto commissorio

Ho letto con attenzione il contratto con il quale una società finanziaria mi ha concesso un prestito garantito da ipoteca su un mio immobile e vi ho trovato una clausola nella quale è scritto che se non restituisco il prestito nei tempi concordati l'immobile passerà in loro proprietà.

Patto commissorio è chiamato l'accordo con il quale si conviene che, in mancanza del pagamento del debito nel termine fissato, la proprietà della cosa ipotecata o data in pegno passi al creditore.

È nullo, stabilisce l'**art. 2744 c.c.**, ogni *patto commissorio*.

Nel caso sopra prospettato, e in altri simili, la clausola si ha come non apposta.

Il diritto di seguito

Si può vendere un bene ipotecario?

Poiché il debitore conserva la proprietà del bene ipotecato, egli può sicuramente alienarlo, ma il creditore non perde il diritto di sottoporlo a esecuzione forzata anche se è passato in proprietà di altri.

Per tale ragione si dice che l'ipoteca (e, come vedremo tra breve, anche il pegno) attribuiscono al creditore un **diritto di seguito**.

L'**art. 2808 c.c.** dispone che:
"L'ipoteca attribuisce al creditore il diritto di espropriare, anche in confronto del terzo acquirente, i beni vincolati a garanzia del suo credito [...]".

La Suprema corte ha più volte precisato che **la nullità prevista dall'art. 2744 c.c. si estende** a qualsiasi clausola che, anche indirettamente, abbia come fine quello di trasmettere al creditore la proprietà di un bene del debitore qualora questi non possa pagare il proprio debito.
Nel caso specifico è stata dichiarata nulla la clausola con la quale il debitore si impegnava a vendere al creditore un immobile a un prezzo *molto basso* se non fosse stato in grado di restituire il prestito ottenuto nei tempi concordati (Cass. 2003, n. 8411).

La costituzione dell'ipoteca

Può accadere che una persona acquisti un bene immobile ignorando che è gravato da ipoteca?

▶ **L'ipoteca si costituisce**, dispone l'art. 2808 c.c., mediante iscrizione nei registri immobiliari.

Si costituisce significa che il diritto di ipoteca non sorge se questa non viene iscritta nell'apposito registro pubblico. Si dice, a questo proposito, che l'iscrizione ha *effetto costitutivo*.

Grazie all'obbligo di iscrizione, prima di procedere all'acquisto di un bene immobile o di un bene mobile registrato, ogni acquirente può consultare i pubblici registri (registro immobiliare, automobilistico, navale, ecc.) per accertare se tale bene è gravato da ipoteca.

Se ho bisogno di un credito di 50 mila euro e dispongo di un immobile che ne vale 200 mila, debbo far ipotecare tutto l'immobile?

L'ipoteca non deve necessariamente iscriversi su tutto il bene ma può limitarsi a una parte di esso.

Inoltre sullo stesso bene possono iscriversi più ipoteche a garanzia di più crediti.

▶ **Grado**, come si ricava dall'art. 2852 c.c., è chiamato l'ordine di iscrizione. L'ipoteca iscritta per prima è chiamata di *primo grado*, quella iscritta per seconda di *secondo grado* e così via.
In caso di inadempienza, il titolare dell'ipoteca di primo grado può promuovere la vendita forzata soddisfacendosi interamente sul ricavato. Sulla parte residua potranno soddisfarsi, in ordine, i titolari di ipoteca di secondo grado, di terzo grado e così via.

L'estinzione dell'ipoteca

▶ **L'ipoteca si estingue** per le cause previste dall'art. 2878 c.c., tra le quali segnaliamo:

- l'adempimento dell'obbligazione principale, in quanto non ha giustificazione il permanere di una garanzia se il debito è stato estinto;
- la cancellazione dell'iscrizione: poiché l'iscrizione ha effetto costitutivo, la sua cancellazione estingue automaticamente l'ipoteca;
- la mancata rinnovazione dell'iscrizione: l'effetto dell'iscrizione, dispone l'art. 2847, dura solo *venti anni* e se il debito ha scadenza più lunga si dovrà rinnovarla se non si vuole perdere la garanzia;
- la distruzione del bene ipotecato.

L'ipoteca e il pegno vengono chiamati **diritti reali di garanzia** o anche **garanzie reali**, perché si esercitano su delle *res*, cioè delle cose. Ma anche perché, come tutti i diritti reali, presentano il carattere dell'*assolutezza*. Essi possono essere fatti valere nei confronti di tutti i soggetti che, a qualsiasi titolo, divengano proprietari del bene pignorato o ipotecato.

Terzo datore di ipoteca è chiamato chi consente di iscrivere un'ipoteca su un proprio bene a garanzia di un debito altrui.
È frequente, per esempio, che chi vende un immobile consenta all'acquirente di iscrivervi un'ipoteca in favore della banca che gli presterà il denaro per l'acquisto.
Quando il contratto di vendita sarà concluso il venditore avrà tutto il suo denaro e al compratore rimarrà il bene ipotecato.

PERCORSO E — LA TUTELA DEL CREDITO

L'IPOTECA SI ESTINGUE PER
- adempimento dell'obbligazione
- cancellazione dell'iscrizione
- mancata rinnovazione dell'iscrizione
- distruzione del bene ipotecato

QUESTIONI

La cancellazione dell'ipoteca

L'adempimento dell'obbligazione non comporta l'automatica cancellazione dell'ipoteca. Essa rimane iscritta nel pubblico registro se nessuno provvede a cancellarla.
La permanenza dell'iscrizione non comporta generalmente alcun pregiudizio per il proprietario del bene ipotecato perché, essendo stata adempiuta la prestazione, il creditore non ha più titolo per procedere alla vendita forzata del bene. Si può pertanto lasciare che l'iscrizione perda efficacia da sola con il passare dei venti anni.
Se invece si ha interesse alla sua immediata cancellazione, questa verrà eseguita dietro esibizione del consenso scritto del creditore oppure di un atto dell'autorità giudiziaria.

4. Un'altra causa di prelazione: il pegno

Il pegno è un diritto reale di garanzia per effetto del quale un dato bene mobile (o un credito) viene sottratto alla disponibilità del debitore e assegnato in custodia al creditore o ad altra persona. Se il credito non verrà soddisfatto il bene oggetto di pegno verrà venduto e il creditore potrà soddisfarsi sul ricavato.

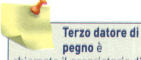

Pegno deriva dal latino *pignus* che costituisce la radice di *pingere*, che significa "dipingere". Il *pignus*, pertanto, doveva essere in origine il "segno" fatto per ricordare un impegno preso.

▶ **Oggetto di pegno**, stabilisce l'art. 2784 c.c., possono essere:

- **i beni mobili** e le universalità di mobili;
- **i crediti** e altri diritti aventi a oggetto beni mobili.

▶ **Il pegno si costituisce** per contratto ma si perfeziona, stabilisce l'art. 2786 c.c., solo con la consegna al creditore della cosa o del documento che conferisce la esclusiva disponibilità della cosa (per esempio, la *nota di pegno* è un documento che conferisce l'esclusiva disponibilità di merci depositate in appositi magazzini).
La cosa o il documento possono anche essere affidati in custodia a un terzo. L'importante è che il debitore ne venga spossessato: venga cioè posto nell'impossibilità di disporne.

Terzo datore di pegno è chiamato il proprietario di un bene o il titolare di un credito che offre in pegno l'uno o l'altro a garanzia di un debito altrui.

▶ **Lo spossessamento** è *elemento costitutivo* del pegno esattamente come l'iscrizione è elemento costitutivo dell'ipoteca.

Perché lo spossessamento è posto dalla legge come elemento costitutivo?

Perché, non esistendo un registro dei beni mobili o dei crediti, l'unico modo per avvertire gli eventuali acquirenti che il bene non è completamente libero è sottrarlo alla disponibilità del proprietario.

▶ **Il patto commissorio** è vietato anche nella costituzione di pegno. Tuttavia l'art. 2798 c.c. consente al creditore di domandare al giudice che la cosa avuta in pegno gli sia assegnata in pagamento fino a concorrenza del debito, secondo una stima del valore fatta da un perito o secondo il prezzo di mercato del bene. L'equità dell'operazione è assicurata, in questi casi, dall'intervento del giudice.

5. I privilegi

Il privilegio è una causa di prelazione (cioè di preferenza) che la legge accorda ad alcuni crediti in considerazione della loro particolare natura.

Il creditore non può usare la **cosa avuta in pegno** senza il consenso del proprietario (art. 2792 c.c.).
Egli inoltre risponde della perdita o del deterioramento del bene avuto in pegno (art. 2790 c.c.).

Se i beni del debitore dovessero essere sottoposti a esecuzione forzata, i creditori *privilegiati* avrebbero diritto di rivalersi sul ricavato prima dei creditori chirografari.
La legge prevede due tipi di privilegio, detti rispettivamente *generale* e *speciale*.

▶ **Gode di un privilegio generale** chi è preferito nella ripartizione di quanto viene ricavato dalla vendita forzata della *generalità* dei beni del debitore.

Questo privilegio, secondo quanto si evince dall'art. 2777 c.c., compete:

- allo Stato, per le spese di giustizia (essendo sostenute con il denaro dei contribuenti, si ritiene che queste devono essere rimborsate per prime);
- ai prestatori di lavoro subordinato per le retribuzioni mancate e per il risarcimento dei danni conseguenti al mancato versamento, da parte del datore di lavoro, dei contributi previdenziali;
- ad altre categorie (professionisti, artigiani, coltivatori diretti) secondo il dettagliato elenco contenuto nell'art. 2751 *bis*.

▶ **Gode di un privilegio speciale** chi è preferito nella ripartizione di quanto viene ricavato dalla vendita di *specifici beni* del debitore.
Hanno *privilegio speciale*, per esempio, l'albergatore sulle cose portate in albergo dai clienti inadempienti; il vettore sulle cose trasportate; il depositario sulle cose depositate; il venditore di macchinari sulle macchine non pagate e così via secondo il dettagliato elenco contenuto negli artt. 2755-2776 c.c.

 Se alcuni beni del debitore fossero oggetto di pegno e di ipoteca, chi avrebbe diritto di soddisfarsi prima su di essi? I creditori privilegiati o quelli ipotecari e pignoratizi?

▶ **L'art. 2748 c.c.** prevede che salvo eccezioni previste dalla legge:

- il pegno precede il privilegio speciale sui *beni mobili*;
- il privilegio sui *beni immobili* precede l'ipoteca.

6. Le garanzie personali: la fideiussione e l'avallo

Abbiamo visto come le garanzie reali pongano una determinata *res* (cioè una cosa) a garanzia di un determinato credito.

La sicurezza che esse offrono è certamente buona ma la loro costituzione è complessa e, nel caso dell'ipoteca, è anche gravata da notevoli oneri fiscali. Più semplici ed economiche, anche se meno sicure, sono le *garanzie personali*. Con esse una terza persona pone il proprio patrimonio a garanzia dell'obbligazione contratta dal debitore.

Il creditore si trova, in sostanza, nella posizione di poter contare, come garanzia, tanto sul patrimonio del debitore quanto sul patrimonio del terzo.

Le principali garanzie personali sono la *fideiussione* e l'*avallo*.

La fideiussione

La fideiussione è un contratto con il quale una parte, detta fideiussore (o garante), obbligandosi personalmente verso il creditore garantisce l'adempimento di un'obbligazione altrui.

Fideiussione viene dal latino tardo *fideiubere* ("farsi garante") che ha la radice in *fides*, "fede, lealtà". Il fediussore, pertanto, è colui che garantisce della *lealtà* del debitore.

Le norme che regolano questo istituto sono comprese negli artt. 1936-1957 c.c.

L'ipotesi è abbastanza frequente. Le banche, per esempio, prima di concedere un'apertura di conto corrente a persona da loro poco conosciuta, richiedono spesso la fideiussione (cioè la garanzia) di una persona di sicuro affidamento.
In caso di inadempimento, il fideiussore risponde **in solido** con l'obbligato principale. Tuttavia il fideiussore accorto può pretendere che nel contratto sia inserita la *clausola della preventiva escussione*. Tale clausola obbliga il creditore a rivalersi prima sui beni del debitore principale e solo sussidiariamente, se questi non bastassero, su quelli del fideiussore.
Il fideiussore ha diritto di regresso nei confronti del debitore principale. Ciò significa che ha diritto di riavere dal debitore quanto ha pagato per lui.

L'avallo

L'avallo è un atto giuridico con il quale una persona (avallante) garantisce il pagamento di una cambiale da parte dell'obbligato cambiario (avallato).

Si tratta di una garanzia tipica delle obbligazioni cambiarie.

7. Il sequestro conservativo

Un imprenditore che ha nei miei confronti un debito piuttosto importante sta progressivamente vendendo il proprio patrimonio e in tal modo riduce la garanzia su cui avevo fatto affidamento. Che cosa posso fare per tutelarmi?

Se il timore di perdere la garanzia è veramente fondato, possiamo chiedere al giudice di porre sotto sequestro alcuni beni del debitore al fine di *conservarli* come garanzia per il nostro credito. Dispone, in proposito, l'**art. 2905 c.c.**: "Il creditore può chiedere il sequestro conservativo dei beni del debitore [...]".

Se la domanda è accolta, i beni mobili sottoposti a sequestro conservativo vengono affidati a un custode (che potrebbe anche essere lo stesso debitore) mentre per i beni immobili e per i beni mobili registrati è sufficiente la trascrizione del provvedimento giudiziale di sequestro nel pubblico registro.

E se il debitore vendesse a terzi la cosa sequestrata?

L'alienazione di un bene sequestrato è valida tra le parti ma è inefficace nei confronti del creditore sequestrante.

E se noi non eravamo a conoscenza che il bene acquistato era sottoposto a sequestro conservativo?

L'ipotesi non è probabile. Come abbiamo detto sopra, il provvedimento di sequestro di beni immobili è trascritto nei registri immobiliari, mentre i beni mobili vengono affidati a un custode. Queste cautele sono predisposte proprio per informare il potenziale acquirente sulla condizione giuridica della cosa. Se questi decide di acquistarla ugualmente, se ne deve dedurre che, per propria utilità, è disposto ad accettare il rischio che il sequestrante ne chieda la vendita giudiziale.

8. L'azione surrogatoria

Il termine *surrogare* significa "sostituire".
Supponiamo che un nostro debitore, per indifferenza, per incompetenza o per qualsiasi altra ragione, trascuri di esercitare i diritti patrimoniali che vanta nei confronti di altri soggetti. Per esempio, trascuri di riscuotere crediti per 50 mila euro.
È evidente che un simile comportamento è contrario ai nostri interessi perché da un accrescimento del suo patrimonio trarremmo, sicuramente, maggiori garanzie per il nostro credito.
Non potendo materialmente obbligare il debitore ad agire e a riscuotere quanto sarebbe nel suo diritto, l'ordinamento accorda ai creditori la possibilità di esercitare l'*azione surrogatoria*.

==**L'azione surrogatoria**, prevista dall'art. 2900 c.c., consente al creditore di sostituirsi al proprio debitore esercitando i diritti e le azioni che a questi spettano verso i terzi.==

Il vantaggio che il creditore ottiene agendo in via surrogatoria è piuttosto limitato.
I beni recuperati infatti, una volta entrati nel patrimonio del debitore, costituiranno generica garanzia per tutti i creditori e non soltanto per chi ha intrapreso l'azione.
Sono esclusi dall'azione surrogatoria i diritti che non hanno contenuto patrimoniale o che hanno carattere strettamente personale, come quelli nascenti da rapporti di famiglia.

UNITÀ 1 — Riguardando gli appunti

1. Come risponde il debitore per l'inadempimento delle obbligazioni assunte?

- Il patrimonio del debitore funge da generica garanzia del credito ed egli, stabilisce l'art. 2740 c.c., risponde delle obbligazioni assunte con tutti i suoi beni, presenti e futuri.

2. Come sono distinti dall'ordinamento i creditori?

- L'ordinamento opera una distinzione tra creditori chirografari e creditori assistiti da causa di prelazione.
- Creditori chirografari sono chiamati coloro il cui credito risulta da un contratto, da una fattura, da una ricevuta o da altro documento (chirografo è un termine che deriva dal greco *kheiRògraphon* che significa letteralmente "scritto a mano").
- Creditori assistiti da causa di prelazione (detti anche privilegiati) sono quelli che hanno diritto di essere soddisfatti per primi e integralmente sui beni del debitore, lasciando solo ciò che residua alla massa dei creditori chirografari.
- Attribuiscono diritto di prelazione (*prelazione* significa "preferenza") l'ipoteca, il pegno e il privilegio.

3. Qual è la funzione del pegno e dell'ipoteca?

- Sia il pegno che l'ipoteca hanno la funzione di vincolare un dato bene a garanzia di un dato credito. Se il credito non viene soddisfatto il bene può essere venduto, consentendo al creditore di rivalersi sul ricavato.
- Oggetto di ipoteca possono essere i beni immobili, i mobili registrati, i diritti di usufrutto, di superficie, di enfiteusi e le rendite dello Stato.
- Oggetto di pegno possono essere i beni mobili, le universalità di mobili, i crediti e altri diritti aventi a oggetto beni mobili.
- Sia il pegno che l'ipoteca attribuiscono al creditore il diritto di seguito, cioè il diritto di espropriare i beni vincolati a garanzia del credito anche se sono passati in proprietà di terzi.
- È vietato il patto commissorio con il quale si stabilisce che il bene dato in pegno o ipotecato passi in proprietà del creditore se il credito non viene soddisfatto.

4. Come si costituisce un'ipoteca?

- L'ipoteca si costituisce mediante iscrizione nei pubblici registri.
- Su uno stesso bene si possono iscrivere più ipoteche, a ciascuna delle quali corrisponde un grado.
- L'ipoteca si estingue per le cause previste dall'art. 2878.

5. Come si costituisce il pegno?

- Il pegno si costituisce per contratto ma si perfeziona solo con la consegna al creditore della cosa o del documento che conferisce esclusiva disponibilità della cosa.

6. Che cosa si intende per privilegio?

- Il privilegio è una causa di prelazione (cioè di preferenza) che la legge accorda ad alcuni crediti in considerazione della loro particolare natura.
- È previsto un privilegio generale sui beni del debitore e un privilegio speciale sugli specifici beni ai quali il credito si riferisce.

7. Quali garanzie personali possono essere offerte a tutela del credito?

- Oltre alle garanzie reali, sono previste nel nostro ordinamento anche garanzie personali. Con esse una terza persona pone il proprio patrimonio a garanzia dell'obbligazione contratta dal debitore. Sono garanzie personali la fideiussione e l'avallo.

8. Quali azioni predispone l'ordinamento a tutela della garanzia patrimoniale del creditore?

- Il creditore che tema di perdere la generica garanzia offerta dal patrimonio del debitore, può chiedere al giudice di sottoporre a sequestro conservativo alcuni beni del debitore.

9. Che cos'è l'azione surrogatoria?

- L'azione surrogatoria, prevista dall'art. 2900 c.c., consente al creditore di sostituirsi al proprio debitore esercitando i diritti e le azioni che a questi spettano verso i terzi.

Verifica le tue conoscenze

UNITÀ 1

Completamento

Completa lo schema utilizzando le seguenti parole: *chirografari*; *causa di prelazione*; *residuo*; *fattura*; *privilegio*; *privilegiati*; *pegno*; *ipoteca*; *contratto*.

Test a risposta multipla

Indica con una crocetta l'affermazione esatta.

1. **I creditori chirografari:**
   A. devono essere soddisfatti per primi
   B. sono assistiti da privilegio
   C. si soddisfano per ultimi sul patrimonio del debitore
   D. non hanno alcun diritto di essere soddisfatti

2. **Se un debitore vende a terzi un bene sottoposto a sequestro conservativo, l'alienazione:**
   A. è nulla
   B. è valida anche nei confronti del sequestrante
   C. è inefficace tra le parti
   D. è valida tra le parti ma inefficace nei confronti del sequestrante

3. **Con l'azione surrogatoria il creditore:**
   A. può ottenere di soddisfarsi per primo sul patrimonio del debitore
   B. può sostituirsi al debitore esercitando i diritti e le azioni che a questi spettano verso i terzi
   C. può chiedere l'annullamento dell'alienazione di un bene da parte del debitore
   D. può sottoporre a vincolo i beni del debitore a garanzia del proprio credito

4. **Nel caso di distruzione del bene ipotecato:**
   A. l'ipoteca si estingue
   B. si sottopongono a esecuzione forzata i beni indispensabili al debitore
   C. l'ipoteca viene trasformata in pegno
   D. si estingue l'obbligazione

5. **È strumento di cui può avvalersi il fideiussore:**
   A. l'avallo
   B. il patto commissorio
   C. la clausola della preventiva escussione
   D. il diritto di seguito

Ma davvero?

Il diritto si affaccia nei discorsi di ogni giorno. A volte, però, a sproposito. Leggi e rifletti.

Tua cugina è sempre in sella al suo scooter rosso fuoco. Oggi invece la vedi arrivare a piedi e con l'aria afflitta. «Come mai sei a piedi?», domandi. «Sai», risponde, «avevo chiesto un prestito a un conoscente e lui ha voluto in pegno il mio scooter. L'accordo era che se non avessi pagato il debito in tempo, lo scooter sarebbe diventato suo. Non sono riuscita a pagare e... addio scooter! Ora è suo».

Tua cugina sembra sicura di ciò che dice. Ma davvero... non può recuperare il suo scooter?

255

PERCORSO E — Valuta le tue competenze

Codice alla mano

L'avvocato presso cui svolgi il tuo praticantato ti ha chiesto oggi di appuntare su un foglio quali articoli del codice civile rispondono ai quesiti sotto elencati.

	Art.
A. Che tipo di responsabilità assume un debitore inadempiente?	
B. Quali beni possono essere ipotecati?	
C. Quali effetti produce il patto commissorio?	
D. Come si costituisce l'ipoteca?	
E. Come si estingue l'ipoteca?	
F. Chi è il fideiussore?	

Sai qual è la differenza tra...

a. Privilegio — e — Causa di prelazione
b. Pegno — e — Ipoteca
c. Privilegio generale — e — Privilegio speciale
d. Fideiussione — e — Avallo

Domande per riflettere

1. L'imprenditore presso cui lavori è stato dichiarato fallito e i suoi beni sottoposti a esecuzione forzata. Poiché devi ancora ricevere alcune retribuzioni arretrate, quanto hai ragione di preoccuparti?

2. Un tuo cliente ti chiede un prestito in denaro offrendoti di iscrivere un'ipoteca su un suo immobile, ma l'immobile è già ipotecato. Come ti regoli?

Se fossi il giudice

Hai appena vinto il concorso in Magistratura e ne sei giustamente orgoglioso. Ma ti rendi anche conto che le difficoltà cominciano ora. Dovrai dare risposte certe alle persone che hanno fiducia in te e non potrai sbagliare neppure una volta. In bocca al lupo!

1. Agisce in giudizio un signore che reclama la consegna di un quadro di De Chirico posseduto da un gallerista. L'attore spiega che quella tela era un pegno posto a garanzia di un credito concesso a un amico e, proprio in virtù del rapporto di amicizia, l'attore aveva consentito che il debitore seguitasse a tenerla nel suo salotto. Ma l'amico l'ha venduta al gallerista e l'attore, consapevole che il pegno comporta il diritto di seguito, chiede ora di entrarne in possesso. In mancanza di altri elementi emetti la tua sentenza.

   Dispositivo: l'istanza ☐ è accolta ☐ non è accolta

   Motivazione: _____

2. Il signor Bianchi acquista un frigorifero a rate. A garanzia del pagamento presenta una fideiussione della sorella Azzurra. Dopo sei mesi Bianchi smette di pagare e il venditore avvia le azioni legali nei confronti della sorella. Azzurra si oppone al precetto sostenendo che il venditore avrebbe dovuto prima agire nei confronti di Bianchi e solo qualora non avesse rinvenuto beni aggredibili avrebbe potuto rivolgersi a lei. In mancanza di altri elementi, emetti la tua sentenza.

   Dispositivo: l'istanza ☐ è accolta ☐ non è accolta

   Motivazione: _____

256

EDUCAZIONE FINANZIARIA

La gestione dei risparmi

Avere dei risparmi, in un mondo in cui milioni di persone non hanno neppure da mangiare, significa già essere fortunati. E poiché la fortuna va anche aiutata con scelte giuste e meditate, è opportuno capire subito come e dove "parcheggiare" il denaro risparmiato evitando che si disperda.
Gli impieghi possibili per il denaro liquido sono piuttosto numerosi. Si possono acquistare titoli di Stato, azioni, obbligazioni, partecipazioni a fondi comuni di investimento e si può anche tentare la fortuna con i temibili contratti derivati.
In queste schede cercheremo di entrare in questo complesso mondo iniziando dalla struttura finanziaria a tutti più familiare: la banca.

EDUCAZIONE FINANZIARIA

I STEP
Entriamo in banca

Depositare temporaneamente in banca le somme risparmiate è la scelta generalmente seguita prima di optare per un impiego più impegnativo. Vediamo allora che cosa è una banca e quali tipi di rapporto potremmo avere.

La banca è un'impresa commerciale, gestita in forma di società per azioni o di società cooperativa, che raccoglie risparmio ed eroga credito oltre a svolgere numerose altre funzioni che conosceremo più avanti.

Regola l'attività delle banche il Testo unico delle leggi in materia bancaria e creditizia contenuto nel d.lgs. n. 385 del 1993 che ha profondamente innovato la precedente legge bancaria risalente al 1936.

Sul corretto funzionamento del sistema bancario italiano vigila la **Banca d'Italia**.

C'è da fidarsi a lasciare il denaro in banca?
Fino a un certo punto. Per disposizione dell'Unione europea, se la banca andasse in fallimento i risparmiatori depositanti verrebbero rimborsati solo fino a un massimo di 100 mila euro.
Nessun rimborso è invece previsto per chi detiene azioni della banca. Gli azionisti sono comproprietari e come tali partecipano alla distribuzione dei dividendi (quando ci sono) ma anche delle perdite

---

Fondata nel 1893, la Banca d'Italia è un istituto di diritto pubblico il cui massimo organo è il Governatore, che viene nominato dal Presidente della Repubblica su indicazione del Governo e resta in carica per sei anni rinnovabili una sola volta.
Con l'introduzione dell'euro, la Banca d'Italia, come tutte le banche centrali dei Paesi che adottano la moneta unica, ha perduto la funzione di controllo della liquidità monetaria in favore della **Banca centrale europea** (Bce) alla quale ora spetta determinare il tasso ufficiale di sconto.
Ricordiamo che chiamiamo *sconto* il costo che devono sopportare cittadini e imprese per ottenere prestiti dalle banche.

Le operazioni attraverso le quali gli istituti di credito svolgono le loro funzioni possono essere suddivise in tre gruppi.

Shutterstock, S-F

Perché spesso si sente parlare di scandali bancari?
Come tutte le imprese commerciali la banca tende a rendere massimi i propri profitti. E a questo scopo non solo svolge attività finanziarie per conto dei propri clienti, ma le svolge anche per conto proprio acquistando titoli (azioni, obbligazioni e altro) sui mercati finanziari. Nel condurre tali operazioni può accadere però di sbagliare e di acquistare titoli che poi si rivelano perdenti. In questi casi è possibile che la banca, per non subire la perdita, cerchi di rivenderli ai risparmiatori ignari.
Altre volte, per ragioni non chiare ma generalmente poco lecite, amministratori sicuramente censurabili consentono che siano concessi rilevanti prestiti a imprenditori che non sono obiettivamente in grado di restituirli, causando, con ciò, un danno alla banca stessa e ai suoi azionisti.

La gestione dei risparmi

Che cos'è l'home banking?
È uno strumento, sempre più diffuso, che consente di gestire il conto corrente tramite internet, senza doversi recare fisicamente in banca.
Tramite l'*home banking* si possono pagare bollette, eseguire bonifici, pagare tasse di iscrizione e così via.

Esiste anche il *phone banking*, che consente di eseguire operazioni tramite il telefono.

Cosa si può pagare online con l'home banking: MAV RAV REP, BOLLO AUTO, ABBONAMENTI TV, RICARICA CELLULARE, RETTE E TASSE UNIVERSITARIE, IMPOSTE, RIMESSE ALL'ESTERO, DOMICILIAZIONE UTENZE, BOLLETTINI POSTALI, CONTRIBUTI CONSOB, CONTRIBUTI INPS, BONIFICI E GIROCONTI.

Shutterstock, mama_mia

Operazioni passive sono chiamate quelle che comportano un costo per la banca; sono tali i contratti di deposito di denaro per i quali la banca paga un interesse al depositante.

Operazioni attive sono chiamate quelle per le quali la banca riceve un interesse, come la concessione di mutui o di prestiti al consumo con restituzione a breve termine.

Operazioni accessorie sono quelle con le quali la banca offre a pagamento servizi di vario genere come l'uso di cassette di sicurezza, il pagamento delle utenze (luce, gas, telefono) e altre.

Banche e Società finanziarie
La differenza tra le banche e le cosiddette società finanziarie alle quali, talvolta, ci si rivolge per avere piccoli prestiti è notevole. La banca è l'unica impresa a cui sia consentito raccogliere il denaro dai risparmiatori per utilizzarlo in operazioni creditizie, e per tale delicata funzione è soggetta a numerosi controlli.
Le società finanziarie, invece, non sono autorizzate a raccogliere risparmio. Esse concedono prestiti impiegando denaro proprio e per tale motivo possono operare con minori vincoli. Debbono comunque rispettare le norme poste per combattere l'usura.
È usurario il tasso di interesse (stabilisce la legge n. 108/1996) quando supera di oltre la metà i tassi medi praticati dalle banche e dagli intermediari finanziari iscritti negli elenchi della Banca d'Italia.
Chi pratica tassi usurari, dispone l'art. 644 c.p., è punito con la reclusione da due a dieci anni e una multa da 5 mila a 30 mila euro.

EDUCAZIONE FINANZIARIA

II STEP
Quali rapporti si possono avere con una banca

Qualsiasi rapporto tra banca e cliente si fonda su un contratto. La gamma dei possibili **contratti bancari** è molto vasta perché la libertà contrattuale consente di inventarne sempre di nuovi in funzione di nuove esigenze. Altamente diffusi, comunque, sono i contratti di deposito, sconto, apertura di credito, anticipazione bancaria.

Il deposito

Il deposito di denaro, si desume dall'art. 1834 c.c., è un contratto con il quale il cliente deposita una somma di denaro presso una banca che ne acquista la proprietà e si obbliga a restituire una somma di uguale importo.
La banca è libera di impiegare il denaro ricevuto in attività per essa lucrose e per tale ragione corrisponde al depositante un interesse.

Il deposito può essere, si evince ancora dall'art. 1834 c.c., libero o vincolato:

- **è vincolato** se il depositante si impegna a non ritirare la somma depositata prima del termine convenuto. Se la ritira prima perderà in tutto o in parte gli interessi concordati;
- **se è libero** il depositante può ritirare in qualsiasi momento la somma depositata salvo l'obbligo di un termine di preavviso se questo è concordato dalle parti o stabilito dagli usi.

Il deposito in conto corrente (vedi III step) è la formula oggi prevalente di deposito bancario **libero**, scelta da chiunque abbia bisogno di disporre con estrema libertà del proprio denaro.

L'anticipazione bancaria

Immaginiamo che un intermediario debba pagare la merce acquistata prima di avere trovato un compratore a cui rivenderla. Che fare? In questi casi si può stipulare con una banca un contratto di anticipazione.

Shutterstock, isak55

L'anticipazione bancaria, regolata dagli artt. 1846 ss., non è altro che un'apertura di credito garantita da un pegno su merci o su titoli.
In pratica si può cedere alla banca la nota di pegno sulle nostre merci non ancora vendute ottenendo un anticipo sul prezzo che sarà realizzato vendendole. Quando saranno vendute si restituirà alla banca l'anticipo con in più gli interessi e il rimborso per eventuali spese da questa sostenute.

Il mutuo

Il mutuo è il contratto col quale una parte consegna all'altra una determinata quantità di danaro o di altre cose fungibili, e l'altra si obbliga a restituire altrettante cose della stessa specie e qualità.
Oggetto di mutuo può essere dunque qualsiasi cosa fungibile ma non c'è dubbio che nelle moderne economie questo contratto venga prevalentemente impiegato per il prestito di denaro.
Salvo diversa volontà delle parti chi riceve un mutuo deve corrispondere un interesse al mutuante. Se la concessione del mutuo è preceduta da un contratto preliminare di mutuo, la banca può recedere dall'impegno assunto con il preliminare e non concludere un contratto definitivo se nel frattempo le condizioni patrimoniali dell'altro contraente sono mutate e non offrono più una adeguata garanzia di restituzione.

La gestione dei risparmi

Shutterstock, Rido

Shutterstock, ESB Professional

Lo sconto

Può accadere, e frequentemente accade, che un imprenditore venda i beni o servizi prodotti con pagamento dilazionato e che, contemporaneamente, abbia bisogno di liquidità per pagare i propri creditori (fornitori, dipendenti, imposte e così via).
Che fare in questi casi? La soluzione più praticata è **scontare** il credito in banca.
Lo sconto, stabilisce l'art. 1858 c.c., è il contratto con il quale la banca, previa deduzione dell'interesse, anticipa al cliente l'importo di un credito verso terzi non ancora scaduto, mediante cessione, salvo buon fine, del credito stesso.
Salvo buon fine significa che il cliente deve restituire alla banca la somma che gli è stata anticipata più gli interessi, se il debitore ceduto risulterà inadempiente alla scadenza del credito.
Spesso il credito ceduto è incorporato in una cambiale e lo sconto si opera mediante la semplice girata del titolo.

L'apertura di credito bancario

A ogni imprenditore può capitare, nel corso della propria attività, di dover operare un pagamento urgente e di non disporre immediatamente del denaro necessario. Come premunirsi per il caso in cui si verifichi un tale evento?
Ci si può premunire concludendo con una banca un contratto di apertura di credito, meglio conosciuto come **fido bancario**.
L'apertura di credito bancario, stabilisce l'art. 1842 c.c., è il contratto con il quale la banca si obbliga a tenere a disposizione dell'altra parte (detta accreditato) una somma di denaro per un dato periodo di tempo o a tempo indeterminato.
L'accreditato potrà ritirare la somma, in tutto o in parte, se e quando ne avrà bisogno pagando gli interessi solo sulla parte realmente utilizzata.
Per esempio, se l'apertura di credito fosse di 150 mila euro ed egli ne prelevasse soltanto 50 mila, che restituisce entro un mese, dovrà pagare solo un mese di interesse su 50 mila euro.

Il riporto

Se avessimo urgente necessità di ottenere un finanziamento avendo come unica risorsa un pacchetto azionario o altri titoli dei quali però non vogliamo disfarci in via definitiva perché, per esempio, ci danno una rilevante partecipazione in un'impresa di cui siamo soci, potremmo stipulare con una banca un contratto di riporto.
Con questo contratto (art. 1548 c.c.) la banca acquista i nostri titoli ma si impegna anche a rivenderceli alla scadenza concordata. Ovviamente il prezzo di riacquisto sarà maggiore e questa maggiorazione, detta **riporto**, è il lucro che realizza la banca.

261

EDUCAZIONE FINANZIARIA

III STEP
Apriamo un conto corrente bancario

Generalmente il primo passo che compie chi vuole affidare i propri risparmi a una banca è concludere con la stessa un contratto di deposito in conto corrente.

Il deposito in conto corrente consente al risparmiatore di prelevare in qualsiasi momento le somme che via via possono occorrergli oppure di aggiungere al conto nuove somme di denaro.

Addebiti sono chiamate le somme che vengono sottratte.

Accrediti le somme eventualmente aggiunte.

Gli addebiti possono derivare, per esempio:
- dall'impiego di carte di debito (bancomat) o di carte di credito,
- dall'emissione di assegni,
- da bonifici bancari,
- da pagamenti tramite SDD,
- da prelievi di denaro effettuati dal correntista allo sportello della banca.

Il bancomat e la carta di credito

Entrambi questi strumenti, genericamente indicati come **moneta elettronica**, consentono di prelevare denaro liquido dal proprio conto utilizzando gli sportelli automatici (detti Atm) posti generalmente all'esterno delle banche.
E consentono anche di effettuare pagamenti presso esercizi convenzionati (negozi, alberghi, professionisti e altro) che siano dotati di un lettore detto Pos (*point of sale*, letteralmente "punto di vendita").

La differenza più rilevante tra bancomat e carta di credito è nel fatto che quando si esegue un pagamento con il bancomat l'addebito sul conto del cliente è pressoché immediato mentre pagando con la carta di credito l'addebito avviene in un momento successivo (generalmente dopo 30 giorni). Ciò consente di fare acquisti anche quando sul conto del titolare della carta non c'è disponibilità immediata dell'intera somma spesa.

> **Quanto rende il denaro depositato in conto corrente?**
> Praticamente nulla, perché l'interesse che corrisponde la banca è molto basso e può non coprire neppure i costi che vengono addebitati al cliente per la tenuta del conto. Le banche tuttavia offrono spesso convenzioni che riducono i costi, soprattutto se il numero delle operazioni (versamenti e pagamenti) è limitato.

L'assegno bancario

L'assegno bancario è un titolo di credito con il quale l'emittente ordina alla banca presso la quale ha un deposito in conto corrente di pagare una certa somma alla persona indicata (detta beneficiario). La banca pagherà il beneficiario dell'assegno solo se sul conto dell'emittente c'è denaro a sufficienza.

L'emissione di assegni senza provvista (cioè a vuoto) un tempo era reato. Ora configura solo un *illecito amministrativo* sanzionato con una pena pecuniaria (l. 205/1999).

L'emissione di assegni post datati, invece, non comporta alcuna sanzione. Tuttavia chi riceve l'assegno può anche incassarlo subito senza rispettare i termini concordati.

Shutterstock, Capricorn Studio

La gestione dei risparmi

> **I pagamenti in denaro liquido** si possono effettuare solo se l'importo non supera i 3 mila euro (legge di stabilità 2016). Per somme uguali o superiori occorre servirsi di moneta elettronica, assegni, bonifici bancari, SDD.
> La ragione è lasciare una **traccia** del pagamento effettuato in modo da consentire all'amministrazione finanziaria di controllare se chi lo ha ricevuto deve pagare le imposte su quella somma. La **tracciabilità** serve a limitare l'evasione fiscale.

Shutterstock, Devrim PINAR

Non è consentita la girata dell'assegno, cioè il passaggio da un prenditore all'altro, se l'importo è superiore a mille euro.

L'assegno circolare

L'assegno circolare è un titolo di credito con il quale la banca emittente (su richiesta di un proprio correntista) promette di pagare a vista una determinata somma di denaro al prenditore del titolo.

Questo tipo di assegno è più sicuro dell'assegno bancario perché è certo che la banca lo emetterà solo se il correntista che ha fatto la richiesta dispone di un deposito almeno di pari importo dell'assegno.

Il bonifico bancario

Con il bonifico bancario il correntista, riempiendo un apposito modulo, ordina alla propria banca di trasferire una determinata somma sul conto di una terza persona della quale indica le generalità e il codice IBAN.

Con il bonifico si può disporre un unico pagamento oppure pagamenti periodici (per esempio cento euro al mese) che possono essere interrotti con un semplice ordine di revoca.

SDD (Sepa Direct Debit)

Sepa sta per *Single Euro Payments Area*. Si tratta di un servizio offerto dalle banche ai clienti che debbano effettuare pagamenti periodici come quelli relativi alle utenze domestiche, alle rate dei mutui, agli affitti e così via. Con il Sepa il correntista autorizza la banca a pagare i creditori indicati addebitando l'importo al proprio conto. Quando si vogliono sospendere i pagamenti si può revocare l'autorizzazione all'addebito.

IBAN

I pagamenti, soprattutto quelli internazionali, hanno reso opportuna la creazione di un codice di identificazione che consenta, senza margine di errore, di conoscere il numero di conto del beneficiario, la banca presso cui ha il conto, e il Paese dove la banca si trova. Tale codice è chiamato IBAN (*International Bank Account Number*) che deve ormai essere utilizzato anche per i pagamenti nazionali.

La lunghezza del codice per l'Italia è fissata in 27 caratteri alfanumerici divisi in sei sezioni. La prima indica il paese (IT per l'Italia), l'ultima indica il numero di conto corrente.

EDUCAZIONE FINANZIARIA

IV STEP
Un investimento a basso rischio: i titoli di Stato

Come abbiamo visto nel III Step, il deposito in conto corrente non dà generalmente alcuna apprezzabile remunerazione. Per di più basta un po' di **inflazione** perché si eroda il valore dei risparmi depositati.

Generalmente, se non vi sono in atto turbolenze che rendono molto rischiose altre forme di investimento, i risparmiatori mantengono cifre non elevate sul conto corrente e cercano, per il proprio denaro, impieghi più remunerativi.

Tradizionalmente il popolo dei piccoli risparmiatori si rivolgeva ai titoli di Stato.

▶ I **titoli di Stato** sono speciali documenti (una volta cartacei ora in forma elettronica) che attestano un prestito fatto allo Stato o a un altro ente pubblico. Essi danno diritto al pagamento di un interesse (che può anche essere anticipato) e alla restituzione del prestito quando il titolo verrà a scadenza. Il risparmiatore che abbia bisogno di rientrare anticipatamente in possesso del proprio denaro può, in qualsiasi momento, rivolgersi alla banca o altro intermediario che custodisce i suoi titoli e chiedere di rivenderli sul mercato finanziario.

I più diffusi titoli di Stato sono i Bot, i Btp e i Cct.

- **I Bot** (*buoni ordinari del tesoro*) sono così chiamati perché emessi dal Ministero del Tesoro (oggi denominato dell'Economia e delle Finanze); hanno scadenza a tre, sei e dodici mesi e per essi viene corrisposto un **interesse anticipato**.

- **I Btp** (*buoni del tesoro poliennali*) hanno scadenze comprese tra i tre e i trenta anni e attribuiscono il diritto a un **interesse fisso** che viene corrisposto ogni sei mesi.

- **I Cct** (*certificati di credito del tesoro*) hanno scadenza ogni sette anni e conferiscono un **interesse variabile** che viene corrisposto, anche questo, ogni sei mesi.

Come si acquistano o si rivendono i titoli di Stato

Chi voglia acquistare titoli di Stato deve rivolgersi a una banca o a un altro intermediario finanziario autorizzato.

Si possono comperare titoli di nuova emissione che periodicamente il Ministero dell'Economia e Finanza mette all'asta, oppure titoli reperibili sul **mercato secondario**.

Mercato secondario è detto quel mercato nel quale si scambiano titoli che i possessori vogliono vendere prima che giungano a scadenza.

Il prezzo dei titoli dipenderà dall'andamento della domanda e dell'offerta.

Inflazione, lo ricordiamo è chiamato l'aumento generale dei prezzi e la corrispondente perdita di valore della moneta. Per esempio se oggi un trancio di pizza costa un euro, fra un mese per effetto dell'inflazione potrebbe costare di più. Il che significa che il nostro euro non vale più quanto un trancio di pizza, ma meno. In pratica a perso valore.

Deflazione è chiamata invece la generale diminuzione dei prezzi e il corrispondente aumento del valore della moneta. La deflazione non è un evento che gli economisti vedono con favore perché la diminuzione dei prezzi rende meno conveniente produrre e molte imprese possono chiudere i battenti licenziando i propri dipendenti.

La gestione dei risparmi

Quale rischio comporta l'investimento in titoli di Stato?

Il rischio massimo è che lo Stato, oberato da troppi debiti, decida di non rimborsare i propri titoli alla scadenza. L'ipotesi è abbastanza rara e comunque sembra da escludere che ciò possa accadere in Italia, che con tutti i suoi problemi è comunque uno dei Paesi economicamente più sviluppati del mondo.

Il rischio più concreto, invece, è che l'investitore debba vendere i suoi titoli prima della scadenza. In questo caso è possibile che lo Stato abbia nel frattempo emesso nuovi titoli per i quali ha offerto un interesse più elevato. In questo caso i vecchi titoli che pagano un interesse minore potranno essere venduti solo a un prezzo inferiore a quello originariamente pagato. Il che comporta palesemente una perdita per il venditore.

Tuttavia, è anche possibile che i tassi dei nuovi titoli si siano abbassati, e in questo caso i vecchi titoli avranno aumentato il proprio valore commerciale, procurando un guadagno a chi li vuole vendere.

Come si sceglie il tipo di titolo da acquistare

Se si pensa (o si teme) di dover rientrare in possesso del proprio denaro in tempi ravvicinati, non conviene acquistare titoli a lunga scadenza perché al momento della vendita potrebbero essere scesi di valore.
L'investimento più tranquillo, pertanto, è l'acquisto di Bot a tre, sei o dodici mesi che offrono un interesse anticipato.

Se invece si vuole speculare un po' occorre affidarsi a una previsione. In particolare:

- se si prevede che i tassi di interesse tenderanno a scendere conviene acquistare Btp perché corrispondono un tasso fisso qualsiasi cosa accada. Inoltre, se i tassi effettivamente scendessero si potrebbero anche rivendere anticipatamente il titolo a un prezzo maggiore di quanto è stato pagato;

- se si prevede che i tassi tenderanno a salire conviene invece acquistare Cct che offrono un tasso variabile e quindi (auspicabilmente) via, via maggiore.

> **Che cosa sono le agenzie di rating?**
> Queste agenzie forniscono le loro valutazioni (rating) sulla capacità che hanno Stati che emettono titoli del debito pubblico di rimborsarli alla scadenza.
> Queste agenzie non sono sempre limpide nella loro valutazione e spesso sono direttamente interessate a far aumentare la differenza (detta spread) tra i titoli di un Paese e l'altro.

Shutterstock, hacohob

Nella pagina a fianco, la pubblicità dei Buoni poliennali del Tesoro, titoli di Stato con durata da tre a trenta anni.
A sinistra: l'interno di una banca, presso i cui sportelli è possibile acquistare titoli.

265

EDUCAZIONE FINANZIARIA

V STEP
Aumentiamo il rischio: l'investimento in altri prodotti finanziari

I titoli di Stato, di cui ci siamo occupati nella scheda precedente, in taluni periodi offrono tassi di interesse molto bassi. In questi casi, chi vuole tentare di ottenere un maggiore profitto (ovviamente rischiando di più) può acquistare altri prodotti finanziari.

Prima di vedere come si possano operare investimenti a maggiore rischio sul mercato finanziario è opportuno conoscere il significato di alcune espressioni di uso comune. Chiariamo allora che **prodotto finanziario** (si deduce dall'art. 1 del Testo unico sull'intermediazione finanziaria) è chiamato qualsiasi mezzo che consente di operare investimenti sul mercato dei capitali.
Le azioni e le obbligazioni sono i più conosciuti prodotti finanziari, ma non sono i soli (vedi Percorso H, Unità 3). Rientrano in questa ampia categoria, per esempio, le quote dei fondi comuni di investimento, i titoli negoziati sul mercato monetario e l'ampia varietà dei contratti di Borsa.

Chiarito ciò, dobbiamo subito precisare che l'investimento finanziario può essere operato:

- con un sistema di gestione individuale;
- con un sistema di gestione collettiva.

Il deposito di titoli in amministrazione è un contratto con il quale la banca assume l'obbligo di custodire e amministrare i titoli che le vengono consegnati dal cliente provvedendo a esercitare i diritti a essi inerenti, come la riscossione dei dividendi o degli interessi. Per questo servizio la banca percepisce un compenso, oltre a un rimborso per le spese sostenute.

La gestione individuale dell'investimento

Operano la gestione individuale degli investimenti:

- le banche;
- le Sim.

Che cosa siano le banche non c'è bisogno di spiegarlo.
Qualche informazione, invece, è necessaria a proposito delle Sim.

Sim è una sigla che significa società di intermediazione mobiliare.
Si tratta di società per azioni, iscritte in un apposito albo tenuto dalla Consob, abilitate a offrire ai clienti servizi di investimento finanziario.

Alle banche e alle Sim possiamo chiedere:

- di concludere per nostro conto e su nostra indicazione determinati investimenti finanziari (questa operazione si chiama negoziazione per conto terzi di strumenti finanziari);
- di gestire per noi un portafoglio d'investimento. In questo caso sarà la banca o la Sim a decidere, secondo criteri di professionalità, il modo più vantaggioso d'impiegare il nostro denaro.

In entrambi i casi si tratta di **investimenti individuali**.

Perché individuali?
Perché le banche o le Sim tengono distinti i patrimoni che sono stati affidati loro dai clienti cosicché ciascun cliente, individualmente, si giova dei profitti o sopporta le perdite dell'investimento effettuato per suo conto.

Inoltre sia le banche che le Sim:

- si occupano del collocamento presso il pubblico delle azioni e delle obbligazioni emesse dalle società per azioni;
- possono condurre per proprio conto (cioè per proprio profitto) la negoziazione di strumenti finanziari.

La gestione dei risparmi

La gestione collettiva e i fondi comuni di investimento

La gestione collettiva degli investimenti opera in modo del tutto diverso dalla gestione individuale.

Con la gestione collettiva tutto il risparmio affidato al gestore dagli investitori confluisce in un unico patrimonio e viene investito senza distinzione di provenienza, cosicché i profitti o le perdite sono imputati a tutti i partecipanti in proporzione alla loro partecipazione.

La gestione collettiva si realizza, in via principale, attraverso l'istituzione di fondi comuni di investimento.

I fondi comuni nascono e operano nel modo seguente:

- una società di gestione, autorizzata e controllata dalla Consob, rende pubblica l'iniziativa di costituire un fondo;
- i risparmiatori che vogliono parteciparvi versano le loro quote presso la banca indicata dalla società di gestione;
- la società gestisce il denaro indicando alla banca depositaria, di volta in volta, quali titoli acquistare e quali vendere;
- se la società di gestione saprà convogliare le risorse su titoli il cui valore è in ascesa, aumenterà il valore del fondo comune e, in proporzione, il valore delle quote che ciascun risparmiatore possiede;
- se la gestione delle risorse non è condotta con la necessaria abilità oppure si verifica il crollo di alcuni titoli acquistati, il valore del fondo può scendere facendo registrare una perdita.

La domanda che talvolta ci si pone è: potrebbe accadere che i gestori del fondo, una volta raccolto il denaro dei risparmiatori, "scappino con la cassa"? L'ipotesi non è reale. Come abbiamo già detto, i risparmiatori consegnano le loro quote alla banca indicata e la società di gestione si limita solo a comunicare alla banca quali titoli acquistare o vendere senza mai venire a contatto diretto con il denaro.

Il Giardinetto

Se vi rivolgete a un consulente finanziario per avere un consiglio sui titoli da acquistare (azioni, obbligazioni, fondi comuni o altro) e questo vi consiglia di impegnare tutto il vostro capitale su un titolo *sicuro*, alzatevi e andatevene senza salutare: o è un incompetente o vi sta dando un pessimo consiglio.

Titoli sicuri non esistono. Le quotazioni dei titoli finanziari dipendono da una quantità praticamente illimitata di variabili e qualsiasi previsione si basa sulla *performance* che il titolo ha avuto in passato e non su quella che potrà avere in un futuro prossimo o lontano.

Per questa ragione è sempre consigliabile ripartire il proprio capitale tra tipologie diverse di titoli (il cosiddetto "Giardinetto") in modo che se un titolo scende, si spera che gli altri salgano limitando la perdita.

Un grande schermo con i valori e l'andamento di alcuni titoli quotati in Borsa.

Shutterstock, Ai825

EDUCAZIONE FINANZIARIA

VI STEP
I contratti sui mercati regolamentati

I titoli (azioni, obbligazioni, quote di fondi comuni e altro) si possono acquistare e tenere in portafoglio in attesa che nel medio o lungo termine acquistino valore. E ciò solitamente accade. L'esperienza insegna che l'economia può anche incappare in periodi di recessione, ma prima o poi si riprende e i titoli, momentaneamente scesi, riacquistano valore.

Se invece si vuole tentare di realizzare un profitto nel breve termine si deve cercare di acquistare titoli quando il loro prezzo è basso per cercare di rivenderli non appena torna a rialzarsi. Generalmente, per tali operazioni, si utilizzano i contratti a pronti.

I contratti a pronti (o per contanti) sono così chiamati perché prevedono il pagamento del titolo prontamente, cioè entro pochi giorni dalla loro conclusione (per l'acquisto di azioni è stabilito un limite di tre giorni lavorativi).

Notevolmente più complesso e più rischioso è invece l'investimento operato per mezzo dei cosiddetti **contratti derivati**. I più diffusi in Italia sono i contratti a termine su indice di Borsa, in inglese chiamati *stock index futures* (o, più semplicemente, *future*), e i contratti di opzione.

I future

I *future* sono scommesse che hanno per oggetto l'andamento della quotazione di un titolo o l'andamento di un indice.
Si scommette sul rialzo o sul ribasso della quotazione che assumerà il titolo, la merce o l'indice, incassando o pagando giornalmente la differenza.

> **I contratti derivati** assumono questo nome perché il modo in cui dovranno essere adempiuti deriva (cioè dipende) dall'andamento di alcuni titoli su un mercato sottostante, che generalmente è il mercato a pronti.

Il contratto nasce con la funzione di assicurare gli operatori contro il rischio di perdite.
Per esempio, immaginiamo di possedere un rilevante pacchetto azionario e di temere che queste azioni possano scendere di valore. Per garantirci contro una tale eventualità scommettiamo sul loro ribasso. Se il ribasso dovesse realmente verificarsi potremo compensare la temuta perdita di valore con la vincita della scommessa.

Lo stesso ragionamento possiamo farlo a proposito delle valute. Se abbiamo venduto merce all'estero per un valore di un milione di dollari con pagamento a tre mesi e in questo arco di tempo il dollaro dovesse svalutarsi, verremmo pagati con moneta svalutata. Per coprirci da questo rischio scommettiamo sul ribasso del dollaro.

Con il tempo i future hanno attenuato la loro funzione di copertura del rischio per diventare solo scommesse speculative.

I contratti di opzione

I contratti di opzione (ricordiamo che optare significa "scegliere", "preferire") sono contratti a termine e possono assumere due diverse configurazioni: opzione call e opzione put.

Con il contratto di **opzione call** una parte, dietro pagamento di un premio, si riserva il diritto di comperare dall'altra determinati titoli a un prezzo prefissato e entro un determinato termine. Se in quell'arco di tempo il titolo sale di valore rispetto al prezzo prefissato, la parte che ha il diritto di opzione sceglierà di acquistarlo lucrando la differenza. Se, invece, il titolo scende di valore sceglierà di non acquistarlo limitando la perdita al premio pagato.

Con il contratto di **opzione put** una parte, dietro pagamento di un premio, si riserva il diritto di vendere all'altra determinati titoli a un prezzo prefissato e entro un determinato tempo.
Se in quell'arco di tempo il titolo aumenta di valore rispetto al prezzo prefissato, la parte che ha il diritto di opzione sceglierà di non venderlo.
Se invece il titolo perde valore, sceglierà di venderlo al maggior prezzo prefissato.

VII STEP
I reati societari

Chi investe sui mercati finanziari deve disporsi a accettare il rischio di perdite connesso all'andamento delle quotazioni dei titoli. Ciò che invece è difficile da accettare per chiunque è che l'andamento delle quotazioni venga alterato da comportamenti scorretti che la legge considera reati.

Costituiscono reato, e sono quindi penalmente sanzionati, quei comportamenti posti in essere soprattutto da amministratori, sindaci, direttori generali e liquidatori, che possono provocare danno alla società, ai singoli soci e ai creditori sociali. Ma soprattutto che possono far vacillare la fiducia degli investitori nel mercato dei titoli mobiliari e allontanare il risparmio dalle imprese. Vediamo alcuni dei più comuni reati.

L'insider trading

Insider trading è chiamata la speculazione operata da chi possiede informazioni privilegiate.
Si tratta di un reato piuttosto diffuso perché sembra che sia molto difficile resistere alla tentazione di una speculazione senza rischi favorita dal possesso di informazioni che altri non hanno.
I modi per operare l'insider trading sono molti e altamente sofisticati. A titolo puramente esemplificativo possiamo menzionare il caso dell'amministratore, del sindaco o del revisore contabile che, sapendo in anticipo che la società sta per concludere un ottimo affare, o che denuncerà un forte attivo, si affrettano a comperarne le azioni prima che aumentino di valore sul mercato.
Contro l'abuso di informazioni privilegiate l'art. 184 del Testo unico sull'intermediazione finanziaria dispone sanzioni pecuniarie e detentive.

Le false comunicazioni sociali

Questo tipo di reato consiste nell'esposizione, in bilanci, relazioni o in altre comunicazioni sociali previste dalla legge, di fatti materiali non rispondenti al vero e idonei a indurre in errore i soci e il pubblico sulla reale situazione economica, patrimoniale e finanziaria della società. Le ragioni che possono indurre a falsificare le comunicazioni sociali e in modo particolare il bilancio sono molte.
Si può cercare, per esempio, di rappresentare un attivo inferiore al reale al fine di ridurre l'imposizione fiscale e costituire, nel contempo, fondi neri da impiegare senza controllo.
Oppure, al contrario, si può cercare di sopravvalutare l'attivo e sottovalutare il passivo al fine di non rivelare agli azionisti, e soprattutto ai creditori, la situazione di precarietà in cui si trova al momento la società.

L'aggiotaggio

L'aggiotaggio consiste nella divulgazione di notizie false, esagerate o tendenziose, idonee a provocare una sensibile alterazione del prezzo dei titoli.
Per esempio, viene diffusa ad arte la voce di una prossima fusione della società con una più grande al fine di far salire il valore dei titoli e speculare sulla differenza.
Tale comportamento costituisce un reato che l'art. 2637 c.c. punisce con la pena della reclusione da uno a cinque anni.

Shutterstock, Chad McDermott

PERCORSO **F** — **L'IMPRENDITORE E L'IMPRESA**

COMPETENZE DI PERCORSO

COMPETENZE DI ASSE

- Riconoscere le caratteristiche del nostro sistema giuridico in ambito commerciale, allo scopo di assumere comportamenti corretti ed efficaci nei rapporti di natura economica
- Comprendere l'importanza di un sistema economico basato su regole quali strumenti per operare nei diversi contesti ambientali e produttivi

CONOSCENZE

- La figura dell'imprenditore e dell'attività d'impresa
- L'impresa commerciale, agricola, familiare
- L'azienda e i segni distintivi con cui essa opera sul mercato
- La sicurezza sul lavoro e il bilancio sociale e ambientale
- Il diritto d'autore e il diritto di brevetto
- La disciplina della concorrenza

ABILITÀ

- Saper riconoscere, in una situazione data, il tipo di attività imprenditoriale
- Individuare i caratteri della concorrenza in un determinato mercato
- Reperire le norme relative alla tutela di marchi, opere dell'ingegno e invenzioni industriali
- Descrivere il ruolo sociale dell'impresa e riconoscere il ruolo del bilancio sociale e ambientale quale strumento di informazione della comunità

UNITÀ **1**

L'imprenditore

1. Dal mercante all'imprenditore

Fino alla metà del Settecento il fattore propulsivo dell'economia era stato il commercio.

Erano stati i mercanti che, con la loro intraprendenza, avevano organizzato le fiere, stimolato la produzione e reso ricche le città. Non meraviglia, pertanto, che le norme che regolavano le attività di produzione e di scambio fossero indicate come *diritto mercantile* o *diritto commerciale*.

In quella fase storica era rimasto in ombra il momento della produzione che era affidato ai contadini e agli artigiani. Costoro non operavano direttamente sul mercato, ma lavoravano su commissione del mercante, il quale stabiliva che cosa produrre e quanto produrre.

A partire dalla seconda metà del Settecento la situazione cominciò a mutare. La *rivoluzione industriale* pose il momento della produzione al centro del processo economico e gran parte del capitalismo commerciale si trasformò in capitalismo industriale.

Nel linguaggio giuridico, tuttavia, anche coloro che si dedicavano alle nuove attività industriali seguitarono a essere qualificati come *commercianti*. Perché anche loro, si osservava, realizzano il profitto acquistando fattori produttivi e rivendendo i beni e i servizi prodotti.

270

Coerentemente il Codice di commercio del 1882 definiva *atti di commercio* anche la produzione industriale di beni e di servizi, le operazioni bancarie, quelle assicurative e l'attività di trasporto.

Tuttavia già allora cominciava ad apparire chiaro che il perno del processo economico non era più *comperare per rivendere*, ma *organizzare* materie prime, capitale e lavoro al fine di produrre beni e servizi.

Questo diverso modo di interpretare il processo produttivo venne ufficialmente recepito dal legislatore italiano nel 1942, in occasione dell'emanazione dell'attuale Codice civile.

La diversa interpretazione consentì anche di accantonare l'ingombrante figura del *commerciante*, vissuto nell'immaginario collettivo come lo speculatore professionale, e di sostituirla con la nuova figura dell'*imprenditore*, presentato come colui che crea ricchezza organizzando, a proprio rischio, i fattori della produzione.

2. Chi è imprenditore oggi

Ho attrezzato con alcune rampe da skateboard una vecchia pista da ballo dismessa. I ragazzi che vengono ad allenarsi pagano pochi euro l'ora e io guadagno giusto i soldi per mantenermi all'università. Ma qualcuno dice che sono diventato un imprenditore. È possibile? E in ogni caso: è importante sapere se lo sono diventato oppure no?

È molto importante perché la diversa qualificazione comporta un diverso tipo di obblighi. Come vedremo in seguito, l'imprenditore commerciale è obbligato a iscriversi nel registro delle imprese, è obbligato a tenere in ordine le scritture contabili e, in caso di insolvenza, può essere dichiarato fallito. In questo caso l'azienda e i suoi beni personali potranno essere venduti forzatamente per pagare i creditori.

Con tali premesse, crediamo sia fondamentale sapere con esattezza se l'attività che si sta esercitando è di tipo imprenditoriale oppure no.

La definizione di imprenditore, utile a chiarire il caso sopra prospettato, ci viene dall'**art. 2082 c.c.** che così dispone:

"È imprenditore chi esercita professionalmente un'attività economica organizzata al fine della produzione o dello scambio di beni o di servizi."

Elementi essenziali perché un'attività possa essere considerata impresa, si ricava dalla norma, sono la economicità, l'organizzazione, la professionalità e il fine dello scambio.

- **Il requisito della economicità** sussiste se l'attività svolta è obiettivamente idonea a coprire almeno i costi con i ricavi. Ciò comporta che non sono imprese, per esempio, gli enti di beneficenza o di assistenza che producono servizi ma coprono le spese non con i propri ricavi ma con donazioni o sussidi esterni.

271

Tra i fattori produttivi rientra anche la materia prima o l'energia che viene trasformata nel processo di lavorazione.

- **Il requisito della organizzazione** consiste nel coordinamento dei *fattori produttivi*. Fattori produttivi sono soprattutto il *lavoro* dei dipendenti e il **capitale**, intendendo per capitale i beni necessari alla produzione.
- **Il requisito della professionalità** è ritenuto presente se l'attività è svolta in modo abituale e non occasionale.
- **Il fine della produzione o dello scambio di beni e servizi** comporta che è imprenditore solo chi produce per il mercato e non per il solo autoconsumo.

Avendo ora chiarito a quali requisiti deve rispondere un'attività per essere qualificata imprenditoriale, possiamo dare una risposta ragionata alla questione che era stata prospettata all'inizio. L'attività dell'intraprendente studente, che ha trasformato una vecchia pista da ballo in una pista da skateboard, è un'attività imprenditoriale perché presenta i caratteri:

- della *economicità* (con i ricavi copre almeno i costi);
- della *professionalità* (l'attività non è di tipo occasionale);
- della *organizzazione* (organizza una struttura per produrre un servizio);
- dell'essere *diretta al mercato* (i clienti pagano per allenarsi ai salti).

Alla stessa conclusione saremmo giunti se egli avesse aperto un negozio, un pub, una discoteca, un'emittente televisiva o radiofonica, una fabbrica, e così via.

3. Quali tipi di imprese operano sul mercato

Nella definizione giuridica di imprenditore rientrano realtà molto variegate che vanno dalla grande impresa privata con migliaia di dipendenti fino al coltivatore diretto. È evidente che attività tanto diverse per oggetto e dimensione richiedano una disciplina in parte diversificata. Il Codice civile, in proposito, opera una distinzione tra:

- *impresa commerciale*;
- *impresa agricola*;
- *piccola impresa* (sia essa commerciale o agricola).

La differenza più rilevante, sul piano normativo, fra questi tipi di impresa può essere schematizzata nel modo seguente.

L'imprenditore commerciale (> par. 6):

- è obbligato a iscriversi nel registro delle imprese al fine di rendere noti ai terzi alcune fondamentali notizie relative alla sua attività;
- è obbligato a tenere le scritture contabili indicate dalla legge affinché, in caso di insolvenza, il giudice possa ricostruire i movimenti finanziari dell'impresa;
- è soggetto al fallimento e alle altre procedure concorsuali (> par. 9).

L'imprenditore agricolo e il piccolo imprenditore:

- non sono obbligati a tenere le scritture contabili, a eccezione di quelle richieste per i controlli fiscali;
- non sono soggetti al fallimento né alle altre procedure concorsuali.

QUESTIONI

È indispensabile che un'impresa crei profitti?

Ai fini giuridici non è necessario. È sufficiente che i ricavi siano, almeno tendenzialmente, idonei a perseguire il pareggio di bilancio (Cass. 2008, n. 16612). La ricerca del profitto (anzi del massimo profitto) è solo la motivazione che solitamente muove l'imprenditore privato.

Se gli affari andassero male verrebbe meno il requisito dell'economicità?

Il requisito dell'economicità sussiste se l'impresa è *oggettivamente* o *potenzialmente* capace di produrre ricavi sufficienti a rigenerare il ciclo produttivo. E tale idoneità non viene meno se, per il mutevole andamento degli affari, uno o più esercizi presentano un deficit di bilancio.

È imprenditore chi destina il profitto alla beneficenza?

Il fine spirituale o comunque altruistico dell'attività svolta non fa venire meno il carattere dell'imprenditorialità se la prestazione di beni o servizi è fornita in cambio di un prezzo adeguato (Cass. 2006, n. 20815). L'impiego che si intende fare degli utili conseguiti non è giuridicamente rilevante.

Chi non organizza tutti i fattori della produzione è imprenditore lo stesso?

Giuridicamente l'*organizzazione* è l'elemento meno determinante. Se lo fosse saremmo costretti a non considerare imprenditori coloro che organizzano notevoli capitali senza necessariamente avvalersi del lavoro altrui (pensiamo al gioielliere o al gestore di videogiochi) o coloro che, al contrario, si avvalgono del lavoro di molto personale ma utilizzano pochi e insignificanti beni (pensiamo alle imprese che provvedono all'espletamento di pratiche burocratiche).

Le attività stagionali possono essere definite "professionali"?

Anche l'attività *stagionale*, purché condotta con *abitualità*, deve considerarsi svolta *professionalmente*.
È imprenditore, pertanto, chi gestisce alberghi aperti al pubblico solo in estate o solo in inverno, chi fornisce servizi balneari, chi è specializzato nella raccolta stagionale della frutta e così via.

Qual è la differenza tra impresa, azienda e ditta?

L'**impresa**, come si ricava dall'art. 2082 c.c., è l'*attività* svolta dall'imprenditore.
L'**azienda**, di cui ci occuperemo più avanti, è il complesso dei beni organizzati dall'imprenditore per l'esercizio dell'impresa.
La **ditta**, invece, è il nome sotto cui agisce l'imprenditore. Sono ditte ricorrenti, per esempio, *Bar dello studente*, *Hotel Miramare* e simili.

Il requisito dell'organizzazione non postula necessariamente un complesso ordinato di mezzi e di persone, essendo sufficiente anche una rudimentale e limitata predisposizione di mezzi, soprattutto quando l'attività è incentrata su una sola persona (Cass. 2004, n. 15769).

Il requisito della professionalità non viene meno se l'imprenditore esercita anche una diversa attività. Nulla vieta, pertanto, che si possa svolgere un qualsiasi lavoro al mattino e un'attività imprenditoriale alla sera o viceversa.

Altre classificazioni

Titolari d'impresa possono inoltre essere singoli individui o società, soggetti privati o soggetti pubblici.

- **Imprese individuali** sono chiamate quelle esercitate da una singola persona fisica che assume su di sé i diritti e gli obblighi derivanti dall'attività imprenditoriale.
- **Imprese societarie** sono chiamate quelle esercitate da una società (vedremo poi nel Percorso H che cos'è una società e quanti diversi tipi di società si possono costituire).
- **Imprese private** sono quelle di cui è titolare un soggetto privato, sia esso una persona fisica o una società.
- **Imprese pubbliche** sono quelle di cui è titolare lo Stato o un altro ente pubblico.

4. Quando l'impresa è familiare

Nell'albergo dove solitamente trascorro le vacanze sento spesso il proprietario minacciare le figlie che lavorano con lui di vendere tutto, intascare il denaro e andarsene da solo in Sud America. Poiché è solo un vecchio brontolone nessuno lo prende sul serio, ma se decidesse veramente di piantare tutti in asso potrebbe farlo?

Le imprese a *gestione familiare* sono piuttosto frequenti nel nostro sistema economico, soprattutto nel settore dei servizi.
Fino al 1975 i familiari che collaboravano con il capo famiglia-imprenditore non avevano, generalmente, alcun riconoscimento giuridico. Ciò poteva essere ininfluente fin quando regnava l'armonia nella famiglia, ma se l'accordo cessava, il coniuge e i figli potevano scoprire il disagio di non avere acquisito alcun diritto.

Per porre fine a questa situazione di palese ingiustizia è stata introdotta nel nostro ordinamento dalla *Legge di riforma del diritto di famiglia* (legge n. 151 del 1975, art. 89) la cosiddetta "impresa familiare".

==**È impresa familiare** quella in cui collaborano in modo continuativo, con il titolare imprenditore, il coniuge, i parenti entro il terzo grado e gli affini (cioè i parenti del coniuge) entro il secondo grado.==

L'impresa familiare può assumere la dimensione sia della piccola che della grande impresa.

▶ **Tra i diritti riconosciuti** dall'**art. 230 *bis* del Codice civile** a ciascun familiare che presti la sua attività di lavoro nella famiglia o nell'impresa in modo continuativo e non saltuario segnaliamo:

- il diritto di partecipare alla divisione degli utili in proporzione alla quantità e qualità del lavoro prestato nell'impresa;

- il diritto di proprietà su una quota dei beni acquistati con gli utili reinvestiti e non distribuiti;
- il diritto di partecipare alle decisioni più importanti, come l'impiego degli utili o la cessazione dell'attività.

Al titolare dell'impresa è lasciata l'attività di direzione nella gestione ordinaria.

 E se l'impresa fallisse?

Nonostante la pluralità dei partecipanti, l'impresa familiare è considerata giuridicamente impresa individuale e non società. Quindi solo il titolare imprenditore risponderà illimitatamente nei confronti dei creditori e solo lui potrà essere dichiarato fallito.

> La Cassazione ha sentenziato che **l'art. 230 *bis* si applica anche alla famiglia di fatto** poiché questa costituisce una formazione sociale di rilevanza costituzionale (Cass. 2006, n. 5632).

QUESTIONI

La costituzione dell'impresa familiare

Come si costituisce un'impresa familiare? Può l'imprenditore rifiutarsi di costituirla? Quali poteri hanno il coniuge o i figli per forzare la sua volontà? Per evitare l'esplodere di conflitti mai auspicabili, la legge non prevede che la costituzione dell'impresa familiare abbia bisogno di un atto formale. Ogni attività imprenditoriale alla quale concorrono (purché in modo continuativo e non saltuario) i componenti della famiglia indicati dalla legge è, per ciò stesso, un'impresa familiare e a essa si applicano automaticamente le disposizioni contenute nell'art. 230 *bis* c.c.

5. Chi sono i liberi professionisti

==Sono liberi professionisti coloro che esercitano una professione intellettuale *senza vincoli di subordinazione*.==

Rientrano in questa ampia categoria il medico, l'avvocato, l'ingegnere, il commercialista, purché prestino la loro opera senza porsi alle dipendenze di altri.

 Ancora pochi esami e sarò laureato in architettura. Se un giorno avessi un grande studio con tanti collaboratori diventerei un imprenditore?

Il quesito è interessante perché, a ben guardare, l'architetto, il medico, l'ingegnere che si avvalgono di un grande studio e molti collaboratori esercitano professionalmente un'attività economica organizzata volta a produrre un servizio.
La risposta è ugualmente interessante perché da essa dipende la eventuale soggezione di tutte queste figure agli obblighi posti a carico dell'imprenditore.

> **Gli artisti** (pittori, scultori, compositori) sono equiparati ai liberi professionisti. Non sono pertanto considerati imprenditori anche se nei loro studi operano numerosi allievi e collaboratori. Diventano imprenditori solo se esercitano anche attività d'impresa, come il pittore che gestisca una galleria d'arte, l'attore che sia proprietario di un teatro e così via.

Ebbene, nel nostro ordinamento **i liberi professionisti non sono considerati imprenditori**, anche se nell'esercizio della loro professione si avvalgono di una rilevante organizzazione di persone e di mezzi.

La ragione di una tale esclusione trova fondamento soltanto nella sopravvivenza di un antico privilegio che solleva chi esercita libere professioni dagli obblighi posti dalla legge a carico degli imprenditori.

I liberi professionisti sono invece considerati imprenditori se, si desume dall'art. 2238 c.c., svolgono *anche* un'attività d'impresa.
È il caso, per esempio, del medico che sia *anche* titolare di una clinica, dell'ingegnere che sia *anche* titolare di una impresa edile e così via.
In questi casi essi sono soggetti alle norme che regolano l'attività imprenditoriale (non in quanto liberi professionisti, ma in quanto titolari di un'impresa commerciale).

Gli albi e gli ordini

Ci sono professioni intellettuali, tra le quali rientrano tutte quelle più tradizionali (medico, avvocato, ingegnere, architetto, commercialista, ecc.) che sono *protette*. Ciò significa che nessuno può esercitarle in concorrenza con chi già le esercita, se prima non ottiene l'iscrizione in appositi albi tenuti dagli *ordini professionali*.

Gli ordini sono associazioni alle quali l'**art. 2229 c.c.** assegna il compito di:

- accertare l'esistenza di una doverosa competenza in chi chiede di essere ammesso all'esercizio della professione;

- tenere gli albi professionali;

- esercitare il potere disciplinare sugli iscritti. Tale potere consente di comminare sanzioni che possono giungere, per i casi più gravi, alla sospensione o alla radiazione dall'albo con conseguente divieto di esercitare ancora la professione.

Non tutte le professioni, però, sono protette.
Ci sono attività, ugualmente definibili *intellettuali*, che non hanno ottenuto dalla legge l'istituzione di un proprio albo e, pertanto, possono essere liberamente esercitate.
Si tratta soprattutto delle nuove professioni collegate all'espansione del settore dei servizi ad alta specializzazione, il cosiddetto terziario avanzato. Vi rientra, per esempio, l'attività svolta dagli agenti di pubblicità, dagli esperti di ricerche di mercato, dagli esperti di organizzazione aziendale e così via.

La società tra professionisti

▶ **Si possono costituire società tra professionisti**, consente la legge n. 183/2011, ma solo per svolgere attività professionali regolamentate dagli **ordini**.

Chi esercita una delle professioni protette senza essere iscritto all'apposito albo commette il reato di **"esercizio abusivo della professione"** (art. 438 c.p.).
Per essere iscritti a un albo professionale è necessario superare un esame di Stato, perché così dispone l'art. 33 comma 5 della Costituzione.

L'imprenditore UNITÀ 1

Questo tipo di società non è soggetta al fallimento. I soci possono essere sia professionisti iscritti all'albo sia soci finanziatori. Ed è possibile anche costituire una società multidisciplinare per l'esercizio di diverse attività professionali. Le norme di attuazione sono poste dal d.m. n. 34/2013.

> **QUESTIONI**
>
> **Sono utili gli ordini professionali?**
> Su questo punto esiste una notevole disparità di vedute.
> **Secondo una visione tradizionale**, gli ordini sono organizzazioni che, con la loro vigilanza, garantiscono al cittadino competenza dei propri iscritti e serietà nella prestazione professionale.
> **Secondo una diversa interpretazione**, gli ordini sono solo istituzioni corporative che tendono a garantire privilegi agli iscritti limitando la concorrenza e rendendo difficile ai giovani l'ingresso nella professione.
> Stabilire quale delle due tesi sia più vicina al vero rientra nelle opinioni che ciascuno può fondatamente esprimere sulla base della propria esperienza.

6. Chi è l'imprenditore commerciale

Con un po' di risparmi e qualche debito sono riuscita a rilevare un chiosco in riva al mare dove regalo musica e, insieme al mio ragazzo, servo aperitivi creativi.
Questa mia attività si configura come un'impresa commerciale?

È imprenditore commerciale, secondo quanto dispone l'**art. 2195 c.c.**, chi esercita:

- **un'attività industriale** diretta alla produzione di beni o di servizi. Dobbiamo subito precisare che l'aggettivo *industriale* è stato qui impiegato dal legislatore in modo del tutto atecnico. Pertanto, debbono essere considerate imprese commerciali non solo le attività dirette alla produzione di beni, ma anche quelle dirette alla produzione *non industriale* di servizi, come i bar, le discoteche, i pub, le sale di videogiochi, i ristoranti, gli alberghi, gli impianti sciistici, le emittenti radiofoniche, le stazioni televisive e così via;

- **un'attività intermediaria** nella circolazione dei beni. Questa espressione si riferisce al commercio in senso stretto realizzato mediante la compravendita di beni mobili o immobili, all'ingrosso o al dettaglio, sia in ambito nazionale che internazionale;

- **un'attività di trasporto**, assicurativa e bancaria. Si tratta di una menzione palesemente superflua perché il trasporto e l'assicurazione rientrano già nella produzione di servizi e l'attività bancaria in quella di intermediazione alla circolazione di beni (nel caso specifico denaro e titoli);

- **altre attività ausiliarie** delle precedenti. In questa generica categoria rientrano tutte le attività di supporto alle imprese, come quelle svolte dalle agenzie di marketing, di viaggio, di spedizione, di cambio, di mediazione, di elaborazione dati, ecc.

> **Nell'intento di rimuovere le procedure burocratiche** che ostacolano il pieno sviluppo delle attività imprenditoriali, il d.l. n. 201 del 2011 dispone che la Pubblica amministrazione può sottoporre a preventiva autorizzazione l'esercizio di attività economiche solo se ciò è giustificato dalla tutela di un interesse generale, costituzionalmente rilevante e compatibile con l'ordinamento comunitario.

277

Tirando le somme e tornando al quesito iniziale, possiamo dire che la gestione di un chiosco-bar si configura sicuramente come un'*impresa commerciale* volta alla produzione di un servizio.

Ora resta da capire che cosa deve fare un imprenditore commerciale per essere in regola con la legge.

> **QUESTIONI**
>
> **Le incompatibilità all'esercizio dell'impresa commerciale**
>
> L'esercizio dell'attività imprenditoriale è ritenuto incompatibile con il mantenimento di incarichi pubblici e con l'esercizio di talune professioni. Per esempio, non potremmo svolgere attività imprenditoriale se già fossimo avvocati o notai, oppure pubblici impiegati, magistrati, ufficiali delle forze armate e così via.
> Perché?
> Perché l'ordinamento teme che possa verificarsi un *conflitto di interessi* e che, nello svolgimento delle funzioni pubbliche, il soggetto possa essere condizionato dalla propria posizione di imprenditore.

7. Chi deve iscriversi nel registro delle imprese

Il primo obbligo che deve assolvere qualsiasi imprenditore commerciale è iscriversi nel registro delle imprese.

La domanda di iscrizione deve essere inviata per via telematica e con l'obbligo della firma digitale all'*Ufficio del registro delle imprese* istituito presso la Camera di commercio della Provincia nella quale ha sede l'impresa, indicando anche il proprio indirizzo di "Posta elettronica certificata" (PEC). Il registro è pubblico e, per disposizione di legge, è stato totalmente informatizzato.

Debbono iscriversi, secondo quanto dispone l'art. 7 del regolamento di attuazione (d.p.r. n. 581 del 1995), gli imprenditori commerciali individuali, le società commerciali e le società cooperative, gli altri soggetti indicati dalla legge.

In apposite **sezioni speciali** debbono iscriversi gli imprenditori agricoli, i piccoli imprenditori, le società semplici.

A che cosa serve l'iscrizione nel registro delle imprese?

Serve a rendere note ai terzi, con i quali l'imprenditore viene in rapporto di affari, le informazioni prescritte dalla legge. Per questo si dice che l'iscrizione nel registro delle imprese ha valore di **pubblicità dichiarativa**: tutto ciò che è iscritto (pensiamo alla revoca di un mandato di rappresentanza) è **pubblicamente dichiarato** e si presume conosciuto da terzi. Al contrario, stabilisce l'**art. 2193 c.c.**, ciò che non è iscritto si presume ignorato, salvo che si possa dimostrare che i terzi ne erano comunque a conoscenza.

Il registro delle imprese, previsto dal Codice civile fin dal 1942, è stato istituito dalla legge n. 580 del 29 dicembre 1993, è stato poi regolato dal d.p.r. n. 581 del 7 dicembre 1995 ed è entrato in funzione nel febbraio 1996.
È consultabile da chiunque attraverso i terminali dell'Ufficio stesso, oppure attraverso i terminali degli utenti collegati al sistema informatico delle Camere di commercio.

Per esempio, immaginiamo che il rappresentante a cui abbiamo revocato il mandato di rappresentanza assuma obbligazioni a nostro nome, magari con intento truffaldino. Saremo tenuti a pagare per quelle obbligazioni oppure no?

Per quanto abbiamo detto e per quanto dispone l'art. 2193 c.c.:

- saremo costretti a pagare se dal registro delle imprese non risulta alcuna revoca;
- non saremo costretti a pagare se abbiamo dato *pubblicità* alla revoca mediante iscrizione nel registro delle imprese.

 E se a non iscriversi fosse un imprenditore agricolo o un piccolo imprenditore?

- **Per l'imprenditore agricolo** l'iscrizione nella sezione speciale ha effetto di **pubblicità dichiarativa** come per l'imprenditore commerciale. Quindi la mancata iscrizione produce i medesimi gravi effetti.
- **Per il piccolo imprenditore**, invece, l'iscrizione ha solo funzione di **certificazione anagrafica** e la mancata iscrizione non comporta le conseguenze previste dall'art. 2193 c.c.

8. Quale funzione assolvono le scritture contabili

Le scritture contabili sono un sistema coordinato di annotazioni dalla cui lettura è possibile determinare il reddito, il patrimonio e la situazione finanziaria dell'impresa.

 Qual è la loro funzione?

- **Sotto il profilo fiscale** servono soprattutto per verificare la posizione contributiva dell'imprenditore e a questo fine sono soggette alle ispezioni del personale dell'amministrazione finanziaria.
- **Sotto il profilo civile** servono soprattutto per determinare, in caso di fallimento dell'imprenditore, la consistenza dell'attivo e del passivo, e per accertare che non vi siano state irregolarità nella gestione dell'impresa.

Se il giudice rileva che nei tre anni precedenti la dichiarazione di fallimento le scritture non sono state tenute o sono state tenute irregolarmente o in maniera incompleta, imputerà l'imprenditore del reato di *bancarotta semplice*, punibile con la reclusione da sei mesi a due anni.

Se, invece, scopre che sono state distrutte o falsificate per realizzare un ingiusto profitto, lo imputerà del più grave reato di *bancarotta fraudolenta*, punibile con la reclusione da tre a dieci anni.

Nella richiesta di iscrizione l'imprenditore deve indicare (art. 2196 c.c.): nome, cittadinanza, oggetto dell'impresa, sede aziendale e la ditta, cioè il nome, anche di fantasia, sotto il quale l'attività viene esercitata. Deve inoltre indicare, qualora se ne avvalga, il nome del direttore generale (chiamato, dal Codice, institore) e i nomi dei procuratori.

D.lgs. 228/2001
Art. 2. Iscrizione al registro delle imprese

 1. L'iscrizione degli imprenditori agricoli [...] ha l'efficacia di cui all'articolo 2193 del Codice civile.

PERCORSO F

L'IMPRENDITORE E L'IMPRESA

 Quali scritture contabili è obbligatorio predisporre e come si debbono tenere?

> Le scritture contabili obbligatorie possono essere formate con **sistema digitale** purché siano rispettate le prescrizioni contenute nell'art. 2215 *bis* del Codice civile.

▶ **L'imprenditore** che eserciti un'attività commerciale, dispone l'**art. 2214 c.c.**, deve tenere:

- il *Libro giornale*, nel quale vanno annotate, giorno per giorno, le operazioni relative all'esercizio dell'impresa;
- il *Libro degli inventari*, sul quale, all'inizio dell'attività e successivamente ogni anno, va redatto un inventario nel quale sono annotate le attività e le passività relative all'impresa. L'inventario si chiude con il bilancio e con il conto dei profitti e delle perdite (2217 c.c.);
- altre scritture contabili che siano richieste dalla natura e dalle dimensioni dell'impresa.

Negli **artt. 2219-2220 c.c.** è stabilito che:

- le scritture contabili devono essere tenute *secondo le regole dell'ordinata contabilità*, senza spazi in bianco, senza interlinee e senza trasporti in margine. Non vi si possono fare abrasioni e, se è necessaria qualche cancellazione, questa deve eseguirsi in modo che le parole cancellate siano leggibili;
- le scritture devono essere conservate per dieci anni dalla data dell'ultima registrazione. Per lo stesso periodo devono conservarsi le fatture, le lettere e i telegrammi ricevuti o spediti.

9. Che cosa sono le procedure concorsuali

Poiché il guaio più grande che può capitare a un **imprenditore commerciale** è quello di essere sottoposto al fallimento o alle altre procedure concorsuali, sarà bene dare qualche sommaria informazione su questo tema.

La ragione delle procedure

Se un **imprenditore commerciale** (persona fisica o società) è fortemente indebitato, c'è da aspettarsi che i creditori si affrettino a sottoporre a esecuzione forzata i suoi beni per ricavare quanto più possibile dalla vendita. E in questa sorta di arrembaggio può accadere che chi arriva per ultimo non riesca a recuperare nulla.

L'ordinamento si preoccupa di questa eventualità perché generalmente i creditori dell'imprenditore sono imprenditori essi stessi (fornitori, spedizionieri, ecc.) e se non venissero pagati potrebbero trovarsi nella spiacevole condizione di non poter pagare a loro volta i propri creditori.

Per evitare squilibri che, nei casi più gravi, potrebbero anche creare danni all'assetto economico locale, l'ordinamento interviene con le cosiddette procedure concorsuali.

> **Non sono soggetti alle procedure concorsuali** i piccoli imprenditori e gli imprenditori agricoli.

Le procedure concorsuali sono speciali procedure che bloccano le azioni esecutive individuali già avviate e consentono a tutti i creditori di *concorrere*, in eguale proporzione, al recupero dei loro crediti.

Per esempio, se liquidando il patrimonio dell'imprenditore si potesse coprire soltanto il 50% del suo debito totale, ogni creditore avrebbe rimborsato il 50% del proprio credito.

Sono esclusi da questa parificazione solo coloro il cui credito è garantito da *pegno* o da *ipoteca* o da altre *cause di prelazione* riconosciute dalla legge (*prelazione* significa "preferenza"). Costoro hanno diritto di rivalersi per intero sui beni oggetto di pegno, di ipoteca e di prelazione.

Le procedure concorsuali più comuni sono il fallimento e il concordato preventivo.

10. La procedura fallimentare

Il fallimento è sicuramente la più grave tra queste procedure perché comporta l'eliminazione dell'impresa, la liquidazione di tutti i beni del debitore e la distribuzione del ricavato ai creditori.

- **A esso si ricorre** quando la prosecuzione dell'attività non servirebbe ad altro che ad aggravare il dissesto dell'impresa rendendo sempre più esiguo il patrimonio su cui i creditori potrebbero rivalersi.

La procedura può essere attivata su richiesta dei creditori o su iniziativa del giudice o dello stesso imprenditore.

 Perché l'imprenditore dovrebbe chiedere il proprio fallimento?

Perché se non lo chiede e con ciò aggrava il proprio dissesto, può anche essere imputato del reato di bancarotta (artt. 216 e 217 della Legge fallimentare).

Presupposto perché si apra la procedura fallimentare è che l'imprenditore si trovi in stato di *insolvenza*.

Insolvenza, si evince dall'art. 5 della Legge fallimentare, significa incapacità a far fronte ai debiti con mezzi *normali* di pagamento (come denaro, cambiali, assegni e simili). Si considerano non normali (e quindi rivelatori di insolvenza) i pagamenti eseguiti, per esempio, cedendo ai creditori alcuni beni aziendali, oppure le scorte di magazzino o ricorrendo ad altri espedienti che rivelino chiaramente il dissesto insanabile dell'impresa.

Il Tribunale fallimentare che accerti lo stato di insolvenza dell'imprenditore nominerà un *giudice delegato* (così chiamato perché delegato alla sorveglianza della procedura) e un *curatore* che concretamente *curerà* lo svolgimento della procedura fallimentare.

L'accertamento dello stato di insolvenza da parte del Tribunale è necessario per evitare che qualche creditore richieda il fallimento senza fondate ragioni

PERCORSO F

L'IMPRENDITORE E L'IMPRESA

o che lo richieda l'imprenditore stesso solo per togliersi di torno una volta per tutte i creditori.

Dalla emissione della sentenza il fallito perde la disponibilità dei suoi beni, che passano sotto l'amministrazione del curatore.

Questi, in accordo con il giudice delegato, provvederà a calcolare lo **stato passivo** dell'imprenditore (cioè l'ammontare dei suoi debiti). Quindi procederà alla liquidazione dell'**attivo**, cioè alla vendita dei suoi beni personali e di quelli aziendali, cercando, se è possibile, di alienare in blocco l'azienda per conservarne la funzionalità.

Con il ricavato verranno pagate le spese della procedura e il rimanente verrà impiegato per saldare prima i creditori assistiti da una *causa di prelazione* e poi i *chirografari* (> Percorso E, Unità 1).

L'imprenditore fallito, se è una persona fisica (non quindi una società) e se il suo comportamento è stato corretto durante la procedura, può ottenere, dal giudice, un provvedimento di **esdebitazione**. Per effetto di questo provvedimento egli, una volta chiuso il fallimento, non risponderà più per i debiti che non siano stati integralmente coperti dalla liquidazione dell'attivo, e potrà riprendere una vita normale senza più essere assediato dai creditori.

Non si procede al fallimento se l'ammontare dei debiti scaduti e non pagati è complessivamente inferiore a euro trentamila (somma rivalutabile ogni tre anni a cura del Ministero della Giustizia).

La differenza tra **insolvenza e inadempienza** può essere così sintetizzata:
- inadempiente è chi non paga i propri debiti;
- insolvente è chi, anche volendo, non ha più la possibilità di pagarli con mezzi normali.

I reati fallimentari

Accade, non di rado, che la crisi dell'impresa sia causata da eventi che sfuggono al controllo dell'imprenditore al quale, pertanto, non può essere imputata alcuna responsabilità per lo stato di insolvenza in cui è precipitato.

Ma può anche accadere che il curatore, nel ricostruire gli affari dell'impresa, scopra che il dissesto è stato provocato o aggravato dal comportamento colposo o doloso dell'imprenditore. In questo casi il comportamento dell'imprenditore fallito è penalmente sanzionabile e la stessa Legge fallimentare prevede alcune ipotesi di reato.

▶ **La bancarotta fraudolenta** è il più grave tra i reati fallimentari imputabile. Ricorre (art. 216 Legge fallimentare) quando l'imprenditore distrae, occulta o dissipa i suoi beni per sottrarli ai creditori. Oppure distrugge o falsifica le scritture contabili o favorisce alcuni creditori in danno di altri.

▶ **La bancarotta semplice** (art. 217 Legge fallimentare) è il reato commesso dall'imprenditore che abbia aggravato il proprio dissesto non chiedendo per tempo la dichiarazione di fallimento; che abbia fatto spese personali eccessive; che abbia omesso, nei 3 anni precedenti il fallimento, di compilare le scritture contabili obbligatorie o le abbia tenute in modo irregolare.

Entrambi i reati sono puniti con la reclusione e altre sanzioni accessorie.

11. Il concordato preventivo

Il concordato preventivo è una procedura con la quale l'imprenditore che si trova in *stato di crisi* tende a *prevenire* un possibile fallimento. Per **stato di crisi** deve intendersi una situazione di grave difficoltà dell'impresa che può diventare o essere già diventata insolvente.

L'imprenditore che si trovi in tale stato può presentare ai creditori (sotto il controllo del Tribunale) un piano idoneo a soddisfare in tutto o in parte i loro crediti. Costoro accetteranno se, fatti i debiti conti, riterranno di ricavare dal concordato più di quanto ricaverebbero da una vendita fallimentare.

Si tratta di una procedura che l'ordinamento vede con favore perché tende a soddisfare i creditori e contemporaneamente a salvare l'impresa che è pur sempre una struttura produttiva fonte di occupazione e di reddito.

12. Quali sono i rappresentanti dell'imprenditore commerciale

Se siamo titolari di una grande impresa commerciale avremo sicuramente alle nostre dipendenze un certo numero di lavoratori subordinati. Alcuni di questi, per esempio gli operai, svolgeranno un lavoro prevalentemente interno mentre altri avranno il compito di rappresentarci nei confronti di terzi e, a vari livelli, di concludere affari per nostro conto. Questi ultimi sono suddivisi dal Codice in tre categorie: *institori*, *procuratori* e *commessi*.

▶ **L'institore** è definito dall'**art. 2203 c.c.** come colui che è preposto dal titolare all'esercizio dell'impresa commerciale o di una sede secondaria o di un ramo particolare di essa.

Il termine institore proviene dal verbo latino *instare*, che significa "sovrastare". L'institore, infatti, comunemente indicato come *direttore generale*, sovrasta per autorità tutti gli altri dipendenti dell'imprenditore.

Egli, come stabilisce l'art. 2204 c.c., può *compiere tutti gli atti pertinenti all'esercizio dell'impresa* a cui è preposto: può disporre assunzioni, licenziamenti, promozioni, acquisti, vendite e così via.

Tuttavia, come precisa la norma, egli *non può alienare o ipotecare beni immobili* se a ciò non è stato espressamente autorizzato dall'imprenditore.

▶ **Procuratori** sono chiamati quei dirigenti (direttore di filiale, direttore dell'ufficio vendite, direttore di marketing) che hanno ugualmente il potere di compiere atti riguardanti l'esercizio dell'impresa, ma sono sottoposti al controllo di uno o più superiori gerarchici.

▶ **Il commesso** è un dipendente privo di funzioni direttive che, come si evince dall'**art. 2210 c.c.**, rappresenta l'imprenditore unicamente nello svolgimento delle specifiche mansioni che gli sono state affidate.

I poteri dell'institore e del procuratore, stabiliscono gli artt. 2206 e 2209 c.c., possono essere limitati o revocati dall'imprenditore, ma limiti o revoche non hanno effetto nei confronti dei terzi se non sono state iscritte nel registro delle imprese (salvo che si possa provare che il terzo ne era comunque a conoscenza).

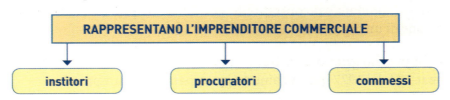

13. Come operano i consorzi tra imprenditori

 Ho comperato una fattoria sulle colline toscane dove allevo cavalli. Il lavoro mi piace, ma la limitata dimensione della mia impresa mi crea molte difficoltà. Pago troppo cari il foraggio, il servizio veterinario e il servizio di maniscalco. Inoltre è sempre più difficile far conoscere l'ottima qualità dei miei cavalli e promuoverne la vendita. Come potrei superare queste difficoltà?

Una soluzione potrebbe essere quella di costituire, con altri allevatori della zona, un consorzio, che si occupi di acquistare foraggio per tutti (spuntando prezzi migliori), di provvedere alle vendite, di tenere la contabilità, di gestire un sito internet, e così via.

Il consorzio, stabilisce l'art. 2602 c.c., è il *contratto* con il quale più imprenditori istituiscono un'*organizzazione* comune per la disciplina o per lo svolgimento di determinate fasi delle rispettive imprese.

Non è una società. Pertanto, ciascun imprenditore partecipante seguita a gestire la propria impresa in piena autonomia. Solo alcune fasi del processo produttivo vengono gestite in comune realizzando spesso notevoli economie.

In generale i consorzi possono svolgere:

- attività interna, coordinando i rapporti tra le imprese aderenti;
- attività esterna, entrando in rapporto con i terzi per concordare i prezzi di acquisto di beni o servizi, i prezzi di vendita, l'assunzione di appalti e così via.

Per costituire un consorzio può essere sufficiente un contratto redatto per atto pubblico purché contenga i dati (oggetto, durata, obblighi dei consorziati, organi consortili ecc.) indicati dall'art. 2603 c.c. Tuttavia se il consorzio riunisce molte imprese può essere utile costituirlo in forma di una società. Anche in questo caso, però, ogni impresa partecipante mantiene la propria autonomia gestionale tranne che per le attività affidate al consorzio.

Il contratto di *joint venture*

Può accadere, e frequentemente accade, che si debbano realizzare opere imponenti come linee ferroviarie, autostrade, aeroporti, dighe, che richiedono un notevole impiego di mezzi tecnici e finanziari. È allora possibile che più imprese si uniscano con un contratto di *joint venture* per partecipare alla gara d'appalto ed eseguire l'opera.

Il contratto di *joint venture* è finalizzato a costituire, tra le imprese aderenti, un legame temporaneo, limitato al solo compimento dell'opera. E ciò lo distingue nettamente dal contratto di consorzio che prevede, al contrario, la creazione di un'organizzazione stabile.

Sotto il profilo giuridico si tratta di un contratto associativo atipico che la legge n. 584 del 1977 indica come "raggruppamento di imprese".

14. Quando un imprenditore è definito "piccolo"

Come già sappiamo, il piccolo imprenditore non è soggetto alle procedure concorsuali e alla tenuta delle scritture contabili, a eccezione di quelle disposte a fini fiscali. Egli è soltanto obbligato a iscriversi in una sezione speciale del registro delle imprese.

Questo trattamento di favore trova la sua giustificazione nel limitato giro d'affari e nella contenuta esposizione debitoria che caratterizza la piccola impresa. Ma anche nella considerazione che dalla *vendita forzata* del patrimonio aziendale, nella maggior parte dei casi, non si ricaverebbe neppure quanto è necessario per compensare i costi della procedura fallimentare.

Quanto deve essere piccola l'impresa per essere considerata "piccola" dalla legge?

La risposta la troviamo in due diverse fonti, tra loro complementari: la Legge fallimentare e il Codice civile.

La Legge fallimentare, all'art. 1, ci dice che non sono soggetti a procedure concorsuali (e quindi sono da considerare **piccoli imprenditori**) coloro che dimostrano il possesso congiunto dei seguenti requisiti:

- nei tre esercizi antecedenti la data del fallimento hanno ottenuto un attivo patrimoniale non superiore a 300 mila euro l'anno e hanno ricavi lordi per un ammontare non superiore a 200 mila euro l'anno;
- presentano debiti, anche non scaduti, per un ammontare non superiore a 500 mila euro.

Il Codice civile (art. 2083 c.c.) ci dà una definizione di piccolo imprenditore che è ormai utile solo per decidere chi non è soggetto alla tenuta dei libri contabili.

Sono piccoli imprenditori, stabilisce in proposito l'art. 2083 c.c.:

- i coltivatori diretti del fondo,
- gli artigiani,
- i piccoli commercianti,
- e in generale tutti coloro che esercitano un'attività professionale organizzata prevalentemente con il lavoro proprio e dei propri familiari.

Il lavoro proprio e dei propri familiari deve essere prevalente, ritiene la giurisprudenza, rispetto al lavoro dei dipendenti e rispetto al capitale impiegato.

PERCORSO F · L'IMPRENDITORE E L'IMPRESA

La crisi da sovraindebitamento

Poniamoci una domanda: siamo proprio sicuri che non essere sottoposti al fallimento sia un vantaggio?

Abbiamo visto nel paragrafo 10 che l'imprenditore fallito, se è una persona fisica e se il suo comportamento è stato corretto durante la procedura, può ottenere, dal giudice, un provvedimento di **esdebitazione**. Per effetto di questo provvedimento egli, una volta chiuso il fallimento, non risponderà più per i debiti che non siano stati integralmente coperti dalla liquidazione dell'attivo.

Chi, invece, non è assoggettabile alla procedura concorsuale, fino a poco tempo fa rimaneva soggetto all'art. 2740 c.c. nel quale è disposto che il debitore risponda dei propri debiti con tutti i suoi beni presenti e *futuri*. Ciò comportava che per tutta la vita costui poteva essere inseguito dai creditori pronti a esercitare azioni esecutive su ogni bene di cui venisse in possesso.

Per rimuovere una tale disparità di trattamento è stata introdotta nell'ordinamento la procedura per la composizione della **crisi da sovraindebitamento**, contenuta nella legge n. 3/2012 (come modificata dal d.l. 179/2012, art. 18).

Tale procedura prevede che il debitore, con l'aiuto di *organismi di composizione della crisi* (art. 15) possa proporre ai creditori un accordo di riduzione o di ristrutturazione dei debiti (che non potrebbe comunque pagare integralmente).

Se all'accordo aderisce almeno il 60% dei creditori il giudice lo omologherà e l'accordo diverrà vincolante per tutti i creditori.

▶ **La riduzione dei debiti** viene in genere accettata dai creditori se valutano di ricavare, dall'offerta del debitore, più di quanto ricaverebbero dalla vendita forzata dei suoi beni.

▶ **La ristrutturazione dei debiti** può consistere in una dilazione dei pagamenti, nella trasformazione di un debito non garantito in un debito garantito da pegno o da ipoteca o in altre simili soluzioni.

▶ **Per sovraindebitamento**, si legge nell'art. 6, deve intendersi una situazione di perdurante squilibrio tra le obbligazioni assunte dal debitore e il suo patrimonio.

Possono accedere alla procedura:

- i piccoli imprenditori e gli imprenditori agricoli,
- i liberi professionisti,
- e persino i *consumatori*, intendendo, con questa espressione, qualsiasi persona i cui debiti non derivino da attività d'impresa o professione.

L'impresa artigiana può essere anche una società. La legge n. 443/1985 prevede espressamente la possibilità di costituire imprese artigiane in forma di società di persone (▶ Percorso G) a condizione che la maggioranza dei soci svolga in prevalenza lavoro personale anche manuale nel processo produttivo e che nell'impresa il lavoro abbia comunque prevalenza sul capitale.

Organismi per la composizione della crisi da sovraindebitamento possono essere costituiti:

- da enti pubblici;
- da organismi di conciliazione delle Camere di commercio;
- dagli ordini professionali di avvocati, commercialisti e notai.

L'imprenditore   UNITÀ 1

15. Chi è imprenditore agricolo

Capire se un'attività costituisce impresa agricola è di grande importanza perché, come abbiamo già anticipato, l'imprenditore agricolo non è soggetto alle procedure concorsuali né alla tenuta delle scritture contabili obbligatorie, salvo quelle previste per fini fiscali.
Egli è solo tenuto a iscriversi in una speciale sezione del registro delle imprese.

==È imprenditore agricolo==, si legge nel primo comma dell'**art. 2135 c.c.**, chi esercita una delle seguenti attività: coltivazione del fondo, selvicoltura, allevamento di animali, attività connesse.

> Per gli **imprenditori agricoli** (anche piccoli) e per le società semplici che esercitano attività agricola, il d.lgs. n. 228/2001 (art. 2) stabilisce che l'iscrizione nella speciale sezione del registro delle imprese ha effetti di pubblicità legale.

▶ **La coltivazione del fondo** è l'attività diretta a ottenere prodotti agricoli (grano, frutta, verdura, fiori) mediante lo sfruttamento del terreno o la cura degli alberi.

▶ **La selvicoltura** è l'attività diretta alla coltivazione della selva, cioè del bosco, al fine di produrre legname.

▶ **L'allevamento di animali** è l'attività diretta alla riproduzione e alla crescita di animali da carne, da latte, da lavoro, da lana, ecc.

▶ **Attività connesse**, precisa il terzo comma del medesimo articolo, sono quelle dirette alla manipolazione, conservazione, trasformazione e commercializzazione di prodotti ottenuti **prevalentemente** dalla coltivazione del fondo, del bosco o dall'allevamento di animali.

In pratica la norma riconosce come agricola per *connessione* l'attività di chi produce e vende formaggi, vini, conserve, marmellate, e altro, purché la materia prima adoperata provenga *prevalentemente* (e dunque non *esclusivamente* come era richiesto in passato) dalla stessa azienda.

 Ho visitato un'azienda zootecnica ultramoderna nella quale gli animali consumano l'intero ciclo vitale all'interno dello stabilimento. E ho visitato anche un'azienda agricola in cui si coltivano verdure in ambienti del tutto artificiali. Mi chiedo se queste imprese possono ancora essere definite "agricole".

287

PERCORSO F · L'IMPRENDITORE E L'IMPRESA

> **È imprenditore agricolo** (art. 2135 c.c.) anche chi professionalmente offre all'agricoltura servizi come la mietitura, la trebbiatura, la raccolta dei prodotti e così via.

Il secondo comma dell'art. 2135 c.c. (come modificato dal d.lgs. n. 228/2001) specifica che sono attività agricole tutte quelle che utilizzano o *possono utilizzare* il fondo, il bosco, le acque, ecc.

Avendo posto l'utilizzazione del fondo anche come *possibilità*, la norma ha svincolato la qualifica di imprenditore dal rapporto obbligatorio con la terra e l'ha praticamente estesa a chiunque si occupi di produzione vegetale o animale, sia in ambienti naturali che in ambienti artificiali o in strutture industriali come avviene, per esempio, per l'itticoltura o l'allevamento dei polli.

Chi è imprenditore agricolo professionale

L'art. 1 del d.lgs. 99/2004 (come modificato dal d.lgs. 101/2005) ha introdotto nel nostro ordinamento la figura dell'imprenditore agricolo professionale.

È imprenditore agricolo professionale (in sigla IAP) colui il quale, in possesso di conoscenze e competenze professionali, dedichi alle attività agricole di cui all'art. 2135 del Codice civile, direttamente o in qualità di socio di società, almeno il cinquanta per cento del proprio tempo di lavoro complessivo e che ricavi dalle attività medesime almeno il cinquanta per cento del proprio reddito globale da lavoro.

Questa figura è stata creata dal legislatore soprattutto allo scopo di valorizzare le professionalità nel settore agrario che si sta dimostrando capace di attrarre l'interesse dei giovani e di creare nuovi posti di lavoro.

QUESTIONI

L'agriturismo è attività connessa?

Anche l'agriturismo, se esercitato nei limiti posti dalla legge, è considerato attività connessa.

Sono agrituristiche, stabilisce la legge n. 730 del 1985, le attività di ricezione e di ospitalità esercitate dagli imprenditori agricoli attraverso l'utilizzazione della propria azienda in un rapporto di connessione e di complementarità rispetto alle attività di coltivazione del fondo, selvicoltura, allevamento del bestiame, che devono comunque rimanere principali. Rientrano fra tali attività anche:

– l'ospitalità offerta in spazi aperti destinati alla sosta dei campeggiatori;
– la somministrazione di pasti e bevande costituiti prevalentemente da prodotti propri. Vengono considerati di propria produzione le bevande e i cibi prodotti nell'azienda agricola.

Qual è la differenza tra imprenditore agricolo e coltivatore diretto?

Il coltivatore diretto è un piccolo imprenditore. Secondo la definizione che si ricava dall'art. 1647 c.c. è tale l'agricoltore che, con il lavoro prevalentemente proprio o di persone della propria famiglia, si occupa della coltivazione dei campi.

È considerato piccolo imprenditore anche se assume alcuni braccianti alle sue dipendenze.

L'imprenditore agricolo, al contrario, è tale anche se non lavora manualmente nell'azienda e se l'investimento in terreni, tecnologie e lavoro è molto rilevante.

Riguardando gli appunti

1. Chi è imprenditore?
- È imprenditore, stabilisce l'art. 2082 c.c., chi esercita professionalmente un'attività economica, organizzata al fine della produzione o dello scambio di beni o servizi.

2. Quali tipi di impresa sono previsti nel nostro ordinamento?
- Il Codice civile distingue tra imprenditore commerciale, piccolo imprenditore e imprenditore agricolo.
- Il piccolo imprenditore e l'imprenditore agricolo non sono obbligati a tenere le scritture contabili (salvo quelle richieste per i controlli fiscali) e non sono soggetti al fallimento e alle altre procedure concorsuali.

3. Che cos'è l'impresa familiare?
- È impresa familiare quella in cui collaborano, con il titolare imprenditore, il coniuge, i parenti entro il terzo grado e gli affini (cioè i parenti del coniuge) entro il secondo grado.

4. Chi sono i liberi professionisti?
- Sono liberi professionisti coloro che esercitano una professione intellettuale senza vincoli di subordinazione. Costoro non sono mai considerati imprenditori, salvo che non esercitino anche una ulteriore attività d'impresa.

5. A che cosa serve l'iscrizione nel registro delle imprese?
- Serve a rendere pubbliche alcune informazioni prescritte dalla legge.
- In apposite sezioni speciali debbono iscriversi gli imprenditori agricoli, i piccoli imprenditori e le società semplici.

6. Che cosa sono le procedure concorsuali?
- Le procedure concorsuali sono procedimenti giudiziari che consentono ai creditori di rivalersi in eguale proporzione sul patrimonio dell'imprenditore commerciale (non piccolo) che non sia in grado di far fronte ai propri debiti con mezzi normali ci pagamento.
- Tali procedure sono condotte dalla sezione fallimentare del Tribunale nella cui circoscrizione l'impresa si trova o ha la sede principale.

- Il *fallimento* è la più grave di queste procedure perché comporta l'eliminazione dell'impresa.
- Il *concordato preventivo* tende, invece, a soddisfare i creditori mantenendo contemporaneamente in vita l'impresa.

7. Che cos'è un consorzio?
- Il consorzio è un contratto con il quale più imprenditori istituiscono un'organizzazione comune per lo svolgimento di determinate fasi delle rispettive imprese.

8. Che cos'è una *joint venture*?
- Il contratto di *joint venture* è un contratto associativo atipico con cui più imprese si uniscono temporaneamente per partecipare alla realizzazione di opere di grande impegno finanziario.

9. Chi sono i piccoli imprenditori?
- Sono piccoli imprenditori, secondo l'art. 2083 c.c., i coltivatori diretti del fondo, gli artigiani, i piccoli commercianti e coloro che esercitano un'attività professionale organizzata prevalentemente con il lavoro proprio e dei componenti della famiglia.
- La legge fallimentare (art.1) fissa i parametri che definiscono il piccolo imprenditore ai fini della soggezione al fallimento e alle altre procedure concorsuali.

10. Come definisce il codice l'imprenditore agricolo?
- In base all'art. 2135 c.c. è imprenditore agricolo chi esercita un'attività diretta alla coltivazione del fondo, alla selvicoltura, all'allevamento di animali e attività connesse.
- Sono attività connesse quelle dirette alla manipolazione, conservazione, trasformazione, commercializzazione di prodotti ottenuti prevalentemente dalla coltivazione del fondo, del bosco o dall'allevamento di animali, nonché le attività dirette alla fornitura di beni o di servizi mediante l'utilizzazione prevalente di attrezzature dell'azienda agricola.

Verifica le tue conoscenze

Completamento

Completa lo schema utilizzando le seguenti parole: *autoconsumo*; *economicità*; *fattori produttivi*; *beni*; *organizzazione*; *occasionale*; *costi*; *professionalità*; *ricavi*; *produzione*; *servizi*.

Test a risposta multipla

Indica con una crocetta l'affermazione esatta.

1. **Sono chiamati liberi professionisti:**
   A. Coloro che professano liberamente le proprie idee
   B. Tutti coloro che esercitano un'attività intellettuale
   C. Coloro che esercitano una libera impresa
   D. Coloro che esercitano un'attività intellettuale senza vincoli di subordinazione

2. **Secondo la Cassazione può essere considerato componente dell'impresa familiare chi convive stabilmente con l'imprenditore?**
   A. No, mai
   B. Sì, sempre
   C. Sì, se effettivamente collabora nell'impresa
   D. No, se non c'è stata almeno una promessa di matrimonio

3. **L'impresa che esercita un'attività industriale per la produzione di beni e servizi è considerata dalla legge:**
   A. un'impresa industriale
   B. un'impresa commerciale
   C. un'impresa professionale
   D. un'impresa societaria

4. *Joint venture* **è un'espressione che indica:**
   A. un consorzio tra più imprese per ridurre i costi di produzione
   B. un contratto tra più imprese per la realizzazione in comune di un'opera
   C. un'intesa tra più imprese per ridurre gli effetti della concorrenza
   D. un'impresa avventurosa

5. **Il presupposto perché si apra la procedura fallimentare è:**
   A. l'insolvenza dell'imprenditore
   B. l'inadempienza dell'imprenditore
   C. l'esdebitazione dell'imprenditore
   D. l'eccessivo indebitamento dell'imprenditore

Ma davvero?

Il diritto si affaccia nei discorsi di ogni giorno. A volte, però, a sproposito. Leggi e rifletti.

I coniugi Campi hanno una bella impresa agricola in cui coltivano frutta, verdura e ortaggi. La signora Campi è amica di tua madre e ieri, chiacchierando, le ha raccontato di aver iniziato a produrre sughi e conserve con le verdure del fondo. Tua madre si è congratulata: «Che intraprendenza! Ora però la vostra impresa si trasformerà da agricola in commerciale!».

Tua madre sembra sicura di ciò che dice. Ma davvero... l'impresa dei signori Campi diventerà un'impresa commerciale?

L'IMPRENDITORE E L'IMPRESA

L'azienda, la sicurezza sul lavoro e il bilancio sociale

PERCORSO F
UNITÀ 2

1. Che cos'è l'azienda

Ho appeso, fuori del mio negozio, un cartello con scritto VENDESI IMPRESA COMMERCIALE. Un passante mi ha fatto osservare che non sto vendendo un'impresa, ma un'azienda. Che cosa vuol dire?

I termini *impresa* e *azienda* nel parlare corrente sono spesso utilizzati come sinonimi. Ma nel linguaggio giuridico essi assumono due significati ben distinti. L'impresa, come ormai ben sappiamo, è un'*attività*: più esattamente è l'attività economica organizzata e svolta professionalmente dall'imprenditore al fine di produrre beni o erogare servizi per il mercato.

==L'azienda, invece, chiarisce l'**art. 2555 c.c.**, è il complesso dei beni organizzati dall'imprenditore per l'esercizio dell'impresa.==

Nel caso sopra esposto, pertanto, il passante ha assolutamente ragione. Solo l'azienda, essendo un insieme di beni, può essere oggetto di diritti reali e come tale può essere venduta, donata, data in permuta, concessa in affitto o in usufrutto e può anche essere conferita in società (> Percorso G).

▶ **I beni che compongono l'azienda** possono essere:
- *materiali*, come gli edifici, i macchinari, le scorte di magazzino e in generale tutte le cose dotate di consistenza fisica che vengono organizzate dall'imprenditore;
- *immateriali*, come i diritti d'autore, i brevetti industriali e i segni distintivi (ditta, insegna, marchio).

Fanno parte dell'azienda anche quei beni di cui l'imprenditore non è proprietario, ma sui quali ha un diritto di godimento. Per esempio fa parte dell'azienda il locale adibito a magazzino per le scorte che l'imprenditore abbia assunto in locazione.

Le dimensioni dell'azienda dipendono dal tipo di impresa di cui costituisce lo strumento. L'azienda di cui si serve un imprenditore petrolchimico, per esempio, è costituita dai grandi impianti necessari alla trasformazione del greggio; l'azienda di cui si serve il negoziante è costituita dal negozio e da tutto ciò che vi è dentro, comprese le scorte di magazzino; l'azienda di cui si serve il venditore di palloncini (considerato dalla legge piccolo imprenditore) è costituita dai palloncini e dalla bombola di gas necessaria a gonfiarli.

Che cosa è l'avviamento

Nel mio quartiere sono in vendita due negozi di articoli sportivi. Uno è nuovo e grande ma è un po' nascosto. L'altro sta davanti all'ingresso della mia scuola ed è piccolo e bruttino, ma costa molto più del primo. Non ne capisco la ragione.

Probabilmente la differenza di prezzo è motivata da quella **qualità** dell'azienda chiamata **avviamento**.

L'avviamento è l'idoneità dell'azienda a produrre profitti.

Tale idoneità può dipendere da elementi oggettivi o soggettivi.

- **È elemento oggettivo**, per esempio, l'ubicazione di un negozio o di un bar davanti a una scuola, dove maggiori sono le possibilità di contatto con la clientela, oppure all'interno di una stazione ferroviaria o nel centro cittadino.

- **È elemento soggettivo** la particolare abilità dell'imprenditore. È evidente che questa abilità non è trasmissibile in caso di cessione. Tuttavia, per chi acquista l'azienda, è sempre molto importante poter contare su un'attività intorno alla quale ruotano già molti clienti affezionati.

Come si calcola il valore dell'avviamento?

Si calcola operando una capitalizzazione del profitto. Se l'impresa produce alti profitti, il valore dell'avviamento sarà elevato e nulla esclude che possa essere anche più elevato del valore complessivo dei beni aziendali. Se, invece, l'impresa produce bassi profitti, il valore dell'avviamento sarà proporzionalmente più basso.

2. Come si trasferisce l'azienda

Il contratto che trasferisce la proprietà o il godimento dell'azienda, stabilisce l'art. 2556 c.c., deve essere trascritto nel registro delle imprese al fine di rendere trasparente la titolarità dell'impresa.
Per essere trascritto il contratto deve essere stato redatto per atto pubblico o per scrittura privata autenticata.
Se l'azienda appartiene a una società il trasferimento può avvenire cedendo le quote o le azioni della società. Il procedimento è più rapido e meno oneroso sotto il profilo fiscale.

Sono proprietaria di un bar e ho concluso un contratto con un forno che mi rifornisce tutte le mattine di paste e cornetti. Ora questo forno è stato venduto a un'altra persona di cui non ho molta stima. Perciò vorrei recedere, ma mi è stato detto che non posso farlo e che sono vincolata al nuovo acquirente come lo ero al vecchio. È vero?

L'AVVIAMENTO PUÒ ESSERE
- oggettivo
- soggettivo

Con il **patto di famiglia**, concordato fra tutti i familiari a cui spetta per legge una quota di eredità, può essere stabilito chi, in caso di morte dell'imprenditore, subentrerà nella titolarità dell'impresa e con quali altri beni verranno compensati i familiari che ne rimangono esclusi (artt. 768 *bis*–768 *octies* c.c.).
Il patto può essere successivamente sciolto o modificato con l'accordo delle medesime persone che lo hanno stipulato.

In parte è vero e in parte no. **L'art. 2558 c.c.** dispone (se non è pattuito diversamente) che:

- **il nuovo proprietario subentra nei contratti** stipulati per l'esercizio dell'azienda dal vecchio proprietario senza bisogno che i terzi contraenti (per esempio clienti o fornitori) diano il loro assenso. Costoro rimangono legati ai contratti precedentemente stipulati;

- **i terzi contraenti possono recedere** entro tre mesi dalla notizia del trasferimento dell'azienda solo se esiste una *giusta causa*.

> **I contratti di carattere strettamente personale**, stabilisce l'art. 2558 c.c., non si trasferiscono automaticamente. Sono tali soprattutto i contratti stipulati con liberi professionisti (consulenti fiscali, avvocati) nei quali riveste un ruolo prevalente la fiducia nelle capacità del contraente.

Con questa limitazione il legislatore ha voluto soprattutto evitare che si verifichino recessi immotivati che possano compromettere la stabilità dell'impresa, oppure che si minaccino recessi per indurre il nuovo titolare dell'azienda ad accettare condizioni contrattuali per lui più gravose.

Si trasferiscono con l'azienda anche i contratti di lavoro subordinato?

L'art. 2112 c.c. nel primo comma ci risponde che:
"In caso di trasferimento d'azienda, il rapporto di lavoro continua con l'acquirente e il lavoratore conserva tutti i diritti che ne derivano."

In questo caso la conservazione del contratto di lavoro è disposta *a tutela del lavoratore*, il quale è libero di rimanere nell'azienda oppure di licenziarsi secondo le normali regole sul lavoro subordinato.

Dopo aver comperato un'azienda ho consultato i libri contabili e ho scoperto che il venditore ha lasciato molti debiti da pagare. Che devo fare? Dovrò pagarli io?

È quasi ovvio che un'azienda non si acquista senza avere *prima* controllato i libri contabili.
Gli **artt. 2559 e 2560 c.c.** dispongono infatti che l'acquirente subentra automaticamente nei crediti e nei debiti che aveva il *dante causa* se questi risultano dai libri contabili obbligatori.

Come sono regolati l'affitto e l'usufrutto dell'azienda

Le norme sul trasferimento dell'azienda fin qui esaminate si applicano, in linea generale, anche nel caso in cui questa venga ceduta solo in godimento mediante contratti di affitto o di usufrutto.

▶ **In questi casi (dispongono gli artt. 2561-2562 c.c.)** l'affittuario e l'usufruttuario:

- non devono modificare la destinazione economica dell'azienda;
- sono obbligati a conservare la medesima ditta;
- devono conservare l'efficienza degli impianti.

 Qual è la ragione di queste regole?

La ragione è nel fatto che l'affitto e l'usufrutto sono contratti a termine e quando l'azienda verrà riconsegnata al proprietario, questi avrà diritto di riavere lo stesso bene che ha ceduto in godimento.
Per esempio, se concedessimo in affitto una fiorente azienda agricola, l'affittuario non potrebbe trasformarla, senza il nostro consenso, in un deposito di laterizi o in una cava.

Come opera il divieto di concorrenza

 Ho acquistato un bel pub pagando una somma considerevole sia per l'avviamento oggettivo (perché il locale si trova in buona posizione) sia per l'avviamento soggettivo (poiché l'alienante era una persona simpatica e si era conquistato una notevole clientela che confidavo di conservare). Ma pochi mesi dopo costui ha aperto un altro pub nella stessa via riprendendosi tutti i suoi vecchi clienti. Che cosa posso fare?

Per prevenire simili scorretti comportamenti l'**art. 2557 c.c.** dispone:
"Chi aliena l'azienda deve astenersi, per il periodo di cinque anni dal trasferimento, dall'iniziare una nuova impresa che per l'oggetto, l'ubicazione o altre circostanze sia idonea a sviare la clientela dell'azienda ceduta."

L'acquirente può dunque pretendere, nei limiti indicati dalla legge, che l'alienante interrompa la sua nuova attività se questa è idonea a sottrargli parte dell'avviamento acquistato.
Il medesimo divieto è posto a carico di chi affitta o di chi cede in usufrutto la propria azienda (art. 2557, comma 4).

3. Quali sono i segni distintivi dell'azienda

Segni distintivi dell'azienda sono: la *ditta*, l'*insegna* e il *marchio*.
La loro funzione è consentire l'immediata identificazione dei prodotti dell'imprenditore o la rapida individuazione degli ambienti nei quali egli svolge la propria attività.
Tutti i segni distintivi sono considerati dalla legge **beni immateriali** e il loro valore economico è tanto più elevato quanto maggiore è la loro idoneità a convogliare la domanda verso i beni o i servizi da essi contraddistinti.

La ditta

Quando si inizia un'attività produttiva, una delle cose più simpatiche da fare è scegliere la *ditta*, cioè il nome con il quale si vuole essere identificati.

==La ditta== è il nome sotto il quale l'imprenditore esercita la propria impresa.

L'azienda, la sicurezza sul lavoro e il bilancio sociale   UNITÀ 2

Può essere formata in qualsiasi modo e può contenere una denominazione di fantasia o termini che indicano l'attività svolta. Tuttavia, al fine di evitare operazioni ingannevoli, l'art. 2563 c.c. dispone che nella ditta debba essere presente almeno il cognome o la sigla dell'imprenditore. Se l'imprenditore è una società, come vedremo meglio nel Percorso G, la ditta deve contenere la *ragione sociale* o la *denominazione sociale*.

 Ditta è un termine derivato dalla formula solitamente impiegata nelle lettere dei mercanti veneziani dopo il 1600: «la detta compagnia [...]»; oppure «la sopra detta casa commerciale [...]»; oppure «la casa commerciale detta [...]».

▶ **La ditta si dice**:
- *originaria* quando è utilizzata direttamente dall'imprenditore che l'ha creata;
- *derivata* quando chi la utilizza l'ha acquistata da altri insieme al resto dell'azienda.

 Chi acquista un'azienda può utilizzare la stessa ditta che usava il precedente titolare o deve modificarla per evidenziare che vi è stato un cambio nella titolarità?

Sarebbe corretto che la legge stabilisse le modalità per rendere noto ai consumatori il passaggio di titolarità dell'azienda perché nulla garantisce che dopo il trasferimento il prodotto mantenga le stesse caratteristiche.

La legge però tiene conto di questa esigenza in modo molto limitato e, a tutela del consumatore, l'art. 2565 c.c. dispone solo che:

- **la ditta** non può essere ceduta separatamente dal resto dell'azienda;
- **l'azienda**, invece, può essere ceduta anche senza la ditta.

Stabilisce infatti il secondo comma dell'art. 2565 c.c. che nel trasferimento dell'azienda per atto tra vivi **"la ditta non passa all'acquirente senza il consenso dell'alienante"**. Ciò vuol dire sostanzialmente che, se non è stato diversamente concordato, la ditta rimane al venditore, il quale potrà impiegarla per svolgere una diversa attività imprenditoriale.

 La Legge sull'assegno (regio decreto n. 1736 del 1933, art. 11) e l'art. 8 della Legge sulla cambiale (regio decreto n. 1669 del 1933) consentono all'imprenditore di utilizzare la ditta nella sottoscrizione dei titoli di credito. Occorre invece utilizzare il proprio nome e cognome nella sottoscrizione di atti pubblici.

QUESTIONI

L'uso della ditta altrui

Che cosa accade se un imprenditore poco onesto utilizza la stessa ditta di un concorrente di successo?

Quando la ditta è uguale o simile a quella usata da altro imprenditore e può creare confusione per l'oggetto dell'impresa e per il luogo in cui questa è esercitata, l'art. 2564 c.c. stabilisce che essa debba essere integrata o modificata con indicazioni idonee a differenziarla. In particolare, specifica il secondo comma, sarà obbligato a modificare la propria ditta chi l'ha iscritta nel registro delle imprese in data posteriore.

E se si verificasse un caso di omonimia?

Se, per esempio, ci chiamassimo Armani, Valentino, Missoni e così via, potremmo utilizzare il nostro nome come ditta per una sartoria? La risposta è negativa. La tutela dei terzi impone che, se l'omonimia è tale da creare confusione per l'oggetto o per il luogo in cui l'impresa è esercitata, chi registra la ditta per ultimo deve aggiungere al proprio nome elementi sufficienti a evitare ogni possibile errore.

L'insegna

Insegna viene dal latino *insignem*; letteralmente: "che si distingue nel segno".

L'insegna serve a individuare i locali nei quali l'impresa viene esercitata.

Essa assume particolare importanza per quelle imprese, come pub, bar, discoteche, negozi, laboratori artigiani i cui locali debbono essere facilmente individuabili.

Può essere:

- *denominativa*, cioè formata da un nome («Bar del tennis»);
- *figurativa*, cioè formata da un disegno (una tazza di caffè e una racchetta da tennis);
- *mista*, cioè formata da un nome e da un disegno («Bar del tennis» con a fianco una tazza di caffè e una racchetta).

4. Come è tutelato il marchio

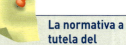

Marchio viene dal verbo francese *marchier* che significa "contrassegnare".

Il marchio è il segno che contraddistingue i prodotti o i servizi offerti dall'impresa.

Come precisa l'art. 7 del *Codice della proprietà industriale*, possono essere registrati come marchi tutti i segni suscettibili di essere rappresentati graficamente purché siano idonei a distinguere i prodotti o i servizi di un'impresa.

Per essere tutelato dalla legge il marchio deve essere:

- *lecito*, non deve cioè contenere elementi ingannevoli sulla natura o sulle qualità dei beni o dei servizi che contraddistingue, né deve essere contrario all'ordine pubblico o al buon costume;
- *nuovo*, cioè diverso da altri già in uso in modo da non creare confusione con questi;
- *originale*, cioè non generico come *acqua minerale* o *vino da tavola* ma dotato di un'efficace capacità di distinguersi.

La normativa a tutela del marchio è piuttosto complessa. Alle norme del Codice civile (artt. 2569-2574) si affiancano le disposizioni introdotte dal d.lgs. n. 30 del 2005 denominato *Codice della proprietà industriale*.

Chi aspira a una tutela internazionale del proprio marchio può iscriverlo presso l'Organizzazione mondiale della proprietà intellettuale di Ginevra (OMPI) oppure presso l'Ufficio comunitario dei marchi per una tutela nell'ambito dell'Unione europea.

La tutela offerta dalla legge è più o meno intensa a seconda che il marchio sia stato registrato oppure no.

- **Il marchio registrato** dà diritto al suo uso esclusivo su tutto il territorio nazionale. Se viene abusivamente adoperato da altri, il titolare può chiedere al giudice il ritiro dal commercio dei prodotti su cui è stato apposto e il risarcimento dei danni subiti. La registrazione va chiesta all'*Ufficio italiano brevetti e marchi*, dura dieci anni e può essere rinnovata.

- **Il marchio non registrato** gode di una minore tutela. Chiunque può registrarne uno identico e acquisire così il diritto di usarlo. Al primitivo titolare spetta solo il diritto di preuso. Tale diritto, secondo quanto stabilisce l'art. 2571 c.c., gli consente di seguitare a impiegare il proprio segno distintivo solo nei limiti in cui lo impiegava in precedenza.

L'azienda, la sicurezza sul lavoro e il bilancio sociale UNITÀ 2

 Ho scoperto che una famosa multinazionale produttrice di bibite non ha mai registrato il suo diffusissimo marchio. Se lo registrassi io, ne diventerei proprietario?

Nel caso in cui il marchio, anche non registrato, fosse diventato molto noto, nessun altro imprenditore potrebbe registrarlo perché mancherebbe, in questo caso, il requisito della *novità*.

La contraffazione del marchio

Non è infrequente (e l'esperienza quotidiana ce lo conferma) che siano offerti in vendita, soprattutto fuori degli appositi locali commerciali, beni con il marchio contraffatto. Poiché la lotta a questo tipo di illecito è molto difficile, se ne potrebbe erroneamente trarre la convinzione che si tratti di un illecito di poco conto. In realtà le sanzioni previste sono piuttosto gravi.

In particolare, dispone l'art. 474 del Codice penale:

- **chi pone in vendita** opere dell'ingegno o prodotti industriali con nomi, marchi o segni distintivi nazionali o esteri atti a indurre in inganno il compratore sull'origine, provenienza o qualità dell'opera o del prodotto, è punito con la reclusione fino a 2 anni e con la multa fino a 20 mila euro;

- **chi acquista** o accetta senza averne prima accertato la legittima provenienza cose che, per la loro qualità o per la condizione di chi le offre o per l'entità del prezzo, inducano a ritenere che siano state violate le norme in materia di origine, provenienza o proprietà intellettuale è punito con la sanzione pecuniaria fino a 10 mila euro.

 Il troppo successo può anche uccidere un marchio facendogli perdere la sua capacità distintiva. Ciò accade quando l'uso comune lo trasforma in denominazione generica del prodotto. Un tale processo di volgarizzazione è avvenuto, per esempio, per i marchi *cellophane*, *nylon*, *biro*, che in origine indicavano prodotti di specifiche imprese. Il marchio che per volgarizzazione abbia perso la propria capacità distintiva decade e al titolare non compete più alcuna protezione.

> ### QUESTIONI
>
> #### La contraffazione grossolana
> È punibile la contraffazione del marchio eseguita in modo così grossolano da non poter trarre in inganno alcun acquirente?
> **La contraffazione è sempre punibile.** Modificando il precedente orientamento, la Suprema corte si è pronunciata per la punibilità in ogni caso in quanto il divieto di contraffazione non è volto a tutelare il singolo acquirente più o meno accorto, ma il generale affidamento della collettività nei marchi o nei segni distintivi (Cass. 2004, n. 12926).
>
> #### Un marchio simile per prodotti diversi
> Si può utilizzare un marchio molto simile a uno già in uso se i prodotti da contraddistinguere sono di tutt'altro genere merceologico?
> **In linea generale** il titolare di un marchio ha il potere di vietare a terzi l'uso di un segno distintivo identico o simile al suo soltanto se viene utilizzato per contraddistinguere prodotti o servizi identici o affini.
> **Tuttavia**, i marchi celebri godono anche di una tutela ultramerceologica: di una tutela, cioè, che si estende a ogni tipo di prodotto. Per esempio, non potremmo utilizzare un famoso marchio di motociclette per contraddistinguere le biciclette che produciamo, perché ricaveremmo un ingiusto vantaggio dal richiamo che questo marchio opera sui consumatori.

 Marchio di fabbrica è chiamato quello apposto sul prodotto del fabbricante. **Marchio di commercio** è chiamato quello apposto dal commerciante. Quest'ultimo può affiancare il marchio di fabbrica ma non può sostituirsi a esso. Non è raro il ricorso a **marchi collettivi**, come "pura lana vergine" o "vero cuoio" utilizzato da più imprenditori riuniti.

PERCORSO F

L'IMPRENDITORE E L'IMPRESA

> **Tra i segni che possono essere registrati come marchi** rientrano le parole, compresi i nomi di persona, i disegni, le lettere, le cifre, i suoni, la forma del prodotto o della confezione, le combinazioni o le tonalità cromatiche.

5. Come si pone l'azienda nel contesto sociale e ambientale in cui opera

Le aziende, in funzione del tipo di impresa di cui sono strumento, si presentano con caratteri e soprattutto dimensioni assai diverse.

E se le piccole aziende di solito non creano problemi di compatibilità con l'ambiente in cui sono allocate e con il contesto sociale, la stessa cosa non si può dire per le grandi aziende.

Nel corso dell'Ottocento e fino alla prima metà del Novecento, le fabbriche (che della grande azienda costituiscono spesso la parte più visibile) sono sorte con poco criterio intorno alle grandi città, senza molto rispetto per l'ambiente, con poca cura per la salute dei cittadini e con scarsa considerazione per i rischi connessi all'attività di lavoro. L'obiettivo della massimizzazione della produzione, ritenuto necessario per la crescita economica del Paese, ha fatto scivolare in secondo piano ogni altra considerazione.

Ma a partire dalla seconda metà del Novecento è iniziata una lenta (in verità molto lenta) maturazione culturale e politica che ha indotto a guardare con maggiore attenzione agli aspetti negativi di un'attività produttiva svolta senza vincoli e senza controlli.

Il più recente segnale di questo mutamento è ravvisabile nella volontaria predisposizione e pubblicazione, da parte di un numero sempre crescente di imprese private e di enti pubblici, del cosiddetto *bilancio sociale e ambientale*, un documento che costituisce un importante momento di riflessione sul rapporto impresa-ambiente e società.

> **I suoni** possono essere registrati come marchio solo se, ha stabilito la Cassazione interpretando l'art. 7 del *Codice della proprietà industriale*, possano essere rappresentati graficamente. Ciò limita questo tipo di marchio ai soli suoni producibili con le sette note, escludendo rumori non rappresentabili sul pentagramma (Cass. 2006, n. 1061).

Il bilancio sociale e ambientale

Il bilancio sociale e ambientale espone il modo di operare dell'impresa, le sue finalità e le ragioni per le quali essa si propone come una risorsa per il contesto sociale in cui opera e non come una causa di danno ambientale o di sfruttamento del lavoro.

Come si predispone questo bilancio?

Uno schema codificato non esiste, così come non esiste ancora una normativa specifica in materia.

Tuttavia da alcuni anni stanno comparendo, nel panorama internazionale, studi e ricerche diretti a una omologazione del bilancio sociale e ambientale, necessaria per operare raffronti e comparazioni.

In linea generale possiamo dire che il documento, dove è già in uso, illustra le finalità dell'impresa, la sua organizzazione interna, i possibili indirizzi di sviluppo, le strategie in atto per migliorare la qualità del prodotto o

> **Il bilancio sociale** è anche chiamato:
> - *social audit*;
> - *social accounting*;
> - *social balance*.

del servizio, le prospettive per l'occupazione e infine i sistemi di sicurezza adottati.

 A chi è diretto questo documento?

È diretto agli *stakeholders*. Con questo termine si indicano tutti i soggetti che in qualche modo entrano in relazione con l'azienda e dei quali l'imprenditore non può disinteressarsi se non vuole rischiare una pericolosa forma di isolamento.

▶ **Rientrano nella categoria degli** *stakeholders* **soprattutto:**

- gli azionisti e le banche, la cui disponibilità a erogare finanziamenti dovrebbe essere accresciuta dall'essere l'azienda sanamente integrata nel tessuto sociale;
- i fornitori che, anch'essi in qualità di creditori (le forniture non si pagano mai alla consegna), hanno interesse a valutare il carattere, anche etico, dell'impresa con cui trattano;
- i residenti nelle aree limitrofe, che possono determinare un clima favorevole od ostile all'azienda;
- i clienti consumatori.

I clienti consumatori sono una categoria di *stakeholders* che sta assumendo un ruolo sempre più importante.

Accade infatti, in molti Paesi occidentali, che la gente, potendo scegliere tra un'infinità di beni e servizi, stia penalizzando quelli prodotti in aziende che, in nome del massimo profitto, assumono comportamenti irresponsabili sotto il profilo della tutela dell'ambiente, oppure comportamenti eticamente criticabili, come:

- lo sfruttamento del lavoro minorile,
- l'abuso nel ricorso al lavoro precario,
- le delocalizzazioni eseguite a fini puramente speculativi, e così via.

Il codice etico

Al bilancio sociale e ambientale si affianca spesso un altro documento, il cosiddetto *codice etico*.
Il codice etico è una carta nella quale sono precisati i doveri morali cui devono attenersi tutti i soggetti che operano nell'azienda o per conto dell'azienda (dirigenti, quadri, dipendenti) e le sanzioni interne previste per la violazione di tali doveri.
La vigilanza sul rispetto dei principi contenuti nel *codice* è affidata generalmente a un *comitato etico*.

In Italia il bilancio socio-ambientale è adottato in prevalenza da enti pubblici, associazioni, fondazioni e dai numerosi soggetti del no profit, cioè di quel settore produttivo che eroga servizi senza fini di lucro.

Il bilancio sociale e ambientale è frutto di una scelta volontaria e non ha nulla a che fare con il bilancio economico che è e deve essere obbligatoriamente redatto secondo i criteri imposti dalla legge.

La redazione dei codici etici ha una particolare diffusione negli USA, dove si calcola che l'85% delle grandi imprese abbia già adottato tale strumento.

> Di portata generale è l'**art. 32 Cost.** che così dispone: "La Repubblica tutela la salute come fondamentale diritto dell'individuo e interesse della collettività [...]".

6. Come è tutelato il lavoro in azienda

Tra gli obblighi del datore di lavoro vi è quello (importantissimo in ogni Paese civile) di garantire la salute e la sicurezza del lavoratore in azienda.

Nel nostro ordinamento le norme sulla sicurezza del lavoro sono essenzialmente contenute:

- nella Costituzione;
- nel Codice civile;
- nel *Testo unico della sicurezza sul lavoro.*

La sicurezza del lavoro nella Costituzione e nel Codice civile

▶ **Un primo considerevole pilastro**, in tema di normativa del lavoro, è posto dalla Costituzione repubblicana negli artt. 35 e 41, la cui lettura è chiarissima.

L'art. 35 Cost. dispone:
"La Repubblica tutela il lavoro in tutte le sue forme e applicazioni."

L'art. 41 Cost. aggiunge:
"L'iniziativa economica privata è libera [ma] non può svolgersi in contrasto con l'utilità sociale e in modo da recare danno alla sicurezza, alla libertà e alla dignità umana."

▶ **Un secondo pilastro** è posto dal Codice civile con gli artt. 2060 e 2087.

L'art. 2060 c.c. recita:
"Il lavoro è tutelato in tutte le sue forme organizzative ed esecutive, intellettuali, tecniche e manuali."

L'art. 2087 c.c. aggiunge:
"L'imprenditore è tenuto ad adottare nell'esercizio dell'impresa le misure che, secondo la particolarità del lavoro, l'esperienza, e la tecnica sono necessarie a tutelare l'integrità fisica e la personalità morale dei prestatori di lavoro."

Letta con attenzione, quest'ultima norma ci avverte che le misure che l'imprenditore deve adottare a tutela del lavoratore non possono essere generiche ma devono tenere conto:

- della particolarità del lavoro (e quindi dei pericoli connessi alla specifica attività alla quale il lavoratore è preposto);
- dell'esperienza del lavoratore (e quindi un apprendista o un neo assunto o uno straniero non pienamente in possesso della lingua italiana non potranno essere impiegati in attività la cui pericolosità richiede particolare attenzione, conoscenza ed esperienza);
- dello stato di avanzamento della tecnica, talché il datore non potrà affidarsi, per esempio, a sistemi di sicurezza vecchi o tecnologicamente superati.

L'azienda, la sicurezza sul lavoro e il bilancio sociale UNITÀ 2

> **QUESTIONI**
>
> **Il lavoro nelle norme dell'Unione europea**
>
> Nel 1961 la *Carta sociale europea* ha proclamato il diritto di tutti i lavoratori alla sicurezza e all'igiene del lavoro.
> Attualmente gli indirizzi dell'azione comunitaria in materia di tutela del lavoro trovano fondamento nel *Trattato sul funzionamento dell'Unione europea* che dedica il Titolo X della parte III alla *politica sociale*.
> Di particolare importanza sono gli artt. 151 e 153, soprattutto per quanto riguarda la promozione dell'occupazione, il miglioramento delle condizioni di vita e di lavoro, la parificazione del progresso, la protezione e il dialogo sociale e la lotta contro l'emarginazione sociale. In ogni caso di essi si consiglia la lettura integrale.

7. Il Testo unico della sicurezza sul lavoro

Alle norme costituzionali e del Codice civile, che abbiamo sopra considerato, si è andata aggiungendo, negli anni, una complessa legislazione che è poi stata riunita e sistematizzata nel decreto legislativo n. 81 del 2008, denominato **Testo unico della sicurezza sul lavoro**.

Le norme del Testo unico si applicano (art. 3):

- a tutti i settori di attività, sia privati sia pubblici;
- a tutte le tipologie di rischio;
- a tutti i lavoratori e lavoratrici, subordinati e autonomi, nonché ai soggetti a essi equiparati.

> **Il Testo unico** si apre con un titolo rubricato Principi comuni, al quale seguono altri titoli dedicati a situazioni lavorative particolari, come le costruzioni in quota, la movimentazione dei carichi, l'uso di agenti chimici, il lavoro ai videoterminali, e così via.

Poiché nel suo insieme la normativa è piuttosto ponderosa (306 articoli e 52 allegati) ci limiteremo, qui di seguito, a segnalare i passaggi fondamentali del *Titolo I* che contiene regole generali valide per tutti.

Misure generali di tutela

L'art. 15 del *Testo unico* elenca le *misure* che, in via generale, devono essere assunte a tutela della salute e della sicurezza dei dipendenti nei luoghi di lavoro.

Dal lungo elenco selezioniamo alcuni dei più significativi obblighi del datore.

Il datore di lavoro, secondo quanto dispone la norma in esame, **deve**:

- valutare tutti i rischi per la salute e la sicurezza in azienda;
- programmare misure di prevenzione;
- eliminare i rischi e, ove ciò non sia possibile, provvedere a ridurli al minimo in relazione alle conoscenze acquisite in base al progresso tecnico;
- sostituire ciò che è pericoloso con ciò che non lo è, o lo è di meno;
- limitare al minimo il numero dei lavoratori che sono, o che possono essere, esposti al rischio;

> **Sono equiparati ai lavoratori subordinati e autonomi**:
> - i soci lavoratori di cooperative o di altre società;
> - gli associati in partecipazione;
> - coloro che svolgono tirocini formativi e di orientamento;
> - gli studenti che partecipano a corsi di formazione professionali;
> - i volontari.

301

PERCORSO F — L'IMPRENDITORE E L'IMPRESA

In presenza di un contratto di somministrazione di lavoro tutti gli obblighi di prevenzione e protezione sono a carico dell'impresa utilizzatrice (▶ Percorso I, Unità 1).

Nei confronti dei lavoratori a progetto le disposizioni del Testo unico si applicano solo se la prestazione lavorativa si svolge nei luoghi di lavoro del committente.

Nel documento di valutazione dei rischi devono anche essere indicate le generalità:
- del responsabile del servizio di prevenzione e protezione;
- del rappresentante dei lavoratori per la sicurezza;
- del medico che ha partecipato alla valutazione del rischio.

- operare il controllo sanitario sui lavoratori;
- formare e informare i lavoratori;
- prevedere le misure di emergenza da attuare in caso di primo soccorso, di lotta antincendio, di evacuazione dei lavoratori e di pericolo grave e immediato;
- effettuare la regolare manutenzione di ambienti, attrezzature e impianti.

QUESTIONI

Il datore di lavoro e l'imprenditore

Imprenditore, come ben sappiamo, è il titolare dell'impresa e sotto questo profilo egli è sicuramente un datore di lavoro.
Ma datore è anche il professionista che si avvale di collaboratori che operano sotto la sua direzione o l'ente culturale che dispone di personale addetto a determinati servizi e così via.
Datore di lavoro è un'espressione generica che comprende chiunque si avvalga di lavoratori subordinati.

8. Il documento di valutazione dei rischi

Abbiamo accennato al fatto che gran parte della normativa sulla sicurezza nel lavoro è orientata verso la **prevenzione**.
In quest'ottica si inquadra l'obbligo, imposto al datore di lavoro, di compilare un *documento di valutazione dei rischi*.

▶ **Il documento di valutazione dei rischi**, come si desume dall'art. 28 del Testo unico, deve contenere, essenzialmente:

- una relazione sulla valutazione di tutti i rischi per la sicurezza e per la salute durante l'attività lavorativa e in tale relazione devono essere specificati i criteri adottati per la valutazione stessa;
- l'indicazione delle misure di prevenzione e di protezione attuate e dei dispositivi di protezione individuali adottati;
- il programma delle misure ritenute opportune per garantire il miglioramento nel tempo dei livelli di sicurezza;
- l'individuazione delle mansioni che eventualmente espongono i lavoratori a rischi particolari che richiedono una riconosciuta capacità professionale, specifica esperienza, adeguata formazione e addestramento.

La predisposizione di questo documento è di grande importanza perché obbliga il datore di lavoro a considerare analiticamente, sotto il profilo della sicurezza, l'attività che si svolge in azienda, a individuare gli elementi di criticità e a esporre per iscritto le iniziative assunte o da assumere.

▶ **La forma** è libera. Si richiede solo che il documento sia semplice, comprensibile e soprattutto che rechi una data certa.

9. Chi sono i soggetti responsabili

Responsabile della salute psicofisica dei dipendenti è sempre il datore di lavoro. Nelle imprese individuali questi è facilmente identificabile, mentre lo è meno in realtà più complesse. Per esempio, chi è il datore di lavoro quando l'attività è gestita da un ente pubblico o da una società per azioni con migliaia di soci?
Ci aiutano, in questi casi, le disposizioni del Testo unico.

▶ **È datore di lavoro**, si desume dall'art. 2:

- il soggetto titolare del rapporto di lavoro con il dipendente,
- oppure il soggetto che ha la responsabilità dell'organizzazione dell'impresa o dell'unità produttiva in quanto esercita di fatto poteri decisionali e di spesa.

I dirigenti intermedi (art. 18 del Testo unico) rispondono solo limitatamente alle attribuzioni e alle competenze a essi attribuite.

Per dirigente deve intendersi (art. 2 del Testo unico) la persona che, in ragione delle competenze professionali e di poteri gerarchici e funzionali adeguati alla natura dell'incarico conferitogli, attua le direttive del datore di lavoro organizzando l'attività lavorativa e vigilando su di essa.

Il compito del datore di lavoro non è limitato all'adozione di misure di sicurezza. Egli deve anche controllare che tali misure vengano in concreto osservate (Cass. pen. n. 13251 del 2005).

 Nell'azienda presso cui presto la mia opera ci sono sofisticati sistemi di sicurezza, ma molti colleghi non li utilizzano, ritenendoli inutili. Se accadesse loro qualcosa, chi ne sarebbe responsabile?

Responsabile è ancora il datore di lavoro. Tra i suoi obblighi, infatti, c'è anche quello di controllare che i dipendenti osservino le misure di sicurezza e di protezione predisposte. Secondo una consolidata giurisprudenza i lavoratori devono essere protetti anche dalla loro stessa imperizia, negligenza e imprudenza.

QUESTIONI

Che cos'è lo stress da lavoro correlato?
Tra i rischi che il datore deve prevedere nel documento di valutazione ci sono anche quelli derivanti da stress del dipendente.
Lo stress, in questi casi, viene definito come una condizione che può essere accompagnata da disturbi o disfunzioni di natura fisica, psicologica o sociale conseguente al fatto che il dipendente non si sente in grado di corrispondere alle richieste o alle aspettative riposte in lui.

Che cosa è il servizio di prevenzione e protezione?
Nelle aziende di maggiori dimensioni è previsto che il datore sia supportato, nella vigilanza, nella prevenzione e nella protezione, da un complesso di persone da esso designate e di mezzi da esso predisposti, che nel suo insieme prende il nome di Servizio di prevenzione e protezione dai rischi (in sigla SPP). Secondo la legge la predisposizione di questo servizio non esonera in alcun modo il datore dalle proprie responsabilità.

Riguardando gli appunti

UNITÀ 2

1. Che cos'è l'azienda?
- Secondo la definizione dell'art. 2555 c.c., è il complesso dei beni organizzati dall'imprenditore per l'esercizio dell'impresa.

2. L'azienda può essere alienata, data in affitto o in usufrutto?
- L'imprenditore può alienare l'azienda o darla in affitto o usufrutto. Il contratto deve essere trascritto nel registro delle imprese.

3. Che cos'è l'avviamento?
- L'avviamento è l'acquisita idoneità dell'azienda a produrre profitti. Tale idoneità può dipendere da elementi oggettivi (per esempio, l'ubicazione) o soggettivi (la particolare abilità dell'imprenditore).

4. Che effetti produce la cessione dell'azienda sui contratti in corso?
- Stabilisce l'art. 2558 c.c. che, se non è pattuito diversamente, l'acquirente subentra nei contratti stipulati per l'esercizio dell'azienda che non abbiano carattere personale. Il terzo contraente può tuttavia recedere dal contratto entro tre mesi dalla notizia del trasferimento dell'azienda se sussiste una giusta causa.
- L'acquirente dell'azienda subentra nei crediti dal momento in cui il trasferimento viene iscritto nel registro delle imprese e subentra nei debiti che risultino dai libri contabili.
- Anche i rapporti di lavoro subordinato continuano con l'acquirente e il lavoratore conserva tutti i diritti che ne derivano.

5. Come opera il divieto di concorrenza?
- Chi aliena l'azienda deve astenersi, per un periodo di cinque anni, dall'iniziare una nuova impresa che per l'oggetto, l'ubicazione o altre circostanze sia idonea a sviare la clientela dell'azienda ceduta.

6. Che cos'è la ditta?
- La ditta è il nome sotto il quale l'imprenditore esercita la propria impresa.
- La ditta non può essere ceduta separatamente dall'azienda, mentre l'azienda può essere ceduta anche senza la ditta.

- Se la ditta è uguale o simile a quella usata da un altro imprenditore e vi è il rischio di confusione, occorre integrarla o modificarla.

7. Che cos'è l'insegna?
- L'insegna serve a individuare i locali nei quali l'impresa viene esercitata.

8. Che cos'è il marchio?
- Il marchio è il segno che contraddistingue il prodotto o il servizio offerto dall'imprenditore. Il marchio registrato dà diritto al suo uso esclusivo.
- Il marchio deve essere lecito, nuovo, originale.
- La contraffazione del marchio è un reato, e il codice penale prevede che siano sanzionati sia il venditore che l'acquirente di merce contraffatta.

9. Che cos'è il bilancio sociale e ambientale?
- Il bilancio sociale e ambientale espone il modo di operare dell'impresa, le sue finalità e le ragioni per le quali essa si propone come una risorsa per il contesto sociale in cui opera.

10. Che cos'è il codice etico?
- Il codice etico è una carta nella quale sono precisati i doveri morali cui devono attenersi tutti i soggetti che operano nell'azienda o per conto dell'azienda.

11. Da quali norme è tutelata la sicurezza sul lavoro?
- Le norme sulla sicurezza sono essenzialmente contenute nella Costituzione (artt. 35 e 41), nel Codice civile (artt. 2060 e 2087) e nel Testo unico della sicurezza sul lavoro.

12. Che cos'è il documento di valutazione dei rischi?
- È un documento che deve contenere, tra l'altro, una relazione sulla valutazione di tutti i rischi per la sicurezza e per la salute durante l'attività lavorativa, l'indicazione delle misure di prevenzione e di protezione attuale e dei dispositivi di protezione individuali adottati.

Verifica le tue conoscenze

UNITÀ 2

Completamento

Completa lo schema utilizzando le seguenti parole: *beni*; *materiali*; *immateriali*; *segni distintivi*; *ditta*; *insegna*; *marchio*; *imprenditore*.

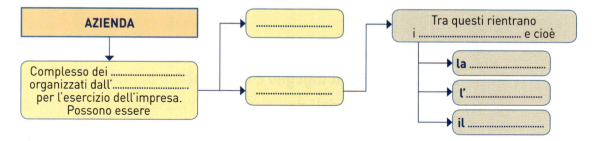

Test a risposta multipla

Indica con una crocetta l'affermazione esatta.

1. In caso di cessione dell'azienda, se non è diversamente concordato, i contratti stipulati dall'imprenditore cedente:
   A. proseguono con il cessionario salvo quelli aventi carattere strettamente personale
   B. si estinguono, tranne quelli che hanno carattere strettamente personale
   C. si rinnovano
   D. si modificano

2. Quale segno distintivo serve a identificare i locali dell'azienda?
   A. il marchio
   B. l'insegna
   C. il brevetto
   D. la ditta

3. La ditta:
   A. non può essere ceduta separatamente dal resto dell'azienda
   B. può essere ceduta anche separatamente l'azienda
   C. può essere ceduta solo se rientra nell'avviamento
   D. può essere ceduta solo a un imprenditore che esercita nello stesso ambito

4. L'imprenditore che prende un'azienda in usufrutto:
   A. può modificare la destinazione economica dell'azienda e rinnovare la ditta
   B. può modificare la ditta ma non la destinazione economica
   C. non può modificare la destinazione economica né la ditta e deve conservare l'efficienza degli impianti
   D. può sospendere l'attività se lo ritiene opportuno

5. Chi è responsabile della salute psicofisica dei lavoratori?
   A. l'ispettorato del lavoro
   B. il Servizio di prevenzione e protezione dai rischi
   C. i sindacati
   D. il datore di lavoro

Ma davvero?

Il diritto si affaccia nei discorsi di ogni giorno. A volte, però, a sproposito. Leggi e rifletti.

Ti trovi sull'autobus per andare a scuola. Due passeggeri accanto a te parlano fra loro. «Ho saputo che l'azienda per cui lavori sta per essere trasferita a un altro imprenditore», dice uno. «Già», risponde l'altro con aria preoccupata, «ed è un bel problema! Quando il trasferimento al nuovo imprenditore sarà completato, il mio rapporto di lavoro si estinguerà!»

Il passeggero del bus sembra sicuro di ciò che dice. Ma davvero... ha motivo di temere per il suo posto di lavoro?

305

UNITÀ F3 — L'IMPRENDITORE E L'IMPRESA

I diritti sulle opere dell'ingegno

1. Le opere dell'ingegno e le invenzioni industriali

Tra i beni immateriali che compongono l'azienda possono esservi anche:

- **opere d'ingegno**, cioè opere letterarie, artistiche o scientifiche, che danno luogo al diritto d'autore;
- **invenzioni industriali**, cioè creazioni suscettibili di immediata applicazione nel campo produttivo, che danno luogo al diritto d'inventore.

Sia il diritto d'autore che il diritto di inventore accordano al titolare la facoltà di sfruttare, personalmente e in modo esclusivo, la propria opera, oppure di cedere ad altri tale facoltà.

Questi diritti, poiché attribuiscono al titolare poteri molto ampi, sono spesso accostati alla proprietà e si parla, a questo proposito, di *proprietà immateriale*. Tuttavia, mentre la proprietà è un diritto imprescrittibile, le creazioni dell'ingegno, come vedremo meglio più avanti, hanno una tutela limitata nel tempo.

2. Come è tutelato il diritto d'autore

Sono un giovane cantautore e con altri ragazzi della band abbiamo completato, dopo due anni di lavoro, il nostro primo album. Ora vorremmo portarlo a qualche editore ma prima vorremmo capire come è tutelata dalla legge la nostra creazione.

> **Il diritto d'autore** è disciplinato in parte dal Codice civile e in parte maggiore dalla legge n. 633 del 1941 (*Legge sul diritto d'autore*), il cui testo è stato aggiornato dalla l. 208/2015 e dal d.lgs. n. 8/2016.

Sono oggetto di diritto d'autore, stabilisce l'**art. 2575 c.c.**, tutte le opere dell'ingegno di carattere creativo che appartengano alle scienze, alla letteratura, alla musica, alle arti figurative, all'architettura, al teatro e alla cinematografia.

Sono inoltre protetti come le opere letterarie i programmi per elaboratore e le banche dati che, per la scelta o la disposizione del materiale, costituiscano una creazione intellettuale dell'autore.

Il diritto d'autore si acquista, secondo quanto dispone l'**art. 2576 c.c.**, per il solo fatto di aver creato l'opera, senza che occorra chiedere alcun brevetto o registrazione.

Esso si compone di due parti:

- il *diritto morale*, cioè il diritto di essere riconosciuto autore dell'opera (che è imprescrittibile, irrinunciabile e inalienabile);
- il *diritto patrimoniale*, cioè il diritto allo sfruttamento economico dell'opera.

Quest'ultimo diritto dura per tutta la vita dell'autore e ancora 70 anni dopo la sua morte ed è alienabile. Generalmente viene ceduto a un imprenditore per mezzo di un contratto di edizione, di rappresentazione o di esecuzione.

QUESTIONI

Diritto d'autore e pay TV

Sappiamo tutti che per vedere in TV un programma trasmesso non in chiaro si deve pagare una certa somma che corrisponde a una porzione del compenso economico spettante a chi ha realizzato il programma.
Viola il diritto d'autore, pertanto, chi accede al programma utilizzando in modo illegale i necessari apparati di decodificazione.
Dispone a questo proposito l'art. 171 *octies* della *Legge sul diritto d'autore* che, se il fatto non costituisce più grave reato, è punito con la reclusione da sei mesi a tre anni e con una multa da 2.582 a 25.822 euro chiunque con fine fraudolento produce, pone in vendita, importa, promuove, installa, modifica, utilizza per uso pubblico e privato apparati atti alla decodificazione di trasmissioni audiovisive ad accesso condizionato effettuate via etere, via satellite o via cavo, in forma sia analogica sia digitale.

Diritto d'autore in internet

Anche scaricare da internet filmati o brani musicali senza l'apposita autorizzazione costituisce una violazione del diritto d'autore.
Chiunque detiene a fini di lucro, pone in commercio, vende, noleggia, cede a qualsiasi titolo duplicazioni o riproduzioni abusive di opere musicali o cinematografiche è punito con la reclusione da sei mesi a tre anni (art. 171 *ter*).
Per chi invece acquista, noleggia o comunque utilizza tali prodotti è prevista soltanto una sanzione pecuniaria e la confisca dei prodotti stessi (art. 174 *ter*).

La questione delle fotocopie

La riproduzione di opere d'ingegno mediante fotocopia, xerocopia o sistema analogo è consentita:
– solo nei limiti del 15% di ciascun volume o fascicolo;
– solo per uso personale.
I responsabili dei punti o centri di riproduzione devono corrispondere alla Siae (Società italiana degli autori ed editori) un compenso commisurato al numero delle pagine riprodotte.
Possono essere riprodotte per intero solo le opere rare e ormai fuori catalogo editoriale.
La violazione delle disposizioni sopra riportate comporta la sospensione dell'attività di fotocopia, xerocopia o analogo sistema di riproduzione da sei mesi a un anno nonché l'applicazione di una sanzione amministrativa pecuniaria.

3. Come è tutelato il diritto di inventore

L'ho provato! Funziona! Ho realizzato una speciale custodia impermeabile per smartphone che consente di ascoltare la musica nuotando in mare o in piscina. Vorrei sapere come sono tutelate dalla legge le invenzioni come questa.

La disciplina delle invenzioni industriali è contenuta nel *Codice della proprietà industriale* (d.lgs. n. 30 del 2005) e in parte nel Codice civile (artt. 2584-2594). Diversamente dal diritto d'autore, che sorge per il solo fatto di aver realizzato un'opera originale, il diritto d'inventore sorge solo dopo che l'invenzione è stata *brevettata*.

Se più persone hanno lavorato separatamente alla medesima invenzione, acquista il diritto di inventore quella che per prima avrà presentato la domanda di brevetto. Nel nostro Paese, la domanda per ottenere il brevetto si presenta all'*Ufficio italiano brevetti e marchi*.

Quali invenzioni sono brevettabili?

Sono brevettabili, chiarisce l'art. 2585 c.c., le innovazioni tecnologiche che consentono la creazione di nuovi prodotti industriali (beni di consumo o beni strumentali) oppure l'adozione di nuovi procedimenti di fabbricazione (a cui sono particolarmente interessate le imprese se aumentano la capacità produttiva e riducono i costi).

Affinché la domanda di brevetto sia accolta, è stabilito negli artt. 45 ss. del *Codice della proprietà industriale*, le invenzioni devono essere:

- nuove (sono tali quelle il cui contenuto non rientra nelle conoscenze già acquisite dalla tecnica);
- non contrarie all'ordine pubblico e al buon costume;
- atte ad avere un'applicazione industriale (sono tali le invenzioni il cui oggetto può essere fabbricato o utilizzato in qualsiasi genere di industria, compresa quella agricola).

Non sono brevettabili, pertanto, le scoperte scientifiche, le teorie e i metodi matematici in quanto non sono suscettibili di una immediata applicazione al processo produttivo.
Diventerà brevettabile, invece, il prodotto che la tecnologia saprà trarre dalla scoperta scientifica, dalla teoria o dal modello matematico.

Quale tutela offre il brevetto?

All'autore di una invenzione industriale viene riconosciuto:

- il *diritto morale*, cioè il diritto di essere riconosciuto autore dell'invenzione;
- il *diritto allo sfruttamento esclusivo dell'invenzione*.

Per la protezione del *design*, o disegno industriale, non si deve chiedere il brevetto ma è sufficiente la semplice registrazione (art. 31 *Codice della proprietà industriale*).
Rientrano nella categoria del *design* i disegni e i modelli destinati a dare a determinate categorie di prodotti uno speciale ornamento, sia per la forma, sia per una particolare combinazione di linee o di colori.

INVENZIONE BREVETTABILE
- Nuova
- Non contraria a ordine pubblico e buon costume
- Capace di applicazione industriale

Il primo è inalienabile, irrinunciabile e imprescrittibile; il secondo invece può essere ceduto per contratto.

Chi utilizza abusivamente un'invenzione altrui potrà essere condannato, su istanza del titolare del brevetto, a cessare immediatamente l'utilizzazione abusiva e a risarcire i danni economici.

La durata della tutela offerta dalla legge varia in funzione del tipo di invenzione. In particolare, si ricava dal *Codice della proprietà industriale*, il diritto allo sfruttamento esclusivo dura:

- venti anni per le invenzioni industriali;
- dieci anni per i *modelli di utilità*, cioè quelle invenzioni che conferiscono maggiore funzionalità a macchine, utensili o ad altri oggetti già esistenti.

La ragione di questo limite temporale è da ricercare nel fatto che l'inventore (o il soggetto a cui questi ha trasferito il diritto di sfruttamento esclusivo dell'invenzione) si trova a godere di una posizione di monopolio in quanto solo lui può produrre e commercializzare qual certo tipo di bene. L'ordinamento, però, non vede con favore la costituzione di monopoli perché generalmente il monopolista, non avendo concorrenti, tende a limitare la produzione e a tenere alto il prezzo di vendita, con notevole danno per la collettività.

Mediando allora tra il giusto diritto dell'inventore a sfruttare il frutto del proprio ingegno (che molte volte comporta un lungo e complesso lavoro di ricerca e l'impiego di notevoli risorse finanziarie) e l'interesse generale della collettività, l'ordinamento pone limiti temporali alla durata del brevetto.

Per avere una tutela che travalichi i confini nazionali si può richiedere un brevetto alla **Organizzazione Europea dei Brevetti** indicando in quali, tra i Paesi membri dell'organizzazione, si vuole che il brevetto abbia efficacia. L'Italia e la Spagna hanno tuttavia presentato ricorso davanti alla Corte di giustizia ritenendo discriminatoria la norma che consente di presentare la domanda e la relativa documentazione solo in tre lingue: francese, inglese o tedesco.

QUESTIONI

È possibile brevettare un'invenzione e scoprire che è già stata brevettata?

L'ipotesi è tutt'altro che improbabile. L'ufficio competente, infatti, quando accoglie una domanda di brevetto accerta solo la *liceità* dell'invenzione e la sua *industrialità*, cioè l'idoneità a essere applicata nel processo produttivo. Non controlla, invece, la *novità* e l'*originalità*. Ne consegue che un brevetto regolarmente ottenuto può risultare nullo se qualcuno dimostra di aver brevettato prima la medesima invenzione.

Nell'intento di prevenire simili imbarazzanti evenienze, l'*Ufficio italiano brevetti e marchi* mette a disposizione degli utenti un servizio telematico di ricerca, in modo che ciascuno, prima di impegnarsi in laboriosi studi, possa accertarsi di non essere stato preceduto da altri.

PERCORSO F
L'IMPRENDITORE E L'IMPRESA

Il ricercatore universitario, in deroga alla regola generale, è titolare esclusivo dei diritti derivanti dall'invenzione brevettabile di cui è autore.

QUESTIONI

Chi si appropria delle invenzioni operate dal lavoratore dipendente?

L'ipotesi che un lavoratore dipendente realizzi un'invenzione è regolata dagli artt. 64 e 65 del Codice della proprietà industriale nei quali è disposto che:
- se l'attività inventiva è prevista come oggetto del contratto di lavoro, al dipendente spetta il solo diritto morale, mentre appartiene al datore di lavoro il diritto allo sfruttamento economico; siamo in presenza, in questo caso, di una "invenzione di servizio", cioè svolta in esecuzione del servizio per il quale si è pagati;
- se non è prevista una specifica retribuzione per condurre attività inventiva ma l'opera d'ingegno deriva dal tipo di attività svolta dal dipendente in azienda (cosiddetta "invenzione d'azienda"), il diritto allo sfruttamento economico compete al datore di lavoro; tuttavia l'inventore, oltre al diritto morale, acquista il diritto a un equo compenso;
- se, infine, l'invenzione del dipendente è del tutto estranea alle mansioni da lui svolte ma rientra pur sempre nel campo di attività dell'azienda (per esempio il magazziniere di una fabbrica di articoli sportivi inventa una nuova impugnatura per la racchetta da tennis) il dipendente ha diritto di brevettare la propria invenzione, ma al datore di lavoro è riconosciuta una prelazione nell'acquisto del brevetto e il diritto a una somma corrispondente all'aiuto che può essere derivato all'inventore dal fatto di svolgere quel determinato lavoro nell'impresa.

4. I diritti sull'*hardware* e sul *software*

Hardware e *software* sono due termini entrati ormai nel patrimonio lessicale di chiunque abbia rapporti con il mondo dei computer.

Hardware è l'apparecchiatura elettronica, la parte materiale dell'elaboratore. Il termine è gergale e, al di fuori del linguaggio informatico, significa "ferramenta".

Software sono chiamati i programmi di lavoro che, immessi nell'elaboratore e richiamati di volta in volta dall'operatore, consentono di svolgere una gamma amplissima di funzioni, dalla gestione di complessi impianti industriali, alla tenuta delle scritture contabili delle imprese, alla più semplice videoscrittura.

Il termine è un neologismo che nasce in contrapposizione ad *hardware*: se la macchina è *hard*, i programmi di lavoro, in quanto *beni immateriali*, sono *soft*, cioè "leggeri".

▶ **Ogni nuovo tipo di *hardware*** si configura come una nuova invenzione industriale e in quanto tale gode della stessa protezione dei brevetti.

▶ **Il *software* invece è considerato un'opera d'ingegno** di carattere creativo e come tale è tutelata dalla Legge sul diritto d'autore (artt. 64 *bis*-64 *quater*).

I diritti sulle opere dell'ingegno UNITÀ 3

 Si possono duplicare i programmi o le banche dati?

Quando acquistiamo un programma o una banca dati, li acquistiamo su un supporto (dvd) e solo di quello diventiamo proprietari. È un po' come quando comperiamo un libro: diventiamo proprietari del volume, ma non del contenuto e ciò comporta che non possiamo riprodurlo abusivamente. Si possono eseguire duplicazioni solo per realizzarne una copia di riserva e in pochi altri casi consentiti dalla legge.

5. Il *know how*

Con questa espressione inglese, che letteralmente significa "conoscere come", si indica quell'insieme di tecniche, accorgimenti, esperienze che l'imprenditore impiega per rendere più efficiente la propria struttura produttiva. Molto spesso è il *know how* che determina la competitività di un'impresa rispetto a un'altra concorrente e per questa ragione viene tenuto segreto. Spiare il *know how* di un industriale di successo è un'operazione alla quale, talvolta, i concorrenti si applicano con grande dispiego di energie.

 Come tutela la legge il know how*?*

Il *know how* non ha una tutela specifica in quanto non è brevettabile. E anche se lo fosse, difficilmente un imprenditore rinuncerebbe alla sua segretezza per descriverlo in una domanda di brevetto.

Tuttavia, in quanto segreto industriale gode:

- della tutela civile predisposta contro gli atti di concorrenza sleale, per i quali rinviamo alla prossima Unità;
- della tutela penale offerta da varie norme, tra cui l'art. 623 c.p.:
"Chiunque venuto a cognizione [...] di notizie destinate a rimanere segrete, sopra scoperte o invenzioni scientifiche o applicazioni industriali, le rivela o le impiega a proprio o ad altrui profitto, è punito con la reclusione fino a due anni. Il delitto è punibile a querela della persona offesa."

UNITÀ 3 — Riguardando gli appunti

1. Come sono tutelate le opere d'ingegno e le invenzioni industriali?

- Sono opere d'ingegno le opere letterarie, artistiche o scientifiche. Esse sono tutelate dal diritto d'autore.
- Sono invenzioni industriali le creazioni suscettibili di immediata applicazione nel campo produttivo. Le invenzioni industriali sono tutelate dal diritto d'inventore.

2. Com'è regolato dalla legge il diritto d'autore?

- Il diritto d'autore consente al titolare di sfruttare personalmente e in modo esclusivo la propria opera o di cedere ad altri tale potere.
- Il diritto d'autore si acquista per il solo fatto di aver creato un'opera.
- Si compone di due parti: il diritto morale (inalienabile, irrinunciabile e imprescrittibile) e il diritto patrimoniale, che dura per tutta la vita e ancora 70 anni dopo la morte dell'autore ed è alienabile.

3. Com'è regolato dalla legge il diritto d'inventore?

- Il diritto d'inventore sorge solo dopo che l'invenzione è stata brevettata.
- Sono brevettabili le innovazioni tecnologiche che consentono la creazione di nuovi prodotti industriali (con questa espressione si intendono soltanto i beni di consumo o i beni strumentali) oppure l'adozione di nuovi procedimenti di fabbricazione.

4. Come deve essere l'invenzione perché la domanda di brevetto sia accolta?

- La domanda di brevetto è accolta soltanto se l'invenzione è lecita, nuova, originale e capace di essere immediatamente applicata al processo produttivo.

5. Quali diritti sono attribuiti all'inventore?

- All'autore di una invenzione industriale viene riconosciuto sia il diritto morale (che è inalienabile, irrinunciabile e imprescrittibile) sia il diritto allo sfruttamento esclusivo dell'invenzione. Quest'ultimo diritto, al contrario del primo, può essere ceduto per contratto.

6. Quale tutela è attribuita all'hardware e al software?

- Ogni nuovo tipo di *hardware* si configura come una nuova invenzione industriale e in quanto tale è protetta dalla Legge sui brevetti.
- Il *software*, invece, è considerato un'opera d'ingegno di carattere creativo e come tale è tutelata dalle norme sul diritto d'autore.

7. Che cos'è il *know how*?

- Con l'espressione *know how* si indica l'insieme di conoscenze, accorgimenti, esperienze che l'imprenditore impiega per rendere più efficiente la propria struttura produttiva.
- Il *know how*, pur non essendo brevettabile, gode della tutela penale disposta in via generale per la violazione del segreto industriale e della tutela civile predisposta contro gli atti di concorrenza sleale.

Verifica le tue conoscenze

UNITÀ 3

Completamento

Completa lo schema utilizzando le seguenti parole: *brevetto*; *industriali*; *morale*; *autore*; *ingegno*; *inventore*; *patrimoniale*.

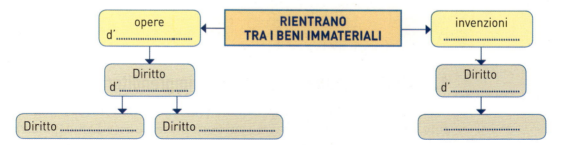

Test a risposta multipla

Indica con una crocetta l'affermazione esatta.

1. **Il diritto di inventore sorge:**
   A. per il solo fatto di aver realizzato l'invenzione
   B. solo dopo che l'invenzione è stata brevettata
   C. solo se l'inventore ha un interesse economico
   D. solo dopo che l'invenzione ha trovato un'applicazione industriale

2. **Un romanzo fantasy costituisce:**
   A. una invenzione narrativa
   B. un'opera di fantasia
   C. un'opera d'ingegno
   D. un componimento d'autore

3. **Chi accede abusivamente alle trasmissioni televisive a pagamento viola:**
   A. il diritto d'autore
   B. il diritto di inventore
   C. il diritto morale
   D. il diritto all'utilizzo esclusivo derivante da un brevetto

4. **Le scoperte scientifiche:**
   A. non sono brevettabili
   B. sono sempre brevettabili
   C. sono brevettabili solo se utili
   D. sono brevettabili purché se ne ricavi un'applicazione industriale

5. **Il *know how*:**
   A. è brevettabile
   B. non è brevettabile
   C. è brevettabile purché contenga elementi di novità
   D. è brevettabile purché non contrario all'ordine pubblico

Ma davvero?

Il diritto si affaccia nei discorsi di ogni giorno. A volte, però, a sproposito. Leggi e rifletti.

Hai comprato un bel libro di ricette: 100 pagine illustrate con primi, secondi e dolci. «Prestamelo un attimo!», esclama la tua amica Anna, appassionata di torte, «corro a fotocopiare la parte sui dolci!». Stai per protestare, ma Anna ha già preso il libro: «Tranquilla: sono solo le ultime 20 pagine, ed è per uso personale!»

Anna sembra sicura di ciò che dice. Ma davvero... le rassicurazioni di Anna sono valide?

313

UNITÀ PERCORSO F 4

L'IMPRENDITORE E L'IMPRESA

L'imprenditore e la concorrenza

1. L'utilità della concorrenza tra imprenditori

I beni che normalmente acquistiamo per soddisfare i nostri bisogni (moto, auto, libri, computer) e i servizi a cui normalmente accediamo (pizzerie, pub, trasporti, alberghi) potrebbero essere offerti da un unico imprenditore monopolista (un'unica fabbrica di moto, un'unica catena di pizzerie, un'unica catena di alberghi) o da più imprenditori in concorrenza tra di loro.

Come consumatori, e anche come giovani in cerca di occupazione, quale delle due ipotesi dovremmo preferire? Trarremmo maggiori vantaggi da un mercato di tipo *monopolistico* o da un mercato di *libera concorrenza*?

Non v'è dubbio che la libera concorrenza favorisca di più i nostri interessi. Perché? Innanzitutto perché le imprese che si trovano in diretta competizione tendono a procurarsi la preferenza dei consumatori migliorando la qualità dei prodotti e contenendo i prezzi.

Inoltre esse cercano di accrescere i propri profitti aumentando la produzione, con effetto salutare per l'occupazione e per l'economia generale.

Al contrario, se un imprenditore non teme la concorrenza, perché questa non esiste o perché è esercitata da imprese scarsamente competitive, non è stimolato a migliorare la qualità dei prodotti o dei servizi offerti, né a condurre una politica di prezzi contenuti.
Generalmente, dove non c'è concorrenza o dove questa è fortemente limitata la produzione è scarsa, i prezzi sono alti e la qualità dei beni e dei servizi è scadente. Per tale ragione è generalmente considerata condizione essenziale, per la crescita economica, la libertà di mercato o *libera concorrenza*.

2. Come si contrasta la concorrenza sleale

Sono una giovane imprenditrice e nella mia azienda produco bellissimi sandali da donna. Fino a poco tempo fa riuscivo a stare bene sul mercato, anche se la concorrenza era molto forte. Ma ora qualcuno ha cominciato a copiare i miei modelli e questo mi sta danneggiando moltissimo.

La libera concorrenza ha la funzione essenziale di stimolare gli imprenditori a migliorare la qualità dei prodotti e a contenere i prezzi di vendita, con effetti salutari per l'occupazione e per l'economia in generale. Tuttavia essa deve svolgersi in modo corretto e l'ordinamento sanziona i comportamenti volti a danneggiare i concorrenti con metodi sleali.

▶ **Costituiscono concorrenza sleale**, secondo l'**art. 2598 c.c.**:

- gli atti idonei a creare confusione con i prodotti o con l'attività dei concorrenti;
- gli atti denigratori di prodotti altrui o diretti ad appropriarsi di pregi che appartengono ai prodotti o all'impresa altrui;
- ogni altro atto contrario alla correttezza professionale.

▶ **Gli atti idonei a creare confusione** sono quelli per mezzo dei quali l'imprenditore cerca di far credere che il proprio prodotto provenga da un'impresa concorrente di maggiore prestigio.
Solitamente questo tipo di illecito viene posto in essere imitando i segni distintivi altrui (ditta, insegna e marchio) o, più spesso, imitando la forma del prodotto, la sua confezione o la sua etichettatura. Quest'ultimo comportamento viene chiamato *imitazione servile*.

▶ **Gli atti di denigrazione** dei prodotti altrui consistono nel diffondere, soprattutto con il messaggio pubblicitario, notizie e apprezzamenti sui prodotti e sull'attività del concorrente idonei a determinarne il discredito.
Ciò talvolta viene fatto ricorrendo alla cosiddetta *pubblicità comparativa* con la quale si esaltano le qualità del proprio prodotto criticando quelle del prodotto concorrente.

▶ **Gli atti non conformi alla correttezza professionale** e idonei a danneggiare l'azienda altrui (ai quali fa riferimento nella sua parte terminale l'art. 2598 c.c.) costituiscono una generica categoria nella quale rientrano fattispecie diverse e non facilmente catalogabili.
Vengono compresi in questa categoria, per esempio, lo spionaggio industriale e il cosiddetto *storno di dipendenti*, cioè l'azione volta a sottrarre al concorrente i dipendenti più validi o quelli più informati sui segreti aziendali.
Per situazioni più incerte spetta al giudice valutare se un determinato comportamento è contrario alla correttezza professionale, facendo riferimento al comportamento medio degli imprenditori di quella data area e di quel dato settore produttivo.

 Quali sanzioni sono previste a carico di chi compie atti di concorrenza sleale?

L'art. 2599 c.c. dispone che:
"La sentenza che accerta atti di concorrenza sleale ne inibisce la continuazione e dà gli opportuni provvedimenti affinché ne vengano eliminati gli effetti."

E il primo comma dell'**art. 2600 c.c.** aggiunge:
"Se gli atti di concorrenza sleale sono compiuti con dolo o con colpa, l'autore è tenuto al risarcimento dei danni."

Ho un laboratorio di pellami dove produco borse da donna con un logo simile ma non uguale a quello utilizzato da un noto stilista. Sono sanzionabile?

Una domanda che spesso ci si pone è quale sia la linea di demarcazione tra un'accettabile somiglianza e l'*imitazione servile* del prodotto. Basta apportare alcuni cambiamenti alla forma, alla confezione o al logo per non essere imputati di concorrenza sleale?

Secondo un concorde orientamento della giurisprudenza, per giudicare se un prodotto è confondibile con un altro simile si deve avere riguardo alla sua apparenza, cioè al modo in cui esso appare *a prima vista* agli occhi del consumatore non particolarmente attento.
Non hanno alcun rilievo, in questo giudizio, le sottili differenze che non siano immediatamente rilevabili dal consumatore all'atto della scelta.

L'imitazione servile è piuttosto difficile da reprimere. Essa si configura come illecito civile e ciò comporta che il giudice può vietare la prosecuzione dell'imitazione solo su domanda dell'interessato.
Ma è evidente quali enormi difficoltà comporti, per le grandi imprese, individuare tutti i piccoli laboratori dove si eseguono copie dei loro prodotti e agire giudizialmente contro ciascuno.

3. La pubblicità ingannevole

Realizzare un buon prodotto o offrire un buon servizio è sicuramente un ottimo punto di partenza per ottenere un successo commerciale.
A patto, però, che i potenziali acquirenti siano posti in grado di conoscere l'esistenza e le caratteristiche del prodotto o del servizio offerto.
E la pubblicità, come sappiamo, è lo strumento più efficace per raggiungere questo obiettivo.

Ma proprio la grande efficacia della comunicazione pubblicitaria impone un controllo rigoroso sulla sua configurazione e sul suo contenuto, al fine di evitare che da strumento di informazione possa diventare strumento di inganno per i consumatori e di concorrenza sleale nei confronti degli altri imprenditori.

La normativa sulla pubblicità è oggi in gran parte contenuta nel *Codice del consumo*, emanato con d.lgs. n. 206 del 2005.

La pubblicità, stabilisce l'art. 19 del *Codice*, **deve essere**:

- veritiera (non deve contenere false informazioni);
- palese (il consumatore deve sapere che il messaggio che sta ricevendo è di tipo pubblicitario);
- corretta (non deve contenere ambiguità).

È vietata, per contro, ogni forma di pubblicità ingannevole.

È ingannevole, chiarisce l'art. 20 del medesimo *Codice*, la pubblicità che per i suoi caratteri sia idonea a indurre in errore i soggetti ai quali è rivolta. E il susseguente art. 21 fornisce un elenco indicativo di caratteri a cui si deve avere riguardo per valutare se il messaggio è ingannevole oppure no. In particolare devono essere veritiere le caratteristiche vantate, i risultati garantiti dall'impiego di quel dato bene o dall'uso di quel determinato servizio, i risultati ottenuti dalle prove o dai controlli effettuati.

Inoltre è considerata ingannevole:

- la pubblicità di prodotti pericolosi per la salute e la sicurezza quando si ometta di darne notizia e ciò possa indurre i consumatori a trascurare le normali regole di prudenza e vigilanza;
- la pubblicità capace di minacciare la sicurezza di bambini e adolescenti o che abusi della loro naturale mancanza di esperienza;
- la pubblicità che utilizzi termini come "garanzia" o "garantito" quando non sia specificato il contenuto e le modalità della garanzia offerta o non sia indicato il modo in cui il consumatore possa conoscerle con facilità.

4. La pubblicità comparativa

È lecito, attraverso la pubblicità, confrontare il proprio prodotto con quello di imprese concorrenti? Possiamo, attraverso il messaggio pubblicitario, dimostrare che il nostro prodotto è migliore e più conveniente rispetto a quello di altre imprese?

La comparazione tra beni o servizi offerti da imprese diverse è certamente di grande utilità per il consumatore; ma lo è anche per gli imprenditori poiché costituisce uno stimolo a conseguire migliori risultati, sia in termini di qualità che di prezzo.
È importante, però, che essa venga condotta in modo serio e non si trasformi in uno strumento di concorrenza sleale.

L'art. 22 del Codice del consumo indica in modo piuttosto dettagliato quali caratteri rendono lecita la pubblicità comparativa. Riassuntivamente possiamo dire che, secondo quanto dispone la norma, questo tipo di pubblicità:

- deve porre a confronto *caratteristiche essenziali, pertinenti, verificabili* e *rappresentative* di beni e servizi concorrenti;
- non deve ingenerare confusione tra i segni distintivi dei concorrenti, né causare discredito o contenere espressioni denigratorie;
- non deve essere operata per trarre indebitamente vantaggio dalla notorietà altrui.

Qualche incertezza può nascere dall'impiego di espressioni superlative. Per esempio, se sosteniamo che il nostro prodotto è il migliore, il primo, il più saporito, il più elegante, non facciamo un'implicita comparazione con i pro-

La pubblicità subliminale, operata attraverso messaggi occulti che incidono sull'inconscio della persona, è vietata dall'art. 23 del *Codice di consumo*.

Il *made in Italy* è tutelato dalla legge n. 166 del 2009 nella quale è disposto che prodotti e merci possano essere qualificati come *made in Italy* solo se il disegno, la progettazione, la lavorazione e il confezionamento dei medesimi siano stati compiuti esclusivamente sul territorio italiano.
L'uso indebito del *made in Italy* costituisce un illecito penalmente sanzionabile.

dotti concorrenti che risulterebbero meno buoni, meno saporiti, meno eleganti?

Nei riguardi della pubblicità cosiddetta *superlativa* la giurisprudenza tende a essere tollerante quando si compiono valutazioni generiche.

Non lo è più quando si compiono valutazioni specifiche. Per esempio, è sicuramente illecito affermare che la propria auto è *la più venduta* o che la propria emittente è *la più ascoltata* se tali affermazioni non sono suffragate da una esatta verifica dei dati di vendita o di ascolto.

5. La tutela contro la pubblicità illecita

Che cosa può fare il consumatore che sia rimasto vittima di una pubblicità ingannevole oppure l'imprenditore che ritenga i propri interessi pregiudicati da una pubblicità realizzata in modo illecito da un'impresa concorrente?

Gli imprenditori, i consumatori, le loro associazioni e organizzazioni e anche gli enti pubblici interessati possono chiedere all'*Autorità garante della concorrenza e del mercato* che siano inibiti gli atti di pubblicità ingannevole o di pubblicità comparativa ritenuta illecita.

L'Autorità (istituita con legge n. 287 del 1990), qualora ritenga di accogliere il ricorso:

- può vietare la continuazione del messaggio pubblicitario;
- può ordinare che sia resa pubblica una dichiarazione di rettifica;
- può comminare una sanzione amministrativa pecuniaria commisurata alla gravità e alla durata della violazione secondo le indicazioni contenute nell'art. 26 del *Codice del consumo*.

A tutela dei consumatori, inoltre, nel 2010 è entrato in vigore l'art. 140 *bis* del *Codice del consumo* che ha introdotto nel nostro ordinamento la cosiddetta **class action**. La *class action* è l'azione con la quale un gruppo di consumatori o di utenti di un servizio che si ritengano danneggiati dal medesimo fatto realizzato da un'impresa (e pertanto individuati come appartenenti a una medesima classe) può attivare un unico processo per accertare le responsabilità e ottenere il risarcimento del danno subìto.

6. La disciplina antimonopolistica

Nel cassetto di ogni grande imprenditore c'è un sogno proibito: eliminare la concorrenza e conquistare una posizione di monopolio o, quanto meno, una posizione dominante sul mercato. Questo sogno, seppur comprensibile, non può essere condivisibile. Abbiamo già detto, infatti, che la concorrenza, purché condotta con la dovuta correttezza, costituisce un potente fattore di sviluppo economico. Al contrario, le posizioni dominanti o di monopolio indeboliscono il mercato e favoriscono l'innalzamento dei prezzi.

Nel nostro Paese è mancata, per lungo tempo, un'adeguata legislazione anti-monopolistica o *antitrust*. Le poche norme contenute nel codice civile erano volte soprattutto a evitare che accordi limitativi della concorrenza potessero tradursi in un danno per gli imprenditori stessi. In poco o nessun conto veniva tenuto il fatto che tali accordi potessero risolversi in un danno per i consumatori.

Solo con la legge n. 287 del 1990 è stata introdotta una vera legislazione anti-trust che recepisce quanto disposto negli artt. 101-106 del *Trattato sul funzionamento dell'Unione europea*.

La normativa nazionale ed europea può essere così riassunta.

- **Sono vietate le intese** (salvo speciali autorizzazioni) con le quali più imprenditori si accordano per:
  - impedire la concorrenza sui prezzi uniformandoli e impegnandosi a non operare sconti;
  - limitare l'offerta complessiva in modo da tenere alti i prezzi;
  - spartirsi i mercati in modo da non entrare in concorrenza sul medesimo territorio;
  - ostacolare l'ingresso di altri concorrenti.

- **Sono vietate le concentrazioni di imprese** se sono volte alla costituzione o al rafforzamento di posizioni dominanti idonee a eliminare o a ridurre sostanzialmente e durevolmente la concorrenza.

Le concentrazioni vengono solitamente attuate assorbendo le imprese concorrenti o riunendole in gruppi (**>** Percorso H). Ogni operazione di concentrazione, anche se volta ad altri fini, deve essere preventivamente comunicata all'*Autorità garante* (se riguarda il mercato nazionale) o alla *Commissione europea* (se riguarda il mercato europeo) per ottenerne l'autorizzazione.

- **È vietato abusare della propria posizione dominante**. Il rischio di abuso si presenta quando un'impresa controlla una parte preponderante del mercato e da tale posizione può condizionare la politica delle imprese minori che operano nel settore.

UNITÀ 4 — Riguardando gli appunti

1. Come considera l'ordinamento la concorrenza tra imprenditori?

- La libera concorrenza ha sicuramente un effetto positivo sullo sviluppo economico ma la competizione deve svolgersi in modo leale e corretto.

2. Quali comportamenti configurano una concorrenza sleale?

- Secondo l'art. 2598 c.c., costituiscono concorrenza sleale: gli atti che sono idonei a creare confusione con i prodotti o con l'attività dei concorrenti; gli atti di denigrazione dei prodotti altrui o di appropriazione di pregi altrui; ogni altro atto che sia contrario alla correttezza professionale.
- Sono idonei a creare confusione quegli atti con i quali l'imprenditore riesce a confondere i propri prodotti con quelli di un'impresa concorrente.
- Per poter giudicare se un prodotto è confondibile con un altro si deve avere riguardo al modo in cui esso appare a prima vista agli occhi del consumatore.
- Costituisce concorrenza sleale anche l'appropriazione di meriti altrui, lo spionaggio industriale e il cosiddetto storno di dipendenti.

3. Quali conseguenze prevede la legge per chi attua una concorrenza sleale?

- Il giudice che accerti atti di concorrenza sleale ne inibisce la continuazione e stabilisce i provvedimenti da prendere per limitarne gli effetti.
- Se gli atti di concorrenza sleale sono eseguiti con dolo o colpa, l'autore può essere obbligato a risarcire i danni provocati.

4. Quali caratteristiche deve avere la pubblicità?

- Il Codice del consumo prevede che la pubblicità debba essere veritiera, palese e corretta. È quindi vietata ogni forma di pubblicità ingannevole.

5. Che cosa si intende per pubblicità ingannevole?

- È ingannevole la pubblicità che sia idonea a indurre in errore i soggetti ai quali è rivolta.

6. È lecita la pubblicità comparativa?

- È detta comparativa la pubblicità con la quale si esaltano le qualità del proprio prodotto criticando quello del concorrente. Questo tipo di pubblicità è ammessa solo se i fatti criticati vengono esaurientemente dimostrati.
- Maggiore tolleranza incontra la pubblicità *superlativa* quando si compiono valutazioni generiche e non specifiche.

7. Che cos'è l'Autorità garante della concorrenza e del mercato?

- È un'Autorità indipendente alla quale possono fare ricorso gli imprenditori, i consumatori, le relative associazioni e anche gli enti pubblici quando riscontrino la presenza di pubblicità ingannevoli o di pubblicità comparativa illecita.
- L'Autorità può vietare la continuazione del messaggio pubblicitario, ordinare una rettifica pubblica e comminare sanzioni amministrative pecuniarie commisurate alla gravità e alla durata della violazione.

8. Che cosa si intende per *class action* da parte dei consumatori?

- Il *Codice del consumo* prevede che i consumatori possano agire in gruppo per ottenere il risarcimento del danno, ogni qualvolta essi siano danneggiati da un unico comportamento messo in atto da un'impresa.

9. Come contrasta l'ordinamento la formazione di monopoli?

- La legislazione *antitrust*, contenuta nella legge n. 287 del 1990, vieta, salvo speciali autorizzazioni, le intese dirette a limitare la libera concorrenza, le concentrazioni di imprese volte alla costituzione o al rafforzamento di posizioni dominanti e infine l'abuso dei poteri di fatto derivanti da una posizione dominante comunque conquistata.

Verifica le tue conoscenze

UNITÀ 4

Completamento

Completa lo schema utilizzando le seguenti parole: *sleale*; *palese*; *confusione*; *veritiera*; *denigrano*; *correttezza professionale*; *corretta*.

Test a risposta multipla

Indica con una crocetta l'affermazione esatta.

1. **Lo storno di dipendenti si configura come:**
   A. un esempio di monopolio
   B. un caso di concorrenza sleale
   C. un atto idoneo a creare confusione con l'attività dei concorrenti
   D. un atto denigratorio

2. **L'imprenditore che compie atti di concorrenza sleale:**
   A. deve essere radiato dal registro delle imprese
   B. deve sempre risarcire il danno causato ai concorrenti
   C. deve risarcire il danno se ha agito con dolo o colpa
   D. deve limitarsi a cessarli una volta scoperto

3. **La pubblicità comparativa è lecita?**
   A. no, perché è una forma di concorrenza sleale
   B. no, perché è ingannevole per i consumatori
   C. sì purché rispetti i limiti previsti dal Codice del consumo
   D. sì purché non sconfini nella pubblicità superlativa

4. **Se un prodotto pericoloso viene pubblicizzato senza metterne in luce la pericolosità, si è in presenza di una pubblicità:**
   A. ingannevole
   B. comparativa
   C. occulta
   D. subliminale

5. **Rientra fra i divieti posti dalla normativa antimonopolistica:**
   A. la pubblicità occulta
   B. la pubblicità comparativa
   C. l'abuso di posizione dominante
   D. l'abuso di imitazione servile

Ma davvero?

Il diritto si affaccia nei discorsi di ogni giorno. A volte, però, a sproposito. Leggi e rifletti.

Il tuo amico Max lavora per una casa di produzione di film d'animazione. La sua ragazza ha appena lanciato una linea d'abbigliamento e Max ha avuto un'idea: nel film che sta montando inserirà qualche fotogramma con il marchio della sua ragazza per imprimerlo nella mente degli spettatori. «Che male c'è? Loro non se ne accorgeranno nemmeno!» sorride Max.

Max sembra sicuro di ciò che dice. Ma davvero... non c'è niente di male nel fare pubblicità subliminale?

321

PERCORSO F — Valuta le tue competenze

Codice alla mano

L'avvocato presso cui svolgi il tuo praticantato ti ha chiesto oggi di appuntare su un foglio quali articoli del Codice civile rispondono ai quesiti sotto elencati.

	Art.
A. Come è definito l'imprenditore?	
B. Che diritti ha il familiare che lavora continuativamente nell'impresa familiare?	
C. Quali funzioni svolgono gli ordini professionali?	
D. Chi è imprenditore commerciale?	
E. Quali scritture contabili deve tenere l'imprenditore commerciale?	
F. Per quanto tempo devono essere conservate le scritture contabili?	
G. Chi è l'institore?	
H. Quando un imprenditore può essere definito piccolo?	
I. Che cos'è l'azienda?	

	Art.
J. In caso di trasferimento d'azienda, che ne è dei contratti stipulati dal vecchio proprietario?	
K. In che cosa consiste il divieto di concorrenza da parte di chi aliena l'azienda?	
L. La ditta può essere trasferita separatamente dall'azienda?	
M. Quali misure deve adottare l'imprenditore per garantire la sicurezza dei lavoratori?	
N. Quali opere sono protette dal diritto d'autore?	
O. Come si acquista il diritto d'autore?	
P. Che cosa può costituire oggetto di brevetto?	
Q. Che diritti ha chi ha ottenuto il brevetto per un'invenzione industriale?	

Sai qual è la differenza tra...

- **a.** Economicità dell'impresa — e — Professionalità dell'imprenditore
- **b.** Impresa commerciale — e — Piccola impresa
- **c.** Impresa — e — Azienda
- **d.** Impresa individuale — e — Impresa societaria
- **e.** Fallimento — e — Concordato preventivo
- **f.** Bancarotta semplice — e — Bancarotta fraudolenta
- **g.** Imprenditore agricolo — e — Coltivatore diretto
- **h.** Azienda — e — Ditta
- **i.** Marchio — e — Insegna
- **j.** Avviamento oggettivo — e — Avviamento soggettivo
- **k.** Bilancio economico — e — Bilancio socio-ambientale
- **l.** Diritto d'autore — e — Diritto di inventore
- **m.** Opere d'ingegno — e — Invenzioni industriali
- **n.** Pubblicità ingannevole — e — Pubblicità comparativa
- **o.** Pubblicità comparativa — e — Pubblicità superlativa
- **p.** Concentrazione di imprese — e — Abuso di posizione dominante

Valuta le tue competenze

PERCORSO F

Conoscenza del lessico giuridico

Scrivi la definizione, in al massimo tre righe, dei termini seguenti:

Avviamento: _____

Azienda: _____

Bilancio sociale e ambientale: _____

Concordato preventivo: _____

Fallimento: _____

Imprenditore agricolo: _____

Impresa familiare: _____

Invenzioni industriali: _____

Know how: _____

Libero professionista: _____

Marchio: _____

Opere dell'ingegno: _____

Piccolo imprenditore: _____

Procedure concorsuali: _____

Scritture contabili: _____

Sovraindebitamento: _____

L'esperto risponde

Rispondi alle questioni che ti vengono sottoposte utilizzando gli spunti forniti.

1. **Quest'anno la mia impresa tessile ha prodotto in perdita e sono riuscito a mantenerla attiva solo facendo ricorso al prestito bancario. Ho perduto per questo il requisito dell'economicità e non sono più un imprenditore?**
   Il requisito dell'economicità permane...

2. **Sono un imprenditore e ho revocato il mandato a un mio rappresentante, ma ho dimenticato di trascrivere la revoca nel registro delle imprese. Quale rischio corro?**
   L'art. 2193 c.c. dispone che i fatti dei quali la legge prescrive l'iscrizione possono...

3. **Ho rilevato un'azienda che, per quanto risultava dai libri contabili, sembrava sana. Poi ho scoperto che era gravata da debiti. Dovrò pagarli tutti?**
   Il secondo comma dell'art. 2560 c.c. precisa che...

4. **Sono venuti nella mia fabbrica degli uomini d'affari stranieri e mi hanno chiesto di acquistare la mia ditta offrendo anche un buon prezzo. Posso accettare?**
   Dispone in proposito l'art. 2565 c.c. ...

5. **Ho acquistato un'azienda e pensavo di aver fatto un buon affare, ma all'improvviso tutti i fornitori hanno disdetto i contratti. Che cosa posso fare?**
   Per i contratti aziendali, l'art. 2558 c.c. dispone che...

6. **Ho elaborato un software efficacissimo e assolutamente originale per giocare alla battaglia navale. Vorrei brevettarlo, ma l'ufficio brevetti ha risposto che è impossibile. Perché?**
   A differenza dell'hardware, il software...

7. **Ho deciso di commissionare a un bravo giornalista la scrittura di un libro, stabilendo preventivamente che a lui andranno i diritti patrimoniali e a me il diritto morale. È ammissibile un simile accordo?**
   Il diritto morale, che costituisce un aspetto del diritto d'autore, è...

8. **Nei Paesi poco aperti agli scambi con l'estero solitamente i prodotti industriali sono di qualità scadente. È colpa della scarsa capacità e fantasia dei produttori?**
   No: il problema risiede nella mancanza di concorrenza. La concorrenza infatti...

PERCORSO G — LE SOCIETÀ DI PERSONE

COMPETENZE DI ASSE
- Riconoscere le caratteristiche del nostro sistema giuridico in ambito commerciale, allo scopo di assumere comportamenti corretti ed efficaci nei rapporti di natura economica
- Comprendere l'importanza di un sistema economico basato su regole quali strumenti per operare nei diversi contesti ambientali e produttivi

CONOSCENZE
- Gli elementi del contratto di società
- I conferimenti
- L'autonomia patrimoniale
- I caratteri e la disciplina della società semplice quale prototipo della società di persone
- I caratteri e la disciplina della società in nome collettivo e della società in accomandita semplice

ABILITÀ
- Saper distinguere fra società e impresa
- Riconoscere il modello societario utilizzato in una situazione data
- Individuare gli aspetti salienti relativi al funzionamento di una società di persone

UNITÀ 1 — Le società in generale

1. Che cos'è l'impresa societaria

Mi è capitata la splendida occasione di diventare imprenditore nel settore turistico acquistando un camping immerso in un uliveto che scende fino al mare. C'è però un piccolo problema: non ho tutto il denaro che servirebbe per acquistarlo. Che cosa può fare chi crede molto in un affare ma non ha tutto il denaro necessario per realizzarlo?

Il primo consiglio che viene in mente è di cercare un altro affare.

Il secondo consiglio è chiedere denaro in prestito a una banca. Ma il prestito presenta lo sgradevole inconveniente di dover essere restituito e se i ricavi dell'attività imprenditoriale non consentissero di farlo con regolarità, si potrebbe andare incontro a inconvenienti molto seri.

Il terzo consiglio (sicuramente il più interessante) è quello di costituire con altre persone una *società* che consenta di dividere tra più soggetti sia lo sforzo finanziario sia i rischi dell'impresa.

Che cos'è una società?

Le società in generale — UNITÀ 1

Se consideriamo la funzione economica che una società svolge possiamo dire che:

La società è un imprenditore collettivo.

Se, invece, vogliamo individuarne gli elementi caratterizzanti, dobbiamo utilizzare la definizione che si ricava dall'art. 2247 c.c.:

La società è il contratto mediante il quale "due o più persone conferiscono beni o servizi per l'esercizio in comune di un'attività economica allo scopo di dividerne gli utili".

Elementi del contratto di società, si desume dalla norma, oltre alla pluralità dei soci, sono:

- **il conferimento di beni** o di servizi che andranno a costituire il **capitale sociale**;
- **l'esercizio in comune di un'attività economica**, cioè di un'attività imprenditoriale;
- **il fine della divisione degli utili**.

Se l'obiettivo non fosse quello di svolgere un'attività imprenditoriale per dividere gli utili, l'accordo tra le parti non darebbe vita a una società ma a un altro tipo di rapporto (per esempio a una comunione o a un'associazione) regolato da altro tipo di norme.

> **QUESTIONI**
>
> **Qual è la differenza tra società e comunione?**
> Se due amici si accordano per acquistare in società una tavola da windsurf, oppure uno scooter, l'accordo raggiunto si configura come un contratto di società?
> La risposta è negativa. Con tale accordo si è dato vita solamente a una comunione di beni.
> **Nella comunione** il bene comune è destinato al godimento.
> **Nella società** i beni posti in comune sono destinati all'esercizio di un'attività imprenditoriale. Nasce da qui l'esigenza di una diversa disciplina che, per la comunione, è contenuta negli artt. 1100-1139 c.c.

> **Il Codice civile** regola le società nel Libro V, Titolo V che è così articolato:
> - Capo II - società semplice;
> - Capo III - società in nome collettivo;
> - Capo IV - società in accomandita semplice;
> - Capo V - società per azioni;
> - Capo VI - società in accomandita per azioni;
> - Capo VII - società a responsabilità limitata.

2. La società nel Codice civile

Nel sistema delle società predisposto dal legislatore è possibile individuare una netta separazione tra *società lucrative* e *società mutualistiche.*

Società lucrative sono chiamate quelle che hanno come fine la divisione degli utili. Sono tali:

- la società semplice (S.s.);
- la società in nome collettivo (S.n.c.);

325

PERCORSO G — LE SOCIETÀ DI PERSONE

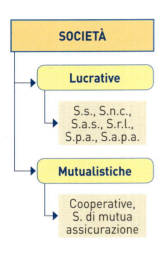

- la società in accomandita semplice (S.a.s.);
- la società a responsabilità limitata (S.r.l.);
- la società per azioni (S.p.a.);
- la società in accomandita per azioni (S.a.p.a.).

Società mutualistiche sono:

- le cooperative;
- le società di mutua assicurazione.

Il tratto distintivo di queste ultime è l'assenza del fine di lucro. Esse rispondono all'esigenza di fornire ai soci beni, servizi o posti di lavoro a condizioni più vantaggiose rispetto a quelle offerte dal mercato.
Rispetto alla regola generale che prevede per le società il fine della divisione degli utili, le società mutualistiche costituiscono una singolare eccezione. Di esse ci occuperemo nell'Unità 9 del Percorso H.

Prima dovremo dedicare la nostra attenzione alle sei società lucrative.

Non è possibile costituire società atipiche. Ciò significa che si possono costituire solo i tipi di società previste e regolate dal Codice civile.

QUESTIONI

Le società "pluripersonali" e "unipersonali"

Società è un termine che deriva dal latino *socius* che significa "compagno". E compagnie sono state chiamate le prime società sorte per aggregare più persone in un'impresa commerciale.
La società, pertanto, nasce come un organismo pluripersonale, composto da due o più soggetti.
Tuttavia, nuove esigenze comparse nel mondo imprenditoriale hanno indotto il legislatore a introdurre nell'ordinamento (con d.lgs. 88/1993) la figura della **società unipersonale**, composta da un solo socio.
Di questo particolare tipo di società ci occuperemo nel paragrafo 6 e ancora nel Percorso H.

3. Qual è la differenza tra capitale e patrimonio sociale

Il **capitale sociale** svolge due importanti funzioni:

- consente di sostenere le spese necessarie per esercitare l'attività economica (per esempio l'acquisto dell'azienda);
- costituisce una garanzia per i creditori sociali, i quali potranno rivalersi su di esso nel caso in cui la società non pagasse spontaneamente i debiti contratti.

Ho costituito, con alcuni amici, una società con un capitale sociale di 100 mila euro, e poiché gli affari sono andati bene la società ha acquistato, con i propri utili, un immobile del valore di altri 100 mila euro. Posso dire che il capitale sociale è raddoppiato?

Le società in generale   UNITÀ 1

La risposta è negativa. Ciò che è aumentato non è il capitale sociale ma il *patrimonio* della società.

▶ **Il capitale sociale** è formato dall'insieme dei conferimenti effettuati dai soci e il suo valore, come vedremo meglio più avanti, deve essere dichiarato nell'atto costitutivo affinché i creditori possano averne notizia e possano decidere quanto credito accordare alla società.

▶ **Il patrimonio sociale**, invece, è costituito dal capitale dichiarato *più* l'insieme dei rapporti attivi (diritti reali e di credito) e passivi (debiti) di cui diviene titolare la società nello svolgimento dell'attività d'impresa.

▶ **La consistenza del patrimonio** viene accertata attraverso il bilancio d'esercizio e la differenza tra attività e passività costituisce il patrimonio netto.

Tornando al caso sopra esposto, si potrà dire che la società ha un capitale sociale dichiarato di 100 mila euro e, grazie al positivo andamento degli affari, un patrimonio netto effettivo di 200 mila euro.

E se successivamente gli affari andassero male? Supponiamo che nel secondo anno di vita la società abbia subito perdite per 150 mila euro, come si può descrivere questa situazione?

Si può descrivere dicendo che il capitale sociale *dichiarato* è sempre di 100 mila euro ma le perdite lo hanno decurtato cosicché il patrimonio è sceso a 50 mila euro.

Patrimonio e capitale sicuramente coincidono nel momento in cui la società viene costituita.
Ma successivamente:

- se gli affari vanno bene, il patrimonio tende a crescere;
- se vanno male, può anche scendere al di sotto del valore del capitale dichiarato.

In questo secondo caso, tuttavia, come vedremo più avanti, occorrerà operare in modo che si ricrei una corrispondenza tra capitale dichiarato e capitale effettivo.

A quanto deve ammontare il capitale sociale?

Per rispondere proviamo a chiederci se concederemmo mai un credito di 50 mila euro a una società che dispone di un capitale di 5 mila euro. Poiché la risposta è intuitiva possiamo ben affermare che il capitale sociale dovrà essere tanto più elevato quanto più elevato si pensa che sarà il ricorso al credito, considerando il tipo attività che la società dovrà svolgere. In ogni caso, come vedremo più avanti, la legge fissa una base minima per le cosiddette *società di capitali*.

IL CASO PROSPETTATO NEL TESTO PUÒ ESSERE SCHEMATIZZATO COME SEGUE

fase iniziale
capitale dichiarato
€ 100.000
patrimonio disponibile
€ 100.000

un anno dopo la società ha guadagnato 100.000 euro
capitale dichiarato
€ 100.000
patrimonio disponibile
€ 200.000

il secondo anno la società ha perso 150 mila euro
capitale dichiarato
€ 100.000
patrimonio disponibile
€ 50.000

4. Che cos'è l'autonomia patrimoniale della società

 Ho scoperto che uno dei miei soci è assediato dai creditori. C'è il rischio che costoro possano rivalersi sui beni della società?

La risposta è negativa perché il patrimonio della società, una volta costituito, diventa *autonomo rispetto a quello dei soci*.
E questo significa che:

- i soci non possono riappropriarsene, se non recedendo dalla società nei modi che vedremo più avanti;
- su di esso possono rivalersi soltanto i creditori sociali.

La ragione di tale particolarità risiede nel fatto che la società, come qualsiasi imprenditore commerciale, opera sul mercato ed è naturalmente portata a contrarre debiti, offrendo in garanzia il proprio patrimonio.
Se questo potesse essere aggredito dai creditori dei singoli soci, la sua funzione di garanzia verrebbe meno e le società incontrerebbero serie difficoltà a ottenere dalle banche o dai fornitori il credito necessario per aumentare il proprio volume d'affari.
L'autonomia del patrimonio societario rispetto a quello dei soci è dunque necessaria allo sviluppo delle capacità produttive delle società stesse.

5. Qual è la differenza tra le società di persone e le società di capitali

 Ho costituito una società con alcuni amici per gestire un caffè-libreria, ma gli affari vanno decisamente male e il patrimonio sociale non basta a coprire tutti i debiti che abbiamo contratto. Vorrei sapere se i creditori sociali potrebbero rivalersi, oltre che sui beni della società, anche sul nostro patrimonio personale.

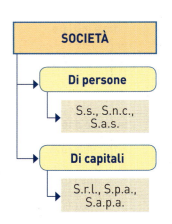

La risposta dipende dal tipo di società che è stata costituita.

In funzione del grado di *autonomia patrimoniale* di cui godono, le società si dividono in due grandi gruppi:

- *società di persone*;
- *società di capitali*.

Società di persone o ad autonomia patrimoniale imperfetta

▶ **Sono società di persone**:

- la società semplice (S.s.);
- la società in nome collettivo (S.n.c.);
- la società in accomandita semplice (S.a.s.).

Le società in generale UNITÀ 1

Sono chiamate società di "persone" perché a esse la legge non impone di dotarsi di un capitale sociale minimo e diventa allora essenziale la garanzia offerta ai creditori dal patrimonio *personale* dei soci.

Costoro, qualora la società non riuscisse a pagare i propri debiti, potrebbero essere chiamati a rispondere con i loro patrimoni personali *illimitatamente* e *solidalmente*.

- **Illimitatamente** significa che i soci rispondono con tutti i loro averi fino alla completa estinzione dei debiti sociali.
- **Solidalmente** significa che i creditori sociali possono pretendere l'intero pagamento anche da un solo socio (normalmente si rivolgono a quello che dispone di un maggior patrimonio) il quale avrà, poi, la possibilità di rivalersi sugli altri soci per la parte di loro competenza.

Poiché in caso di inadempienza le società di persone debbono essere sostenute finanziariamente dai soci, si dice che esse hanno *autonomia patrimoniale imperfetta*.

Società di capitali o ad autonomia patrimoniale perfetta

▶ **Sono società di capitali**:

- la società a responsabilità limitata (S.r.l.);
- la società per azioni (S.p.a.);
- la società in accomandita per azioni (S.a.p.a.).

Sono chiamate *società di capitali* poiché è prevalente, in esse, il ruolo di garanzia svolto dal capitale sociale. In caso di insolvenza, infatti, i creditori possono rivalersi solo sul patrimonio della società e non su quello personale dei soci (ville, terreni o altro) che rimane, in tal modo, al riparo da ogni rischio. È questa la ragione per cui si dice che queste società hanno *autonomia patrimoniale perfetta*.

> **Le società in accomandita** (*semplice* o *per azioni*) si distaccano parzialmente dalla disciplina comune perché in questa società sono presenti due tipi di soci detti rispettivamente *accomandatari* e *accomandanti*:
> - **gli accomandatari** rispondono dei debiti sociali in modo illimitato e solidale;
> - **gli accomandanti**, invece, rispondono limitatamente alla quota conferita.

QUESTIONI

Che cosa sono le società di comodo?

Sono comunemente indicate come società di comodo quelle società che dichiarano, nell'atto costitutivo, di svolgere attività imprenditoriale ma in realtà non svolgono alcuna attività e servono, il più delle volte, per evadere il fisco.
Immaginiamo, a titolo di esempio, che una persona sia proprietaria di dieci appartamenti che producono, nel complesso, un reddito piuttosto elevato. Poiché nel nostro ordinamento l'aliquota fiscale aumenta all'aumentare del reddito, il proprietario dovrebbe versare al fisco una notevole somma. Se invece costituisse una società (anche una società semplice) con figli e altri parenti, il reddito degli appartamenti si distribuirebbe fra tutti e l'aliquota applicata su ciascuno sarebbe molto minore.

> **Aliquota** significa percentuale. E l'*aliquota fiscale* è la percentuale di reddito che deve essere versata al fisco.

329

6. La società unipersonale

Vorrei ampliare la mia attività imprenditoriale ma c'è un problema. Se rimango imprenditore individuale e gli affari vanno male rischio di perdere tutto il mio patrimonio personale. Se costituissi una società di capitali, avrei messo al riparo il mio patrimonio personale ma mi troverei a dover concordare ogni decisione con dei soci e la prospettiva non mi attrae. C'è una terza via?

La terza via c'è. Chi non voglia rischiare nell'impresa tutto il proprio patrimonio personale e al tempo stesso non voglia unirsi ad altri soci può costituire una *società unipersonale*.

Unipersonale è chiamata la società nella quale compare un solo socio.

Ma la società, come reca l'art. 2247 c.c., non deve essere composta da due o più persone?

> Nel concepire l'art. 2247 c.c., il legislatore si è ispirato al **concetto tradizionale di società** intesa come un organismo che consente di aggregare due o più persone per svolgere insieme un'attività imprenditoriale.

La pluralità dei soggetti è solo l'elemento più evidente delle società. L'elemento di gran lunga più importante è la **separazione** che si viene a creare tra il **patrimonio personale** dei soci e il **capitale sociale** che dovrà fungere da garanzia principale per i creditori sociali.

È possibile allora, come è già stato fatto in tutti gli ordinamenti europei, concepire un modello di società in cui non vi è pluralità di soci ma vi è, come in tutte le società, la **separazione dei patrimoni**.

Nel caso sopra prospettato, l'imprenditore che non voglia unirsi ad altre persone e al tempo stesso non voglia rischiare nell'impresa o nel suo ampliamento tutto il proprio patrimonio personale, può trasformare l'impresa individuale in una *società unipersonale*.

> **La ragione** per la quale è stato introdotto questo nuovo modello societario è il tentativo di favorire la crescita delle imprese individuali medio-piccole.

La società unipersonale ha un suo *capitale* e solo su quello potranno rivalersi i creditori sociali in caso di dissesto o addirittura di fallimento della società.

Ogni tipo di società può essere costituita in forma unipersonale?

La presenza del socio unico è consentita dalla legge soltanto:

- nelle società a responsabilità limitata;
- nelle società per azioni.

Le norme previste per queste due società si applicano, in quanto compatibili, anche alla loro variante unipersonale.

Torneremo pertanto a occuparci delle società con socio unico e a studiarne gli aspetti particolari solo dopo aver conosciuto la disciplina generale della S.r.l. e della S.p.a.

Le società in generale   UNITÀ 1

Qui ci limitiamo ad anticipare che la **società unipersonale**:

- è una società di capitali e pertanto per le obbligazioni sociali risponde soltanto la società con il suo patrimonio;
- nasce, come tutte le società, con un atto costitutivo che in questo caso (mancando la pluralità dei soci) non sarà un contratto ma un atto unilaterale;
- necessita, come tutte le società, del conferimento indispensabile per formare il capitale sociale;
- è una società commerciale, e dunque può essere impiegata per l'esercizio di imprese commerciali;
- è una società lucrativa, e dunque deve avere come fine l'appropriazione, da parte del socio unico, degli utili conseguiti.

7. Che cos'è l'associazione in partecipazione

Proprio davanti al mio ristorante si è liberato un piccolo slargo che potrei acquistare e impiegare come parcheggio a pagamento per i miei clienti. Per l'acquisto del terreno avrei bisogno di un socio finanziatore, ma non voglio costituire una società. Che cosa posso fare?

In questo e in altri simili casi si può costituire una *associazione in partecipazione*. **Con il contratto di associazione in partecipazione**, stabilisce l'**art. 2549 c.c.**, l'associante attribuisce all'associato una partecipazione agli utili della sua impresa o di uno o più affari, verso il corrispettivo di un determinato apporto.

Non si tratta, quindi, di un contratto di società, in quanto non dà vita a un nuovo soggetto giuridico. L'associante rimane imprenditore individuale e a lui spetta in modo esclusivo la gestione dell'impresa o dell'affare, mentre gli utili andranno divisi con l'associato.

L'art. 2553 c.c. dispone che:

- salvo patto contrario, l'associato partecipa alle perdite nella stessa misura in cui partecipa agli utili,
- ma le perdite che colpiscono l'associato non possono superare il valore del suo apporto.

Le false associazioni in partecipazione

Il d.lgs. 81/2015 ha soppresso la possibilità di concludere contratti di **associazione in partecipazione** nei quali l'apporto dell'associato consista unicamente nella prestazione di una attività lavorativa. La ragione è nel fatto che in questo tipo di contratto l'associato era solitamente un semplice dipendente che non veniva remunerato con uno stipendio ma con una partecipazione minima agli utili dell'impresa. Il vantaggio per l'associante era di avere un dipendente al quale non competeva nessuna delle tutele previste per il lavoro subordinato.

331

UNITÀ 1 — Riguardando gli appunti

1. Che cos'è una società?

- La società è un imprenditore collettivo.
- L'art. 2247 c.c. definisce la società come il contratto mediante il quale due o più persone conferiscono beni o servizi per l'esercizio in comune di un'attività economica allo scopo di dividerne gli utili.
- L'ordinamento distingue fra società lucrative e società mutualistiche.

2. Che cosa si intende per capitale sociale?

- Il capitale sociale è costituito dall'insieme dei conferimenti effettuati dai soci. Il suo valore deve essere indicato nell'atto costitutivo.

3. Che cos'è il patrimonio sociale?

- Il patrimonio sociale è costituito dal capitale dichiarato più l'insieme dei rapporti attivi (cioè diritti reali e di credito) e passivi (debiti) della società. La consistenza del patrimonio sociale viene accertata attraverso il bilancio d'esercizio.
- La differenza tra attività e passività costituisce il patrimonio netto.

4. In che cosa consiste l'autonomia patrimoniale della società?

- Autonomia patrimoniale significa che il patrimonio della società è distaccato dal patrimonio personale dei soci ed è riservato al soddisfacimento dei creditori sociali.

5. Quali sono le società di persone?

- Rientrano in questo gruppo: la società semplice (che, però, non può svolgere attività commerciale), la società in nome collettivo, la società in accomandita semplice.

- Vengono indicate come società di persone perché per i debiti sociali risponde prima la società con il suo patrimonio e, se questo non basta, rispondono i soci con i loro patrimoni personali sussidiariamente, illimitatamente e solidalmente.

6. Quali sono le società di capitali?

- Rientrano in questo gruppo: la società a responsabilità limitata, la società per azioni, la società in accomandita per azioni.
- Sono indicate come società di capitali poiché in caso di insolvenza i creditori possono rivalersi solo sul patrimonio della società e non su quello personale dei soci.

7. Che cosa sono le società unipersonali?

- Le società unipersonali sono quelle composte da un unico socio. Possono avere un socio unico solo le S.r.l. e le S.p.a.

8. In che cosa consiste l'associazione in partecipazione?

- L'associazione in partecipazione è un contratto con cui l'associante attribuisce all'associato una partecipazione agli utili della sua impresa o in uno o più affari, verso il corrispettivo di un determinato apporto (art. 1549 c.c.). L'impresa rimane individuale e l'associato rischia solo il proprio apporto.
- L'associato partecipa alle perdite nella stessa misura in cui partecipa agli utili, ma le perdite che colpiscono l'associato non possono superare il valore del suo apporto.

Verifica le tue conoscenze

UNITÀ 1

Completamento

Completa lo schema utilizzando le seguenti parole: *in accomandita per azioni*; *società*; *in accomandita semplice*; *capitali*; *responsabilità limitata*; *per azioni*; *persone*; *in nome collettivo*.

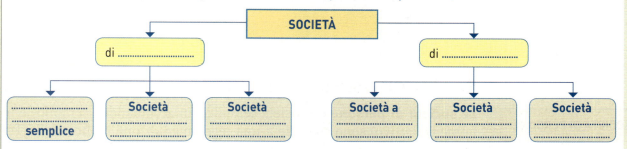

Test a risposta multipla

Indica con una crocetta l'affermazione esatta.

1. Le società di persone sono così chiamate perché:
   A. è rilevante il numero di persone che le compongono
   B. è rilevante la garanzia offerta dal patrimonio personale dei soci
   C. sono composte solo da persone fisiche
   D. sono composte solo da persone giuridiche

2. Che cosa si intende per capitale sociale?
   A. l'insieme dei conferimenti effettuati dai soci
   B. la differenza tra le attività e le passività della società
   C. il patrimonio della società
   D. l'ammontare degli utili che i soci hanno deciso di reinvestire nella società

3. Nell'associazione in partecipazione l'associato risponde per le perdite relative all'affare compiuto:
   A. solidalmente e illimitatamente con l'associante
   B. illimitatamente ma non solidalmente con l'associante

   C. limitatamente al suo apporto nell'affare
   D. limitatamente all'utile conseguito

4. Nelle società di capitali i creditori sociali possono rivalersi:
   A. prima sul patrimonio sociale e sussidiariamente su quello dei soci
   B. sul capitale sociale o su quelli dei soci senza vincoli di sussidiarietà
   C. soltanto sul patrimonio sociale
   D. direttamente su chi ha agito in nome e per conto della società

5. Responsabilità solidale significa che per i debiti della società:
   A. tutti i soci partecipano alle perdite in proporzione alla propria quota
   B. tutti i soci partecipano alle perdite in uguale proporzione
   C. i creditori sociali possono pretendere l'intero pagamento anche da un solo socio
   D. i creditori sociali possono rivalersi solo sul patrimonio della società

Ma davvero?

Il diritto si affaccia nei discorsi di ogni giorno. A volte, però, a sproposito. Leggi e rifletti.

Il tuo istruttore di nuoto è un tipo pieno d'iniziativa. Mentre bevete una bibita al bar della piscina ti racconta l'idea che gli frulla per la testa: «Con un paio di amici vorrei buttarmi nel commercio di attrezzature sportive. L'ideale sarebbe cominciare con una società semplice, poi chissà!»

Il tuo istruttore sembra sicuro di ciò che dice. Ma davvero... per l'attività che vuole intraprendere la società semplice è una buona scelta?

333

PERCORSO G — UNITÀ 2

LE SOCIETÀ DI PERSONE

La società semplice

SOCIETÀ DI PERSONE
- Società semplice (S.s.)
- Società in nome collettivo (S.n.c.)
- Società in accomandita semplice (S.a.s.)

1. La società semplice come prototipo delle società di persone

Le società di persone (la società semplice, in accomandita semplice e in nome collettivo) sono soggette a una regolamentazione molto simile. Per tale ragione gli estensori del Codice civile hanno pensato di regolarne compiutamente solo una, la società semplice, disponendo poi che le stesse regole si applichino anche alla S.n.c. e alla S.a.s. *se non espressamente derogate o integrate da norme specifiche collocate nel Capo III e IV* (del Libro V, Titolo V).

In questo modo la società semplice è divenuta il prototipo di tutte le società di persone, anche se il suo ruolo nel tessuto produttivo è ormai del tutto marginale.

2. Quali sono i caratteri generali della S.s.

Siamo quattro giovani, due ragazzi e due ragazze, e vorremmo costituire una società semplice per acquistare una piccola azienda agricola con un vecchio casale e svolgere attività di agriturismo. Vorremmo sapere come è regolata una S.s.

La società semplice (in acronimo S.s.) è il modello più elementare di società.

▶ **È una società di persone**, come la società *in nome collettivo* e la società *in accomandita semplice* (▶ Unità 3).

▶ **La responsabilità patrimoniale** dei soci è illimitata e solidale e ciò significa (art. 2267 c.c.) che per le obbligazioni sociali risponde tanto la società con il suo patrimonio, quanto i soci solidalmente e illimitatamente.

▶ **Non può svolgere attività commerciali** e pertanto il suo campo di applicazione è ristretto, essenzialmente, alla gestione di imprese agricole e all'esercizio di attività libero-professionali. Non svolgendo attività commerciale, non è soggetta al fallimento e alle altre procedure concorsuali.

▶ **L'atto costitutivo** (o contratto sociale) non è soggetto a forme speciali, dispone l'**art. 2251 c.c.**, salvo quelle richieste dalla natura dei beni conferiti. Ciò vuol dire che per costituire questa società sarebbe sufficiente anche un accordo verbale. Tuttavia, se tra i conferimenti vi sono beni immobili ceduti in proprietà o ceduti in godimento per più di nove anni occorre adottare la forma scritta, conformemente a quanto dispone, per i contratti immobiliari, l'art. 1350 c.c. (che si consiglia di leggere).

> **Le società semplici** sono oggi circa 70 mila su un totale di circa un milione e 300 mila società di persone.

Per modificare l'atto costitutivo, stabilisce l'art. 2252 c.c., occorre l'**unanimità**, cioè il consenso di tutti i soci, salvo che nel contratto stesso i soci abbiano disposto diversamente.

La sua iscrizione nella sezione speciale del registro delle imprese ha soprattutto funzione di certificazione anagrafica, come per le piccole imprese. Tuttavia se la società gestisce un'impresa agricola, l'iscrizione (come per tutte le imprese agricole) ha valore di pubblicità dichiarativa (> Percorso F, Unità 1, par. 7).

3. Che cosa si può conferire in società

I conferimenti possono essere costituiti da:

- **denaro**,
- **beni** di qualsiasi tipo, compresi i beni immateriali, come i marchi o i brevetti,
- **crediti**, per esempio rappresentati da assegni, cambiali, titoli del debito pubblico,
- e persino **attività lavorativa** (art. 2263, comma 2).

Il socio d'opera

Faccio parte di una società composta da giovani che gestisce un agriturismo con clientela internazionale e ci farebbe comodo avere in società una nostra amica che conosce quattro lingue, ma non ha nulla da conferire. Che cosa possiamo fare?

Nel caso sopra prospettato la ragazza può entrare in società conferendo il proprio lavoro.

==**Socio d'opera** è chiamato il socio che conferisce la propria opera. Questi non percepirà un compenso per il proprio apporto ma parteciperà solo alla divisione degli utili (se ci saranno) nella misura indicata nell'atto costitutivo.==

Se il socio d'opera si infortuna o comunque non è più in grado di operare, il suo conferimento viene a cadere ed egli può essere escluso dalla società.

Il conferimento di beni e di crediti

Nella nostra società un socio ha conferito un trattore che quasi subito si è rivelato inservibile e un altro ha conferito un credito che non è stato pagato dal debitore. Che cosa possiamo fare?

La risposta ci viene dagli **artt. 2254** e **2255 c.c.** che così dispongono:

- **se il bene è stato conferito solo in godimento** le riparazioni o sostituzioni sono a carico del socio. Se questi non vi provvedesse potrebbe essere escluso dalla società secondo quanto dispone l'art. 2286 c.c.;
- **se il bene è stato conferito in proprietà** i costi per riparazioni o sostituzioni sono a carico della società. Tuttavia il socio conferente (come fosse

> **Vizi occulti** sono quei difetti che non sono percepibili con la normale diligenza e che rendono la cosa non idonea all'uso o ne diminuiscono in modo apprezzabile il valore.

un venditore) è responsabile per i *vizi occulti* della cosa. Ciò significa che egli dovrà provvedere a sue spese alle riparazioni o alle sostituzioni se queste si sono rese necessarie per vizi insiti nella cosa stessa;

- **se viene conferito un credito**, questo si intende conferito *salvo buon fine*; pertanto il socio conferente risponde dell'eventuale inadempimento del debitore. È liberato solo se l'inadempimento è dipeso da negligenza della società nel condurre l'azione contro il debitore inadempiente;

- **se l'entità dei conferimenti non è precisata** nel contratto sociale, stabilisce il secondo comma dell'art. 2253 c.c., si presume che i soci siano obbligati a conferire, in parti uguali tra loro, quanto è necessario per il conseguimento dell'oggetto sociale.

4. Quale responsabilità assumono i soci

Ho scoperto che nell'atto costitutivo di una società semplice a cui avevo concesso un rilevante credito è stata concordata l'esclusione della responsabilità dei soci più ricchi e l'unico che è rimasto solidalmente e illimitatamente responsabile è quello che non ha un soldo!

Abbiamo già detto che nella società semplice, come in tutte le società di persone, la responsabilità dei soci è **illimitata e solidale**.

Dispone infatti il primo comma dell'**art. 2267 c.c.** che, per le obbligazioni sociali, risponde:

- tanto la società con il suo patrimonio,
- quanto i soci, illimitatamente e solidalmente, **salvo patto contrario**.

> **Chi entra a far parte di una società** già costituita risponde con gli altri soci per le obbligazioni sociali anteriori all'acquisto della qualità di socio (art. 2269 c.c.).

L'espressione *salvo patto contrario* significa che nell'atto costitutivo i soci possono anche *pattuire* tra di loro che uno o alcuni assumano una responsabilità limitata ma tale patto, precisa il secondo comma dell'art. 2267 c.c., **non è opponibile** a coloro che non ne hanno avuto conoscenza.

La preventiva escussione

Sono socio di una S.s. che ha molti debiti. Ora un creditore sociale pretende di sottoporre a esecuzione forzata un mio immobile. Mi chiedo se costui non dovrebbe prima cercare di rivalersi sui beni della società.

Non sempre i beni di una società sono facilmente individuabili. Per tale ragione l'art. 2268 c.c. dispone che il creditore insoddisfatto possa sottoporre a esecuzione forzata il patrimonio dei soci anche prima di aggredire quello della società, se ciò gli resta più comodo.

Tuttavia i soci possono evitare l'esecuzione indicando essi stessi al creditore i beni sociali sui quali egli può *agevolmente* rivalersi.

 Escutere è un verbo che deriva dal latino *excutere* che significa "scuotere via". Nel linguaggio giuridico esso assume il significato di "sottoporre a esecuzione forzata".

Agevolmente significa che i beni indicati debbono avere natura e caratteristiche tali (come la facile convertibilità in denaro liquido) da consentire l'immediata realizzazione della pretesa del creditore.

> **QUESTIONI**
>
> **Il creditore particolare del socio**
> Se un socio non paga i propri creditori, costoro potrebbero rivalersi sui beni della società?
> L'art. 2270 c.c. ci risponde che:
> - **il creditore particolare del socio**, finché dura la società semplice, può far valere i suoi diritti sugli utili spettanti al debitore;
> - **se gli altri beni del debitore sono insufficienti** a soddisfare i suoi crediti, il creditore particolare del socio può chiedere in ogni tempo la liquidazione della quota del suo debitore.
>
> **Attenzione** però a non confondere l'eccezione con la regola generale. Solo per le società semplici è consentito di chiedere la liquidazione della quota del debitore. Ciò non vale per tutte le altre società di cui ci occuperemo in seguito.

5. Come si ripartiscono utili e perdite

I criteri di ripartizione degli utili e delle perdite sono generalmente concordati nell'atto costitutivo.

Se non è stato concordato nulla, dispone l'art. 2263 c.c., le parti spettanti ai soci nei guadagni e nelle perdite si presumono proporzionali ai conferimenti.

I miei soci vogliono reinvestire tutto l'utile della società senza distribuire nulla. Possono farlo?

L'art. 2262 c.c. stabilisce che:

- ciascun socio ha diritto di percepire la sua parte di utili dopo l'approvazione del rendiconto,
- salvo *patto contrario concordato nell'atto costitutivo*.

Ciò significa che ogni socio può pretendere di avere la propria parte di utile e non può essere obbligato dalla maggioranza a rinunciarvi. A meno che i soci non abbiano posto nel contratto sociale una clausola (*patto contrario*) che consente alla maggioranza di decidere, in tutto o in parte, come impiegare gli utili.

6. Perché l'assemblea è opzionale nelle società di persone

Sono socia di una S.s. che gestisce un'impresa agricola e i miei soci hanno comperato un grosso trattore senza neppure avvertirmi. È possibile prendere simili decisioni senza convocare un'assemblea?

L'art. 2263 c.c. dispone anche che:
- se il valore dei conferimenti non è determinato dal contratto, essi si presumono uguali;
- se è stata concordata solo la ripartizione degli utili, si presume che ogni socio debba partecipare in uguale proporzione alle perdite.

Patto leonino è chiamato (art. 2265 c.c.) l'accordo con il quale uno o più soci sono esclusi da ogni partecipazione agli utili o alle perdite. Questo patto, precisa la norma, deve intendersi **nullo**.

Il Codice civile, regolando le società di persone, non fa alcuna menzione dell'assemblea. Ne consegue che le **scelte societarie** potrebbero anche essere operate dalla maggioranza dei soci senza neppure interpellare la minoranza.

Per evitare questo pericolo si può concordare nell'atto esecutivo:

- che sia ugualmente costituita un'assemblea per assumere le decisioni più importanti,
- o quanto meno che a tutti i soci sia data formale comunicazione delle decisioni che la maggioranza vorrebbe assumere acciocché ciascuno possa opporsi nel modo che ritiene più opportuno.

7. Chi amministra e chi rappresenta la società

==Amministrare una società== significa compiere ogni attività necessaria a realizzare l'oggetto sociale.

Per esempio, amministrare una società agricola significa provvedere, nel rispetto dell'indirizzo generale deciso dai soci, ai lavori necessari alla coltivazione, all'acquisto di macchinari, all'assunzione dei lavoratori stagionali, alla conservazione del raccolto, alle operazioni di commercializzazione e così via.

▶ **L'amministrazione della società**, stabilisce l'**art. 2257 c.c.**, spetta a ciascuno dei soci *disgiuntamente* dagli altri, *salvo diversa pattuizione*.

- *Disgiuntamente* significa che ciascuno è libero di assumere le iniziative che ritiene più idonee nei limiti posti dalla legge e dall'atto costitutivo.
- *Salvo diversa pattuizione* significa che i soci nell'atto costitutivo (o in successive modifiche) possono anche stabilire che l'amministrazione sia ristretta a uno solo o ad alcuni di loro.

Se l'amministrazione è affidata a più di un socio, si deve anche concordare, nell'atto costitutivo, se ciascun socio possa operare *disgiuntamente* o *congiuntamente* con gli altri.

==Avere la rappresentanza significa== poter compiere atti giuridici in nome e per conto della società, impegnandola verso i terzi.

Mentre, dunque, l'attività di amministrazione ha prevalente rilevanza interna, la rappresentanza ha rilevanza esterna: il rappresentante stipula contratti, sottoscrive cambiali, invia diffide e, se è necessario, rappresenta la società in giudizio.

▶ **La rappresentanza**, stabilisce l'**art. 2266 c.c.**, **spetta** a ogni socio amministratore, in mancanza di diversa disposizione dell'atto costitutivo.
Ciò significa che l'atto costitutivo può riservare il potere di rappresentanza solo a uno o solo ad alcuni soci, stabilendo anche se questi debbano agire *disgiuntamente* o *congiuntamente*.

La società semplice UNITÀ 2

QUESTIONI

L'amministrazione può essere affidata a non soci?

Su tale importantissima questione, la legge non dispone nulla. Tuttavia è largamente accolta, in dottrina, la tesi che nelle società di persone il potere di amministrazione spetti soltanto ai soci. Non sembra concepibile, infatti, che chi compie le scelte per conto della società non debba condividerne, con gli altri soci, la responsabilità illimitata e solidale.

Quale responsabilità assumono gli amministratori?

Per quanto si evince dall'art. 2260 c.c., l'amministratore può essere chiamato a rispondere degli errori di gestione solo se ha operato senza osservare neppure la cosiddetta diligenza del buon padre di famiglia, cioè la diligenza media che ci si può aspettare da chi amministra una società. Può invece essere chiamato a rispondere per i danni causati dalla violazione di specifici doveri imposti dal contratto sociale o dalla legge.

Come possono controllare i soci l'operato degli amministratori?

Il Codice civile (art. 2261) stabilisce che tutti i soci hanno diritto di:
- avere informazioni sull'andamento degli affari sociali ogni volta che ne facciano richiesta, anche in modo informale;
- consultare i documenti relativi all'amministrazione;
- avere il rendiconto della gestione al termine di ogni anno e quando è stato raggiunto l'oggetto sociale.

> **La modifica** dei poteri dei rappresentanti o la revoca dall'incarico hanno effetti nei confronti dei terzi solo se la notizia è stata portata a loro conoscenza *con mezzi idonei* (art. 1396 c.c.).
> **In mancanza** di *idonea informazione* la società rimarrebbe vincolata alle obbligazioni assunte in suo nome dal rappresentante (con clienti, fornitori o altri). Potrebbe andarne esente solo se potesse dimostrare che i terzi erano comunque venuti a conoscenza della revoca o della modifica.

8. La cessione della quota, il recesso del socio, l'esclusione e la successione

Ho costituito con alcuni amici una società semplice per gestire un vivaio di piante tropicali. Ora, uno dei soci vuole vendere la propria quota a una persona per noi poco affidabile. Possiamo opporci?

Sappiamo che il nome dei soci deve comparire nell'atto costitutivo della società. E sappiamo anche che tale atto (salvo patto contrario) può essere modificato solo con il consenso unanime di tutti i soci (art. 2252 c.c.). Possiamo allora trarre una rapida conclusione.

▶ **Il socio può alienare la propria quota** a estranei soltanto:
- se tutti gli altri soci sono d'accordo,
- oppure se l'atto costitutivo lo consente.

Non sopporto più le amiche con cui sono in società. Posso chiedere la liquidazione della mia quota e andarmene?

Nel regolare il recesso del socio la legge si preoccupa di evitare che la liquidazione della quota possa provocare uno scompenso economico nei conti della società e per tale ragione pone alcuni limiti.

>
> **La differenza** tra alienare la propria quota e recedere dalla società sta in ciò:
> - nel caso di alienazione, la società non deve pagare nulla;
> - nel caso di recesso, la società deve rimborsare al socio il valore della sua quota.

Il recesso, stabilisce l'**art. 2285 c.c., è consentito**:

- nei casi previsti dal contratto sociale;
- quando la società è contratta a tempo indeterminato (non si può infatti pretendere che i soci rimangano vincolati per tutta la vita);
- quando sussiste una *giusta causa* (come l'insorgere di contrasti insanabili con gli altri soci);
- quando gli altri soci sono favorevoli.

Un socio della nostra S.n.c. è antipatico a tutti. Possiamo buttarlo fuori dalla società?

È escluso di diritto dalla società:
- il socio che sia stato dichiarato fallito;
- il socio nei cui confronti un creditore particolare abbia ottenuto la liquidazione della quota sociale (art. 2288 c.c.).

Così come il socio non può liberamente recedere dalla società, non può neppure liberamente essere escluso.

L'esclusione del socio può essere operata, con deliberazione a maggioranza, solo nei casi consentiti dall'**art. 2286 c.c.**
Per esempio il socio può essere escluso:

- se si rende gravemente inadempiente rispetto agli obblighi che derivano dalla legge o dal contratto sociale;
- se perisce il bene conferito in uso per causa non imputabile agli amministratori;
- se il socio d'opera non è più in grado di svolgere l'opera conferita.

Ho ereditato una quota di una S.n.c. Posso pretendere di entrare in società o debbo accontentarmi della liquidazione della quota?

▶ L'**art. 2284 c.c.** stabilisce che **gli eredi del socio**:
- hanno diritto alla liquidazione della quota del defunto,
- possono subentrare nella società solo se gli altri soci vi acconsentono,
- oppure se tale possibilità è stata prevista nell'atto costitutivo.

9. Come si scioglie e si liquida la società

Nel regolare lo scioglimento della società la legge deve tenere conto soprattutto della sorte dei creditori e della posizione dei soci dissenzienti. Il Codice, pertanto, interviene a regolare in modo puntuale questa delicata fase. Vediamo come.

La liquidazione della società è regolata dagli artt. 2275-2283 c.c.

La società si scioglie, dispone l'**art. 2272 c.c.**, per le seguenti cause:

- perché tutti i soci sono d'accordo nel porre fine alla società;
- perché è venuta a mancare la pluralità dei soci e non è stata ricostituita entro sei mesi;

- perché è stato conseguito l'oggetto sociale oppure perché si è accertato che è impossibile conseguirlo;
- perché è decorso il termine fissato nell'atto costituivo. In questo caso, tuttavia, se i soci seguitassero a compiere operazioni sociali oltre tale termine, la società dovrebbe intendersi automaticamente prorogata a tempo indeterminato e i soci dissenzienti avrebbero la facoltà di recedere unilateralmente (art. 2273 c.c.);
- per le altre cause previste nel contratto sociale.

Se i liquidatori tentassero di intraprendere nuove operazioni in fase di liquidazione dovrebbero rispondere personalmente e solidalmente per gli affari intrapresi (art. 2279 c.c.).

Lo scioglimento della società non comporta ancora la sua estinzione. Per compiere questo ulteriore passo occorre procedere:

- alla **liquidazione dell'attivo** (cioè alla trasformazione del patrimonio sociale in denaro liquido),
- al **pagamento dei creditori sociali**,
- e alla **ripartizione tra i soci** di quanto residua.

Se l'atto costitutivo non prevede come debbano essere eseguite queste operazioni e i soci non riescono ad accordarsi, occorrerà nominare uno o più liquidatori che procederanno nei modi indicati dagli artt. 2275-2283 c.c.

UNITÀ 2 — Riguardando gli appunti

1. Perché la società semplice rappresenta un prototipo per tutte le società di persone?

- La disciplina dettata dal Codice civile per la società semplice (S.s.) si applica anche alle altre società di persone (società in accomandita semplice e in nome collettivo), se non espressamente derogata da norme specifiche.

2. Quali sono i caratteri della società semplice?

- La società semplice non può svolgere attività commerciali e non è soggetta al fallimento e alle altre procedure concorsuali.
- La responsabilità patrimoniale dei soci è illimitata e solidale.
- L'atto costitutivo non è soggetto a forme speciali, salvo quelle richieste dalla natura dei beni conferiti.
- Per modificare l'atto costitutivo occorre il consenso di tutti i soci, salvo che nel contratto stesso sia disposto diversamente.
- Ciascun socio ha diritto di percepire la sua parte di utili dopo l'approvazione del rendiconto, salvo patto contrario.
- Il creditore particolare del socio, finché dura la società, può far valere i suoi diritti sugli utili spettanti al debitore e può chiedere in ogni tempo la liquidazione del suo debitore.

3. Che cosa si può conferire in società?

- In società si può conferire denaro, beni, crediti e attività lavorativa.
- I crediti si ritengono conferiti salvo buon fine.
- Il socio che conferisce la propria opera è chiamato socio d'opera. Il socio d'opera non percepisce salario ma partecipa solo alla divisione degli utili. Può essere escluso se non può più prestare la propria opera.

4. Come si gestisce la società semplice?

- Nella società di persone non è obbligatoria la costituzione dell'assemblea.
- L'amministrazione della società spetta a ciascuno dei soci disgiuntamente dagli altri salvo diversa pattuizione nell'atto costitutivo.
- L'amministrazione, secondo la prevalente dottrina, non può essere affidata a soggetti non soci.
- La rappresentanza, in mancanza di diversa disposizione, spetta a ogni socio amministratore.

5. Quali limiti sono posti alla libertà del socio?

- Il socio può cedere a estranei la propria quota sociale solo se vi è l'unanime consenso degli altri soci o nei casi previsti dall'atto costitutivo.
- Il socio può recedere dalla società se questa è stata contratta a tempo indeterminato o per tutta la vita di uno dei soci; se sussiste una giusta causa; nei casi previsti dal contratto sociale.
- Il socio può essere escluso d'autorità solo se: si rende gravemente inadempiente; se viola il divieto di concorrenza previsto dall'art. 2301 c.c.; se non è più in grado di svolgere l'opera che si era impegnato a conferire e negli altri casi previsti dalla legge.
- Gli eredi del socio hanno diritto alla liquidazione della quota del defunto. Possono subentrare nella società solo se i soci restanti vi acconsentono oppure se tale possibilità era prevista nell'atto costitutivo.

6. Come si scioglie la società?

- La società si scioglie: per volontà dei soci; per la sopravvenuta mancanza della pluralità dei soci, a meno che non venga ricostituita entro sei mesi; per il conseguimento dell'oggetto sociale o per la sopravvenuta e accertata impossibilità di conseguirlo; per il decorso del termine fissato nell'atto costitutivo e per le altre cause previste nel contratto sociale.
- Prima di estinguere la società occorre procedere alla liquidazione del patrimonio societario, pagare i creditori sociali, distribuire tra i soci l'attivo residuo.

Verifica le tue conoscenze

UNITÀ 2

Completamento

Completa lo schema utilizzando le seguenti parole: *conferimenti*; *pattuizione*; *illimitata*; *società di persone*; *utili*; *assemblea*; *solidale*; *perdite*; *attività commerciale*.

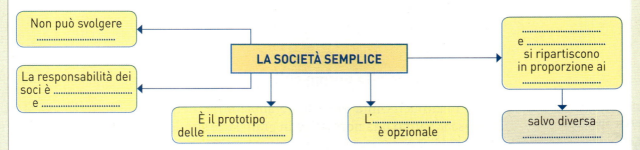

Test a risposta multipla

Indica con una crocetta l'affermazione esatta.

1. **Il socio di una società semplice può conferire in società un credito?**
   A. no
   B. sì, se non è in grado di conferire beni mobili o immobili
   C. sì, ma solo se il debitore è anche debitore della società
   D. sì, e il credito si intende conferito salvo buon fine

2. **Quale forma deve avere l'atto costitutivo di una società semplice?**
   A. la forma scritta
   B. la forma scritta se vengono conferiti beni immobili
   C. l'atto pubblico
   D. qualsiasi forma

3. **Nella società semplice, a chi spetta l'amministrazione della società?**
   A. a tutti i soci congiuntamente
   B. al socio che ha fatto il conferimento maggiore
   C. a ciascun socio disgiuntamente, salvo diversa pattuizione
   D. all'amministratore delegato

4. **Se il socio d'opera non è più in grado di svolgere l'opera conferita:**
   A. può essere escluso dalla società
   B. non può essere escluso dalla società
   C. deve recedere dalla società
   D. deve alienare la sua quota

5. **Se viene accertata l'impossibilità di conseguire l'oggetto sociale:**
   A. la società deve trovare un altro oggetto da conseguire
   B. la società non è più tenuta a pagare i creditori
   C. la società si scioglie
   D. la società fallisce

Ma davvero?

Il diritto si affaccia nei discorsi di ogni giorno. A volte, però, a sproposito. Leggi e rifletti.

«Basta, non ne posso più!», si sfoga Stefania con gli amici. «Voglio uscire dalla Kiwi S.s.!». Gli amici la guardano con aria interrogativa, e Stefania spiega: «Con i miei soci i rapporti sono pessimi. Vorrei recedere dalla società, ma ahimè non posso farlo! L'abbiamo contratta a tempo indeterminato, capite? Sono condannata a passare la vita con persone che non sopporto più!»

Stefania sembra sicura di ciò che dice. Ma davvero... dovrà rimanere nella Kiwi S.s. a vita?

343

UNITÀ G3 — PERCORSO G

LE SOCIETÀ DI PERSONE

La società in nome collettivo e in accomandita semplice

1. Il rinvio alle norme sulla società semplice

All'inizio dell'Unità precedente abbiamo anticipato che tutte le *società di persone* hanno una normativa in gran parte simile e che nella compilazione del Codice è stato scelto di non ripetere per ciascun tipo di società le norme comuni.

Il legislatore pertanto:

- nel Capo II, illustrando la società semplice, ha posto una serie di norme che sono estensibili a tutte le società di persone, salvo specifiche deroghe o integrazioni;

- nel Capo III, trattando della S.n.c., ha posto solo le norme che contengono *specifiche deroghe* o *integrazioni*, rinviando, per tutto il resto, alle norme già poste per la società semplice.

Art. 2293 c.c.
Norme applicabili
La società in nome collettivo è regolata dalle norme di questo Capo e, in quanto queste non dispongano, dalle norme del Capo precedente.

NORME POSTE PER LA S.S. E APPLICABILI ANCHE ALLA S.N.C.	
Art. (c.c.)	**Oggetto della norma**
2252	Modificazione del contratto sociale
2253-2255	Conferimenti dei soci
2256	Uso delle cose sociali
2257-2261	Amministrazione della società
2262-2265	Ripartizione degli utili e delle perdite
2269	Responsabilità del nuovo socio
2272-2283	Scioglimento e liquidazione della società

2. Caratteri generali della S.n.c.

Con alcuni compagni vorremmo acquistare delle moto e svolgere attività di moto-taxi, utile per superare le difficoltà del traffico nel centro cittadino. Poiché per gestire questa impresa ci hanno consigliato di costituire una S.n.c., vorremmo avere qualche informazione su questo tipo di società.

▶ **La società in nome collettivo** (in acronimo **S.n.c.**) ha costituito il primo modello di società commerciale con cui si sono organizzate le compagnie mercantili medievali.

La società in nome collettivo e in accomandita semplice UNITÀ 3

▶ **È una società di persone**, come lo sono la società semplice e la società in accomandita semplice.

▶ **La responsabilità patrimoniale** dei soci è solidale e illimitata.

▶ **Può svolgere attività commerciale** e, per conseguenza, come ogni imprenditore commerciale:

- deve essere iscritta nel registro delle imprese;
- deve tenere le scritture contabili obbligatorie;
- è soggetta al fallimento e alle altre procedure concorsuali.

▶ **Può essere utilizzata** anche per svolgere *attività non commerciali* (per esempio per gestire un'impresa agricola) e in tal caso non è più soggetta al fallimento né alle altre procedure concorsuali.

▶ **Soci**, nella S.n.c., possono essere:

- sia persone fisiche;
- sia persone giuridiche (come si desume dal secondo comma dell'art. 2361 c.c.).

▶ **Non è prevista** la costituzione in forma *unipersonale*.

▶ **La forma** del contratto o atto costitutivo deve essere l'atto pubblico o la scrittura privata con firme autenticate (art. 2296 c.c.).

La registrazione della società deve essere eseguita dagli amministratori o dal notaio inviando l'atto all'*Ufficio del registro delle imprese*.
Il d.lgs. n. 236 del 2002 ha reso obbligatorio l'uso del mezzo telematico per l'invio di qualsiasi atto societario soggetto a registrazione.

3. Come si costituisce la S.n.c.

La S.n.c., come ogni altra società, si costituisce per contratto.

L'atto costitutivo, dispone l'**art. 2295 c.c.**, deve essere **registrato** e deve indicare:

- i dati anagrafici dei soci;
- la ragione sociale;
- la sede della società e le eventuali sedi secondarie;
- l'oggetto sociale;
- i conferimenti di ciascun socio, il valore a essi attribuito e il criterio di valutazione;
- le prestazioni a cui sono obbligati i soci d'opera;
- le norme sulla ripartizione degli utili e delle perdite;
- quali soci hanno l'incarico di amministrare e di rappresentare la società;
- la durata della società.

Nei prossimi paragrafi capiremo meglio la ragione di tutte queste richieste.

PERCORSO G — LE SOCIETÀ DI PERSONE

Come si modifica l'atto costitutivo

Poiché gli articoli del Codice che si occupano in modo specifico della S.n.c. non dicono nulla sulla modifica dell'atto costitutivo, dovremo fare riferimento alle norme poste per la società semplice.

E allora, sfogliando il Codice all'indietro, troveremo l'**art. 2252** dove è disposto che:

Per modificare il contratto sociale occorre il consenso di tutti i soci se nel contratto stesso non è stato disposto diversamente.

Ciò significa che si potranno operare modifiche a maggioranza, piuttosto che all'unanimità, solo se tale procedura è stata precedentemente concordata nell'atto costitutivo.

▶ **Le modifiche dell'atto costitutivo**, stabilisce il terzo comma dell'art. 2300 c.c., finché non sono iscritte non sono opponibili ai terzi, a meno che si provi che questi ne erano comunque venuti a conoscenza.

4. Perché nell'atto costitutivo vanno indicati i nomi dei soci, la ragione sociale, l'oggetto e la sede

I nomi dei soci vanno dichiarati nell'atto costitutivo per una ragione di tutta evidenza: se i soci sono solidalmente e illimitatamente responsabili per le obbligazioni sociali, è ragionevole che i creditori debbano avere la possibilità di sapere chi sono e come rintracciarli.

▶ **La ragione sociale** è il nome che viene dato alla società e **deve essere formata**, stabilisce l'art. 2292 c.c., dal nome di uno o più soci seguito dall'indicazione *S.n.c.*

Tale indicazione può essere omessa se si fa seguire al nome del socio la formula tradizionale ... & *figli*; ... & *fratelli* e così via.

Talvolta si usa anche la formula ... & *c.*, nella quale "c." sta per "compagni" ed è un retaggio dei tempi in cui la società si chiamava "compagnia".

La società può conservare nella ragione sociale il nome del socio receduto o deceduto purché questi (o i suoi eredi in caso di decesso) lo consentano. Perché?

Perché la ragione sociale, come la *ditta*, può assumere una importante funzione di richiamo per la clientela e non è sembrato giusto che il recesso, l'esclusione o la morte del socio debbano obbligatoriamente privare la società di questo importante elemento.

▶ **L'oggetto sociale** indica il tipo di attività economica che la società intende svolgere.

Poiché può accadere, durante la vita della società, che alcuni soci vogliano estendere o modificare l'oggetto sociale contro il parere di altri, **l'art. 2295 c.c.** stabilisce che l'oggetto sociale deve essere indicato nell'atto costitutivo.

La ragione sociale gode della stessa tutela della ditta. Nessuno può utilizzare una *ragione sociale* già registrata se questo, per l'attività svolta e per il luogo dove si svolge, può ingenerare confusione nei consumatori.

Ricordiamo che l'art. 2252 c.c., rubricato *Modificazioni del contratto sociale*, è posto nel Capo II per regolare la S.s. ma estende i suoi effetti anche alla S.n.c.

E poiché (se non è stato diversamente concordato) l'atto costitutivo si può modificare solo con il consenso di tutti i soci, ne consegue che nessuno può essere costretto a subire un mutamento o una estensione dell'oggetto sociale contro la propria volontà.

▶ **La sede della società** è nel luogo dove si trovano gli uffici amministrativi, anche se la società conta uffici o stabilimenti in altri luoghi o in altre città. L'indicazione della sede sociale nell'atto costitutivo consente a tutti di individuare, senza possibilità di errore, il luogo in cui debbono essere compiuti o notificati atti che riguardano la società stessa (citazioni in giudizio, cartelle esattoriali, prestazioni da eseguire al domicilio del creditore e così via).

Se l'entità dei **conferimenti non è precisata** nel contratto sociale, stabilisce il secondo comma dell'art. 2253 c.c., si presume che i soci siano obbligati a conferire, in parti uguali tra loro, quanto è necessario per il conseguimento dell'oggetto sociale.

5. Che cosa si può conferire in società

Abbiamo detto che nell'atto costitutivo devono essere indicati i conferimenti operati da ciascun socio, il valore a essi attribuito e il criterio di valutazione adottato.

▶ **I conferimenti**, che andranno a costituire il capitale sociale, possono essere costituiti, oltre che da denaro, anche da:

- **beni** di qualsiasi tipo (compresi i beni immateriali, come i marchi o i brevetti); in questo caso, tuttavia, bisognerà anche indicare il criterio di valutazione adottato per evitare che i soci siano tentati di sopravvalutare i beni conferiti al fine di presentarsi, ai creditori sociali, con un capitale più elevato,
- **crediti**, per esempio rappresentati da cambiali, assegni, titoli del debito pubblico,
- e persino **attività lavorativa** (art. 2253 c.c., comma 2).

Questo breve elenco non è tuttavia esaustivo poiché fondatamente si ritiene (estendendo alle società di persone quanto è stabilito per le S.r.l.) che possano essere conferiti in società tutti gli elementi dell'attivo *suscettibili di valutazione economica*. In pratica, tutto ciò che può essere valutato in denaro e che è utile al conseguimento dell'oggetto sociale.

Come per la S.s. anche nella S.n.c. (art. 2295 c.c.):
- se il bene è stato conferito **in proprietà**, i costi per riparazioni o sostituzioni sono a carico della società. Tuttavia il socio conferente è responsabile per i vizi occulti della cosa;
- se il bene è stato conferito solo **in godimento**, le riparazioni o sostituzioni sono sicuramente a carico del socio. Se questi non vi provvedesse potrebbe essere escluso dalla società (art. 2286 c.c.);
- se viene conferito **un credito**, questo si intende conferito salvo buon fine; pertanto il socio conferente risponde dell'eventuale inadempimento del debitore. È liberato solo se l'inadempimento è dipeso da negligenza della società nel condurre l'azione contro il debitore inadempiente.

Il conferimento di attività lavorativa: il socio d'opera

Come per la società semplice, anche nella S.n.c. è possibile *conferire* la propria *opera* (art. 2253 c.c.).

▶ **Il socio d'opera** non percepisce un compenso per il lavoro svolto a favore della società ma partecipa, insieme agli altri soci, alla ripartizione degli utili (se ci saranno) nella misura indicata nell'atto costitutivo.

Sono entrata a far parte di una S.n.c. che gestisce un centro sportivo conferendo il mio lavoro di istruttrice. Ma dopo una caduta dal motorino non posso più lavorare e gli altri soci minacciano di escludermi dalla società. Possono farlo?

347

▶ **Il socio che non possa più svolgere l'attività che ha conferito**, stabilisce l'art. 2286 c.c., è inadempiente, e come tale può essere escluso dalla società. Ricordiamo ancora una volta che l'art. 2286 c.c. è una di quelle norme nate per regolare la S.s. ma che estendono la loro efficacia anche alla S.n.c.

6. Come si tutela il capitale sociale

Il capitale sociale, come abbiamo detto e come giova ripetere, è costituito dall'insieme dei conferimenti operati dai soci e il suo valore deve essere indicato nell'atto costitutivo (art. 2295 c.c.).
Ciò affinché i creditori, consultando il registro delle imprese, possano prendere visione della sua consistenza e valutare se e quanto credito concedere alla società.

Ho concesso un importante credito a una S.n.c. fidando su un buon capitale sociale. Ma ora mi è giunta voce che questo capitale è diminuito. Che cosa posso fare?

Il capitale sociale può diminuire a causa di perdite di esercizio o per libera scelta dei soci.
In entrambi i casi la legge interviene per evitare che tale diminuzione possa risolversi in un danno per i creditori sociali. Vediamo in quale modo.

La diminuzione per perdite

Può accadere che, per incapacità degli amministratori o per avversa sorte, la società registri delle perdite che procurano una diminuzione del capitale sociale.
In questi casi, stabilisce l'**art. 2303 c.c.**:

==non possono essere distribuiti utili ai soci fin quando il capitale non sia completamente ricostituito.==

Se poi le perdite proseguissero anche negli esercizi successivi e l'impresa si dimostrasse non più in grado di far fronte alle obbligazioni sociali con mezzi normali di pagamento, i creditori potrebbero chiedere il fallimento della società.

La riduzione volontaria

Può accadere, nella vita di una società, che il volume di affari si riduca e che il capitale sociale diventi obiettivamente esuberante.
In questi casi è consentito ai soci di operare una diminuzione annotando il nuovo importo nell'atto costitutivo.
Tuttavia, non c'è chi non veda come una tale operazione possa anche nascondere intenti truffaldini (si ottiene un grosso prestito e poi si riduce il capitale lasciando il creditore senza garanzie).

Per evitare simili tentazioni, sempre possibili nel mondo degli affari, l'**art. 2306 c.c.** dispone che:

- la deliberazione con la quale si vuole ridurre il capitale sociale deve essere iscritta nel registro delle imprese affinché tutti possano averne conoscenza;
- solo se entro tre mesi da tale iscrizione nessun creditore sociale fa opposizione, si può procedere alla redistribuzione tra i soci di parte dei conferimenti.

È questo uno dei pochi casi nei quali il nostro ordinamento assegna al silenzio (cioè alla mancata opposizione del creditore) il valore di assenso.

7. Come vanno distribuiti gli utili

Se, per uno o più anni, la società non conseguisse alcun utile, i soci potrebbero consolarsi riprendendosi una parte del capitale sociale?

Una simile operazione ridurrebbe la garanzia offerta ai creditori dal capitale sociale e per tale ragione l'**art. 2303 c.c.** stabilisce che:

==**"Non può farsi luogo a ripartizione di somme tra i soci** se non per utili realmente conseguiti".==

I criteri di ripartizione

Scorrendo il Capo III del Codice civile non troviamo alcuna indicazione su come vadano ripartiti gli utili realmente conseguiti.

E ciò significa, come ormai abbiamo ampiamente capito, che dovremo fare riferimento alle norme dettate per la società semplice, dalle quali ricaviamo che:

- **i criteri di ripartizione** degli utili e delle perdite sono generalmente concordati nell'atto costitutivo;
- **se non è stato concordato nulla**, dispone l'art. 2263 c.c., le parti spettanti ai soci nei guadagni e nelle perdite si presumono proporzionali ai conferimenti.

Sono due anni che i miei soci reinvestono tutto l'utile della società e non distribuiscono un solo euro. Posso pretendere che si proceda alla divisione?

Sfogliando ancora una volta il Codice all'indietro, troveremo nel Capo II l'art. 2262 c.c., che così dispone:

- ciascun socio ha diritto di percepire la sua parte di utili dopo l'approvazione del rendiconto
- salvo patto contrario.

Gli utili non distribuiti solitamente vanno a costituire una *riserva volontaria* che consenta di fronteggiare crisi transitorie o di operare nuovi investimenti.

349

Ma in assenza di una specifica clausola o di un accordo successivo, ogni socio può pretendere di avere la propria parte e non può essere obbligato dalla maggioranza a rinunciarvi.

Contabilità e bilancio

La società in nome collettivo che gestisca un'impresa commerciale deve tenere la regolare contabilità prevista nel Codice dagli artt. 2214 ss. per tutte le imprese commerciali.

Il risultato dell'attività sociale deve, inoltre, emergere da un bilancio che deve essere redatto alla fine di ogni esercizio.

Il bilancio delle società di persone, a differenza di quanto è disposto per le società di capitali, non deve obbligatoriamente essere reso pubblico.

8. Quale responsabilità patrimoniale assumono i soci nella S.n.c.

Poniamoci una domanda: se la società subisse rilevanti perdite e il patrimonio sociale risultasse insufficiente a soddisfare i creditori, chi dovrebbe pagare il debito residuo?

Nella S.n.c., come abbiamo già accennato, tutti i soci sono *solidalmente* e *illimitatamente* responsabili per le obbligazioni sociali (art. 2291 c.c.).

La preventiva escussione e la responsabilità sussidiaria

Una S.n.c., alla quale fornisco attrezzature per escursioni in alta montagna, non paga i debiti da due anni. Vorrei sottoporre i suoi beni a esecuzione forzata ma non riesco a individuarli. Uno dei soci, però, ha una baita a Sestrière. Posso cominciare a rivalermi su quella?

La questione ci riporta al tema della *preventiva escussione* che abbiamo già conosciuto a proposito della S.s. Diversamente da quanto è disposto per quella società, però, nella S.n.c. la responsabilità dei soci è solo *sussidiaria* (art. 2304 c.c.).

Responsabilità sussidiaria vuol dire che il creditore sociale, prima di potersi rivalere sul patrimonio personale dei soci, deve aver escusso l'intero patrimonio sociale.

La limitazione della responsabilità

Un accordo che limiti la responsabilità patrimoniale di uno o più soci può essere inserito nell'atto costitutivo ma, stabilisce l'art. 2291 c.c., esso **non ha valore nei confronti dei terzi** (anche se costoro ne erano a conoscenza).

I creditori, pertanto, dopo aver esaurito il patrimonio sociale potranno rivalersi sui beni personali di tutti i soci, nessuno escluso.

Coloro che sono stati costretti a pagare sebbene avessero concordato nell'atto costitutivo una responsabilità *limitata*, potranno poi rivalersi sugli altri soci *illimitatamente responsabili*.

Ricordiamo che:
- *illimitatamente* significa che i soci rispondono con tutti i loro averi fino alla completa estinzione dei debiti sociali;
- *solidalmente* significa che il creditore può rivalersi anche su uno solo dei soci (per esempio su quello che ha un patrimonio più facilmente liquidabile); spetterà poi a questo l'onere di farsi rimborsare dagli altri soci in proporzione alla quota di partecipazione di ciascuno.

Escutere è un verbo che deriva dal latino *excutere* che significa "scuotere via". Nel linguaggio giuridico esso assume il significato di "sottoporre a esecuzione forzata".

La società in nome collettivo e in accomandita semplice   UNITÀ 3

QUESTIONI

La responsabilità del nuovo socio

Chi entra a far parte di una S.n.c. risponde per i debiti che questa ha contratto prima del suo ingresso?
La risposta è affermativa. L'art. 2269 c.c. dispone che chi entra a far parte di una società già costituita risponde con gli altri soci per le obbligazioni sociali anteriori all'acquisto della qualità di socio.

Il creditore particolare del socio

Se un socio ha molti debiti e non paga i propri creditori, costoro possono rivalersi sui beni della società?
La risposta che ci dà l'art. 2305 c.c. è negativa.
Tale facoltà è concessa soltanto quando si è in presenza di una società semplice e non più quando si tratta di società commerciali.
Questo perché la liquidazione forzata della quota di un socio potrebbe creare uno squilibrio difficilmente sanabile nei conti della società, con grave pregiudizio per l'attività produttiva che essa esercita.
Solo se la società commerciale è posta in liquidazione per cessazione dell'attività, il creditore particolare può chiedere al giudice che gli venga assegnata la quota da liquidare al socio.

I creditori particolari del socio e la proroga della società

Immaginiamo che un nostro debitore sia socio di una S.n.c. prossima a cessare l'attività per scadenza dei termini. Attendiamo fiduciosi di recuperare il nostro credito allorché veniamo a sapere che i termini sono stati prorogati. Che cosa possiamo fare?
In un simile caso, l'art. 2307 c.c. ci consente di inoltrare al giudice un atto di opposizione alla proroga. Se la nostra opposizione verrà accolta, la società dovrà, entro tre mesi dalla notificazione della sentenza, liquidarci la quota del socio debitore.

9. Perché l'assemblea è opzionale

Faccio parte di una S.n.c. che si occupa della produzione di bandiere per manifestazioni sportive e politiche. Mentre ero in vacanza i miei soci hanno impiegato una grossa parte del capitale sociale per acquistare una stampante costosissima senza neppure consultarmi. Possono farlo?

Il Codice civile, regolando le società di persone, non fa alcuna menzione dell'assemblea.
Ne consegue che le scelte societarie potrebbero anche essere operate dalla maggioranza dei soci senza neppure interpellare la minoranza.

Tuttavia il fatto che il Codice non regoli il momento decisionale non significa che non possano volontariamente farlo i soci. Essi pertanto, nell'atto costitutivo, possono stabilire:

- che sia ugualmente costituita un'assemblea per assumere le decisioni più importanti,

---

I soci non possono fare concorrenza alla società. Dispone in proposito l'art. 2301 c.c.:
- il socio non può, senza il consenso degli altri soci, esercitare per conto proprio o altrui un'attività concorrente con quella della società, né partecipare, come socio illimitatamente responsabile, ad altra società concorrente;
- se viola tale obbligo, il socio può essere escluso dalla società e costretto a risarcire i danni causati;
- se l'attività concorrente era preesistente all'ingresso in società e i soci ne erano a conoscenza, si presume che abbiano dato il loro assenso alla continuazione.

Il fallimento della S.n.c. comporta anche il fallimento dei soci i quali, non dimentichiamolo, hanno assunto una responsabilità solidale e illimitata per le obbligazioni sociali. Pertanto, se il patrimonio della società non bastasse a saldare i debiti, sarebbero acquisiti al fallimento anche i loro beni personali.

- oppure che sia data a tutti i soci formale comunicazione delle decisioni che la maggioranza vorrebbe assumere affinché ciascuno possa opporsi nel modo che ritiene più opportuno.

10. Chi amministra la società

Abbiamo già chiarito, ma giova ripetere, che:

Amministrare una società significa compiere ogni attività necessaria per realizzare l'oggetto sociale nel rispetto dell'indirizzo generale deciso dai soci.

Ancora una volta, mancando nel Capo III norme specifiche, dovremo fare riferimento a quanto abbiamo già detto per la società semplice (art. 2257 c.c.).

L'art. 2257 c.c. stabilisce che l'**amministrazione della società**:

- spetta a ciascuno dei soci *disgiuntamente* dagli altri,
- salvo diversa pattuizione.

Disgiuntamente significa che ciascuno è libero di assumere le iniziative che ritiene più idonee nei limiti posti dalla legge e dall'atto costitutivo.
Salvo diversa pattuizione significa che i soci, nell'atto costitutivo o in successive modifiche, possono anche stabilire (e solitamente stabiliscono) che l'amministrazione sia ristretta a uno solo o ad alcuni di loro.

QUESTIONI

Si può revocare l'incarico all'amministratore?

Sì, ma con qualche difficoltà.
La revoca con deliberazione a maggioranza è consentita solo:
– se una tale ipotesi è prevista nell'atto costitutivo,
– oppure se l'amministratore è stato nominato con atto separato.
Se, invece, il nome dell'amministratore compare nell'atto costitutivo e non è stata prevista la revoca a maggioranza, per rimuoverlo occorrerà modificare l'atto stesso. Ma l'atto si può modificare solo con il consenso unanime dei soci e ciò presupporrebbe che anche l'amministratore indesiderato voti contro se stesso. A questo *cul de sac* il Codice offre solo una stretta via d'uscita consentendo di rimuovere l'amministratore indesiderato se ricorre una giusta causa la cui fondatezza dovrà però essere valutata dal giudice.

L'amministrazione può essere affidata a soggetti non soci?

Su una questione di tale importanza, la legge non dispone nulla. Tuttavia è largamente accolta, in dottrina, la tesi che nelle società di persone il potere di amministrazione spetti soltanto ai soci. Non sembra concepibile, infatti, che chi compie le scelte per conto della società non debba condividere, con gli altri soci, la responsabilità illimitata e solidale.
Talvolta accade che i soci, non avendo grande dimestichezza con norme e regolamenti, si affidino a un amministratore esterno alla società.
In realtà il soggetto che in tal modo assume l'incarico non diventa giuridicamente amministratore ma soltanto *mandatario* o *direttore generale*. L'amministrazione, e la responsabilità che ne consegue, rimane attributo dei soci.

QUESTIONI

Quale responsabilità assumono gli amministratori?

Se, per esempio, venissimo nominati amministratori di una S.n.c., potremmo essere chiamati a risarcire le perdite causate da scelte sbagliate che abbiamo operato?
Per quanto si evince dall'art. 2260 c.c. l'amministratore può essere chiamato a rispondere degli errori di gestione solo se ha operato senza osservare neppure la cosiddetta diligenza del buon padre di famiglia, cioè la diligenza media che ci si può aspettare da chi amministra una società.
Può invece essere chiamato a rispondere per i danni causati dalla violazione di specifici doveri imposti dal contratto sociale o dalla legge.

Come si può controllare l'operato degli amministratori?

Immaginiamo di avere il fondato sospetto che l'amministratore della nostra società non sia una persona corretta. Che cosa possiamo fare?
La questione non è di poca importanza posto che i soci potrebbero essere chiamati a rispondere solidalmente e illimitatamente per le scelte da questi operate.
L'art. 2261 c.c. dispone che i soci hanno diritto di:
– avere informazioni sull'andamento degli affari sociali ogni volta che ne facciano richiesta, anche in modo informale;
– consultare i documenti relativi all'amministrazione;
– avere il rendiconto della gestione al termine di ogni anno e quando è stato raggiunto l'oggetto sociale.

11. Come è regolata la rappresentanza

Abbiamo già chiarito, ma giova ripetere, che:

Avere la rappresentanza significa poter compiere atti giuridici in nome e per conto della società, impegnandola verso i terzi.

Mentre, dunque, l'attività di amministrazione ha prevalente rilevanza interna, la rappresentanza ha rilevanza esterna: il rappresentante stipula contratti, sottoscrive cambiali, invia diffide e, se è necessario, rappresenta la società in giudizio.

▶ **La rappresentanza nella S.n.c.** è regolata dall'**art. 2298 c.c.** nel quale è disposto che:

* l'amministratore che ha la rappresentanza della società può compiere *tutti* gli atti che rientrano nell'oggetto sociale,

* tuttavia l'atto costitutivo può prevedere delle limitazioni a questo ampio potere,

* ma tali limitazioni sono opponibili ai terzi solo se sono state iscritte nel registro delle imprese;

* in mancanza di iscrizione sono opponibili ai terzi solo se si prova che questi ne hanno comunque avuto conoscenza.

PERCORSO G
LE SOCIETÀ DI PERSONE

La differenza tra cessione della quota e recesso dalla società è così sintetizzabile:

- **la cessione** implica la sostituzione del socio uscente con un nuovo socio. E sebbene tale sostituzione possa non essere gradita a coloro che rimangono, essa non comporta, per la società, alcun onere finanziario;

- **il recesso**, invece, non prevede alcuna sostituzione di persona, ma obbliga la società a corrispondere al socio recedente il valore della sua quota di partecipazione e ciò potrebbe comportare il rischio di uno scompenso nei conti della società.

12. La cessione della quota, il recesso del socio, l'esclusione e la successione

Può accadere, nella vita della società, che un socio voglia disfarsi della propria quota vendendola ad altri, oppure che voglia recedere dalla società pretendendo la liquidazione della propria quota.

E può anche accadere che siano gli altri soci a volerlo escludere dalla società oppure che egli passi a miglior vita e gli eredi si presentino a reclamare i loro diritti.

Come si procede in questi casi? Poiché il Codice civile non regola in modo espresso tali questioni dovremo fare riferimento, come ormai già sappiamo, alle norme poste per la società semplice (artt. 2252, 2284, 2285, 2286 c.c.).

Qui di seguito, pertanto, sintetizziamo quanto già detto nell'Unità 2.

▶ **Il socio può cedere** a estranei la propria quota, stabilisce l'art. 2252 c.c., solo:

- se vi è l'unanime consenso degli altri soci,
- oppure nei casi previsti dall'atto costitutivo.

▶ **Il socio può recedere** dalla società, stabilisce l'art. 2285 c.c., solo:

- nei casi previsti dal contratto sociale;
- se sussiste una giusta causa (come l'insorgere di contrasti insanabili con gli altri soci);
- se gli altri soci sono favorevoli;
- se la società è stata contratta a tempo indeterminato (non si può infatti pretendere che i soci rimangano vincolati per tutta la vita).

▶ **Il socio può essere escluso** solo nei casi consentiti dall'art. 2286 c.c., per esempio:

- se si rende gravemente inadempiente rispetto agli obblighi che derivano dalla legge o dal contratto sociale;
- se perisce il bene conferito in uso per causa non imputabile agli amministratori;
- se il socio d'opera non è più in grado di svolgere l'opera conferita.

Inoltre è escluso di diritto dalla società, stabilisce l'art. 2288 c.c., il socio che sia stato dichiarato fallito.

L'art. 2284 c.c. stabilisce che gli **eredi del socio**:

- hanno diritto alla liquidazione della quota del defunto,
- possono entrare in società solo se gli altri soci vi acconsentono,
- oppure se tale possibilità è stata prevista nell'atto costitutivo.

La società in nome collettivo e in accomandita semplice | UNITÀ 3

> **QUESTIONI**
>
> **La liquidazione della quota e la responsabilità del socio uscente**
>
> Come si calcola il valore della quota da corrispondere al socio che lascia la società oppure ai suoi eredi?
> L'art. 2289 c.c. stabilisce che la liquidazione della quota deve essere calcolata in base alla situazione patrimoniale della società nel giorno in cui si verifica lo scioglimento. Ciò vuol dire che il suo valore potrebbe essere inferiore all'iniziale conferimento se gli affari sociali sono andati male; potrebbe essere superiore se gli affari sono andati bene.
> È escluso, in ogni caso, che il socio possa pretendere la restituzione della specifica cosa che ha conferito.
> Se un socio esce dalla società si libera da ogni responsabilità? Per le obbligazioni contratte rispondono solo i soci rimasti?
> L'art. 2290 c.c. ci risponde che:
> "Nei casi in cui il rapporto sociale si scioglie limitatamente a un socio, questi o i suoi eredi sono responsabili verso i terzi per le obbligazioni sociali fino al giorno in cui si verifica lo scioglimento."
> Il secondo comma dell'art. 2290 c.c. precisa:
> "Lo scioglimento deve essere portato a conoscenza dei terzi con mezzi idonei; in mancanza non è opponibile ai terzi che lo hanno senza colpa ignorato."
> Sarà dunque cura del socio uscente informare i terzi del mutato assetto societario.

13. Come si scioglie e si liquida la società

- La S.n.c. può sciogliersi per le cause già esaminate a proposito della società semplice (art. 2272 c.c.) e, se esercita un'attività commerciale, può sciogliersi anche per fallimento.

- Allo scioglimento segue la fase della liquidazione del patrimonio sociale, anch'essa regolata secondo le norme poste per la società semplice.

- Compiuta la liquidazione, dispone l'art. 2311 c.c., i liquidatori debbono redigere il bilancio finale e proporre ai soci il piano di riparto dell'attivo. Entrambi i documenti si intendono approvati se non sono impugnati nel termine di due mesi dalla comunicazione.

- Approvato il bilancio finale di liquidazione, dispone l'art. 2312 c.c., i liquidatori chiedono la cancellazione della società dal registro delle imprese. Le scritture contabili sono consegnate a una persona designata dalla maggioranza dei soci e debbono essere conservate per dieci anni a decorrere dall'avvenuta cancellazione della società.

La società si considera prorogata a tempo indeterminato (come la società semplice) se, decorso il termine per cui fu contratta, i soci seguitano a compiere operazioni sociali.
In tale ipotesi ciascun socio ha diritto di recedere unilateralmente (art. 2285 c.c.).

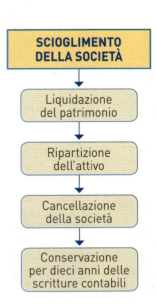

SCIOGLIMENTO DELLA SOCIETÀ
↓
Liquidazione del patrimonio
↓
Ripartizione dell'attivo
↓
Cancellazione della società
↓
Conservazione per dieci anni delle scritture contabili

14. La società irregolare

Con alcuni compagni ho costituito una S.n.c. che si occupa della vendita di cartucce d'inchiostro per stampanti. Poiché abbiamo pochi soldi in cassa e l'iscrizione della società nel registro delle imprese comporta una spesa non piccola, avremmo pensato di non iscriverci. Che cosa ci può capitare?

Se l'atto costitutivo di una S.n.c. non viene iscritto nel registro delle imprese, la società si dice **irregolare**.

Attenzione: irregolare non significa inesistente o illecita. Significa soltanto, come dispone il primo comma dell'**art. 2297 c.c.**, che:
"Fino a quando la società non è iscritta nel registro delle imprese, i rapporti tra la società e i terzi [...] sono regolati dalle disposizioni relative alla società semplice."

La norma è del tutto logica. Se l'atto costitutivo non viene iscritto nel registro delle imprese, come possono sapere, i terzi, con che tipo di società hanno a che fare?
Come possono sapere a quanto ammonta il capitale sociale, chi sono i soci amministratori, a chi è demandata la rappresentanza e così via?

In mancanza di iscrizione i terzi si trovano a operare esattamente come chi entra in rapporto d'affari con una società semplice e, coerentemente, l'ordinamento dispone che si applichino le norme poste per questo tipo di società.

Pertanto:

- i creditori sociali potranno rivalersi direttamente sul patrimonio dei soci senza escutere prima il capitale sociale;
- i soci possono domandare la *preventiva escussione* del patrimonio sociale solo indicando i beni sui quali il creditore possa agevolmente soddisfarsi;
- le limitazioni al potere di rappresentanza non sono opponibili ai terzi se non si prova che questi ne erano a conoscenza;
- il creditore particolare del socio può chiedere la liquidazione della quota sociale per soddisfare il proprio credito.

15. La società di fatto

La società di fatto si ha quando l'attività sociale viene svolta senza che vi sia un atto costitutivo né siano regolati in alcun modo i rapporti interni tra i soci ma, ciò non di meno, essi si comportano in modo da generare nei terzi, con cui vengono in rapporto di affari, il convincimento che sussista un vincolo sociale (Cass. 2006, n. 1131).

Alle società di fatto si applica la stessa disciplina delle società irregolari.

Periodicamente vengono introdotte dalla legge agevolazioni che consentono di effettuare la regolarizzazione con importi ridotti, ma il fenomeno delle società *irregolari* e *di fatto* séguita comunque a rimanere rilevante.

Perché si costituiscono società irregolari o di fatto?

La scelta di non registrare la società è dettata, in larga parte, da un'esigenza di risparmio. La società regolare deve sopportare costi (spese notarili per la stesura dell'atto costitutivo, spese di registrazione, ecc.) che, sebbene non siano elevatissimi, possono ugualmente risultare gravosi per quelle numerose, piccole attività che operano ai margini del mondo imprenditoriale con utili molto contenuti.

16. Considerazioni finali

Dopo aver esaminato con attenzione le norme che regolano la S.n.c. dobbiamo tirare le somme e cercare di capire in quali casi è opportuno (e in quali non è opportuno) costituire questo tipo di società.

A favore della S.n.c. depone soprattutto una disciplina fiscale più vantaggiosa rispetto a quella delle società di capitali.
Per comprenderlo immaginiamo che la nostra società sia composta da quattro soci e abbia conseguito un utile di 60 mila euro. Se fosse una società di capitali si applicherebbe a questa somma un'aliquota del 27,5% per un importo, da devolvere al fisco, pari a 16500 euro.
Ma non basta. La parte di utile che ciascun socio percepirà come dividendo andrà a formare il suo reddito personale e sarà pertanto soggetta (sebbene con un calcolo particolare) alla ulteriore imposta sul reddito delle persone fisiche.

Nella S.n.c., invece, la società come tale non paga imposte: soltanto i soci saranno soggetti all'imposta sulle persone fisiche per la parte di reddito che ciascuno ha percepito. Così per esempio, se ciascuno avesse percepito 15 mila euro e non avesse altri redditi, pagherebbe un'imposta IRPEF del 23% con un esborso di soli 3400 euro.

A sfavore della S.n.c. depongono, invece, alcuni non trascurabili elementi. Innanzitutto sui soci grava una responsabilità illimitata e solidale per le obbligazioni sociali. Ciò sconsiglia di partecipare a questo tipo di società:

- se non si intende rischiare nell'impresa tutto il proprio patrimonio personale;
- se si dispone di un patrimonio personale (case, terreni, ecc.) più facilmente liquidabile rispetto a quello degli altri soci, perché su questo si appunterebbe l'attenzione dei creditori insoddisfatti.

Per tali ragioni l'impiego della società in nome collettivo è consigliabile solo se il rischio imprenditoriale non è grande e se i soci sono persone legate tra loro da una reciproca e solida fiducia. Non è un caso che solitamente essa riunisca componenti di una medesima famiglia.

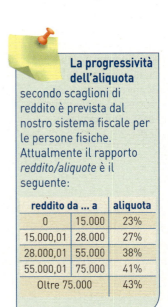

La progressività dell'aliquota secondo scaglioni di reddito è prevista dal nostro sistema fiscale per le persone fisiche. Attualmente il rapporto *reddito/aliquote* è il seguente:

reddito da ... a		aliquota
0	15.000	23%
15.000,01	28.000	27%
28.000,01	55.000	38%
55.000,01	75.000	41%
Oltre 75.000		43%

PERCORSO G — LE SOCIETÀ DI PERSONE

 Il termine **accomandita** deriva dal verbo latino *commendare* che significa "affidare".

17. La società in accomandita semplice

 Ho costituito con un amico una S.n.c. per gestire un parco giochi acquatico. Poiché abbiamo bisogno di un incremento di capitale vorremmo aggregare altri soci, ma ci piacerebbe che costoro si limitassero a versare i conferimenti e a percepire gli utili, senza inserirsi nella gestione dell'impresa. Stiamo sognando la luna?

Non del tutto. Se si trovano uno o più finanziatori disposti ad accettare tali condizioni si può trasformare la S.n.c. in una *società in accomandita semplice*.

==La società in accomandita semplice (S.a.s.) è una *società di persone* nella quale sono presenti due tipi di soci, detti rispettivamente *accomandatari* e *accomandanti*.==

Gli accomandatari sono i soli che possono amministrare la società e rispondono solidalmente e illimitatamente per le obbligazioni sociali.

Gli accomandanti hanno diritto di partecipare alla divisione degli utili ma non possono ingerirsi nella gestione della società e rispondono per le obbligazioni sociali soltanto con la quota conferita.

> Nella società in accomandita l'accomandante affida la propria quota agli accomandatari che amministrano la società. L'aggettivo *semplice* serve soltanto a distinguere questa società dalla più complessa *società in accomandita per azioni*, della quale ci occuperemo più avanti.

18. Diritti e doveri degli accomandatari e degli accomandanti

▶ **I soci accomandatari**, dispone l'**art. 2318 c.c.**, sono equiparati dalla legge ai soci di una S.n.c. Pertanto essi:

- rispondono solidalmente e illimitatamente per tutte le obbligazioni sociali;
- non possono cedere la propria quota se non con il consenso unanime di tutti i soci (compresi gli accomandanti) o nei modi previsti dall'atto costitutivo;
- possono recedere o essere esclusi dalla società soltanto nei casi previsti dalla legge o dall'atto costitutivo;
- non possono svolgere attività che siano in concorrenza con quella svolta dalla società;
- se l'atto costitutivo non dispone diversamente hanno tutti disgiuntamente l'amministrazione e la rappresentanza della società (tuttavia, per una migliore gestione è sempre consigliabile restringere tali poteri a uno o comunque a pochi accomandatari).

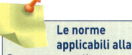 **Le norme applicabili alla S.a.s.** sono quelle contenute nel Capo IV e, per quanto queste non dispongono, si applicano, stabilisce l'art. 2315 c.c., le norme relative alla società in nome collettivo contenute negli artt. 2291-2312 c.c.

▶ **I soci accomandanti** sono solo apportatori di capitali e non partecipano alla gestione dell'impresa sociale. L'**art. 2320 c.c.** dispone che:

- non possono compiere atti di amministrazione né trattare o concludere affari in nome della società (è questo il cosiddetto **divieto di ingerenza**);

- eccezionalmente possono trattare singoli affari ma solo se muniti di una procura speciale;
- il socio accomandante che contravviene a tale divieto assume automaticamente la responsabilità *illimitata* e *solidale* verso i terzi per tutte le obbligazioni sociali. Inoltre, a causa di questa sua ingerenza, può essere escluso dalla società.

Perché tanta severità nei confronti del socio accomandante che concluda affari per conto della società?

Immaginiamo che un accomandante, senza averne facoltà, compia operazioni spericolate per conto della S.a.s. nella quale noi siamo accomandatari. Se tali operazioni causassero delle perdite, sarebbe giusto che lui (che le ha compiute) rispondesse soltanto con la propria quota mentre noi (che le abbiamo subite) dovremmo rispondere con tutto il nostro patrimonio? Certamente no. Per tale ragione la legge rende l'accomandante che eluda il divieto di ingerenza *illimitatamente responsabile* e consente agli accomandatari di escluderlo dalla società.

Quali sono i diritti degli accomandanti?

I soci accomandanti hanno diritto di:
- partecipare alla divisione degli utili;
- partecipare alle decisioni che comportino modifiche dell'atto costitutivo;
- partecipare alla nomina o alla revoca degli amministratori;
- controllare la gestione sociale mediante la consultazione del bilancio, del conto dei profitti e delle perdite e di ogni documento della società.

Inoltre, stabilisce l'art. 2322 c.c.:
- **l'accomandante può cedere** la sua quota con il consenso dei soci che rappresentano la maggioranza del capitale (non serve, quindi, l'unanimità come per gli accomandatari);
- **gli eredi del socio accomandante** possono subentrare nella società anche senza il consenso degli altri soci.

> **L'atto costitutivo** della società in accomandita semplice deve contenere tutte le indicazioni previste per le società di persone e in più, dispone l'art. 2316 c.c., deve indicare il nome dei soci *accomandatari* e dei soci *accomandanti*.
> - **La ragione sociale**, stabilisce l'art. 2314 c.c., deve contenere il nome di almeno un socio accomandatario e l'indicazione S.a.s.
> - **Se l'atto costitutivo non viene iscritto** la società è irregolare. Ciò comporta, come dispone l'art. 2317 c.c., che nei rapporti con i terzi agli accomandatari si applicano le norme poste per la S.s., mentre gli accomandanti rispondono soltanto con la quota conferita, purché non abbiano partecipato alle operazioni sociali.
> - **La S.a.s. si scioglie** per le stesse ragioni per le quali può sciogliersi una S.n.c. Inoltre, data la sua particolarità, si scioglie se rimangono soltanto soci accomandatari o soci accomandanti.

UNITÀ 3 — Riguardando gli appunti

1. Quali sono i caratteri generali della società in nome collettivo?

- La società in nome collettivo (S.n.c.) è una società di persone e come tale ha autonomia patrimoniale imperfetta.
- Soci, nella S.n.c., possono essere persone fisiche o persone giuridiche (come si desume dal secondo comma dell'art. 2361 c.c.).
- La società può svolgere attività commerciale.
- Deve essere iscritta nel registro delle imprese, deve tenere le scritture contabili obbligatorie, è soggetta al fallimento e alle altre procedure concorsuali.
- L'atto costitutivo deve contenere le indicazioni previste dall'art. 2295 c.c.

2. Che cosa si può conferire in società?

- I conferimenti, oltre al denaro, possono essere costituiti da beni, crediti e attività lavorativa.

3. Quale tipo di responsabilità assumono i soci per le obbligazioni sociali?

- Nella S.n.c. tutti i soci sono sussidiariamente, solidalmente, e illimitatamente responsabili per le obbligazioni sociali.
- I creditori sociali possono pretendere il pagamento dai singoli soci solo dopo aver escusso il patrimonio sociale.

4. Come sono regolate l'amministrazione e la rappresentanza?

- L'amministrazione della S.n.c. è regolata dalle stesse norme poste per la società semplice.

5. Che cosa accade se il capitale sociale si riduce per perdite?

- Se si verifica una perdita del capitale sociale non si può procedere a ripartizione degli utili fino a che questo non sia stato reintegrato. Inoltre, a tutela del capitale, la legge vieta di ripartire somme tra i soci se non per utili realmente conseguiti.

6. Come sono regolati il recesso e l'esclusione dalla società?

- Il socio può cedere la propria quota, può recedere dalla società o può esserne escluso solo nei casi previsti dall'atto costitutivo o dalla legge.
- Gli eredi del socio possono subentrare nella società soltanto se i soci restanti vi acconsentono o se tale possibilità era prevista nell'atto costitutivo.

7. Per quali cause può sciogliersi la S.n.c.?

- La S.n.c. può sciogliersi per le cause già esaminate a proposito della società semplice e, se esercita un'attività commerciale, può sciogliersi anche per fallimento.
- Allo scioglimento segue la fase della liquidazione del patrimonio sociale, la ripartizione dell'attivo e la cancellazione della società dal registro delle imprese.

8. Che cosa sono le società irregolari e le società di fatto?

- Se l'atto costitutivo di una S.n.c. non viene iscritto nel registro delle imprese, la società si dice irregolare e i rapporti con i terzi sono regolati dalle disposizioni relative alla società semplice.
- La società di fatto si ha quando l'attività sociale viene svolta senza che neppure sia stato redatto un atto costitutivo. A essa si applica la stessa disciplina della società irregolare.

9. Quali sono i caratteri della società in accomandita semplice?

- La società in accomandita semplice (S.a.s.) è una società di persone nella quale sono presenti due tipi di soci, detti rispettivamente accomandatari e accomandanti.
- Gli accomandatari amministrano la società e rispondono solidalmente e illimitatamente per le obbligazioni sociali.
- Gli accomandanti non amministrano la società e rispondono per le obbligazioni sociali soltanto con la quota conferita.

Verifica le tue conoscenze

UNITÀ 3

Completamento

Completa lo schema utilizzando le seguenti parole: *3 mesi*; *per perdite*; *utili*; *capitale*; *nell'atto costitutivo*; *silenzio*; *nel registro delle imprese*; *assenso*; *volontaria*.

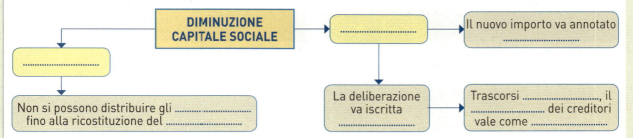

Test a risposta multipla

Indica con una crocetta l'affermazione esatta.

1. La S.n.c. può essere costituita in forma unipersonale?
   A. sì, ma solo se il socio unico è una persona fisica
   B. sì, ma solo se il capitale sociale è garantito da una fideiussione
   C. no, perché l'ipotesi non è prevista dalla legge
   D. sì, se il socio unico è una persona giuridica

2. La responsabilità sussidiaria dei soci comporta che i creditori della società:
   A. possono rivalersi sul patrimonio dei soci solo dopo che è esaurito il patrimonio sociale
   B. possono pretendere l'intero pagamento anche da un solo socio
   C. possono rivalersi sul patrimonio degli amministratori
   D. possono innanzitutto rivalersi sul socio che ha il patrimonio più ricco

3. In una S.n.c. il creditore particolare del socio può chiedere la liquidazione della quota sociale?
   A. sì, sempre
   B. no, mai
   C. solo se autorizzato dal giudice con sentenza
   D. solo se la società è costituita a tempo indeterminato

4. Per una società di persone essere irregolare significa:
   A. essere illecita
   B. essere giuridicamente inesistente
   C. che gli amministratori sono penalmente responsabili
   D. essere soggetta, nei rapporti con i terzi, alle norme sulla società semplice

5. I soci accomandanti:
   A. sono i soli che possono amministrare la società
   B. rispondono solidalmente e illimitatamente per le obbligazioni sociali
   C. devono sottostare al divieto di ingerenza
   D. non hanno diritto a partecipare alla divisione degli utili

Ma davvero?

Il diritto si affaccia nei discorsi di ogni giorno. A volte, però, a sproposito. Leggi e rifletti.

«Ma no! Ti dico che non si può fare!», sbotta tuo padre al telefono con uno dei suoi soci. L'altro prova a ribattere qualcosa, ma tuo padre prosegue: «Capisco che la proposta è interessante, ma non possiamo far entrare come socio una persona giuridica! La nostra è una S.n.c., ricordi? Ciò vuol dire che siamo una società di persone: non possiamo mica associarci una persona giuridica!»

Tuo padre sembra sicuro di ciò che dice. Ma davvero... la S.n.c. di cui è socio deve per forza respingere la proposta?

361

PERCORSO G — Valuta le tue competenze

ONLINE
Mettiti alla prova con gli esercizi interattivi

Codice alla mano

L'avvocato presso cui svolgi il tuo praticantato ti ha chiesto oggi di appuntare su un foglio quali articoli del codice civile rispondono ai quesiti sotto elencati.

	Art.
A. Com'è definito il contratto di società?	
B. In che cosa consiste il contratto di associazione in partecipazione?	
C. Nell'associazione in partecipazione, in che misura l'associato partecipa alle perdite?	
D. Nella società semplice chi risponde delle obbligazioni sociali?	
E. A quali forme è soggetto l'atto costitutivo della S.s.?	
F. In che misura i soci di una S.s. partecipano a utili e perdite?	
G. Il creditore particolare del socio di una S.s. può rivalersi sugli utili spettanti al debitore?	
H. A chi spetta l'amministrazione della S.s.?	
I. Quali sono le cause di scioglimento della S.s.?	
J. In quali casi il socio può recedere dalla S.s.?	
K. Che cosa accade se il socio d'opera non può più conferire la sua attività?	

	Art.
L. Come è regolata la S.n.c. non registrata?	
M. Nelle S.n.c. chi risponde delle obbligazioni dalla società?	
N. In che modo può essere modificato il contratto sociale in una S.s.?	
O. Il socio che ha conferito un credito risponde dell'insolvena del creditore?	
P. Se si verifica una perdita di capitale sociale, i soci di una S.n.c. possono ripartirsi gli utili?	
Q. L'accordo che limita la responsabilità patrimoniale di un socio di S.n.c. è opponibile a terzi?	
R. Com'è regolata la rappresentanza nella S.n.c.?	
S. Quali sono i diritti e gli obblighi dei soci accomandatari?	
T. A chi spetta l'amministrazione della S.a.s.?	
U. I soci accomandanti possono concludere affari in nome della società?	
V. A quali condizioni il socio accomandante può cedere la sua quota?	

Sai qual è la differenza tra...

a. Capitale sociale e Patrimonio sociale
b. Società e Comunione
c. Società lucrative e Società mutualistiche
d. Società semplice e Società in nome collettivo
e. Società di persone e Società di capitali
f. Società e Associazione in partecipazione

g. Amministrazione della società e Rappresentanza della società
h. Cessione della quota e Recesso del socio
i. Conferimento di un bene e Conferimento di attività lavorativa
j. Società regolare e Società irregolare
k. Soci accomandatari e Soci accomandanti

362

Valuta le tue competenze

PERCORSO G

Conoscenza del lessico giuridico

Scrivi la definizione, in al massimo tre righe, dei termini seguenti:

Amministratore (della società): _____
Associazione in partecipazione: _____
Capitale sociale: _____
Conferimento: _____
Finalità lucrativa: _____
Patrimonio sociale: _____
Società unipersonale: _____

Scioglimento (della società): _____
Società di fatto: _____
Società in accomandita semplice: _____
Società in nome collettivo: _____
Società semplice: _____
Socio d'opera: _____
Utili: _____

L'esperto risponde

Rispondi alle questioni che ti vengono sottoposte utilizzando gli spunti forniti.

1. **Sono titolare di un salone nautico e ho venduto a un cliente una barca di 12 metri con minimo anticipo perché so che è socio di una grande società che dispone di un ingente capitale sul quale potrei rivalermi. Posso stare tranquillo?**
Il capitale sociale serve per...
Pertanto se il socio non pagasse la barca...

2. **Sono stanco di rimanere in una società semplice nella quale i soci sono persone poco simpatiche. Posso recedere quando voglio?**
Il recesso unilaterale, nelle società di persone, è consentito in tre casi...

3. **Una persona sarebbe disposta a pagare molto bene la mia quota di partecipazione in una società semplice. Posso vendergliela?**
La cessione della quota è possibile in due casi...

4. **Sono socio di una società semplice fortemente indebitata. Il maggior creditore sostiene che prima di rivalersi sui beni della società può rivalersi su quelli dei soci. Può farlo?**
Può farlo, ma ai soci è consentito...

5. **Sono entrato a far parte di una società semplice e ho scoperto che è fortemente indebitata. Vorrei sapere se devo rispondere anche dei debiti contratti prima del mio ingresso.**
L'art. 2269 c.c. stabilisce che chi entra a far parte di una società di persone risponde...

6. **La S.n.c. di cui sono socio gestisce un'impresa edile ed è in gravi difficoltà finanziarie. Il più importante creditore rifiuta di rivalersi sui beni sociali (trattori, camion, scavatrici) sostenendo che sono difficilmente liquidabili e sta avviando un'azione esecutiva sul patrimonio di noi soci.**
Riguardo la preventiva escussione vi è una differenza sostanziale tra la società semplice e la S.n.c....

7. **Mi è stato offerto di entrare in una S.n.c. ma ho risposto che potrei entrare solo se accettassero una limitazione della mia responsabilità in caso di perdite. Ho fatto bene?**
Nella S.n.c. la limitazione di responsabilità di un socio...

8. **Sono socio accomandante e so che devo rispettare il divieto di ingerenza, però non ho resistito davanti a un affare che sembrava strepitoso e ho impegnato la società. Purtroppo l'affare ha prodotto una perdita e ora mi domando che cosa mi può accadere.**
Se il socio accomandante viola il divieto di ingerenza...

PERCORSO H — LE SOCIETÀ DI CAPITALI

COMPETENZE DI ASSE
- Riconoscere le caratteristiche del nostro sistema giuridico in ambito commerciale, allo scopo di assumere comportamenti corretti ed efficaci nei rapporti di natura economica
- Comprendere l'importanza di un sistema economico basato su regole quali strumenti per operare nei diversi contesti ambientali e produttivi

CONOSCENZE
- I caratteri delle società di capitali
- I caratteri e la disciplina delle S.r.l.
- I caratteri, la disciplina e i sistemi di governo delle S.p.a.
- I caratteri e la disciplina delle S.a.p.a.
- La società unipersonale
- I gruppi societari e la loro importanza economica
- Il funzionamento dei mercati regolamentati
- I processi di trasformazione, fusione e scissione societaria
- I caratteri e la disciplina delle società cooperative

ABILITÀ
- Riconoscere il modello societario utilizzato in una situazione data
- Riconoscere i tipi di azioni e i diritti a esse collegati
- Individuare l'importanza dei gruppi societari negli scenari economici attuali
- Riconoscere il loro rilievo sociale ed economico delle cooperative

UNITÀ 1 — La società a responsabilità limitata

1. Quali sono i caratteri generali della S.r.l.

Vorrei costituire, con alcune ex compagne, una società per rilevare un pub in zona universitaria. Ho proposto loro di costituire una S.n.c. ma non se la sentono di assumere una responsabilità illimitata e solidale. Allora ho proposto una S.a.s. in cui io sarei accomandataria e loro accomandanti, ma nessuna vuol mettere denaro senza avere potere gestionale. Cos'altro posso proporre?

In questo e in altri casi simili la soluzione potrebbe essere rappresentata dalla costituzione di una *società a responsabilità limitata* (in acronimo S.r.l.).

▶ **La S.r.l. è una società di capitali** e come tale è dotata di *autonomia patrimoniale perfetta*. Ciò significa, come precisa l'art. 2462 c.c., che essa risponde per le obbligazioni sociali soltanto con il suo patrimonio.

▶ **La responsabilità dei soci**, pertanto, è limitata ai conferimenti effettuati ed essi non possono essere in alcun modo chiamati a rispondere dei debiti della società. Se il patrimonio sociale non bastasse a coprire i debiti da questa contratti, ai creditori non resterebbe che dolersi con se stessi per aver accordato la propria fiducia a una società che non offriva sufficienti garanzie.

364

▶ **Il capitale sociale** minimo richiesto è di appena 10 mila euro, ma può anche essere inferiore se i conferimenti sono in denaro e sono stati interamente versati all'organo amministrativo, oppure se si costituisce una S.r.l. "semplificata" (▶ par. 5).

▶ **Le quote di partecipazione** dei soci, stabilisce l'art. 2468, non possono essere rappresentate da azioni.

▶ **La società può essere composta** da più soggetti e in tal caso siamo in presenza di una normale società *pluripersonale*, oppure da un solo soggetto, e allora siamo in presenza di una società *unipersonale*.

▶ **L'atto costitutivo** sarà un *contratto* se si intende dare vita a una società pluripersonale, oppure un *atto unilaterale* se si intende invece dare vita a una società unipersonale.

▶ **I soci** possono essere sia **persone fisiche** che **persone giuridiche**. Così, per esempio, una S.r.l. che gestisce alcuni alberghi in località balneari potrebbe anche avere, come socio, una S.r.l. che si occupa di organizzare viaggi.

▶ **La denominazione sociale** può essere formata in qualunque modo, purché contenga l'indicazione di S.r.l.

▶ **La durata** della società è a tempo indeterminato, salvo che l'atto costitutivo ponga un limite temporale. Se l'atto costitutivo non pone alcun limite, ogni socio ha diritto di recedere (dandone però congruo preavviso agli amministratori) e di avere la liquidazione completa della propria quota.

La S.r.l. e le norme di rinvio

Prima della riforma del diritto societario (operata con d.lgs. n. 6 del 2003) la S.r.l. era considerata una sorta di società per azioni in formato ridotto. E il legislatore, utilizzando lo stesso metodo impiegato per le società di persone, aveva posto norme specifiche solo per regolarne gli aspetti distintivi, rinviando, per la parte generale, alle norme poste per regolare la più importante società per azioni.
Con la riforma del 2003, la S.r.l. è stata affrancata da questa sorta di dipendenza ed è stata ridisegnata per svolgere una funzione intermedia tra le società di persone e la società per azioni. La regolamentazione, pertanto, è diventata più puntuale e le *norme di rinvio* si sono notevolmente ridotte.

La S.r.l. unipersonale

La variante *unipersonale* della società a responsabilità limitata presenta molte similitudini con la variante *unipersonale* della società per azioni.
Per tale ragione, allo scopo di non duplicare inutilmente le informazioni, affronteremo il tema della società composta da un socio unico, dopo aver conosciuto sia la disciplina della S.r.l. che la disciplina della S.p.a. nella loro versione pluripersonale.

L'art. 2463 c.c., comma 3 dispone che si applichino alla S.r.l. le stesse norme poste per la S.p.a. nei seguenti articoli:

Art. (c.c.)	Contenuto
2329	Condizioni per la costituzione della società
2330	Deposito dell'atto costitutivo e iscrizione della società
2331	Effetti dell'iscrizione
2332	Nullità della società
2341	Disposizioni sui soci fondatori

PERCORSO H   LE SOCIETÀ DI CAPITALI

2. Come si costituisce una S.r.l.

Se si comincia a considerare con favore l'ipotesi di gestire un'attività imprenditoriale attraverso una S.r.l., la prima cosa da fare è capire come si costituisce questo tipo di società.

- **L'atto costitutivo**, come abbiamo già anticipato nel paragrafo precedente, dovrà essere un contratto se vogliamo costituire una società *pluripersonale*, o un atto unilaterale se vogliamo costituire una società *unipersonale*.

- **La forma**, in entrambi i casi, dovrà essere quella dell'**atto pubblico** e il notaio che lo riceverà dovrà provvedere a trasmetterlo per via telematica entro 20 giorni all'Ufficio del registro delle imprese (così dispone l'art. 2330 c.c. richiamato dall'art. 2463 c.c.).

- **Con l'iscrizione** la società assume la *personalità giuridica*: diventa cioè un soggetto autonomo di diritto dotato di *autonomia patrimoniale perfetta*.

- **Se la società non viene iscritta** è inesistente (non è prevista, al contrario delle società di persone, la figura della S.r.l. irregolare) e per le operazioni compiute prima dell'iscrizione sono illimitatamente e solidalmente responsabili verso i terzi coloro che hanno agito in nome della società (art. 2331 c.c. come richiamato dall'art. 2463 c.c.).

> **Per iscrivere una società nel registro delle imprese**, l'Ufficio preposto deve solo verificare la regolarità formale della documentazione. Non è più necessaria, come in passato, l'omologazione da parte del Tribunale (legge n. 2340/2000).

3. Che cosa scrivere nell'atto costitutivo

▶ **I dati da inserire nell'atto costitutivo** sono elencati nell'art. 2463 c.c. e, tra i più rilevanti, segnaliamo:

- le generalità dei soci (dati anagrafici per le persone fisiche e denominazione, sede, data, luogo e Stato di costituzione per le persone giuridiche);
- la denominazione della società seguita dall'indicazione S.r.l.;
- la sede sociale (è sufficiente indicare il Comune);
- l'attività che costituisce l'oggetto sociale;
- l'ammontare del capitale sottoscritto e di quello versato;
- i conferimenti operati da ciascun socio e il valore attribuito ai beni e ai crediti conferiti;
- la quota di partecipazione di ciascuno;
- le norme relative al funzionamento della società (decisioni dei soci, amministrazione, rappresentanza, controlli).

Inoltre, è opportuno aggiungere la durata della società se a essa si vuole porre un termine. In mancanza di ogni indicazione essa si ritiene costituita a tempo indeterminato e ciò consentirebbe a ciascun socio di esercitare il diritto di recesso.

> **Come si può constatare**, l'elenco riportato qui a fianco contiene molte voci che compaiono anche nei tipi di società che abbiamo già considerato in precedenza (▶ Percorso F, Unità 3). Non staremo pertanto qui a ripetere quale sia la loro funzione o la loro utilità. Ci soffermeremo solo, nei paragrafi che seguono, sulle voci che nella S.r.l. hanno una diversa disciplina o rilevanza.

La società a responsabilità limitata   UNITÀ 1

Come si modifica l'atto costitutivo

Con alcuni amici abbiamo costituito una S.r.l. per gestire un campo da golf. Sebbene l'impresa abbia avuto, fino a ora, scarso successo, io vorrei resistere ancora un po', mentre i miei soci vorrebbero utilizzare l'ampio terreno per impiantarvi un maneggio. Possono farlo? Si può modificare a maggioranza l'oggetto sociale in una S.r.l.?

La risposta è affermativa. Dall'art. 2480 c.c. (che opera un rinvio al terzo comma dell'art. 2479 *bis*), si evince che:

- **l'atto costitutivo può essere modificato** dall'assemblea con il voto favorevole di tanti soci che rappresentino almeno la metà del capitale sociale;
- **le modifiche dell'atto costitutivo**, stabilisce l'art. 2436 c.c., devono essere depositate e iscritte nel *registro delle imprese*.

E se uno non è d'accordo?

▶ **Ai soci dissenzienti** l'art. 2473 c.c. consente di recedere dalla società, ma soltanto se le modifiche dell'atto costitutivo sono particolarmente gravi.
In questi casi il socio che recede ha diritto di ricevere la liquidazione della propria quota di partecipazione valutata in proporzione al patrimonio sociale stimato secondo il suo valore di mercato.
Per le altre modifiche il socio dissenziente che si trovi in minoranza non ha strumenti di opposizione.

4. Quali conferimenti si possono operare

Come in tutte le società, anche nella S.r.l. i conferimenti dei soci servono per costituire il capitale sociale, il quale, a sua volta, serve per finanziare l'impresa societaria e per offrire una garanzia patrimoniale ai creditori.
In seguito al conferimento ciascun socio acquista una **quota sociale** che, come vedremo più avanti, se l'atto costitutivo non lo vieta può essere liberamente trasferita.

Che cosa può essere conferito in società?

I conferimenti devono farsi in denaro, stabilisce l'art. 2464 c.c. Tuttavia, se la società ha un capitale sociale **superiore a 10 mila euro** l'atto costitutivo può prevedere che siano conferiti *tutti gli elementi dell'attivo suscettibili di valutazione economica*. Da questa frase un po' sibillina la dottrina ricava che è possibile conferire, oltre al denaro, anche:

- **beni in natura**,
- **crediti**,

L'art. 2473 c.c. **consente al socio di recedere**:
- se è stato cambiato l'oggetto sociale;
- se è stato variato il tipo di società;
- se è stato deciso il trasferimento della sede sociale all'estero;
- se è stata introdotta una rilevante modifica dei diritti accordati ai soci;
- se sono state eliminate una o più cause di recesso previste nell'atto costitutivo.

Come per le società di persone anche nella S.r.l. (art. 2464 c.c., comma 5):
- **se il bene è stato conferito solo in godimento**, le riparazioni o sostituzioni sono sicuramente a carico del socio;
- **se il bene è stato conferito in proprietà**, i costi per riparazioni o sostituzioni sono a carico della società. Tuttavia il socio conferente è responsabile per i *vizi occulti* della cosa;
- **se viene conferito un credito**, questo si intende conferito *salvo buon fine*; pertanto il socio conferente risponde dell'eventuale inadempimento del debitore. È liberato solo se l'inadempimento è dipeso da negligenza della società nel condurre l'azione contro il debitore inadempiente.

367

- **attività lavorativa**,
- **altri elementi** economicamente valutabili, come marchi, brevetti, esperienze professionali, e così via.

La sopravvalutazione dei conferimenti di beni e crediti

Al fine di evitare che operino sul mercato società con *capitale gonfiato*, l'**art. 2465 c.c.** dispone che:

- **chi conferisce beni in natura o crediti** deve allegare, all'atto costitutivo, una relazione giurata predisposta da un revisore legale o da una società di revisione legale iscritti nell'apposito registro. **La relazione** deve contenere sia la descrizione dei beni o dei crediti conferiti, sia l'indicazione dei criteri di valutazione adottati;
- **il revisore** o la società di revisione che operi una valutazione non corretta risponde per i danni che può aver prodotto alla società, ai singoli soci e ai terzi (art. 2343, comma 2, come richiamato dall'art. 2465 c.c.).

Il conferimento di attività lavorativa e di servizi

Il socio d'opera, lo ricordiamo, conferisce in società il proprio lavoro manuale o intellettuale e partecipa, insieme agli altri soci, alla divisione degli utili.

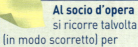

Al socio d'opera si ricorre talvolta (in modo scorretto) per eludere le norme sul lavoro subordinato. In pratica, invece di assumere un dipendente al quale si dovrebbero riconoscere tutti i diritti di legge, lo si fa socio. Egli sarà retribuito con la partecipazione agli utili e la società non dovrà sopportare altri oneri, come le contribuzioni previdenziali, le ferie retribuite, e così via.
Se il contratto di società è stipulato allo scopo di aggirare la normativa sul lavoro subordinato è considerato in frode alla legge e quindi nullo, come dispone l'art. 1344 c.c.

 Dopo aver concesso un notevole credito a una S.r.l. che opera nel mio settore ho scoperto che quasi tutto il capitale sociale è rappresentato dall'opera conferita da alcuni soci. Mi debbo preoccupare?

La questione non è marginale. Se la società si rendesse inadempiente e i tradizionali elementi che compongono il capitale (denaro e altri beni) non fossero sufficienti a coprire i debiti, come potrebbero, i creditori, rivalersi sulla parte rappresentata dall'opera del socio?
Inoltre, se il socio d'opera smettesse di *operare* (perché stanco, infortunato o in lite con gli altri soci) che cosa ne sarebbe del capitale sociale?

La prestazione d'opera, stabilisce il sesto comma dell'**art. 2464 c.c.**, deve essere garantita:

- da *una polizza di assicurazione* sulla quale la società o i creditori possano rivalersi se il socio non operasse il conferimento promesso,
- oppure da *una fideiussione bancaria*; quest'ultima (lo sappiamo per essercene occupati nel Percorso D) è un contratto con il quale una parte, detta *fideiussore*, garantisce l'adempimento di un'obbligazione altrui. Nel caso specifico una banca dovrebbe garantire per il conferimento del socio.

In alternativa, se l'atto costituivo lo prevede, il socio può sostituire la polizza assicurativa o la fideiussione con il versamento presso la società, a titolo di cauzione, del corrispondente importo in denaro.

5. Il capitale sociale e la S.r.l. semplificata

Il capitale sociale minimo per costituire una S.r.l., stabilisce il secondo comma dell'**art. 2463 c.c.**, è di **10 mila euro**.

Tuttavia la fine di favorire l'imprenditorialità giovanile e consentire l'utilizzo delle S.r.l. anche per attività di minore impegno finanziario, la medesima norma consente (comma 3) di costituire S.r.l. anche con capitale **inferiore a diecimila euro** a condizione:

- che i conferimenti siano in denaro e siano interamente versati all'organo amministrativo;
- che un quinto degli utili netti conseguiti sia accantonato come **riserva** fin quando questa non abbia raggiunto, unitamente al capitale, l'ammontare di 10 mila euro (comma 4).

La S.r.l. semplificata

Con l'**art. 2463 bis** è stato introdotto nell'ordinamento anche un modello *semplificato* di S.r.l.

La S.r.l. semplificata, secondo quanto dispone la norma:

- ha un capitale non inferiore a un euro né superiore a diecimila euro;
- può avere come soci solo persone fisiche;
- deve adottare uno statuto che riproduca il modello proposto dal Ministero della Giustizia.

 Perché costituire questo tipo di società?

L'unico vantaggio che essa offre, rispetto alla S.r.l. ordinaria con capitale inferiore a 10 mila euro consiste in una riduzione negli oneri fiscali al momento della costituzione. Si tratta di un vantaggio così modesto che la sua introduzione si sta rivelando un inutile complicazione normativa.

6. Che cosa si intende per capitale versato e per capitale sottoscritto

 Abbiamo deciso di costituire una S.r.l. e di dotarla di un capitale di centomila euro. Ma al momento, per avviare l'attività, ci basta la metà di questa somma. Possiamo riservarci di versare in seguito l'altra metà?

La risposta è affermativa. Per evitare che il denaro conferito dai soci rimanga inutilmente fermo sul conto della società, la legge offre la possibilità di versare, al momento della costituzione, solo una parte del capitale e di sottoscrivere la parte rimanente.

Al momento della costituzione della società, i soci che non disponessero della somma richiesta per il conferimento possono sostituire tale somma con una polizza di assicurazione o con una fideiussione bancaria (art. 2464 c.c., comma 4).

▶ **Capitale versato** è chiamato quello che viene effettivamente conferito dai soci.

▶ **Capitale sottoscritto** è chiamata quella parte del capitale che i soci non versano, ma che si impegnano a versare quando gli amministratori ne faranno richiesta.

 Quanta parte del capitale deve essere versata subito?

Alla sottoscrizione dell'atto costitutivo, stabilisce il quarto comma dell'art. 2464 c.c., deve essere versato all'organo amministrativo (d.l. 76/2013) almeno il 25% dei conferimenti in denaro.

▶ **L'intero versamento** deve essere eseguito solo:
- dai soci che conferiscono beni in natura o crediti;
- dal socio unico della società *unipersonale*.

7. L'aumento di capitale

Qualsiasi variazione apportata al capitale sociale (in aumento o in diminuzione) comporta una modifica dell'atto costitutivo e, pertanto, può essere approvata dall'assemblea solo con il voto di tanti soci che rappresentino almeno la metà del capitale sociale (art. 2479 *bis*, comma 3, c.c.).

La decisione di innalzare il capitale sociale nasce solitamente da due tipi di esigenza:
- la società ha aumentato il suo giro d'affari e ritiene opportuno offrire ai creditori una maggiore garanzia;
- la società intende operare nuovi investimenti e ha bisogno di un apporto di denaro.

L'aumento di capitale può essere *gratuito* o a *pagamento*:

- **l'aumento gratuito** può effettuarsi, stabilisce l'art. 2481 *ter*, trasferendo nel capitale o, come più correttamente si dice, *imputando* al capitale gli utili non distribuiti e accantonati come riserva volontaria. In tal caso i soci non dovranno operare alcun conferimento aggiuntivo;

- **l'aumento a pagamento**, invece, comporta la necessità di effettuare nuovi conferimenti. In questo caso la questione si complica. Per esempio, in che misura ciascun socio dovrà partecipare alla ricapitalizzazione della società?

 Con 31 mila euro avevo la quota di maggioranza di una S.r.l. che ne aveva 60 mila di capitale dichiarato. Poi è stato deliberato un aumento per 50 mila euro che è stato sottoscritto per intero dai miei soci cosicché i miei 31 mila euro sono diventati una quota di minoranza. Mi sorge il sospetto di essere stata turlupinata. È così?

L'aumento di capitale può essere effettuato mediante offerta di quote a terzi, se l'atto costitutivo lo prevede.
Ciò potrebbe servire per consentire ai soci, in caso di bisogno, di procedere alla ricapitalizzazione della società senza sborsare denaro oppure per consentire l'ingresso in società di nuovi soci.

L'art. 2481 *bis* c.c. stabilisce che in caso di aumento di capitale mediante nuovi conferimenti spetta ai soci il diritto di sottoscriverlo in proporzione delle partecipazioni da essi possedute.
Si tratta di una disposizione di grande importanza perché il **rispetto delle proporzioni** consente di mantenere inalterati i rapporti di forza all'interno della società.

Così, nel caso sopra esposto, il socio di maggioranza avrebbe avuto diritto di sottoscrivere il 51% dell'aumento di capitale conservando, in tal modo, la quota di maggioranza della società.

E se qualcuno dei soci non volesse o non potesse sottoscrivere la propria quota?

Con la stessa deliberazione con cui si aumenta il capitale si può decidere:

- che la parte non sottoscritta da alcuni soci possa essere sottoscritta dagli altri;
- oppure che il capitale sia aumentato solo di un importo pari alle sottoscrizioni effettuate.

8. La riduzione di capitale

La riduzione del capitale sociale può essere resa obbligatoria dalla legge oppure può essere frutto di una libera scelta dei soci.

▶ **La riduzione volontaria** viene operata, su delibera dell'assemblea, solitamente quando il giro d'affari è diminuito e il capitale risulta ormai palesemente eccessivo.
Una simile operazione, tuttavia, potrebbe nascondere intenti truffaldini.
Per esempio immaginiamo di ridurre il capitale sociale dopo aver ottenuto un grosso prestito.
Non v'è dubbio che così operando creeremmo qualche ragionevole preoccupazione in chi ci ha concesso quel prestito fidando sul maggiore capitale sociale.
Proprio per prevenire simili comportamenti scorretti l'art. 2482 c.c. stabilisce che:

- **deve essere resa pubblica** mediante *iscrizione* nel registro delle imprese la decisione di ridurre il capitale sociale;
- **possono fare opposizione** entro novanta giorni dall'*iscrizione* i creditori sociali il cui credito sia sorto anteriormente all'iscrizione stessa.

▶ **La riduzione obbligatoria** si impone se, a causa di notevoli perdite, il capitale sociale risulta diminuito di **oltre un terzo** (immaginiamo che sia sceso da 100 mila a 50 mila euro).

Se poi il capitale sociale dovesse scendere al di **sotto del limite minimo** imposto dalla legge, l'assemblea dovrebbe decidere senza indugio (art. 2482 *ter*) se:

- procedere alla ricostituzione del capitale,
- oppure trasformare la S.r.l. in società di altro tipo (per esempio in una S.n.c.).

> **Contro l'opposizione dei creditori** alla riduzione del capitale i soci possono fare ricorso al Tribunale. Se il giudice ritiene che il pericolo di pregiudizio sia infondato, oppure che la società abbia prestato idonea garanzia, può disporre che la riduzione abbia luogo nonostante l'opposizione dei creditori.

9. Limiti alla distribuzione degli utili

La società di cui faccio parte è fortemente indebitata. Prima che i creditori inizino azioni esecutive potremmo, con un piccolo raggiro, redistribuirci una parte del capitale sotto forma di utili?

Per prevenire simili comportamenti truffaldini, l'art. 2478 *bis*, comma 4, c.c., opportunamente ribadisce che:

- **possono essere distribuiti** esclusivamente gli utili realmente conseguiti e risultanti dal bilancio regolarmente approvato;
- **se si è verificata una perdita nel capitale sociale** non può farsi luogo a ripartizione degli utili fino a che il capitale non sia reintegrato o ridotto in misura corrispondente.

La costituzione di riserve legali

Abbiamo visto (> par. 5) che, nelle S.r.l. costituite con capitale sociale inferiore a 10 mila euro, un quinto degli utili netti conseguiti deve essere accantonato come **riserva legale**, fin quando questa non abbia raggiunto, unitamente al capitale esistente, l'ammontare di 10 mila euro.
Anche per le S.r.l. *ordinarie* è prevista, a garanzia dei creditori, la costituzione di una **riserva legale**, ma la differenza è che in questo caso l'ammontare deve raggiungere un quinto del capitale sociale (art. 2430 c.c. posto per la S.p.a. ma applicabile anche alla S.r.l.).

> **Oltre alle riserve legali la società può accantonare:**
> - riserve statutarie (cioè stabilite nello statuto) utili per offrire maggiori garanzie ai creditori;
> - riserve volontarie, deliberate dai soci in sede di approvazione del bilancio, utili per fronteggiare emergenze o per operare nuovi investimenti.

10. Titoli di debito per finanziare la società

La nostra società ha bisogno di una rilevante somma di denaro per superare alcune difficoltà finanziarie, ma poiché si tratta di difficoltà temporanee, non ci sembra opportuno procedere a un aumento del capitale. Quali altre soluzioni si possono trovare?

Introducendo una rilevante novità nel nostro diritto societario l'art. 2483 c.c. accorda alle S.r.l. la facoltà (prima riservata solo alle S.p.a.) di emettere *titoli di debito* (in pratica *obbligazioni*).

I titoli di debito sono titoli che rappresentano un prestito fatto alla società. Questi titoli garantiscono ai sottoscrittori la corresponsione di un interesse periodico e la restituzione della somma prestata alla scadenza prestabilita.

I titoli di debito emessi dalle S.r.l. non possono essere destinati al pubblico dei risparmiatori.
Essi, precisa l'art. 2483 c.c., possono essere sottoscritti soltanto da **investitori professionali**, come le banche, le assicurazioni o le società di investimento mobiliare, che dispongono degli strumenti necessari per valutare correttamente i rischi dell'operazione.

Il finanziamento dei soci

Anche ai soci è consentito concedere finanziamenti (cioè prestiti) alla società (art. 2467 c.c.) ma con alcune limitazioni volte a evitare raggiri in danno dei creditori sociali.

Immaginiamo che la nostra società per funzionare abbia bisogno di 100 mila euro. Noi però, furbescamente pensiamo di attribuirle un capitale minimo di 10 mila euro e di accrescere il suo patrimonio versando gli altri 90 mila sotto forma di *finanziamento* (o prestito). In questo modo, se gli affari andassero male e la società fosse sottoposta al fallimento, come soci perderemmo i 10 mila euro di capitale. Ma come *finanziatori* (cioè creditori) parteciperemmo, insieme a tutti gli altri creditori, alla divisione di quanto ricavato dalla vendita giudiziale del patrimonio sociale.

Per evitare raggiri e per costringere i soci ad assumersi le loro responsabilità nella società, la legge impone che i finanziamenti da essi operati siano rimborsati solo dopo che sono stati soddisfatti gli altri creditori sociali.

11. La cessione della quota, il recesso del socio, l'esclusione e la successione

Sono stanco di fare parte di una S.r.l. nella quale sono entrato diversi anni fa, posso cedere a chi voglio la mia quota?

▶ **La cessione della quota ad altri è possibile** se non sono state inserite nell'atto costitutivo clausole limitative o tendenti a escludere ogni cessione (art. 2469 c.c.).

▶ **L'esclusione del socio**, invece, può avvenire, dispone l'art. 2473 *bis*, soltanto se ricorrono le specifiche ipotesi di *giusta causa* previste nell'atto costitutivo.

▶ **Il recesso del socio**, dispone l'art. 2473 c.c., è regolato dall'atto costitutivo. Ciò significa che la legge lascia i soci liberi di stabilire come e quando è possibile uscire dalla loro società, avendo indietro il valore della quota di partecipazione.

Tale libertà, tuttavia, non è assoluta e il medesimo articolo elenca una serie di casi nei quali il recesso deve essere comunque consentito. Per esempio, oltre ai casi già visti in precedenza, il socio può recedere:

- se la maggioranza ha modificato aspetti importanti dell'atto costitutivo (▶ par. 3);
- se è stata deliberata la fusione o la scissione della società;
- se è stato revocato lo stato di liquidazione;
- se la società è stata costituita a tempo indeterminato (ricordiamo che nel nostro ordinamento non sono visti con favore i legami perenni).

> Contrariamente a quanto previsto per le società di persone, nella S.r.l. le partecipazioni sono **liberamente trasferibili**, perché l'ordinamento ritiene che una maggiore libertà di uscita o di entrata renda la S.r.l. più interessante per chi sia disponibile a investire il proprio denaro in attività produttive ma non ami vincoli troppo stretti e duraturi.

> **Il recesso è consentito anche** nei casi particolari contemplati dal secondo comma dell'art. 2469 c.c.

Il valore della quota del soggetto che recede o che viene escluso va valutato in proporzione al patrimonio sociale stimato secondo il suo valore di mercato.

> ### QUESTIONI
>
> **L'espropriazione della partecipazione**
>
> Immaginiamo che una persona sia oberata di debiti e che non abbia più beni sui quali i creditori possano rivalersi. Essa però detiene una quota rilevante della nostra società. Che cosa possono fare i creditori?
> Possono chiedere al giudice, come consente l'art. 2471 c.c., che la quota del socio sia espropriata e venduta giudizialmente. Tuttavia, se gli altri soci vogliono evitare che tale quota finisca in mano a estranei, possono essi stessi acquistarla offrendo la stessa somma.

12. Chi assume le decisioni nella S.r.l.

In ogni tipo di società il potere decisionale è diviso tra i soci e gli amministratori.

In generale ai soci spetta decidere sulle grandi questioni strategiche e agli amministratori su quelle più strettamente operative.

Per quanto riguarda la S.r.l., l'art. 2479 c.c. dispone che siano i soci stessi a stabilire, nell'atto costitutivo, quali materie sono riservate alla loro competenza, e quali, per esclusione, sono lasciate alla competenza degli amministratori.

Tuttavia, non possono essere delegate agli amministratori (e quindi possono essere decise solo dai soci) le questioni di maggiore rilevanza indicate nel secondo comma dell'art. 2479 c.c..

Sono riservate alla competenza dei soci (art. 2479 c.c.):
- l'approvazione del bilancio e la distribuzione degli utili;
- la nomina, se prevista nell'atto costitutivo, degli amministratori;
- la nomina, nei casi previsti dall'art. 2477 c.c., di un organo di controllo;
- le modificazioni dell'atto costitutivo;
- le decisioni su operazioni che comportano una sostanziale modifica dell'oggetto sociale o dei diritti dei soci;
- le decisioni sugli argomenti che gli amministratori (o tanti soci che rappresentino almeno un terzo del capitale sociale) sottopongono alla loro approvazione.

L'assemblea

Prima dell'entrata in vigore della riforma del diritto societario (avvenuta il 1° gennaio del 2004) tutte le decisioni di competenza dei soci dovevano essere assunte nel corso di un'assemblea regolarmente costituita; e questo perché, almeno teoricamente, i soci riuniti potevano confrontare le loro opinioni, acquisire informazioni, discutere e alla fine decidere.

In realtà il rito assembleare con le sue macchinose procedure di convocazione, le sue lunghe discussioni e le frequenti incomprensioni fra i soci, comportava una perdita di tempo e di energie che non sempre appariva giustificata.

Al fine di rendere più agile l'attività societaria l'art. 2479 c.c. attualmente dispone che l'atto costitutivo può prevedere quali questioni debbano essere decise nel corso di un'assemblea regolarmente costituita e quali possono essere decise al di fuori dell'assemblea, mediante consultazione *scritta* o sulla base del consenso espresso per *iscritto*.

QUESTIONI

Come si convoca l'assemblea?

Le modalità di convocazione dell'assemblea, stabilisce l'art. 2479 *bis*, sono determinate nell'atto costitutivo.

In esso si potrà consentire di impiegare telegrammi, fax, posta elettronica, messaggi sms o qualsiasi altro sistema di comunicazione purché vi sia la possibilità di avere una conferma dell'avvenuta ricezione della comunicazione.

Solo se nello statuto mancano queste previsioni, la convocazione dovrà essere fatta nel modo tradizionale, cioè mediante lettera raccomandata spedita ai soci almeno otto giorni prima della data in cui è fissata l'assemblea.

L'assemblea è regolarmente costituita con la presenza di tanti soci che rappresentino almeno la metà del capitale sociale.

In mancanza di espressa convocazione, le decisioni si intendono validamente assunte solo se all'assemblea partecipa l'intero capitale sociale e tutti gli amministratori e i sindaci sono presenti o informati e nessuno si oppone alla trattazione dell'argomento. Si parla in questo caso di *assemblea totalitaria*.

È consentito farsi rappresentare da altri in assemblea, salvo diversa disposizione dell'atto costitutivo (art. 2479 *bis*).

La differenza tra convocazione e costituzione dell'assemblea può essere così spiegata:

- **la convocazione** è l'atto con cui si invitano i soci a partecipare all'adunanza;
- **la costituzione** è il momento formativo coincidente con la verifica del numero legale.

Come delibera l'assemblea?

In assemblea le decisioni sono approvate a maggioranza assoluta mentre è richiesto il voto favorevole dei soci che rappresentino almeno la metà del capitale sociale quando occorra deliberare su talune importanti questioni, come la modifica dell'atto costitutivo o una sostanziale modifica dell'oggetto sociale o dei diritti dei soci (art. 2479 *bis*).

Il principio maggioritario

Il socio che non condividesse le scelte operate dalla maggioranza, che cosa potrebbe fare?

Il principio maggioritario, introdotto anche nelle S.r.l. dal quarto comma dell'art. 2479 *ter* comporta che le decisioni, prese dalla maggioranza in conformità della legge e dell'atto costitutivo, vincolano tutti i soci ancorché assenti o dissenzienti.

Ai soci dissenzienti è lasciata tuttavia la possibilità di recedere dalla società, se la maggioranza ha deliberato sulle questioni, particolarmente gravi, indicate nell'art. 2473 c.c.

13. Chi amministra la società

Amministrare una società significa, come già sappiamo, gestire l'impresa sociale nel rispetto delle indicazioni provenienti dall'assemblea.

L'art. 2475 c.c. stabilisce che, *salvo diversa disposizione dell'atto costitutivo*, l'amministrazione della società possa essere affidata:

- a un solo socio, che assumerà così il ruolo di *amministratore unico*;

> **Quando c'è un consiglio di amministrazione**, dispone ancora l'art. 2475 c.c., l'atto costitutivo può prevedere che le decisioni siano adottate nel corso di una formale riunione oppure mediante consultazione scritta o sulla base del consenso espresso per iscritto.

- a più soci, che costituiranno un *consiglio di amministrazione*; in questo caso l'atto costitutivo può prevedere che ciascun componente del consiglio possa operare *disgiuntamente* (cioè in modo autonomo) oppure debba operare *congiuntamente* (cioè in accordo con gli altri).

È da sottolineare che l'inciso *salvo diversa disposizione dell'atto costitutivo* vuol dire che, se l'atto costitutivo lo consente, gli amministratori possono anche non essere soci.

Sono amministratore di una S.r.l. i cui affari vanno piuttosto male. Per parte mia riconosco di avere talvolta sbagliato strategia e mi preoccupa il fatto che i soci possano per questo chiedermi il risarcimento di danni.

Gli amministratori, stabilisce l'art. 2476 c.c., **non rispondono** per aver operato scelte strategiche sbagliate, a meno che non si dimostri che essi hanno deliberatamente agito in danno della società.

La S.r.l. di cui sono amministratore ha dovuto pagare una forte multa all'amministrazione finanziaria perché, per imperdonabile dimenticanza, ho omesso di pagare un'imposta. Dovrò risarcire la società?

Gli amministratori sono invece responsabili verso la società (stabilisce ancora l'art. 2476 c.c.) per i danni derivanti dall'inosservanza dei doveri a essi imposti dalla legge e dall'atto costitutivo.

14. Chi rappresenta la società

La rappresentanza della società spetta agli amministratori.
Per agevolare i terzi che vengano in rapporto d'affari con la società e non costringerli ogni volta a verificare se il rappresentante con cui stanno trattando ha poteri sufficienti per condurre quello specifico affare, l'art. 2475 *bis* stabilisce che gli amministratori hanno la **rappresentanza generale** della società.
E l'aggettivo "generale" significa, come è spiegato nel secondo comma della norma, che eventuali limitazioni al loro potere, anche se previste nell'atto costitutivo e regolarmente iscritte nel registro delle imprese, non sono opponibili ai terzi, salvo che si provi che costoro hanno intenzionalmente agito in danno della società.

15. Come si esercita il controllo sull'attività sociale

Sebbene le scelte più importanti siano riservate ai soci, non v'è dubbio che gran parte delle scelte direttamente operative siano eseguite dagli amministratori. Sono loro che, avendo la rappresentanza *generale*, impegnano la società con i clienti, con i fornitori, con le banche e così via.
Agli amministratori fa dunque capo un potere piuttosto rilevante. E accade spesso che dove c'è un potere si prospetti il pericolo di abusi.
L'ordinamento prevede allora la possibilità, per i soci, di operare, **anche individualmente**, un controllo sull'operato degli amministratori.

Ciascun socio, stabilisce l'**art. 2476 c.c.**, può chiedere notizie sullo svolgimento degli affari sociali.

Il socio che non abbia una competenza specifica può far consultare i libri sociali e i documenti relativi all'amministrazione da professionisti di propria fiducia.

16. Il bilancio, i libri sociali e l'estinzione della società

La S.r.l., come tutte le società che svolgono attività commerciale, deve predisporre annualmente un *bilancio di esercizio*.

Il bilancio, secondo quanto disposto dall'art. 2478 *bis*:

- viene redatto dagli amministratori;
- viene verificato dall'organo di controllo (se è previsto);
- viene approvato dall'assemblea dei soci;
- viene depositato in copia, entro 30 giorni dall'approvazione, presso l'Ufficio del registro delle imprese affinché chiunque vi abbia interesse possa prenderne visione.

Con l'approvazione del bilancio viene decisa anche la distribuzione degli utili tra i soci.

Sui criteri da seguire per la predisposizione di questo importante documento, il Codice non detta norme specifiche ma, con una tecnica che ormai conosciamo bene, opera un rinvio alle regole (peraltro molto rigorose) poste per le società per azioni.

Anche noi adotteremo lo stesso criterio e illustreremo nell'Unità 6, in unica soluzione, i caratteri che deve avere il bilancio di tutte le società di capitali.

I libri sociali obbligatori

Oltre ai libri e alle scritture contabili obbligatorie per ogni impresa commerciale (art. 2214 c.c.), la S.r.l. deve predisporre (art. 2478 c.c.):

- il libro delle decisioni dei soci nel quale sono trascritti sia i verbali delle assemblee che le decisioni adottate mediante consultazione scritta;
- il libro delle decisioni degli amministratori;
- il libro delle decisioni del collegio sindacale o del revisore.

L'estinzione della società

Il Codice riunisce nel capo VIII (capo aggiunto dal d.lgs. n. 6 del 2003) le regole valide per lo *scioglimento* e la *liquidazione* sia della S.r.l., sia della S.p.a, sia della S.a.p.a.

Seguendo il medesimo criterio anche noi affronteremo questo argomento in modo unitario nell'Unità 6, paragrafo 4, dopo aver illustrato i caratteri e il funzionamento delle altre due società di capitali.

Un controllo legale, cioè affidato a un organo specializzato, era reso obbligatorio per le S.r.l. con capitale sociale uguale o superiore a quello minimo stabilito per le S.p.a., ma il d.l. 91 del 2014, al fine di ridurre il costo di funzionamento della società, ha eliminato tale obbligo. Esso permane solo:
- se la società è tenuta alla redazione del bilancio consolidato;
- se la società controlla una società obbligata alla revisione legale dei conti;
- se la società è tenuta alla redazione del bilancio in forma ordinaria e non abbreviata.

Il libro dei soci è stato eliminato per le S.r.l. dal d.lgs. n. 185/2008, convertito con legge n. 2/2009.

UNITÀ 1 — Riguardando gli appunti

1. Quali sono le caratteristiche della S.r.l.?
- La S.r.l. è una società di capitali e come tale è dotata di autonomia patrimoniale perfetta.
- Può essere composta da più soggetti oppure da un solo soggetto (società unipersonale).
- I soci possono essere persone fisiche o giuridiche.
- La durata della società è a tempo indeterminato, salvo che l'atto costitutivo non ponga un limite.

2. Come si costituisce la S.r.l.?
- L'atto costitutivo dovrà essere un contratto se si intende dare vita a una società pluripersonale, oppure un atto unilaterale se si intende dare vita a una società unipersonale.
- In entrambi i casi dovrà avere forma di atto pubblico e dovrà essere iscritto nel registro delle imprese. Con l'iscrizione la società assume personalità giuridica.
- L'atto costitutivo può essere modificato dall'assemblea con il voto favorevole di tanti soci che rappresentino almeno la metà del capitale sociale.

3. Che cosa si può conferire in società?
- Oltre al denaro possono essere conferiti beni, crediti e prestazioni lavorative. La prestazione d'opera deve essere garantita da una polizza di assicurazione oppure da una fideiussione bancaria.

4. Quali tipi di S.r.l. esistono oltre alla S.r.l. ordinaria?
- La legge prevede, oltre alla S.r.l. ordinaria, la S.r.l. con capitale sociale minimo inferiore a 10 mila euro e la S.r.l. semplificata.

5. Che differenza c'è tra capitale versato e capitale sottoscritto?
- Il capitale versato è quello che viene effettivamente conferito dai soci.
- Il capitale sottoscritto è quella parte di capitale che i soci non versano, ma che si impegnano a versare a richiesta degli amministratori.

6. Il capitale sociale può essere aumentato o ridotto?
- Il capitale sociale può essere aumentato *a titolo gratuito* (imputando al capitale gli utili non distribuiti e accantonati come riserva volontaria), o *a pagamento* (cioè mediante nuovi conferimenti).
- Il capitale sociale può essere ridotto *volontariamente* (cioè per decisione dei soci), o *obbligatoriamente* (cioè per imposizione di legge) se a causa di perdite il capitale sociale risulta diminuito di oltre un terzo.

7. Esistono limiti alla distribuzione degli utili?
- Possono essere distribuiti solo gli utili realmente conseguiti e risultanti dal bilancio approvato. Se si è verificata una perdita nel capitale sociale, non si possono distribuire gli utili fino a che il capitale non sia stato ricostituito o ridotto.

8. Come si rimedia a uno squilibrio tra indebitamento e patrimonio?
- I soci possono decidere un aumento a pagamento del capitale sociale, oppure possono concedere finanziamenti (cioè prestiti) alla società. In caso di liquidazione, tali finanziamenti potranno essere rimborsati solo dopo che sono stati soddisfatti tutti i creditori sociali.
- La S.r.l. può emettere obbligazioni sottoscrivibili solo da investitori qualificati.

9. Si può trasferire la quota sociale di una S.r.l.?
- Le partecipazioni sono liberamente trasferibili per atto tra vivi e per successione a causa di morte, salvo contraria disposizione dell'atto costitutivo.

10. Come prendono le decisioni i soci?
- Le decisioni possono essere prese collegialmente o per mezzo di consultazione scritta.
- È obbligatorio il ricorso all'assemblea per le decisioni più importanti indicate dall'art. 1479 c.c.

11. A chi spettano l'amministrazione e la rappresentanza della società?
- I soci possono prevedere nell'atto costitutivo (o in successive modifiche) che l'amministrazione spetti a un amministratore unico oppure a un consiglio di amministrazione i cui componenti operino congiuntamente o disgiuntamente.

Verifica le tue conoscenze

UNITÀ 1

Completamento

Completa lo schema utilizzando le seguenti parole: *10 mila; inferiore a 10 mila; 1 euro; semplificata; persone fisiche; utili netti; riserva; denaro; versati.*

Test a risposta multipla

Indica con una crocetta l'affermazione esatta.

1. **La S.r.l. non iscritta nel registro delle imprese:**
   A. è irregolare, ma può comunque operare
   B. è inesistente
   C. si trasforma in una società semplice
   D. deve essere sciolta

2. **Se il socio di una S.r.l. non è d'accordo con le decisioni assunte dall'assemblea:**
   A. deve comunque sottostare al volere della maggioranza
   B. può dissociarsi purché dia parere motivato
   C. può sempre decidere di recedere dalla società
   D. può recedere dalla società se la decisione riguarda materie particolarmente gravi

3. **Che cosa si intende per capitale sottoscritto?**
   A. è il capitale minimo previsto per legge per quel tipo di società
   B. è il capitale effettivamente conferito dai soci
   C. è il capitale che i soci non versano ma che si impegnano a versare in un secondo momento
   D. è il capitale risultante dalla somma dei conferimenti in natura e in denaro

4. **Gli amministratori sono responsabili verso la S.r.l. per i danni derivanti da scelte strategiche sbagliate?**
   A. sì, sempre
   B. no, mai
   C. sì, se si dimostra che hanno deliberatamente agito in danno della società
   D. dipende da quanto è previsto nell'atto costitutivo

5. **Il socio di una S.r.l. può concedere un finanziamento alla società?**
   A. sì, ma gli sarà rimborsato solo dopo che gli altri creditori saranno stati soddisfatti
   B. sì, ma solo se l'ammontare del finanziamento è inferiore a 10 mila euro
   C. no: sarebbe in danno ai creditori sociali
   D. no, perché la società non può avere debiti con i suoi stessi soci

Ma davvero?

Il diritto si affaccia nei discorsi di ogni giorno. A volte, però, a sproposito. Leggi e rifletti.

Il signor Cantieri è un muratore specializzato di grande esperienza. Recentemente ha ricevuto l'offerta di entrare a far parte, come socio d'opera, di una S.r.l. attiva nel ramo dell'edilizia. L'offerta è attraente ma il signor Cantieri è perplesso: «Mi hanno detto che per diventare socio devo stipulare una polizza assicurativa. Non mi convince. Qui c'è puzza di bruciato!»

Il signor Cantieri sembra sicuro di ciò che dice. Ma davvero... l'indicazione che ha ricevuto è sospetta?

UNITÀ PERCORSO H 2
LE SOCIETÀ DI CAPITALI

Costituzione e caratteri generali della S.p.a.

1. Una società particolare

Sto perdendo una grande occasione. Ho scoperto che lungo le coste italiane, dall'Adriatico al Tirreno, sono in vendita numerosi villaggi turistici. Costituire una società per acquistarli tutti sarebbe un gran colpo, ma fino a ora ho trovato solo quattro potenziali soci disposti a partecipare all'operazione e il capitale che potremmo mettere assieme non è sufficiente.

Quando il capitale occorrente è molto elevato, il tentativo che si può fare è mettere insieme un gran numero di soci affinché tanti piccoli e grandi conferimenti facciano, nel complesso, un rilevante capitale.

Ma come si possono indurre tante persone a rischiare i propri capitali in una società?

Come minimo bisognerebbe offrire loro, oltre alla prospettiva di un buon guadagno, almeno due importanti garanzie:

- lo scudo della responsabilità limitata;
- la possibilità di recuperare in qualsiasi momento il proprio denaro cedendo senza vincoli la propria quota sociale.

Entrambe queste garanzie potrebbe offrirle la società a responsabilità limitata. Ma la S.r.l. è regolata nel presupposto che i soci siano in numero piuttosto contenuto. Se, al contrario, vogliamo mettere insieme molti o moltissimi soci liberi di entrare e di uscire dalla società comperando e vendendo partecipazioni senza che ciò provochi un caos nella direzione dell'impresa, occorre pensare a un diverso tipo di società.

Esiste un tipo di società che garantisca stabilità nella conduzione dell'impresa societaria anche se le persone dei soci mutano?

Esiste: è la *società per azioni*. Nella S.p.a. il disagio connesso alla variabilità dei soci viene superato trasferendo gran parte del potere decisionale dall'assemblea all'organo amministrativo.

Mentre dunque **nelle società di persone e nelle S.r.l.** i soci assumono le decisioni più rilevanti e lasciano generalmente agli amministratori la parte esecutiva, **nella S.p.a.** gli amministratori decidono come gestire l'impresa societaria e i soci possono deliberare solo sulle specifiche questioni assegnate loro dalla legge.

In questo modo l'organo amministrativo assume la funzione di motore della società.

QUESTIONI

Quando e perché sono nate le società per azioni

Le prime compagnie mercantili, sorte nell'alto medioevo, avevano la forma della **società in nome collettivo** e tutti i soci, allora come oggi, erano illimitatamente e solidalmente responsabili per le obbligazioni sociali.

Quando, dopo il Mille, passata la nube delle invasioni barbariche, le attività commerciali sono tornate a espandersi e a richiedere investimenti sempre più consistenti, si è cominciato a porre il problema di attrarre nell'impresa soggetti che, pur disponendo di ingenti risorse finanziarie (alti prelati, aristocratici, professionisti) e pur essendo disposti a entrare in affari, non intendevano rischiare il loro intero patrimonio.

La **società in accomandita**, comparsa in pieno medioevo come variante alla società collettiva, ha rappresentato l'innovazione capace di superare il problema.

Con la *commenda* si affidava una somma al commerciante per condurre un'operazione profittevole. Se l'operazione andava bene, la somma veniva restituita accresciuta di una quota di utili. Se l'operazione andava male, l'accomandante perdeva al massimo il capitale investito ma non l'intero patrimonio.

La **società per azioni** ha fatto la sua comparsa nei primi anni del 1600 e ha rappresentato la naturale evoluzione verso una più estesa limitazione della responsabilità dei soci.

Si era ormai in piena espansione coloniale e i traffici marittimi per le Indie, sebbene promettessero enormi profitti, comportavano anche enormi rischi. Naufragi, aggressioni di pirati, perdita del carico, erano eventi tutt'altro che straordinari.

Chi si assumeva l'onere di affrontarli non poteva essere penalizzato anche con la perdita di tutto il proprio patrimonio. Era chiaro che per convogliare capitali verso le grandi imprese armatoriali occorreva offrire, oltre alla prospettiva di un alto profitto, anche il beneficio della responsabilità limitata, con in più la possibilità di cedere liberamente ad altri la propria partecipazione e rientrare dei capitali investiti.

Nascevano così le prime grandi società per azioni: nel 1600 la inglese *East India Company*; nel 1602 la olandese *CostIndische Compagnie*; nel 1664 le francesi *Compagnies des Indes*.

Con la limitazione della responsabilità dei soci al capitale conferito si ponevano anche le basi per la circolazione della partecipazione dei soci certificata da speciali documenti (azioni) che cominciavano ad essere scambiati nelle prime *borse*: Amsterdam, Londra, Bruges, Anversa.

L'esigenza di consentire la più ampia circolazione delle azioni ha comportato, inoltre, che esse venissero rilasciare *al portatore* garantendo così anche il sostanziale anonimato del socio, da cui è derivata la denominazione di *società anonime*, che in Italia si è conservata fino al 1942 quando è stata adottata la nuova denominazione di *società per azioni*.

2. Come si presenta la S.p.a.

La S.p.a. è una società nella quale per le obbligazioni sociali risponde soltanto la società con il proprio patrimonio e il capitale sociale è rappresentato da azioni.

▶ **È una società di capitali** e come tale gode di autonomia patrimoniale perfetta. Ciò significa che in caso di inadempimento i creditori sociali potranno rivalersi soltanto sul patrimonio della società e non anche su quello personale dei soci.

▶ **La denominazione sociale** può essere formata in qualunque modo, stabilisce l'art. 2326 c.c., purché contenga l'indicazione di società per azioni (S.p.a.).

▶ **La società può essere composta**:
- da un solo socio, e in tal caso si ha una società *unipersonale*;
- da più soci, e in tal caso si ha una società *pluripersonale*.

▶ **I soci possono essere** (come per la S.r.l.) sia persone fisiche che persone giuridiche.

▶ **Il capitale sociale** non può essere inferiore a 50 mila euro.

▶ **Le azioni** sono speciali ricevute (più esattamente titoli di credito) che vengono attribuite ai soci in cambio dei loro conferimenti. Ciascuna di esse, pertanto, rappresenta una frazione del capitale sociale: 100 euro, 500 euro, 1000 euro e così via.

Inoltre:
- sono liberamente trasferibili e ciò consente ai soci di entrare e uscire dalla società senza doversi legare a essa più di quanto non desiderino;
- attribuiscono ai loro possessori la qualità di socio anche se, come vedremo più avanti (▶ Unità 3), non tutte debbono necessariamente conferire gli stessi diritti;
- se la società, nel corso della sua attività, ha bisogno di nuovi finanziamenti, può emettere nuove azioni (incassando i relativi conferimenti) oppure può emettere *obbligazioni*.

▶ **Le obbligazioni** sono titoli di credito che attestano un prestito concesso dal risparmiatore alla società.

Esse non attribuiscono la qualità di socio ma garantiscono la riscossione di un interesse annuo e la restituzione, alla scadenza concordata, del capitale prestato.
Anche le obbligazioni possono essere di diversi tipi e attribuire al possessore diritti diversi, come vedremo meglio più avanti.

Le società di capitali attualmente operanti nel nostro sistema economico sono poco più di 1.120.000. Di queste:
- le S.r.l. sono circa 1.060.000;
- le S.p.a. circa 60 mila;
- le S.a.p.a. meno di 200.

Il capitale minimo per costituire una S.p.a. è stato portato da 120 mila a 50 mila euro (d.l. 91 del 2014) per favorire l'utilizzo di questo modello societario anche per attività imprenditoriali che non necessitano di un capitale iniziale particolarmente elevato ma che in seguito, come società per azioni, potrebbero finanziarsi più agevolmente ricorrendo al mercato del capitale di rischio piuttosto che al prestito bancario.

3. Chi comanda nella S.p.a.

Nella S.p.a comanda chi dispone, in assemblea, della maggioranza delle *azioni con diritto di voto*.

L'azionista di maggioranza, infatti, può porre alla guida dell'impresa societaria se stesso o amministratori di propria fiducia che soltanto lui, fin quando rimarrà azionista di maggioranza, potrà revocare.

▶ **Capitale di comando** è la quota di capitale rappresentata dal pacchetto azionario di maggioranza.

▶ **Capitale flottante** è la parte di capitale rappresentato dalle azioni possedute da tanti piccoli azionisti.

> **Non tutti i tipi di azione**, come vedremo meglio nell'Unità 3, attribuiscono al possessore il diritto di votare in assemblea.

QUESTIONI

Il controllo della S.p.a.

Si può controllare una S.p.a. con una quota inferiore al 51% del capitale?
La risposta è affermativa. Anzi, è piuttosto frequente che nelle società che fanno ricorso al *mercato del capitale di rischio*, il *flottante* sia, nel suo insieme, superiore al capitale di comando e che si controlli la società possedendo una quantità di azioni anche molto inferiore al 50%.
Questa singolarità è resa possibile da una regola e da una prassi:
- **la regola** è che in assemblea la maggioranza si calcola in base al numero delle azioni possedute dagli intervenuti;
- **la prassi** è che i piccoli azionisti raramente intervengono alle adunanze e la loro assenza fa abbassare la percentuale dei voti necessaria per approvare le delibere. In sostanza, contando sulla latitanza dei piccoli azionisti si può controllare una società anche disponendo di un capitale di comando inferiore al 30%.

È importante sapere da chi è posseduto il capitale di comando?
La risposta è affermativa. Chi investe in modo rilevante il proprio denaro in una società per azioni può aspettarsi di vederlo aumentare se l'impresa societaria va bene o di vederlo diminuire se l'impresa societaria va male. Perciò qualsiasi investitore ha diritto di sapere con certezza chi è l'azionista di maggioranza che gestisce la società e se sono in corso acquisizioni o vendite di azioni tali da poter cambiare l'assetto proprietario.

4. Come operano i patti parasociali

Si chiamano *parasociali* gli accordi che gli azionisti stringono per conseguire obiettivi comuni.

Per esempio, se nessun azionista è così forte da avere la maggioranza dei voti in assemblea, è possibile che uno di essi stringa un patto con altri azionisti al fine di assumere insieme a loro il controllo della società.

I patti parasociali più ricorrenti sono il *sindacato di voto* e il *sindacato di blocco*.

▶ **Con il sindacato di voto** i soci partecipanti si obbligano a concordare tra di loro, prima di ogni assemblea, il contenuto del voto, oppure si obbligano a rilasciare la procura di voto a uno di loro che esprimerà la volontà di tutti.

▶ **Con il sindacato di blocco** i soci partecipanti si impegnano a non vendere le proprie azioni, oppure a venderle soltanto a determinate condizioni.

E se qualcuno non rispettasse il patto?

Il patto, come qualsiasi contratto, vincola soltanto le parti che lo hanno concluso.
Ciò vuol dire che la vendita di azioni è efficace nei confronti dei terzi acquirenti, così come è valido il voto espresso in assemblea.
Tuttavia chi viola il patto può essere obbligato a risarcire il danno causato agli altri soci.

5. Società quotate e società non quotate

Scorrendo la pagina finanziaria di qualsiasi quotidiano, possiamo agevolmente conoscere, giorno per giorno, le quotazioni raggiunte dai titoli di circa 300 grandi società.

Ma perché solo 300 o poco meno? Dobbiamo dedurne che in Italia ci sono così poche società per azioni? Certamente no.
Nel nostro Paese sono presenti almeno 60 mila S.p.a. Questo universo produttivo è composto in gran parte da società di medie dimensioni che operano con un capitale limitato posseduto da un numero ristretto di soci e i loro titoli possono essere scambiati solo privatamente. Per tale ragione le loro quotazioni non trovano posto nei listini finanziari.
I listini registrano solo le quotazioni dei titoli delle grandi società a cui è consentito di fare ricorso al *mercato del capitale di rischio*.

Che cosa è il mercato del capitale di rischio?

▶ **Capitale di rischio** è il capitale soggetto al rischio d'impresa.
Le grandi società si procurano generalmente questo capitale offrendo sul mercato (detto per questo *mercato del capitale di rischio*) azioni, obbligazioni e altri titoli.
Il risparmiatore che voglia acquistare questi titoli si dispone, pertanto, ad assumere una dose di rischio.

Ma c'è un altro tipo di rischio che nessun risparmiatore è disposto ad assumersi, ed è quello di essere ingannato, attraverso false comunicazioni, sullo stato di salute della società.
Sarebbe piuttosto irritante, per esempio, scoprire di avere acquistato titoli di una società che fraudolentemente si presenta con un attivo di bilancio e sapere poi che si trova sull'orlo del collasso finanziario.
Per evitare questo secondo tipo di rischio e offrire ragionevoli garanzie ai risparmiatori, sono istituiti speciali *mercati regolamentati*.

> **Fare ricorso al mercato del capitale di rischio** significa poter offrire i propri titoli (per mezzo di banche o di altri intermediari) ai risparmiatori che intendono *rischiare* il proprio denaro in investimenti finanziari.

Costituzione e caratteri generali della S.p.a. — UNITÀ 2

I mercati regolamentati sono così chiamati perché le società che vogliono negoziare i loro titoli su questi mercati debbono rispettare una serie di regole volte a evitare frodi o raggiri.

Perché parliamo di mercati al plurale?

Perché ogni tipo di *titolo* ha un suo specifico mercato. Esiste il mercato dei titoli azionari, il mercato dei titoli obbligazionari e altri che non menzioniamo per la complessità dei loro caratteri.
Questi mercati sono attualmente gestiti da un'unica società per azioni chiamata **Borsa S.p.a.**
Al termine di ogni giornata di contrattazione, le *quotazioni* ottenute da ciascun titolo sono riportate in appositi listini che vengono poi riproposti in rete e sulle pagine finanziarie dei quotidiani.

Sono comunemente indicate come **società quotate in Borsa** o, più sinteticamente, come **società quotate**, le società ammesse a negoziare i loro titoli sui mercati regolamentati e le cui *quotazioni* sono registrate sui listini finanziari.

> Possono fare ricorso al **mercato del capitale di rischio** solo (art. 2325 *bis*):
> - le società con azioni quotate in *mercati regolamentati*;
> - le società le cui azioni sono comunque distribuite tra i risparmiatori in misura rilevante.

Possono essere ammesse a negoziare i loro titoli sui mercati regolamentati solo le grandi società che offrono ragionevoli garanzie di stabilità e che dispongano di un capitale di rischio sufficientemente grande per essere offerto in sottoscrizione sull'intero mercato nazionale. Sulla trasparenza e sulla regolarità delle operazioni condotte su questi *mercati regolamentati* vigila la Consob.

▶ **Consob** è una sigla che sta per *Commissione nazionale sulle società e la Borsa*. A essa è affidata, tra gli altri compiti, la funzione ispettiva sulle società quotate per assicurare agli investitori una costante e corretta informazione sulla situazione finanziaria e patrimoniale di ciascuna.

È vantaggioso, per una società, essere quotata?

Essere *quotata* può essere molto vantaggioso. Per esempio, se dovessimo investire i nostri risparmi difficilmente penseremmo di investirli nella ipotetica società *Alfa* che gestisce una piccola fabbrica tessile in una cittadina di provincia. A meno che non ne conoscessimo personalmente l'esistenza e l'efficienza. È più probabile, invece, che prendiamo un giornale specializzato e iniziamo a interessarci all'andamento delle quotazioni di Borsa, oppure che ci rivolgiamo a intermediari professionisti che operano in Borsa.
Ciò comporta, per le società quotate, la possibilità di contare su una raccolta di risparmio di dimensione nazionale e talvolta anche internazionale.

385

PERCORSO H — LE SOCIETÀ DI CAPITALI

> ## QUESTIONI
>
> **Le società con azioni diffuse in misura rilevante**
>
> Ci sono alcune grandi società le cui azioni, sebbene non siano quotate sui mercati regolamentati, sono ugualmente diffuse tra il pubblico in misura *rilevante*.
> Queste società sono sottoposte a controlli e regole simili a quelle poste per le società quotate.
> Diventa allora importante capire esattamente quali società rientrano in questa categoria e che cosa intenda il legislatore con l'espressione *diffuse in modo rilevante*.
> La risposta la troviamo nel regolamento della Consob (deliberazione n. 18671 del 2013).
> **Hanno azioni diffuse in misura rilevante** le società che hanno un numero di azionisti superiore a 500 e non possono avvalersi del bilancio in forma semplificata.

6. Come si costituisce la S.p.a.

Come tutte le società, anche la S.p.a. nasce attraverso un atto costitutivo.

▶ **L'atto costitutivo sarà**:

- un contratto se si intende dar vita a una società *pluripersonale*;
- un atto unilaterale se si intende dar vita a una società *unipersonale*.

▶ **La forma** in entrambi i casi dovrà essere quella **dell'atto pubblico**, che dovrà essere iscritto nel registro delle imprese.

▶ **L'iscrizione ha *effetto costitutivo***. Ciò vuol dire che la società è *costituita*, cioè viene a esistenza, solo dopo essere stata iscritta nel registro delle imprese.

▶ **Con l'iscrizione la società assume la personalità giuridica** (art. 2331 c.c.) e diventa un soggetto di diritto dotato di autonomia patrimoniale perfetta.

 Che cosa si deve scrivere nell'atto costitutivo?

▶ **L'atto costitutivo deve contenere** le informazioni richieste dall'**art. 2328 c.c.**, tra le quali segnaliamo:

- le generalità dei soci (dati anagrafici per le *persone fisiche*, denominazione, sede, data, luogo e Stato di costituzione per le *persone giuridiche*);
- l'oggetto sociale;
- la denominazione sociale, contenente l'indicazione S.p.a.;
- la sede sociale (è sufficiente indicare il Comune);
- l'ammontare del capitale sociale sottoscritto e di quello versato;

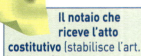

Il notaio che riceve l'atto costitutivo (stabilisce l'art. 2330 c.c.) deve trasmetterlo entro venti giorni per via telematica all'Ufficio del registro delle imprese.
L'Ufficio, verificata la regolarità formale della documentazione, iscrive la società nel registro.

Le società di persone se non vengono iscritte sono *irregolari*, mentre le società di capitali sono *inesistenti*.
Ne consegue che per le **operazioni compiute prima dell'iscrizione** sono illimitatamente e solidalmente responsabili verso i terzi coloro che hanno agito in nome della società (art. 2231 c.c.).

- il numero delle azioni emesse;
- la durata della società;
- il sistema di amministrazione adottato.

La formazione dell'atto costitutivo

▶ **La formazione dell'atto costitutivo** può avvenire per *simultanea adesione* dei soci fondatori o per *pubblica sottoscrizione*.

▶ **La costituzione per simultanea adesione** è il modo più pratico per dare vita a una S.p.a. I soci fondatori sottoscrivono il contratto davanti a un notaio ed effettuano i versamenti previsti. Il notaio provvederà poi a inviare l'atto per l'iscrizione nel registro delle imprese.

▶ **La costituzione per pubblica sottoscrizione** è un procedimento più complesso previsto dagli artt. 2333-2336 c.c., e ha lo scopo di formare il capitale sociale iniziale con il ricorso al risparmio di massa.
La procedura può essere così sintetizzata:

- i *soci promotori* predispongono un programma che rendono pubblico al fine di raccogliere sottoscrizioni;
- quando tutto il capitale sarà stato sottoscritto e ne sarà stato versato almeno un quarto presso una banca, i promotori convocheranno un'assemblea nella quale si procederà, tra l'altro, alla nomina degli organi di governo della società e alla definitiva stipulazione dell'atto costitutivo.

7. A che cosa serve lo statuto

Generalmente per la costituzione delle società è sufficiente sottoscrivere (e registrare) l'atto costitutivo. Ma per la S.p.a., data la maggiore complessità della sua organizzazione, la legge dispone che sia predisposto e registrato anche uno *statuto*.

▶ **Lo statuto** è il documento con il quale i soci pongono regole più specifiche per il funzionamento della loro società.

▶ **In caso di contrasto** tra le clausole dell'atto costitutivo e quelle dello statuto prevalgono le seconde (art. 2328 c.c., comma 3).

La modifica dello statuto o dell'atto costitutivo

L'art. 2365 c.c. consente ai soci di apportare modifiche a una o più clausole dello statuto (o dell'atto costitutivo) ma solo con la maggioranza prevista per l'**assemblea straordinaria** (> Unità 4).

▶ **Il principio maggioritario**, che abbiamo già incontrato trattando della S.r.l., è applicato anche alla S.p.a. e in base a tale principio tutti i soci debbono adeguarsi alle decisioni assunte dalla maggioranza.

> **Soci fondatori** sono chiamati quelli che stipulano l'atto costitutivo della società. **Soci promotori** sono chiamati quelli che, nella costituzione *per pubblica sottoscrizione*, hanno predisposto il programma della società da costituire.

▶ **Ai soci dissenzienti** è consentito di recedere dalla società solo se sono state apportate allo statuto le modifiche, particolarmente importanti, elencate nell'**art. 2437 c.c.**, tra le quali segnaliamo:

- il trasferimento della sede sociale all'estero;
- un cambiamento significativo dell'attività societaria;
- la trasformazione della S.p.a. in altro tipo di società;
- variazioni concernenti i diritti di voto o di partecipazione dei soci.

Il valore delle azioni da rimborsare al socio che recede (art. 2437 *ter*) è determinato dagli amministratori, tenuto conto della consistenza patrimoniale della società nonché dell'eventuale valore di mercato delle azioni.

> **QUESTIONI**
>
> **La modifica indiretta dell'oggetto sociale**
>
> Ogni società ha la possibilità di acquistare azioni di altre società. Ciò potrebbe suggerire una via d'uscita per modificare o ampliare l'oggetto sociale senza ricorrere a una espressa deliberazione dell'assemblea straordinaria. Per esempio, se una società che si occupa di viaggi chiudesse le sue agenzie e acquistasse la maggioranza delle azioni di un'impresa di abbigliamento sportivo, avrebbe indirettamente diversificato l'oggetto sociale. È possibile operare in questo modo?
> L'art. 2361 c.c., per prevenire il ricorso a simili espedienti, stabilisce che l'assunzione di partecipazioni in altre imprese non è consentita se, per la misura e per l'oggetto della partecipazione, ne risulta sostanzialmente modificato l'oggetto sociale.

8. Che cosa si può conferire nella S.p.a.

In tutte le società, come già sappiamo, i conferimenti servono a costituire il capitale sociale iniziale.

L'art. 2342 c.c. stabilisce che per le S.p.a.:

- i conferimenti debbono farsi in **denaro** se nell'atto costitutivo non è disposto diversamente;
- se l'atto costitutivo lo consente, possono essere conferiti anche **crediti** (per esempio titoli del debito pubblico) e **beni** (terreni, edifici, aziende).

Al conferimento di beni o crediti, stabilisce l'art. 2342 c.c., si applicano le norme già considerate per le società di persone (artt. 2254-2255 c.c.).
Per evitare che operino sul mercato società con capitale *gonfiato*, l'art. 2343 c.c. stabilisce che il conferimento di crediti o di beni in natura deve essere accompagnato dalla **relazione giurata** di un esperto designato dal presidente del Tribunale che ne attesti il valore effettivo.

Non possono costituire oggetto di conferimento le prestazioni di opera o di servizi (il *socio d'opera* non è ammesso nella S.p.A.).
Tuttavia (art. 2346 c.c., comma 6) lo statuto può prevedere l'*apporto di opere* o *di servizi* da parte di terzi.

9. Che cosa sono gli apporti di opere o servizi

Immaginiamo di conoscere un professionista che, per la sua grande competenza e capacità, sarebbe un ottimo *manager* per la nostra società. E sarebbe ottima cosa averlo più come *socio d'opera* che come dipendente. Ma nelle società per azioni, abbiamo già detto, non è possibile conferire *prestazioni lavorative*. Che fare?
Non c'è chi non veda come in questo e in altri casi simili il divieto di conferire opere o servizi potrebbe rivelarsi molto penalizzante per la società.

Il sesto comma dell'art. 2346 c.c. offre un'alternativa disponendo che, in cambio dell'apporto di opere o servizi (che non sono conferimenti e quindi non vanno a comporre il capitale sociale), la S.p.A. può emettere strumenti finanziari da assegnare ai soci o ai terzi.

Che cosa sono gli strumenti finanziari?

"Strumento finanziario" è una espressione che indica qualsiasi mezzo che consente di operare investimenti sul mercato finanziario (le azioni e le obbligazioni sono gli strumenti finanziari più diffusi e conosciuti).

Gli strumenti finanziari che la società può emettere in cambio dell'apporto di opere o di servizi possono attribuire ai possessori (art. 2346 c.c., comma 6):

- diritti patrimoniali (per esempio il diritto di partecipare alla divisione degli utili),
- ma non il diritto di voto nell'assemblea generale degli azionisti.

Lo statuto tuttavia può riconoscere ai possessori (art. 2351 c.c., comma 5) il diritto di voto su specifici argomenti.

> **Il conferimento dei beni** e crediti è regolato dall'art. 2342 c.c.:
> - se il bene **è** stato conferito solo **in godimento**, le riparazioni o sostituzioni sono a carico del socio;
> - se il bene **è** stato conferito **in proprietà**, i costi per riparazioni o sostituzioni sono a carico della società;
> - se viene conferito **un credito**, questo si intende conferito salvo buon fine.

10. Come si costituisce il capitale sociale

Abbiamo più volte ripetuto in questo corso che il capitale sociale iniziale, formato con i conferimenti dei soci, ha la duplice funzione di finanziare l'impresa societaria e di offrire una garanzia patrimoniale ai creditori.

Tuttavia potrebbe accadere (e frequentemente accade) che al momento della costituzione della società non tutti i soci abbiano la concreta possibilità di effettuare l'intero conferimento, oppure può accadere che non serva avere subito a disposizione l'intero capitale perché, per esempio, il piano di sviluppo prevede investimenti scaglionati nel tempo.

In questi casi (lo abbiamo visto anche a proposito della S.r.l.) per evitare che il denaro conferito dai soci rimanga inutilmente fermo sul conto della società, la legge offre la possibilità di *versarne* solo una parte e di *sottoscrivere* la parte rimanente.

- **Capitale versato** è chiamato quello effettivamente conferito dai soci.

- **Capitale sottoscritto** è chiamata quella parte di capitale che i soci non versano, ma che si impegnano a versare quando gli amministratori ne faranno richiesta.

Alla sottoscrizione dell'atto costitutivo deve essere versato presso una banca almeno il 25% dei conferimenti in denaro.

Debbono operare l'intero versamento solo i soci che conferiscono beni o crediti e il socio unico della società *unipersonale*.

11. Come può aumentare o diminuire il capitale sociale

Come per tutte le società anche nella S.p.a il capitale sociale può subire aumenti e diminuzioni.

▶ **L'aumento di capitale** può rendersi necessario quando la società voglia aumentare la garanzia da offrire ai propri creditori, oppure quando voglia operare nuovi investimenti (per esempio aprire una nuova fabbrica) e abbia bisogno, per questo, di nuove risorse. Può avvenire gratuitamente o a pagamento.

- L'**aumento gratuito** si opera *imputando* al capitale una parte del patrimonio netto. In questo modo, come appare evidente, i soci non dovranno operare alcun conferimento aggiuntivo. A fronte dell'aumento di capitale la società può emettere nuove azioni da distribuire gratuitamente ai soci in proporzione alle azioni da ciascuno di essi già possedute oppure può deliberare un aumento del valore delle azioni esistenti (art. 2442 c.c.).

- L'**aumento a pagamento**, invece, si realizza emettendo nuove azioni a fronte delle quali verranno operati nuovi conferimenti. Salvo le eccezioni consentite dalla legge, le nuove azioni debbono essere offerte in **opzione** ai soci prima che a estranei (> Unità 3).

▶ **La riduzione del capitale** sociale può essere frutto di una libera scelta dei soci, o può essere resa obbligatoria dalla legge.

- **La riduzione volontaria**, decisa dai soci, solitamente è motivata dall'esuberanza del capitale rispetto ai diminuiti impegni della società. Essa viene deliberata dall'*assemblea straordinaria* e deve essere resa pubblica mediante *iscrizione* nel registro delle imprese.

Ai conferimenti operati per aumentare il capitale si applicano sostanzialmente le stesse norme che regolano i conferimenti da effettuare al momento della costituzione della società.

Pertanto, come si desume dall'art. 2439 c.c., deve essere versato presso una banca almeno il 25% dei conferimenti in denaro, mentre debbono operare l'intero versamento solo i soci che conferiscono beni o crediti.

Costituzione e caratteri generali della S.p.a. UNITÀ 2

 Aiuto! Ho concesso un importante credito a una S.p.a. che disponeva di un rilevante capitale sociale, ma l'assemblea, con un colpo di mano, lo ha dimezzato. Che cosa posso fare?

L'art. 2445 c.c., al fine di evitare che la diminuzione del capitale sociale sia operata unicamente per ridurre la garanzia dei creditori, dispone che *la delibera* con cui viene decisa la riduzione di capitale *deve essere resa pubblica* mediante iscrizione nel registro delle imprese e diviene efficace solo se, nei tre mesi successivi alla iscrizione, non vi sono state opposizioni da parte dei creditori.

- **La riduzione obbligatoria** deve essere operata quando, a causa di notevoli perdite, il capitale dichiarato risulti diminuito di oltre un terzo (immaginiamo che sia sceso da 600 mila a 300 mila euro).

Il Tribunale, quando ritenga che il pericolo di pregiudizio per i creditori sia infondato oppure che la società abbia prestato idonea garanzia, può disporre che la riduzione abbia luogo nonostante l'opposizione.

 E se le perdite di esercizio facessero scendere il capitale sociale sotto i 50 mila euro?

Quando il capitale scende al di sotto del limite minimo imposto dalla legge (art. 2447 c.c.) l'assemblea deve decidere *senza indugio* se:

- procedere alla ricostituzione del capitale sociale,
- o trasformare la S.p.a. in società di altro tipo (come una S.r.l.).

12. Quali limiti sono posti alla distribuzione degli utili

Abbiamo già visto, studiando le norme che regolano la S.r.l., come una distribuzione di utili superiore a quelli realmente conseguiti si tradurrebbe in una riduzione mascherata del capitale sociale.

Per evitare che questo accada l'art. 2433 c.c., commi 2 e 3, opportunamente ribadisce che:

- **possono essere distribuiti** esclusivamente gli utili *realmente conseguiti* e risultanti dal bilancio regolarmente approvato;
- **se si è verificata una perdita nel capitale sociale** non può farsi luogo a ripartizione degli utili fino a che il capitale non sia reintegrato o ridotto in misura corrispondente.

Le stesse disposizioni contenute nell'art. 2433 c.c. sono contenute:
- nell'art. 2478 *bis* che regola la distribuzione degli utili nella S.r.l.;
- nell'art. 2303 c.c. che vieta la ripartizione di utili fittizi nella S.n.c.

La costituzione di riserve

La reintegrazione del capitale sociale con *utili non distribuiti*, imposta dall'art. 2478 *bis*, presuppone che la società, dopo la perdita, riprenda a produrre utili.

 Ma se così non fosse? Se la società seguitasse a registrare delle perdite?

Per offrire una maggiore garanzia ai creditori sociali la legge impone alle società di capitali la costituzione di **riserve legali** (così chiamate perché imposte dalla legge).

L'**art. 2430 c.c.** (applicabile anche alle S.r.l.) dispone in proposito che:

- dagli utili netti annuali deve essere dedotta una somma corrispondente almeno alla ventesima parte di essi per costituire una riserva fino a che questa non abbia raggiunto il quinto del capitale sociale;
- la riserva deve essere reintegrata se viene diminuita per qualsiasi ragione.

Oltre alle riserve legali la società può accantonare:

- **riserve statutarie** (cioè stabilite nello statuto) utili per offrire maggiori garanzie ai creditori;
- **riserve volontarie**, deliberate dai soci in sede di approvazione del bilancio, utili per fronteggiare emergenze o per operare nuovi investimenti.

Dividendo è chiamata quella parte di utili che può essere divisa tra i soci dopo aver sottratto le riserve.

13. Patrimoni per uno specifico affare

Amministro una società che gestisce villaggi turistici. Invece di offrire tradizionali soggiorni avremmo pensato di proporre brevi crociere con sosta notturna nei nostri villaggi. Il progetto pare interessante per i profitti che potrebbe produrre, ma anche rischioso per le perdite che potrebbe comportare. C'è un modo per ridurre il rischio?

La legge, per stimolare l'iniziativa imprenditoriale, consente di scorporare una parte del patrimonio sociale per destinarla a uno *specifico affare* rischiando nell'operazione solo quella parte di patrimonio.

La società, stabilisce l'art. 2447 *bis*, può costituire uno o più **patrimoni separati**, ciascuno dei quali viene destinato, *in via esclusiva*, a uno specifico affare.

E se lo specifico affare andasse male?

In questo caso chi avesse concesso credito per l'attività che rientra nello *specifico affare* potrebbe rivalersi solo sul patrimonio a questo destinato.
Nel caso sopra esposto, per i debiti relativi alle mini crociere la società risponderebbe soltanto con il patrimonio che è stato destinato a questa specifica attività.
Ciò tuttavia potrebbe generare qualche equivoco. Rimanendo al caso in discussione, l'armatore che noleggia i battelli per le crociere potrebbe ritenere, in buona fede, di avere come garanzia tutto il patrimonio sociale e non solo una parte.

> L'istituzione di uno o più patrimoni separati comporta, necessariamente, anche la tenuta di una **contabilità separata** in modo che risulti in ogni istante chiaro a chi devono essere imputati utili e perdite.

Per evitare questo tipo di equivoci, l'art. 2477 *quinquies*, comma 4, c.c., stabilisce che deve essere chiaramente dichiarato al contraente che l'atto rientra in uno specifico affare e che è garantito solo dal patrimonio a ciò destinato. In mancanza di espressa dichiarazione la società risponde per l'impegno assunto con tutto il suo patrimonio.

Quale organo può decidere la costituzione di patrimoni separati?

La decisione di istituire patrimoni separati (se lo statuto non dispone diversamente) è adottata dal consiglio di amministrazione (o di gestione) a maggioranza assoluta dei suoi componenti (art. 2477 *ter*).

I patrimoni separati, stabilisce l'art. 2447 *bis*, non possono superare, nel loro insieme, il 10% del patrimonio netto della società.

E se per lo specifico affare occorresse una dotazione finanziaria maggiore al 10% del patrimonio netto della società?

Alla società è accordata (art. 2447 *decies*) la possibilità di ricorrere a **finanziamenti esterni** rimborsabili con i proventi (se ci saranno) dello specifico affare.

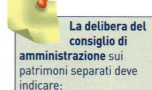

La delibera del consiglio di amministrazione sui patrimoni separati deve indicare:
- l'affare al quale è destinato il patrimonio;
- il piano economico e finanziario da cui risulti l'adeguatezza del patrimonio all'operazione che si vuole intraprendere;
- gli eventuali apporti dei terzi.

UNITÀ 2 — Riguardando gli appunti

1. Quali sono i caratteri generali della S.p.a.?
- La S.p.a. è una società di capitali e perciò gode di autonomia patrimoniale perfetta.
- Il capitale sociale è rappresentato da azioni e non può essere inferiore a 50 mila euro.
- La S.p.a. può essere composta da più soci (pluripersonale) o da un unico socio (unipersonale). I soci possono essere sia persone fisiche sia persone giuridiche.
- Sono dette società quotate le società ammesse a negoziare i loro titoli sui mercati regolamentati.

2. Che cosa sono i patti parasociali?
- I patti parasociali sono accordi fra gli azionisti per conseguire obiettivi comuni. I più frequenti sono il sindacato di voto e il sindacato di blocco. Sono vincolanti solo fra le parti. Chi viola l'accordo può essere chiamato a risarcire gli altri soci.

3. Come si costituisce la S.p.a.?
- La costituzione della S.p.a. può avvenire per *simultanea adesione* dei soci fondatori o per *pubblica sottoscrizione*.
- L'atto costitutivo deve avere la forma dell'atto pubblico ed essere iscritto nel registro delle imprese. Può essere un contratto (se la S.p.a. è pluripersonale) o dell'atto unilaterale (se la S.p.a. è unipersonale). L'iscrizione ha effetto costitutivo.

4. Che cos'è lo statuto?
- Lo statuto è il documento con cui i soci pongono le regole più specifiche per il funzionamento della loro società ed è considerato parte integrante dell'atto costitutivo.
- Lo statuto si può modificare solo con deliberazione dell'assemblea straordinaria. I soci dissenzienti possono recedere dalla società solo se le modifiche rientrano fra quelle previste dall'art. 1437 c.c.

5. Come si operano i conferimenti nella S.p.a.?
- I conferimenti devono essere fatti in denaro. Se l'atto costitutivo lo consente, possono essere conferiti anche beni e crediti (questi ultimi si intendono conferiti salvo buon fine).
- Non possono essere conferite prestazioni di opera o di servizi.

6. Che differenza c'è tra capitale versato e capitale sottoscritto?
- Il capitale versato è quello che viene effettivamente conferito dai soci.
- Il capitale sottoscritto è quella parte di capitale che i soci non versano, ma che si impegnano a versare a richiesta degli amministratori.
- Alla sottoscrizione dell'atto costitutivo deve essere versato almeno il 25% dei conferimenti in denaro.

7. Come avvengono l'aumento e la riduzione del capitale nella S.p.a.?
- L'aumento di capitale può essere *gratuito* (imputando al capitale gli utili non distribuiti e accantonati come riserva volontaria) o *a pagamento* (emettendo nuove azioni a fronte delle quali verranno effettuati nuovi conferimenti).
- La riduzione di capitale può essere *obbligatoria* (se, a causa di perdite, il capitale sociale risulta diminuito di oltre un terzo) o *volontaria* (viene deliberata dall'assemblea straordinaria, e la delibera diviene efficace solo se nei tre mesi successivi all'iscrizione nel registro delle imprese nessun creditore si oppone).

8. Esistono limiti alla distribuzione degli utili?
- A. Possono essere distribuiti solo gli utili realmente conseguiti e risultanti dal bilancio approvato. Se si è verificata una perdita nel capitale sociale, non si possono distribuire gli utili fino a che il capitale non sia stato ricostituito o ridotto.

9. A quanto deve ammontare la riserva legale?
- A. Dagli utili netti annuali deve essere dedotta una somma corrispondente ad almeno la ventesima parte di essi fino a che la riserva non abbia raggiunto un quinto del capitale sociale. Tale riserva deve essere reintegrata se viene, per qualsiasi ragione, diminuita.

10. Che cosa sono i patrimoni separati?
- A. La legge consente di scorporare una parte del patrimonio sociale per destinarla a uno specifico affare, mettendo a rischio solo quella parte di patrimonio.

Verifica le tue conoscenze

UNITÀ 2

Completamento

Completa lo schema utilizzando le seguenti parole: *blocco*; *obiettivi comuni*; *sindacato*; *voto*; *assemblea*; *non vendere*; *azioni*; *concordare*; *condizioni*; *parasociali*.

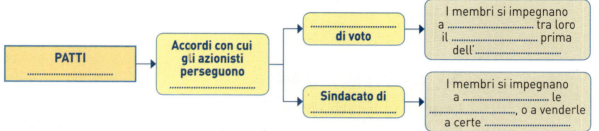

Test a risposta multipla

Indica con una crocetta l'affermazione esatta.

1. All'interno delle S.p.a., il socio d'opera:
   A. può essere escluso dalla società se non è più in grado di svolgere l'opera conferita
   B. non ha diritto di voto nell'assemblea degli azionisti
   C. è ammesso solo se la maggioranza dell'assemblea è d'accordo
   D. non è ammesso

2. Se il capitale sociale della S.p.a. scende sotto il minimo imposto dalla legge, l'assemblea deve tempestivamente decidere:
   A. se ricostituire il capitale sociale o trasformare la S.p.a. in società di altro tipo
   B. se avvisare i creditori sociali del rischio di inadempienza
   C. se richiedere ai soci il versamento del capitale sottoscritto e non ancora versato
   D. se sospendere o meno la divisione degli utili

3. Le riserve legali:
   A. sono deliberate annualmente dai soci in sede di approvazione di bilancio
   B. sono destinate allo svolgimento di uno specifico affare, in modo da limitare le perdite
   C. sono dedotte dagli utili netti annuali
   D. devono corrispondere al 20% del capitale sociale

4. I soci della S.p.a. possono modificare le clausole dell'atto costitutivo e dello statuto?
   A. sì, ma solo con la maggioranza prevista per l'assemblea straordinaria
   B. sì, ma solo fino a quando non siano stati iscritti
   C. sì, ma solo all'unanimità
   D. no

5. Che cosa accade se un socio vota in assemblea in modo difforme da quanto si è impegnato a fare aderendo a un sindacato di blocco?
   A. il voto espresso non è valido
   B. la delibera assembleare è annullabile
   C. il voto è valido ma il socio può essere chiamato a risarcire i danni causati agli altri membri del sindacato
   D. il voto è valido solo se successivamente ratificato dai membri del sindacato

Ma davvero?

Il diritto si affaccia nei discorsi di ogni giorno. A volte, però, a sproposito. Leggi e rifletti.

Alcuni conoscenti dei tuoi genitori hanno deciso di costituire una S.p.a. per gestire alcuni stabilimenti balneari. Ormai è tutto pronto, devono solo scegliere la denominazione sociale. Dopo vari tentativi sembrano finalmente aver trovato una soluzione gradita a tutti. «Allora è deciso! La chiamiamo Castelli di sabbia! È questo il nome che apparirà nell'atto costitutivo».
I futuri soci sembrano sicuri di ciò che dicono. Ma davvero... non hanno dimenticato qualcosa?

395

LE SOCIETÀ DI CAPITALI

Le azioni e le obbligazioni

1. Il valore delle azioni

Le azioni (come abbiamo anticipato nell'Unità 2) sono titoli di credito, di eguale valore, che rappresentano una frazione del capitale sociale e attribuiscono al possessore i diritti inerenti alla qualità di socio.

 Sono socio fondatore di una S.p.a. che dovrà operare nel settore petrolifero. Poiché il capitale sociale dovrà essere di almeno 10 milioni di euro, quante azioni dovranno essere emesse?

La legge lascia ai soci *fondatori* la più ampia libertà di scelta. Nel caso sopra esposto si potranno emettere 10 mila azioni del valore di mille euro ciascuna. Oppure 20 mila azioni del valore di 500 euro ciascuna e così via.

Il valore così determinato viene chiamato *valore nominale*.

Il valore nominale di un'azione è dato dalla parte di capitale sociale che l'azione rappresenta.

Tale valore può essere indicato sul titolo azionario e nell'atto costitutivo, oppure può non essere indicato e in questo caso si ricava dividendo il valore del capitale per il numero delle azioni emesse.

È comunque essenziale ricordare che:

- la legge consente di emettere diversi tipi di azioni (art. 2348 c.c.);
- le azioni *dello stesso tipo* devono avere lo stesso valore nominale;
- la somma dei valori nominali deve essere pari al valore del capitale sociale.

Valore reale è chiamato il valore a cui le azioni vengono scambiate sul mercato in un dato momento. Esso può essere più alto o più basso del valore nominale.

Per chiarire il concetto immaginiamo di possedere un biglietto per lo stadio acquistato al botteghino al *valore nominale* di 50 euro e supponiamo che alla vigilia della partita, essendo esauriti tutti i biglietti, qualcuno si offra di comperarcelo per 100 euro.
I 100 euro saranno il *valore reale* del nostro biglietto; il valore, cioè, che questo ha realmente assunto in quel momento.

Le azioni e le obbligazioni   UNITÀ 3

Con i titoli azionari avviene la stessa cosa:

- se la società è in buona salute e distribuisce ottimi dividendi, chi ne possiede le azioni può essere disposto a venderle solo a un prezzo (*valore reale*) superiore al loro valore nominale;
- al contrario, nel caso in cui la società fosse in perdita, chi volesse disfarsi delle azioni dovrebbe rassegnarsi a venderle per un prezzo (*valore reale*) inferiore al loro valore nominale.

Azioni come titoli partecipativi

Le azioni, come abbiamo già detto, sono titoli di credito. Esse infatti rappresentano il credito che i soci (avendo conferito il capitale) hanno nei confronti della società. E come tutti i titoli di credito sono liberamente trasferibili. In che cosa si differenziano, allora da altri titoli come la cambiale, l'assegno o la fede di deposito?

La differenza sta in questo:

- **la cambiale, l'assegno o la fede di deposito** si caratterizzano per il fatto di attribuire al titolare solo il diritto di ricevere una determinata prestazione che può consistere nel pagamento di una somma di denaro oppure nella restituzione di un bene lasciato in deposito;
- **le azioni** invece sono titoli di credito **partecipativi** perché attribuiscono al possessore il diritto di partecipare alla vita della società, intervenendo nelle assemblee, concorrendo alla distribuzione dei dividendi e, in caso di scioglimento, partecipando alla ripartizione del patrimonio residuo.

Azioni liberate e non liberate

Il capitale sociale, come abbiamo già detto, può essere in parte versato e in parte sottoscritto.

Per conseguenza chiamiamo:

- **azioni liberate** quelle corrispondenti alla parte di capitale versato;
- **azioni non liberate** quelle corrispondenti alla parte di capitale soltanto sottoscritto.

2. Come si trasferiscono le azioni

Le azioni possono essere *nominative* o *al portatore*.

- **Nominative** sono le azioni per le quali il nome del possessore è scritto sul registro della società emittente e sul titolo stesso. Il loro trasferimento si opera (art. 2355, comma 3) mediante girata autenticata da un notaio o da un agente di cambio. Il giratario che si dimostri possessore del titolo in base a una serie continua di girate, ha diritto di ottenere l'annotazione del trasferimento nel libro dei soci. Egli è comunque legittimato a esercitare i diritti sociali.

> **I titoli azionari devono indicare** (art. 2354 c.c.):
> - la denominazione e la sede della società;
> - la data dell'atto costitutivo e l'indicazione dell'Ufficio del registro in cui è stato depositato;
> - il loro valore nominale o, se si tratta di azioni senza valore nominale, il numero complessivo delle azioni emesse, nonché l'ammontare del capitale sociale;
> - l'ammontare dei versamenti parziali effettuati (se si tratta di azioni non interamente liberate);
> - i diritti e gli eventuali obblighi particolari posti a carico dell'azionista.

> **Emesse al portatore** attualmente possono essere solo le *azioni di risparmio*, delle quali ci occuperemo nel paragrafo 5. Ogni altro tipo di azione deve essere nominativo. Perché? Essenzialmente perché la nominatività rende più facile individuare i possessori ai fini del controllo fiscale.

397

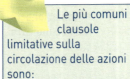

Le più comuni clausole limitative sulla circolazione delle azioni sono:
- **la clausola di prelazione**, che consente ai soci di alienare a un terzo le proprie azioni solo dopo averle offerte agli altri soci al medesimo prezzo;
- **la clausola di gradimento**, che consente ai soci di alienare le proprie azioni solo a soggetti che abbiano i requisiti indicati nella clausola stessa e solo dopo che gli amministratori abbiano verificato la effettiva sussistenza di tali requisiti.

- **Al portatore** sono le azioni sulle quali non compare il nome del possessore. Il loro trasferimento avviene con la semplice consegna del titolo senza bisogno di alcuna trascrizione o girata.

 Si possono porre, nello statuto, limiti alla circolazione delle azioni?

- Se le azioni sono **al portatore**, è impossibile imporre limiti alla loro circolazione.
- Se le azioni sono **nominative** o **dematerializzate** lo statuto può sottoporre a particolari condizioni il loro trasferimento e può persino vietarlo, sebbene per un periodo non superiore a cinque anni dalla costituzione della società (art. 2355 *bis*).

3. La dematerializzazione dei titoli

Tradizionalmente i titoli azionari sono ingombranti documenti cartacei la cui circolazione si presenta decisamente disagevole. Per semplificare il trasferimento dei titoli l'ordinamento è intervenuto con due importanti disposizioni:

- l'istituzione di una *società di gestione accentrata*, denominata Monte Titoli S.p.a. (legge n. 289 del 19 giugno 1986);
- la *dematerializzazione* dei titoli (d.lgs. n. 213 del 1998).

Vediamo di che cosa si tratta.

▶ **La Monte Titoli S.p.a.** è una società di gestione accentrata dei titoli che, nelle sue linee essenziali, funziona come segue:

- quando la banca o altro intermediario deve operare, su ordine del cliente, un acquisto o una vendita, ne dà semplicemente comunicazione alla *Monte Titoli*;
- questa provvederà, con una semplice registrazione contabile, a trasferire i titoli dal conto dell'intermediario venditore a quello dell'intermediario acquirente senza bisogno di operare alcun materiale spostamento di documenti.

▶ **La dematerializzazione** dei titoli è stato il passaggio successivo e logico. Perché mai la *Monte Titoli* o altre *società di gestione accentrata* dovrebbero custodire una montagna di documenti cartacei che non usciranno mai più dalle loro casseforti?

Opportunamente il d.lgs. n. 213/1998 ha disposto la definitiva soppressione di tali documenti.

La società che emette nuovi *strumenti finanziari* può comunicare alla *Monte Titoli* (o ad altra società di gestione accentrata) l'ammontare globale della emissione, il suo frazionamento e ogni ulteriore caratteristica.

La gestione accentrata dei titoli è stata liberalizzata dal *Testo unico sull'intermediazione finanziaria* (artt. 80-90).

Per esempio, se una nostra società quotata emettesse nuove azioni non dovremmo più farle stampare dal tipografo, ma ci basterebbe comunicarne l'emissione alla *Monte Titoli S.p.a.*, la quale aprirà un conto a nostro nome.
Le persone che verranno a conoscenza di questa nuova emissione potranno ordinare alla banca o altro intermediario finanziario di cui sono clienti di acquistare un certo numero delle nostre azioni. L'intermediario trasmetterà l'ordine alla *Monte Titoli* che contabilmente sposterà le azioni dal conto della società emittente a quello della banca (o altro intermediario) che ne ha ordinato l'acquisto.

▶ **La dematerializzazione:**

- **è obbligatoria** per le società quotate;
- **è opzionale** per le società non quotate.

4. Quali diritti attribuiscono le azioni ordinarie

Con i miei risparmi vorrei acquistare azioni di una S.p.a. ma prima di compiere tale acquisto vorrei sapere quali saranno i miei diritti.

La risposta non è semplice perché l'art. 2348 c.c. consente alla società di emettere diverse *categorie di azioni* attribuendo diritti diversi a ciascuna categoria.

Azioni ordinarie (sebbene il Codice non usi questo aggettivo) vengono chiamate quelle *tradizionali*, che attribuiscono al possessore la pienezza di diritti.

Ecco i più importanti diritti attribuiti da queste azioni:

- **Il diritto ai dividendi**:
  i dividendi sono la parte degli utili netti che viene divisa tra i soci dopo aver accantonato le *riserve obbligatorie* imposte dalla legge (art. 2430 c.c.) e le riserve volontarie stabilite dall'atto costitutivo o decise dall'assemblea.

- **Il diritto alla quota di liquidazione**:
  quando la società viene posta in liquidazione ciò che rimane del patrimonio sociale, dopo aver estinto tutti i debiti, viene diviso tra i soci in proporzione alle azioni possedute, salvo disposizioni particolari dell'atto costitutivo (art. 2350 c.c.).

- **Il diritto di voto in assemblea**:
  il socio può partecipare alle deliberazioni e può impugnare le decisioni che non siano state prese nel rispetto della legge e dell'atto costitutivo (art. 2377 c.c.).

- **Il diritto di votare il bilancio**:
  anche questo è un diritto molto importante perché il bilancio rende noti i risultati della gestione societaria e, approvandolo o respingendolo, i soci manifestano il loro giudizio sull'operato degli amministratori.

- **Il diritto di ispezione**:
  comporta il potere di controllare il libro delle adunanze e deliberazioni dell'assemblea (art. 2422 c.c.).

- **Il diritto di opzione**:
  garantisce ai soci la possibilità di acquistare le azioni di nuova emissione della loro società in misura proporzionale alla quantità di vecchie azioni da essi già possedute. Questo diritto, previsto dall'art. 2441 c.c., serve a evitare che l'emissione di nuovi titoli sconvolga i rapporti di forza tra gli azionisti di maggioranza e di minoranza. Così, per esempio, se avessimo il 51% delle azioni di una società, grazie al diritto di opzione avremmo la garanzia di poter acquistare il 51% anche dei nuovi titoli azionari conservando in tal modo il pieno controllo della società. Tuttavia, consente l'art. 2441 c.c., il diritto di opzione può esser escluso o limitato con deliberazione di aumento di capitale approvata da tanti soci che rappresentino oltre la metà del capitale sociale.

Ogni azionista che non possa o non voglia acquistare nuove azioni **può vendere ad altri il suo diritto di opzione** o può semplicemente rinunciarvi. In quest'ultimo caso sulle azioni rimaste inoptate hanno diritto di prelazione i soci che ne hanno fatto richiesta.

5. Quali caratteri presentano le altre categorie di azioni

Vorrei investire in azioni qualche migliaio di euro, ma non mi interessa il diritto di voto (non parteciperò mai a un'assemblea) né il diritto di ispezione (figuriamoci se con poche azioni mi metto a ispezionare i conti della società!).

Scambierei volentieri questi diritti con una maggiore partecipazione agli utili o con una maggiore garanzia di riavere i miei soldi se la società fallisse. Si può fare?

La risposta è affermativa. Per agevolare il flusso dei finanziamenti diretto verso le grandi società, l'art. 2348 c.c. consente loro di emettere *speciali categorie di azioni* che rispondano (più di quelle *ordinarie*) alle esigenze dei piccoli risparmiatori.
Vediamo allora, seppure brevemente, i caratteri delle *categorie* più utilizzate, ricordando che tutte le azioni appartenenti a una determinata categoria debbono attribuire i medesimi diritti.

Il contenuto delle diverse categorie di azioni è determinato dallo statuto della società emittente (art. 2348 c.c.).

Azioni con voto limitato

L'art. 2351 c.c. stabilisce che, salvo quanto previsto da leggi speciali, lo statuto possa disporre la creazione di azioni con diritto di voto limitato a particolari argomenti o del tutto prive del diritto di voto.
In cambio di tali limitazioni lo statuto della società può prevedere adeguate forme di compensazione, come una maggiore partecipazione alla divisione degli utili.

Azioni di risparmio

Disciplinate dall'art. 145 del *Testo unico sull'intermediazione finanziaria*, possono essere emesse solo da società quotate.

Rientrano nella categoria delle azioni prive del diritto di voto e possono offrire ai risparmiatori i vantaggi previsti nell'atto costitutivo. In ogni caso possono essere emesse *al portatore*, e ciò costituisce già un vantaggio perché consente ai possessori di sottrarsi all'attenzione del fisco.

Azioni postergate nelle perdite

L'aggettivo *postergate* significa semplicemente *posposte*. E il secondo comma dell'art. 2348 c.c. esplicitamente prevede che possano essere emesse azioni che, in caso di dissesto della società, rispondano delle perdite *dopo* le altre.

Le azioni correlate

Sono chiamate *correlate* le azioni che attribuiscono ai possessori il diritto di partecipare soltanto ai risultati economici derivanti della *specifica attività* (> Unità 2) per la quale sono state emesse.
Per esempio, una grande impresa automobilistica potrebbe emettere *azioni correlate* al settore delle auto sportive, a quello dei veicoli industriali, a quello dei motori elettrici, oppure dei motori a idrogeno e così via. I possessori di queste azioni avrebbero diritto di partecipare solo alla divisione degli utili derivanti dallo specifico settore. Tuttavia, come si desume dall'art. 2350 c.c., se lo specifico settore fosse in attivo ma la società nel suo insieme fosse in perdita, occorrerebbe ripianare le perdite prima di distribuire utili ai possessori di azioni correlate.

Il valore nominale complessivo delle azioni con voto limitato o prive del diritto di voto non può superare la metà del capitale sociale. Ciò perché non è ammissibile che più della metà del capitale appartenga a soci che non possono pronunciarsi su questioni di grande rilievo per la vita della società in quanto totalmente o parzialmente privi del diritto di voto.

Azioni a favore dei prestatori di lavoro

Immaginiamo che una società voglia gratificare i propri dipendenti o voglia *fidelizzarli*, cioè renderli più fedeli all'azienda destinando loro una parte degli utili. Le strategie possibili sono almeno due:

- può assegnare a ciascuno una determinata somma di denaro,
- oppure (art. 2349 c.c.) può impegnare la somma complessiva per aumentare il capitale sociale e a fronte di tale aumento potrà emettere speciali azioni da distribuire ai dipendenti con norme particolari riguardo al trasferimento e ai diritti spettanti.

Azioni di godimento

Previste dall'art. 2353 c.c., sono azioni anomale perché a esse non corrisponde alcuna quota del capitale sociale.
Può accadere che per ridurre il capitale divenuto esuberante l'assemblea deliberi di sorteggiare un certo numero di azioni da annullare. Ai soci sfortunati che sono sorteggiati, le azioni annullate vengono rimborsate al valore *nominale*, che spesso è molto più basso del valore di mercato.
E per compensarli della perdita subita, talvolta vengono regalate loro un certo numero di *azioni di godimento*. Queste comportano un limitato diritto ai

dividendi e, salvo diversa disposizione dell'atto costitutivo, non danno diritto al voto.

Azioni con prestazioni accessorie

Sono azioni che prevedono, oltre al normale conferimento, un ulteriore impegno (per esempio lavorativo) da parte dei soci. Come consente l'art. 2345 c.c., oltre all'obbligo dei conferimenti l'atto costitutivo può stabilire l'obbligo, per i soci, di eseguire prestazioni accessorie *non consistenti in versamento di denaro*, determinandone il contenuto, la durata, le modalità, il compenso, e stabilendo particolari sanzioni per il caso di inadempimento.

6. Quali limiti sono posti all'acquisto di azioni proprie

Un mio amico e io abbiamo avuto una grande idea! Costituiamo una S.p.a. con 200 mila euro di capitale e sottoscriviamo tutte le azioni. Poi deliberiamo un aumento di capitale emettendo azioni per altri 200 mila euro che faccio acquistare dalla società con il proprio capitale.

Così la società si presenterà con un capitale di 400 mila euro ma in realtà ne avrà solo 200 mila. Non è geniale?

Per prevenire questa e altre simili manovre truffaldine l'**art. 2357 c.c.** stabilisce che **la società non può acquistare azioni proprie** impiegando il capitale sociale ma solo utili non ancora distribuiti o riserve disponibili.

Le azioni della società di cui sono amministratore, da alcuni giorni sono vendute in grande quantità e il loro valore reale sta scendendo. Posso far acquistare dalla società le azioni offerte in vendita in modo da sostenere la domanda ed evitare ulteriori perdite?

La società può acquistare una parte delle proprie azioni solo con gli *utili distribuibili* o con le *riserve disponibili*. Inoltre, stabilisce l'art. 2357 c.c., l'acquisto deve essere autorizzato dall'assemblea degli azionisti e il valore nominale delle azioni acquistate non può eccedere la quinta parte del capitale sociale (quest'ultimo limite però vale solo per le società che fanno ricorso al mercato del capitale di rischio).

Perché tante cautele?

Perché l'acquisto di azioni proprie può rispondere a un reale interesse della società (come nel caso sopra esposto) ma può anche nascondere operazioni poco limpide. Per esempio, l'azionista di maggioranza potrebbe far acquistare alla società una parte del *capitale flottante* (> Unità 2) al fine di evitare che possa essere rastrellato da altri azionisti intenzionati a dare la scalata alla società. In tal modo egli avrebbe rafforzato la propria posizione personale impiegando gli utili destinati agli azionisti.

Per le azioni proprie acquistate dalla società, precisa l'art. 2357 *ter*, il diritto di voto rimane sospeso e i dividendi vengono proporzionalmente attribuiti alle altre azioni.

QUESTIONI

La speculazione

Il verbo "speculare" ha la stessa radice del sostantivo "specchio" e significa *osservare*, *studiare*. Il bravo speculatore di Borsa è colui che osserva, studia l'andamento delle diverse società e compera un titolo quando ritiene che stia per aumentare il suo valore di scambio e lo rivende dopo che il titolo si è rivalutato, lucrando la differenza.

Il rischio, in questo tipo di gioco, è che il valore del titolo appena comprato invece di aumentare scenda, procurando una perdita all'investitore.

Per ridurre questo rischio bisognerebbe poter valutare, prima di ogni acquisto, lo stato di salute della società emittente per vedere se questa realizza buoni profitti, se non è troppo indebitata, se è guidata da un buon management, e così via. Ma chi è in grado di compiere tali valutazioni? Sono in grado di farlo le grandi banche d'affari, le società di investimento e, più in generale, i grandi investitori. Sono loro che, valutando le informazioni di cui sopra, decidono se comperare o vendere certi titoli, determinando con ciò l'andamento del mercato. In pratica, quando operano grossi acquisti il valore di scambio dei titoli sale; quando compiono grosse vendite il valore scende. Al piccolo investitore non resta che seguire la corrente, sperando di non incappare in una improvvisa inversione del trend che non è stato in grado di prevedere.

Le cose si complicano

Nella realtà i grandi investitori non valutano solo l'andamento di questa o quella società, ma anche gli effetti che potrebbero avere elementi diversi sul sistema economico nel suo complesso. Per esempio, se in un Paese le esportazioni diminuissero, si potrebbe immaginare che le imprese esportatrici verrebbero a trovasi in difficoltà. Oppure se il prezzo del petrolio scendesse, potrebbero trovarsi in difficoltà le imprese del comparto petrolifero. Oppure ancora, se i tassi di interesse aumentassero, potrebbero trovarsi in difficoltà le imprese particolarmente indebitate.

È la percezione di questi segnali e di tanti altri simili che induce i grandi investitori a vendere o a comprare con grande celerità. Perché con grande celerità? Perché chi vende o compera per ultimo trova le quotazioni già scese o salite, perdendo denaro nella vendita o pagando di più gli acquisti.

Le cose si complicano ancora di più

Negli ultimi decenni la libera circolazione dei capitali ha portato alla formazione di concentrazioni finanziarie enormi. Grandi banche internazionali, grandi società multinazionali, grandi petrolieri dispongono ormai di masse di denaro inimmaginabili, che possono spostare in tempo reale da una parte all'altra del globo, da una Borsa all'altra, da un titolo all'altro, seguendo logiche sottilissime (e a volte fumose), cosicché per l'osservatore comune cercare di capire perché oggi i titoli repentinamente salgono e scendono e quale andamento avranno in tempi brevi è diventato sempre più complicato.

7. Che cosa sono le obbligazioni

Se la S.p.a. nello svolgere la propria attività ha bisogno di nuovi finanziamenti può emettere nuove azioni, incrementando in tal modo il capitale sociale, oppure può emettere *obbligazioni*.

Le obbligazioni sono titoli di credito che rappresentano un prestito fatto alla società.

Sono titoli di *uguale valore*, possono essere *nominative* o *al portatore* e sono *liberamente trasferibili*.

Quali diritti assume chi acquista obbligazioni?

In linea generale i possessori di obbligazioni, detti *obbligazionisti*, hanno diritto di ricevere periodicamente gli interessi concordati, hanno diritto alla restituzione della somma nel termine stabilito e in caso di fallimento della società partecipano, come tutti gli altri creditori sociali, alla ripartizione dell'attivo.

C'è un limite alla possibilità di emettere obbligazioni?

La risposta dipende dal tipo di società.
Se la società è *quotata sui mercati regolamentati* e le obbligazioni sono ugualmente destinate a essere quotate su tali mercati, non vi è alcun limite alla loro emissione. Si presume infatti che gli investitori abbiano gli strumenti necessari per valutare la effettiva garanzia offerta dalla società in base ai risultati complessivi della gestione e alla fiducia che questa riscuote sul mercato.
Se la società *non è quotata sui mercati regolamentati*, stabilisce l'art. 2412 c.c., può emettere obbligazioni, al portatore o nominative, per una somma complessivamente non eccedente il doppio del capitale sociale e delle riserve.
Questo rapporto serve a garantire una equilibrata distribuzione del rischio d'impresa tra azionisti e obbligazionisti. Ma serve anche a offrire agli obbligazionisti una garanzia circa la reale possibilità della società di restituire il prestito alla scadenza convenuta.

E se la società, dopo aver emesso un consistente prestito obbligazionario, riducesse il capitale sociale?

Per evitare che gli obbligazionisti siano privati della necessaria garanzia, l'art. 2413 c.c. dispone che nelle società *non quotate*:

- la riduzione volontaria non può essere effettuata se in seguito a tale operazione il capitale e le riserve risultassero inferiori al valore delle obbligazioni in circolazione;
- se la riduzione è obbligatoria, in quanto causata da perdite di esercizio, non possono essere distribuiti utili finché l'ammontare del capitale sociale o delle riserve non eguagli l'ammontare delle obbligazioni in circolazione.

Perché, per finanziare la società, si emettono obbligazioni e non nuove azioni?

Le ragioni possono essere tante, ma due ci sembrano particolarmente comprensibili:

- emettendo obbligazioni la società può attrarre quei risparmiatori che temono l'andamento altalenante delle azioni e preferiscono investire su titoli certi che assicurino il pagamento dell'interesse concordato;
- l'emissione di nuove azioni costringerebbe gli azionisti di maggioranza a optare per il loro acquisto se non vogliono vedere insidiata la loro posizione di comando. E non sempre costoro hanno l'intenzione o la materiale possibilità di investire altro denaro nella società. Le obbligazioni, invece, non attribuendo la qualità di socio, non costringono gli azionisti ad acquistarle.

> L'art. 2415 c.c. prevede la costituzione di una **assemblea degli obbligazionisti** che discuta e decida sugli oggetti di interesse comune.

Le obbligazioni subordinate

Dispone **l'art. 2411 c.c.** che, in caso di insolvenza della società, il diritto degli obbligazionisti alla restituzione del capitale e degli interessi può essere in tutto o in parte **subordinato** alla soddisfazione dei diritti di altri creditori sociali. In pratica, mentre in caso di insolvenza le obbligazioni ordinarie consentono al possessore di rivalersi sul patrimonio sociale insieme agli altri creditori, le obbligazioni subordinate consentono di rivalersi solo su ciò che rimane del patrimonio (e se rimane) dopo che sono stati soddisfatti tutti gli altri creditori.

Nel 2015 queste obbligazioni sono salite agli onori della cronaca perché numerosi risparmiatori le hanno acquistate senza sapere che cosa significasse l'aggettivo *subordinate* (e presumibilmente senza esserne stati preventivamente informati).

> **L'emissione di obbligazioni**, se la legge o lo statuto non dispongono diversamente, è deliberata dagli amministratori (art. 2410 c.c.).

Le obbligazioni convertibili

Le obbligazioni costituiscono, per i risparmiatori, un investimento meno rischioso rispetto alle azioni.
Tuttavia anche nell'investimento obbligazionario è insita una percentuale di rischio. Che cosa accadrebbe se dopo aver acquistato un consistente pacchetto di obbligazioni si innescasse un processo inflativo galoppante?
Accadrebbe che, alla scadenza prevista, ci vedremmo restituire dalla società una somma ormai svalutata.
Naturalmente potremmo tentare di disfarci delle nostre obbligazioni alle prime avvisaglie di inflazione ma non è detto che troveremmo un compratore disposto a pagarle quanto le abbiamo pagate noi.

Per rassicurare i risparmiatori contro il rischio di inflazione, possono essere emesse dalla società obbligazioni convertibili in azioni.

Le obbligazioni convertibili attribuiscono al titolare la facoltà di chiedere, a determinate scadenze, la conversione delle proprie obbligazioni in azioni.

L'emissione di questi tipo di obbligazioni, stabilisce l'art. 2420 *bis*, viene deliberata dall'assemblea straordinaria che fissa anche il **rapporto di cambio** (quante azioni debbono essere rilasciate per un'obbligazione o viceversa).

UNITÀ 3 — Riguardando gli appunti

1. Che cosa sono le azioni?

- Le azioni sono titoli di credito, di eguale valore, che rappresentano una frazione del capitale sociale e attribuiscono al possessore i diritti inerenti alla qualità di socio.
- Sono dette azioni *liberate* quelle corrispondenti alla parte di capitale versato, e *non liberate* quelle corrispondenti al capitale solo sottoscritto.

2. Che differenza c'è tra valore nominale e valore reale delle azioni?

- Il valore *nominale* delle azioni si determina dividendo il valore del capitale sociale per il numero di azioni emesse.
- Il valore *reale* è il prezzo a cui le azioni vengono scambiate sul mercato e può essere più alto o più basso del valore nominale.

3. Come si trasferiscono le azioni?

- Le azioni nominative si trasferiscono mediante girata autenticata dal notaio o da un agente di cambio; le azioni al portatore si trasferiscono con la semplice consegna e non hanno limiti ai fini della loro circolazione.

4. In che cosa consiste la dematerializzazione dei titoli?

- I titoli di credito dematerializzati non sono più rappresentati da un documento cartaceo come in passato.
- La dematerializzazione si associa all'attività della Monte Titoli S.p.a., una società di gestione accentrata dei titoli che provvede, con una semplice registrazione contabile, a trasferire i titoli dal conto del venditore a quello dell'acquirente senza il trasferimento materiale di documenti cartacei.
- La dematerializzazione è obbligatoria per le società quotate e opzionale per le non quotate.

5. Quali diritti attribuiscono le azioni ordinarie ai loro possessori?

- Le azioni attribuiscono all'azionista vari diritti, fra cui: il diritto di percepire i dividendi; il diritto alla quota di liquidazione; il diritto di partecipare all'assemblea e di impugnare le deliberazioni che non siano state prese nel rispetto della legge e dell'atto costitutivo; il diritto di votare il bilancio; il diritto di consultare il libro soci e delle deliberazioni dell'assemblea; il diritto di opzione.

6. Esistono altre categorie di azioni oltre a quelle ordinarie?

- Lo statuto, o sue successive modificazioni, possono prevedere diverse categorie di azioni che attribuiscono al possessore diritti diversi, ma tutte le azioni appartenenti a una medesima categoria devono conferire uguali diritti.
- Tra le possibili categorie di azioni ricordiamo: le azioni con voto limitato, le azioni di risparmio, le azioni postergate nelle perdite, le azioni correlate, le azioni a favore dei prestatori di lavoro, le azioni di godimento, le azioni con prestazioni accessorie.

7. La società può acquistare azioni proprie?

- La società può acquistare azioni proprie con gli utili distribuibili o con le riserve disponibili, ma non con il capitale sociale.

8. Che cosa sono le obbligazioni?

- Le obbligazioni sono titoli di credito che rappresentano un prestito fatto alla società.
- Sono titoli di uguale valore, possono essere nominative o al portatore e sono liberamente trasferibili.
- Gli obbligazionisti hanno diritto di ricevere periodicamente gli interessi concordati e di ottenere la restituzione della somma nel termine stabilito.
- Tuttavia la società può emettere obbligazioni che partecipano, anche se in misura limitata, al rischio d'impresa.

Verifica le tue conoscenze

UNITÀ 3

Completamento

Completa lo schema utilizzando le seguenti parole: *girata autenticata*; *capitale sociale*; *nominale*; *notaio*; *agente*; *al portatore*; *titoli di credito*; *frazione*; *valore*; *mercato*; *nominative*; *reale*; *consegna*.

Test a risposta multipla

Indica con una crocetta l'affermazione esatta.

1. **Ciò che differenzia le obbligazioni dalle azioni è che le prime:**
   A. sono titoli di credito
   B. sono tutte di uguale valore
   C. possono essere nominative e al portatore
   D. rappresentano un prestito fatto alla società

2. **Si chiamano azioni correlate quelle che attribuiscono al possessore il diritto di partecipare ai risultati economici:**
   A. dell'intera impresa societaria
   B. solo delle società controllate
   C. solo della specifica attività per la quale sono state emesse
   D. solo di un esercizio

3. **Fra i diritti inerenti le azioni ordinarie vi è il diritto di opzione, che consiste:**
   A. nell'acquistare azioni di nuova emissione in misura proporzionale alla quantità di azioni possedute
   B. nel poter scegliere se e quali nuovi soci accogliere nella società
   C. nel ricevere la quota di liquidazione in caso di scioglimento della società
   D. nel rispondere delle perdite della società dopo le altre azioni

4. **La S.p.a. può acquistare azioni proprie?**
   A. no, mai
   B. solo impiegando il capitale sociale
   C. solo impiegando gli utili distribuibili o le riserve disponibili
   D. solo per rafforzare il capitale di comando

5. **Sono dette obbligazioni subordinate le obbligazioni:**
   A. il cui andamento è subordinato all'andamento dei mercati
   B. che consentono di rivalersi solo su ciò che rimane del patrimonio sociale dopo che si sono soddisfatti gli altri creditori
   C. che consentono di rivalersi sul patrimonio sociale solo dopo che si sono soddisfatti gli azionisti
   D. che possono essere emesse subordinatamente all'approvazione dell'assemblea sociale

Ma davvero?

Il diritto si affaccia nei discorsi di ogni giorno. A volte, però, a sproposito. Leggi e rifletti.

«Il mio collega è proprio fortunato», esclama a tavola tuo padre. «Oggi, mentre eravamo in pausa, mi ha raccontato che la società di cui è azionista gli ha regalato delle azioni di godimento. Lui non sembrava neanche troppo entusiasta, ma io dico: non è fortuna la sua? Nel mondo degli affari nessuno ti regala mai niente! Beato lui...»

Tuo padre sembra sicuro di ciò che dice. Ma davvero... l'azionista che riceve dalla società delle azioni di godimento è così fortunato?

PERCORSO **UNITÀ**

H 4

LE SOCIETÀ DI CAPITALI

Il governo della S.p.a.

1. I sistemi di governo della S.p.a.

Arrivati a questo punto possiamo dire di sapere già molte cose sulla società per azioni.

Ma siamo ben lontani dal sapere quanto è sufficiente. Dobbiamo ancora capire come si governa una S.p.a. e in particolare quali sono gli organi che assumono le decisioni più importanti, quali organi gestiscono l'impresa societaria e quali controllano la regolarità della gestione.

L'ordinamento offre, a questo proposito, la possibilità di scegliere fra tre diversi sistemi di governo: il sistema **tradizionale**, il sistema **dualistico**, il sistema **monistico**.

Ciascuno di questi sistemi presenta aspetti particolari che lo rendono più o meno adatto al tipo di attività che si intende svolgere e al tipo di rapporto che si vuole stabilire tra i soci.

Se l'atto costitutivo non opera una esplicita scelta tra i diversi sistemi di governo, la società si intende costituita secondo il modello tradizionale.

Dei sistemi dualistico e monistico ci occuperemo nei paragrafi 9, 10 e 11.

Del sistema tradizionale, che è stato l'unico modello organizzativo della S.p.a. presente nel nostro ordinamento fino alla riforma del diritto societario (d.lgs. n. 6 del 2003) e che è ancora oggi il più diffuso, ci occuperemo qui di seguito.

Anticipiamo intanto che organi fondamentali del **sistema di governo tradizionale** sono:

- l'assemblea dei soci;
- il consiglio di amministrazione;
- il collegio sindacale.

SISTEMI DI GOVERNO

- Tradizionale
- Dualistico
- Monistico

SONO ORGANI DELLA SOCIETÀ NEL SISTEMA DI GOVERNO TRADIZIONALE

- l'assemblea dei soci
- il consiglio di amministrazione
- il collegio sindacale

2. L'assemblea dei soci nel sistema di governo tradizionale

L'assemblea è un organo deliberativo composto dai soci che possiedono azioni con diritto di voto (ricordiamo che possono essere emesse anche azioni senza diritto di voto, come le azioni di risparmio e di godimento).

In questo sistema, le **deliberazioni** (cioè le decisioni) sono prese **a maggioranza**.

408

▶ **La maggioranza** non **si calcola** sul numero di azioni complessivamente emesse dalla società, ma solo **sul numero di azioni possedute dai soci intervenuti in assemblea**.

L'assemblea dei soci gestisce la società?

Come abbiamo già detto in precedenza, la caratteristica della S.p.a. è nel numero elevato di soci e soprattutto nel ricambio continuo dovuto alla vendita e all'acquisto di azioni sui *mercati regolamentati* (se la società è quotata) o privatamente se la società non è quotata.
La gestione dell'impresa societaria sarebbe a dir poco caotica se fosse affidata a un organo così mutevole.

▶ **L'assemblea dei soci può deliberare** solo sulle specifiche questioni stabilite dalla legge.
Secondo quanto dispone l'**art. 2363 c.c.**, l'assemblea può essere convocata in via *ordinaria* o *straordinaria*.

==L'assemblea ordinaria deve essere convocata almeno una volta l'anno e delibera su temi che, sebbene di grande importanza, rientrano comunque nella vita *normale* della società (ordinario è ciò che rientra nell'ordine normale delle cose).==

Dall'elenco contenuto nell'**art. 2364 c.c.**, segnaliamo:
- la nomina e la revoca degli amministratori (questa è certamente la funzione più importante perché chi ha la maggioranza delle azioni nell'assemblea ordinaria può eleggere amministratore se stesso o persone di sua fiducia assumendo così il potere di gestire la società);
- l'approvazione del bilancio;
- la nomina dei sindaci e, quando è previsto, la scelta del soggetto a cui è demandato il controllo contabile.

==L'assemblea straordinaria delibera su questioni che segnano un momento *fuori dell'ordinario* nella vita della società. A essa, per esempio, sono affidate le decisioni che comportano *modificazioni dello statuto*, come l'emissione di nuove azioni, il cambiamento della sede o dell'oggetto sociale, il sistema di amministrazione e così via.==

▶ **La diversità fra i due tipi di assemblea** riguarda:
- sia i temi in discussione (come abbiamo appena visto);
- sia le maggioranze richieste per la validità della *convocazione* e delle *deliberazioni*; tali maggioranze, come è comprensibile, sono più elevate per l'assemblea *straordinaria* (➤ tabella del paragrafo 4).

L'assemblea ordinaria può essere anche chiamata a:
- decidere se intraprendere l'azione di responsabilità nei confronti di amministratori e sindaci che abbiano agito in violazione della legge o dell'atto costitutivo;
- deliberare sulle altre questioni rimesse dalla legge alla sua competenza nonché sulle autorizzazioni eventualmente richieste dallo statuto per il compimento di determinati atti degli amministratori.

3. Come si convoca l'assemblea

Chiarite le funzioni dell'assemblea, rimangono aperte alcune questioni. Per esempio, chi, come e quando può convocare questo organo?
Normalmente l'assemblea viene convocata dagli amministratori (art. 2366 c.c.) ma, aggiunge l'art. 2367 c.c., può essere convocata anche su richiesta di tanti soci che rappresentino almeno un decimo del capitale sociale o un ventesimo se la società fa ricorso al mercato del capitale di rischio.

QUESTIONI

La rappresentanza nelle assemblee

Abbiamo già avuto modo di dire che nelle S.p.a. di maggiori dimensioni i piccoli azionisti raramente partecipano alle adunanze, consapevoli che il loro peso individuale sarebbe comunque modesto. Ciò consente agli azionisti più grandi di gestire la società:
- senza possedere necessariamente la maggioranza delle azioni;
- senza tenere in gran conto gli interessi della minoranza.

Questa distorsione potrebbe essere facilmente superata se i piccoli azionisti potessero delegare qualcuno a rappresentarli in assemblea. In tal caso, poiché l'unione fa la forza, essi potrebbero assolvere a un'importante funzione di controllo e di impulso.
Tuttavia se il conferimento delle rappresentanze non fosse ben regolato, potrebbe produrre conseguenze altamente negative.
Per esempio la raccolta potrebbe essere sollecitata dallo stesso azionista di maggioranza che, forte delle deleghe ricevute, vedrebbe aumentare il proprio peso nella società senza avervi investito nulla di più.
Oppure potrebbe essere sollecitata da personaggi senza scrupoli che potrebbero utilizzare le deleghe per tornaconto personale.
Mediando tra le giuste esigenze e le opportune cautele l'art. 2372 c.c. stabilisce che:
- i soci possono farsi rappresentare in assemblea, ma la stessa persona non può rappresentare più di venti soci;
- inoltre la delega deve essere conferita per iscritto, non può essere in bianco ed è sempre revocabile nonostante ogni patto contrario;
- solo nelle società che fanno ricorso al capitale di rischio, lo statuto può vietare la rappresentanza in assemblea.

Quali sono le modalità di convocazione?

> **L'ordine del giorno** contiene l'elenco degli argomenti da trattare. Tale elenco è necessario per consentire ai soci di documentarsi sull'oggetto della discussione.

Se la società *non fa* ricorso al mercato del capitale di rischio, si desume dall'art. 2366 c.c., lo statuto può prevedere che l'avviso di convocazione, contenente l'*ordine del giorno*, sia comunicato ai soci con qualsiasi mezzo che offra la prova dell'avvenuta ricezione. Solo se nello statuto manca questa specifica disposizione bisognerà seguire il sistema tradizionale per il quale la convocazione deve essere eseguita mediante avviso pubblicato sulla *Gazzetta Ufficiale* della Repubblica o su un quotidiano indicato dallo statuto.

Se la società fa ricorso al mercato del capitale di rischio le modalità di pubblicazione dell'avviso sono definite da leggi speciali (art. 2366 c.c., comma 2).

E se le modalità di convocazione non vengono rispettate?

Se l'assemblea non è stata convocata in modo regolare, non può validamente deliberare.

Potrebbe farlo solo se fosse intervenuta la totalità del capitale sociale (si parla, in questi casi, di **assemblea totalitaria**) e partecipasse all'adunanza la maggioranza dei componenti degli organi amministrativi e di controllo.

L'ipotesi, come è facile capire, può riguardare solo S.p.a. con pochi azionisti. E comunque, anche se si verificassero tutte le condizioni poste dalla legge, ciascuno degli intervenuti potrebbe opporsi alla discussione degli specifici argomenti sui quali non si ritenga sufficientemente informato.

> **QUESTIONI**
>
> **La mancata convocazione di un socio**
>
> Immaginiamo che un'assemblea, per la quale non siamo stati convocati, deliberi su una determinata questione a grande maggioranza talché il nostro voto non avrebbe comunque potuto modificare il risultato finale. Potremmo sostenere l'invalidità della deliberazione?
> La risposta è affermativa. Il voto in assemblea è il risultato anche del dibattito preliminare che in essa si svolge. Pertanto, impedendo a un socio di partecipare, non solo gli viene impedito di esprimere il proprio voto, ma gli viene inibita la possibilità di convincere gli altri soci della bontà delle sue tesi.

4. L'assemblea validamente costituita

Affinché l'assemblea possa deliberare non basta che i soci vengano *convocati*. È necessario anche che partecipino alla riunione, se non tutti (ipotesi abbastanza improbabile) almeno la maggior parte. La legge stabilisce:

- la percentuale di capitale che deve essere rappresentato dai soci intervenuti in assemblea affinché questa si consideri validamente costituita;
- la percentuale di capitale che deve votare a favore delle proposte contenute nell'ordine del giorno affinché queste si considerino approvate.

> Il quarto comma dell'art. 2370 c.c. precisa che lo statuto può consentire di esprimere il **voto per corrispondenza** e persino di intervenire in assemblea attraverso mezzi di telecomunicazione (per esempio in videoconferenza).

E se i soci non intervenissero in numero sufficiente?

Una simile ipotesi è talmente frequente che è ormai prassi consolidata mandare deserta la prima convocazione e presentarsi direttamente alla

PERCORSO H — LE SOCIETÀ DI CAPITALI

Quorum è un pronome relativo che in latino significava letteralmente "dei quali" e che, per successive e complesse evoluzioni, ha finito per indicare il "numero legale", cioè il numero minimo (o la percentuale minima) perché una votazione sia ritenuta valida dalla legge.

seconda, per la quale la legge dispone percentuali più basse. Lo statuto può anche prevedere eventuali ulteriori convocazioni dell'assemblea qualora neanche nella seconda convocazione si fosse raggiunto il *quorum* necessario.

Vediamo allora, nelle tabelle che seguono, i principali *quorum* previsti dagli artt. 2368 e 2369 c.c.

ASSEMBLEA ORDINARIA		
	Quorum costitutivo	**Quorum deliberativo**
Prima convocazione	è validamente costituita se intervengono tanti soci che rappresentino almeno la metà del capitale sociale (escluse dal computo le azioni prive del diritto di voto)	delibera a maggioranza assoluta, se lo statuto non richiede una maggioranza più elevata
Seconda convocazione	è regolarmente costituita qualunque sia la parte di capitale rappresentata dai soci presenti	delibera a maggioranza assoluta, se lo statuto non richiede una maggioranza più elevata

ASSEMBLEA STRAORDINARIA		
	Quorum costitutivo	**Quorum deliberativo**
Prima convocazione	è validamente costituita qualunque sia la quota di capitale presente	delibera con il voto favorevole di tanti soci che rappresentino più della metà del capitale sociale, se lo statuto non richiede una maggioranza più elevata
Seconda convocazione	è validamente costituita con la presenza di oltre un terzo del capitale sociale	delibera con il voto favorevole di almeno due terzi del capitale rappresentato in assemblea (lo statuto può richiedere maggioranze più elevate)

QUESTIONI

La delibera invalida

Come qualsiasi altra dichiarazione negoziale, anche le deliberazioni dell'assemblea possono risultare invalide.
In particolare, stabilisce l'art. 2377 c.c., **la delibera è annullabile** quando non sono state rispettate le norme poste dalla legge o dallo statuto.
Sono annullabili, per esempio, le decisioni:
- assunte nel corso di un'assemblea non regolarmente costituita;
- assunte senza rispettare i *quorum* previsti dalla legge.

L'annullamento non ha luogo se la deliberazione impugnata è sostituita con un'altra, presa in conformità della legge.

5. L'amministrazione della società nel sistema di governo tradizionale

==**Amministrare** una S.p.a. significa compiere tutte le operazioni necessarie per il conseguimento dell'oggetto sociale. In pratica significa gestire l'impresa societaria (art. 2380 *bis*).==

Questa funzione può essere affidata:

- a un **amministratore unico**
- o a più amministratori che insieme comporranno il **consiglio di amministrazione**, il quale eleggerà al suo interno un *presidente*.

Gli amministratori **sono eletti** dall'*assemblea ordinaria*, fatta eccezione per i primi che sono nominati nell'atto costitutivo (art. 2383 c.c.).

Possono non essere soci, consente il secondo comma dell'art. 2380 *bis*.

La **durata dell'incarico** non può essere superiore a tre anni, ma sono rieleggibili se l'atto costitutivo non prevede diversamente.

Sono revocabili dall'assemblea in qualunque tempo, ma se la revoca è senza giusta causa hanno diritto al risarcimento del danno.

Chi sono gli amministratori delegati?

Al fine di rendere più agile la gestione dell'impresa societaria, se lo statuto o l'assemblea lo consentono, il consiglio di amministrazione può delegare proprie attribuzioni a uno o più dei suoi componenti, oppure a un *comitato esecutivo* formato soltanto da alcuni dei suoi componenti.
Gli amministratori che ricevono tale *delega* vengono chiamati *amministratori delegati* (in acronimo AD).

La rappresentanza

La rappresentanza della società spetta a tutti gli amministratori. Tuttavia lo statuto può restringere tale funzione a uno o ad alcuni di essi. Generalmente viene affidata al presidente del consiglio di amministrazione o all'amministratore delegato.

La rappresentanza è generale in quanto riguarda tutti gli atti dell'impresa. Eventuali limitazioni poste ai poteri dei rappresentanti dallo statuto o da una delibera successiva, stabilisce l'art. 2384 c.c., **non sono opponibili ai terzi** anche se sono state iscritte nel registro delle imprese.
Questa disposizione serve a rendere più rapidi e sicuri i rapporti con i terzi. Se non vi fosse, chiunque volesse entrare in rapporto d'affari con un rappresentante della società dovrebbe preventivamente controllare nel registro delle imprese quali sono i suoi effettivi poteri o se di recente sono mutati.

L'art. 147 *ter* del Testo unico sull'intermediazione finanziaria stabilisce che:
- i membri del consiglio di amministrazione sono eletti sulla base di liste di candidati;
- almeno uno dei membri del consiglio di amministrazione deve essere espresso dalla lista di minoranza che abbia ottenuto il maggior numero di voti e non sia collegata in alcun modo con i soci che hanno presentato o votato la lista risultata prima per numero di voti.

Non possono essere delegate (art. 2381 c.c., comma 4) alcune importanti funzioni tra le quali segnaliamo: la predisposizione del bilancio, l'aumento di capitale (art. 2443 c.c.), l'emissione di obbligazioni convertibili (ex art. 2420 c.c.).

6. La responsabilità degli amministratori

Sto per essere nominata amministratrice unica di una S.p.a. che opera nel settore sanitario, ma prima di accettare vorrei sapere che responsabilità assumerei verso gli altri soci se commettessi qualche errore nella gestione e procurassi perdite alla società. C'è il pericolo che sia costretta a rifondere i danni?

Le perdite che può accumulare una S.p.a. possono essere molto elevate. E se gli amministratori rischiassero di dover rifondere i soci per le perdite conseguenti a errori di gestione, c'è da scommettere che pochi accetterebbero un tale incarico.

Chiariamo, allora, che l'impegno degli amministratori si configura come un'obbligazione *di mezzi* e non *di risultato*. Essi pertanto non rispondono del cattivo esito della loro gestione se questo è imputabile alla sfortuna o al cattivo andamento dei mercati.

In linea generale, non rispondono neppure per le scelte che, a posteriori, si siano rivelate sbagliate. Rispondono invece, stabilisce l'art. 2392 c.c., per i danni causati da negligenza o malafede.

L'azione di responsabilità contro gli amministratori per danni causati da negligenza o malafede può essere promossa:
- dall'assemblea;
- dal collegio sindacale;
- da tanti soci che rappresentino almeno un quinto del capitale sociale (un quarantesimo per le società che fanno ricorso al mercato del capitale di rischio) o la minore misura prevista nello statuto (artt. 2393 e 2393 *bis*).

7. Il collegio sindacale

Nelle società che adottano il sistema di governo tradizionale, la legge prevede la presenza di un **organo di controllo** chiamato *collegio sindacale* (ricordiamo che il verbo *sindacare* significa "controllare").

Il collegio sindacale, stabilisce il primo comma dell'art. 2403 c.c., vigila:

- sull'osservanza della legge e dello statuto;
- sul rispetto dei principi di corretta amministrazione e in particolare sull'adeguatezza dell'assetto organizzativo, amministrativo e contabile adottato dalla società e sul suo concreto funzionamento.

Se i sindaci scoprono delle irregolarità che cosa devono fare?

Il secondo comma dell'art. 2406 c.c. stabilisce che, qualora scoprano fatti censurabili di rilevante gravità e vi sia urgente necessità di provvedere, i sindaci debbano convocare l'assemblea affinché questa assuma le decisioni più opportune. Inoltre (artt. 2377 e 2378 c.c.) possono chiedere al Tribunale l'annullamento delle deliberazioni che non siano state prese in conformità della legge e dello statuto.

I sindaci operano controlli di legittimità o di merito?

Operano solo controlli di *legittimità*, cioè di conformità degli atti alla legge, all'atto costitutivo e ai principi di corretta amministrazione. Nessun organo

Se la società è quotata sui mercati regolamentati il collegio sindacale deve comunicare senza indugio alla Consob le irregolarità riscontrate nell'attività di vigilanza.

societario ha il potere di sindacare il merito (cioè di contestare l'opportunità) delle decisioni assunte dagli amministratori.
Solo quando l'assemblea si riunisce per l'approvazione del bilancio, i sindaci possono esprimere, nella loro relazione, anche giudizi di merito sulla gestione societaria riferendo sull'attività di vigilanza svolta e su eventuali omissioni o sui fatti censurabili rilevati (art. 2429 c.c.).

Come si compone il collegio sindacale?

▶ **Il collegio sindacale è composto da tre o cinque membri effettivi** che possono essere soci o non soci. Devono inoltre essere nominati due sindaci supplenti. Nelle società per azioni non quotate che per due esercizi consecutivi non hanno superato almeno di due terzi i parametri indicati nell'art. 2435 *bis* c.c. (attivo dello stato patrimoniale di 4.400.000 euro, ricavi 8.800.000 euro, dipendenti 50 unità) la funzione del collegio sindacale può essere assegnata a un solo Sindaco (art. 35 d.l. n. 5 del 2012).

▶ **Il collegio è nominato** la prima volta nell'atto costitutivo e successivamente viene eletto dall'assemblea (art. 2400 c.c.).

▶ **I sindaci restano in carica** per tre esercizi e possono essere revocati anticipatamente solo per *giusta causa* e solo se la delibera viene approvata con *decreto emesso dal Tribunale* dopo aver ascoltato l'interessato.

Tanta cautela serve a evitare che la minaccia di una revoca anticipata possa indurre i membri del collegio a svolgere i loro controlli con minore rigore o che possano essere rimossi sindaci giudicati troppo scrupolosi dai soci di maggioranza.
Inoltre, per evitare che i controlli siano condotti con troppa indulgenza o con colpevole distrazione, il secondo comma dell'art. 2407 c.c. rende i sindaci *solidalmente responsabili* con gli amministratori per i fatti o le omissioni di questi quando il danno non si sarebbe prodotto se essi avessero vigilato in conformità degli obblighi della loro carica.

8. La revisione legale dei conti

I controlli effettuati dal collegio sindacale non sempre sono ritenuti sufficienti dalla legge. Senza nulla togliere all'onestà e alla probità dei componenti di tali organi, rimane il fatto che essi sono parte dell'organizzazione societaria e non sono terzi rispetto a essa.
Per tale ragione l'ordinamento dispone, soprattutto per le società maggiori, un *controllo esterno*.

▶ **Dispone in proposito l'art. 2409 *bis*** (come modificato dal d.lgs. n. 39/2010):

- la revisione legale dei conti sulle società è esercitata da un revisore legale dei conti o da una società di revisione legale iscritti nell'apposito registro;

Almeno un membro effettivo e uno supplente del collegio sindacale devono essere scelti tra gli iscritti nel *registro dei revisori legali* istituito presso il Ministero della Giustizia. I restanti membri, se non iscritti in tale registro, devono essere scelti fra gli iscritti negli albi professionali, o fra i professori universitari di ruolo in materie economiche o giuridiche (art. 2397 c.c.).

Per le società che fanno ricorso al mercato del capitale di rischio, il *Testo unico sull'intermediazione finanziaria* ha introdotto una importante innovazione al fine di offrire maggiori garanzie agli azionisti di minoranza: almeno un membro effettivo del collegio sindacale deve essere eletto dalla minoranza (art. 148).

PERCORSO H — LE SOCIETÀ DI CAPITALI

- tuttavia, lo statuto delle società che non siano tenute alla redazione del *bilancio consolidato* (> Unità 7) può prevedere che la revisione legale dei conti sia esercitata dal collegio sindacale. In tal caso il collegio deve essere costituito da revisori legali iscritti nell'apposito registro.

9. Gli altri sistemi di governo

Come abbiamo anticipato nel paragrafo 1, il nostro ordinamento offre la possibilità di scegliere fra tre diversi sistemi di governo della società:

- il sistema tradizionale;
- il sistema dualistico;
- il sistema monistico.

Il sistema tradizionale di cui ci siamo appena occupati fa perno su tre organi fondamentali: l'assemblea dei soci, il consiglio di amministrazione e il collegio sindacale.
Anche nel sistema monistico e dualistico sono ravvisabili tre organi fondamentali che assumono denominazioni diverse e svolgono funzioni diverse rispetto a quelli delle società tradizionali, ma hanno, con questi, anche molti aspetti in comune, cosicché gran parte delle norme che li riguardano sono necessariamente simili.

Il sistema monistico e dualistico, sebbene presentino aspetti di grande interesse, non hanno avuto molto successo tra gli imprenditori italiani. Tra le società che hanno adottato il sistema dualistico ci sono alcune grandi banche e la "S.S. Lazio S.p.a.)".

10. Quali sono i caratteri del sistema dualistico

Nel sistema *tradizionale*, come ormai sappiamo, l'azionista di maggioranza, attraverso l'assemblea, nomina e revoca il consiglio di amministrazione, nomina i sindaci, approva il bilancio e decide su altre importanti questioni.
Quel tipo di governo, pertanto, è particolarmente adatto per un tipo di società che conserva un'impronta personalistica, nella quale cioè il maggiore azionista è presente nella vita della *sua* società e ne segue da vicino le vicende.

==Il sistema dualistico, di derivazione germanica, è stato pensato, invece, per società più impersonali, dove non c'è un soggetto che abbia il controllo della società o sia direttamente interessato all'attività svolta dall'impresa societaria.==

Il sistema dualistico è regolato dagli articoli del Codice civile 2409 *octies*–2409 *quinquiesdecies*.
Ricordiamo che quando al Codice vengono aggiunti nuovi articoli (come nel caso di quelli che regolano il sistema di governo dualistico e monistico, aggiunti nel 2003) piuttosto che far slittare la numerazione di tutti gli articoli successivi si preferisce aggiungere ai nuovi delle *code* espresse in numerazione latina: *bis*, *ter*, *quater*, ecc.

Ciò può accadere, per esempio, quando il capitale è polverizzato fra tanti piccoli azionisti. Oppure quando è finito (magari per questioni ereditarie) nelle mani di soggetti impegnati in altre attività e non interessati a svolgere direttamente la funzione imprenditoriale.
In questi e altri simili casi, il sistema, di cui vedremo qui appresso le caratteristiche, rimette le decisioni che normalmente sono attributo dell'assemblea a un organo professionale che effettua le scelte operative e al tempo stesso esercita il controllo di legalità e di efficienza sulla società.

416

▶ **Organi del sistema dualistico**, si desume dagli artt. 2409 *octies*-2409 *quinquiesdecies* del Codice civile, sono:

- l'assemblea dei soci;
- un consiglio di gestione;
- un consiglio di sorveglianza.

L'assemblea dei soci

▶ **L'assembla ordinaria** nel sistema di governo dualista perde molte e importanti funzioni.

Essa non nomina né revoca gli amministratori, non nomina i sindaci, non approva il bilancio, non promuove l'azione sociale di responsabilità.

Come si desume dall'art. 2364 *bis* le resta sostanzialmente il compito di:

- nominare o revocare i consiglieri di sorveglianza;
- deliberare sulle loro responsabilità;
- deliberare sulla distribuzione degli utili.

▶ **L'assemblea straordinaria**, invece, conserva le stesse funzioni che ha nel sistema tradizionale: essa delibera sulle modifiche dello statuto e su ogni altra materia espressamente attribuita dalla legge alla sua competenza (art. 2365 c.c.).

Il consiglio di sorveglianza

==Il consiglio di sorveglianza viene eletto== dall'assemblea ed è l'organo al quale l'azionista di maggioranza affida le maggiori responsabilità.

Nel sistema dualistico esso non si limita a *sorvegliare* operando un controllo di sola legittimità sull'amministrazione (come deve fare il *collegio sindacale*) ma svolge funzioni di grande rilievo che ne fanno l'organo centrale dell'intero sistema di governo.

Le sue funzioni principali sono:

- nominare il *consiglio di gestione*;
- controllare che questo operi nel rispetto della legge, dello statuto e dei principi di corretta amministrazione;
- promuovere l'azione di responsabilità nei confronti dei *consiglieri gestori* che non abbiano operato con la diligenza richiesta dal loro incarico (art. 2409 *decies*);
- revocare dall'incarico l'intero *consiglio di gestione* (per esempio qualora i risultati dell'attività societaria non siano ritenuti soddisfacenti);
- riferire almeno una volta l'anno all'assemblea sull'attività di vigilanza svolta;

> **Non possono essere membri del consiglio di sorveglianza** (come i sindaci nel sistema di governo tradizionale) le persone che, per i rapporti familiari con i componenti del *consiglio di gestione* o per l'attività che svolgono alle dipendenze della società, non offrono sufficienti garanzie di imparzialità.

> **Almeno un componente** effettivo del consiglio deve essere scelto tra i revisori legali iscritti nell'apposito registro.
> Inoltre almeno un membro effettivo deve essere eletto dai soci di minoranza (art. 2409 *duodecies*).

- approvare il bilancio (in caso di mancata approvazione, qualora lo richieda almeno un terzo dei componenti del *consiglio di gestione* o del *consiglio di sorveglianza*, l'approvazione del bilancio potrebbe essere attribuita all'assemblea).

Le deliberazioni del *consiglio* devono essere prese a maggioranza assoluta dei presenti (art. 2404 c.c.).

E se il consiglio di sorveglianza non sorvegliasse come dovrebbe?

I suoi componenti, stabilisce l'art. 2407 c.c., sono solidalmente responsabili con i membri del consiglio di gestione per i fatti e le omissioni di questi quando il danno non si sarebbe prodotto se essi avessero vigilato in conformità degli obblighi della loro carica.

▶ **La composizione** del *consiglio* è di tre consiglieri effettivi anche non soci, e due supplenti, salvo che lo statuto ne preveda un numero maggiore.

Il presidente è eletto dall'assemblea.

I membri del consiglio di sorveglianza:

- non possono far parte anche del *consiglio di gestione*;
- durano in carica tre esercizi;
- sono rieleggibili, salvo diversa disposizione dello statuto;
- possono essere revocati dall'assemblea in qualunque tempo.

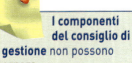

I componenti del consiglio di gestione non possono essere contemporaneamente anche nel *consiglio di sorveglianza*, né possono votare (art. 2373 c.c., comma 2) nelle delibere riguardanti la nomina, la revoca o la responsabilità dei consiglieri di sorveglianza. Questa disposizione evita che la funzione di controllato e di controllore si confondano.

Il consiglio di gestione

==Al consiglio di gestione spetta==, in via esclusiva, gestire l'impresa societaria e compiere tutte le operazioni necessarie per l'attuazione dell'oggetto sociale.

▶ **È composto** da un numero di consiglieri, anche non soci, non inferiore a due.

I suoi membri:

- sono nominati dal *consiglio di sorveglianza*;
- rimangono in carica per tre esercizi;
- possono essere rieletti, salvo diversa disposizione dello statuto;
- possono essere revocati dall'incarico in qualsiasi momento;
- hanno la rappresentanza generale della società.

Il consiglio di gestione può delegare proprie attribuzioni a uno o più dei suoi componenti così come è previsto che possano fare gli amministratori nel sistema di governo tradizionale. E come nel sistema tradizionale (art. 2381 c.c.) il consiglio non si priva in via definitiva delle sue funzioni.

Il governo della S.p.a. UNITÀ 4

11. I caratteri del sistema monistico

Questo terzo possibile sistema di governo della S.p.a., di derivazione anglosassone, è regolato dagli artt. 2409 *sexiesdecies*-2409 *noviesdecies* del Codice civile.

▶ **Sono organi sociali**:

- l'*assemblea* dei soci, che è l'organo deliberativo;
- il *consiglio di amministrazione* che gestisce l'impresa societaria;
- un *comitato di controllo*, che svolge funzioni di vigilanza.

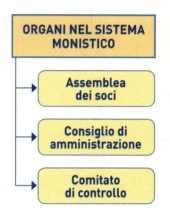

 In che cosa differiscono questi organi da quelli presenti nel sistema di governo tradizionale?

La differenza immediatamente rilevabile, rispetto al sistema di governo tradizionale, è nel fatto che nel sistema monistico:

- l'assemblea elegge il *consiglio di amministrazione*;
- questo sceglie al suo interno, cioè tra i suoi stessi membri, i soggetti che andranno a comporre il *comitato di controllo*.

Vediamo ora composizione e compiti di questi due organi.

▶ **L'assemblea dei soci**, sia *ordinaria* che *straordinaria*, ha le stesse funzioni (in quanto compatibili) che a essa competono nel sistema tradizionale. E identiche sono le regole che riguardano le convocazioni e le deliberazioni.

▶ **Gli amministratori** (artt. 2380 *bis* e 2381 c.c.), come nel sistema tradizionale, sono eletti a scrutinio segreto sulla base di liste di candidati, e inoltre:

- possono essere soci o non soci;
- hanno l'esclusiva responsabilità della gestione dell'impresa e compiono tutte le operazioni necessarie per l'attuazione dell'oggetto sociale;
- nel registro delle imprese deve essere indicato a quali di loro è attribuita la rappresentanza generale della società precisando se questa è congiuntiva o disgiuntiva;
- non possono essere nominati per un periodo superiore a tre esercizi, ma sono rieleggibili, salvo diversa disposizione dello statuto;
- sono revocabili dall'assemblea in qualunque tempo, ma se la revoca è senza giusta causa hanno diritto al risarcimento del danno;
- se lo statuto o l'assemblea lo consentono il consiglio di amministrazione può delegare attribuzioni a un *comitato esecutivo*.

Almeno uno dei membri del **consiglio** di amministrazione deve essere espresso dalla lista di minoranza che abbia ottenuto il maggior numero di voti. Le generalità degli amministratori devono essere iscritte nel registro delle imprese.

▶ **Il comitato di controllo** vigila sull'adeguatezza:

- del sistema organizzativo della società;

I membri del comitato di **controllo** non possono essere anche amministratori delegati.

- del sistema di controllo interno;
- del sistema amministrativo e contabile, nonché sulla sua idoneità a rappresentare correttamente i fatti della gestione.

Salvo diversa disposizione dello statuto la determinazione del numero e la nomina dei membri del comitato di controllo spetta al consiglio di amministrazione.

Sistemi a confronto

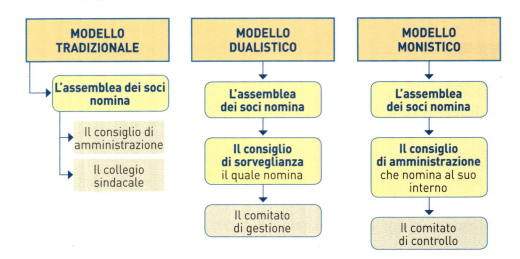

Riguardando gli appunti

4 UNITÀ

1. Quali sono i sistemi di governo della S.p.a.?

- Esistono tre tipi di sistemi di governo della S.p.a.: tradizionale, dualistico e monistico.

2. Quali sono gli organi del sistema di governo tradizionale?

- Organi del sistema tradizionale sono l'assemblea dei soci, il consiglio di amministrazione e il collegio sindacale.

3. Che ruolo ha l'assemblea nel sistema di governo tradizionale?

- L'assemblea (ordinaria e straordinaria) è un organo deliberativo composto dai soci possessori di azioni con diritto di voto. La maggioranza si calcola sul numero di azioni possedute dai soci presenti in assemblea.
- All'assemblea *ordinaria*, che deve essere convocata almeno una volta l'anno, spetta approvare il bilancio, decidere sulla distribuzione degli utili, nominare i sindaci e, quando è previsto, il soggetto a cui è demandato il controllo contabile.
- All'assemblea *straordinaria* sono affidate soprattutto le decisioni che comportano modifiche allo statuto, come l'emissione di nuove azioni, il cambiamento dell'oggetto sociale, del sistema di amministrazione, etc. Le maggioranze richieste sono più elevate rispetto all'assemblea ordinaria.

4. Che ruolo hanno gli amministratori nel sistema di governo tradizionale?

- Agli amministratori spetta la gestione dell'impresa societaria e devono compiere le operazioni necessarie al conseguimento dell'oggetto sociale. Possono essere soci o non soci e stanno in carica al massimo per tre anni.
- Qualora gli amministratori siano più di uno, si costituisce un consiglio di amministrazione, che può delegare alcune funzioni a uno o più amministratori delegati.
- Gli amministratori possono essere revocati dall'assemblea, ma se la revoca è senza giusta causa hanno diritto al risarcimento danni.

5. Che cos'è il collegio sindacale?

- Nel sistema di governo tradizionale è prevista la presenza di un organo di controllo, chiamato collegio sindacale, che vigila sul rispetto della legge, dello statuto e dei principi di corretta amministrazione. È nominato per la prima volta nell'atto costitutivo e le volte successive dall'assemblea. Il collegio è composto da tre o da cinque membri, che possono essere soci o non soci e restano in carica per tre esercizi.

6. In che cosa consiste la revisione legale dei conti?

- La revisione legale dei conti si aggiunge al controllo esercitato dal collegio sindacale. Essa riguarda soprattutto le grandi società ed è esercitata da un revisore legale o da una società di revisione legale iscritti nell'apposito registro.

7. Quali sono i caratteri del sistema di governo dualistico?

- Il sistema dualistico è pensato per le società più impersonali, in cui non c'è un soggetto che abbia il controllo della società o sia direttamente interessato all'attività svolta dall'impresa.
- Sono organi di governo del sistema dualistico l'assemblea dei soci, il consiglio di gestione (cui spetta in via esclusiva la gestione dell'impresa societaria e l'attuazione dell'oggetto sociale) e il consiglio di sorveglianza (che viene eletto dall'assemblea ed è l'organo al quale l'azionista di maggioranza affida le maggiori responsabilità).

8. Quali sono i caratteri del sistema di governo monistico?

- La differenza più evidente rispetto al sistema tradizionale è che nel sistema monistico l'assemblea elegge il consiglio di amministrazione che a sua volta sceglie, fra i propri membri, i componenti del comitato di controllo.
- Sono organi di governo del sistema *monistico* l'assemblea, il consiglio di amministrazione, il comitato di controllo.

Verifica le tue conoscenze

Completamento

Completa lo schema utilizzando le seguenti parole: *soci*; *dualistico*; *assemblea*; *gestione*; *monistico*; *sorveglianza*; *tradizionale*; *consiglio*; *comitato di controllo*; *amministrazione*; *sindacale*.

Test a risposta multipla

Indica con una crocetta l'affermazione esatta.

1. **Nel sistema di governo tradizionale, la maggioranza all'interno dell'assemblea dei soci viene calcolata:**
   A. rispetto al numero di soci presenti
   B. rispetto al numero dei soci totali
   C. rispetto al numero di azioni complessivamente emesse dalla società
   D. rispetto al numero di azioni possedute dai soci intervenuti in assemblea

2. **Se l'assemblea dei soci è stata convocata in modo irregolare può deliberare?**
   A. no
   B. sì, se i soci intervenuti in assemblea rappresentano la maggioranza assoluta del capitale sociale
   C. sì, se è intervenuta in assemblea la totalità del capitale sociale e la maggioranza degli organi amministrativi e di controllo
   D. sì, se il collegio sindacale dà parere favorevole

3. **Nel sistema di governo tradizionale, gli amministratori:**
   A. devono essere scelti fra i soci
   B. non possono subire limitazioni nel loro potere di rappresentanza, che è sempre generale
   C. sono responsabili delle perdite della società dovute a errori di gestione
   D. rispondono solo dei danni causati da negligenza o malafede

4. **Nel sistema dualistico a quale organo sociale spetta, in via esclusiva, gestire l'impresa societaria?**
   A. al consiglio di gestione
   B. al consiglio di amministrazione
   C. all'assemblea dei soci
   D. al consiglio di sorveglianza

5. **Nel sistema monistico, il comitato di controllo:**
   A. è nominato dall'assemblea dei soci
   B. è nominato dal consiglio di amministrazione
   C. non può avere come membri gli amministratori sociali
   D. ha l'esclusiva responsabilità della gestione dell'impresa

Ma davvero?

Il diritto si affaccia nei discorsi di ogni giorno. A volte, però, a sproposito. Leggi e rifletti.

Tua zia è diventata azionista di una S.p.A. Si presenta alla prima convocazione dell'assemblea dei soci, ma si accorge di essere l'unica presente. «I soci di questa S.p.A. devono proprio essere dei cialtroni!» esclama delusa.

Tua zia sembra sicura di ciò che dice. Ma davvero... i soci che non si sono presentati prendono poco seriamente il loro ruolo?

LE SOCIETÀ DI CAPITALI

UNITÀ 5 — PERCORSO H

Società unipersonali, S.a.p.a., start-up, Società europea, G.e.i.e.

1. Le società unipersonali

Sono un imprenditore individuale e so che se gli affari andassero male potrei essere soggetto al fallimento e perderei tutti i miei beni. Vorrei costituire una società di capitali per limitare i rischi, ma non mi piace avere soci. Che cosa potrei fare?

Come abbiamo più volte accennato, l'ordinamento rende possibile costituire in forma *unipersonale* sia la S.r.l., sia la S.p.a.
Il Codice civile però non ci offre una definizione di questo singolare modello societario, né dedica a esso una sezione nella quale siano raccolti in modo sistematico gli articoli che lo riguardano.
Le disposizioni relative al *socio unico* compaiono come aspetti particolari nelle norme o nelle sezioni del Codice che si occupano della più tradizionale società pluripersonale.
Riunendo queste sparse norme cerchiamo, allora, di delineare la disciplina delle società con un unico socio.

La costituzione della società unipersonale avviene per atto pubblico unilaterale, sia che la società assuma la forma di S.r.l., sia che assuma la forma di S.p.a. (artt. 2463 e 2328 c.c.).
In entrambe le ipotesi il *socio unico fondatore* risulterà titolare rispettivamente dell'intera *partecipazione* o dell'intero *pacchetto azionario*.

Il notaio che riceve l'atto dovrà trasmetterlo per l'iscrizione all'Ufficio del registro delle imprese entro venti giorni.

Il socio unico può essere:

- una persona fisica;
- una persona giuridica.

Se il socio muta per effetto del trasferimento ad altro soggetto della quota o del pacchetto azionario, deve essere depositata per l'iscrizione nel registro delle imprese una dichiarazione contenente le generalità del nuovo socio.

▶ **Il capitale sociale** deve essere interamente versato al momento della costituzione della società, così come devono essere interamente versate al momento della sottoscrizione le eventuali *ricapitalizzazioni*, cioè gli aumenti successivi (art. 2464 c.c., comma 3).

423

PERCORSO H

LE SOCIETÀ DI CAPITALI

Per le obbligazioni assunte prima dell'iscrizione della società (sia essa S.r.l. o S.p.a.) è illimitatamente responsabile il socio unico fondatore (artt. 2331 c.c. e 2463, comma 3).

Il capitale della S.r.l. unipersonale può anche essere inferiore a 10 mila euro se il conferimento è stato fatto interamente in denaro (art. 2463 c.c., comma 4, come modificato dal d.l. 76/2013).

Il capitale minimo di cui occorre dotare la società ha lo stesso importo stabilito per le società pluripersonali:

- 10 mila euro per la S.r.l. (o anche meno nei casi consentiti);
- 50 mila euro per la S.p.a.

Se il socio unico avesse bisogno di nuovi apporti di capitale potrebbe aprire la sua società ad altre persone fisiche o giuridiche?

La risposta è affermativa. Dandone adeguata pubblicità mediante iscrizione nel registro delle imprese, una società unipersonale può trasformarsi senza difficoltà in pluripersonale.

E se in una società nata pluripersonale un socio acquistasse dagli altri l'intera partecipazione o l'intero pacchetto azionario diventando socio unico?

Anche questo tipo di trasformazione può essere eseguito senza difficoltà. Poiché la garanzia per i creditori sociali è costituita dal patrimonio della società e non da quello dei soci, è indifferente che questi siano uno o più di uno.

Tuttavia, quando l'intera quota societaria è posseduta da un solo soggetto, deve esserne data adeguata pubblicità depositando, presso l'Ufficio del registro delle imprese, una dichiarazione contenente le generalità del socio unico.
Analoga dichiarazione deve essere presentata quando si costituisce o ricostituisce la pluralità dei soci.

Altri aspetti della vita societaria, come la tenuta dei libri contabili, le modifiche del capitale, l'appropriazione degli utili, l'estinzione e la liquidazione della società, sono regolati dalle norme relative alla S.r.l. o alla S.p.a. pluripersonali in quanto compatibili con la mancanza della pluralità dei soci.

QUESTIONI

Come sottrarre i beni della società al pignoramento

Immaginiamo che i creditori abbiano iniziato azioni esecutive nei confronti della società di cui siamo soci unici.
Ci viene allora una brillante idea:
- come amministratori deliberiamo la vendita a noi stessi per poche migliaia di euro di tutti i beni sociali;
- una volta entrati a far parte del nostro patrimonio personale, questi beni saranno protetti dallo scudo della responsabilità limitata e ai creditori rimarrà poco o nulla da pignorare.

Sarebbe possibile una simile operazione?
Allo scopo di prevenire tentazioni fraudolente gli **artt. 2362 c.c.**, comma 5 (per la S.p.a.) e **2478 c.c.**, comma 3 (per la S.r.l.) stabiliscono che sono opponibili ai creditori che abbiano avviato azioni esecutive solo i contratti tra la società e il socio unico che abbiano forma scritta e siano **anteriori** all'avvio dell'azione di pignoramento.

424

2. La società in accomandita per azioni (S.a.p.a.)

Secondo quanto dispone l'art. 2452 c.c., *nelle società in accomandita per azioni*:

- i soci accomandatari rispondono solidalmente e illimitatamente per le obbligazioni sociali;
- i soci accomandanti sono obbligati soltanto nei limiti della quota di capitale sottoscritta;
- le quote di partecipazione dei soci sono rappresentate da azioni.

In quali casi è opportuno costituire una società in accomandita per azioni?

In linea generale, come già abbiamo appreso studiando la società in accomandita semplice, questo tipo di società è utile per l'imprenditore che voglia trasformare la propria impresa individuale in impresa societaria conservando per intero il potere direzionale. Gli basterà, a questo fine, riservare a sé il ruolo di *accomandatario* e offrire ai nuovi soci il ruolo di *accomandanti*. Sappiamo, infatti, che solo i soci *accomandatari* possono essere amministratori e rappresentanti della società mentre ai soci *accomandanti* la legge non consente alcuna ingerenza nella gestione sociale.

Come è regolata la società in accomandita per azioni?

▶ **Alla S.a.p.a. si applicano**, per espresso richiamo dell'art. 2454 c.c., gran parte delle norme che regolano le società per azioni. Pertanto:

- il capitale sociale non può essere inferiore a 50 mila euro;
- il contratto sociale deve essere redatto per atto pubblico e iscritto nel registro delle imprese;
- organi della S.a.p.a. sono l'assemblea dei soci (ordinaria e straordinaria), il consiglio di amministrazione e il collegio sindacale o il consiglio di sorveglianza;
- la società può emettere sia azioni che obbligazioni;
- la tenuta dei libri sociali e la compilazione del bilancio sono regolati dalle norme dettate per la S.p.a.

▶ **Norme specifiche** sono poste dagli **artt. 2452-2461 c.c.**, con i quali sostanzialmente si dispone che:

- la denominazione della società deve contenere il nome di almeno uno dei soci accomandatari con l'indicazione di *società in accomandita per azioni*;
- l'atto costitutivo deve contenere il nome dei soci accomandatari;

PERCORSO H — LE SOCIETÀ DI CAPITALI

- l'amministrazione della società è affidata di diritto (cioè senza bisogno di nomina da parte dell'assemblea) *a tutti i soci accomandatari* che la conservano senza limiti di tempo;

- i sindaci (o i componenti del consiglio di sorveglianza) sono nominati e revocati dai soli soci *accomandanti*. In tal modo il collegio sindacale è completamente indipendente dagli accomandatari e offre maggiori garanzie di imparzialità;

- le modifiche dell'atto costitutivo, dispone l'art. 2460 c.c., devono essere approvate dall'assemblea (con le maggioranze prescritte per l'assemblea straordinaria delle società per azioni) e devono essere inoltre approvate *da tutti i soci accomandatari*. A questi ultimi, pertanto, la legge assegna il *diritto di veto* su qualsiasi modifica venga proposta.

QUESTIONI

Accomandatari e accomandanti

Come si distingue un socio accomandatario da un socio accomandante? Sono di diverso tipo le azioni rilasciate agli uni e agli altri?

Le azioni sono tutte del medesimo tipo e la qualifica di accomandatario non deriva dal possesso di azioni speciali. È socio accomandatario solo chi viene designato come tale nell'atto costitutivo o in successive modifiche.

Le azioni dell'accomandatario

Se il socio accomandatario vende le sue azioni, chi le acquista diventa a sua volta accomandatario?

La risposta è negativa. Chi acquista le azioni, da chiunque alienate, diventa solo socio accomandante. Può diventare accomandatario soltanto se l'assemblea modifica l'atto costitutivo inserendo il suo nome tra gli accomandatari.

Nel caso in cui tutti gli accomandatari alienassero le proprie azioni la società verrebbe a trovarsi priva di amministratori e dovrebbe sciogliersi se nel termine di sei mesi non si fosse provveduto alla loro sostituzione (art. 2458 c.c.).

3. Le start-up innovative

L'avvio di nuove attività imprenditoriali, qualunque ne sia l'oggetto, è sempre un fatto positivo, perché l'impresa è produttrice, oltre che di beni e servizi, anche di lavoro e di reddito per le famiglie.

Ma con maggior favore vanno considerate, in tempi di rapida evoluzione tecnologica, quelle imprese che sperimentano con successo nuove vie alla produzione.

Per favorire lo sviluppo di queste ultime è stata introdotta nel nostro ordinamento la figura della "start-up innovativa".

La start-up innovativa, secondo la definizione che ne dà il **d.l. 179 del 2012** (art. 25), è una società di capitali che ha come oggetto sociale esclusivo o prevalente lo sviluppo, la produzione e la commercializzazione di prodotti o servizi innovativi ad alto contenuto tecnologico.

Coerentemente con tali obiettivi la legge richiede che una rilevante parte della componente lavoro debba essere costituita da personale altamente qualificato o in possesso di laurea magistrale.

La società può assumere la forma di S.r.l. (compresa la nuova forma di S.r.l. semplificata o con capitale ridotto); S.p.a.; S.a.p.a. (purché non quotate sui mercati regolamentati); cooperativa o anche società europea con sede in Italia. Ma in ogni caso non deve distribuire dividendi e una notevole parte degli utili deve essere impiegata per sostenere ricerca e sviluppo.

Lo stesso decreto legge (art. 25, comma 5) introduce la figura dell'**incubatore di imprese start-up innovative**.
Si tratta anche in questo caso di una società di capitali che offre servizi per sostenere la nascita e lo sviluppo di start-up innovative.
Vantaggi fiscali e contributivi, incentivi all'investimento e sostegno all'internazionalizzazione sono attribuiti dalla legge sia alla "start-up innovativa" che all'"incubatrice di start-up".

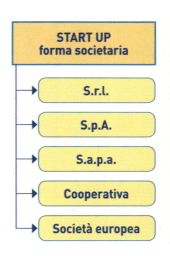

4. La Società europea (S.e.)

I modelli societari previsti dagli ordinamenti giuridici nei maggiori paesi industrializzati presentano tra loro notevoli analogie.
Ovunque è possibile riconoscere gli schemi delle *società in nome collettivo*, delle *società in accomandita*, delle *società a responsabilità limitata* e delle *società per azioni*. Ma se si scende nel dettaglio è facile constatare che le diversità sono notevoli, e ciò crea grandi problemi agli operatori internazionali, soprattutto a chi volesse operare fusioni o costituire *holding* con società aventi sede in altri Paesi europei.
Per agevolare questo tipo di rapporti è nato, dopo una lunga gestazione, un nuovo modello societario, la Società europea (S.e.).

 A chi conviene costituire una S.e.?

Alla costituzione della S.e. si può ricorrere con vantaggio tutte le volte in cui:

- si vuole operare una fusione tra S.p.a. con sedi sociali in differenti Stati membri dell'Unione europea;
- si vuole costituire una *holding* da parte di almeno due S.p.a. o S.r.l. con sedi sociali in Stati membri differenti;
- si vuole costituire una società affiliata a opera di due o più società di capitale (o altro ente di diritto pubblico o privato) che hanno la sede sociale in Stati membri differenti;
- si vuole trasformare una S.p.a. che abbia una filiale in un altro Stato membro.

I caratteri generali della società europea

La Società europea:

- è una società di capitali;

- acquista la personalità giuridica con l'iscrizione, in un apposito albo, effettuata nello Stato membro in cui essa ha sede;

- può essere costituita solo in forma di società per azioni;

- nella denominazione deve contenere l'indicazione S.e.;

- può essere organizzata secondo un sistema monistico (un'assemblea degli azionisti e un organo di amministrazione) oppure secondo un sistema dualistico (un'assemblea degli azionisti e un organo di direzione affiancato da un organo di vigilanza);

- una caratteristica di grande importanza per la S.e. è l'indispensabile presenza di un **organo di rappresentanza dei lavoratori** che partecipi alle decisioni relative alla costituzione della S.e. e successivamente alle scelte strategiche più rilevanti.

5. Il Gruppo europeo di interesse economico (G.e.i.e.)

Per agevolare le imprese, anche extra europee, che operano in più Paesi dell'Unione europea, è stato introdotto anche nel nostro ordinamento, con il d.lg. 240 del 1991, *il Gruppo europeo di interesse economico* (G.e.i.e.).

Il G.e.i.e. ha lo scopo di facilitare ai propri membri lo svolgimento dell'attività economica nei vari Paesi dell'Unione compiendo per loro importanti funzioni ausiliarie.

Per esempio, può acquistare o vendere beni e servizi per conto dei suoi membri, può partecipare ad appalti di opere pubbliche e può fornire assistenza e consulenza di vario genere.

Nel nostro ordinamento il G.e.i.e. costituisce una figura giuridica ed economica del tutto nuova, ma per la funzione che svolge può essere avvicinato a un consorzio.

Riguardando gli appunti

5 UNITÀ

1. Come si costituisce una società unipersonale?

- La costituzione della società unipersonale avviene per atto pubblico, sia che la società assuma la forma di S.r.l., sia che assuma la forma di S.p.a.
- Il notaio che riceve l'atto dovrà depositarlo entro venti giorni presso l'Ufficio del registro delle imprese per l'iscrizione.
- Il socio unico può essere una persona fisica o una persona giuridica.
- Per le obbligazioni assunte prima dell'iscrizione della società (sia essa S.r.l. o S.p.a.) è illimitatamente responsabile il socio unico fondatore.

2. Quali altre disposizioni regolano la società unipersonale?

- Il capitale sociale deve essere interamente versato al momento della costituzione della società, così come devono essere interamente versate al momento della sottoscrizione le eventuali ricapitalizzazioni, cioè gli aumenti successivi.
- Il capitale minimo è lo stesso previsto per la S.r.l. (10 mila euro) o per la S.p.a. (50 mila euro).
- Agli altri aspetti della vita societaria si applicano le norme relative alla S.r.l. o alla S.p.a. pluripersonali in quanto siano compatibili con la mancanza della pluralità dei soci.

3. Quali caratteri presenta la S.a.p.a.?

- Nelle società in accomandita per azioni i soci accomandatari rispondono solidalmente e illimitatamente per le obbligazioni sociali, mentre i soci accomandanti sono obbligati nei limiti della quota di capitale sottoscritta.
- Le quote di partecipazione dei soci sono rappresentate da azioni.
- Il capitale sociale non può essere inferiore a 50 mila euro.
- La società può emettere obbligazioni.
- Le modifiche dell'atto costitutivo devono essere approvate dall'assemblea con voto favorevole di tutti i soci accomandatari.

4. Che cosa sono le start-up innovative ?

- Per favorire la nascita di nuove imprese nel campo tecnologico, il legislatore ha introdotto nel 2012 le start-up innovative. Si tratta di società di capitali che hanno come oggetto sociale esclusivo o prevalente lo sviluppo, la produzione e la commercializzazione di prodotti o servizi innovativi ad alto contenuto tecnologico, e godono di speciali vantaggi fiscali e contributivi.

5. Che cos'è l'incubatore di start-up?

- L'incubatore di start-up è una società di capitali che offre servizi per sostenere la nascita e lo sviluppo di start-up innovative. Al pari di queste ultime gode di vantaggi fiscali e contributivi.

6. Che cos'è la Società europea (S.e.)?

- La Società europea è un nuovo modello di società di capitali, pensato soprattutto per le situazioni in cui si vuole operare una fusione tra società che hanno sede in Stati diversi dell'Unione europea o costituire *holding* con società aventi sede in altri Paesi europei.
- La S.e. acquista personalità giuridica mediante l'iscrizione in un apposito albo.
- Può essere costituita solo in forma di S.p.a., e può adottare un sistema di governo monistico o dualistico.
- La S.e. deve prevedere necessariamente un organo di rappresentanza dei lavoratori.

7. Che cos'è il Gruppo europeo di interesse economico (G.e.i.e.)?

- Il G.e.i.e. è stato introdotto per agevolare le imprese che operano in più Paesi dell'Unione europea. Pur essendo un istituto giuridico nuovo, presenta elementi analoghi al consorzio.
- Il G.e.i.e. agevola le attività dei suoi membri compiendo per loro importanti funzioni ausiliarie (compravendita di beni, partecipazione ad appalti, ecc.).

Verifica le tue conoscenze

Completamento

Completa lo schema utilizzando le seguenti parole: *persona fisica; S.p.a.; atto pubblico; intero pacchetto azionario; 10 mila; S.r.l.; capitale; persona giuridica; intera partecipazione; 50 mila.*

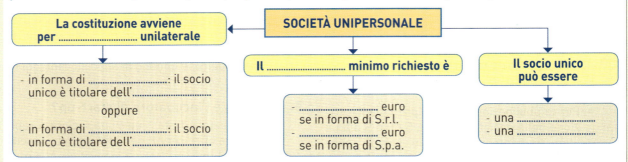

Test a risposta multipla

Indica con una crocetta l'affermazione esatta.

1. **Nella società unipersonale il capitale sociale:**
   A. deve essere interamente sottoscritto al momento della costituzione
   B. deve essere interamente versato al momento della costituzione
   C. può essere versato per il 25% e sottoscritto per la parte rimanente
   D. deve essere sempre garantito da una polizza assicurativa o da una fideiussione

2. **Una società unipersonale può trasformarsi in pluripersonale?**
   A. sì, mentre non è ammesso il contrario
   B. sì, ma solo se sceglie la forma della S.p.a.
   C. sì, dandone pubblicità mediante iscrizione nel registro delle imprese
   D. no

3. **In una società in accomandita per azioni:**
   A. l'atto costitutivo deve contenere i nomi dei soci accomandanti
   B. non è richiesto un capitale sociale minimo
   C. i soci accomandatari sono obbligati solo nei limiti della quota di capitale sottoscritta
   D. i soci accomandatari rispondono solidalmente e illimitatamente delle obbligazioni sociali

4. **Conviene costituire una società in accomandita per azioni se:**
   A. si ha interesse a mantenere il controllo della società
   B. si vuole godere di un trattamento fiscale più favorevole
   C. si vuole accedere al pubblico risparmio mediante l'emissione di obbligazioni
   D. si è l'unico socio

5. **La Società europea:**
   A. è costituita in forma di S.p.a. e prevede un organo di rappresentanza dei lavoratori
   B. svolge una funzione simile a quella del consorzio
   C. è una speciale società per azioni il cui scopo è sostenere lo sviluppo di start-up innovative
   D. è una società di persone ciascuna delle quali risiede in un diverso paese dell'Ue

Ma davvero?

Il diritto si affaccia nei discorsi di ogni giorno. A volte, però, a sproposito. Leggi e rifletti.

La tua amica Elisa ha già le idee chiare per il suo futuro: vuole laurearsi in ingegneria elettronica e lavorare nel campo delle biotecnologie. «Il mio sogno», ti dice, «è quello di creare una start-up innovativa: così potrò lavorare nel campo che amo e, se l'attività andrà bene come spero, godrò anche di sostanziosi dividendi!»

Elisa sembra sicura di ciò che dice. Ma davvero... otterrà buoni dividendi lavorando in una start-up innovativa?

430

LE SOCIETÀ DI CAPITALI

PERCORSO **H**
UNITÀ **6**

Bilancio, libri sociali, estinzione delle società di capitali

1. Quali criteri di bilancio si devono adottare per le società di capitali

Nelle società di capitali, come vedremo tra breve, la compilazione del bilancio deve seguire norme molto rigorose. E altrettanto rigorosi sono i controlli a cui deve essere sottoposto questo documento prima che ne venga deliberata l'approvazione.

Qual è la ragione di tante cautele?

La ragione è nel fatto che il bilancio è il documento riassuntivo nel quale è possibile leggere, nel modo più completo, le vicende della società e, in certa misura, prevederne il futuro.

▶ **Il bilancio può rivelare**:

- agli azionisti come è stata gestita l'impresa societaria (in perdita, con profitto, con quale profitto);
- ai creditori quanta fiducia accordare alla società;
- al fisco l'entità degli utili da sottoporre a imposta;
- ai risparmiatori la convenienza ad acquistare le azioni, le obbligazioni o altri strumenti finanziari della società.

Il Codice civile negli **artt. 2423-2435 *bis*** regola in modo minuzioso (secondo le indicazioni della IV direttiva comunitaria) la predisposizione e l'approvazione del bilancio della S.p.a. Le medesime norme sono applicabili, con poche varianti, anche alla S.r.l. e alla S.a.p.a.

Noi non entreremo nel merito di questa complessa normativa la cui analisi attiene di più alla Economia Aziendale e ci limiteremo a ricordare quanto segue.

▶ **Il documento di bilancio** deve essere articolato in tre parti che si integrano reciprocamente:

- lo *stato patrimoniale*;
- il *conto economico*;
- la *nota integrativa*.

PERCORSO H — LE SOCIETÀ DI CAPITALI

▶ **Lo stato patrimoniale** rappresenta la situazione patrimoniale e finanziaria della società.

Esso deve riportare:

- **all'attivo** il valore dei beni della società (impianti, macchinari, scorte di magazzino, ecc.) e dei crediti;

- **al passivo** il valore del capitale, delle riserve, degli ammortamenti, degli utili e dei debiti (verso le banche, verso i fornitori, verso gli obbligazionisti).

La differenza tra l'attivo e il passivo costituisce il patrimonio netto della società.

▶ **Il conto economico** espone analiticamente, in due diverse sezioni (dette anche *poste*), le voci dei ricavi e dei costi, per mostrare come si sono formati utili o perdite nell'esercizio.

▶ **La nota integrativa** ha una funzione complementare rispetto alle altre due parti. Essa, secondo quanto si legge nel lungo art. 2427 c.c., fornisce informazioni ulteriori rispetto a quelle desumibili dallo stato patrimoniale e dal conto economico, come la composizione interna delle singole voci, l'elenco delle partecipazioni, il numero medio dei dipendenti, i compensi degli amministratori e dei sindaci, il numero e il valore nominale di ciascuna categoria di azioni, il numero e il valore nominale delle obbligazioni convertibili, degli altri strumenti finanziari emessi e così via.

▶ **L'art. 2423 c.c.** stabilisce che il bilancio:

- deve essere redatto con chiarezza;

- deve essere veritiero;

- deve rappresentare in modo corretto la situazione patrimoniale e finanziaria della società e il risultato economico dell'esercizio.

La *veridicità* per il diritto civile e per il diritto tributario

Sulla *veridicità* del bilancio si apre una divaricazione tra le disposizioni del diritto civile e quelle del diritto tributario.

Tutto nasce dal fatto che la compilazione del bilancio di una grande società comporta delle valutazioni che difficilmente possono essere oggettive. Per esempio, nello stabilire il valore degli ammortamenti di alcuni macchinari si può ritenere che questi dovranno essere rinnovati ogni due anni (e allora l'accantonamento per ammortamenti sarà elevato) oppure ogni dieci anni (e allora sarà più basso). La stessa discrezionalità troviamo nella valutazione delle scorte di magazzino e in altre voci.

▶ **Per le norme di diritto civile** (che tendono soprattutto a tutelare i creditori) queste valutazioni vanno operate seguendo il *criterio della prudenza*. Ciò significa che gli amministratori non debbono cercare di sopravvalutare le

---

Oltre alla nota integrativa gli amministratori devono predisporre una **relazione sulla gestione** che non fa parte del bilancio vero e proprio, ma serve a fornire ai soci tutti gli elementi necessari (indicati nell'art. 2428 c.c.) per decidere sull'approvazione del bilancio.

La sottovalutazione dell'attivo e la sopravvalutazione del passivo servono (oltre che a evadere le imposte) anche a costituire **fondi neri** di cui neppure i soci sono a conoscenza e che possono servire agli amministratori per condurre speculazioni personali e altre operazioni al limite del lecito.

Bilancio, libri sociali, estinzione delle società di capitali **UNITÀ 6**

voci attive e sottovalutare le voci passive al fine di mostrare ai creditori e ai risparmiatori una situazione patrimoniale migliore di quanto sia realmente.

▶ **Per le norme di diritto tributario** (che hanno come obiettivo far pagare le imposte) valgono invece criteri diversi. Esse tendono a censurare ogni sopravvalutazione del passivo o sottovalutazione dell'attivo che si tradurrebbe in una diminuzione della base su cui calcolare il prelievo fiscale.

Tra questi due diversi modi di intendere la *veridicità* debbono muoversi gli estensori del bilancio. Questi debbono seguire le norme del Codice civile, ma se vi fosse una divaricazione con i risultati a cui conduce la normativa tributaria, dovranno allegare alla dichiarazione dei redditi un *rendiconto ai fini fiscali* dal quale risultino le ragioni che hanno determinato tale divergenza.

2. Predisposizione, controllo e approvazione del bilancio

La predisposizione e l'approvazione del bilancio della S.p.a. sono regolate in modo minuzioso dagli artt. 2423-2435 *bis* del Codice civile che recepiscono le indicazioni della IV direttiva comunitaria.
Le medesime norme sono applicabili, con poche varianti, anche alla S.r.l. e alla società in accomandita per azioni.

Il bilancio della S.p.a.

Il bilancio nella S.p.a. viene predisposto e approvato da organi diversi in funzione del tipo di *governo* che la società si è dato.

▶ **Se** il governo è di tipo **tradizionale** o **monistico** il bilancio viene predisposto dagli *amministratori* e presentato all'*assemblea ordinaria* per la discussione e l'approvazione.

▶ **Se** il governo è di tipo **dualistico**, il bilancio viene predisposto dal *consiglio di gestione* e approvato dal *consiglio di sorveglianza*, tranne che per la parte riguardante la distribuzione degli utili, che è riservata all'assemblea.
Tuttavia lo statuto può prevedere che in caso di mancata approvazione, o qualora lo richieda almeno un terzo dei componenti del *consiglio di gestione* o del *consiglio di sorveglianza*, la competenza per l'approvazione del bilancio di esercizio sia attribuita all'assemblea.

▶ **Prima dell'approvazione**, il bilancio deve essere sottoposto alla verifica dell'*organo di controllo* interno ed esterno. In particolare:

- se la società fa ricorso al mercato del capitale di rischio, il controllo esterno deve essere eseguito da una *società di revisione contabile*;

- se la società non fa ricorso al mercato del capitale di rischio, il controllo esterno può anche essere affidato a un *revisore unico* iscritto nell'apposito registro.

▶ **Entro trenta giorni** dall'approvazione, una copia del documento deve essere depositata presso l'Ufficio del registro delle imprese in modo che possa prenderne conoscenza chiunque vi abbia interesse (art. 2435 c.c.).

▶ **Un bilancio in forma abbreviata**, redatto con le semplificazioni contenute nell'art. 2435 *bis*, può essere utilizzato dalle **società per azioni non quotate** che per due esercizi consecutivi non hanno superato almeno di due terzi i parametri indicati nell'art. 2435 *bis* c.c. (attivo dello stato patrimoniale di 4.400.000 euro, ricavi 8.800.000 euro, 50 dipendenti occupati in media durante l'esercizio).

Il bilancio della S.r.l.

Il bilancio della S.r.l. è predisposto dagli amministratori e, se è presente, è verificato dall'organo di controllo (ricordiamo che tale organo non è più obbligatorio).

Il bilancio deve poi essere approvato dai soci i quali decideranno anche sulla distribuzione degli utili.

Entro trenta giorni dall'approvazione del bilancio, una copia del documento deve essere depositata presso l'Ufficio del registro delle imprese in modo che possa prenderne conoscenza chiunque vi abbia interesse (art. 2435 c.c.).

Un bilancio in forma abbreviata può essere utilizzato anche dalla S.r.l. alle stesse condizioni contemplate per le S.p.a. dall'art. 2435 *bis* c.c.

I principi IAS o IFRS

L'investitore che voglia acquistare importanti partecipazioni in società per azioni estere sicuramente vorrà anche prima informarsi sulla situazione patrimoniale delle società prescelte. Ma in questa operazione può essere scoraggiato dalla difficoltà di confrontare bilanci redatti sulla base di normative spesso molto diverse.

Per superare questa difficoltà e favorire gli investimenti al di fuori del proprio Paese, l'Unione europea ha recepito, con un importante regolamento (CE 1606/2002), una serie di principi contabili, già operanti sul piano internazionale, volti a uniformare le regole per la redazione dei bilanci. A tali principi, detti inizialmente **IAS** (*International Accounting Standards*) e poi mutati in **IFRS** (*International Financial Reporting Standards*) si sono ormai adeguate le legislazioni di tutti i Paesi dell'Unione.

Il *fair value* o valore equo

Uno dei più interessanti principi IAS è il ***fair value***. Per capire di che cosa si tratta e quanto sia importante, occorre considerare che le grandi società hanno spesso in portafoglio strumenti finanziari di altre società che vanno contabilizzati in bilancio. Ma i titoli mobiliari hanno quotazioni variabili e ciò rende problematico stabilire il valore da assegnare loro.

Recependo la direttiva comunitaria n. 65 del 2001, l'art. 2427 *bis* del Codice civile impone oggi alle società di fare riferimento, nella **nota integrativa** e nella **relazione sulla gestione**, al *fair value*, cioè al **valore equo** dei titoli, intendendosi con ciò il valore a questi attribuibile secondo i principi contabili internazionali adottati dall'Unione europea.

3. I libri sociali

Oltre alla tenuta delle scritture contabili imposte dalla legge a tutte le imprese commerciali (art. 2214 c.c.), l'art. 2421 c.c. dispone, per le **società di capitali**, la tenuta di alcuni specifici libri.

La società a responsabilità limitata (come abbiamo già visto nel Percorso G) deve tenere:

- il libro delle *decisioni dei soci* nel quale sono trascritti senza indugio sia i verbali delle assemblee che le decisioni adottate mediante consultazione scritta;
- il libro delle *decisioni degli amministratori*;
- il libro delle *decisioni del collegio sindacale* o *del revisore*.

Ricordiamo che per le S.r.l. il **libro dei soci** è stato eliminato a opera del d. lgs. n. 185/2008, convertito con legge n. 2/2009.

La società per azioni, dispone invece l'art. 2421 c.c., deve tenere:

- il **libro dei soci**, nel quale si deve indicare distintamente per ogni categoria il numero delle azioni, il nome dei titolari delle azioni nominative, i trasferimenti e i vincoli a esse relativi e i versamenti eseguiti;
- il **libro delle obbligazioni**, nel quale si deve indicare l'ammontare delle obbligazioni emesse e di quelle estinte, il nome dei titolari delle obbligazioni nominative e i trasferimenti e i vincoli a esse relativi;
- il **libro degli altri strumenti finanziari**, se sono stati emessi;
- i **libri delle adunanze e delle deliberazioni** delle assemblee dei soci e degli obbligazionisti, del consiglio di amministrazione o di gestione, del collegio sindacale (oppure del consiglio di sorveglianza o del comitato di controllo).

I soci della S.p.a. hanno la possibilità di esaminare:
- il *libro dei soci* nel quale è possibile verificare a chi appartengono le azioni della società;
- il *libro delle adunanze e delle deliberazioni delle assemblee* per prendere visione del contenuto delle deliberazioni effettuate.

La società in accomandita per azioni deve tenere i medesimi libri previsti per la S.p.a.

4. Lo scioglimento e la liquidazione delle società di capitali

▶ **Le società di capitali si sciolgono**:

- per deliberazione dell'assemblea, che decide di porre fine all'attività sociale;
- per le altre cause indicate nell'art. 2484 c.c.

Quando si verifica una causa di scioglimento della società, gli amministratori debbono limitarsi a compiere solo le operazioni idonee a conservare il patrimonio sociale. Se intraprendono iniziative diverse rispondono personalmente e solidalmente per i danni arrecati ai soci, ai creditori sociali e ai terzi.

▶ **Allo scioglimento della società segue la *liquidazione***, cioè la trasformazione dei suoi beni in *denaro liquido*, regolata dagli artt. 2484-2496 c.c.

Tra le cause di scioglimento della società, indicate dall'art. 2484 c.c., segnaliamo:
- il decorso del termine fissato nello statuto;
- il conseguimento dell'oggetto sociale;
- la riduzione del capitale sociale al di sotto del minimo legale.

▶ **I liquidatori**, nominati dall'assemblea (o se questa non vi provvede nominati dal Tribunale), subentrano agli amministratori e prendono in consegna i libri sociali.

La nomina dei liquidatori e la determinazione dei loro poteri devono essere iscritte, a loro cura, nel registro delle imprese.

▶ **Compito dei liquidatori** è:
- iniziare il procedimento di alienazione dei beni sociali e il pagamento dei vari creditori;
- predisporre il *bilancio finale* indicando la parte che spetta a ciascun socio dalla divisione dell'attivo residuo;
- depositare il bilancio presso l'Ufficio del registro delle imprese.

▶ **La cancellazione della società** dal registro delle imprese può avvenire solo dopo tre mesi dal deposito del bilancio se non vi sono contestazioni o reclami.

Dopo la cancellazione i creditori sociali che non si ritengano soddisfatti possono far valere i loro crediti nei confronti dei soci, ma solo fino a concorrenza delle somme da questi riscosse, essendo i soci, come sappiamo, protetti dallo scudo della responsabilità limitata.

▶ **I libri della società** (compiuta la liquidazione e la distribuzione dell'attivo) devono essere depositati e conservati per dieci anni presso l'Ufficio del registro delle imprese affinché chiunque possa esaminarli.

Riguardando gli appunti

6 — UNITÀ

1. Che cos'è il bilancio societario?

- Il bilancio è il documento riassuntivo nel quale è possibile leggere, nel modo più completo, le vicende della società.

2. Com'è articolato il bilancio delle società di capitali?

- Il bilancio deve essere articolato in tre parti che si integrano reciprocamente: lo stato patrimoniale, il conto economico, la nota integrativa.
- Lo *stato patrimoniale* rappresenta la situazione patrimoniale e finanziaria della società. La differenza tra attivo e passivo costituisce il *patrimonio netto* della società.
- Il *conto economico* espone analiticamente le voci dei ricavi e dei costi. La *nota integrativa* ha una funzione complementare rispetto alle altre due parti e precisa in modo più dettagliato il contenuto dello stato patrimoniale e del conto economico.
- L'art. 2423 c.c. stabilisce che il bilancio deve essere chiaro, veritiero e deve rappresentare correttamente la situazione della società e il risultato dell'esercizio.

3. Come viene approvato il bilancio delle S.p.a.?

- Se la S.p.a. ha un governo tradizionale o monistico, il bilancio viene predisposto dagli amministratori e approvato dall'assemblea; se ha un governo dualistico, il bilancio viene predisposto dal consiglio di gestione e approvato dal consiglio di sorveglianza, tranne per la parte relativa alla distribuzione degli utili che è riservata all'assemblea.
- Prima dell'approvazione, il bilancio deve essere sottoposto alla verifica di una società di revisione contabile o di un revisore unico iscritto nell'apposito registro.
- Entro trenta giorni dall'approvazione il bilancio deve essere depositato presso l'Ufficio del registro delle imprese.

4. Che cos'è il bilancio in forma abbreviata?

- Si tratta di un bilancio redatto in modo semplificato. Può essere utilizzato dalle S.p.a. non quotate che, per due esercizi consecutivi, non abbiano superato alcuni parametri stabiliti dalla legge.

5. Che cosa sono i libri sociali?

- I libri sociali sono scritture contabili imposte dalla legge alle società di capitali.
- La S.r.l. deve tenere: il libro delle decisioni dei soci, il libro delle decisioni degli amministratori e il libro delle decisioni del collegio sindacale o del revisore.
- La S.p.a. deve tenere: il libro dei soci, il libro delle obbligazioni, il libro degli altri strumenti finanziari (se sono stati emessi), il libro delle adunanze e delle deliberazioni delle assemblee dei soci e degli obbligazionisti, del consiglio di amministrazione o di gestione, del collegio sindacale (o del consiglio di sorveglianza o del comitato di controllo).

6. Come si sciolgono le società di capitali?

- Le società di capitali si sciolgono per deliberazione dell'assemblea o per le altre cause indicate nell'art. 2484 c.c.

7. Come avviene la liquidazione nelle società di capitali?

- Nella fase di liquidazione i beni della società vengono convertiti in denaro dai liquidatori che, nominati dall'assemblea, subentrano agli amministratori.
- I liquidatori si occupano di alienare i beni sociali, pagare i creditori, redigere il bilancio finale indicando la parte di attivo residuo spettante a ciascun socio, e infine depositare il bilancio presso il registro delle imprese.

8. Come avviene la cancellazione della società dal registro delle imprese?

- La cancellazione può avvenire solo dopo tre mesi dal deposito del bilancio, se non vi sono state contestazioni.
- I libri della società devono essere depositati e conservati per dieci anni presso il registro delle imprese.

Verifica le tue conoscenze

Completamento

Completa lo schema utilizzando le seguenti parole: *bilancio finale*; *registro delle imprese*; *deliberazione dell'assemblea*; *creditori*; *liquidatori*; *amministratori*; *conservare*; *beni sociali*; *assemblea*; *liquidazione*; *patrimonio*; *art. 2484 c.c.*

Test a risposta multipla

Indica con una crocetta l'affermazione esatta.

1. Prima dell'approvazione, il bilancio di una società quotata deve essere:
   A. sottoposto al controllo da parte del revisore unico, iscritto nell'apposito registro
   B. sottoposto al controllo esterno di una società di revisione contabile
   C. depositato presso l'Ufficio del registro delle imprese
   D. redatto in forma abbreviata per consentire ai soci di prenderne una rapida visione

2. Che cosa si intende per *fair value*?
   A. l'assegnazione di un pacchetto equo di azioni ai soci
   B. una forma semplificata di bilancio sociale
   C. il criterio prudenziale cui gli amministratori devono ispirarsi nel valutare le voci attive e passive
   D. il valore equo dei titoli secondo i principi contabili internazionali adottati dall'Ue

3. Che ruolo hanno i liquidatori?
   A. affiancano gli amministratori durante le operazioni di scioglimento della società
   B. durante la liquidazione subentrano agli amministratori e prendono in consegna i libri sociali
   C. sono incaricati di controllare dall'esterno il bilancio annuale della società
   D. devono limitarsi alle operazioni di ordinaria amministrazione, senza alienare i beni sociali

4. La cancellazione della società dal registro delle imprese avviene:
   A. all'atto del deposito del bilancio redatto dai liquidatori presso il registro delle imprese
   B. dopo un anno dal deposito del bilancio redatto dai liquidatori
   C. dopo tre mesi dal deposito del bilancio, sempre che non vi siano contestazioni o reclami
   D. dopo che tutti i creditori hanno dato il loro consenso alla cancellazione

Ma davvero?

Il diritto si affaccia nei discorsi di ogni giorno. A volte, però, a sproposito. Leggi e rifletti.

La Omega S.p.a. è in fase di liquidazione. I soci sono molto provati perché le procedure di scioglimento e di liquidazione si sono rivelate piuttosto travagliate. Al termine dell'ennesima discussione, uno dei soci dà voce alla stanchezza di tutti esclamando: «Quando finalmente avremo pagato l'ultimo debito e diviso tra noi l'attivo che rimarrà, bruceremo i libri sociali!»

Il socio della Omega S.p.a. sembra sicuro di ciò che dice. Ma davvero... lui e gli altri soci potranno compiere questo gesto liberatorio?

LE SOCIETÀ DI CAPITALI

I gruppi societari e l'investimento mobiliare

PERCORSO H
UNITÀ 7

1. Come si forma un gruppo

Sono socio di una S.p.a. nata per gestire un porto turistico in Liguria. Gli affari andavano bene e abbiamo acquistato altri dieci porticcioli nei punti migliori della costa. Da qualche anno però, due di queste strutture registrano rilevanti perdite e ciò rischia di compromettere la solidità finanziaria della società. Che cosa possiamo fare?

Diciamo subito che nessun imprenditore accorto avrebbe gestito più imprese (considerando un'impresa ciascun porticciolo) con un'unica società. E ciò proprio per evitare che il dissesto di una impresa possa ripercuotersi sulle altre.

Più prudente sarebbe stato creare una società per ogni porto in modo che ciascuna rispondesse di eventuali perdite solo con il proprio patrimonio senza coinvolgere le altre.

E per controllare tutto il *gruppo* sarebbe stato sufficiente che la prima società detenesse il pacchetto azionario di maggioranza di tutte le altre.

Oppure, operando in modo più elegante, si poteva costituire una *società finanziaria*, per esempio la "Finnautica S.p.a.", alla quale assegnare il pacchetto azionario di maggioranza delle altre società.

Anche in questo caso, controllando la *finanziaria* si sarebbe controllato l'intero *gruppo*.

In linea generale, se l'attività societaria è molto ampia e investe diverse realtà produttive, è conveniente operare un frazionamento del rischio costituendo un *gruppo societario* con a capo una *società madre* detta anche *capogruppo* o *holding*.

Se poi si volesse estendere l'attività all'estero, si potrebbero costituire, nei diversi Paesi, altre società controllate dalla stessa *holding*, ciascuna delle quali risponderebbe di eventuali perdite solo con il patrimonio di cui è stata dotata e mai con quello della *capogruppo*.

Il gruppo può essere organizzato in modi diversi. Per esempio secondo una struttura *piramidale* in cui la società A controlla (possedendone il pacchetto azionario di maggioranza) le società B e C le quali, rispettivamente, controllano le società D, E, F e G, H, I.

Oppure secondo una struttura a *stella* in cui la società A controlla le società B, C, D, E, F, G, e così via.

La società controllata, stabilisce l'art. 2497 *bis* c.c., deve indicare il nome della *controllante* in un'apposita clausola dell'atto costitutivo e nella corrispondenza, al fine di rendere noto a tutti il rapporto di dipendenza.

La capogruppo o *holding* si dice:

- *pura* se si limita soltanto a gestire il pacchetto azionario delle società controllate;
- *mista* se esercita attività d'impresa e in più gestisce il pacchetto azionario delle società controllate.

 In quali casi può dirsi che una società ne controlla un'altra?

La società, secondo quanto dispone l'art. 2359 c.c., **assume una posizione di controllo**:

- se dispone della maggioranza dei voti nell'assemblea ordinaria della società controllata;
- se, pur non disponendo della maggioranza dei voti, possiede azioni sufficienti per esercitare un'*influenza dominante* nell'assemblea ordinaria della società controllata;
- se esercita un'*influenza dominante* in virtù di particolari vincoli contrattuali con la società controllata.

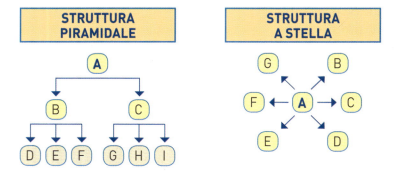

2. Il "lato oscuro" dei gruppi societari

La costituzione di gruppi societari consente, come abbiamo visto, il frazionamento del rischio, ma favorisce anche l'attuazione di strategie finanziarie al limite del lecito.

I profitti, come in un gioco di carte, possono essere rapidamente spostati da una società all'altra, in modo che si fondano, si confondano e nessuno sappia più dove sono finiti. Tranne, ovviamente, colui che conduce il gioco. Vediamo una semplificazione di questo scorretto, ma non raro, modo di operare.

Immaginiamo che una società del nostro gruppo, per esempio "La migliore S.p.a.", registri un forte attivo. Come evitare di pagare l'imposta corrispondente?

Per esempio potremmo disporre che questa società commissioni alcuni servizi (per un prezzo che immaginiamo possa essere molto elevato) a un'altra società del gruppo (per esempio "La peggiore S.p.a.") che registra un passivo di bilancio. Si ottengono così due importanti risultati:

- dal bilancio della società in attivo scompare l'utile, in quanto viene impiegato per pagare i suddetti servizi, e con esso scompare l'obbligo di pagare le imposte;
- dal bilancio della società che era in deficit scompare la perdita, ripianata dal pagamento che riceve da "La migliore S.p.a.", e scompare, con essa, l'imbarazzo di presentare ai soci di minoranza e ai creditori un bilancio in passivo.

Non c'è chi non veda come questa operazione, che reca sicuro vantaggio alla società capogruppo:

- impedisca ai soci della società in attivo di percepire, in tutto o in parte, i dividendi a cui avrebbero diritto;
- inganni i creditori della società in deficit presentando loro i risultati di un bilancio in pareggio.

Le stesse operazioni possono essere condotte, a un livello più alto, facendo ricorso ai cosiddetti *paradisi fiscali*.

Immaginiamo che faccia parte del nostro *gruppo* una società, la "Estera S.p.a.", che abbiamo strategicamente costituito in uno dei Paesi dove gli utili non vengono tassati (detti per questo *paradisi fiscali*). Questa società potrebbe concedere prestiti fittizi o svolgere improbabili servizi di mediazione in favore delle altre società del gruppo che registrano un attivo di bilancio. In tal modo i profitti di queste ultime fluiranno, sotto forma di pagamenti, nelle casse della "Estera S.p.a." che potrà registrarli, esenti da imposte, nel proprio bilancio.

Il bilancio consolidato

Nel tentativo di portare allo scoperto strategie simili a quelle che abbiamo sopra descritto, il d.lgs. n. 127 del 1991 ha imposto alle società che controllano altre società di redigere, oltre al proprio bilancio di esercizio, anche un *bilancio consolidato* del gruppo.

==Il bilancio consolidato rappresenta, in un unico documento, la situazione patrimoniale e finanziaria e il risultato economico della società *controllante* e delle società *controllate*.==

 È sufficiente l'imposizione di un bilancio consolidato per eliminare manovre occulte?

La risposta purtroppo è negativa. Questo documento ha valore prevalentemente informativo e non comporta una rideterminazione degli utili risultanti dai bilanci delle diverse società.

L'aggettivo *consolidato* viene utilizzato, in questa espressione, con il significato di riunito, raccolto. Come in natura un corpo *solido* riunisce, compatta, consolida, la materia di cui è composto, così il bilancio *consolidato* riunisce e compatta i dati dei diversi bilanci.

Società controllate con capitale irrisorio

Può accadere (e spesso accade) che le società controllate vengano dotate del solo capitale minimo richiesto dalla legge anche se il loro volume di affari è molto elevato. Perché?

Perché, in tal modo, se i loro affari andassero male, la società controllante perderebbe solo il capitale minimo che ha conferito nella controllata.

Tuttavia questa strategia, sebbene comprensibile, solleva un interrogativo: quali fornitori, quali clienti, quali banche concederanno credito a una società con un capitale irrisorio?

Per capire il senso di questa strategia occorre considerare che non tutti i creditori si trovano sullo stesso piano. Per esempio, i lavoratori ai quali sarà offerto un impiego non staranno certo a domandarsi a quanto ammonta il capitale sociale. Né lo faranno le piccole imprese a cui la società affiderà le sue commesse, né i piccoli fornitori, né gli agenti e così via.

Tutti questi soggetti accetteranno il rischio di lavorare per una società dotata di un piccolo capitale, fidando nel fatto che fa parte di un importante *gruppo*.

Diverso è il discorso per i grandi creditori, come le banche. Per costoro lo scudo della *responsabilità limitata* della S.p.a. generalmente viene sollevato. Come?

Per esempio attraverso una *fideiussione* con la quale la società *capogruppo*, dotata di un consistente capitale, garantisce i debiti della società controllata. Con tale strategia i grandi creditori sono al sicuro e solo sui piccoli graverà il rischio per una eventuale insolvenza della società.

Le partecipazioni incrociate

Anche la possibilità che una società del gruppo acquisti azioni della capogruppo può favorire operazioni poco limpide. Vediamo, in concreto, che cosa potrebbe accadere.

Immaginiamo di aver costituito, con pochi amici, la «*Finvacanze S.p.a.*» conferendole un capitale sociale di un milione di euro.

Questa utilizza immediatamente il milione per costituire il capitale della «*Vacanze in Toscana S.p.a.*» della quale verrà così a possedere l'intero pacchetto azionario.

Ora supponiamo che la «*Vacanze in Toscana*» impieghi tutto il suo capitale per acquistare sul mercato (cioè, in pratica, da noi e dai nostri amici) tutte le azioni della «*Finvacanze*».

Vediamo che cosa hanno prodotto queste operazioni:

- la «*Vacanze in Toscana*» ha restituito, a noi e ai nostri amici, il milione che inizialmente avevamo versato per costituire la «*Finvacanze*» e le due società si trovano a operare sul mercato con un capitale dichiarato di un milione di euro ciascuna;

- ma in caso di fallimento i creditori troverebbero nelle casse dell'una soltanto azioni dell'altra e viceversa; cioè null'altro che carta.

Naturalmente si tratta di un esempio estremo, ma utile a capire come l'acquisto reciproco di azioni effettuato con il capitale sociale comporti un annullamento totale o parziale del capitale stesso. Per tale ragione il primo comma dell'art. **2359 bis** stabilisce che:

▶ **la società controllata** può acquistare azioni della controllante *solo* con gli utili o con le riserve disponibili facendo salvo il capitale sociale.

La responsabilità della società controllante

Essere soci di una piccola società che fa parte di un grande gruppo è sicuramente vantaggioso se la holding opera per favorire lo sviluppo di tutte le società del gruppo. Ma potrebbe anche non essere così: una holding potrebbe decidere, in un dato momento, di sacrificare gli interessi di una società che, per esempio, opera in Italia per favorire quelli di altre società che operano in altri Paesi. Che fare in questi casi?
L'art. 2497 consente ai soci e ai creditori della società controllata di promuovere davanti al giudice un'azione di responsabilità contro la società controllante se possono provare che questa li ha danneggiati agendo in violazione dei principi di corretta gestione societaria. Si tratta, come si può intuire, di un'azione molto complessa e, il più delle volte, scoraggiante.

La pubblicità

Per le ragioni che abbiamo sopra esposto è importante che i soci e i creditori sociali sappiano, quanto meno, che la società di cui fanno parte o a cui hanno concesso credito non opera in modo del tutto indipendente ma è controllata da un'altra società che potrebbe subordinarne l'attività a interessi diversi. Per tale ragione l'**art. 2497 bis** stabilisce che venga dato a questo rapporto adeguata pubblicità.

▶ **La società controllata**, dispone la norma, deve indicare negli atti e nella corrispondenza, nonché in apposita clausola dell'atto costitutivo, i dati della società controllante.

Presso il registro delle imprese è istituita un'apposita sezione nella quale sono indicati i soggetti che esercitano attività di direzione e coordinamento e le società che vi sono soggette. Gli amministratori che non provvedano ad attuare la prescritta pubblicità sono responsabili dei danni che la mancata conoscenza di tali fatti abbia recato ai soci e ai terzi.

Il diritto di recesso

Che cosa può fare il socio che veda con sfavore la sua società entrare sotto il controllo di un'altra?

Al socio è consentito di recedere dalla società chiedendo la liquidazione delle proprie azioni nelle ipotesi previste dall'**art. 2497 *quater***. Vi rientrano i casi in cui:

- la società *controllante* abbia deliberato una modifica dell'oggetto sociale consentendo l'esercizio di attività che alterino in modo sensibile e diretto le condizioni economiche e patrimoniali della società controllata;
- la società *controllante* sia stata condannata in favore del socio recedente per aver pregiudicato il suo diritto all'utile e alla valorizzazione della partecipazione sociale.

3. Come operano le imprese multinazionali

Imprese multinazionali sono chiamate le imprese che organizzano la loro produzione in due o più Paesi.

La formula più impiegata è quella del **gruppo societario**.
La società madre (o *holding*) acquista o fonda in Paesi stranieri altre imprese in forma societaria (dette filiali o partecipate) delle quali mantiene il controllo azionario.

Per quali ragioni una grande impresa decide di acquistare o fondare altre imprese all'estero?

Le ragioni possibili sono molte ma le più comuni sono sostanzialmente due:

- penetrare più facilmente i mercati stranieri;
- abbattere i costi di produzione.

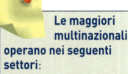

Le maggiori multinazionali operano nei seguenti settori:
- produzione di automobili;
- raffinazione del petrolio;
- elettronica di consumo;
- servizi bancari, finanziari e assicurativi;
- commercio all'ingrosso.

La penetrazione commerciale

Da quando, soprattutto a partire dalla seconda metà del Novecento, è diventato patrimonio culturale comune che la libera concorrenza sia la chiave dello sviluppo economico, si sono create nel mondo ampie aree, comprendenti più Paesi, all'interno delle quali merci, servizi e capitali possono circolare senza dover sopportare l'imposizione di dazi alle frontiere o altre limitazioni. L'Unione europea, per esempio, oltre a essere un grande progetto politico, è anche un'area di libero scambio. E altre aree sono quelle che uniscono Canada, Stati Uniti e Messico, oppure Argentina, Brasile, Paraguay e Uruguay e così via.

All'interno di queste aree, come dicevamo, circolano ormai liberamente merci, servizi e capitali. Ma chi voglia esportare fuori della propria area deve ancora sopportare le limitazioni imposte dal Paese importatore e generalmente contrattate con accordi tra Governi.

Pertanto, se un'impresa, poniamo italiana, volesse esportare i propri prodotti in un Paese non facente parte dell'Unione europea, dovrebbe rispettare tali limitazioni.

I gruppi societari e l'investimento mobiliare UNITÀ 7

Ma se trasferisse in quel Paese parte della propria attività produttiva, non sarebbe più qualificata come *straniera* e potrebbe espandersi liberamente su quel mercato.

La penetrazione di mercati stranieri è una delle ragioni per le quali l'impresa diventa *multinazionale*.

Le grandi multinazionali sono circa 35 mila, con 147 mila filiali sparse in tutto il mondo, 65 milioni di dipendenti e un fatturato pari alla metà del prodotto della ricchezza mondiale.

La riduzione dei costi di produzione

Ci sono vaste aree del globo in cui sono poco sviluppate sia l'economia sia la democrazia. Solitamente in questi Paesi:

- il costo del lavoro è molto basso;
- i sindacati hanno scarso potere;
- vi è maggiore libertà di licenziamento;
- le norme sulla sicurezza del lavoro, sulla salute in fabbrica e sulla difesa dell'ambiente sono molto permissive e soprattutto più facilmente aggirabili.

Tutto ciò rende molto conveniente per le grandi multinazionali dislocare parte della produzione nei cosiddetti *Paesi in via di sviluppo*.

4. Le offerte pubbliche di acquisto (Opa)

Ho un consistente pacchetto azionario di una grande S.p.a. che opera nel settore delle crociere. Ho appena saputo che l'azionista di maggioranza ha ceduto privatamente il proprio pacchetto a uno sconosciuto finanziere, e ciò mi preoccupa. Se costui fosse un raider di Borsa, che acquista e vende società solo per condurre speculazioni, i miei risparmi e quelli degli altri azionisti e obbligazionisti sarebbero a rischio. C'è nulla che possiamo fare?

In linea generale, quando cambia l'assetto proprietario, gli azionisti di minoranza che abbiano ragioni di scontento possono vendere le proprie azioni e uscire dalla società. Tuttavia non c'è dubbio che, se tutti vendessero nello stesso momento, il prezzo dei titoli scenderebbe e qualcuno potrebbe rimetterci molto denaro.

C'è poi un'altra questione da considerare.
Molto probabilmente nella trattativa riservata l'azionista di maggioranza avrà venduto le sue azioni a un prezzo superiore alla loro quotazione di Borsa. Ciò perché un pacchetto di maggioranza non è solo un insieme di azioni. È, anche e soprattutto, la chiave per assumere il controllo della società, e chi vende il controllo di una società solitamente pretende un *surplus*, chiamato *premio di maggioranza*.
Ma così operando accade che azioni del medesimo tipo assumano un valore diverso se negoziate riservatamente dai grandi azionisti o negoziate in Borsa da piccoli azionisti. E ciò non pare giusto.

445

PERCORSO H LE SOCIETÀ DI CAPITALI

Le offerte pubbliche di acquisto o vendita sono obbligatorie solo per le società i cui titoli sono ammessi alla negoziazione sui mercati regolamentati.

L'obbligo di lanciare l'Opa sussiste solo per l'acquisto di azioni che attribuiscono diritto di voto nelle deliberazioni assembleari riguardanti nomina o revoca degli amministratori o del consiglio di sorveglianza. Non sussiste invece per altri tipi di azione.

Per un corretto funzionamento del mercato finanziario la legge n. 149 del 1992 ha introdotto l'obbligo di condurre *pubblicamente* gli acquisti di rilevanti proporzioni di titoli di una medesima società quotata. Come? Lanciando un'*offerta pubblica di acquisto*, detta Opa.

==L'Opa è un'offerta di acquisto che un soggetto pubblicamente rivolge a chiunque intenda vendere (a un prezzo prestabilito) titoli di una determinata società *quotata* sui mercati regolamentati.==

Coloro che effettuano un'offerta pubblica di acquisto o di scambio, dispone l'art. 102 del *Testo unico sull'intermediazione finanziaria*, debbono darne preventiva comunicazione alla Consob, allegando un documento, destinato alla pubblicazione, contenente le informazioni necessarie per consentire ai destinatari di pervenire a un fondato giudizio sull'offerta.

I tipi di Opa previsti dagli artt. 105-112 del *Testo unico sull'intermediazione finanziaria* sono tre: l'Opa totalitaria, l'Opa preventiva e l'Opa residuale.

L'Opa totalitaria

Dispone l'art. 106, comma 1 del *Testo unico sull'intermediazione finanziaria* che chiunque, a seguito di acquisti a titolo oneroso, venga a detenere una partecipazione superiore al 30% in una società *quotata sui mercati regolamentati* deve promuovere un'offerta pubblica di acquisto sulla **totalità** dei titoli della società in questione.

Ciò significa che chi vuole acquistare una rilevante partecipazione azionaria in una società *quotata* deve disporsi ad acquistare non soltanto le azioni di cui ritiene di aver bisogno, ma tutte quelle che i soci vorranno vendere.

La ragione della norma è:

- rendere trasparenti le grandi operazioni finanziarie;
- consentire ai soci che non nutrono fiducia nel nuovo azionista di maggioranza di uscire dalla società a condizioni soddisfacenti.

Perché lanciare l'Opa totalitaria è obbligatorio solo se si supera la soglia del 30%?

Se più soggetti sono interessati ad acquisire il controllo della medesima società ciascuno può aumentare il prezzo di acquisto delle azioni in modo da sottrarle al concorrente. Il numero dei *rilanci* effettuabili è senza limiti.

L'Opa totalitaria ha un rovescio, come tutte le medaglie. E il rovescio consiste nel fatto che essa limita fortemente il ricambio ai vertici societari poiché consente di intraprendere scalate solo a chi dispone di risorse sufficienti per acquistare *tutti* i titoli che verranno offerti. E il ricambio dei vertici societari non è detto che sia un fatto negativo. Al contrario, se viene garantita la trasparenza delle operazioni e viene offerta sufficiente garanzia agli azionisti di minoranza, l'ingresso in società di nuove energie può costituire un evento positivo.

Imponendo l'Opa totalitaria solo per acquisti superiori al 30%, l'ordinamento agevola le scalate alle società il cui capitale di comando sia inferiore a tale quota.

446

I gruppi societari e l'investimento mobiliare

QUESTIONI

Le difese contro le scalate societarie

Se un finanziere volesse dare la scalata alla società di cui siamo azionisti di maggioranza e amministratori, potremmo impiegare le risorse della società per difendere la nostra posizione?
La risposta è chiaramente negativa. L'art. 104 del *Testo unico sull'intermediazione finanziaria* consente agli amministratori della società bersaglio di attuare una strategia difensiva solo se questa viene autorizzata dall'assemblea con il voto favorevole di tanti soci che rappresentino almeno il 30% del capitale sociale.

L'Opa preventiva e residuale

In presenza di particolari condizioni indicate dall'art. 107 del *Testo unico sull'intermediazione finanziaria*, chi intenda scalare una società può evitare l'onere di un'*Opa totalitaria* lanciando un'*Opa preventiva*.

L'Opa preventiva è l'offerta con la quale un soggetto si impegna ad acquistare azioni ordinarie in misura almeno pari al 60% del totale.
Si tratta, in buona sostanza, di un modo per consentire (ove ricorrano i presupposti di legge) un ricambio nel controllo delle società anche a chi non ha la forza economica per lanciare un'Opa totalitaria.

L'Opa residuale, invece, diventa obbligatoria quando un soggetto si trovi a detenere una partecipazione azionaria superiore al 90%. In questo caso, stabilisce l'art. 108, comma 2 del medesimo *Testo unico*, egli ha l'obbligo di promuovere un'Opa con la quale si offre di acquistare la quota residua di azioni con diritto di voto.
In alternativa può decidere di vendere parte delle proprie azioni in modo da ripristinare un capitale *flottante* sufficiente ad assicurare il regolare svolgimento delle negoziazioni.

L'offerta pubblica può avere a oggetto non solo l'acquisto di titoli, ma anche lo scambio di titoli.

5. Le offerte pubbliche di vendita (Opv)

Abbiamo visto che chi vuole *acquistare* partecipazioni azionarie rilevanti deve farlo attraverso un'Opa. Dobbiamo ora chiederci che cosa deve fare chi vuole *vendere* pacchetti azionari rilevanti.
L'offerta in sottoscrizione dei titoli azionari e obbligazionari di nuova emissione o l'offerta in vendita di titoli già circolanti nel mercato è regolata dagli artt. 94-101 del *Testo unico sull'intermediazione finanziaria*.

In generale, secondo quanto dispone la legge, chi intende sollecitare gli investitori all'acquisto di propri *prodotti finanziari* deve darne preventiva comunicazione alla Consob, allegando un prospetto destinato alla pubblicazione. Il prospetto deve contenere le informazioni necessarie affinché gli investitori possano pervenire a un fondato giudizio sulla situazione patrimoniale, economica e finanziaria dell'emittente nonché sui prodotti finanziari e sui diritti che questi attribuiscono.

OFFERTE PUBBLICHE
- Di acquisto (Opa)
- Di vendita (Opv)

447

UNITÀ 7 — Riguardando gli appunti

1. Che cos'è un gruppo societario?

- Il gruppo societario è un insieme di società che fa capo a una società madre detta anche capogruppo o *holding*.
- La capogruppo si dice *pura* se si limita a gestire il pacchetto azionario delle società controllate; *mista* se esercita anche attività di impresa.

2. In quali casi si può dire che una società ne controlla un'altra?

- Una società assume una posizione di controllo se dispone della maggioranza dei voti nell'assemblea ordinaria della controllata, oppure se possiede azioni sufficienti per esercitare un'influenza dominante nell'assemblea, o ancora se ha un'influenza dominante in virtù di particolari vincoli contrattuali con la controllata.

3. Che cos'è il bilancio consolidato?

- Il bilancio consolidato rappresenta, in un unico documento, la situazione patrimoniale e finanziaria della società controllante e delle società controllate.

4. Quali sono le principali regole sulle partecipazioni incrociate?

- La società controllata può acquistare azioni della controllante solo con utili o riserve disponibili facendo salvo il capitale sociale, e non può utilizzare le azioni acquistate per partecipare all'assemblea della controllante.

5. Che cos'è l'Opa?

- L'Opa (offerta pubblica di acquisto) è un'offerta di acquisto a un prezzo prestabilito che un soggetto rivolge pubblicamente a chiunque intenda vendere titoli di una determinata società quotata su mercati regolamentati.
- Chi effettua un'Opa ne deve dare previa comunicazione alla Consob e allegare un prospetto destinato alla pubblicazione.

6. Quali tipi di Opa esistono?

- Si ha un'Opa *totalitaria* quando un soggetto, a seguito di acquisti a titolo oneroso, viene a detenere una partecipazione superiore al 30% in una società quotata: in tal caso è tenuto a promuovere un'offerta pubblica di acquisto sulla totalità dei titoli della società in questione.
- L'Opa *preventiva* è l'offerta con cui un soggetto si impegna ad acquistare azioni ordinarie in misura almeno pari al 60% del totale.
- L'Opa *residuale* diventa obbligatoria quando un soggetto detiene una partecipazione azionaria superiore al 90%: in tal caso è tenuto a promuovere un'Opa con la quale si offre di acquistare la quota residua di azioni con diritto di voto (in alternativa, può vendere parte delle proprie azioni).

7. Che cosa sono le Opv?

- Le Opv (offerte pubbliche di vendita) sono utilizzate per invitare gli investitori all'acquisto di propri prodotti finanziari. Prima di lanciare un'Opv occorre darne comunicazione alla Consob, allegando un prospetto informativo destinato alla pubblicazione.

8. Quali sono i principali reati societari?

- L'*insider trading* consiste in una speculazione operata da chi possiede informazioni privilegiate.
- Le *false comunicazioni sociali* consistono nel riportare, nel bilancio o nelle altre comunicazioni sociali previste dalla legge, fatti non veri o tali da indurre in errore i soci e il pubblico sulla situazione della società, al fine di ricavare un ingiusto profitto per sé o per altri.
- L'*aggiotaggio* consiste nella divulgazione di notizie false, esagerate o tendenziose, o nel porre in essere operazioni simulate o altri artifici idonei a provocare una sensibile alterazione del prezzo dei titoli.

Verifica le tue conoscenze

UNITÀ 7

Completamento

Completa lo schema utilizzando le seguenti parole: *totalitaria*; *acquisto*; *Consob*; *preventiva*; *obbligatorie*; *quotate*; *residuale*; *Opv*.

Test a risposta multipla

Indica con una crocetta l'affermazione esatta.

1. **Il bilancio consolidato rappresenta la situazione economico-finanziaria e il risultato economico:**
   A. consolidatosi nel corso del tempo
   B. della società capogruppo
   C. delle società che hanno partecipazioni incrociate all'interno del gruppo
   D. della società controllante e delle società controllate

2. **I gruppi societari consistono in:**
   A. imprese multinazionali
   B. un gruppo di soci che detengono le azioni di più società
   C. un insieme di holding
   D. una holding con le relative società controllate

3. **L'Opa totalitaria deve essere obbligatoriamente lanciata da chi possiede:**
   A. la totalità delle azioni ordinarie della società
   B. più del 30% delle azioni ordinarie
   C. più del 60% delle azioni ordinarie
   D. la totalità delle obbligazioni

4. **L'offerta con la quale un soggetto si impegna ad acquistare azioni ordinarie in misura pari ad almeno il 60% del totale è detta:**
   A. Opa totalitaria
   B. Opa residuale
   C. Opa preventiva
   D. Opv

5. **Chi abusa di informazioni privilegiate per compiere speculazioni commette il resto di:**
   A. insider trading
   B. aggiotaggio
   C. manipolazione del mercato
   D. false comunicazioni sociali

Ma davvero?

Il diritto si affaccia nei discorsi di ogni giorno. A volte, però, a sproposito. Leggi questa scena e prova a riflettere.

Sei a tavola con la tua famiglia quando il telegiornale annuncia che il discusso imprenditore Furbi è stato indagato per false comunicazioni sociali. Tua madre fa spallucce: secondo lei la farà franca anche stavolta. Ma tuo padre interviene: «Ti sbagli! Hanno detto che il bilancio è stato manipolato, su questo non ci sono dubbi. A questo punto, verrà condannato per forza!»

Tuo padre sembra sicuro di ciò che dice. Ma davvero... è sufficiente dimostrare che il bilancio è stato alterato per far scattare la condanna?

449

PERCORSO H
LE SOCIETÀ DI CAPITALI

UNITÀ 8
Trasformazione, fusione e scissione della società

1. Come si trasforma una società

Sono socio di una S.n.c. che ha espanso notevolmente il proprio volume di affari ma ha anche aumentato l'esposizione debitoria e i rischi a essa connessi. Mi sentirei molto più tranquillo se la società fosse una S.r.l.

In generale (e nel rispetto delle norme poste a garanzia dei creditori sociali) tutte le società, già costituite e operanti, possono essere *trasformate* in società di altro tipo. Si può trasformare:

- una società in nome collettivo in società in accomandita semplice, in società a responsabilità limitata, in società per azioni o in accomandita per azioni,
- oppure si può seguire il percorso inverso
- e si possono anche trasformare società cooperative in società *lucrative*, come vedremo meglio nell'Unità 9.

La trasformazione deve risultare da un atto pubblico contenente le indicazioni previste dalla legge per la costituzione del tipo di società che si adotta. Per esempio se volessimo trasformare la nostra S.n.c. in S.p.a. dovremmo porvi tutte le indicazioni che la legge richiede per la costituzione di una S.p.a. L'atto deve essere poi reso pubblico mediante iscrizione nel registro delle imprese.

2. Come trasformare la società di persone in società di capitali

Salvo diversa disposizione del contratto sociale, la trasformazione da società di persone a società di capitali, in base a quanto stabilisce l'art. 2500 *ter*:

- deve essere approvata dalla maggioranza dei soci determinata secondo la parte attribuita a ciascuno negli utili;
- il patrimonio della vecchia società diventerà il capitale della nuova;
- ai soci che hanno espresso parere contrario spetta il diritto di recesso.

Nella nuova società, aggiunge l'art. 2500 *quater*, ciascun socio avrà diritto all'assegnazione di un numero di *azioni* o di *quote* proporzionale alla partecipazione posseduta nella vecchia società.

450

Trasformazione, fusione e scissione della società   UNITÀ 8

 Alcuni amici e io abbiamo costituito una S.n.c. che ha cumulato debiti per 200 mila euro. Per mettere i nostri patrimoni personali al riparo da eventuali azioni esecutive, potremmo trasformare la nostra S.n.c. in una S.r.l con capitale di soli 20 mila euro?

Per prevenire questo e altri simili comportamenti fraudolenti l'art. 2500 *quinquies* dispone che:

==la trasformazione non libera i soci illimitatamente responsabili dalla responsabilità per le obbligazioni sociali sorte prima della registrazione dell'atto, se non risulta che i creditori hanno dato il loro consenso alla trasformazione.==

I creditori potrebbero dare il loro consenso se il capitale assegnato alla nuova società offrisse una garanzia superiore, o almeno uguale, a quella offerta dalla vecchia società.

In ogni caso il consenso dei creditori *si presume* se questi non lo hanno espressamente negato entro sessanta giorni dal ricevimento della comunicazione con cui venivano informati della trasformazione in atto.

3. Come trasformare la società di capitali in società di persone

Questo tipo di passaggio, a differenza del precedente, non crea alcun rischio per i creditori sociali perché per essi alla garanzia costituita dal patrimonio sociale *si aggiunge* quella offerta dal patrimonio personale dei soci.

Salvo diversa disposizione dell'atto costitutivo, stabilisce l'art. 2500 *sexies*, la deliberazione della trasformazione di una società di capitali in società di persone è adottata dall'assemblea con la maggioranza prevista per le modifiche dello statuto.

Ciascun socio ha diritto all'assegnazione di una partecipazione proporzionale al valore della sua *quota* o delle sue *azioni*.

I soci che con la trasformazione assumono responsabilità illimitata rispondono illimitatamente anche per le obbligazioni sociali sorte anteriormente alla trasformazione.

4. La fusione tra più società

==La fusione è il procedimento mediante il quale due o più società si trasformano in una sola.==

▶ **Può eseguirsi la fusione** di più società (art. 2501 c.c.):
- mediante la costituzione di *nuova società* che assorbe le altre (fusione in senso stretto);
- oppure (è l'ipotesi più frequente) mediante l'incorporazione di una o più società in un'altra più grande detta *incorporante* (fusione per incorporazione).

PERCORSO H — LE SOCIETÀ DI CAPITALI

Può accadere che la fusione produca gruppi talmente forti da assumere una posizione dominante sul mercato. In questo caso se l'Autorità garante ravvisa una violazione delle norme sulla concorrenza può sospendere o vietare la fusione.

▶ **Gli effetti** provocati in entrambi i casi dalla fusione possono essere così riassunti:

- i soci delle società partecipanti alla fusione entrano a far parte della nuova società o della società incorporante;
- i patrimoni delle società interessate all'operazione si fondono;
- la nuova società o la società incorporante, stabilisce l'art. 2504 *bis*, assumono i diritti e gli obblighi delle società estinte.

Tali effetti possono determinare qualche problema. Consideriamo due ipotesi.

Come prima ipotesi immaginiamo di possedere il 12% delle azioni di una società e supponiamo che questa venga incorporata da un'altra che denuncia un patrimonio doppio. Secondo un semplice calcolo aritmetico la nostra partecipazione alla nuova società dovrebbe scendere al 4%. E fin qui è tutto regolare. Ma siamo sicuri che il *rapporto di cambio* tra i patrimoni sia realmente di due a uno e che non vi sia stata una sottovalutazione del patrimonio della nostra società? La questione è di grande rilevanza perché se il rapporto reale di cambio fosse, ad esempio, uno a uno, la nostra partecipazione nella nuova società salirebbe al 6%.

Come seconda ipotesi immaginiamo di non essere soci ma creditori di una società alla quale abbiamo concesso un considerevole prestito fidando sul suo cospicuo patrimonio sociale. E supponiamo che questa voglia ora incorporare una società dissestata e assediata dai creditori. Se i patrimoni si fondono noi dovremmo dividere con costoro la garanzia in base alla quale abbiamo concesso il nostro credito. Sarebbe giusto tutto ciò?

Per prevenire tentativi di frode e per evitare palesi ingiustizie il Codice, negli artt. 2501 ss., sottopone le fusioni societarie a una complessa procedura volta a fornire ai soci e ai creditori le maggiori garanzie.

Perché si operano le fusioni?

La ragione per la quale si operano le fusioni è solitamente quella di acquistare un maggior peso sul mercato. Possono fondersi, a questo scopo, imprese medio piccole e possono fondersi, come sovente accade, grandi gruppi societari allo scopo di aumentare la loro competitività sul mercato mondiale.

5. La scissione della società

Si ha una scissione quando una società si divide in due o più società trasferendo a esse, in tutto o in parte, il suo patrimonio.

Le società *beneficiarie*, che ricevono il patrimonio della società smembrata, possono essere società già operanti sul mercato oppure società create appositamente.

Ai soci della società scissa vengono assegnate quote o azioni delle società *beneficiarie* in cambio delle quote o delle azioni che essi stessi possedevano.

Gli effetti della scissione decorrono dal momento della iscrizione dell'atto di scissione nel registro delle imprese.

La società che si scinde può:

- conservare il controllo sulle società scisse, rimanendo di fatto proprietaria di queste ma frazionando il rischio d'impresa,
- oppure potrebbe alienare le nuove società liberandosi così di rami produttivi che, per esempio, potrebbero essere divenuti difficili da gestire.

Se l'impresa che si scinde avesse molti debiti, chi ne risponderebbe?

Per rispondere a questa domanda bisogna consultare l'art. 2506 *bis*. Tale articolo stabilisce che ciascuna società beneficiaria risponde solidalmente con le altre per i debiti lasciati dalla società scissa, ma *solo* fino a concorrenza del patrimonio netto che da questa ha ricevuto.
Per esempio, se la società avesse ricevuto un patrimonio di un milione di euro risponderebbe per i debiti della società scissa solo con un milione di euro.

Perché una società dovrebbe scindersi?

Le risposte possibili sono molte. Una società può essere scissa per suddividerne l'attività tra più centri decisionali autonomi, oppure per frazionare il rischio d'impresa, o per entrambe le ragioni.

In genere tendono a scindersi le società che svolgono una pluralità di attività economiche mediante distinti rami d'azienda. Per esempio, una società che produca automobili, camion e macchine agricole potrebbe ragionevolmente frazionarsi in tre diverse società, ciascuna delle quali eserciterà l'attività relativa allo specifico ramo d'azienda che le viene assegnato.

UNITÀ 8 — Riguardando gli appunti

1. Come si trasforma una società?

- È possibile trasformare una società di persone in società di capitali e viceversa, e una società cooperativa in società lucrativa.
- La trasformazione deve risultare da atto pubblico contenente le indicazioni prescritte per la costituzione del tipo di società che si adotta.
- La trasformazione di una società di persone in società di capitali non libera i soci illimitatamente responsabili dalla responsabilità per le obbligazioni sociali sorte prima della registrazione dell'atto, se non risulta che i creditori hanno dato il loro consenso alla trasformazione.

2. In che cosa consiste la fusione di più società?

- La fusione è il procedimento mediante il quale due o più società si trasformano in una sola.
- La fusione di più società può eseguirsi mediante la costituzione di una nuova società che assorbe le altre, oppure mediante l'incorporazione di una o più società in un'altra, detta incorporante.
- I soci delle società estinte entrano a far parte della nuova società o della società incorporante.
- I patrimoni delle società interessate all'operazione si fondono e la nuova società, o la società incorporante, assume i diritti e gli obblighi delle società estinte.

3. In che cosa consiste la scissione societaria?

- Si ha scissione quando una società si divide in due o più società trasferendo a esse in tutto o in parte il suo patrimonio.
- Ai soci della società scissa vengono assegnate quote o azioni delle società beneficiarie in cambio delle quote o azioni che essi possedevano.

Verifica le tue conoscenze

UNITÀ 8

Completamento

Completa lo schema utilizzando le seguenti parole: *registro delle imprese*; *società scissa*; *alienare*; *società beneficiarie*; *patrimonio*; *controllo*; *quote*; *iscrizione*; *atto di scissione*; *azioni*.

Test a risposta multipla

Indica con una crocetta l'affermazione esatta.

1. Quando una società di persone si trasforma in una società di capitali, i soci illimitatamente responsabili:
   A. non sono liberati dalle obbligazioni precedenti la registrazione dell'atto
   B. possono essere liberati dalle obbligazioni precedenti la registrazione dell'atto se i creditori hanno dato il loro consenso alla trasformazione
   C. hanno diritto di recesso, ma solo entro la registrazione dell'atto
   D. diventano di diritto gli amministratori della società di capitali

2. È possibile:
   A. trasformare una società di persone in società di capitali, ma non una società di capitali in società di persone
   B. trasformare sia una società di persone in società di capitali, sia una società di capitali in società di persone
   C. trasformare una società lucrativa in cooperativa, ma non una cooperativa in società lucrativa
   D. trasformare una società per azioni in una società in nome collettivo, ma non viceversa

3. Quando una società più grande incorpora una società più piccola si è in presenza di:
   A. scissione   B. trasformazione
   C. incorporazione   D. fusione

4. Se una società si scinde, chi paga i suoi debiti?
   A. la società si può scindere solo dopo aver pagato tutti i suoi debiti
   B. ciascuna delle società nate dalla scissione risponde solidalmente con le altre, ma solo fino a concorrenza del patrimonio da questa ricevuto
   C. per i debiti non pagati della società scissa rispondono solidalmente e illimitatamente i vecchi amministratori.
   D. le società nate dalla scissione rispondono solidalmente e illimitatamente per i debiti della società scissa

Ma davvero?

Il diritto si affaccia nei discorsi di ogni giorno. A volte, però, a sproposito. Leggi questa scena e prova a riflettere.

Il professore sta spiegando le fusioni tra più società. Il tuo compagno di classe Marco alza la mano e interviene. «Professore, sa che cosa farei se fossi un imprenditore? Cercherei di convincere le più importanti società che operano nel mio settore a fonderci tutti in un'unica grande società. A quel punto saremmo così potenti da dominare il mercato e faremmo affari d'oro!»

Marco sembra sicuro di ciò che dice. Ma davvero... una fusione di questo tipo non rischia di incontrare ostacoli?

455

PERCORSO H — LE SOCIETÀ DI CAPITALI

UNITÀ 9

Le società mutualistiche

1. Come nascono le cooperative

Siamo quattro ragazze stanche di lavorare in un asilo nido per un modesto stipendio. Vorremmo unire i nostri risparmi, prendere in locazione un appartamento e richiedere le prescritte licenze per dare inizio a un'impresa di assistenza all'infanzia (cioè a un asilo nido). Se lo facessimo, diventeremmo imprenditrici?

In questa nuova situazione le ragazze diventerebbero:

- imprenditrici
- e, al tempo stesso, lavoratrici nella loro impresa.

Con quale vantaggio? Se l'attività andrà bene potranno, come minimo, assegnarsi uno stipendio più alto rispetto a quello che percepivano come lavoratrici dipendenti potendosi appropriare anche della parte che normalmente costituisce il profitto dell'imprenditore.

Questa che abbiamo appena descritto è la possibile genesi di una cooperativa di lavoro.

==La cooperativa è una società costituita al fine di offrire ai soci occasioni di lavoro, beni o servizi a condizioni più vantaggiose rispetto a quelle normalmente praticate sul mercato.==

Per tali sue caratteristiche viene definita a *scopo mutualistico*, in contrapposizione alle *società lucrative* costituite allo scopo di dividere gli utili.

La cooperativa come esempio di democrazia

Sebbene una delle immediate finalità dell'attività cooperativa sia l'autogestione delle imprese e, quindi, il superamento della figura del capitalista-imprenditore, considerare solo l'aspetto economico della cooperazione sarebbe assolutamente riduttivo.
Con la cooperazione, per la prima volta, si è introdotto il sistema democratico nel mondo produttivo.
Come?
Pensiamo, per similitudine, allo Stato. In uno Stato democratico ogni cittadino, sia egli ricco, povero o poverissimo, ha diritto a esprimere un solo voto nelle consultazioni elettorali.

Cooperativa è un termine che discende dal verbo *cooperare* che significa "operare insieme" per il raggiungimento di un fine comune.
Mutualità deriva invece dall'aggettivo *mutuo*, che significa "scambievole", "vicendevole". La mutualità, pertanto, è una forma di reciproco aiuto fra persone che adempiono uguali doveri e si garantiscono uguali diritti.

Ebbene, la cooperativa adotta il medesimo criterio: nelle assemblee (salvo casi particolari) ogni persona ha diritto a esprimere un solo voto, qualunque sia il valore della sua quota. E per evitare che chi ha una quota maggiore finisca per assumere, di fatto, un maggior peso nelle decisioni, nessun socio può possedere quote troppo elevate.

La tutela costituzionale della cooperazione

L'art. 45, comma 1 della Costituzione recita:
"La Repubblica riconosce la funzione sociale della cooperazione a carattere di mutualità e senza fini di speculazione privata. La legge ne promuove e favorisce l'incremento con i mezzi più idonei e ne assicura, con gli opportuni controlli, il carattere e le finalità."

Questo alto riconoscimento ha favorito, nel nostro Paese, lo sviluppo di una vasta legislazione speciale diretta a incentivare la cooperazione con agevolazioni creditizie e tributarie.

QUESTIONI

La nascita delle cooperative

La prima esperienza di società mutualistica risale al 1844 quando in Inghilterra un gruppo di operai tessili fondò una cooperativa di consumo per evitare, si legge nello statuto, "che gli operai, oltre ad essere sfruttati dal loro padrone, siano sfruttati anche dai bottegai".
Rapidamente il fenomeno cooperativo si diffuse in tutta Europa e insieme al nascente movimento sindacale costituì, soprattutto per il proletariato industriale, un importante strumento di difesa e di crescita.
Le prime a diffondersi furono le *cooperative di consumo*, che consentivano ai soci di risparmiare sui prezzi dei beni eliminando l'intermediazione del commerciante e il suo profitto.
Seguirono le *cooperative di lavoro*, nelle quali i lavoratori conferivano il capitale e prestavano la loro opera svincolandosi dalla soggezione al datore di lavoro. Vennero, poi, le *mutue assicuratrici*, le *cooperative di credito* (meglio conosciute come banche popolari) le *cooperative agricole*, *edilizie* e così via.

L'evoluzione del sistema cooperativo

Il sistema cooperativo si è esteso nel tempo a numerose categorie di lavoro cosicché è possibile, oggi, incontrare cooperative tra artisti, tra imprenditori commerciali, tra imprenditori agricoli e così via. Tutto ciò non cambia il significato della cooperazione?
Non necessariamente. Seppure in uno scenario culturale ed economico inevitabilmente diverso da quello originario, la cooperazione risponde ancora all'esigenza di sottrarre soggetti economicamente più deboli al potere di soggetti economicamente più forti.
Per esempio, le cooperative tra artisti sottraggono i soci al potere degli impresari, le cooperative tra dettaglianti sottraggono i soci al potere del grossista intermediario, le cooperative per la trasformazione dei prodotti agricoli sottraggono gli agricoltori al potere delle industrie agro-alimentari, e così via.

La reputazione del sistema cooperativo è infangata, purtroppo, dalla presenza sul mercato di **false cooperative**.
False cooperative sono quelle organizzate da imprenditori senza scrupoli che, invece di assumere i propri dipendenti, li fanno soci con stipendi minimi e senza quelle garanzie in tema di riposi, ferie, lavoro straordinario, trattamento di fine rapporto e altro che spettano per legge ai lavoratori dipendenti.

Operano anche con soggetti estranei, per esempio:
- le cooperative *di consumo* che gestiscono negozi nei quali normalmente anche i non soci possono entrare e acquistare i beni in vendita;
- le cooperative *di lavoro* dove spesso, insieme ai soci cooperatori, lavora anche personale dipendente;
- le cooperative *di trasformazione* nelle quali la materia da trasformare (pensiamo al settore agro-alimentare) non sempre viene fornita in via esclusiva dai soci.

COOPERATIVE
→ A mutualità prevalente
→ A mutualità non prevalente

2. Soci e non soci

Se gettiamo uno sguardo nell'universo delle società *mutualistiche* potremo notare che ci sono cooperative che operano esclusivamente con i propri soci e altre che operano anche con soggetti estranei.

Come si concilia, questa estensione dell'attività ai non soci, con il principio della mutualità?

Per capirlo immaginiamo che una ventina di soci costituiscano una *cooperativa di consumo* per gestire un negozio di generi alimentari. Come tutti possono capire, nessun negozio potrebbe sopravvivere con solo venti clienti.
In generale ci sono attività imprenditoriali che possono sopravvivere solo se il volume d'affari è sufficientemente ampio, e in questi casi si impone l'apertura dell'attività cooperativa a soggetti esterni, siano essi clienti, fornitori o lavoratori.

Qual è il limite oltre il quale il carattere della mutualità comincia a perdersi? Chi lo stabilisce?

La legge opera una distinzione tra:
- cooperative a *mutualità prevalente*;
- cooperative a *mutualità non prevalente*.

Alle cooperative con *mutualità prevalente* sono accordate notevoli agevolazioni fiscali che sono invece negate alle altre. E poiché si tratta di agevolazioni di non poco conto, diventa importante capire, per chi si accinga a costituire una società cooperativa, che cosa intende la legge per *mutualità prevalente*.

3. Quando la mutualità è prevalente

A mutualità prevalente sono considerate, chiarisce l'art. 2512 c.c., le società che:

- svolgono la loro attività *prevalentemente* in favore dei soci, siano essi consumatori dei beni o utenti dei servizi prodotti;
- si avvalgono *prevalentemente*, nella loro attività, delle prestazioni lavorative dei soci;
- si avvalgono *prevalentemente* degli apporti di beni o servizi operati dai soci.

Che cosa significa "prevalentemente"?

La risposta ci viene dall'art. 2513 c.c. dal quale si desume che per *prevalente* si deve intendere una *quantità superiore al 50%*.

Per esempio:

- in una cooperativa di vendita più del 50% del valore degli acquisti deve essere imputabile ai soci;

- in una cooperativa di servizi più del 50% delle prestazioni deve andare in favore di soci;

- in una cooperativa di lavoro più del 50% del monte salari deve essere costituito dagli stipendi dei soci.

4. Quando la mutualità non è prevalente

Le società che non intendono rispettare i requisiti indicati negli artt. 2512 e 2513 c.c. possono ugualmente costituirsi in forma di cooperativa.

Non potranno godere, però, delle agevolazioni fiscali riconosciute alle società a mutualità prevalente.

In compenso esse:

- non avranno l'obbligo di operare prevalentemente con i soci;

- non dovranno prevedere nei loro statuti vincoli alla distribuzione degli utili;

- potranno chiedere di essere quotate sui mercati regolamentati.

> **Le cooperative a mutualità non prevalente** sono soggette alle norme comuni a tutte le cooperative per quanto riguarda la costituzione, la responsabilità patrimoniale, il capitale sociale, gli organi di governo, il numero di soci, il diritto di voto in assemblea e così via.

QUESTIONI

Si può trasformare una società mutualistica in una società lucrativa?

L'art. 2545 *decies* consente ai soci delle cooperative a mutualità non prevalente di deliberare a maggioranza la trasformazione della società da mutualistica a lucrativa. Tuttavia, per operare questo passaggio, occorre pagare un prezzo non indifferente. Vediamone la ragione.

Immaginiamo che una cooperativa a mutualità prevalente abbia accumulato un notevole patrimonio, grazie anche alle esenzioni fiscali di cui ha goduto per molti anni. Improvvisamente i soci abbandonano i parametri della prevalenza e successivamente deliberano la trasformazione della cooperativa in società di capitali (per esempio in S.p.a.) che consente loro di attribuirsi dividendi più sostanziosi, avere meno controlli e magari appropriarsi di una parte del patrimonio sociale.

Per evitare queste operazioni dai connotati palesemente speculativi l'art. 2545 *undecies* stabilisce che, per trasformarsi in società lucrativa, la cooperativa deve devolvere il proprio patrimonio ai fondi mutualistici per la promozione e lo sviluppo della cooperazione. I soci possono trattenere solo il capitale da essi inizialmente versato (eventualmente rivalutato), i dividendi non ancora distribuiti, più la somma che si renda eventualmente necessaria per raggiungere il capitale minimo della società lucrativa che si vuole costituire (10 mila euro per la S.r.l. e 50 mila per la S.p.a.).

5. Alcune regole sulle società cooperative

Le società cooperative sono regolate in parte con norme specifiche e in parte con un rinvio alle norme della società di capitali.

▶ **Alle cooperative**:
- per gli aspetti più generali (come le competenze dell'assemblea, i sistemi di governo, gli organi di controllo, ecc.) si applicano le norme sulla S.p.a.;
- per gli aspetti più peculiari (come l'autonomia patrimoniale, il numero dei soci, il capitale sociale, l'impiego degli utili, la liquidazione e così via) si applicano le specifiche norme contenute nel *Titolo VI* del Codice civile come vedremo qui di seguito.

L'atto costitutivo può prevedere che trovino applicazione le norme poste per la S.r.l. *solo* se la cooperativa ha un numero di soci inferiore a venti o un attivo dello stato patrimoniale non superiore a un milione di euro.

Il creditore particolare del socio cooperatore (stabilisce l'art. 2537 c.c.), finché dura la società, non può agire esecutivamente sulla quota e sulle azioni del medesimo.

L'autonomia patrimoniale

Le cooperative hanno autonomia patrimoniale perfetta. Pertanto, per le obbligazioni sociali risponde solo la società con il suo patrimonio (art. 2518 c.c.).

Non è più possibile, come in passato, costituire cooperative a responsabilità illimitata.

Si tratta, però, di una innovazione dagli effetti contenuti. Accade spesso, infatti, che se la società non dispone di un rilevante patrimonio i creditori maggiori (e segnatamente le banche) pretendano che i loro crediti siano assistiti dalla *fideiussione* dei soci. E così, la responsabilità illimitata, cacciata dalla porta, rientra dalla finestra.

In caso di insolvenza le società cooperative (anche se a mutualità prevalente) sono soggette al fallimento o alla liquidazione coatta amministrativa (art. 2545 *terdecies*).

I soci

▶ **Soci della cooperativa** possono essere sia persone fisiche (anche imprenditori) sia società.

▶ **Il numero complessivo** non può essere inferiore a nove, secondo quanto stabilisce l'art. 2522 del Codice civile. Tuttavia, per agevolare le nuove iniziative imprenditoriali la norma consente che il numero minimo dei soci possa scendere fino a tre, purché siano tutti persone fisiche e la società abbia uno stato patrimoniale che le consenta di essere regolata dalle norme sulla S.r.l.

▶ **Se il numero dei soci scende** sotto la soglia minima stabilita dalla legge, la società deve sciogliersi.

Il capitale e il principio della porta aperta

Le cooperative sono società a *capitale variabile*.
Ciò vuol dire che esso può aumentare con l'ingresso di nuovi soci o diminuire per l'uscita di vecchi soci senza che tali variazioni comportino la necessità di modificare l'atto costitutivo.
La variabilità del capitale risponde al principio della *porta aperta*. Questa espressione sta a indicare che la cooperativa non si accredita come una struttura chiusa, ripiegata sui propri affari, ma come un'organizzazione *aperta* all'adesione di quanti appartengono alla medesima categoria produttiva.

Ciò non vuol dire, naturalmente, che se una persona notoriamente scorretta decide di entrare in una cooperativa i soci debbano accoglierla a braccia aperte. Lo stretto rapporto di collaborazione che viene a crearsi tra i componenti dell'organizzazione consiglia fortemente di operare una selezione preventiva.
L'ammissione di un nuovo socio è fatta con deliberazione degli amministratori su domanda dell'interessato. Il rigetto della domanda deve essere motivato e se la motivazione non è fondata il soggetto escluso può ricorrere all'assemblea (art. 2528 c.c.).
La partecipazione del socio può essere rappresentata da *azioni* o da *quote* se la società è disciplinata dalle norme sulla S.r.l.

Strumenti finanziari (per esempio prestiti obbligazionari) possono essere emessi dalle cooperative stabilendo quali diritti (patrimoniali o di partecipazione) attribuiscono ai possessori (art. 2526 c.c.). Tuttavia, precisa l'art. 2514 c.c., per le cooperative *a mutualità prevalente* lo statuto deve prevedere il divieto di remunerare gli strumenti finanziari in misura superiore al 2% del limite massimo previsto per i dividendi.

Esclusione, recesso e morte del socio

Se il socio di una cooperativa non è più gradito agli altri soci perché, per esempio, non si impegna come gli altri o addirittura ne intralcia il lavoro, può essere escluso?

L'esclusione del socio è consentita solo per le cause previste nell'atto costitutivo o per quelle stabilite dalla legge (artt. 2531 e 2533 c.c.), come il mancato pagamento delle quote o la perdita dei requisiti necessari per partecipare alla società.

Il recesso è consentito (art. 2532 c.c.) nei casi previsti per la società per azioni o per le S.r.l. e negli altri casi previsti nell'atto costitutivo.

Gli eredi, stabilisce l'art. 2534 c.c., hanno soltanto il diritto alla liquidazione della quota o al rimborso delle azioni e non entrano in società se ciò non è previsto dall'atto costitutivo.

6. Come si costituisce una cooperativa

La cooperativa si costituisce per *atto pubblico*.

- **L'atto costitutivo deve contenere** le indicazioni previste dall'art. 2521 c.c.

- **Nello statuto**, che forma parte integrante dell'atto costitutivo, sono concordate le norme relative al funzionamento della società. Il nota-

> **Le cooperative possono essere regolate dalle norme sulla S.r.l.** solo se hanno un numero di soci inferiore a venti o un attivo dello stato patrimoniale non superiore a un milione di euro. In questo caso gli organi della cooperativa saranno quelli previsti per la S.r.l.

io che riceve l'atto deve inviarlo per via telematica entro dieci giorni all'Ufficio del registro delle imprese nella cui circoscrizione ha sede la cooperativa.

- **Con l'iscrizione** la società assume la *personalità giuridica*: diventa cioè un soggetto autonomo di diritti dotato di *autonomia patrimoniale perfetta*. Per le operazioni compiute prima dell'iscrizione, per gli effetti dell'iscrizione tardiva e per la eventuale nullità dell'atto, si applicano le stesse norme poste per la S.p.a.

7. Quali sono gli organi della cooperativa

Gli organi della cooperativa sono diversi in funzione del sistema di governo adottato con l'atto costitutivo.

La cooperativa che sia soggetta alle regole della S.p.a. può essere organizzata secondo il sistema *tradizionale*, *dualistico* o *monistico*.

> **Ricordiamo che:**
> - **nel sistema tradizionale** sono organi l'assemblea, il consiglio di amministrazione e il collegio sindacale;
> - **nel sistema dualistico** sono organi l'assemblea, il consiglio di gestione, il consiglio di sorveglianza;
> - **nel sistema monistico** sono organi l'assemblea, il consiglio di amministrazione, il comitato di controllo.

Una caratteristica comune alle tre forme di governo è che nelle assemblee ciascun socio dispone di un voto, qualunque sia il valore della quota o il numero delle azioni possedute.

Più voti (massimo cinque) possono essere attribuiti a soci il cui apporto sia particolarmente significativo (art. 2538 c.c.).

 Gli amministratori debbono essere tutti soci?

Non necessariamente. L'art. 2542 c.c. stabilisce che la maggioranza degli amministratori deve essere composta da soci, mentre la minoranza può anche essere composta da non soci.
Ciò consente, soprattutto nelle cooperative di maggiori dimensioni che necessitano di maggiori abilità nella gestione economico-finanziaria, di affiancare ai soci dei manager professionisti.

8. Come vengono impiegati gli utili

> **Il voto nelle assemblee** può essere espresso per corrispondenza o con altre forme di comunicazione a distanza se l'atto costitutivo lo prevede.

▶ **L'impiego degli utili** è materia regolata dagli artt. 2545 *ter*-2545 *quinquies*, nei quali sostanzialmente si dispone che:

- il 30% degli utili netti annuali deve essere destinato a incrementare un fondo di riserva (**riserva legale**);
- una ulteriore quota deve essere corrisposta ai **fondi mutualistici** gestiti dalle associazioni nazionali di rappresentanza del movimento cooperativo. Questi *fondi* hanno il compito di finanziare nuove imprese cooperative e di promuovere iniziative per lo sviluppo della cooperazione;
- altre riserve possono essere previste nello statuto (sono le cosiddette **riserve statutarie**);

- la parte rimanente di utili può, infine, essere assegnata ai soci cooperatori sotto forma di **dividendi**.

Nelle cooperative le riserve *legali* e *statutarie* sono indivisibili e non possono essere ripartite tra i soci neppure in caso di scioglimento della società. Possono essere impiegate per coprire le perdite di esercizio solo dopo che è esaurita ogni altra riserva.

9. Che cosa sono i ristorni

Se entriamo in un negozio di generi alimentari gestito da una cooperativa di consumo, noteremo, molto probabilmente, che i soci acquistano i beni allo stesso prezzo pagato dagli altri clienti.

Identica considerazione possiamo farla per le cooperative di credito nelle quali, spesso, ai soci sono applicati gli stessi interessi che vengono applicati ai non soci, oppure per le cooperative di lavoro, nelle quali, spesso, ai soci viene corrisposto un salario non diverso da quello corrisposto dalle imprese capitalistiche. Dove è rintracciabile, in tutti questi casi, il vantaggio del socio?

Il vantaggio mutualistico perviene al socio in un secondo momento, e cioè quando la società gli corrisponde una somma, detta *ristorno*.

Il ristorno consiste in una somma di denaro proporzionale alla differenza tra quanto il socio ha pagato i beni o servizi acquistati e quanto avrebbe dovuto pagarli come socio; oppure proporzionale alla differenza tra il salario percepito e quello che avrebbe dovuto percepire come socio, e così via.

10. Quali sono i caratteri delle mutue assicuratrici

▶ **La società di mutua assicurazione** ha per oggetto l'esercizio dell'assicurazione esclusivamente tra i soci.

Disciplinata dagli artt. 2546-2548 c.c., la *mutua assicuratrice* presenta i caratteri della *mutualità prevalente* in quanto non si può essere assicurati se non acquistando la qualità di socio e si perde tale qualità con l'estinguersi dell'assicurazione.

Il conferimento periodico funge, al tempo stesso, da quota sociale e da premio assicurativo.

In ciò questa società si differenzia dalle *cooperative di assicurazione* nelle quali il socio che voglia *anche* assicurarsi deve stipulare un ulteriore, specifico contratto.

Per favorire la costituzione di *fondi di garanzia*, l'atto costitutivo della *mutua assicuratrice* può prevedere l'esistenza di *soci sovventori* ai quali è riconosciuto il diritto di voto in assemblea e il diritto agli utili.

La società cooperativa si scioglie:
- per le stesse cause che portano allo scioglimento della società per azioni;
- per la perdita del capitale sociale (art. 2545 *duodecies*).

Inoltre, stabilisce l'art. 2545 *septiesdecies*, la società può essere sciolta d'autorità se è accertato che:
- lo scopo mutualistico è del tutto assente;
- non può raggiungere lo scopo per cui è stata costituita;
- per due anni consecutivi non ha depositato il bilancio di esercizio o non ha compiuto atti di gestione.

UNITÀ 9 — Riguardando gli appunti

1. Che cos'è una cooperativa?

- La cooperativa è una società costituita al fine di offrire ai soci occasioni di lavoro, beni o servizi a condizioni più vantaggiose rispetto a quelle normalmente praticate sul mercato.

2. Come si costituisce una società cooperativa?

- La cooperativa si costituisce per atto pubblico e, con l'iscrizione nel registro delle imprese, acquista la personalità giuridica.
- I soci della cooperativa possono essere persone fisiche o altre società.

3. Che cosa si intende per cooperativa a mutualità prevalente e cooperativa a mutualità non prevalente?

- Le cooperative possono essere a mutualità prevalente o non prevalente e solo le prime possono giovarsi delle particolari agevolazioni fiscali previste dalla legge.
- Sono considerate a mutualità prevalente le cooperative che svolgono la loro attività prevalentemente in favore dei soci, o che per la loro attività si avvalgono prevalentemente delle prestazioni lavorative, dei beni e dei servizi dei soci.
- La "prevalenza" va intesa nel senso di superiore al 50%.
- La società perde la qualifica di cooperativa a mutualità prevalente se per due anni consecutivi non rispetta i parametri indicati dalla legge.

4. Che caratteristiche hanno le cooperative a mutualità non prevalente?

- Le cooperative a mutualità non prevalente sono escluse dalle agevolazioni fiscali riconosciute alle cooperative a mutualità prevalente. In compenso, non hanno l'obbligo di operare prevalentemente coi soci né di prevedere limitazioni alla distribuzione degli utili, e possono essere quotate sui mercati regolamentati.

5. Come vengono impiegati gli utili nelle cooperative?

- Il 30% degli utili netti annuali deve essere destinato a incrementare la riserva legale. Ulteriori riserve possono essere previste dallo statuto (riserve statutarie).
- Una ulteriore quota di utili deve essere corrisposta ai fondi mutualistici gestiti dalle associazioni nazionali di rappresentanza del movimento cooperativo.
- La parte restante degli utili può essere assegnata ai soci cooperatori sotto forma di dividendi.

6. Che cos'è un ristorno?

- Il ristorno consiste in una somma di denaro proporzionale alla differenza tra quanto il socio ha pagato i beni o servizi acquistati e quanto avrebbe dovuto pagarli come socio; oppure proporzionale alla differenza tra il salario percepito e quello che avrebbe dovuto percepire come socio, ecc.

7. Che cosa sono le mutue assicuratrici?

- Le società di mutua assicurazione hanno per oggetto l'esercizio dell'assicurazione esclusivamente tra i soci.
- Il conferimento periodico funge contemporaneamente da quota sociale e da premio assicurativo. Ciò le distingue dalle *cooperative di assicurazione*, in cui il socio che voglia anche assicurarsi deve stipulare un ulteriore contratto.

Verifica le tue conoscenze

UNITÀ **9**

Collegamento

Unisci i due istituti sulla sinistra con le relative caratteristiche elencate nella colonna di destra.

SOCIETÀ COOPERATIVA A MUTUALITÀ PREVALENTE	Non sono tenute a prevedere in statuto dei vincoli alla distribuzione degli utili
	Godono di particolari agevolazioni fiscali
	Possono essere quotate sui mercati regolamentati
	Svolgono la loro attività prevalentemente in favore dei soci
SOCIETÀ COOPERATIVA A MUTUALITÀ NON PREVALENTE	Se la cooperativa è di vendita, più del 50% del valore degli acquisti deve essere imputabile ai soci
	Non sono obbligate a operare prevalentemente con i soci

Test a risposta multipla

Indica con una crocetta l'affermazione esatta.

1. Le società mutualistiche nacquero per:
A. eludere il fisco, ottenendo agevolazioni ed esenzioni
B. superare la figura del capitalista mediante l'autogestione dell'impresa
C. limitare la responsabilità personale dei soci poco abbienti
D. gestire attività economiche con prospettive di profitti limitate

2. Una cooperativa si può trasformare in una S.p.a.?
A. sì, ma deve devolvere il patrimonio ai fondi mutualistici per la promozione e lo sviluppo della cooperazione
B. sì, ma solo se è d'accordo la maggioranza assoluta dei soci
C. solo se è a mutualità prevalente
D. no, perché lo scopo mutualistico non può trasformarsi in lucrativo

3. In una cooperativa è possibile che a uno dei soci siano attribuiti più voti in assemblea?
A. no, a ciascun socio spetta un solo voto
B. sì, se l'apporto del socio è particolarmente significativo
C. sì, fino a dieci voti, purché l'apporto del socio sia particolarmente significativo
D. sì, se la cooperativa non è a mutualità prevalente

4. In base al principio della porta aperta:
A. l'ammissione di un nuovo socio non comporta una modifica dell'atto costitutivo
B. può entrare a far parte della società chiunque vi abbia interesse
C. il nuovo socio dev'essere presentato da un altro socio che garantisce per lui
D. i locali della sede sociale devono essere sempre aperti al pubblico

5. Il socio di una cooperativa di consumo acquista i beni allo stesso prezzo degli altri clienti, ma ha diritto:
A. a uno sconto   B. al fondo mutualistico
C. al ristorno   D. ai dividendi

Ma davvero?

Il diritto si affaccia nei discorsi di ogni giorno. A volte, però, a sproposito. Leggi questa scena e prova a riflettere.

Laura è preoccupata: «Insieme a cinque amici laureati in discipline diverse avevo costituito una cooperativa per gestire una scuola privata. Inizialmente eravamo i soli insegnanti, ma ora ci siano ingranditi e abbiamo dovuto assumere dei professori esterni. Purtroppo perderemo la qualifica di cooperativa a mutualità prevalente».

Tua cugina sembra sicura di ciò che dice. Ma davvero... con l'assunzione di professori esterni la cooperativa perderà necessariamente la qualifica della mutualità prevalente?

465

PERCORSO H — Valuta le tue competenze

Codice alla mano

L'avvocato presso cui svolgi il tuo praticantato ti ha chiesto oggi di appuntare su un foglio quali articoli del Codice civile rispondono ai quesiti sotto elencati.

	Art.
A. Nella S.r.l. chi risponde delle obbligazioni sociali?	
B. Com'è regolata la S.r.l. semplificata?	
C. Come deve essere garantita la prestazione del socio d'opera in una S.r.l.?	
D. A chi spetta l'amministrazione della S.r.l.?	
E. Come operano i patti parasociali?	
F. A quanto ammonta il capitale sociale minimo di una S.p.a.?	
G. Che cosa deve contenere l'atto costitutivo di una S.p.a.?	
H. Che cosa si può conferire in una S.p.a.?	
I. Se si è verificata una perdita nel capitale sociale di una S.p.a., si possono ripartire gli utili?	
J. In che cosa consiste la riserva legale?	
K. Come sono disciplinati i patrimoni per uno specifico affare?	
L. È possibile creare diverse tipologie di azioni?	
M. Come si trasferiscono le azioni nominative?	
N. In che cosa consiste il diritto di opzione sulle azioni di nuova emissione?	
O. La S.p.a. può acquistare azioni proprie?	
P. Nel sistema di governo tradizionale, su quali temi delibera l'assemblea ordinaria?	

	Art.
A. Chi esercita la revisione legale dei conti della società?	
B. Quali sono i doveri del collegio sindacale?	
C. In che modo si costituisce una S.p.a. unipersonale?	
D. Com'è regolata la responsabilità dei soci per le obbligazioni sociali nelle S.a.p.a.?	
E. Quali caratteristiche deve avere il bilancio sociale?	
F. Entro quanti giorni dall'approvazione il bilancio delle S.p.a. deve essere depositato presso il Registro delle imprese?	
G. A che cosa si riferisce il fair value?	
H. Quali sono le cause di scioglimento delle società di capitali?	
I. Deve essere data pubblicità alla nomina dei liquidatori?	
J. Quando una società può dirsi controllata da un'altra?	
K. La società controllata deve rendere noto il nome della controllante?	
L. In che cosa consiste l'aggiotaggio?	
M. Come avviene la fusione tra più società?	
N. In che cosa consiste la scissione di una società?	
O. Come sono definite le società cooperative?	
P. Come sono definite le cooperative a mutualità prevalente?	

466

PERCORSO H

Valuta le tue competenze

Sai qual è la differenza tra...

a. Capitale versato e Capitale sottoscritto

b. Assemblea ordinaria e Assemblea straordinaria

c. S.r.l. e S.r.l. semplificata

d. Aumento di capitale gratuito e Aumento di capitale a pagamento

e. Esclusione del socio e Recesso del socio

f. Società in accomandita semplice e Società in accomandita per azioni

g. S.p.a. unipersonale e S.p.a. pluripersonale

h. Azioni e Obbligazioni

i. Capitale di comando e Capitale flottante

j. Valore reale delle azioni e Valore nominale delle azioni

k. Sindacato di voto e Sindacato di blocco

l. Società quotate e Società non quotate

m. Consiglio di amministrazione e Collegio sindacale

n. Costituzione della società per simultanea adesione e Costituzione della società per pubblica sottoscrizione

o. Azioni liberate e Azioni non liberate

p. Azioni ordinarie e Azioni di godimento

q. Sistema di governo monistico e Sistema di governo dualistico

r. Società europea e Gruppo europeo di interesse economico (G.E.I.E.)

s. Stato patrimoniale e Conto economico

t. Capogruppo (*holding*) pura e Capogruppo (*holding*) mista

u. Opa e Opv

v. *Insider trading* e Aggiotaggio

w. Mutualità prevalente e Mutualità non prevalente

x. Dividendi e Ristorni

Conoscenza del lessico giuridico

Scrivi la definizione, in al massimo tre righe, dei termini seguenti:

Aggiotaggio: _____

Assemblea (nella S.p.a.): _____

Assemblea (nella S.r.l.): _____

Azioni: _____

Bilancio consolidato: _____

Borsa: _____

Capitale di comando: _____

Capitale flottante: _____

Capitale sociale: _____

Collegio sindacale: _____

Contratti derivati: _____

Cooperativa: _____

Dividendo: _____

Fusione societaria: _____

Holding: _____

Imprese multinazionali: _____

Insider trading: _____

Libri sociali: _____

Mercati regolamentati: _____

Nota integrativa: _____

Obbligazioni: _____

Opa: _____

Opzione (diritto di): _____

Patti parasociali: _____

Ristorno: _____

Scissione societaria: _____

Sistema dualistico: _____

Sistema monistico: _____

Società quotata: _____

Statuto della società: _____

Titoli di debito: _____

Valore reale delle azioni: _____

467

PERCORSO H — Valuta le tue competenze

L'esperto risponde

Rispondi alle questioni che ti vengono sottoposte utilizzando gli spunti forniti.

1. Sono amministratore di una S.r.l. che gestisce un campo da golf. Ho ricevuto la proposta di una grande società di capitali di acquistare una quota della nostra S.r.l. Sarebbe possibile una simile operazione?
   Soci di una S.r.l. possono essere…

2. L'assemblea della S.r.l. di cui faccio parte ha deciso a maggioranza di modificare l'oggetto sociale. L'impresa societaria cesserà di produrre trattori e comincerà a produrre moto da competizione accrescendo notevolmente il rischio di impresa. Che cosa posso fare?
   L'atto costitutivo può essere modificato se vota a favore…
   Se la modifica comporta il cambiamento dell'oggetto sociale, il socio può…

3. Sono socio, insieme alla mia ex fidanzata e a suo fratello, di una S.r.l. che gestisce un pub. Poiché collaborare è divenuto molto difficoltoso, vorrei vendere la mia quota. Posso farlo?
   L'art. 2469 c.c. stabilisce che nella S.r.l.…

4. Sono socio di una S.p.a. che conseguirà quest'anno utili piuttosto elevati. Posso pretendere, in assemblea, che vengano tutti distribuiti tra i soci?
   L'art. 2430 c.c. dispone che…

5. L'amministratore della S.p.a. di cui sono socio ci ha informato che, a causa delle perdite di esercizio, quest'anno il capitale sociale potrebbe scendere al di sotto del minimo stabilito dalla legge. Se ciò accadesse che cosa dovremmo fare?
   Se ciò dovesse accadere, l'assemblea dovrebbe deliberare…

6. Stiamo costituendo una S.p.a. e vorremmo aggregare un amico che non ha la possibilità di conferire denaro o altri beni. Potremmo farlo entrare come socio d'opera?
   La risposta è negativa, ma l'art. 2346 c.c., comma 6, offre una possibilità…

7. Sono socio di una S.p.a. che avrebbe bisogno di aumentare il capitale sociale ma nessuno di noi ha liquidità sufficiente per acquistare nuove azioni e non vorremmo neppure che entrassero nuovi soci. Come possiamo fare?
   L'aumento gratuito del capitale sociale è possibile imputando…

8. È possibile assumere il controllo di una S.p.a. possedendo anche meno del 50% delle azioni?
   È possibile…

9. Ho acquistato azioni di una nuova società quotata in Borsa e ho chiesto di avere i titoli per chiuderli nella mia cassaforte, ma mi è stato risposto che dal 1998 le nuove società non hanno più l'obbligo di stampare titoli. Che cosa significa?
   Secondo quanto dispone il d. lgs. n. 213/1998, alla società che emette nuovi strumenti finanziari è sufficiente comunicare alla…

10. Sono socio di minoranza di una S.p.a. e poiché sono stanco di non contare nulla per la prossima assemblea ho raccolto un centinaio di deleghe da altri soci di minoranza. Qualcuno mi ha detto che ho fatto un lavoro inutile. Perché?
    L'art. 2372 c.c. consente di farsi rappresentare in assemblea, ma…

11. Ho concluso con un amministratore di una S.p.a. il contratto preliminare per l'acquisto di un immobile della società. Ma quando ho preteso di stipulare il contratto definitivo mi è stato risposto che quel rappresentante non aveva il potere di alienare immobili e che questa limitazione era stata regolarmente iscritta nel registro delle imprese. Che fare?
    Nelle S.p.a. il potere di rappresentanza attribuito agli amministratori è…
    Eventuali limitazioni..

468

Valuta le tue competenze

12. Sto costituendo con sei amici una S.p.a. e ci stiamo domandando se sia per noi opportuno optare per un sistema di governo dualistico.

Il sistema dualistico è particolarmente adatto...

13. Sono un socio di una S.r.l. dalla quale, per recesso o per decesso, tutti i soci se ne sono andati. Devo chiudere la società?

La società pluripersonale può essere trasformata in unipersonale. Occorre però...

14. Mi è stato offerto di comperare le azioni di un socio accomandatario di una S.a.p.a. Se le acquistassi diventerei accomandatario anche io?

Potrebbe diventare accomandatario solo se...

15. Sono socio accomandante di una S.a.p.a. che, per vicende di vario tipo, non ha più soci accomandatari. Che cosa devo fare?

L'art. 2458 c.c. dispone che...

16. Sono un giovane collaboratore di uno studio commercialista e devo preparare la mia prima bozza di bilancio. Qualcuno mi raccomanda di seguire con attenzione le norme del Codice civile; altri mi dicono di fare attenzione anche all'aspetto fiscale. Che cosa vuol dire tutto ciò?

Vi è una divaricazione tra l'obiettivo delle norme civili e tributarie...

17. Vorrei acquistare una grande quantità di azioni di risparmio di una grande società. Per farlo devo lanciare un'Opa?

L'Opa è obbligatoria solo quando si acquistano...

18. Ho rifiutato di concedere un credito a una società che presenta un capitale irrisorio, ma poi sono stato informato che fa parte di un grande gruppo. Dovrei cambiare idea?

La società controllata risponde dei propri debiti...

Per concedere un consistente credito a una società controllata con capitale irrisorio è prudente...

19. Posseggo il 91% delle azioni con diritto di voto di una grande società. Questa grossa partecipazione mi impone qualche obbligo particolare?

Chi si trovi a possedere una partecipazione azionaria superiore al 90% deve...

Oppure può...

20. Sono creditore per 50 mila euro di una società di persone che si sta trasformando in S.r.l. con un capitale di soli 15 mila euro e in questo modo io perderei buona parte della garanzia. Che cosa posso fare?

La garanzia in realtà non diminuisce perché, stabilisce l'art. 2500 *quinquies*...

21. Sono socio di una società nata, insieme ad altre tre, dalla scissione di una più grande a cui sono stati trasferiti una parte dei debiti della società scissa. Ora una delle tre società non è in grado di pagare quei debiti e mi domando chi dovrà pagarli.

L'art. 2506 *bis* stabilisce che ciascuna società beneficiaria risponde...

22. Sono amministratore di una cooperativa a mutualità non prevalente che, in accordo con la maggioranza dell'assemblea, vorrei trasformare in una società lucrativa convertendo tutto il nostro patrimonio in capitale sociale della nuova società. Si può fare?

Sicuramente si può trasformare una cooperativa a mutualità non prevalente in società lucrativa (S.r.l. o S.p.a.), ma...

23. Sono da poco entrato a far parte di una cooperativa senza conoscerne bene le regole. Ho saputo però che a fine anno verranno distribuiti i ristorni e che non saranno per tutti uguali. Perché? È giusto che io abbia di più o di meno di un altro socio?

Il ristorno non va confuso con il dividendo. Esso costituisce...

PERCORSO I

I CONTRATTI DELL'IMPRENDITORE

COMPETENZE DI ASSE

- Riconoscere le caratteristiche del nostro sistema giuridico in ambito commerciale, allo scopo di assumere comportamenti corretti ed efficaci nei rapporti di natura economica
- Comprendere l'importanza di un sistema economico basato su regole quali strumenti per operare nei diversi contesti ambientali e produttivi

CONOSCENZE

- Caratteristiche giuridiche ed economiche del mercato del lavoro
- La contrattazione collettiva e il ruolo dei sindacati
- I tipi contrattuali nell'ambito del lavoro
- Gli ammortizzatori sociali e la legislazione sociale
- La disciplina dei contratti più utilizzati nell'attività d'impresa

ABILITÀ

- Individuare caratteri strutturali e aspetti normativi del mercato del lavoro
- Riconoscere il tipo di contratto utilizzato in una situazione data
- Confrontare le diverse tipologie di rapporti di lavoro e
- Individuare le tipologie contrattuali più utilizzate nell'attività d'impresa

UNITÀ

1

Il contratto di lavoro subordinato

1. Quando al lavoratore spettava il salario di sussistenza

Liberismo economico è chiamata la scuola di pensiero che ha orientato la politica economica e sociale dei Governi occidentali per tutto l'Ottocento e parte del primo Novecento.

Uno dei principi cardine, con cui si affermò nella sua fase iniziale questa scuola di pensiero, era che ai lavoratori dovesse essere corrisposto solo un salario di sussistenza.

Per salario di sussistenza si intendeva un salario che consentisse all'opera-io, al minatore, al bracciante, di avere la forza fisica sufficiente per lavorare e per riprodursi, generando, attraverso i figli, nuova forza lavoro da impiegare nelle fabbriche, nelle miniere, nelle campagne.

Il basso costo del lavoro avrebbe consentito all'imprenditore di aumentare i propri profitti, che non sarebbero stati sicuramente dissipati, ma sarebbero stati reinvestiti in nuove o più estese attività produttive che avrebbero consentito di creare nuovi posti di lavoro. Il ripetersi di questi cicli (produzione, accumulazione, nuovi investimenti, nuova produzione, nuovo lavoro, ecc.) avrebbe condotto, nel lungo periodo, alla piena occupazione. E a quel punto,

> Di grande rilievo, in tema di diritto del lavoro, è stata l'approvazione della legge n. 300 del 1970, meglio conosciuta come **Statuto dei lavoratori**, che ha posto specifiche norme dirette alla tutela della libertà, della dignità e della sicurezza del lavoratore.

Il contratto di lavoro subordinato — UNITÀ 1

quando tutti avessero avuto lavoro, anche i salari sarebbero potuti finalmente aumentare.

Peccato, osservò un geniale economista inglese di nome J.M. Keynes, che nel lungo periodo saremo tutti morti!

Nonostante le ferree convinzioni dei liberisti e la determinazione con cui pretesero di imporle, le condizioni dei lavoratori (in termini di salari, orari di lavoro, riposi) cominciarono in realtà a migliorare, seppure con lentezza esasperante, già nella seconda metà dell'Ottocento, sotto la spinta dei movimenti sindacali e dei partiti socialisti che cominciavano a formarsi in Europa. E questo avanzamento, sebbene abbia conosciuto pause e sussulti, non si è mai completamente interrotto.

Oggi siamo ormai lontanissimi dai tempi del salario di sussistenza e i lavoratori sono tutelati da numerosi e irrinunciabili diritti. Tuttavia, nel campo dei diritti non c'è mai nulla di certo: una legge li attribuisce e un'altra legge può toglierli. L'alto tasso di disoccupazione che ha caratterizzato l'ultimo decennio, unito a prove non sempre coerenti fornite dai sindacati, ha reso debole il fronte del lavoro e dato spazio a quella corrente di pensiero, definita neoliberista, fortemente orientata a favorire le esigenze dei datori di lavoro, nella convinzione che ciò possa essere di stimolo a un aumento degli investimenti e, per conseguenza, a un aumento della produzione, del lavoro e del reddito.

2. Il rapporto di lavoro nella Costituzione

A metà Novecento, quando nel mondo aveva ancora forte rilevanza il pensiero economico liberista, la Costituzione italiana imprimeva una vigorosa svolta nel modo di concepire il lavoro e il ruolo dei lavoratori.

Vediamo alcune disposizioni decisamente innovative per il tempo in cui sono state espresse.

- L'Italia, si legge nell'art. 1 Cost., è una Repubblica democratica fondata sul lavoro.
- È compito della Repubblica (art. 3, comma 2, Cost.) rimuovere gli ostacoli di ordine economico e sociale, che, limitando di fatto la libertà e l'eguaglianza dei cittadini, impediscono il pieno sviluppo della persona umana e l'effettiva partecipazione di tutti i lavoratori all'organizzazione politica, economica e sociale del Paese.
- La Repubblica riconosce a tutti i cittadini il diritto al lavoro (art. 4 Cost.) e tutela il lavoro in tutte le sue forme e applicazioni (art. 35 Cost.).
- Il lavoratore ha diritto a una retribuzione proporzionata alla quantità e qualità del suo lavoro e in ogni caso sufficiente ad assicurare a sé e alla sua famiglia un'esistenza libera e dignitosa. La durata massima della giornata lavorativa è stabilita dalla legge. Il lavoratore ha diritto al riposo settimanale e alle ferie annuali retribuite e non può rinunciarvi (art. 36 Cost.).

L'articolo 1 Cost. è una sorta di biglietto da visita del nostro Paese. In esso i costituenti hanno affermato con forza che la Repubblica ha compiuto un deciso salto di qualità rispetto al vecchio Stato monarchico-liberale che poneva i titoli di sangue e la ricchezza a fondamento del sistema politico e sociale.

PERCORSO 1 — I CONTRATTI DELL'IMPRENDITORE

> Sebbene gli imprenditori siano i maggiori **datori di lavoro**, essi non sono gli unici. Datori di lavoro, per esempio, sono anche i professionisti che si avvalgono dell'opera di collaboratori.

- La donna lavoratrice ha gli stessi diritti e, a parità di lavoro, le stesse retribuzioni che spettano al lavoratore. Le condizioni di lavoro devono consentire l'adempimento della sua essenziale funzione familiare e assicurare alla madre e al bambino una speciale, adeguata protezione. La Repubblica tutela, inoltre, il lavoro dei minori con speciali norme e garantisce a essi, a parità di lavoro, il diritto alla parità di retribuzione (art. 37 Cost.).

- Ogni cittadino inabile al lavoro e sprovvisto dei mezzi necessari per vivere ha diritto al mantenimento e all'assistenza sociale (art. 38, comma 1, Cost.).

- L'organizzazione sindacale è libera (art. 39, comma 1, Cost.).

- Il diritto di sciopero si esercita nell'ambito delle leggi che lo regolano (art. 40 Cost.).

Con queste norme la Costituzione ha posto le basi del nostro attuale *diritto del lavoro*.

3. Il sindacato e il diritto di sciopero

Il riconoscimento dei sindacati e del diritto di sciopero, operato dagli artt. 39 e 40 della Costituzione, è stato, per la nostra legislazione sociale, una svolta veramente storica. Nel primo periodo dello Stato unitario e più tardi nell'ordinamento fascista, erano severamente sanzionati sia lo sciopero, sia la costituzione di libere organizzazioni sindacali.

Oggi in tutte le moderne democrazie, e non soltanto in Italia, è riconosciuto e tutelato sia il diritto di sciopero sia il diritto di associazione sindacale.

I sindacati sono associazioni sorte per rivendicare e per tutelare i diritti dei lavoratori. I più rappresentativi sono oggi la CGIL, la CISL e la UIL, ma in taluni settori di attività, come la scuola, hanno ampio seguito anche alcuni sindacati autonomi come i Cobas o lo Snals.

> **La legge n. 146/1990** stabilisce che nei servizi pubblici ritenuti essenziali:
> - deve essere dato preavviso dello sciopero al pubblico con un anticipo di almeno dieci giorni;
> - la data dello sciopero deve essere prefissata e non si può cambiare senza un nuovo preavviso, né si può variare la durata dell'astensione dal lavoro;
> - durante lo sciopero debbono essere comunque garantite le prestazioni minime indispensabili (per esempio il servizio di pronto soccorso negli ospedali).

Lo sciopero, come tutti sappiamo, è lo strumento più radicale nella lotta sindacale. Secondo quanto dispone l'art. 40 della Costituzione esso dovrebbe essere regolato con legge, ma su questo tema una legge generale non è mai stata approvata. È stata però approvata una legge speciale che limita il diritto di sciopero nei servizi pubblici essenziali.

La legge 146/1999 (art. 1) considera essenziali i servizi volti a garantire il diritto alla vita, alla salute, alla libertà e alla sicurezza, alla circolazione, all'assistenza e previdenza sociale, all'istruzione e alla libertà di comunicazione.

4. Il contratto di lavoro subordinato

==Il contratto di lavoro subordinato è l'accordo mediante il quale il lavoratore si obbliga, dietro retribuzione, a collaborare nell'impresa prestando il proprio lavoro intellettuale o manuale alle dipendenze e sotto la direzione del datore di lavoro (art. 2094 c.c.).==

472

Una caratteristica di questo contratto è nella diversa forza contrattuale delle parti.

Il lavoratore ha necessità di essere assunto e di fronte al datore di lavoro si trova in una posizione di estrema debolezza.

Il datore di lavoro, al contrario, non ha alcuna necessità di assumere proprio quello specifico lavoratore, potendo scegliere fra mille altre persone disposte a svolgere la stessa mansione magari a condizioni più vantaggiose. Egli dunque si trova in una posizione di notevole forza che gli consente di imporre le proprie condizioni.

In molti Paesi in via di sviluppo la libertà contrattuale, unita alla grande disoccupazione, spinge milioni di persone, compresi i bambini, ad accettare salari al di sotto del limite di sussistenza.

Nei Paesi, invece, dove è stato possibile ottenere e mantenere una legislazione sociale più avanzata, lo Stato pone degli argini sotto i quali le condizioni contrattuali non possono scendere. Tali argini sono posti:

- dalle leggi;
- dai *contratti collettivi*.

==I contratti collettivi sono stipulati dalle organizzazioni sindacali dei lavoratori e dalle organizzazioni dei datori di lavoro.==

Al loro contenuto debbono uniformarsi i *contratti individuali* i quali possono distaccarsene solo se contengono disposizioni globalmente più favorevoli al lavoratore.

In ogni caso le migliori condizioni non debbono avere finalità discriminatorie tra i dipendenti di una medesima impresa.

I contratti collettivi possono essere *nazionali*, *aziendali* o *locali*.

Il contratto collettivo nazionale (in sigla CCNL) generalmente contiene:

- le condizioni retributive minime alle quali il lavoratore ha diritto (salario, indennità, mensilità aggiuntive);
- gli aspetti organizzativi più importanti del rapporto di lavoro, come l'articolazione delle qualifiche, l'orario, l'impiego del lavoro straordinario, e così via.

Ciascuna categoria di lavoro (chimici, tessili, metalmeccanici, ecc.) ha un suo *contratto collettivo nazionale* che viene periodicamente rinnovato.

Il contratto collettivo locale (o territoriale) può essere concluso tra gli imprenditori locali di un determinato settore (per esempio il turismo) e le rappresentanze dei lavoratori al fine di considerare meglio le esigenze delle imprese in un determinato territorio.

Il contratto collettivo aziendale è stipulato dalle rappresentanze sindacali con il singolo imprenditore e può integrare o in parte modificare il *contratto nazionale* quando ciò sia necessario per la particolare situazione dell'azienda.

Un nuovo contratto collettivo può sicuramente modificare, anche in senso peggiorativo, le disposizioni del contratto collettivo scaduto. La giurisprudenza ha più volte sottolineato che non esiste un diritto alla stabilità nel tempo di una disciplina prevista in un contratto collettivo. Unici limiti riconosciuti sono la intangibilità dei livelli retributivi (non si possono diminuire le paghe) e dei diritti acquisiti dai lavoratori.

473

Talvolta è lo stesso contratto nazionale a indicare quali temi (distribuzione dell'orario di lavoro, premi di produzione e altri aspetti specifici della vita lavorativa nell'impresa) possono essere rimessi alla contrattazione aziendale.

5. Qual è l'efficacia verso i terzi del contratto collettivo

Ho speso tempo e denaro per sostenere il sindacato della mia categoria e ora che ha ottenuto alcuni miglioramenti economici ne beneficiano anche quelli che non sono iscritti al sindacato e non hanno mai preso parte alle sue attività. Vi sembra giusto?

Come ha più volte chiarito la Cassazione, il lavoratore che si iscrive a un sindacato conferisce a questo il potere di rappresentarlo nei contratti collettivi. Chi non ha conferito ad alcun sindacato tale potere rimane *terzo* rispetto ai contraenti e, come sappiamo (art. 1372 c.c.), il contratto non produce effetti nei confronti dei *terzi*.

Tuttavia è ormai prassi indiscussa che i datori di lavoro estendano a ogni dipendente il medesimo trattamento. Le ragioni sono almeno due.

- **Sul piano giuridico**, per quanto riguarda la parte economica, l'art. 36 della Costituzione recita:
 "Il lavoratore ha diritto a una retribuzione proporzionata alla quantità e qualità del suo lavoro e in ogni caso sufficiente ad assicurare a sé e alla famiglia un'esistenza libera e dignitosa."

 La giurisprudenza, facendo riferimento a questa norma, considera le condizioni economiche poste nei contratti collettivi come *condizioni minime* a cui qualsiasi lavoratore (sia o non sia iscritto a un sindacato) ha diritto per *assicurare a sé e alla famiglia un'esistenza libera e dignitosa*.

- **Sul piano della pura opportunità** c'è poi da considerare che se i datori operassero una rigorosa discriminazione concedendo solo ai lavoratori sindacalizzati i benefici della contrattazione collettiva, indurrebbero tutti i dipendenti a iscriversi a un sindacato determinando, così, un poderoso rafforzamento della controparte contrattuale.

La irrinunciabilità dei diritti

Spendo troppo denaro per i salari dei miei dipendenti e non so più come fare. Posso almeno imporre loro di sottoscrivere una rinuncia alle ferie pagate?

Una simile operazione, oltre che criticabile sul piano morale, sarebbe anche giuridicamente inutile. **L'art. 2113 c.c.**, infatti, dispone che:
"Le rinunzie e le transazioni che hanno per oggetto diritti del prestatore di lavoro derivanti da disposizioni inderogabili della legge e dei contratti o accordi collettivi [...] non sono valide."

Ne consegue che il lavoratore, qualsiasi condizione accetti pur di lavorare,

---

Le RSU (*Rappresentanze sindacali unitarie*) sono organismi presenti in ogni luogo di lavoro pubblico e privato.
La loro funzione principale è tutelare i lavoratori e controllare l'applicazione del contratto collettivo.
Se i suoi componenti sono in grado di farlo, la RSU può anche cercare di risolvere eventuali contrasti tra singoli lavoratori e datore di lavoro.

I contratti collettivi di lavoro sono pubblicati, per ciascuna categoria, in appositi fascicoli reperibili presso edicole o cartolerie specializzate.

Per evitare ritorsioni contro il dipendente che chiami in giudizio il proprio datore di lavoro, l'art. 2113 c.c. consente che l'azione sia promossa entro sei mesi dalla data di cessazione del rapporto. Ciò significa che il dipendente potrà far valere i suoi diritti dopo aver trovato un lavoro migliore o semplicemente un datore più corretto.

Il contratto di lavoro subordinato   UNITÀ 1

non perde i propri diritti e potrà farli valere in un secondo momento davanti al giudice del lavoro.

E se il datore di lavoro, per eludere le norme sul licenziamento, facesse firmare al lavoratore, come condizione per l'assunzione, un foglio di dimissioni senza data?

Questa era una pratica non infrequente, soprattutto tra i piccoli imprenditori. Con la legge di riforma del lavoro denominata **jobs act** si è cercato di contrastare questo comportamento stabilendo che le dimissioni del dipendente sono valide solo se contenute in speciali moduli numerati reperibili solo sul sito internet del Ministero del lavoro e recanti la data di emissione.

6. Come cercare lavoro

Le mie amiche e io ci siamo appena diplomate e stiamo cercando lavoro. Che cosa possiamo fare oltre a domandare informazioni e cercare con attenzione tra le offerte pubblicate sui giornali o in rete?

Per chi sia in cerca di occupazione può essere sicuramente utile esplorare i siti online delle grandi imprese (banche, società commerciali, grandi industrie) che di solito, se intendono operare assunzioni, indicano sul loro sito i caratteri professionali di cui hanno bisogno e lo schema del *curriculum vitae* che l'aspirante dovrà inviare.

==Il *curriculum* è un elenco di tutte le informazioni (titoli di studio, esperienze lavorative, abilità certificate) che possono interessare il soggetto a cui è diretto.==

Un altro percorso utile da seguire è quello di iscriversi nelle banche dati dei Centri per l'impiego e delle Agenzie per il lavoro.

- **I Centri per l'impiego** sono strutture pubbliche gestite delle amministrazioni provinciali (sono facilmente rintracciabili su qualsiasi motore di ricerca).

- **Le Agenzie per il lavoro** sono organizzazioni private iscritte in un apposito albo istituito presso il Ministero del Lavoro e delle Politiche sociali.

Oltre a gestire le banche dati contenenti le domande e le offerte di lavoro, le Agenzie offrono numerosi altri servizi, come la selezione del personale per conto delle imprese interessate o la somministrazione di lavoro (> par. 8).

> Per agevolare ulteriormente l'incontro tra domanda e offerta di lavoro è stata istituita una grande banca dati denominata **Borsa continua nazionale del lavoro** (d.lgs. n. 276/2003, art. 15). Successivamente il d.m. 20 sett. 2011 ha introdotto l'obbligo, per le scuole secondarie di secondo grado, di connettersi alla Borsa continua e di pubblicare i curricula dei propri studenti all'ultimo anno di corso e fino a un anno dal conseguimento del diploma.

Le categorie protette

Recependo un fondamentale principio di solidarietà, la legge n. 68 del 1999 ha disposto che i datori di lavoro pubblici e privati siano tenuti ad avere alle loro dipendenze lavoratori appartenenti alle cosiddette *categorie protette* nella seguente misura:

- sette per cento dei lavoratori occupati, se occupano più di 50 dipendenti;

> Ogni cittadino europeo ha il **diritto di lavorare in qualsiasi Stato membro dell'Unione europea** oltre che in Norvegia, Islanda, Liechtenstein e in Svizzera.
> Collegandosi al sito **EURES** e selezionando *cercare un lavoro* è possibile avere accesso a offerte di impiego aggiornate in tempo reale in 31 Paesi europei. Cliccando su *contattare un consulente EURES* è possibile ricevere consigli su questioni pratiche, giuridiche e amministrative che è necessario risolvere per trovare e accettare un lavoro all'estero.

> **Nell'Ottocento e nei primi anni del Novecento** le donne e gli adolescenti erano chiamati *mezze forze*, per la loro presunta debolezza fisica, ed erano pagati con un salario minore rispetto ai maschi adulti.

- due lavoratori, se occupano da 36 a 50 dipendenti;
- un lavoratore, se occupano da 15 a 35 dipendenti.

Hanno diritto all'assunzione nella misura indicata dalla legge soprattutto le persone diversamente abili.

QUESTIONI

Il lavoro femminile

Il primo comma dell'art. 37 Cost. recita:
"La donna lavoratrice ha gli stessi diritti e, a parità di lavoro, le stesse retribuzioni che spettano al lavoratore [...]."
Tale principio, sancito al più alto livello nel nostro ordinamento, ha incontrato non poche resistenze nella sua concreta applicazione. Decisiva è stata, in questo senso, l'approvazione della legge n. 903 del 1977, che ha trovato completamento nella legge n. 125 del 1991, con le quali si rende illegittima qualsiasi discriminazione tra uomini e donne non solo in tema di retribuzione ma anche per quanto riguarda l'accesso al lavoro, l'attribuzione delle qualifiche e la progressione di carriera.
Una specifica tutela è accordata in occasione della gravidanza e del puerperio. Dispone la legge n. 1204 del 1971 che la donna ha diritto alla conservazione del lavoro e alla retribuzione nei periodi di gravidanza e di puerperio. In caso di maternità ha il diritto *irrinunciabile* di astenersi dal lavoro per un periodo che va da due mesi prima a tre mesi dopo il parto; ciò vuol dire che non potrebbe lavorare neppure se lo volesse. Ha diritto, inoltre, di astenersi dal lavoro, conservando il posto, per sei mesi entro il primo anno di vita del bambino e, nei primi tre anni, ha diritto a permessi aggiuntivi per le malattie del bambino.
Tutte le norme con le quali, nel tempo, si è cercato di eliminare le più vistose disparità di trattamento tra uomini e donne nella società e nel lavoro sono riunite nel Codice delle pari opportunità (come modificato dal d.lgs. n. 5/2010).

Il lavoro minorile

Si può svolgere un lavoro dipendente anche se non si è raggiunta la maggiore età?
La disciplina del lavoro minorile è in gran parte contenuta nella legge n. 977 del 1967, come modificata dal d.lgs. n. 345 del 1999.
I punti essenziali di tale normativa possono essere riassunti come segue.
I bambini (sono considerati tali i minori di 15 anni) con l'autorizzazione della *direzione provinciale del lavoro* possono essere impiegati in attività lavorative di carattere culturale, artistico, sportivo o pubblicitario e nel settore dello spettacolo, purché si tratti di attività che non pregiudichino la sicurezza, l'integrità psicofisica, lo sviluppo del giovane e la frequenza scolastica.
Gli adolescenti (sono considerati tali i giovani che hanno compiuto 15 anni ma non ancora 18) possono intraprendere attività lavorativa solo dopo aver completato il periodo di *istruzione obbligatoria*. In ogni caso non potranno essere impiegati in lavori notturni o in lavori che si svolgono in gallerie, miniere o magazzini frigoriferi e in generale nelle attività indicate nell'art. 15 del d.lgs. n. 345 del 1999.

Il contratto di lavoro subordinato UNITÀ 1

7. Quali sono i diritti e gli obblighi del lavoratore dipendente

Con la conclusione del contratto *individuale* di lavoro si stabilisce un rapporto giuridico nel quale sono parti il datore di lavoro e il lavoratore dipendente. Ciascuna di queste parti è titolare sia di diritti che di doveri.

Consideriamole dunque singolarmente.

▶ **I principali obblighi del lavoratore dipendente** possono essere così riassunti:

- eseguire personalmente le mansioni per le quali è stato assunto con la diligenza richiesta dalla natura della prestazione dovuta e dall'interesse dell'impresa (art. 2104 c.c.);
- osservare, nel lavoro, le disposizioni impartite dall'imprenditore e dai suoi collaboratori (art. 2104, comma 2);
- non trattare affari per conto proprio o di terzi in concorrenza con l'imprenditore né divulgare notizie attinenti all'organizzazione dell'impresa (art. 2105 c.c.).

▶ **I principali diritti** che l'ordinamento attribuisce al prestatore di lavoro possono essere così schematizzati:

- **la retribuzione minima** a cui il lavoratore ha diritto è quella stabilita nei contratti collettivi. Il datore di lavoro, naturalmente, è libero di accordare ai propri dipendenti anche retribuzioni superiori sotto qualsiasi forma (aumento di stipendio, premi di produzione, gratifiche, ecc.) purché ciò non sia fatto con intenti discriminatori (per esempio accordando premi solo a chi non è iscritto ad alcun sindacato);
- **l'orario di lavoro** è stabilito dalla legge e dai contratti collettivi. Il lavoro straordinario può essere svolto nella misura concordata dalle parti a condizione che venga computato a parte e remunerato con un aumento di paga non inferiore al 10% rispetto al compenso ordinario;
- **il riposo settimanale**, stabilisce l'art. 2109 c.c., deve essere concesso al lavoratore ogni settimana, di regola in coincidenza con la domenica;
- **le ferie annuali** sono regolate dai contratti collettivi di lavoro;
- **la conservazione del posto di lavoro** per il tempo previsto nei contratti collettivi è garantita al dipendente in caso di infortunio, di malattia, di gravidanza o di puerperio.

▶ **Gli obblighi del datore di lavoro**, come è comprensibile, sono l'immagine speculare dei diritti del lavoratore.
Il datore di lavoro pertanto è tenuto a riconoscere al prestatore di lavoro quanto stabilito dalla legge e dai contratti collettivi di lavoro in tema di salario, orario di lavoro, riposi, ferie, trasferimenti, licenziamento, e così via.

Il minore, prima di iniziare l'attività lavorativa, deve essere sottoposto a visita medica che lo giudichi idoneo all'attività che si accinge a svolgere. I controlli medici (a carico del datore di lavoro) devono poi essere ripetuti periodicamente, con intervalli non superiori a un anno.

La retribuzione, stabilisce l'art. 2099 c.c., può essere calcolata *a tempo* o *a cottimo*.
- La prima viene commisurata all'orario di lavoro previsto nel contratto.
- La seconda viene commisurata al risultato conseguito: per esempio, può essere rapportata alla quantità di beni prodotti, di campioni distribuiti, di frutta raccolta, di materiale consegnato, e così via. Una forma particolare di retribuzione, tipica dei venditori commerciali, è quella detta *a provvigione*. La provvigione è una percentuale sugli affari promossi o conclusi dal lavoratore a favore dell'imprenditore.

477

8. La nuova normativa sul lavoro denominata "jobs act"

La legge delega n. 183 del 2014 e i susseguenti decreti attuativi hanno introdotto nella disciplina del lavoro novità di grande rilievo che hanno sollevato, nel mondo politico e sindacale, consensi e dissensi. Vediamo, seppure in modo sintetico, le principali novità.

Il contratto di lavoro a tutela crescente

Con il decreto legislativo **n. 23 del 2015** è stato introdotto nel nostro ordinamento il cosiddetto "contratto a tempo indeterminato a tutele crescenti", destinato a diventare il sistema normale di assunzione.

Poiché la sua caratteristica di fondo è di essere a **tempo indeterminato**, la sua applicazione dovrebbe porre fine alla pratica di assumere dipendenti per pochi mesi per poi licenziarli e dopo un po' riassumerli. Dall'entrata in vigore del decreto attuativo i contratti a termine potranno essere stipulati solo alle condizioni che più avanti vedremo.

Per il dipendente, dunque, questo tipo di contratto è fonte di maggiore certezza circa la costanza del suo lavoro, ma non di assoluta tranquillità. Il rovescio della medaglia, infatti, è nella possibilità di essere licenziato anche per infrazioni non particolarmente significative.

Per capire meglio questo aspetto, è opportuno ricordare che la legge n. 604/1966 definisce **illegittimo** il licenziamento operato senza una giusta causa o un giustificato motivo soggettivo o oggettivo.

La giusta causa ricorre quando al dipendente viene imputata una scorrettezza talmente grave da giustificare il licenziamento in tronco senza preavviso. Costituiscono giusta causa di licenziamento, per esempio, l'abbandono del posto di lavoro, il furto o il danneggiamento volontario di apparecchiature aziendali, o altre gravi fattispecie.

Il giustificato motivo soggettivo ricorre quando il fatto imputato al dipendente è un po' meno grave come, ad esempio, il rifiuto di eseguire la prestazione lavorativa assegnata, le ripetute violazioni del codice disciplinare e simili. In questi casi il dipendente può essere licenziato ma con il dovuto preavviso.

Il giustificato motivo oggettivo ricorre quando il licenziamento è motivato da mutamenti nell'assetto produttivo dell'azienda dovuti, ad esempio, all'introduzione di nuove tecnologie.

▶ **Il licenziamento è illegittimo** (legge n. 604/1966) se il fatto imputato al dipendente non è così grave da configurare una giusta causa o un giustificato motivo di licenziamento e potrebbe essere sanzionato con misure meno gravi, come il richiamo o la sospensione per alcuni giorni dal lavoro e dallo stipendio.

Nella precedente normativa la illegittimità del licenziamento era sanzionata con l'obbligo, per il datore di lavoro, di **reintegrare il dipendente** nel

Il contratto di lavoro subordinato UNITÀ 1

proprio posto di lavoro e corrispondergli un risarcimento del danno (art. 18 dello Statuto dei lavoratori).

Oggi, il d.lgs. 23/2015 (art. 3) stabilisce che, in caso di licenziamento illegittimo, il datore di lavoro non sarà più obbligato a reintegrare il dipendente nel proprio posto di lavoro ma, come sanzione, sarà solo obbligato a corrispondergli una **indennità**, cioè una somma di denaro il cui importo sarà proporzionale alla durata del rapporto di lavoro.

In particolare l'indennità sarà pari a due mensilità per ogni anno di servizio prestato e comunque non potrà essere inferiore a due mensilità né superiore a ventiquattro.

Se l'impresa ha meno di quindici dipendenti l'ammontare dell'indennità sarà di una sola mensilità per ogni anno di servizio prestato con un minimo di due e un massimo di sei mensilità.

Il fatto che l'indennità sia proporzionata alla durata del rapporto di lavoro fa dire che il contratto è **a tutela crescente.**

La reintegrazione del dipendente nel posto di lavoro può essere ordinata dal giudice:

- se il fatto imputato al dipendente risulta inesistente in quanto si accerta che costui non ha commesso alcuna irregolarità, né grave, né meno grave;
- se il licenziamento ha finalità discriminatorie, per esempio perché sollecitato dall'appartenenza del dipendente a un partito politico o a un sindacato o per la partecipazione a uno sciopero, oppure a causa della fede religiosa del dipendente, o della razza o del sesso.

La reintegrazione può essere ordinata anche se il licenziamento è nullo perché operato in vista del matrimonio del dipendente o durante la gravidanza o per non concedere i permessi parentali previsti dalla legge per la tutela dell'infanzia o, infine, se è stato comunicato in forma orale (ipotesi poco credibile).

Il licenziamento collettivo

Nel caso in cui si debba procedere al licenziamento contemporaneo di più persone, l'art. 5 della legge 223 del 1991 detta i criteri in base ai quali debbono essere selezionati i lavoratori da licenziare (carichi di famiglia, anzianità di servizio e così via). I licenziamenti operati ignorando tali criteri sono illegittimi e il giudice può ordinare la reintegrazione del lavoratore nel proprio posto di lavoro.

Con le nuove regole introdotte dal jobs act, la prima parte della norma rimane in vigore ma cambia in modo determinante la sanzione: il giudice non potrà più ordinare al datore di reintegrare il lavoratore illegittimamente licenziato ma solo di corrispondergli una indennità.

Il contratto di lavoro a termine

Sebbene la forma normale di contratto di lavoro debba essere, dal 2015, "a tempo indeterminato e a tutele crescenti" (vedi d.lgs. 23/2015), è ancora possibile stipulare contratti a termine. Ma solo nei limiti indicati dal d.lgs. 81/2015, art. 19. Vediamo i tratti essenziali della nuova disciplina.

La motivazione
Non è più richiesta all'imprenditore (come lo era in passato) alcuna esplicita motivazione che giustifichi l'assunzione a termine del dipendente.

I limiti di durata
Il contratto a tempo determinato, secondo la nuova disciplina, non può protrarsi per più di 36 mesi. In questo arco di tempo il datore può stipulare con lo stesso dipendente anche più contratti brevi, ma nel complesso i rinnovi non possono essere più di cinque.

I limiti di funzioni
Non possono essere assunti dipendenti a tempo determinato:

- per la sostituzione di lavoratori in sciopero,
- per rimpiazzare dipendenti licenziati con licenziamento collettivo nei sei mesi precedenti,
- per rimpiazzare lavoratori in cassa integrazione.

I limiti quantitativi
Non possono essere assunti lavoratori a tempo determinato in misura superiore al 20% del numero dei lavoratori a tempo indeterminato operanti in azienda. Se tale percentuale viene superata l'imprenditore sarà soggetto a una sanzione amministrativa.

Il trattamento economico
Al lavoratore a termine spetta lo stesso trattamento economico dei colleghi a tempo indeterminato, ma la violazione di questa disposizione comporta solo l'applicazione di una sanzione amministrativa di poche decine di euro a carico del datore di lavoro.

Il demansionamento

Il Codice civile (art. 2103) stabiliva, fino alla recente modifica, che il prestatore di lavoro dovesse essere adibito alle mansioni per le quali era stato assunto o a quelle corrispondenti alla categoria superiore. In quest'ultimo caso ha diritto al trattamento economico corrispondente all'attività effettivamente svolta.

Il d.lgs. n. 81 del 2015 (art. 3) ha modificato queste disposizioni stabilendo che il lavoratore, pur conservando la medesima retribuzione, può essere assegnato a mansioni *appartenenti al livello di inquadramento inferiore* rispetto a quelle per le quali è stato assunto, se ciò si rendesse necessario in seguito a una modifica degli assetti aziendali. La condizione posta dalla nuova legge (*modifica degli assetti aziendali*) è così generica da far ritenere che la possibilità di *demansionare* il lavoratore dipendente sia rimessa, di fatto, alla discrezionalità del datore di lavoro.

I controlli a distanza

L'articolo 4 dello Statuto dei lavoratori (legge 300/1970) vietava all'imprenditore di disporre strumenti audiovisivi per controllare il lavoratore a distanza, salvo casi specifici concordati con le rappresentanze sindacali.

Con l'entrata in vigore del jobs act, anche questa disposizione viene modificata. Ora è consentito, nel rispetto della privacy, il controllo a distanza sui

Il contratto di lavoro subordinato UNITÀ 1

tablet e sui cellulari che l'azienda fornisce ai dipendenti per svolgere le loro funzioni.
Permane invece il divieto di installare sui posti di lavoro telecamere fisse o altri strumenti di controllo.

9. Altri tipi di contratto di lavoro

Nel 2003, con il d.lgs. n. 276, sono stati introdotti e regolati alcuni tipi di contratto di lavoro, che il **d.lgs. 81/2015** ha riconsiderato globalmente apportandovi alcune modifiche. Vediamoli sinteticamente.

Il contratto di somministrazione del lavoro o "staff leasing"

Questo tipo di contratto consente all'imprenditore di affittare lavoratori da un'altra impresa anziché assumerli.
Nel rapporto che viene a stabilirsi compaiono tre soggetti: l'impresa *utilizzatrice*, l'impresa *somministratrice* e il *lavoratore*.

Imprese utilizzatrici sono chiamate quelle che, avendo necessità di assumere provvisoriamente dei dipendenti, si rivolgono alle imprese di somministrazione iscritte in un apposito albo, con le quali stipuleranno un *contratto di somministrazione*.

Le imprese somministratrici hanno alle proprie dipendenze una certa quantità di lavoratori che inviano a prestare la loro opera presso le imprese *utilizzatrici* che ne fanno richiesta.

Il lavoratore è legato all'impresa somministratrice da un contratto (a tempo determinato o indeterminato) per effetto del quale si impegna a prestare la propria opera presso le imprese nelle quali verrà di volta in volta inviato. Per quanto riguarda il salario questo verrà pagato dall'impresa *somministratrice* che verrà poi rimborsata dall'impresa *utilizzatrice*.

È vietato il ricorso alla somministrazione di lavoro per sostituire dipendenti in sciopero o per rimpiazzare lavoratori licenziati con licenziamento collettivo.

Il lavoro occasionale di tipo accessorio (abrogato da d.l. 25/2017)

Chi abbia bisogno di prestazioni lavorative per periodi piuttosto brevi (per esempio il montaggio di ponteggi in edilizia o la raccolta di frutta in agricoltura) e voglia essere in regola con la normativa sul lavoro, può acquistare presso l'Inps o presso rivenditori autorizzati (tabaccai o banche autorizzate) un carnet di **buoni orari**, per **prestazioni di lavoro accessorio**.
Il valore nominale dei buoni è attualmente di dieci euro lordi e sette netti. Il lavoratore che li riceve in pagamento potrà incassarne l'importo nelle sedi Inps o presso i rivenditori.
Il complesso delle prestazioni occasionali, stabilisce l'art. 48, non può comportare compensi superiori a 7 mila euro l'anno (rivalutabili periodicamente in base ai dati Istat sul costo della vita).

È stato eliminato dall'ordinamento il contratto di lavoro ripartito (detto *job sharing*) che consentiva di assegnare uno stesso posto di lavoro a due persone che si dividevano il salario e assumevano un'obbligazione solidale (in pratica se uno era assente per malattia o altra ragione, l'altro doveva sostituirlo).

481

Per evitare frodi è previsto che il committente comunichi all'Ispettorato territoriale del lavoro i dati del lavoratore che intende impiegare prima che abbia inizio l'attività lavorativa.

Le collaborazioni a progetto

La collaborazione a progetto si configura come un rapporto di lavoro senza vincolo di subordinazione, nel quale il collaboratore si impegna a realizzare per conto del committente uno o specifici progetti.

In linea teorica l'impiego di questo tipo di contratto doveva essere limitato a prestazioni come ricerche di mercato, studi, progetti pubblicitari e altre simili attività. In realtà si era diffusa la tendenza, da parte dei datori di lavoro, a utilizzarlo anche per mascherare attività puramente esecutive.
Per tale ragione il d.lgs. n. 81 del 2015 (art. 2) ha vietato l'utilizzo di questo tipo di contratto salvo nei pochi casi previsti dal decreto stesso.

Il lavoro a chiamata

Il lavoro a chiamata o *intermittente* è un contratto che si ispira al modello olandese del *job on call*. Con esso sostanzialmente il lavoratore si impegna a rimanere a disposizione del datore di lavoro per svolgere prestazioni di carattere *discontinuo* e *intermittente*.
In cambio di questa disponibilità percepirà una *indennità* e avrà diritto alla *piena retribuzione* solo nei periodi in cui il datore avrà effettivo bisogno della sua opera.
Può essere concluso (d.lgs. n. 81/2015, art. 13 ss.) solo con lavoratori di età inferiore ai 25 anni o superiore ai 55 e non può essere impiegato per la sostituzione di lavoratori in sciopero o licenziati in seguito a licenziamento collettivo.

L'apprendistato

Il d. lgs. n. 81 del 2015 ha precisato meglio il contenuto del **contratto di apprendistato** (artt. 41 ss.). Questo viene definito come *il contratto di lavoro a tempo indeterminato finalizzato alla formazione e alla occupazione dei giovani* e si articola nelle seguenti tipologie:

- apprendistato per la qualifica e il diploma professionale, il diploma di istruzione secondaria superiore e il certificato di specializzazione tecnica superiore;
- apprendistato professionalizzante;
- apprendistato di alta formazione e ricerca.

Il contratto deve essere stipulato in forma scritta e deve contenere, sebbene in modo sintetico, il piano formativo individuale.

Ha la durata minima non inferiore a sei mesi.

Il contratto di lavoro subordinato UNITÀ 1

Il mancato raggiungimento, da parte dell'apprendista, degli obiettivi formativi concordati costituisce giustificato motivo di licenziamento.

Al termine del periodo di apprendistato le parti possono recedere dal contratto. Ma se nessuna recede il rapporto prosegue come ordinario rapporto di lavoro subordinato a tempo indeterminato.

L'associazione in partecipazione

Il d.lgs. 81/2015 ha anche soppresso la possibilità di concludere contratti di associazione in partecipazione nei quali l'apporto dell'associato consista unicamente nella prestazione di una attività lavorativa.
La ragione è nel fatto che in questo tipo di contratto l'associato era solitamente un semplice dipendente che non veniva remunerato con uno stipendio ma con una partecipazione (spesso minima) agli utili dell'impresa.
Il vantaggio per l'associante era di avere un dipendente al quale non competeva nessuna delle tutele previste per il lavoro subordinato.

> Il numero complessivo di apprendisti che un datore di lavoro può assumere non può superare il rapporto di 3 a 2 rispetto alle maestranze specializzate e qualificate. Tale rapporto non può diventare del 100% per i datori di lavoro che occupano un numero di lavoratori inferiore a dieci unità.

10. Gli ammortizzatori sociali

Gli ammortizzatori sono quei congegni che consentono di ridurre gli effetti di una caduta o, più in generale, di una perdita di quota.
Per similitudine vengono chiamati ammortizzatori sociali quei provvedimenti utili a ridurre gli effetti della *caduta in povertà* conseguente alla perdita del lavoro.

I principali ammortizzatori sociali sono la Cassa integrazione guadagni (abbreviato CIG) e la Nuova assicurazione sociale per l'impiego (NASPI).

La Cassa integrazione guadagni

La Cassa può intervenire in via *ordinaria* o in via *straordinaria*.

- **In via ordinaria** interviene nel settore industriale, nei casi in cui vi sia la necessità di sospendere o ridurre temporaneamente l'attività produttiva per difficoltà aziendali dovute a *eventi transitori non imputabili all'imprenditore o agli operai* come, per esempio, un cattivo andamento del mercato.

- **In via straordinaria** la Cassa si applica quando la sospensione del lavoro è dovuta a motivi di natura strutturale, come la crisi produttiva e finanziaria dell'impresa oppure l'attivazione di programmi di ristrutturazione o di riconversione che richiedano la sospensione, anche per un lungo periodo, dell'attività produttiva.

> Durante il periodo in cui riceve i benefici della Cig, il lavoratore che voglia svolgere attività lavorativa di carattere subordinato deve darne comunicazione all'Inps affinché sia sospesa l'erogazione dell'indennità.

La Nuova assicurazione sociale per l'impiego

La Nuova assicurazione per l'impiego, introdotta dal d.lgs. n. 22 del 2015, prevede l'erogazione di un assegno mensile ai lavoratori dipendenti che, a

483

partire dal 1° maggio 2015, abbiano **involontariamente e definitivamente** perduto il proprio posto di lavoro.

L'importo dell'assegno è mediamente pari al 75% della retribuzione mensile del dipendente e viene corrisposto per un periodo massimo pari alla metà delle settimane lavorate negli ultimi 4 anni.

Al fine di incentivare l'imprenditorialità autonoma è previsto che il lavoratore possa richiedere la liquidazione anticipata, in unica soluzione, dell'importo complessivo del trattamento che gli spetta, e che non gli è stato ancora erogato, per avviare un'attività di lavoro autonomo o un'attività di impresa individuale o per associarsi in una cooperativa.

11. Il contratto di lavoro autonomo

Ho acquistato alcuni gomitoli di ottima lana per farmi confezionare un pullover. La maglierista che eseguirà il lavoro per mio conto e secondo le mie precise indicazioni diventerà una mia dipendente?

La stessa domanda potremmo porci a proposito dell'idraulico che viene a montare i rubinetti nuovi che abbiamo comperato, del falegname che viene a installare in casa un armadio a muro, dell'imbianchino che viene a ridipingere le pareti, e così via.

Questi soggetti, per il tempo necessario a eseguire i lavori loro commissionati, assumono la qualifica di lavoratori dipendenti?

La risposta è negativa. Questi esempi costituiscono infatti chiare ipotesi di contratto di *lavoro autonomo* detto anche *contratto d'opera*.

==**Si ha contratto d'opera**, come si evince dall'**art. 2222 c.c.**, quando una persona si obbliga a compiere, verso un corrispettivo, un'opera o un servizio con il lavoro prevalentemente proprio e senza vincolo di subordinazione nei confronti del committente.==

È importante sapere se il contratto che concludiamo è un contratto di lavoro subordinato oppure un contratto d'opera?

È di grande importanza perché ai due contratti si applicano norme diverse. Concludendo un *contratto d'opera* non siamo soggetti agli oneri che la legge pone a carico dei datori di lavoro. Inoltre:

- **dal contratto di lavoro subordinato** nasce una **obbligazione di mezzi** talché dobbiamo retribuire l'operaio, l'impiegato, il commesso, la segretaria, anche se la nostra impresa non consegue i risultati in vista dei quali avevamo assunto tutta questa gente;

- **dal contratto d'opera**, invece, nasce una **obbligazione di risultato** (confezionare un pullover, montare dei rubinetti, installare un armadio). Ciò comporta che se il risultato concordato non viene raggiunto (perché il prestatore d'opera si è ammalato, perché si è rivelato incapace, perché ha incontrato difficoltà, e così via) non saremo obbligati a pagare il prezzo convenuto.

Caratterizzano il contratto di lavoro autonomo:

- **l'occasionalità del rapporto**: la maglierista, l'idraulico, il falegname prestano la propria opera ora a un committente, ora a un altro, mentre il lavoro dipendente è caratterizzato dalla continuità delle reciproche prestazioni;
- **la mancanza di subordinazione**: il lavoratore autonomo organizza la propria attività senza alcun vincolo di subordinazione, utilizza strumenti propri e non è soggetto a orari di lavoro, dovendo rispettare soltanto il tempo massimo di esecuzione dell'opera;
- **la retribuzione**: il lavoratore autonomo percepisce il proprio compenso al termine dell'opera (salvo eventuali anticipi) mentre il dipendente riceve una retribuzione periodica.

12. La legislazione sociale

La legislazione sociale è costituita dall'insieme di norme che regolano i rapporti di lavoro e dall'insieme di norme volte a garantire la sicurezza sociale.

Innanzi tutto osserviamo che c'è bisogno di *sicurezza* quando si profilano elementi di incertezza. E le fonti di maggiore incertezza, nella vita delle persone, sono costituite dall'insorgere di malattie, dal prodursi di forme di invalidità, dall'inevitabile incedere del tempo, dalla perdita del posto di lavoro, e così via.

Al prevedibile sopraggiungere di questi eventi, lo Stato cerca di intervenire attraverso istituzioni che assicurano:

- l'assistenza sanitaria, prestata a tutti i cittadini dal *Servizio sanitario nazionale* attraverso organismi territoriali denominati Asl (*Azienda sanitaria locale*);
- la previdenza e l'assistenza sociale.

La distinzione tra assistenza e previdenza sociale può essere così chiarita:

- l'assistenza cerca di sopperire a *necessità attuali* della persona che si trovi in stato di bisogno;
- la previdenza è volta a sopperire alle *necessità future* della persona derivanti da vecchiaia, infortunio, inabilità al lavoro, e così via.

L'assistenza si realizza attraverso l'erogazione di beni e servizi, forniti dallo Stato o da altri enti pubblici, a soggetti che si trovino in particolare stato di bisogno. Tali erogazioni sono numerose e di diversa natura. Ricordiamo a titolo esemplificativo:

Il fondamento costituzionale degli interventi di assistenza e di previdenza sociale è nell'art. 38 Cost. che così dispone: "Ogni cittadino inabile al lavoro e sprovvisto dei mezzi necessari per vivere ha diritto al mantenimento e all'assistenza sociale. I lavoratori hanno diritto che siano preveduti ed assicurati mezzi adeguati alle loro esigenze di vita in caso di infortunio, malattia, invalidità e vecchiaia, disoccupazione involontaria."

- l'erogazione di pensioni sociali a chi ha superato i 65 anni e non dispone di redditi superiori al minimo stabilito dalla legge;
- l'assistenza domiciliare agli anziani;
- l'assistenza ai minori.

La previdenza si realizza attraverso il sistema delle *assicurazioni sociali obbligatorie* gestite soprattutto dall'**Inps** (Istituto nazionale della previdenza sociale) e dall'**Inail** (Istituto nazionale per le assicurazioni contro gli infortuni sul lavoro).

L'Inps si occupa anche della gestione della Cassa integrazione guadagni.

L'Inps, istituito nel 1933, gestisce soprattutto le assicurazioni obbligatorie relative a *vecchiaia* e *invalidità*. Esso, pertanto, eroga:

- la pensione di vecchiaia ai lavoratori che hanno raggiunto l'età anagrafica o gli anni di servizio massimi previsti dalla legge;
- la pensione per i superstiti, detta anche *di reversibilità*, in favore del coniuge o dei figli minori del lavoratore deceduto;
- la pensione di inabilità a favore delle persone che si trovino nella impossibilità di svolgere qualsiasi attività lavorativa a causa di una infermità fisica o mentale;
- l'assegno per invalidità derivante da causa diversa dall'infortunio sul lavoro o dalla malattia professionale, a favore dei soggetti che si trovino nelle condizioni previste dalla legge.

L'Inail gestisce anche l'assicurazione contro le malattie professionali ed è obbligatoria solo per i lavori indicati dalla legge come, per esempio, il lavoro in miniera.

L'Inail, istituito anch'esso nel 1933, gestisce l'assicurazione contro gli infortuni sul lavoro e le altre malattie professionali.

Si tratta di un'assicurazione obbligatoria per tutti i lavoratori occupati nell'industria e nell'agricoltura. In particolare l'Istituto eroga le seguenti prestazioni:

- in caso di morte del lavoratore corrisponde una rendita ai familiari che ne hanno diritto;
- in caso di inabilità temporanea assoluta corrisponde al lavoratore un'indennità giornaliera per tutta la durata dell'inabilità e un rimborso per le spese mediche sostenute;
- in caso di invalidità superiore al 10% corrisponde al lavoratore una rendita proporzionale all'invalidità contratta.

Riguardando gli appunti

UNITÀ 1

1. Come si definisce il contratto di lavoro subordinato?

- Il contratto di lavoro subordinato è l'accordo mediante il quale il lavoratore si obbliga, dietro retribuzione, a prestare il proprio lavoro, intellettuale o manuale, alle dipendenze e sotto la direzione del datore di lavoro.

2. Che cos'è il contratto collettivo di lavoro?

- Il contratto collettivo di lavoro è stipulato dalle organizzazioni sindacali dei lavoratori e dei datori di lavoro. Al loro contenuto devono uniformarsi i contratti individuali.
- Ciascuna categoria di lavoro ha un suo contratto collettivo nazionale che può essere parzialmente modificato da contratti collettivi provinciali o aziendali.

3. Quali sono i principali diritti e obblighi del lavoratore dipendente?

- I principali diritti sono: percepire almeno la retribuzione minima; seguire l'orario di lavoro previsto dalla legge e dai contratti collettivi; godere del riposo settimanale e delle ferie annuali; conservare il posto di lavoro in caso di infortunio, malattia, gravidanza e puerperio.
- I principali obblighi sono: eseguire personalmente le mansioni dovute con la diligenza richiesta; osservare le disposizioni impartite dall'imprenditore; non trattare affari in concorrenza con l'imprenditore né divulgare notizie sull'organizzazione dell'impresa.

4. In quali casi il datore di lavoro può licenziare il dipendente?

- Il lavoratore può essere licenziato per: *giusta causa* (quando ha commesso una scorrettezza talmente grave da giustificare il licenziamento in tronco senza preavviso); *giustificato motivo soggettivo* (quando il lavoratore ha commesso un fatto meno grave, per cui può essere licenziato ma con il dovuto preavviso); *giustificato motivo oggettivo* (quando il licenziamento è dovuto a mutamenti nell'assetto produttivo dell'azienda).
- Quando il licenziamento riguarda più lavoratori si applicano le regole dettate per il *licenziamento collettivo*, altrimenti il licenziamento è illegittimo.

5. Che cos'è il contratto di lavoro a tutela crescente?

- È un contratto di lavoro a tempo indeterminato introdotto dal d. lgs. n. 23 del 2015 (*Jobs act*). È così chiamato perché, in caso di licenziamento illegittimo, il lavoratore ha diritto a un'indennità proporzionale alla durata del rapporto di lavoro (dunque, crescente).
- Il lavoratore illegittimamente licenziato non ha diritto alla reintegrazione, a meno che il fatto imputatogli risulti inesistente o il licenziamento discriminatorio.

6. Quali sono i principali ammortizzatori sociali?

- I principali ammortizzatori sociali sono la Cassa integrazione guadagni (CIG), che può essere ordinaria o straordinaria, e la Nuova assicurazione sociale per l'impiego (NASPI)

7. Quali sono le caratteristiche del contratto d'opera?

- Il contratto d'opera (o di lavoro autonomo) obbliga il lavoratore a compiere, dietro corrispettivo, un'opera o un servizio con il lavoro prevalentemente proprio e senza vincoli di subordinazione nei confronti del committente.

8. Che cosa s'intende per legislazione sociale?

- La legislazione sociale è costituita dall'insieme delle norme che regolano i rapporti di lavoro e la sicurezza sociale.
- L'assistenza sanitaria è assicurata dal Servizio sanitario nazionale attraverso organismi territoriali denominati Asl (Azienda sanitaria locale).
- L'assistenza sociale è realizzata mediante l'erogazione di beni e servizi, forniti dallo Stato o da altri enti pubblici, a soggetti che si trovino in stato di bisogno.
- La previdenza sociale è realizzata attraverso il sistema delle assicurazioni sociali obbligatorie gestite in misura prevalente dall'Inps e dall'Inail.

Verifica le tue conoscenze

Completamento

Completa lo schema utilizzando le seguenti parole: *piena retribuzione*; *discontinuo e intermittente*; *disposizione*; *indeterminato*; *formazione*; *giovani*; *impresa di somministrazione*; *impresa*; *committente*; *vincolo di subordinazione*.

Test a risposta multipla

Indica con una crocetta l'affermazione esatta.

1. Lo sciopero è:
   A. vietato nei servizi pubblici essenziali
   B. consentito solo ai lavoratori iscritti al sindacato
   C. una strategia di lotta sindacale ma non un diritto
   D. un diritto garantito dalla Costituzione

2. I contratti collettivi:
   A. sono efficaci solo per gli iscritti ai sindacati stipulanti
   B. vengono applicati anche ai lavoratori non iscritti ai sindacati stipulanti
   C. sono applicabili ai terzi solo se questi acconsentono per iscritto
   D. possono essere applicati ai terzi solo se ribadiscono quanto già previsto dalla legge

3. Il licenziamento per giusta causa ricorre quando:
   A. il lavoratore commette un fatto talmente grave da giustificare l'immediata cessazione del rapporto
   B. il licenziamento è dovuto a una riorganizzazione dell'assetto produttivo dell'azienda
   C. il dipendente si assenta per contrarre matrimonio, o a causa di gravidanza o malattia
   D. il lavoratore non adempie agli obblighi contrattuali, fermo restando il dovuto preavviso

4. Il contratto di lavoro a tutela crescente prevede che, in caso di licenziamento illegittimo, il lavoratore:
   A. ha diritto all'indennità o, in alternativa, alla reintegrazione nel posto di lavoro
   B. ha diritto solo all'indennità, ma se il licenziamento è discriminatorio o il fatto imputatogli inesistente, ha diritto alla reintegrazione
   C. in nessun caso ha diritto alla reintegrazione
   D. non ha diritto né all'indennità né alla reintegrazione

Ma davvero?

Il diritto si affaccia nei discorsi di ogni giorno. A volte, però, a sproposito. Leggi e rifletti.

«Ho fatto il colloquio di lavoro!», annuncia tuo fratello rientrando a casa. «Com'è andata?» chiedono i tuoi con ansia. «Molto bene! Il datore di lavoro mi ha detto che dovrò firmare una rinuncia volontaria alle ferie e ai riposi settimanali, ma va bene così. Sapete, la produzione ha le sue esigenze!»

Tuo fratello sembra sicuro di ciò che dice. Ma davvero... il datore di lavoro può chiedergli di firmare una dichiarazione di quel tipo?

488

I CONTRATTI DELL'IMPRENDITORE

PERCORSO 1
UNITÀ 2

Altri contratti dell'imprenditore

1. Il contratto di somministrazione

Sto per aprire un piccolo caffè letterario con libri di poesie a disposizione dei clienti. Tutte le mattine avrò bisogno di cornetti freschi, paste farcite e, più tardi, anche di rustici e pizzette. Che tipo di contratto potrei concludere per assicurarmi queste forniture giornaliere?

Per avere la certezza di una fornitura ripetuta e costante occorre stipulare un *contratto di somministrazione*.

Con il **contratto di somministrazione**, stabilisce l'**art. 1559 c.c.**, una parte si obbliga, verso corrispettivo di un prezzo, a eseguire, a favore dell'altra, prestazioni periodiche o continuative di cose.

Stipulano abitualmente contratti di somministrazione i bar, i ristoranti e in genere chiunque voglia assicurarsi un rifornimento sicuro e continuativo di beni.
Anche la distribuzione di acqua, gas ed energia elettrica nelle case di abitazione o nelle aziende avviene in seguito a un contratto di somministrazione. Questo tipo di contratto può anche contenere un *patto di esclusiva* con il quale, per esempio, un rivenditore si impegna a rifornirsi sempre dallo stesso produttore, oppure un produttore si impegna, limitatamente a una determinata zona, a cedere i suoi prodotti solo a un certo rivenditore (artt. 1567-1568 c.c.).
Se la durata della somministrazione non è stabilita dalle parti, dispone l'art. 1569 c.c., ciascuna può recedere dal contratto dando preavviso nel termine concordato.

QUESTIONI

La sospensione della somministrazione

Può capitarci di partire per le vacanze dimenticando di pagare la bolletta del telefono o dell'energia elettrica e di trovare, al ritorno, il servizio sospeso. È regolare tutto ciò? È così grave il nostro inadempimento da giustificare la risoluzione del contratto?
Il nostro inadempimento non è grave e, in casi come questi, non si parla di risoluzione ma soltanto di temporanea sospensione della somministrazione. Dispone l'art. 1565 c.c. che se è di lieve entità l'inadempimento della parte che ha diritto alla somministrazione, l'altra può sospendere l'esecuzione purché abbia dato congruo preavviso.

489

2. Il contratto estimatorio

Se proviamo ad acquistare un quotidiano del giorno precedente o una rivista della settimana precedente, quasi sicuramente il giornalaio ci risponderà che non ne ha più. Perché mai? È possibile che i giornalai riescano sempre a vendere nel tempo giusto tutto ciò che ricevono quotidianamente o periodicamente?
La verità è molto più semplice: il giornalaio non dispone di vecchie copie perché ogni mattina le *rende* ai distributori. E può farlo perché ha concluso con essi un particolare contratto detto *estimatorio*, regolato dagli **artt. 1556-1558 c.c.**

==**Estimatorio** è chiamato il contratto con il quale una parte (generalmente un fornitore) consegna una o più cose mobili all'altra parte e questa si obbliga a pagare il solo prezzo delle cose che riuscirà a vendere nel tempo concordato. La rimanenza, detta comunemente resa, verrà restituita al fornitore.==

Questo contratto si chiama *estimatorio* perché il corrispettivo che deve essere pagato al fornitore viene calcolato *stimando* le vendite effettuate.
Se le cose oggetto del contratto estimatorio (giornali, libri e altro) si deteriorano prima che vengano vendute o che vengano rese al fornitore, la perdita è a carico del contraente che le ha ricevute, anche se il danno si è prodotto per una causa a lui non imputabile (art. 1557 c.c.).

Solitamente il contratto **estimatorio** viene utilizzato quando la merce consegnata dai fornitori è vendibile in tempi piuttosto contenuti.

3. La concessione di vendita e il *franchising*

Se fossimo titolari di un negozio nel quale si vende abbigliamento di serie o scarpe di media qualità o generi alimentari di largo consumo avremmo sicuramente un'ampia gamma di produttori dai quali rifornirci.
Ma se volessimo specializzarci nella vendita di una certa marca di automobili, di una certa marca di abbigliamento, di un certo tipo di computer e, in generale, di specifici beni conosciuti dal pubblico sia per le loro intrinseche caratteristiche sia per la pubblicità di cui sono oggetto, allora dovremmo chiedere al produttore di *concederci* il privilegio di vendere i suoi prodotti. Nasce così la *concessione di vendita*: un particolare contratto che prende chiaramente le mosse dal contratto di somministrazione.

==**La concessione di vendita** impegna il produttore a somministrare una certa quantità di prodotto al concessionario che, a sua volta, si impegna a curarne la vendita in una determinata zona.==

Il contratto di concessione può contenere anche una *clausola di esclusiva*, sia a favore del concedente che del concessionario.

Il *franchising* o affiliazione commerciale

Immaginiamo di avere una grande industria e di aver reso famoso il nostro marchio grazie alla qualità dei prodotti e agli ingenti investimenti effettuati per pubblicizzarlo.

Altri contratti dell'imprenditore   UNITÀ 2

La nostra produzione riceverebbe un grande impulso se potessimo dotarci di una *rete commerciale* che venda soltanto i nostri prodotti.
E l'impulso sarebbe ancora maggiore se tutti i negozi presentassero la stessa immagine in modo da poter essere immediatamente riconosciuti dai clienti. Ma installare una rete di vendita nazionale è estremamente costoso e rischioso.
Come risolvere il problema?

Risponde a questa esigenza un contratto di derivazione statunitense denominato *franchising*, divenuto tipico con legge n. 129 del 2004 che lo ha ribattezzato contratto di **affiliazione commerciale**.

Il contratto di affiliazione commerciale (o *franchising*) è un contratto con il quale i dettaglianti accettano di vendere in esclusiva i prodotti del *franchisor* (cioè del produttore concedente) uniformando la loro attività a tutte le prescrizioni da questo poste nel contratto. In tal modo il mercato tende a identificare il distributore con il produttore.

Franchisor è chiamato il produttore concedente. *Franchisee* è chiamato chi riceve la concessione.

Scopo del contratto è creare una rete per la commercializzazione di determinati beni o servizi.

Quale vantaggio ricava il dettagliante dal legame con il franchisor*?*

Il termine *franchising* può essere tradotto come "privilegio". E il privilegio in questione è quello che deriva al dettagliante dal fatto di poter contare sulla clientela che il *franchisor* è in grado di attrarre verso i suoi prodotti grazie a sofisticate strategie di mercato e a una pubblicità solitamente imponente.

4. I contratti per la promozione o la conclusione di affari

Sono un giovane imprenditore e, poiché sono impegnato in fabbrica tutto il giorno, ho contattato una persona di mia fiducia alla quale ho chiesto di provvedere alla conclusione di uno o più affari con clienti e fornitori. Mi domando che tipo di contratto dovrei concludere con questa persona.

Nella pratica commerciale è altamente frequente che una persona conferisca a un'altra l'incarico di promuovere, agevolare o concludere uno o più affari. Questo incarico può essere assunto attraverso un contratto di mandato, commissione, agenzia, mediazione. Vediamo di che cosa si tratta.

CONTRATTI PER LA PROMOZIONE E LA CONCLUSIONE DI AFFARI

- Mandato
- Commissione
- Agenzia
- Mediazione

Il mandato

Il mandato è il contratto con il quale una parte (detta *mandatario*) si obbliga a compiere uno o più atti giuridici per conto dell'altra parte (detta *mandante*).

491

Poichè di questo contratto ci siamo già occupati nell'Unità 2 del Percorso D, a quello rimandiamo per ulteriori chiarimenti.

Il contratto di commissione

Committente è colui che commissiona una certa operazione.
Commissionario è colui che dà esecuzione alla commissione, cioè all'incarico ricevuto.

Immaginiamo di recarci negli uffici della banca di cui siamo clienti abituali e di chiedere al funzionario addetto di comperare, per nostro conto, un pacchetto di azioni di una società quotata in Borsa.

Il funzionario compilerà allora un modulo già predisposto che ci farà sottoscrivere.
Quel modulo rappresenta un *contratto di commissione*.

In virtù di questo contratto la banca acquisterà a proprio nome la proprietà delle azioni che trasferirà poi a noi.

Il contratto di commissione, si desume dall'art. 1731 c.c., è un *mandato* (senza rappresentanza) per effetto del quale il *commissionario* acquista o vende beni per conto del *committente*.

Questo tipo di contratto trova notevole applicazione nel campo del commercio all'ingrosso, anche internazionale, per l'acquisto o la vendita di importanti partite di merce.

Il rischio che il compratore non paghi la cosa acquistata è solitamente a carico del committente.
Tuttavia nel contratto di commissione può essere inserita la clausola *star del credere* (art. 1736 c.c.) per effetto della quale il commissionario garantisce il committente per l'adempimento del terzo.

Il contratto di agenzia e il contratto di mediazione

Il contratto di *agenzia* e il contratto di *mediazione* presentano entrambi una caratteristica: sia l'agente che il mediatore *non* concludono direttamente affari con i clienti (come fanno il concessionario o il committente) ma si limitano a facilitare l'incontro tra le parti.

 Qual è la differenza, allora, tra agente e mediatore? Se dovessi svolgere una delle due professioni, quale sarebbe più conveniente scegliere?

Per rispondere cerchiamo di capire quali sono le caratteristiche di ciascuna attività.

L'agente di commercio, si ricava dall'**art. 1742 c.c.**, è colui che, in cambio di una provvigione, assume *stabilmente* l'incarico di *promuovere* la conclusione di contratti in una determinata zona, per conto di un imprenditore detto *preponente*.

Caratterizzano il contratto di agenzia:

- la stabilità del rapporto;

- la mancanza, nell'agente, di un potere di rappresentanza (sebbene gli agenti di commercio vengano comunemente chiamati rappresentanti, essi, in realtà, non sono tali).

L'agente di commercio si limita a ricevere dai clienti le cosiddette *ordinazioni* (che sono in realtà, *proposte irrevocabili di contratto*) che trasmette all'imprenditore, *il quale è libero di accettarle o di rifiutarle.*

È l'imprenditore, pertanto, che conclude i contratti, a meno che, come consente l'art. 1752 c.c., all'agente sia stata conferita *anche* la rappresentanza. In tal caso egli potrà direttamente concludere i contratti con i clienti in nome e per conto dell'imprenditore.

Un diritto di esclusiva è attribuito alle parti da questo contratto (salvo accordo contrario). Stabilisce, infatti, l'art. 1743 c.c. che:

- il preponente non può valersi contemporaneamente di più agenti nella stessa zona e per lo stesso ramo di attività,
- né l'agente può assumere l'incarico di trattare nella stessa zona gli affari di più imprese in concorrenza tra loro.

Il mediatore, stabilisce l'**art. 1754 c.c.**, è colui che mette in relazione due o più parti per la conclusione di un affare, senza essere legato ad alcuna di esse da rapporti di collaborazione, di dipendenza o di rappresentanza.

> **L'agente** è tenuto a restituire le provvigioni riscosse solo se il contratto non è andato a buon fine per cause non imputabili al preponente. È nullo ogni patto più sfavorevole all'agente.

Sono mediatori, per esempio, le cosiddette *agenzie immobiliari*, che lavorano per favorire l'incontro tra i venditori di immobili e i potenziali acquirenti.

Se l'affare viene concluso il mediatore ha diritto alla *provvigione* da entrambe le parti.

La differenza più evidente, rispetto all'agente di commercio, è la mancanza di qualsiasi vincolo di dipendenza con l'una o con l'altra parte. Il mediatore non si adopera nell'interesse di un imprenditore determinato ma opera nel proprio esclusivo interesse che consiste nell'agevolare la conclusione di affari da parte di chiunque si rivolga a lui.

5. Il contratto di appalto

L'appalto, stabilisce l'art. 1665 c.c., è il contratto con il quale una parte (appaltatore) assume, con l'organizzazione dei mezzi necessari e con la gestione a proprio rischio, il compimento di un'opera o di un servizio, verso un corrispettivo in denaro.

> **L'appaltatore**, dispone l'art. 1659 c.c., non può apportare variazioni alle modalità convenute se il committente non le ha autorizzate per iscritto.

Appaltatore solitamente è un imprenditore medio o grande che esegue la prestazione con una rilevante organizzazione di mezzi e ciò lo distingue dall'artigiano che esegue la prestazione con il lavoro prevalentemente proprio.

Oggetto dell'appalto può essere la realizzazione di un'opera, come la costruzione di una strada o di un edificio, oppure l'esecuzione di un servizio, come la vigilanza notturna, la manutenzione di impianti industriali, la pulizia di uffici, e così via.

Se oggetto dell'appalto è la realizzazione di un'opera, il committente prima di ricevere la consegna ha diritto di verificare che l'opera sia stata correttamente eseguita.

Se la prende in consegna senza riserve, l'opera si considera accettata (art. 1665 c.c.).

L'appaltatore, inoltre, dispone l'art. 1656 c.c., non può dare in *subappalto* l'esecuzione dell'opera o del servizio se non è stato autorizzato dal committente.

Il contratto di appalto si presta, come pochi altri, a generare contrasti tra le parti. Esso infatti è fonte di una **obbligazione di risultato**, e non sempre il risultato è perfettamente rispondente a quanto previsto nel *capitolato*, cioè nel documento con il quale le parti concordano i tempi e i modi di esecuzione nonché il prezzo dell'opera o del servizio.

Consideriamo, qui di seguito, alcune tra le più frequenti ragioni di contrasto.

> **Il committente**, dispone l'art. 1661 c.c., pagandone il prezzo può pretendere che siano apportate modifiche al progetto originario purché esse non siano tali da stravolgere la natura dell'opera e il loro valore non superi un sesto del prezzo complessivo concordato.

Si può recedere unilateralmente dal contratto di appalto? Per esempio, se sorgesse un contrasto con l'appaltatore, potrei revocargli l'incarico?

Il committente, come consente l'art. 1671 c.c., può recedere dal contratto anche se è stata iniziata l'esecuzione dell'opera o la prestazione del servizio, ma a condizioni piuttosto onerose: egli, infatti, deve risarcire l'appaltatore delle spese sostenute, dei lavori eseguiti e del mancato guadagno.

E se dovessero variare i costi di produzione, si potrebbe pretendere una revisione del prezzo concordato?

Se per effetto di circostanze *imprevedibili* vi sono state variazioni nel costo dei materiali o della mano d'opera superiori al 10%, l'appaltatore (se i costi sono aumentati) o anche il committente (se i costi sono diminuiti) possono chiedere una revisione del prezzo concordato (art. 1664 c.c.).
Inoltre, se nel corso dell'opera si manifestano difficoltà di esecuzione derivanti da cause geologiche, idriche o simili, non previste dalle parti, che rendano notevolmente più onerosa la prestazione, l'appaltatore ha diritto a un *equo compenso*.

Se l'opera presenta dei vizi, come deve regolarsi il committente?

L'appaltatore, stabilisce l'art. 1667 c.c., è tenuto a garantire l'opera da difformità o dalla presenza di vizi che non erano conosciuti né conoscibili al momento della consegna.

Il committente, aggiunge l'art. 1668 c.c., può chiedere che le difformità o i vizi dell'opera siano eliminati a spese dell'appaltatore oppure che il prezzo sia proporzionalmente diminuito.

Se le difformità e i vizi sono tali da rendere l'opera del tutto inadatta alla sua destinazione, il committente può chiedere la risoluzione del contratto.
La risoluzione, dispone l'art. 1662 c.c., può essere chiesta anche in corso d'opera quando si accerti che l'esecuzione non procede secondo le condizioni stabilite dal contratto e a regola d'arte. In questi casi il committente può fissare un congruo termine entro il quale l'appaltatore si deve conformare a tali condizioni. Trascorso inutilmente il termine stabilito, il contratto è risolto e l'appaltatore è tenuto al risarcimento dei danni.

> **Una garanzia speciale** è posta dall'art. 1669 c.c. a carico di chi costruisca edifici o altri immobili: il committente può chiedere il risarcimento del danno se, nel corso di dieci anni dal compimento, l'opera rovina o presenta pericoli di rovina o gravi difetti e ciò dipende da vizio del suolo o da difetto di costruzione.

6. Il contratto di deposito

Il deposito è il contratto con cui una parte (*depositario*) riceve dall'altra (*depositante*) una cosa mobile con l'obbligo di custodirla e restituirla in natura (cioè di restituire esattamente la stessa cosa).

È un *contratto reale* perché si perfeziona solo con la consegna della cosa.

È regolato dagli artt. 1766 ss. dai quali ricaviamo che:

- può essere gratuito o oneroso;

- il depositario non può servirsi della cosa senza autorizzazione del depositante;

- deve custodirla con diligenza;

- è responsabile della sua sottrazione o del suo deterioramento se non prova che tali eventi sono stati conseguenza di un fatto a lui non imputabile.

Il deposito si dice irregolare quando ha per oggetto denaro o altre cose fungibili.

La particolarità del deposito irregolare consiste nel fatto che il depositario acquista la proprietà della cosa e può servirsene, mantenendo solo l'obbligo di restituire, alla scadenza concordata, altrettante cose dello stesso genere e quantità.

L'ipotesi più frequente di deposito irregolare è costituita dal **deposito bancario** in cui la banca acquista la proprietà del denaro che depositiamo e, quando lo richiederemo, ci restituirà banconote per lo stesso valore ma sicuramente con numeri di serie diversi.

Il deposito nei magazzini generali

I magazzini generali sono imprese che offrono ai clienti (in genere commercianti all'ingrosso) un servizio di custodia e di conservazione delle merci in locali appositamente attrezzati.

A richiesta del depositante, stabilisce l'art. 1790 c.c., viene rilasciata una *fede di deposito* a cui è unita, aggiunge l'art. 1791 c.c., una *nota di pegno*.

Fede di deposito e **nota di pegno** sono *titoli di credito rappresentativi di merci* e possono essere trasferiti mediante girata.

La trasferibilità della fede di deposito e della nota di pegno consente di effettuare alcune interessanti operazioni

Immaginiamo di essere proprietari di un carico di lana proveniente dalla regione del Kashmir, fermo in un deposito del porto:

- se vogliamo vendere il carico, per esempio a un'industria tessile, non sarà necessario consegnarlo materialmente ma sarà sufficiente girare all'imprenditore la *fede di deposito* con la quale egli è legittimato a ritirare la lana;
- se non intendiamo vendere il carico ma offrirlo in pegno a una banca per ottenere un prestito, non sarà necessario portare la lana in banca ma sarà sufficiente girare a quest'ultima la *nota di pegno*;
- se, infine, troviamo per il nostro carico un acquirente che non dispone immediatamente di tutto il denaro occorrente, possiamo concludere la vendita cedendogli la fede di deposito e trattenendo la nota di pegno. La sola fede di deposito, infatti, non consente, di regola, il ritiro della merce prima che sia scaduto il debito per cui questa è stata costituita in pegno.

7. Il contratto di trasporto

Con il contratto di trasporto, stabilisce l'art. 1678 c.c., il vettore si obbliga, verso un corrispettivo, a trasferire persone o cose da un luogo all'altro.

Lo sciopero nazionale degli addetti al trasporto può essere una causa di giustificazione per il vettore che non abbia correttamente eseguito la prestazione. Non lo è invece lo sciopero aziendale la cui causa è riconducibile al rapporto tra il vettore e i suoi dipendenti.

Si tratta di un'attività che presenta alcuni rischi del tutto tipici. Innanzi tutto è possibile che, per cause dipendenti dai mezzi impiegati, dal traffico o per altre ragioni, il vettore giunga in ritardo a destinazione e può anche accadere che si danneggino le cose trasportate o si infortunino i viaggiatori.

Vediamo che cosa dispone il Codice civile per tali eventualità premettendo che esso si occupa solo del trasporto su strada, mentre del trasporto marittimo, aereo e ferroviario si occupano leggi speciali.

La mancata o tardiva esecuzione

Ho affidato a un corriere espresso una busta contenete l'accettazione di una proposta di contratto. La busta però è stata consegnata con un giorno di ritardo quando il proponente aveva già ritirato la propria offerta. Posso pretendere dal vettore un risarcimento del danno?

Per regola generale il debitore è tenuto al risarcimento del danno *se non prova* che la prestazione è divenuta impossibile per una causa *sopravvenuta e a lui non imputabile*.

Ciò comporta, nel caso sopra esposto, che il vettore si presume responsabile del disservizio (e sarà tenuto a risarcire il danno) se non prova che il ritardo è imputabile a cause che egli non poteva assolutamente prevedere ed evitare, come il precipitare di una frana che ha bloccato la circolazione, lo scatenarsi di un fortunale di inaudita violenza e in pochi altri casi.

Il trasporto di persone

Nel trasporto di persone l'obbligo del vettore non consiste solo nel trasportare persone da un luogo all'altro, ma anche nel trasportarle incolumi.
Egli pertanto, come dispone l'art. 1681 c.c., risponde dei sinistri che colpiscono la persona del viaggiatore durante il viaggio e della perdita o dell'avaria delle cose che il viaggiatore porta con sé se non prova di aver adottato *tutte le misure idonee a evitare il danno*.

Al vettore che non voglia risarcire il danno, pertanto, non basterà dimostrare di essere genericamente senza colpa, ma dovrà provare di aver attuato *tutte le misure idonee* a prevenirlo.
Al viaggiatore, invece, basterà dimostrare l'esistenza del danno.

 E se il vettore, prudentemente, avesse apposto sul suo mezzo un cartello con scritto: non si risponde dei danni alle persone e alle cose?

Sono nulle, specifica il secondo comma dell'art. 1681 c.c., le clausole che limitano la responsabilità del vettore per i sinistri che colpiscono il viaggiatore. E la ragione di tale norma è facilmente intuibile: il diritto alla incolumità fisica è *indisponibile* e nessuno può rinunciarvi per contratto. Si può concordare, invece, una limitazione della responsabilità per i danni alle cose.

Nel trasporto di persona la stipulazione del contratto è accompagnata dal rilascio di un *biglietto di viaggio*. Tale biglietto (o *ticket*) costituisce un documento di legittimazione che serve a indicare chi ha diritto a ricevere la prestazione.

Il trasporto gratuito e di cortesia

Poniamoci una domanda: l'albergo che mette a disposizione dei clienti un'auto che li conduce alla stazione ferroviaria, la compagnia aerea che mette a disposizione dei viaggiatori un pullman che li conduce in città, l'impresa che preleva a casa i dipendenti e con propri automezzi li conduce in azienda, sono responsabili per eventuali infortuni?

La risposta è affermativa.
Anche al trasporto gratuito si applicano, precisa il terzo comma dell'art. 1681 c.c., le norme sul trasporto oneroso.

 E se il trasporto fosse di pura cortesia? Per esempio, se do un passaggio a un amico, a un parente o a una persona che fa l'autostop e questa si infortuna, sono responsabile del danno?

Anche in questo caso la risposta è affermativa.
Chi opera un trasporto per semplice cortesia assume una responsabilità *extra-contrattuale* che, per quanto attiene il trasporto su strada, è regolata dal Codice civile.

Non fa tutto il possibile per evitare il danno, ha stabilito la Cassazione, anche il conducente che non imponga ai trasportati di allacciare le cinture di sicurezza durante il viaggio. In caso di incidente questi è corresponsabile per i danni subiti dalle persone che, nel momento del sinistro, non avevano le cinture allacciate.

PERCORSO I
I CONTRATTI DELL'IMPRENDITORE

> È chiamata **responsabilità extracontrattuale** quella contemplata nell'art. 2043 c.c. che così dispone: "Qualunque fatto doloso o colposo che cagiona ad altri un danno ingiusto, obbliga colui che ha commesso il fatto a risarcire il danno."

L'art. 2054 così dispone:
"Il conducente di un veicolo senza guida di rotaie è obbligato a risarcire il danno prodotto a persone o a cose dalla circolazione del veicolo, *se non prova di aver fatto tutto il possibile* per evitare il danno."

Egli dunque dovrà dimostrare non solo di aver rispettato tutte le norme sulla circolazione, ma anche che l'evento dannoso è dipeso da cause che non avrebbe potuto comunque controllare.

Il trasporto di cose

Il trasporto di cose, qualora il mittente sia persona diversa dal destinatario, si configura come un *contratto a favore del terzo*.
Ciò perché il contratto viene stipulato tra il mittente e il vettore, ma chi se ne avvantaggia è il destinatario.
Se durante il trasporto la cosa viene danneggiata, pertanto, sarà il destinatario ad avere il potere di agire in giudizio contro il vettore.

Il vettore è responsabile, stabilisce l'art. 1693 c.c., della perdita e dell'avaria delle cose consegnategli per il trasporto, dal momento in cui le riceve a quello in cui le riconsegna al destinatario.

Il vettore non è responsabile, precisa il medesimo articolo, se la *perdita* o l'*avaria* è derivata:

- da caso fortuito;
- dalla natura o dai vizi delle cose stesse;
- dal loro imballaggio;
- dal comportamento del mittente o del destinatario.

> **In tema di trasporto** norme speciali, tra cui la legge n. 450 del 1985, stabiliscono limiti al risarcimento applicabili in tutti i casi in cui le parti non abbiano stabilito diversamente.

La vendita su documenti di cose trasportate

Su richiesta del vettore il mittente deve rilasciare una *lettera di vettura* contenente le condizioni concordate per il trasporto.

Su richiesta del mittente il vettore deve rilasciare un *duplicato della lettera di vettura* o una *lettera di carico*.

Queste lettere sono documenti che costituiscono *titolo di credito rappresentativo di merci*.
Se recano la clausola *all'ordine*, consente l'art. 1691 c.c., possono essere trasferiti mediante *girata* e il vettore dovrà consegnare la merce al *giratario*. Può realizzarsi, in tal modo, la cosiddetta *vendita su documenti*.

Ho affidato a un vettore navale un carico di petrolio che dovrà essere consegnato a una raffineria italiana. Ma ora ho cambiato idea e vorrei consegnarlo a un'altra raffineria. Posso modificare l'ordine?

Il mittente, dispone l'art. 1685 c.c., fin quando la merce non è stata consegnata può sospendere il trasporto e chiedere la restituzione delle cose o può ordinare la consegna a un destinatario diverso, salvo l'obbligo di rimborsare al vettore le spese sostenute e di risarcirlo dei danni derivanti dal contrordine.

8. Il contratto di spedizione

Completamente diverso dal contratto di trasporto è il contratto di spedizione.

Il contratto di spedizione, precisa l'art. 1737 c.c., è un *mandato* col quale lo spedizioniere assume l'obbligo di concludere, in nome proprio e per conto del mandante, un contratto di trasporto e di compiere le operazioni accessorie.

Solitamente, se abbiamo un pacco o una busta da inviare ci rivolgiamo direttamente al vettore. Ma se, per esempio, la nostra impresa deve spedire i propri prodotti in grande quantità a indirizzi diversi, può essere comodo rivolgerci a uno *spedizioniere* che si occupi di tutte le operazioni accessorie, come la consegna dei pacchi al vettore, la stipula dei contratti di trasporto, le operazioni di dogana, e così via.

Gli obblighi dello spedizioniere sono indicati nell'art. 1739 c.c.:

- nella scelta della via, del mezzo e delle modalità di trasporto della merce, lo spedizioniere è tenuto a osservare le istruzioni del committente e, in mancanza, a operare secondo il migliore interesse del medesimo;
- salvo che sia stato diversamente convenuto e salvo usi contrari, lo spedizioniere non ha l'obbligo di assicurare le cose spedite;
- i premi, gli abbuoni e i vantaggi di tariffa ottenuti dallo spedizioniere devono essere accreditati al committente, salvo patto contrario.

Lo spedizioniere, si desume dall'art. 1741 c.c., può assumere anche il ruolo di vettore ed eseguire egli stesso il trasporto delle merci che gli vengono consegnate.

9. Il contratto di *leasing*

Poiché gli affari della mia impresa di giardinaggio vanno piuttosto bene, vorrei ampliare l'azienda. Come potrei acquistare i macchinari che mi occorrono senza dare fondo alla mia scorta di liquidità?

Questo problema può essere risolto con un contratto ormai ampiamente operante nel nostro ordinamento chiamato *leasing*, con il quale l'imprenditore prende in locazione gli strumenti di cui ha bisogno.

Il *leasing* è un contratto con il quale una parte prende in godimento un bene per un certo periodo di tempo pagando all'altra un canone, con la facoltà, alla scadenza del termine stabilito, di restituire il bene o di acquistarlo al prezzo concordato.

PERCORSO I

I CONTRATTI DELL'IMPRENDITORE

Per agevolare i contratti di *leasing* nei quali il concedente e l'utilizzatore hanno sede in Stati diversi, è stata ratificata, con legge n. 259 del 1993, la *Convenzione sul leasing finanziario internazionale di beni strumentali*. Con questa legge si è inteso dare una disciplina uniforme nei vari Paesi a questo importante strumento finanziario.

Si ha *leasing* finanziario (oggi il più diffuso) quando un'apposita impresa di *leasing* provvede ad acquistare il bene dal produttore e a darlo in godimento a chi dovrà utilizzarlo.

Si ha *leasing* operativo quando il bene viene dato in godimento direttamente dal produttore o dal distributore.

Chi utilizza il bene deve corrispondere il canone concordato al concedente, il quale è tenuto a garantire che il bene sia esente da vizi.

Alla scadenza del contratto l'utilizzatore ha facoltà di:

- restituire il bene;
- acquistarlo al prezzo predeterminato;
- chiedere al concedente di rinnovare il contratto, con un canone che tenga conto dell'usura del bene.

Di eventuali danni subiti dalla cosa avuta in *leasing* risponde l'utilizzatore. Questi non risponde, invece, per l'usura dovuta alla normale utilizzazione.

10. Il contratto di *factoring*

Immaginiamo di essere titolari di una grande impresa che conta migliaia di clienti sparsi in tutto il Paese, che effettuano pagamenti dilazionati in tempi diversi.
Per controllare contabilmente la massa dei crediti dovremmo dotarci di un adeguato ufficio. E per gestire giudizialmente le prevedibili inadempienze dovremmo collegarci con uno studio legale. Tutti questi disagi possono essere evitati ricorrendo alle *società di factoring*, specializzate nella gestione contabile e nella riscossione dei crediti.

==Il *factoring* è il contratto con cui un imprenditore cede la totalità o una parte dei propri crediti d'impresa a una *società di factoring* che si obbliga a riscuoterli e a versare l'importo al *cedente* trattenendo per sé una percentuale.==

Factor è chiamato chi svolge attività di *factoring*. Il termine deriva dal latino *facere* nel significato di "colui che fa". Nel lessico inglese *factor* indica chi agisce per conto di altri. Sebbene le prime imprese di *factoring* siano nate in Inghilterra tra il XV e il XVI secolo, questo tipo di attività ha cominciato ad avere un rilevante sviluppo solo dalla seconda metà del Novecento.

L'imprenditore può cedere al *factor* sia crediti già esistenti, sia crediti futuri che nasceranno dai contratti che prevede di stipulare.

Possono esercitare l'attività di *factoring* sia le banche, sia società appositamente costituite, purché siano iscritte in un apposito albo istituito presso la Banca d'Italia.
La Banca d'Italia esercita funzione di vigilanza sul corretto svolgimento delle operazioni, anche al fine di impedire che venga impiegato denaro di provenienza illecita.

Che cosa accade se il factor *non riesce a riscuotere il credito?*

Il contratto di *factoring* può essere concluso *pro solvendo* o *pro soluto*.

- ***Pro solvendo*** significa che il *factor* verserà l'importo del credito al suo cliente solo se riuscirà a riscuoterlo (ed è questa l'ipotesi di gran lunga più ricorrente).

500

- **Pro soluto** significa che il *factor* corrisponderà l'importo dei crediti all'imprenditore alla loro scadenza naturale anche se non fosse riuscito a riscuoterli, assumendosi il rischio del mancato pagamento.

Il contratto di *factoring* può anche prevedere che il *factor* anticipi all'imprenditore l'importo del credito da riscuotere. In tal caso esso adempie una vera e propria funzione di **finanziamento**.

> Il *factoring*, pur restando un contratto atipico, trova una parziale regolamentazione nella legge n. 52 del 1991.

11. Il contratto di assicurazione

L'assicurazione è un contratto divenuto, ormai, piuttosto familiare e, sebbene il pagamento del *premio* si configuri come momento assai sgradito, è proprio l'essere assicurati che ci consente di affrontare con ragionevole tranquillità i rischi collegati al dinamismo della vita moderna.

L'assicurazione (art. 1882 c.c.) è il contratto con il quale l'assicuratore, dietro pagamento di un *premio*, si obbliga, entro i limiti convenuti:

- a risarcire l'assicurato del danno prodotto da un sinistro (assicurazione contro danni)
- oppure a pagare un capitale o una rendita al verificarsi di un evento attinente alla vita umana (assicurazione sulla vita).

> La materia assicurativa è disciplinata, oltre che dalle norme del Codice civile, anche dal nuovo **Codice delle assicurazioni**, contenuto nel d.lgs. n. 209 del 7 settembre 2005.

È un **contratto aleatorio** perché quando viene concluso nessuna delle parti può sapere con certezza se ne ricaverà una perdita oppure un guadagno.

È anche un **contratto per adesione**. Se abbiamo avuto occasione di stipularne uno avremo notato che l'assicuratore, dopo essersi congratulato con noi per aver preferito la sua *compagnia*, ci invita a sottoscrivere un modulo già predisposto contenente tutte le clausole del contratto.

La **causa** di questo contratto è il trasferimento del rischio dall'assicurato all'assicuratore dietro pagamento di un premio.
Pertanto se il rischio cessa di esistere viene meno la causa del contratto e questo, come stabilisce, l'art. 1896 c.c., si scioglie.
Ciò ha rilevanti effetti pratici. Immaginiamo di rottamare o vendere la nostra auto. Ci basterà darne comunicazione al nostro assicuratore perché il contratto in corso si sciolga.

E se dimentichiamo di inviare la prevista comunicazione?

Come dispone la medesima norma l'assicuratore ha diritto al pagamento dei premi finché la cessazione del rischio non gli sia stata comunicata.

Quali diritti e obblighi comporta l'assicurazione contro i danni

==L'assicurazione contro i danni ha per oggetto il trasferimento all'assicuratore del rischio per il danno che l'assicurato può subire oppure può provocare.==

Contratto di riassicurazione
è chiamato il contratto con il quale le imprese assicuratrici si assicurano a loro volta con altre imprese assicuratrici di maggiore capacità economica al fine di limitare i propri rischi.

L'assicurato, stabilisce l'art. 1913 c.c., deve dare avviso del sinistro all'assicuratore entro tre giorni da quello in cui l'evento si è verificato o dal momento in cui ne ha avuto conoscenza.

Egli, inoltre, aggiunge l'art. 1914 c.c., deve fare tutto il possibile per evitare o diminuire il danno. È questo il cosiddetto *obbligo di salvataggio*.

Per esempio, se un'auto subisce un incidente in una strada di campagna, il proprietario non potrà abbandonarla al margine della via, lasciandola esposta alle intemperie e ai piccoli furti, ma dovrà farla trasportare in luogo sicuro per prevenire ulteriori danni.

QUESTIONI

Si può assicurare contro i danni un bene di cui non si è proprietari?

La risposta è affermativa, purché vi sia un interesse diretto dell'assicurato. Immaginiamo di acquistare un'automobile con pagamento rateale e con riserva di proprietà. Fin quando non avremo terminato di pagarla rimane proprietario il venditore. Ma poiché, se dovesse incidentarsi, ne sopporteremmo noi la perdita (vedi art. 1523 c.c.) è nostro interesse assicurarla.

Similmente il conduttore può assicurare contro il rischio di incendio riconducibile a sua responsabilità l'immobile locato.

Se manca un interesse diretto, stabilisce l'art. 1904 c.c., il contratto è nullo. Perché?

Perché se assicurassimo qualcosa alla cui sorte non siamo personalmente interessati (per esempio una qualsiasi delle vetture che corrono in Formula 1), non realizzeremmo un'assicurazione ma una scommessa.

Si può assicurare un bene per una somma superiore al suo valore?

Per esempio, potremmo assicurare il nostro scooter per 250 mila euro e poi pregare il cielo che qualcuno ce lo rubi?

La risposta è negativa. Se ciò fosse possibile, verrebbe meno, ancora una volta, la funzione indennitaria del contratto e diverrebbe prevalente l'elemento scommessa.

Stabilisce, pertanto, l'art. 1908 c.c. che nell'accertare il danno non si può attribuire alle cose perite o danneggiate un valore superiore a quello che avevano al tempo del sinistro.

12. La responsabilità civile

Può accadere che l'assicurato, piuttosto che vittima del danno, ne sia egli stesso la causa. L'assicurazione contro i danni causati ad altri prende il nome di *assicurazione per la responsabilità civile*.

Oggetto di questo tipo di assicurazione possono essere i danni provocati da:
- un fatto illecito (un incidente d'auto, un vaso di fiori caduto da una finestra, una fuoriuscita di fumi inquinanti da una fabbrica);

- un'inadempienza contrattuale non dolosa (per esempio un ritardo nella consegna della merce da parte di un vettore causato da un guasto agli automezzi impiegati).

 Se causiamo un danno dobbiamo risarcire il danneggiato e poi chiedere il rimborso alla nostra assicurazione?

Non è necessario. Il secondo comma dell'art. 1917 c.c. stabilisce che, se l'assicurato lo richiede, l'assicuratore è tenuto a indennizzare direttamente il terzo danneggiato.

L'assicurazione obbligatoria

Se svolgiamo attività che potrebbero procurare danni ad altri e disponiamo di un patrimonio, è ragionevole che ci assicuriamo. Ma se non abbiamo alcun patrimonio, quale convenienza abbiamo ad assumerci l'onere di un premio assicurativo?

Nell'interesse del terzo danneggiato la legge rende **obbligatorie** talune assicurazioni tra le quali la più diffusa è sicuramente quella sulla responsabilità civile per i danni causati dalla circolazione di veicoli a motore e di natanti.

Il *Codice delle assicurazioni* (art. 122) dispone a questo proposito che i veicoli a motore senza guida a rotaie non possono essere posti in circolazione su strade di uso pubblico o su aree a queste equiparate se non siano coperti dall'assicurazione per la responsabilità civile verso terzi.

L'assicurazione comprende anche la responsabilità per i danni causati alle persone trasportate, qualunque sia il titolo in base al quale è effettuato il trasporto.

Come si deve procedere in caso di sinistro?

- L'art. 143 del *Codice delle assicurazioni* stabilisce che in caso di sinistro tra veicoli con obbligo di assicurazione i proprietari dei veicoli coinvolti sono tenuti a denunciare il sinistro alla *propria* assicurazione avvalendosi del modulo fornito dalla medesima.

- Se il modulo è firmato congiuntamente da entrambi i conducenti coinvolti nel sinistro si presume, salvo prova contraria, che il sinistro si sia verificato nelle circostanze, con le modalità e con le conseguenze risultanti dal modulo stesso.

- Per il risarcimento, il conducente del veicolo che abbia subito danno a opera del comportamento colpevole di un altro utente della strada deve rivolgere la richiesta di risarcimento alla *propria* assicurazione. Questa provvederà alla liquidazione del danno per conto dell'assicurazione del veicolo responsabile, ferma la successiva regolazione dei rapporti fra le imprese medesime.

Anche per natanti che siano muniti di motore (art. 123) è posto il divieto di navigazione in acque a uso pubblico o a queste equiparate senza copertura assicurativa per la responsabilità civile verso terzi. L'obbligo assicurativo è esteso ai motori amovibili cosicché risulti assicurato, di volta in volta, il natante su cui il motore è posto.

Il rinnovo del contratto

L'art. 170 *bis* del *Codice delle assicurazioni private* (d.lgs. 209/2005), modificando la precedente normativa, stabilisce che i contratti di assicurazione obbligatoria per la responsabilità civile derivante dalla circolazione di veicoli a motore e di natanti non potranno essere stipulati per una durata superiore a un anno e non potranno più essere tacitamente rinnovati alla scadenza. Ciò comporta la eliminazione della tradizionale tolleranza di quindici giorni tra la scadenza e il successivo rinnovo del contratto durante i quali sussisteva la copertura assicurativa pur in assenza del pagamento del premio.

QUESTIONI

La decorrenza del contratto

Immaginiamo che un giovane abbia appena assicurato contro il furto il suo nuovo scooter. Sta giusto uscendo dagli uffici dell'impresa assicurativa quando vede la sua moto dileguarsi nel traffico cittadino. Può essergli di conforto sapere che si era appena assicurato?
La risposta, purtroppo, è negativa. Il primo comma dell'art. 1899 c.c. stabilisce infatti che:
"L'assicurazione ha effetto dalle ore ventiquattro del giorno della conclusione del contratto alle ore ventiquattro dell'ultimo giorno della durata stabilita nel contratto stesso."

Il dolo o la colpa grave

Immaginiamo di non riuscire a vendere la nostra vecchia auto. Essendo assicurata contro l'incendio la portiamo in campagna e le diamo fuoco. Avremo diritto al risarcimento?
La risposta è negativa. L'art. 1900 c.c. stabilisce che l'assicuratore non è obbligato a pagare i danni cagionati da dolo dell'assicurato e, salvo patto contrario, neppure quelli cagionati da colpa grave.
Rischieremmo, inoltre, una sanzione piuttosto grave. L'art. 642 del Codice penale dispone infatti che:
"Chiunque, al fine di conseguire per sé o per altri il prezzo di un'assicurazione contro infortuni distrugge, disperde, deteriora od occulta cose di sua proprietà è punito con la reclusione da sei mesi a tre anni e con la multa."
Alla stessa pena soggiace chi, al fine predetto, cagiona a se stesso una lesione personale o aggrava le conseguenze della lesione personale prodotta dall'infortunio.

L'assicurazione sulla vita, a differenza dell'assicurazione contro i danni, non ha funzione indennitaria ma previdenziale. Ciò comporta che può essere stipulata per qualsiasi ammontare e si possono cumulare le indennità derivanti da più assicurazioni contratte con assicuratori diversi.

13. L'assicurazione sulla vita

Il contratto di assicurazione sulla vita, contemplato nella parte terminale dell'art. 1882 c.c., può prevedere:

- il pagamento di una somma o di una rendita all'assicurato quando questi avrà raggiunto una certa età se sarà ancora in vita;
- il pagamento di una somma o di una rendita a un beneficiario in caso di morte dell'assicurato (è un contratto *a favore del terzo*, solitamente a favore del coniuge, dei figli o di altri parenti);

- una situazione mista, in cui la somma o la rendita saranno pagate all'assicurato decorso un certo termine, oppure a un beneficiario se nel frattempo l'assicurato fosse deceduto.

QUESTIONI

La misura del rischio

Supponiamo che una persona stipuli un contratto sulla propria vita mentendo sulla gravità del proprio stato di salute. Sarebbe valido questo contratto? La risposta è chiaramente negativa. Essendo l'assicurazione un contratto aleatorio, l'assicuratore deve essere in grado di valutare il rischio a cui si espone. Stabilisce in proposito l'art. 1892 c.c. che:
"Le dichiarazioni inesatte e le reticenze del contraente, relative a circostanze tali che l'assicuratore non avrebbe dato il suo consenso o non lo avrebbe dato alle medesime condizioni se avesse conosciuto il vero stato delle cose, sono causa di annullamento del contratto quando il contraente ha agito con dolo o con colpa grave."

Se l'assicurato si toglie la vita

Se l'assicurato, dopo aver stipulato un contratto sulla vita a favore di persone a lui particolarmente care, si uccide, l'assicuratore deve pagare quanto convenuto?
La risposta è affermativa.
Tuttavia l'art. 1927 c.c. precisa che, salvo patto contrario, l'assicuratore non è tenuto al pagamento delle somme assicurate se il suicidio avviene prima che siano trascorsi due anni dalla stipulazione del contratto.
La legge pone il limite dei due anni perché, se il suicidio avviene prima, è ragionevole il sospetto che il tragico proposito preesistesse alla conclusione del contratto e che l'assicurazione sia stata stipulata non per coprire un rischio ma in vista di un evento premeditato.

UNITÀ 2 — Riguardando gli appunti

1. Che cos'è il contratto di somministrazione?

- Con il contratto di somministrazione una parte si obbliga, verso corrispettivo, a eseguire a favore dell'altra prestazioni periodiche o continuative di cose.

2. Che cos'è il contratto estimatorio?

- Con il contratto estimatorio una parte consegna una o più cose mobili all'altra parte, la quale si obbliga a pagare il prezzo solo delle cose che riuscirà a vendere nel tempo concordato. Le altre, dette *resa*, verranno restituite al fornitore.

3. Che cos'è il contratto di affiliazione commerciale (*franchising*)?

- Con il *franchising*, l'affiliato accetta di vendere in esclusiva i prodotti del franchisor (affiliante) uniformando la sua attività a tutte le prescrizioni da questo poste nel contratto.

4. Che cos'è il contratto di commissione?

- La commissione è un mandato senza rappresentanza che ha per oggetto l'acquisto o la vendita di beni per conto del committente ma in nome del commissionario.

5. Che cosa distingue il contratto di agenzia dal contratto di mediazione?

- L'agente di commercio, in cambio di una provvigione, assume stabilmente l'incarico di promuovere la conclusione di contratti in una determinata zona per conto di un imprenditore detto preponente.
- Il mediatore mette in relazione due o più parti per la conclusione di un affare senza essere legato ad alcuna di esse da rapporti di collaborazione, di dipendenza o di rappresentanza. Se l'affare è concluso, il mediatore ha diritto alla provvigione da entrambe le parti.

6. Com'è regolato il contratto di appalto?

- Nell'appalto l'appaltatore assume, con organizzazione dei mezzi necessari e con gestione a proprio rischio, il compimento di un'opera o di un servizio verso un corrispettivo in denaro.
- Oggetto dell'appalto può essere la realizzazione di un'opera o l'esecuzione di un servizio.

7. In che cosa consiste il contratto di deposito?

- Con il deposito, il depositario riceve dal depositante una cosa mobile con l'obbligo di custodirla e restituirla in natura.

8. Com'è regolato il contratto di trasporto?

- Con il contratto di trasporto il vettore si obbliga, dietro corrispettivo, a trasferire persone o cose da un luogo all'altro (obbligazione di risultato).
- Il vettore risponde dei sinistri che colpiscono la persona del viaggiatore durante il viaggio e della perdita o avaria delle cose che il viaggiatore ha con sé se non prova di aver adottato tutte le misure idonee a evitare il danno.

9. Com'è regolato il contratto di spedizione?

- Il contratto di spedizione è un mandato con cui lo spedizioniere assume l'obbligo di concludere, in nome proprio e per conto del mandante, un contratto di trasporto e di compiere le operazioni accessorie.

10. Che cos'è il *leasing*?

- Con il *leasing* una parte prende in godimento un bene per un certo periodo pagando all'altra un canone, con la facoltà, alla scadenza del termine stabilito, di restituire il bene o di acquistarlo al prezzo concordato.

11. Che cos'è il *factoring*?

- Il *factoring* è il contratto con cui un imprenditore cede la totalità o una parte dei propri crediti d'impresa a una società di factoring che si obbliga a riscuoterli e a versare l'importo al cedente trattenendo per sé una percentuale.

12. Quali sono i caratteri generali del contratto di assicurazione?

- L'assicurazione è un contratto con cui l'assicuratore, dietro pagamento di un corrispettivo (detto premio), si obbliga entro i limiti convenuti a risarcire l'assicurato del danno prodotto da un sinistro oppure a pagare un capitale o una rendita al verificarsi di un evento riguardante la vita umana.
- L'assicurazione contro i danni trasferisce all'assicuratore il rischio per il danno che l'assicurato può subire o provocare.

Verifica le tue conoscenze

UNITÀ 2

Completamento

Completa lo schema utilizzando le seguenti parole: *zona*; *mediatore*; *dipendenza*; *provvigione*; *agenzia*; *stabilmente*; *entrambe*; *contratti*; *mandato*; *agenzia*; *per conto*; *parti*; *rappresentanza*; *preponente*; *acquista o vende beni*.

Test a risposta multipla

Indica con una crocetta l'affermazione esatta.

1. Nel contratto di appalto, se l'opera presenta dei vizi:
   A. l'appaltatore non ne risponde, dal momento che la sua è un'obbligazione di mezzi
   B. il committente può chiedere che l'appaltatore li elimini a sue spese o che il prezzo sia diminuito
   C. il committente può chiedere in ogni caso la risoluzione del contratto
   D. il committente ha diritto al risarcimento solo se i vizi rendono pericolosa l'opera

2. Il vettore risponde dei sinistri che colpiscono il viaggiatore durante il viaggio?
   A. no
   B. sì, se non prova di aver adottato tutte le misure idonee a evitare il danno
   C. sì, se non prova che il sinistro è dovuto al comportamento del viaggiatore stesso
   D. sì, ma solo se è previsto dal contratto

3. Che cosa indica l'obbligo di salvataggio?
   A. l'obbligo del vettore di fare tutto il possibile per salvare i passeggeri in caso di incidente
   B. l'obbligo dell'appaltatore di salvare l'edificio da eventuali danni o crolli
   C. l'obbligo del mediatore di adoperarsi per salvare la trattativa in corso
   D. l'obbligo dell'assicurato di fare tutto il possibile per evitare o diminuire il danno

4. Quale contratto ha a oggetto una prestazione periodica o continuativa di cose dietro corrispettivo?
   A. il contratto di somministrazione
   B. il contratto di leasing
   C. il contratto di appalto
   D. il contratto estimatorio

Ma davvero?

Il diritto si affaccia nei discorsi di ogni giorno. A volte, però, a sproposito. Leggi e rifletti.

Il signor Scontenti è infuriato: «Ho appaltato a una ditta la costruzione di un garage accanto alla mia villetta» racconta. «Ora l'appaltatore mi viene a dire che i costi del materiale edile sono aumentati di più del 10%, e che io dovrei accollarmi l'aumento. Ma se lo può scordare, questo è certo!»

Il signor Scontenti sembra sicuro di ciò che dice. Ma davvero... può respingere la richiesta dell'appaltatore?

507

Valuta le tue competenze

Codice alla mano

L'avvocato presso cui svolgi il tuo praticantato ti ha chiesto oggi di appuntare su un foglio quali articoli del Codice civile rispondono ai quesiti sotto elencati.

	Art.
A. Il lavoratore può rinunciare a diritti derivanti da norme inderogabili?	
B. Quale diligenza deve usare il prestatore di lavoro?	
C. In che cosa consiste l'obbligo di fedeltà del lavoratore dipendente?	
D. Come può essere stabilita la retribuzione del lavoratore?	
E. In che cosa consiste il contratto d'opera?	
F. In che cosa consiste il contratto di somministrazione?	
G. Nel contratto estimatorio, su chi grava il perimento delle cose avvenuto prima della vendita?	
H. Che cosa ha a oggetto il contratto di commissione?	
I. Qual è l'obbligazione che assume l'agente di commercio?	
J. Il mediatore può essere dipendente di una delle parti?	

	Art.
L. Il committente di un appalto ha diritto di verificare l'opera prima della consegna?	
M. Quali garanzie deve dare l'appaltatore relativamente all'opera?	
N. Il deposito si presume gratuito od oneroso?	
O. Le clausole che limitano la responsabilità del vettore sono valide?	
P. Il trasporto gratuito segue la stessa disciplina di quello oneroso?	
Q. Che prova deve dare il conducente di un'automobile per non dover risarcire il danno cagionato a persone o cose?	
R. Nel contratto di trasporto, a partire da quando il vettore diviene responsabile della perdita delle cose consegnatigli?	
S. Quali sono gli obblighi dello spedizioniere?	
T. Quali obbligazioni assumono l'assicuratore e l'assicurato?	
U. L'assicuratore deve coprire i danni cagionati con dolo o colpa grave dall'assicurato?	

Sai qual è la differenza tra...

a. Contratto collettivo locale — e — Contratto collettivo aziendale

b. Giustificato motivo soggettivo — e — Giustificato motivo oggettivo

c. Contratto di lavoro a tutela crescente — e — Contratto di lavoro a termine

d. Contratto di somministrazione di lavoro — e — Lavoro a chiamata

e. Cassa integrazione guadagni ordinaria — e — Cassa integrazione straordinaria

f. Contratto d'opera — e — Contratto di lavoro subordinato

g. Assistenza sociale — e — Previdenza sociale

h. Inps — e — Inail

i. Concessione di vendita — e — *Franchising*

j. Contratto di mandato — e — Contratto di commissione

k. Contratto di agenzia — e — Contratto di mediazione

l. Deposito — e — Deposito irregolare

m. Contratto di trasporto — e — Contratto di spedizione

n. Factoring *pro solvendo* — e — Factoring *pro soluto*

o. Assicurazione contro i danni — e — Assicurazione sulla vita

p. Assicurazione contro i danni — e — Assicurazione per la responsabilità civile

508

Valuta le tue competenze

PERCORSO I

Conoscenza del lessico giuridico

Scrivi la definizione, in al massimo tre righe, dei termini seguenti:

Cassa integrazione guadagni: _____

Contratto collettivo di lavoro: _____

Contratto di lavoro intermittente: _____

Contratto di lavoro subordinato: _____

Giusta causa di licenziamento: _____

Giustificato motivo di licenziamento: _____

Legislazione sociale: _____

Part-time: _____

Contratto d'opera: _____

Contratto di agenzia: _____

Contratto di anticipazione bancaria: _____

Contratto di apertura di credito bancario: _____

Contratto di appalto: _____

Contratto di apprendistato: _____

Contratto di assicurazione contro i danni: _____

Contratto di collaborazione a progetto: _____

Contratto di commissione: _____

Contratto di deposito: _____

Contratto di mediazione: _____

Contratto di somministrazione: _____

Contratto di trasporto: _____

Contratto di *leasing*: _____

Contratto di *factoring*: _____

Contratto di *franchising*: _____

Contratto di mandato: _____

Contratto di spedizione: _____

Contratto estimatorio: _____

L'esperto risponde

Rispondi alle questioni che ti vengono sottoposte utilizzando gli spunti forniti.

1. **Il nostro datore di lavoro ritiene che in fabbrica le donne rendano meno degli uomini e ha ridotto di un quarto lo stipendio delle lavoratrici. Può farlo?**
   Stabilisce l'art. 37 della Costituzione che la donna...

2. **Sono dipendente di una media impresa e ho scoperto che il datore di lavoro corrisponde ad alcuni dipendenti salari più elevati rispetto a quanto prevede il contratto collettivo di lavoro. Può farlo?**
   Il datore si può distaccare da quanto dispongono i contratti ma solo...

3. **Sono un lavoratore assunto con un contratto di somministrazione di lavoro. Vorrei sapere se devo essere pagato dall'impresa di somministrazione o dall'impresa utilizzatrice.**
   Il salario del lavoratore assunto con contratto di somministrazione è sempre pagato...

4. **Sono stato all'estero per molti mesi e quando sono rientrato ho scoperto che la società che eroga energia elettrica nel mio appartamento ha risolto il contratto. È possibile?**
   Dall'art. 1565 c.c. si desume che...

5. **Ho appaltato la realizzazione di un *hangar*, ma l'opera presenta evidenti vizi strutturali. Che cosa posso fare?**
   Secondo quanto dispongono gli artt. 1662, 1667, 1668, 1669 c.c. ...

6. **Sono un piccolo imprenditore e sono preoccupato perché non riesco a farmi pagare dai miei debitori. Che cosa posso fare?**
   Una soluzione potrebbe essere rivolgersi a un'impresa di...

7. **Vorrei assicurare la mia auto per 12 mila euro ma la compagnia di assicurazione sostiene che posso assicurarla solo per 6 mila euro. Perché?**
   Stabilisce l'art. 1908 c.c. che nell'accertare il danno non si può attribuire...

509

Glossario italiano/inglese

A

Accessione • Accession.

Accettazione • Acceptance.

L'*offeree* è chi accetta la proposta formulata dal proponente.

Accollo • Assumption of debt.

Il concetto di accollo può essere reso in inglese anche con la perifrasi *taking over of a debt* (lett. "farsi carico di un debito").

Accordo • Agreement.

Nello specifico lessico contrattuale dei sistemi di common law, l'accezione di accordo è resa con la formula latina *consensus ad idem*, che letteralmente significa *agreement on the same thing* (ossia "accordo sulla medesima cosa").

Acquisto a titolo derivativo • Derivative acquisition.

Acquisto a titolo originario • Original acquisition.

Adempimento • Execution, performance o payment.

Nel linguaggio giuridico, il termine *payment*, che letteralmente significa "pagamento", va inteso in senso lato, e quindi non solo come consegna di denaro, ma come esecuzione di una qualsiasi prestazione.

Aggiotaggio • Market manipulation o market rigging.

Albo • Register o roll.

Il Roll of Solicitors, per esempio, è l'Albo degli avvocati.

Amministratore delegato • Managing director o C.E.O. (Chief Executive Officer).

Amministrazione (di una società) • Management.

Anticipazione bancaria • Bank loan o bank advance.

Apertura di credito bancario • Credit opening, credit line o credit agreement.

Apprendistato • Apprenticeship.

Approvazione • Approval.

Arbitrato • Arbitration.

La decisione dell'arbitro (*arbitrator*) è chiamata *award*.

Artigiano • Artisan o craftsman.

Assemblea degli azionisti • Shareholders' meeting.

Assemblea dei soci (nella S.r.l.) • Quotaholders' meeting.

Assemblea ordinaria • Ordinary (or regular) meeting of shareholders.

Assemblea straordinaria • Extraordinary (or special) meeting of shareholders.

Assicurazione (contratto di) • Insurance o assurance.

Insurance indica un'assicurazione che copre l'assicurato dai danni di un evento che potrebbe accadere. *Assurance* indica un'assicurazione che copre dai danni di un evento che sicuramente accadrà.

Assicurazione sulla vita • Whole life assurance (quando l'assicurazione copre tutta la vita dell'assicurato) o life insurance (quando l'assicurazione copre un limitato periodo di tempo, entro il quale l'evento morte potrebbe anche non verificarsi).

Associazione in partecipazione • Nel diritto inglese non esiste un istituto giuridico perfettamente corrispondente all'associazione in partecipazione. Quelli che più le si avvicinano sono la peculiar partnership e la joint venture.

Attentato alla Costituzione • Attempt to amend the Constitution.

Atti denigratori dei prodotti altrui • Business (or commercial) disparagement.

Atto costitutivo • Memorandum of association, partnership agreement (se si vuole porre l'accento sul fatto che l'atto costitutivo è un "contratto sociale"), o articles of incorporation.

Atto unilaterale • Unilateral contract.

Glossario italiano/inglese

Attore • Claimant.

Prima del 1999, anno di introduzione delle Civil Procedure Rules, l'attore era chiamato *plaintiff*.

Aumento di capitale • Capital increase.

Avviamento • Goodwill o, più raramente, trade.

Azienda • Enterprise, business, firm, concern.

Il diritto commerciale inglese non opera alcuna distinzione significativa tra il concetto di impresa e quello di azienda, e impiega per entrambi la stessa terminologia (enterprise, business, firm, concern). Esistono poi alcune espressioni specifiche, con cui si individuano i singoli "beni materiali e immateriali organizzati dall'imprenditore per l'esercizio dell'impresa", che costituiscono appunto l'azienda: i locali aziendali, per esempio, sono detti *business premises*, mentre l'accezione *business assets* identifica genericamente i beni aziendali.

Azione di rivendicazione/azione di reintegrazione • Premesso che, nei sistemi di common law, proprietà e possesso sono due concetti molto simili tra loro, l'ordinamento inglese non prevede due distinte azioni volte a tutelare l'uno o l'altro diritto. Pertanto, sia l'azione di rivendicazione sia l'azione di reintegrazione sono entrambe riconducibili all'istituto dell'action for recovery. Il diritto di rientrare in possesso di un bene, di cui si è stati ingiustamente spogliati, è detto recovery of premises; chi vanta questo diritto può intraprendere la suddetta action for recovery dinanzi all'High Court o davanti a una corte territoriale, chiedendo eventualmente anche un risarcimento in denaro per i danni subiti.

Azioni al portatore • Bearer shares.

Azioni con diritto di voto/azioni senza diritto di voto • Voting shares/voteless shares.

Azioni di godimento • Dividend shares o redeemed shares.

Azioni di risparmio • Preference shares o preferred stocks negli USA.

Azioni nominative • Nominative shares o registered shares.

Azioni ordinarie • Ordinary shares.

Azioni • Shares o stocks negli USA.

B

Beni • Goods, things o possessions.

Va precisato che il termine goods esclude sia i terreni (lands) sia il denaro (money). Il concetto di beni mobili è perfettamente reso dalla formula *goods and chattels*, mentre l'accezione di beni immobili può essere tradotta con *real property* o *estate*.

Bicameralismo • Bicameralism o two-chamber parliamentary system.

Anche il Parlamento inglese è composto da due camere, denominate House of Lords e House of Commons.

Bilancio consolidato • Consolidated financial statements.

Bilancio di esercizio • Annual financial statements.

Brevetto • Patent.

Nel diritto anglosassone, la branca del diritto che si occupa dei brevetti e delle invenzioni è denominata Patent Law.

C

Cancellazione (di una società dal registro delle imprese) • Striking off (da to strike off che significa "cancellare") o deregistration.

Caparra • Down payment o deposit.

Capitale sociale • Share capital (capital stock negli USA).

Laddove il capitale sociale non sia rappresentato da azioni, è preferibile la traduzione *corporate capital*.

Capitale • Capital city.

Capo dello Stato • Head of State.

Nel Regno Unito, il Capo dello Stato è il Monarca (the Monarch o the Crown) che, oltre a essere parte integrante del potere legislativo (Queen or King in Parliament), è anche il capo del potere giudiziario (Head of the Judiciary) e della Chiesa (Temporal Head of the Church).

Cassa integrazione guadagni • Wages guarantee fund o unemployment insurance.

Causa • Consideration (lett. "scambio", "compenso" o "corrispettivo", con riferimento alla funzione economico-sociale del contratto).

Cessione del credito • Assignment of credit o credit assignment agreement.

Il creditore che cede il credito è detto *transferor*, mentre chi lo riceve si chiama *transferee*.

Cessione di quote • Sale of quotas.

La traduzione *sale of shares* non è propriamente corretta, poiché si riferisce alla sola cessione di azioni.

Città metropolitana • Metropolis (lett. "metropoli"), metropolitan area o metropolitan county.

Clausola penale • Penalty clause.

Clausole vessatorie • Unfair contract terms o onerous contract clauses.

Codice • Code.

Nei sistemi di common law non esistono codici come noi li intendiamo. Ciò che più si avvicina all'idea di Codice è rappresentato dai *codifying statutes*, ossia leggi che condensano in esse tutta la disciplina di una specifica materia.

Collegio sindacale • Si tratta di un organo che non trova un corrispondente nelle società britanniche. Volendo forzare la lingua inglese per renderla funzionale ai nostri contenuti, si potrebbe parlare di board (o panel) of internal auditors, oppure di statutory auditors.

Glossario italiano/inglese

Colpa • Negligence (o carelessness).

Il termine inglese negligence è più ampio dell'italiano "negligenza", che individua un solo aspetto della colpa.

Commissione europea • European Commission.

Commissioni parlamentari • Parliamentary committees.

Commistione • Commixtion.

Comodato (gratuito) • Gratuitous bailment.

Il *bailment for reward*, invece, presuppone il pagamento di un corrispettivo.

Compensazione • Compensation.

Può essere legal ("legale"), judicial ("giudiziale") o conventional ("volontaria").

Comune • Municipality o district.

Comunione • Co-ownership o joint ownership.

Co-ownership o joint ownership, letteralmente, significano comproprietà. Nei sistemi di common law, la differenza tra comproprietà e comunione è molto sfumata, così come quella tra proprietà e diritti reali minori.

Concessione di vendita • Sale right.

Concorrenza sleale • Unfair competition o unfair business practice.

Condizione (art. 1353 c.c.) • Condition.

Anche nei sistemi di common law esistono condizioni sospensive (suspensive conditions) e condizioni risolutive (resolutory conditions).

Condominio • Condominium.

Negli USA, il termine designa anche l'edificio oggetto del diritto reale, che nel Regno Unito, invece, è denominato *block of flats* (dove *flat* è il singolo appartamento).

Conferimenti • Contribution of assets.

Consiglio (dell'Ue) • Council of the European Union.

Consiglio dei ministri • Nel diritto britannico, l'organo governativo che più assomiglia al Consiglio dei ministri è il Cabinet, presieduto dal Prime Minister e composto dai più importanti ministri (ministers).

Consiglio di amministrazione • Board of directors.

Va rilevato come l'acronimo inglese C.E.O. stia progressivamente soppiantando l'italiano "amministratore delegato". Lo stesso sta accadendo anche con altre qualifiche aziendali, come C.T.O. (Chief Technical Officer) e C.F.O. (Chief Financial Officer).

Consiglio di gestione • Management board.

Consiglio di sorveglianza • Supervisory board.

Consiglio europeo • European Council.

Consiglio/Giunta • L'ordinamento britannico non fa distinzione tra consiglio e giunta, che si traducono entrambi con il termine council. Il county council (letteralmente consiglio/giunta di contea) corrisponde grossomodo a un consiglio/giunta regionale; il borough council o town council (city council negli USA) è una sorta di consiglio/giunta comunale.

Consuetudini internazionali • Per indicare quella parte del diritto internazionale che si fonda sulle norme consuetudinarie (customs) si usa l'espressione customary international law.

Conto economico • Income statement, Statement of the comprehensive income o profit and loss account.

Contratto a favore del terzo • Contract for a third-party beneficiary (o contract in favour of a third party).

Contratto aleatorio • Aleatory contract.

Contratto annullabile • Voidable contract.

Diversa è l'accezione di *unenforceable contract*, in contrapposizione a void e voidable contract: essa si riferisce a un contratto che, pur essendo di per sé valido, non può essere fatto valere dinanzi alla corte in caso di inadempimento.

Contratto concluso a distanza • Distance selling (lett. "vendita a distanza").

In particolare, il contratto di vendita concluso per posta è denominato *sale by mail order*. Il consumatore "a distanza" è tutelato dalle Consumer Protection Distance Selling Regulations 2000.

Contratto di agenzia • Agency contract.

Contratto di appalto • In inglese, il contratto di appalto è denominato semplicemente contract.

Contratto di deposito • Warehouse (o warehousing) services agreement.

Contratto di donazione • Donation o gift.

L'ordinamento inglese prevede una particolare forma di liberalità detta *donatio mortis causa* o *gift in prospect of death*, che consiste in una donazione eseguita da chi prevede di morire nell'immediato futuro.

Contratto di lavoro (subordinato) • Employment contract o labor contract negli USA.

Il contratto collettivo di lavoro è denominato *collective labour* (o *bargaining*) *agreement*, mentre quello individuale è detto *individual employment agreement*.

Contratto di locazione/Contratto di affitto • Il diritto britannico condensa locazione e affitto in un unico istituto chiamato lease, che talora si riferisce anche al noleggio. Non a caso, il verbo to rent significa indistintamente "noleggiare" (to rent a car), "prendere in locazione" (to rent a house) e "prendere in affitto" (to rent a shop).

Contratto di mediazione • Brokerage contract, dealer agreement o broker agreement.

Contratto di permuta • Permutation o barter.

Contratto di somministrazione • Supply contract.

Contratto di spedizione • Carrier services agreement.

Contratto di trasporto • Transportation contract o transportation services agreement.

513

Glossario italiano/inglese

Contratto di vendita • Sale of goods o, più genericamente, sale.

Contratto estimatorio • Sale or return of goods contract.

L'espressione inglese consente di cogliere immediatamente l'essenza di questo contratto: il commerciante che non riesca a vendere (sale) alcuni beni (goods) ha l'opportunità di restituirli (return) al fornitore.

Contratto nullo • Void contract.

Un contratto è *void ab initio* se viola gravemente la legge o l'ordine pubblico. Ciò accade, per esempio, qualora il consenso sia stato estorto con violenza (*duress or coercion*).

Contratto preliminare • Preliminary agreement.

In particolare, il contratto preliminare di vendita si traduce con l'espressione *preliminary agreement to sell* o, più semplicemente, *promise to sell* (lett. "promessa di vendere").

Contratto • Contract o legally binding agreement, che letteralmente significa "accordo giuridicamente vincolante".

Nel diritto internazionale (International Law), un accordo produttivo di effetti giuridicamente vincolanti è denominato *treaty* ("trattato").

Convenuto • Defendant.

Cooperativa a mutualità prevalente/non prevalente • Trattandosi di una contrapposizione tipica del nostro ordinamento, nel diritto anglosassone non si ritrovano espressioni corrispondenti. Tuttavia, volendo "forzare" la lingua inglese, potremmo parlare di predominant mutuality cooperative e di non-predominant mutuality cooperative.

Cooperativa • Cooperative, cooperative company o mutual company.

La cooperativa di consumo è denominata *consumers' cooperative* o *cooperative store*, la cooperativa di credito (banca popolare) *cooperative bank*, la cooperativa agricola *farmers' cooperative* e quella edilizia *housing association*.

Corte costituzionale • Constitutional Court.

L'ordinamento britannico non prevede un simile organo costituzionale.

Corte di giustizia (dell'Ue) • Court of Justice of the European Union.

Costituzione flessibile • Flexible Constitution.

Costituzione rigida • Rigid Constitution.

Creditore privilegiato • Chargee.

Creditore • Creditor.

Crisi di Governo • Government crisis.

Criterio della sussidiarietà • Principle of subsidiary.

D

Danno • Damage o loss (lett. "perdita").

Danno emergente è traducibile con l'espressione *accruing (or immediate) damage*, mentre lucro cessante può essere reso con le formule *loss of profit* o *missing profit*.

Datore di lavoro • Employer.

Debitore • Debtor.

Decisione (o sentenza) • Judgment.

Questo vocabolo indica sia la sentenza emessa dal giudice, sia il processo decisionale (*legal reasoning*) che ha portato il giudice ad assumere una certa decisione. Se una sentenza contiene principi di diritto rilevanti, essa viene raccolta nei *law reports*, affinché possa essere consultata come precedente giudiziario (*judicial precedent*) per la risoluzione di futuri casi analoghi.

Decisione • Decision.

Decreto legge • Nel diritto anglosassone non esiste un provvedimento corrispondente, che invece si ritrova in molti ordinamenti di civil law. Tuttavia, volendo forzare la lingua inglese, si può usare l'espressione decree-law.

Decreto legislativo (o decreto delegato) • Anche in questo caso, il diritto britannico non contempla un atto normativo corrispondente, che però si può tradurre con delegated law.

Delegazione di pagamento • Delegation of payment.

Il debitore delegante si chiama *delegator*, il creditore delegatario è detto *delegatee* e il terzo delegato è denominato *delegate*. La *delegation of payment* può essere *partial* ("parziale"), se il debitore originario rimane obbligato in caso di mancato pagamento del delegato, o *full* ("piena"), se egli viene completamente liberato dalla sua obbligazione.

Dematerializzazione dei titoli • Dematerialization of securities.

Deposito bancario • Bank deposit.

Deposito titoli • Securities account.

Detenzione • Detention o custody.

La distinzione tra possession e detention è molto più sfumata nel diritto inglese di quanto non lo sia negli ordinamenti di civil law.

Diligenza del buon padre di famiglia (diligenza media) • Reasonable care, due care, due (or ordinary) diligence.

Negli ordinamenti di common law, il "buon padre di famiglia" corrisponde all'ideale figura del *man on the Clapham omnibus* (lett. "uomo sull'autobus di Clapham", un quartiere di Londra) o, più semplicemente, al *reasonable man* ("uomo medio").

Direttiva • Directive.

Diritti inviolabili dell'uomo • Infrangible human rights o, più raramente, inviolable human rights.

Diritti reali • Rights.

Nel suo primo significato, la parola right sta a indicare il titolo o l'interesse che un soggetto vanta su una determinata cosa. In un'accezione più generale, però, la stessa parola si riferisce anche a ogni altro interesse o privilegio riconosciuto dalla legge, nonché alla libertà di esercitare ogni potere da essa conferito (es. right to life, right to education).

Diritto al lavoro • Right to work.

Diritto alla salute • Right to health.

Diritto allo studio • Right to education.

Glossario italiano/inglese

Diritto civile • Civil law.

Nella sua accezione più generale, civil law individua una branca del diritto (*branch of law*) che comprende la normativa in materia di proprietà (Law of Property o Land Law), il diritto di famiglia (Family Law), il diritto dei contratti (Law of Contract) e la disciplina relativa agli illeciti extracontrattuali (Law of Tort).

Diritto commerciale • Mercantile law, commercial law o business law.

L'espressione Company law si riferisce a una parte soltanto del diritto commerciale, ossia al diritto societario e, in particolare, al diritto che si occupa delle società di capitali (*companies*).

Diritto d'autore • Right of the author o authors' rights (al plurale).

Il termine, che deriva dal francese *droit d'auteur* ed è tipico dei sistemi di civil law, si riferisce a una parte della più generale Copyright Law, propria degli ordinamenti di common law.

Diritto di inventore • Invention right o patent right.

Diritto di prelazione • Right of pre-emption.

Ditta • Business name.

Divieto di concorrenza • Non-compete clause o covenant not to compete.

Documento di bilancio • Financial statements.

Documento di valutazione dei rischi • Risk assessment report (or document).

Dolo • Intent, intentional wrongdoing o malice.

Intent (connotazione neutra) pone l'accento sulla volontarietà del fatto); intentional wrongdoing o malice (connotazione negativa) si sofferma sull'intento malevolo di chi commette il fatto. Se usato come sinonimo di inganno o raggiro, il termine dolo è traducibile con il vocabolo *fraud*.

Dovere di difendere la patria • Duty to defend the country.

Dovere di fedeltà alla Repubblica • Duty of fidelity to the Republic.

E

Espromissione • Expromission.

Espropriazione • Compulsory purchase.

Tradurre "espropriazione" con *expropriation* non è corretto. L'expropriation, infatti, è un istituto giuridico che, a differenza del compulsory purchase, non prevede alcuna forma di indennità a favore di chi subisce l'espropriazione.

Estinzione delle obbligazioni • Extinguishment of obligations.

F

False comunicazioni sociali • False or misleading company notices (o announcements).

Federalismo fiscale • Fiscal federalism.

Ferie • Holidays.

Fideiussione • Fidejussion o, più in generale, guaranty.

Finanziamento dei soci (nella S.r.l.) • Quotaholders' loan.

Fondo comune di investimento • Contractual (o common) fund.

Fondo dominante • Dominant tenement.

Fondo servente • Servient tenement.

Forma • Form.

Con riguardo alla forma, il diritto inglese distingue tra: *simple contracts*, conclusi oralmente, per iscritto o con atti concludenti, e *specialty contracts* o *deeds*, stipulati in forma solenne.

Frutti civili • Income (reddito), revenue (rendita) o interests (interessi).

Frutti naturali • Crops (nati spontaneamente dalla terra) o emblements (prodotti grazie all'intervento umano).

Fusione • La fusione per incorporazione è detta merger o acquisition. La società assorbente, che rimane in vita, è denominata surviving company (letteralmente "società sopravvissuta"); quella che viene assorbita, e che quindi cessa di esistere come entità a sé stante, è detta merged company (letteralmente "società fusa"). La fusione in senso stretto, mediante costituzione di nuova società che assorbe le altre, è invece traducibile con l'espressione consolidation.

G

Gestione collettiva (del risparmio) • Collective investment o investment fund.

Giudice (o magistrato) • Judge.

Diversamente da quanto accade in italiano, il termine Magistrate non è un sinonimo di Judge, ma identifica esclusivamente il Justice of the Peace, ossia il Giudice di pace.

Giurisdizione • Jurisdiction.

Governo • Government.

Gruppi societari • Company groups.

I

Il tricolore (bandiera italiana) • The Italian flag.

Illecito civile • Tort o civil wrong.

Il termine *tortfeasor* identifica l'autore dell'illecito, mentre il danneggiato è detto *injured person* (lett. "persona offesa"). L'ordinamento inglese prevede un'apposita branca del diritto per gli illeciti civili, denominata Law of Tort.

Illecito penale • Crime o criminal offence.

Imitazione servile • Slavish imitation o confusing unfair competition (letteralmente: "concorrenza sleale atta a creare confusione nel consumatore").

Immunità parlamentare • Parliamentary privilege.

Imprenditore • Entrepreneur o, più genericamente, businessman.

Small businessman è il "piccolo imprenditore"; *enterprising farmer* o *agricultural entrepreneur* è l'"imprenditore agricolo", che si contrappone alla figura dello *small independent farmer* ("coltivatore diretto").

Impresa multinazionale • Multinational company o firm.

Impresa • Enterprise, firm, business, concern.

L'impresa commerciale è detta commercial enterprise o, più semplicemente, business; impresa agricola si traduce con farm o factory firm; le piccole e medie imprese sono dette small and medium-sized businesses. Infine, il termine family-run business indica l'impresa (a gestione) familiare.

Inadempimento contrattuale • Breach of contract, che è un inadempimento "attuale" (actual breach). L'anticipatory breach (o repudiation), invece, sta a indicare che il contratto non verrà adempiuto in futuro. È denominata fundamental breach la violazione di un termine contrattuale fondamentale (breach of a condition) in contrapposizione alla violazione di un termine contrattuale minore (breach of a warranty).

Incapacità di agire • Incapacity to contract.

Indivisibilità della Repubblica italiana • Indivisibility of the Italian Republic.

Iniziativa (legislativa) • Initiative.

L'iniziativa popolare è detta popular initiative o citizens' initiative.

Insegna • Business sign.

Invenzione • Per tradurre questo vocabolo si usa la perifrasi finding lost goods (lett. "ritrovamento di cose smarrite").

Invenzioni industriali • Industrial inventions.

Inviolabilità del domicilio e segretezza della corrispondenza • Letteralmente, inviolability of domicile e inviolability of correspondence.

Nel diritto anglosassone è più frequente l'espressione *right to respect for home and correspondence* ("diritto al rispetto della propria casa e della propria corrispondenza"), riconducibile al più generale *right to respect for private and family life* ("diritto al rispetto della propria vita privata e famigliare").

Ipoteca • Mortgage.

È un termine che deriva dal francese antico e letteralmente significa *dead pledge*, nel senso che il vincolo (*pledge*) può dirsi esaurito (*dead*, da *to die*, ossia "morire") quando l'obbligazione viene adempiuta. In particolare, con l'espressione *mortgage loan* ci si riferisce al mutuo ipotecario.

Lavoratore dipendente • Employee.

Lavoro intermittente • On-call contract o casual work.

Legge (legge ordinaria) • Act of Parliament, statute, law o enactment.

Il diritto inglese distingue tra Public Acts, applicabili all'intero Regno Unito, e Private Acts, di portata locale.

Legislatura • Legislature.

Legislazione • Legislation, statute law o enacted law.

Libero professionista • Self-employed (professional) person o anche solo professional (usato come sostantivo), freelance o freelancer.

Libertà di associazione • Freedom of association.

Libertà di circolazione e di soggiorno • Freedom of movement and residence.

Libertà di manifestazione del pensiero • Freedom of opinion and expression.

Libertà di religione • Freedom of religion o freedom of belief (lett. "libertà di fede/credenza religiosa").

Libertà di riunione • Freedom of peaceful assembly.

Libri sociali • Company books o company records.

Licenziamento per giusta causa/giustificato motivo • Nel diritto inglese non esiste una differenza significativa tra giusta causa e giustificato motivo. In entrambi i casi, si è soliti usare l'espressione justified dismissal o dismissal for (just) cause.

Liquidatore • Liquidator o receiver.

Liquidazione (di una società) • Winding up (da to wind up, che significa "liquidare").

Magistratura • Bench.

Con questo termine ci si riferisce sia all'insieme di tutti i giudici in generale (Magistratura), sia a un determinato gruppo di giudici riuniti per decidere un caso (Corte). Tuttavia, letteralmente, la parola bench indica la sedia su cui siede il giudice durante il processo.

Marchio • Brand o trademark.

Molestia/Turbativa • Disturbance of possession.

Mora • Default o arrears (al plurale).

Se un soggetto è in ritardo con i pagamenti, si dice che quella persona è *in arrears*. La costituzione o messa in mora è traducibile con l'espressione *notice of default*.

Glossario italiano/inglese

Motivo • (Personal) reason.

Mozione di sfiducia • Motion of no confidence, vote of censure o vote of no confidence.

Mutuo • Loan.

Nel linguaggio quotidiano, si usa anche *mortgage* (es. *to take out a mortgage*, ossia "fare un mutuo"), che però corrisponde più correttamente al termine ipoteca.

N

Nesso causale • Causation.

Nomina (designazione) • Appointment.

Nota integrativa • Notes to the account o notes to the financial statements.

Nullità • Nullity o voidness.

O

Obbligazione (titolo di credito) • Bond.

Obbligazione • Obligation o legal duty (letteralmente, "dovere legale").

Il termine *obligation* è impiegato anche al di fuori di un contesto strettamente giuridico, con il significato più generico di obbligo, dovere o impegno.

Occupazione • Occupancy.

Offerta al pubblico • Offer to the public at large o invitation to treat (lett. "invito a trattare").

L'istituto dell'offerta al pubblico è ampiamente illustrato nella sentenza Carlill v. Carbolic Smoke Ball Co. [1893] 1 Q.B. 256.

Offerta pubblica d'acquisto • Takeover bid.

Offerta pubblica di vendita • Public offer for sale.

Oggetto lecito • Lawful object, in contrapposizione con illegal or immoral object (oggetto illecito o immorale).

Questi ultimi, in virtù della loro peculiare forma scritta, possono dirsi validi anche se privi di causa.

Oggetto • Object (or purpose) of the contract.

Opere dell'ingegno • Works of the intellect, intellectual works o works of the mind.

Un'altra possibile traduzione, mutuata dall'art. 2 della Convenzione di Berna del 1886, è *literary and artistic works*. A discapito del suo significato letterale, che fa riferimento alle sole "opere letterarie e artistiche", questa espressione include qualsiasi prodotto dell'ingegno, sia esso riconducibile al campo letterario, scientifico o artistico.

Orario di lavoro • Working hours.

Ordine del giorno • Agenda.

Ordine • Order o association.

Il Medical Association, per esempio, è l'Ordine dei medici.

P

Parere • Opinion.

Parlamentari • Members of Parliament (M. P.).

Con questa accezione ci si riferisce ai soli componenti della House of Commons, che vengono eletti dal popolo. I membri della House of Lords, invece, sono detti Peers (Pari) e possono essere di nomina ereditaria (Hereditary Peers) oppure nominati a vita dal sovrano (Life Peers).

Parlamento europeo • European Parliament.

Parlamento • Parliament.

Parti contrattuali • Contracting parties.

Patrimonio sociale • Corporate assets (nelle società di persone) o company assets (nelle società di capitali).

Patrimonio • Assets, chattels o patrimony.

Il concetto giuridico di patrimonio può essere reso con i termini assets o chattels (sempre al plurale), che indicano un insieme di beni. Patrimony, invece, non è un termine giuridico, ma un'espressione gergale usata per riferirsi a un'ingente somma di denaro o a una grossa fortuna ereditata.

Patti parasociali • Shareholders' agreements.

Patto di opzione • Option contract o, più semplicemente, option.

Un particolare tipo di option contract è l'*option to purchase*, ossia l'"opzione d'acquisto".

Pegno • Pledge o pawn.

Popolo • Per indicare gli abitanti di uno Stato, si usa il termine people.

Il popolo italiano, per esempio, è traducibile con l'espressione *the Italian people*. Con l'accezione *the common people*, invece, ci si riferisce al popolo inteso come classe sociale.

Possesso • Possession, ma anche ownership, che letteralmente significa proprietà.

Negli ordinamenti di common law, infatti, possession e ownership non esprimono quella netta contrapposizione concettuale tipica dei sistemi di civil law, ma si pongono in un rapporto di implicazione reciproca, tale da formare una nozione composta sintetizzabile nella formula di possessory ownership. La ragione di questa commissione concettuale affonda le sue radici nell'impronta feudale del regime immobiliare inglese e nel principio per cui tutto il suolo è terra regis, ossia di proprietà della Corona, che detiene la cosiddetta ultimate ownership. Di conseguenza, nessun soggetto può dirsi proprietario in senso assoluto di un bene immobile, ma solo possessore dello stesso.

Predisposizione, controllo e approvazione del bilancio • Preparation, audit and approval of the financial statements.

Glossario italiano/inglese

Presidente del Consiglio • Nell'ordinamento anglosassone, il Capo del Governo (head of Government) è il Prime Minister (P. M.), che per molti versi può essere equiparato al nostro Presidente del Consiglio.

Presidenti delle Camere • La House of Commons è presieduta dallo Speaker of the House of Commons. Per quanto riguarda la House of Lords, invece, il ruolo di Presidente (chairman) era affidato al Lord Chancellor fino al 2005. Successivamente, l'incarico è stato parzialmente trasferito al Lord Speaker e al Leader of the House of Lords.

Prestazione contrattuale • Contractual performance o service.

In particolare, si usa l'espressione *work done* per riferirsi alla prestazione d'opera, mentre il termine *provision of services* sta a indicare la prestazione di servizi.

Principio di uguaglianza • Equality principle o principle of equality.

Anche nel diritto inglese si ritrova la contrapposizione tra *formal* e *substantial equality* (uguaglianza formale e sostanziale).

Privilegio • Charge.

Procedure concorsuali • Insolvency proceedings.

Processo • Trial.

Progetto di legge • Bill è il termine giuridico più appropriato, ma spesso si ricorre a sinonimi come draft law, draft legislation, legislative draft o legislative proposal.

Queste espressioni sono usate indifferentemente per indicare sia il disegno di legge sia la proposta di legge, poiché il diritto inglese non fa distinzione tra i due concetti.

Promessa di pagamento • Promise.

Il promittente è detto *promisor*, mentre colui nei cui confronti è formulata la promessa è chiamato *promisee*.

Promulgazione • Promulgation.

Proposta • Offer.

Il proponente, cioè colui che formula la proposta, è detto *offeror*.

Proprietà intellettuale • Intellectual property.

Proprietà • Property (o ownership).

Il diritto inglese opera una distinzione tra real property (terreni ed edifici) e personal property (ogni altro tipo di proprietà) e tra tangible property (tutto ciò che ha una consistenza fisica) e intangible property (proprietà intellettuale e ogni altro diritto incorporeo).

Pubblicazione • Publication.

Pubblicità comparativa • Comparative advertising.

Pubblicità ingannevole • Misleading / false / untrue advertising.

Q

Questione di legittimità costituzionale • Constitutional legitimacy question.

R

Rapporto di lavoro • Genericamente, work (o working) relationship. L'espressione employment (o employer-employee) relationship, invece, presuppone il vincolo della subordinazione.

Rappresentanza (potere di) • Power (or warrant) of attorney.

Referendum abrogativo • Abrogative referendum o referendum to repeal a law.

Referendum istituzionale • Institutional referendum

Regione/Provincia • Premesso che l'organizzazione territoriale britannica è molto diversa da quella italiana, i termini regione e provincia (che non trovano un esatto corrispondente nel Regno Unito) possono essere tradotti indistintamente con i vocaboli region, territory, area, district o county. Il solo termine provincia, inoltre, può essere reso in inglese anche con province o city region.

Registro delle imprese • Registry of businesses o companies registration list.

Regolamento dei confini • Questa espressione è traducibile con i verbi to bound (delimitare) o to mark a boundary (segnare un confine).

Regolamento governativo • Government regulation.

Regolamento • Regulation.

Relazione sulla gestione • Annual report and accounts, account management report o management discussion and analysis.

Remissione • Remission (or condonation) of the debt.

Requisizione • Non esiste una traduzione corrispondente.

In inglese, il termine *requisition* individua un istituto del diritto militare, che consiste nell'espropriazione di beni necessari alle forze armate.

Rescissione • Rescission.

Nel diritto inglese, le principali cause di rescissione sono l'errore o falsa rappresentazione della realtà (*mistake or misrepresentation*), il dolo inteso come inganno o raggiro (*fraud*) e, più in generale, la mancanza di consenso (*lack of consent*).

Responsabilità illimitata e solidale • Unlimited and joint liability.

Retribuzione • Salary, wage o compensation.

Revisione dei conti • Audit o auditing of accounts.

Il revisore dei conti è detto *auditor*, mentre il collegio dei revisori contabili è denominato *audit committee*.

Riduzione di capitale • Capital reduction.

Ripartizione proporzionale degli utili e delle perdite • Proportional sharing of profits and losses.

Glossario italiano/inglese

Riposo settimanale • Day off.

Risarcimento del danno • Damages (sempre al plurale) o compensation for damages.

La somma di denaro stabilita dalla corte a titolo di risarcimento è forfettaria (*lump sum*) e copre sia i danni passati che quelli futuri.

Riserve legali • Legal reserves.

Risoluzione • Dissolution o termination.

Presupposto della risoluzione nel diritto britannico è la violazione di un termine fondamentale del contratto (*fundamental breach or breach of a condition*).

Ristorno • Patronage refund.

Con l'espressione *patron* il diritto inglese si riferisce a colui che usa i servizi offerti dalla cooperativa, accettando di dividere i guadagni in proporzione all'uso. Può trattarsi di un socio (*member*) o di un non-socio.

S

Scioglimento (di una società) • Dissolution.

Scioglimento del Parlamento • Dissolution of Parliament.

Sciopero • Strike.

Scissione • Demerger (in contrapposizione a merger) o spin-off.

Sconto • Discounting o bank discount.

Scrittura contabile • Book-keeping entry o account book ("libro contabile").

Sede deliberante • Legislative session.

Sede redigente • Drafting session.

Sentenze (della Corte costituzionale) • Decisions o judgments.

Sentenza di rigetto e sentenza di accoglimento possono essere tradotte rispettivamente con *rejection of the application* (letteralmente "rigetto della domanda") e *acceptance of the application* ("accoglimento della domanda").

Sequestro conservativo • L'atto consistente nel porre sotto sequestro beni o proprietà è traducibile con l'espressione distress of possession. Invece, il sequestro conservativo inteso come provvedimento giudiziario è chiamato judicial attachment. L'attachment of earnings, per esempio, è l'ordine con cui la corte pone sotto sequestro lo stipendio di un lavoratore su cui grava un debito. Infine, i beni sequestrati sono detti attached goods.

Servitù coattive • Legal easements.

Tra le principali servitù coattive, anche il diritto inglese contempla la servitù di passaggio, traducibile con il termine *right of way*, nonché la servitù di acquedotto, cui corrispondono indifferentemente le espressioni *right of water* o *easement of water*. Esiste poi anche l'*easement of light* (servitù di luce) e l'*easement of air* (servitù d'aria).

Servitù prediali • Praedial servitudes, real servitudes o easements over land.

Con l'espressione *quasi-easements*, invece, ci si riferisce alle servitù presenti su due fondi che sono diventati un'unica proprietà.

Servitù volontarie • Equitable easements.

Servizio delle cassette di sicurezza • Safe-deposit box service.

Sicav • Corporate funds.

Sicurezza sul lavoro • Industrial safety o safety at work.

Sindacato • Trade union o labor union negli USA.

Sindaco • Mayor.

Società a responsabilità limitata • Private company limited by shares.

Tra le società di capitali a responsabilità limitata (*limited liability companies*) previste dall'ordinamento inglese, quella che più si avvicina alla nostra S.r.l. è la private company limited by shares, cui corrisponde l'acronimo ltd. Tuttavia, considerato che il capitale sociale della nostra S.r.l. è suddiviso in quote (e non in azioni come nella private company limited by shares), dovremo adottare alcune accortezze terminologiche. In particolare, le quote della S.r.l. non sono definibili *shares*, ma *quota(s)*; il titolare di quote non sarà chiamato *shareholder*, ma *quotaholder*; infine, il capitale sociale della S.r.l. non sarà denominato *share capital*, ma *corporate capital*.

Società capogruppo • Holding company o parent company (letteralmente "società genitore").

Società controllata • Subsidiary company o daughter company (letteralmente "società figlia").

Società di comodo • Shell corporation.

Società di fatto • De facto company o unregistered company.

Società di mutua assicurazione • Mutual benefits assurance (o insurance) company.

Società in accomandita per azioni • Nel diritto inglese non esiste una tipologia societaria corrispondente. Forzatamente, si potrebbe dire che la S.a.p.a. sia una via di mezzo tra la public company limited by shares, poiché le quote di partecipazione sono rappresentate da azioni, e la limited (or special) partnership, trattandosi di una società che presuppone la presenza di soci accomandanti e soci accomandatari.

Società in accomandita semplice • Limited partnership.

Non esiste un'esatta traduzione di S.a.s., poiché si tratta di un tipo di società che nell'ordinamento anglosassone non trova corrispondenza. La forma societaria che più le assomiglia è la limited partnership (o special partnership, in quanto eccezionale rispetto all'ordinario regime delle società di persone). Nella limited partnership, i soci limitatamente responsabili (accomandanti) sono detti *limited partners*, mentre gli accomandatari sono chiamati *general partners* (poiché equiparati ai soci di una *general partnership*).

Società in nome collettivo • Unlimited partnership.

Nel diritto inglese non esiste una forma societaria che sia in tutto e per tutto corrispondente alla S.n.c. Tuttavia, quella che più le si avvicina, in quanto a caratteristiche e disciplina, è la unlimited partnership, detta anche *general partnership* o *ordinary partnership*, trattandosi della tipica società di persone che presuppone una responsabilità illimitata e solidale di tutti i soci.

Società per azioni • Public company limited by shares.

Nel diritto inglese, la tipologia societaria che più assomiglia alla nostra società per azioni è la public company limited by shares, altresì detta plc. Le azioni che formano il capitale di tale società possono essere offerte al pubblico degli investitori. Da qui l'aggettivo public, che la distingue dalla *private company limited by shares*.

Società semplice • Partnership.

Il diritto commerciale inglese non prevede una tipologia di società che sia esattamente corrispondente alla società semplice. Tuttavia, posto che il nostro ordinamento la considera il prototipo di tutte le società di persone, ci si può riferire a essa con il generico termine partnership.

Società unipersonale • Single-member (limited liability) company.

Nel diritto inglese, solo la *private company limited by shares* può essere unipersonale.

Società • Company o corporation, firm o business.

Nel lessico quotidiano, il termine "società" è genericamente tradotto con company o corporation, nonché con firm o business, che si riferiscono indistintamente anche ai concetti di impresa e di azienda. Tuttavia, in un contesto più strettamente giuridico, la parola company individua solo un particolare tipo di società, ossia la società di capitali. Le società di persone, invece, sono denominate *partnerships*.

Sovranità • Sovereignty (sovranità intesa come potere sovrano).

Il termine *supremacy*, invece, è usato in senso figurato per indicare una generica posizione di superiorità o predominanza.

Spionaggio industriale • Industrial espionage, economic espionage o corporate espionage.

Spoglio • Dispossession o stripping.

Nel diritto inglese si usa l'espressione *use and occupation* per indicare il possesso e/o l'uso indiscriminato di un terreno (land) da parte di chi lo occupa illegittimamente.

Stato patrimoniale • Balance sheet o statement of financial position.

Stato • State.

Lo Stato inteso come apparato può essere tradotto anche con l'espressione *government*. Il termine *welfare state*, invece, indica lo Stato sociale.

Statuto • Articles of association.

Da non confondere con gli *articles of incorporation* che si riferiscono all'atto costitutivo.

Storno di dipendenti • Enticement (or diversion) of employees, pirating of employees, employee piracy (letteralmente "pirateria, sottrazione di dipendenti altrui").

Surrogazione • Subrogation.

Termine (di tempo) • Date, (given) period o time limit.

Initial date è il termine iniziale, mentre *expiry date* è il termine finale.

Termini (o condizioni) contrattuali • Terms.

Nel diritto anglosassone, i termini contrattuali si dividono in *conditions* o *fundamental terms* e *warranties* o *minor terms*.

Territorio • Territory.

Titolare di azioni/azionista • Shareholder o stockholder.

Trascrizione • Registration.

Trasformazione • Conversion.

Il termine *transformation* invece non è propriamente corretto, poiché troppo generico: esso, infatti, può riferirsi anche a una più generale riorganizzazione della società in termini di gestione o conduzione.

Trattato • Treaty.

Tutela del consumatore • Consumer protection.

L'ordinamento inglese non prevede uno specifico Codice del consumo, ma contempla una serie di leggi a tutela del consumatore. Tra queste ricordiamo il Consumer Protection Act 1987 e le General Product Safety Regulations 1994.

Usucapione • Usucap(t)ion, prescription.

Usucap(t)ion, se oggetto dell'usucapione è il diritto di proprietà. Prescription, se l'usucapione riguarda un qualsiasi altro diritto (es. servitù). Entrambe le nozioni sono di derivazione romanistica. Nei sistemi di common law, l'istituto giuridico che più si avvicina all'usucapione è l'*adverse possession*: esso presuppone l'occupazione di un bene immobile da parte di un soggetto (*adverse possessor*), che deve comportarsi nei confronti del bene come se fosse il proprietario; dopo dodici anni di adverse possession, l'adverse possessor diventa proprietario a tutti gli effetti (*lawful owner*), mentre il proprietario originario viene estromesso.

Usufrutto • Usufruct.

Nel diritto anglosassone, l'usufrutto destinato a durare per tutta la vita dell'usufruttuario è denominato *life tenancy* o *life estate*.

Valore nominale • Nominal value.

Valore reale • Real value.

Vendita rateale • Hire purchase o installment plan negli USA.

Vizi • Defects o vices.

I vizi palesi sono detti *patent (or obvious) defects*, mentre i vizi occulti si traducono con l'espressione *latent defects*.